ITALIAN BELCANTO OPERA LIBRETTI

IN THREE VOLUMES

With International Phonetic Alphabet Transcriptions
and Word for Word Translations

Including
A Guide to the I.P.A.
and
Notes on the Italian Phonetics

by

NICO CASTEL

EDITED BY MARCIE STAPP

VOLUME II

FOREWORD BY DAME JOAN SUTHERLAND

ITALIAN BELCANTO OPERA LIBRETTI
In Three Volumes
By
NICO CASTEL
VOLUME II

Copyright © Leyerle Publications 2001
ISBN 1-878617-34-6

Edited by Marcie Stapp
Foreword by Dame Joan Sutherland

All rights reserved. None of the contents, herein, may be reproduced in any form or by any process without the written permission from the publisher, located at the following address:

LEYERLE PUBLICATIONS
Executive Offices
28 Stanley Street
Mt. Morris, New York 14510

This book may be ordered directly from

LEYERLE
PUBLICATIONS

Box 384
Geneseo, New York 14454

I had the great honor and privilege to work with Nico Castel up to 3 times a week for three years, while in the Met's Young Artist program. His wealth of knowledge never ceases to amaze me, and his help has been, and continues to be, invaluable. Thanks, Nico! -- **Dwayne Croft,** Baritone, Metropolitan Opera,

Nico Castel has served as a supporting and an informative teacher to me since I won the Met competition in 1988. His skill makes him the perfect scholar to undertake this massive project of the opera libretti translations and phonetic transcriptions. I am looking forward to using his books for the new Verdi roles I have coming up and to re-study others as well. Thank you, Nico! -- **Renée Fleming**, Soprano, Metropolitan Opera.

After reflecting over the past thirteen years of my working relationship with Nico Castel, I can honestly say that I learned more about Verdi and the importance of the Verdi text in opera than one could learn in eight years of conservatory study. I have now sung more than twelve Verdi operas, each one with its own personality and interpretation. A great deal of my success in over 65 performances of Ferrando in "Il Trovatore" and 60 of Sparafucile in "Rigoletto" goes to Nico Castel, who actually made the text come alive for me. Communication of text is key in my performance and Nico is a master. Thanks, my friend! -- **Jeffrey Wells,** Bass, Metropolitan Opera.

My esteemed friend and colleague, Nico Castel, is a brilliant master of many languages and an excellent tenor. He was instrumental in teaching me how to sing in French and I shall be eternally grateful to him for his priceless help in preparing me to perform the roles of Don José in "Carmen", Samson in "Samson and Delilah" and Aeneas in "Les Troyens". -- **Gary Lakes**, Tenor, Metropolitan Opera.

The importance of diction for singers is unquestionable, but the importance of diction teachers is immeasurable. Even more important is the diction teacher who also understands vocal technique and vocal necessities in applying the diction. Nico Castel is such a teacher. There is no doubt that my understanding and application of proper diction rules have been greatly developed by studying with Nico Castel. -- **Raymond Aceto**, Bass, Metropolitan Opera.

From the time of my Met debut in the same cast with my friend and colleague Nico Castel, it has been a privilege to serve with him in the world of music. He is a musical resource to all of us -- his gift being not merely in languages but intellect, experience and performance. An unassailable scholar with both feet in "the real world", we are all in Nico's debt for preserving much of his knowledge on the printed page. His books will be indispensable tools for singers and teachers. -- **Rita Shane**, Soprano, Metropolitan Opera and Professor of Voice, Eastman School of Music.

In the course of my developing career, I can say with enormous confidence that whatever linguistic proficiency I have I owe to Nico Castel. My introduction to Nico's brilliance was during my two years at the Manhattan School of Music and continued after my graduation, during engagements at the Met, and in preparation for engagements elsewhere. His pronunciation is so exemplary that it even travels over the phone lines, as I learned when I called him in panic for a last minute brush-up on "Nuits D'été". Nico's books are a tremendous treasure to future (and present) opera singers and opera lovers. Thanks, Nico, for unlocking some of these mysteries for us!. Lots of love and gratitude. -- **Susan Graham,** mezzo-soprano, Metropolitan Opera.

My development with Nico Castel's guidance has been as important and helpful to my career as my studies in any other areas. He adjusts his comments with each singer individually and carefully so as not to disturb either the correctness of phonetic sound or the technical intricacies of the singing process. He brings a special passion and love to his art... one is immediately taken, even enthralled with his special flair. -- **Mark Oswald**, Baritone, Metropolitan Opera.

Nico works with a singer beyond the rules of proper articulation. He teaches the nuance and rich coloration found in the words of the language that helps each artist discover a more expressive foundation for interpretation. -- **Judith Christin**, Mezzo Soprano, Metropolitan Opera.

I have just had the pleasure of examining Nico Castel's edition of libretti of Puccini's operas. Having observed Mr. Castel's work for a quarter of a century as singer, actor, language expert and lecturer, I can say that this new venture complements his work fully and adds a new dimension to anything previously available. Nico Castel has given us a reference unique in completeness, clarity and ease of use. The hours that will be saved thereby by conductors, directors, singers and coaches will be usable for deeper interpretative exploration. I look forward to owning this volume and the successive Verdi, Mozart and other libretti collections. -- **Richard Woitach**, Conductor, Metropolitan Opera.

There is no doubt that I would not be where I am today if it had not been for the invaluable assistance of Nico Castel. Nico's incredibly sharp ears and clarity of explanation are largely responsible for my success with the magnificent Baron Ochs in "Der Rosenkavalier". When one is highly complimented by native speakers of the idiomatic, dialectic accent of Viennese German, that's really saying something! -- **Eric Halfvarson**, Bass, Metropolitan Opera.

The guidance and instruction from Nico Castel early in my career have proven to be the most substantial and valued contributions to my performance preparation. I shall always be grateful that I was so fortunate to have experienced the great gifts of this remarkable artist and teacher. -- **Robert Hale**, Bass-Baritone, Metropolitan Opera.

At last! A definitive reference book for singers, directors, students and virtually anyone interested in understanding opera. I can't think of anyone more qualified to author such an undertaking than Nico Castel, with his remarkable command of languages and all of their nuances. My own working relationship with Nico began in the early 70's and continues to this day. His assistance has been invaluable to me for all of my roles in the Italian, French and German repertoire, most recently Wotan in Wagner's Ring cycle. He started with me on day one of that project and it is impossible to imagine what the outcome would have been without his help. Thank you, Nico. -- **James Morris**, Bass-Baritone, Metropolitan Opera.

Nico Castel continues to be one of the most important influences on my professional life at the Metropolitan Opera. In his studio I have learned the phonetics and rules of the languages and much more. With a twinkle in his eye Nico Castel ties all the elements together in a way that anyone can understand. I hope everyone can experience the love, dedication and exhuberance from this great artist! -- **Kevin Murphy**, Coach/Accompanist, Metropolitan Opera.

From Nico Castel, great artist, teacher and friend, one can only expect the best. His energy, vast experience, excellence and good humor are invaluable assets in a teacher and my admiration for him has no limits. -- **Veronica Villarroel**, Soprano, Metropolitan Opera.

Nico Castel is a remarkable coach combining the skills of his natural singing talents with his meticulous command of the languages. Inspired by his respect for the dignity of his subject, he motivates others to excellence and through his uniquie illustrative teaching style instills in them a vast knowledge of the language. -- **Rosalind Elias**, Mezzo-Soprano, Metropolitan Opera.

Nico's brilliant new book should be the reference book of the century for aspiring opera singers and opera lovers everywhere. They should have been written long ago for they could have saved me countless hours doing translations, study and research during my own career. I can't imagine a more qualified as well as pleasant and brilliant person to take on such a huge project as this one. -- **Judith Blegen,** Soprano, Metropolitan Opera.

For many years I have been a great admirer of Nico Castel. As an opera conductor I have turned to Nico in preparing libretti in French, German and Italian. Theory and practice are as wonderfully balanced in his teaching as they have been in his own singing career. He has been an integral and consistent source of reliable, practical information to professionals for decades. He has a well-integrated approach to phonetics that gives the serious student invaluable tools with which to develop. His infectious energy and skill in helping his students become independent artists are two of the hallmarks of his teaching. I am delighted to know that Nico Castel's teaching will now become available to singers, conductors, coaches, stage directors and virtually all who love language and singing for years to come and that this book, as well as the many to follow will contribute immeasurably to the vocal arts. -- **Hal France,** Conductor, New York City Opera Company.

Nico Castel has been one of the treasures in my preparation for a career in singing. He has a beautiful way of explaining the intricacies of a language that can be easily understood and applied. Some of the simple rules he has presented have truly affected the way I sing. He is a marvellous vocal coach as well as a diction master who actually uses diction to help the singing process. As an American singer, I feel confident in the international world of singing thanks in large part to Nico Castel — **Heidi Grant Murphy,** Soprano, Metropolitan Opera.

To find, in the world of opera, a master with the talent and the knowledge that Nico Castel possesses and a man with his inexhaustible sense of humor and gift for teaching is like finding water in the desert. To talk about Nico is not difficult; he is a man with a great capacity for work, deep knowledge, boundless talent and a remarkable gift for teaching. As far as language and diction is concerned Nico Castel is undoubtedly perfection. -- **Fernando De La Mora**, Tenor, Metropolitan Opera.

The preparation of a role in my repertoire is never complete without my work with Nico Castel. These volumes are invaluable treasures for anyone studying the pronunciation and comprehension of libretti in the operatic literature. Style is founded in language and for me both are personified in one man: Nico Castel. -- **Frances Ginsberg,** Soprano, Metropolitan Opera.

They should build a statue to Nico Castel at the Metropolitan Opera! For the last eleven years I have worked with him any and every time I had an important engagement. I have performed all over the world from Vienna, Salzburg, Berlin, Paris and London to New York and have done so with much greater confidence for having coached every word, every nuance, every shape and color of pronunciation with Nico Castel. He is an astonishingly gifted performer and his gifts as a teacher are unsurpassed! Best of all, he does this with a brilliant sense of humor. These books must surely be a most important part of any serious musician's library. To my knowledge, there isn't anyone else who has contributed study aids of this magnitude to those of us who want to spend a lifetime learning. -- **Sylvia McNair,** Soprano, Metropolitan Opera.

I am thankful to Nico for always finding the best and most explicit way of teaching diction to singers. I admire him not only as a diction coach but also as a wonderful artist. Thanks so much for helping me with "Fille du Régiment". I congratulate you on this wonderful series of reference books, which will be a tremendous help to future and present generations of singers. -- **Harolyn Blackwell,** Soprano, Metropolitan Opera.

Nico has a rare gift for pinpointing problems with diction and style and an even rarer gift for knowing how to solve them. This stems from the fact that he has himself had an operatic and concert career and therefore understands things from the singer's perspective. His enthusiastic approach to the subject matter is nothing short of infectious. -- **Dawn Upshaw,** Soprano, Metropolitan Opera.

Thank you for your libretto translations. What you have done and are doing with this project rocks and establishes my generation of American singers as well as generations to come. What an awesome undertaking! With this project you will help create singer-actors and help to empower them with confidence in knowing what they are singing and how they are to say it. With this bible of information you will make singers accountable for this knowledge. I say this from my heart. -- **Earl Patriarco**, baritone, Metropolitan Opera.

What Nico Castel brings to his work is not only a solution to the problem at hand or a set of rules to memorize. Nico goes further to ignite the spark of curiosity which changes the way one works from that moment on. Surely he merits the title of "Language and Diction Guru". Bravo Nico! -- **Frank Lopardo**, Tenor, Metropolitan Opera.

The staggering amount of information in the pages that follow could only have been achieved by one who has dedicated his life to the search for knowledge, and found it! I have never met a language scholar whose scope is as broad-ranging, whose enthusiasm is as inexhaustible, whose sheer joy as infectious. This is a collection of real worth by a man who is himself a real gift. -- **Richard Croft**, Tenor, Metropolitan Opera

My good friend and colleague of many years, Nico Castel, has undertaken the Herculean task of writing translations and phonetic transcriptions of practically every opera in the current repertoire. It is an undertaking that has engaged the passion so typical of him. These books will become the standard by which a new generation of singers can better understand and interpret their opera roles in a way that was never possible heretofore. Bravo, Nico, for this invaluable legacy! -- **Plácido Domingo**, tenor/conductor, Metropolitan Opera.

"His books of major libretti of French, German and Italian operas may well represent the most important contribution to the art of opera singing in the last century."

(**Will Graham** –Director, Fletcher Foundation/NC School for the Arts Opera Program)

DEDICATION

I lovingly dedicate this series of books to my wife, Carol Castel, my tireless proof-reader, whose inspiration and support during the nine years since the creation of this series of books has been unfailing and deeply appreciated.

CONTENTS

Volume II

Foreword by Dame Joan Sutherland — *xiii*
Guide to the International Phonetic Alphabet — *xv*
Notes about the Italian Transcriptions — *xvii*

THE LIBRETTI

La Cenerentola (Rossini) — 5

L'Italiana in Algeri (Rossini) — 103

La Sonnambula (Bellini) — 193

Anna Bolena (Donizetti) — 259

Maria Stuarda (Donizetti) — 345

Roberto Devereux (Donizetti) — 417

Don Pasquale (Donizetti) — 481

I Puritani (Bellini) — 571

Index — 649

ACKNOWLEDGMENTS

It is with deepest thanks that I acknowledge the help of these distinguished friends and colleagues in the creation of this BELCANTO II volume: Corradina Caporello-Szykman, Simone Alaimo, Alessandro Corbelli, Maestro Bruno Campanella, Giovanni Reggioli, the Metropolitan Opera library, Marcie Stapp, and last but not least, my daughter Sasha for her invaluable help with computer technology.

ABOUT THE AUTHOR

Nico Castel has for years been considered the undisputed authority on multi-lingual lyric diction both here in the United States and internationally. He is currently in his 31st season at the Metropolitan Opera, where he holds the distinguished position of being both on the roster as an artist and as Staff Diction Coach, a position he now also holds with the Santa Fe Opera.

Mr. Castel was born in Portugal to a set of multi-lingual parents who from birth inculcated in him a love for languages. After spending his childhood in Portugal and his adolescence in Venezuela he immigrated to the United States in 1948, where he studied and pursued his singing career. His multi-national education and background combined with his successful international career as an opera singer, has made him a specialist in over 200 character-tenor roles and an accomplished linguist in six languages, unique qualifications for the work of translating operas.

In addition to his singing career he has worked in the field of languages, phonetics and lyric diction for several decades, travelling all over the world to opera companies as well as major universities and conservatories to share his rare combination of skills and knowledge with students and professional singers alike. He has been a visiting professor at the universities in Bloomington (IN), Amherst (MA) Baylor, Austin (TX) College Park (MD), Boston University, New England Conservatory (MA), Eastman Conservatory (NY) and many others. He is currently on the staffs of the Metropolitan Opera, the Santa Fe Opera, the Juilliard School, the Mannes College of Music, the NUOVA opera project in Edmonton Canada and the International Vocal Arts Institute in Israel and China.

"Belcanto Opera Libretti Volume II" is the 13th in a series of volumes presenting complete word for word translations and I.P.A. transcriptions of opera libretti, the first being "Complete Puccini Libretti" (two volumes), the second "The Complete Verdi Opera Libretti" (four volumes), the third "The Libretti of Mozart's Completed Operas" (two volumes), the fourth "French Opera Libretti (two volumes –one more to come), the fifth "Italian Verismo Opera Libretti (one volume, one more to come) and the sixth, "Italian Belcanto Opera Libretti (three volumes). His all-Strauss volume is now ready and being proofed, slated for publication in late Fall of 2001, and Wagner's RING is being planned for 2002. Future plans include a volume of German opera and the remaining Wagner music dramas, as well as a volume of the best known Haendel operas. Mr. Castel is also the author of "The Nico Castel book of Ladino Song", published by Tara Publications, Cedarhurst, NY, and "A Singers' Guide to Spanish Lyric Diction", published by Excalibur Publishing, New York City.

FOREWORD

Nico Castel has undertaken a stupendous task with his Operatic Libretti Series — a work that should have been done years ago to provide students and teachers with the necessary pronunciation and correct translations of the works they were studying. Having to spend time doing this oneself means less hours actually assimilating the music and words, singing them into the voice. How much time these publications would have saved me when studying a new opera! How fortunate is the present day student to be able to refer to these books, constantly improving their understanding of the complete work.

Congratulations, Nico, on the perceptiveness and patience you have shown to make these clear reference books available for all opera lovers as well as students of singing!

Dame Joan Sutherland, OM. AC. DBE.

GUIDE TO THE ITALIAN INTERNATIONAL PHONETIC ALPHABET (I.P.A)

I.P.A Symbol	Italian Example	I.P.A. Transcription	Approximate English Equivalent

VOWELS

[i]	figlio, zio	[ˈfiʎʎo | tsio]	see, keep
[e]	fresca	[ˈfreska]	bacon (with Irish accent, w/o [ei] glide)
[ɛ]	bello	[ˈbɛllɔ]	pet, bet
[a]	patria, amo	[ˈpatrja | ˈamo]	park, car (w/ approx. Boston "flat" a)
[ɔ]	sposa	[ˈspɔza]	caught, bought
[o]	amore	[aˈmoɾe]	bone (w/ Irish accent, w/o [ou] glide)
[u]	muto	[ˈmuto]	boom, gloom

Glides

[j]	aiuto	[aˈjuto]	yes, you
[w]	quando	[ˈkwandɔ]	quick, wet

CONSONANTS

Plosives   In Italian these plosive consonants must be un-aspirated, that is, with no puff of air escaping between the consonant and the vowel or consonant that follows it.

[b]	bene	[ˈbɛnɛ]	benefit, ball
[p]	patria	[ˈpatrja]	pet, palace
[d]	dammi	[ˈdammi]	danger, don't
[g]	galante	[gaˈlantɛ]	gallant, go
[k]	caro	[ˈkaɾɔ]	cart, cure

Fricatives

[v]	venire	[veˈniɾe]	velour, vine
[f]	favore	[faˈvoɾe]	favor, flat
[ʃ]	scemo, lasciare	[ʃemo | laˈʃʃaɾɛ]	show, ash
[z]	svenire, smanie	[zveˈniɾe | ˈzmanjɛ]	zenith, zebra
[s]	salute	[saˈlute]	sale, salute

Liquids, Laterals

[l]	ladro	[ˈladrɔ]	late, lose
[ʎ]	figlio	[ˈfiʎʎo]	scallion

Vibrants

[r]	reo, ricco	[rɛo | rikko]	red rose (w/ a Scottish brogue)
[ɾ]	cara, sera	[ˈkaɾa | ˈseɾa]	very (British, with a flipped r)

Nasals

[n]	nome	['nome]	name
[m]	madre	['madrɛ]	mother
[ŋ]	ancora	[aŋ'kora]	ba<u>n</u>k, du<u>n</u>ki<u>n</u>g
[ɲ]	sogno	['soɲɲo]	ca<u>ny</u>on
[ɱ]	inferno, inverno	[iɱ'fɛrno - iɱ'vɛrno]	sy<u>m</u>phony, i<u>n</u>vent

Affricates

[dz]	azzurro	[a'ddzurro]	be<u>ds</u>, a<u>ds</u> up
[ts]	pazzo	['pattso]	pi<u>zz</u>a, pu<u>ts</u>
[dʒ]	giurare	[dʒu'rarɛ]	ju<u>dg</u>e, <u>j</u>ump
[tʃ]	cielo	['tʃɛlo]	<u>ch</u>amp, <u>ch</u>imney

Other symbols

[']   Stress mark; it appears **before** the stressed syllable: ***amore*** [a'morɛ]

Foreign sounds found in some of the operas

[ø]   (*Italiana in Algeri* – TADDEO, P. 138 *monsieur* [mø'sjø]

NOTES ABOUT THE
ITALIAN TRANSCRIPTIONS

"N" assimilations

The letter *n* in Italian automatically "assimilates" before certain consonants, meaning that it is articulated in a position more similar to those consonants. Italian dictionaries do **not** indicate this because the assimilation happens automatically and is not generally represented by a different IPA symbol. I will employ *n* assimilations as in tht word *stanco* ['staŋkɔ] where the [n] sound becomes [ŋ] before the velar [k], or in the group *Ah, non credea mirarti* [a noŋ kre'dea mi'rarti] where the *n* in *non* assimilates to an [ŋ] because of the [k] sound that follows in the word *credea*. Other common Italian words with this assimilated "n" are: *dunque, finchè, mancare, anche, ancora, angoscia, sangue.*

Another *n* assimilation which is most Italian is the change to an [m] sound, when the letter *n* comes immediately before *b, p* or *m* (the three bilabial consonants) in a word or group of words sung quickly in a breath phrase. For example, in *La Cenerentola*, in the aria *Nom più mesta*, or in *Don Pasquale*, whenever the title character is addressed: *Dom Pasquale*, or in *Il Barbiere di Siviglia*, whenever the music master is addressed: *Dom Basilio*, and whenever in Italian opera a tenor asks the soprano for a kiss: *dammi um bacio*.

Yet another *n* assimilation occurs before *f* and *v* (the two labio-dental consonants). Two common Italian words, *inverno* (winter) and *inferno* (hell) are prime examples of this phenomenon. Here the letter *n* assumes a labio-dental position (that is, the lower lip touches the edge of the upper incisors, just as in *f* or *v*). Thus, in Norina's aria in *Don Pasquale*: *Se monto in furore di rado sto al segno*, the words *in furore* are transcribed thus: [iɱ fu'rore]. Other common Italian words like *infausto, infino*, or groups like *un favore, con furia* etc. will suffer the same assimilation in rapid speech or song, and the *n* will be transcribed phonetically with the simbol [ɱ], - ex. [iɱ'fɛrnɔ   iɱ'vɛrnɔ   uɱ fa'vore].

Special cases of consonant doublings

The Italian consonant groups *gn, gl, sci*, and *sce* are always doubled as in *sogno* ['soɲɲo], *figlio* ['fiʎʎo], *lasciare* [la'ʃʃare], *la scena* [la 'ʃʃena]. The single letter *z* always gets a doubled [tts] sound between vowels either inside of a word as in *grazie* ['grattsjɛ], or in a group, as in *la zia* ['la ttsia] or *la zona* [la 'ddzona] The Italian *z* problem is, as one Italian grammarian states, *indisciplinabile* (something that cannot be disciplined). The student is advised to look up every word containing a *z* using a good dictionary, to find its proper either voiced [dz] or unvoiced [ts] pronunciation.

The two unphonetic vowels *e* and *o*

The two unphonetic Italian vowels *e* and *o* in a stressed position are a troublesome matter, even for Italians, since there are no rules as to when they are closed [e o] or open [ɛ ɔ]. In transcribing the texts into IPA, I have endeavored to render the exact pronunciation of the words as they appear in some of the best Italian dictionaries such as Zingarelli, Garzanti and Melzi. However, when syllables with closed vowels fall on very high or problematic *passaggio* notes, or in a constantly high *tessitura*, I may suggest more open vowels to accomodate the singing process. This is perfectly all right, and is what all great Italian singers do instinctively. It is safe to state that very few great Italian singers generally observe the [e o] or [ɛ ɔ] difference in full-out singing. In quiet passages, *recitativo* or in spoken passages more so. Furthermore it is a known fact that the Italian school of singing recognizes only <u>five</u> vowel sounds: [i ɛ a ɔ u]. The closed [e o] vowel sounds, according to Mathilde Marchesi, (the great teacher of Melba and Malibran) "may be used for expressive means or to give a special color to a word or phrase, but are not part of my vocal method."

Since American singers are used to singing in German and in French as well, it is imperative that it be understood that one should **never** use closed German and French [e o] sounds in Italian. The Italian counterparts of those two closed vowels sounds are much more lax and less tense. The difference between closed [e] and open [ɛ] and closed [o] and open [ɔ] in Italian **singing** is minimal due to the demands of tone production, *tessitura* and long held notes. In Italian **speech** the difference is more noticeable, but even then local speech habits make any set of rules impossible. It is important for American singers to listen to recordings of great Italian singers. I recommend, for instance, the *Manon Lescaut* and *Otello* recordings with Renata Tebaldi and Mario del Monaco. Nowhere do these great singers take the [e ɛ | o ɔ] matter literally. They fit the closed or open vowels sounds to their vocal needs!

The punctilious singer or coach looking for consistency in this matter of the Italian *e – o* vowels will be totally frustrated, as there is no consistency possible, and certainly no inflexible rules to be followed. Italian singers have used, do use, and <u>will</u> continue to use these *e – o* vowels to suit their VOCAL NEEDS, and not their VOCALIC (vowel) preferences.

I call to witness a veritable mountain of great recordings, from the times of Bonci, Caruso, Ruffo, Stracciari, Patti, Tetrazzini, Galli-Curci, through the epoch of Gigli, Martinelli, Lauri-Volpi, Muzio, Ponselle, Stignani, Callas, Cigna, Merli, Pertile, Granforte, Pinza, Pasero, Schipa to our recent and present day greats like Siepi, Del Monaco, Corelli, Tebaldi, Valletti, Simionato, Barbieri, Giacomini, Pavarotti, Scotto, Domingo, Carreras, Capecchi, Bartoli, Nucci, Villarroel, Arteta, Vargas, and a veritable *who is who* of first rank American singers, of the past and present like Hines, Merrill, Milnes, Price, Arroyo, Tucker, Steber, Renée Fleming, Ruth-Ann Swenson, Neill Shicoff, Jennifer Larmore, Sylvia McNair, Richard Leech, Jerry Hadley, Paul Austin Kelly, Matthew Polenzani, Mark Delavan, Samuel Ramey, June Anderson, Rockwell Blake, Richard Bernstein, all singers who performed or are performing Italian opera at the highest levels in the international operatic firmament.

The best advice: **LISTEN!**

As for the unstressed and final *e – o* some texts state that they are always closed, and others state categorically that they are always open. I say that they are neither. They open or close depending on vocal needs, *tessitura* and the color of neighboring vowels (vocalic harmonization). I have endeavored to use this rule of vocalic harmonization to render the transcriptions more Italian

For instance, in a word like *benedetto*, the stress falls on *bene<u>det</u>to*, that syllable having a closed [e]. The phonetic transcription becomes [bene'detto] with the *be, ne and tto* syllables showing closed vowels to "harmonize" in closedness with the stressed closed syllable.

However, in a word like *serpentello* ("little serpent" an adjective applied to Cherubino by Susanna in Act II of *Nozze di Figaro*) the stress falls on *serpen<u>tel</u>lo*, with an open [ɛ]. The phonetic transcription therefore becomes [sɛrpɛn'tɛllɔ], with the *ser, pen* and *llo* syllables showing open vowels to "harmonize" in openness with the stressed syllable. I will also do this in word groups, always endeavoring to match or "harmonize" vowels in order to make it sound more Italian and thus obtain a better vocal line.

<u>Phrasal doubling or *raddoppiamento sintattico*</u>

In the Italian language there are some words that may cause the initial consonant of the following word to double. Most of these *doubling* words are monosyllables, such as *dì, che, là, ah, a, giù, più, oh* and many others. Words ending in a syllable **with a writen accent mark** (such as *saprà, così, pietà, caffè, voluttà, perchè, ahimè,* etc.) may also cause the intitial consonant of the following word to double, as in: *saprò mmorire, perchè mmai, di voluttà pperir,* etc. There are also a few disyllabic words (two syllable) that may cause *raddoppiamento*, such as *dove, ove, contra, sopra* and *qualche*. The word Dio (God) is always doubled within a group of words, as in *Oh Ddio, di Ddio, con Ddio*. Here are a few examples of such "doublings":

Cenerentola:	Clorinda/Tisbe:	*perchè **mm**'abbandonate*
Cenerentola:	Dandini:	*tante e **p**poi tante*
Sonnambula:	Amina:	*Oh **mm**adre!*
Don Pasquale:	Norina:	*Ho **c**capito!*
Don Pasquale:	Ernesto:	*Sogno soave e **c**casto*
Sonnambula:	Amina	*più **b**bello e ameno*

A further word about the letter *z*

The Italian letter *z* poses a problem, even for Italians. It is <u>not</u> pronounced [z], as in our word "zebra". It can have TWO sounds: either a voiced [dz] sound as in the English word "adze" or the group "a<u>dds</u> up", or a voiceless [ts] sound as in the words "pizza" or "pu<u>ts</u>". Since no diacritical mark is used in texts to indicate which one it is, one has to consult a good dictionary, which usually indicates whether the letter is of the "pizza" or "mezzo" kind. There are NO rules. Consider these pairs:

pizza	-	['pittsa]	/	*bizza* (tantrum)	-	['biddza]
dolcezza	-	[dol'tʃettsa]	/	*olezza*	-	[o'leddza]
prezzo	-	['prettsɔ]	/	*mezzo*	-	['mɛddzɔ]

Furthermore, such words as *zio, zitto, zucchero, zingaro, zecchino*, all beginning with a voiceless [ts] sound, will invariably be pronounced by most Italians with a voiced [dz]. It is a frustrating matter, and indeed, "undisciplinable"!

A word about the literal translations

In the literal word-by word translations I have tried as much as possible to place the English words under their Italian equivalents. One must understand however, that literal translation from Italian into English sometimes result in incomprehensible gibberish, sice Italian syntax, word order and sentence structure (not to speak of poetic "syntactical inversion") are totally different from English. When that is the case, I have added a fourth line below, with the English in proper grammatical sequence in order to unscramble the meaning of the Italian text.

Sometimes, (as in my Puccini Volume II, *Tosca*, Act III) though the translation may not be top-drawer English prose, when the doomed Mario speaks to the Jailer

Io	*lascio*	*al*	*mondo*	*una*	*persona*	*cara,*

which I have rendered as:

I	**leave**	**in this**	**world**	**a**	**person**	**dear.**

I sincerely hope it will be understood as "I leave in this world a dear person" for I cannot conceive that anyone will be so naive as to think that Cavaradossi has gotten **that** familiar with his jailer as to call him "dear"!

LA CENERENTOLA
BY
GIOACHINO ANTONIO ROSSINI

Rossini in 1862
Sketch by Guglielmo De Sanctis

LA CENERENTOLA[1]
(Cinderella)

ossia

LA BONTÀ IN TRIONFO
(Goodness Triumphant)

Opera in two acts
Music by Gioacchino Rossini
Libretto by Jacopo Ferretti, based on Etienne's *Cendrillon*
First performed at the Teatro Valle, Rome, on January 25, 1817

CHARACTERS

Don Ramiro, Prince of Salerno: tenor
Dandidi, his valet: baritone
Don Magnifico, Baron of Montefiascone: basso-buffo
Clorinda, his daughter: soprano
Tisbe, his other daughter: mezzo-soprano
Cenerentola, his step-daughter: mezzo-soprano
Alidoro, a philosopher and tutor of Prince Ramiro: bass
Courtiers, lackeys

The action takes place in Southern Italy and the time is set in a fairy-tale XVIII century ambiance

THE PLOT

ACT I

As the curtain rises we see Cenerentola in a room preparing coffee for her two spoiled, artless stepsisters Clorinda and Tisbe. She is singing a ditty about a king who chose a poor girl for his bride instead of a lady of high station. Soon a visitor arrives. He is Alidoro, a philosopher and also tutor of Prince Ramiro. He is disguised as a beggar, and when Cenerentola treats him kindly and the sisters the opposite, he knows at least one piece of advice he can give his master.

The master of the house is the pompous Don Magnifico, a Baron of sorts fallen on hard times, anxious to marry off his daughters to someone rich. On his entrance he tells his daughters of a silly dream he just had. He dreamt he was an ass, and a very wealthy one at that, and scolds his daughters for having awakened him with their endless chatter.

After Don Magnifico and the two stepsisters leave the room Cenerentola is left alone to her house chores. The Prince enters disguised as a valet for he is looking for a bride who will love him for himself, not because he is a prince. He instantly notices Cenerentola working around the house. She is so startled by his appearance that she drops a tray full of crockery. It is love at first sight. They are rudely interrupted by the two stepsisters, who demand that Cenerentola wait on them at once, but

---

[1] The translator used the version of the score currently in use at the Metropolitan Opera, the critical edition of the Pesaro Foundation, under the guidance of Alberto Zedda.

Prince Ramiro's heart has been captivated by this simple girl whose name he doesn't even know as yet.

When Cenerentola has gone off to serve her stepsisters, still another man enters in disguise. This is Dandini, the Prince's valet, who has changed clothes with his master. As he tries to pose as a prince (by misquoting Latin texts), he announces a ball at "his" palace that evening. Cenerentola begs her stepfather to allow her to go to that ball. Naturally, her family unite in refusing her permission, but the scene ends with Alidoro returning to promise Cenerentola help in the matter.

In Ramiro's palace everyone is urging Dandini (still disguised as the Prince), to choose his bride. Among the available ladies can be seen Clorinda and Tisbe, Cinderella's clumsy, ugly stepsisters. Both of them try to cull favor with Dandini, believing him to be a prince. Under their relentless assault, Dandidi flees into another room, where he tells his master what he thinks of those two girls. They are *dreadful*, he says, but the relentless stepsisters are hotly in pursuit, until finally, to get rid of them, Dandini explains that he can marry only one of them. The other, he says, must marry his valet. This is totally unthinkable to the two gold-diggers.

Alidoro comes to announce the arrival of a mysterious lady. The wise old philosopher has dressed Cinderella in a beautiful gown and brought her to the palace. No one recognizes her, because she is masked, but everyone sees how beautiful she is, and all the court knows at once that this is the girl the Prince ought to marry. The act end in a chorus of gaiety, with only the stepsisters refusing to echo the sentiments of everyone else.

ACT II

The two stepsisters think the stranger looked so much like Cenerentola that the Prince could not possibly fall in love with her. Rather, each thinks she herself is going to win the marital sweepstakes, and, as expected, they quarrel. Meanwhile Dandini himself has fallen in love with Cenerentola. Still disguised, he proposes to her, but she replies that she has fallen in love with his valet. The Prince overhears this admission and (still in disguise, of course) comes forward to propose marriage. She admits that she loves him, as she said; but first he must find out who she is. She gives him a bracelet that matches the one she is wearing.[2] As for Don Magnifico, he is quite sure that one of his daughters will marry the Prince, and the silly man is overjoyed. He imagines how powerful he will be and how people will come running to him begging for favors, and how he will kick them out. But the old fool is in for a quick disappointment. He, like everyone else, thinks that Dandini, the valet, was really the Prince, just because he was wearing princely clothes. Now Dandini comes in and tells the befuddled Baron who he really is. Don Magnifico is outraged, to the great amusement of Dandini.

Back in Magnifico's house, Cenerentola repeats her little ditty about the king who chose a lowly maid for his bride. She still does not know that the man who fell in love with her is a prince, not a valet. A storm rages outside. During it the Prince and Dandini (now dressed in their own clothes) seek shelter in the house and Cenerentola, trying to hide her face, lets the Prince see the bracelet on her arm. He steps forward and at last Cenerentola learns that the man she loves is not a servant at all but really Prince Ramiro. Her relatives, (Magnifico, Clorinda and Tisbe) are properly horrified and will not speak to her. But finally Don Magnifico decides to beg forgiveness from Ramiro. The latter wants nothing to do with him but the good, kind Cenerentola pleads for her relatives that had treated her so shabbily. The Prince yields to his radiant bride and the opera ends in a jubilant chorus.

---

[2] This is the counterpart to the slipper in the well known fairy tale.

ACT I

(A shabby old room in the Baron's house. To one side is a fireplace and a small table with a mirror, as well as some chairs. Clorinda is trying out a chassé.[1] *Tisbe is trying flowers on her head, while Cinderella is blowing the fire with a bellows in order to make coffee.)*

CLORINDA

nɔ	nɔm vɛ	ki	trin'tʃar	'sappja	ko'zi
No,	**non v'é**	**chi**	**trinciar**	**sappia**	**così**
No,	there is not	one who	carry out	knows	such a

leddʒe'rissimɔ	ʃa'ssɛ
leggerissimo	**sciassè.**
light-footed	*chassè.*

(No, there is no one who can perform a light-footed *chassè* like me.)

(She performs an immensely clumsy chassè.*)*

TISBE *(trying to put some flowers in her hair)*

si	va	'bɛnɛ	li	'mɛʎʎɔ	li	nɔ	'mɛʎʎo	kwi
Sì,	**va**	**bene**	**lì.**	**Meglio**	**lì;**	**no,**	**meglio**	**qui;**
Yes,	it goes	well	there.	Better yet	there;	no,	better	here;

risal'tar	di pju	mi fa
risaltar	**di più**	**mi fa.**
to stand out	more	it makes me.

(it makes me stand out even more.)

CLORINDA, TISBE

a	kwes'tartɛ	a	tal	bɛl'ta	zdruttʃɔ'larɛ	o'ɲɲun	dɔ'vra
A	**quest'arte,**	**a**	**tal**	**beltà,**	**sdrucciolare**	**ognun**	**dovrà.**
Before	such art,	before	such	beauty,	succumb[2]	everyone	must.

CENERENTOLA *(in a monotone)*

'una 'vɔlta	'tʃɛra	un	re
Una volta	**c'era**	**un**	**re,**
Once upon a time	there was	a	king,

ke	a	star	'solɔ	sannɔ'jɔ
che	**a**	**star**	**solo**	**s'annoiò;**
who	from	being	alone	became bored;

(who got tired of living without a wife.)

'tʃerka	ritrɔ'vɔ	ma	il vɔ'lean	spɔ'zar	in	trɛ
Cerca,	**ritrovò!**	**Ma**	**il volean**	**sposar**	**in**	**tre.**
He searched,	he found!	But	they wanted him	to marry	all	three.

(He searched and found not one but three suitable brides, all three of whom wanted to marry him.)

---

[1] A ballet step in which one leg virtually "chases" the other.
[2] *Sdrucciolare* actually means "to slip". The sense is "every man will slip into unconsciousness when he beholds our arts and beauty".

'kɔza	fa	'sprettsa	il 'fasto	e	la bɛl'ta
Cosa	**fa?**	**Sprezza**	**il fasto**	**e**	**la beltà,**
What	does he do?	He scorns	pomp	and	beauty,

e	'alla	fin	'ʃelse	per	sɛ	linnɔ'tʃɛntsa	e	la bɔn'ta
e	**alla**	**fin**	**scelse**	**per**	**se**	**l'innocenza**	**e**	**la bontà.**
and	at the	end	he chose	for	himself	innocence	and	goodness.

TISBE, CLORINDA

tʃɛne'rɛntɔla	fi'niʃʃila	kon	la	'sɔlita	kan'tsone
Cenerentola,[3]	**finiscila**	**con**	**la**	**solita**	**canzone.**
Cinderella,	stop it	with	that	same old	song.

CENERENTOLA

'prɛssɔ al	'fwɔko	in	uŋ	kan'tone	via	la'ʃʃatemi	kan'tar
Presso al	**fuoco,**	**in**	**un**	**cantone**	**via,**	**lasciatemi**	**cantar.**
Near the	fire,	in	a	corner	come,	let me	sing.

Una volta c'era un re...

CLORINDA

e	'ddue	e	tre
E	**due,**	**e**	**tre.**
And	two,	and	three.

(And two [kings] and three, over and over.)

CLORINDA, TISBE *(threateningly)*

la fi'niʃʃi	si o nɔ	sɛ	nɔn 'tatʃi	ti da'rɔ
La finisci	**sì o no?**	**Se**	**non taci**	**ti darò...**
Will you put a stop to it,	yes or no?	If	you don't keep quiet	I will give you...

(Shut up or we'll beat the daylights out of you...)

CENERENTOLA
Una volta...

(There is a knock at the door.)

ALL THREE

ki	sa'ra
Chi	**sarà?**
Who	can it be?

(Alidoro enters the room dressed as a beggar.)

ALIDORO

un	tan'tin	di	kari'ta
Un	**tantin**	**di**	**carità.**
A	bit	of	charity.

---

[3] *Cenerentola* in Italian means "the one who sweeps the ashes or cinders (*cenere*) out of the fireplace. In French it is *Cendrillon*, (*cendre*, "cinder") and in German *Aschenbrödel* ("ashes").

CLORINDA, TISBE *(disdainfully)*

akka'ttoni	via	di	kwa
Accattoni!	**via**	**di**	**qua.**
Beggars!	Out	of	here!

CENERENTOLA

'tsitto	su	pren'dete	'kwesto pɔ	di	kɔla'tsjone
Zitto:	**su,**	**prendete**	**questo po'**	**di**	**colazione.**
Quiet!	Come,	take	this	bit	of	breakfast.

(She pours a cup of coffee and surreptitiously gives it with a piece of bread to Alidoro.)

'fatɛ 'prɛstɔ	per	pjɛ'ta
Fate presto,	**per**	**pietà.**
Hurry up,	for	pity's sake.

a	non 'rɛggɔ	'alla	pa'ssjone	ke	kru'dɛl fatali'ta
Ah,	**non reggo**	**alla**	**passione,**	**che**	**crudel fatalità!**
Ah,	I can't stand	his	distress,	what	cruel fate!

ALIDORO

'forse	il 'tʃelo	il	gwider'done	pria	di 'nɔtte	vi da'ra
Forse	**il cielo**	**il**	**guiderdone**[4]	**pria**	**di notte**	**vi darà.**
Perhaps	Heaven	the	reward	before	nightfall	will give you.

(Perhaps Heaven will reward you [for your kindness] before nightfall.)

CLORINDA, TISBE

rizvɛ'ʎʎar	'doltʃe pa'ssjone	pju	di mɛ	ne'ssuna	sa
Risvegliar	**dolce passione**	**più**	**di me**	**nessuna**	**sa.**
To awaken	sweet passion	more	than me	no woman	knows.

(No woman other than myself knows how to awaken sweet passion in men.)

CLORINDA *(turning and seeing Alidoro still standing there)*

ma	ke	'vedo	aŋ'kora	li
Me	**che**	**vedo!**	**Ancora**	**lì!**
But	what	do I see!	Still	there!

TISBE

'aŋke	um	'panɛ	'aŋke	il ka'ffɛ
Anche	**un**	**pane?**	**anche**	**il caffè?**
Even	some	bread?	Even	some coffee?

CLORINDA, TISBE *(turning on Cinderella, threateningly)*

'prɛndi	'kwestɔ	a tɛ
Prendi:	**questo**	**a te.**
Take this,	this	is for you.

CENERENTOLA

a	so'kkorso	ki	mi da
Ah!	**soccorso**	**chi**	**mi dà?**
Ah!	Help	who	will give me?

(Who will help me?)

---

[4] This word, meaning "reward, recompense", is a derivation of the German *Wiederlohn*.

ALIDORO *(trying to interpose himself in vain)*

vi fer'mate	per	pjɛ'ta
Vi fermate,	**per**	**pietà.**
Stop it,	for	pity's sake.

(The courtiers enter.)

CHORUS

ɔ	'fiʎʎɛ	a'mabili	di	dom	ma'ɲɲifiko
O	**figlie**	**amabili**	**di**	**Don**	**Magnifico,**
Oh	daughters	charming	of	Don	Magnifico,

ra'miro	il	'printʃipe	o'ror	vɛ'rra
Ramiro	**il**	**principe**	**or or**	**verrà.**
Ramiro	the	prince	soon	will come.

al suɔ	pa'ladʒo	vi kondu'rra	si kantɛ'ra	si dantsɛ'ra
Al suo	**palagio**	**vi condurrà.**	**Si canterà,**	**si danzerà;**
To his	palace	he will take you.	There will be singing,	there will be dancing;

pɔi	la	bɛ'llissima	fra	'laltre	'femmine
poi	**la**	**bellissima**	**fra**	**l'altre**	**femmine**
Then	the	most beautiful	among	all other	women

'spɔza	ka'rissima	per	lui	sa'ra
sposa	**carissima**	**per**	**lui**	**sarà.**
wife	most dear	to	him	shall become.

CLORINDA

ma	'duŋkwe	il	'printʃipe
Ma	**dunque**	**il**	**principe?**
But	where is	the	prince?

CHORUS
Or or verrà.

CLORINDA, TISBE, CENERENTOLA

e	la	bɛ'llissima
E	**la**	**bellissima?**
And	the	most beautiful?

CHORUS

si ʃʃeʎʎje'ra
Si sceglierà.
Will be chosen.

CLORINDA, TISBE

tʃenɛ'rɛntɔla	vieŋ	kwa	le miɛ	'skarpe	il mio	bɔ'nnɛ
Cenerentola	**vien**	**qua,**	**le mie**	**scarpe**	**il mio**	**bonnè.**
Cinderella	come	here,	my	shoes,	my	bonnet.

le mie	'penne	il mio	kɔ'llje
Le mie	**penne,**	**il mio**	**colliè.**
My	feathers,	my	necklace.

IPA	Italian	English
nel tʃer'vellɔ ɔ 'una fu'tʃina	**Nel cervello ho una fucina;**	In my brain I have a forge;

(I feel as if I have a glowing forge in my brain.)

IPA	Italian	English
som pju 'bɛlla e vɔ triɔɱ'far	**son più bella e vo' trionfar,**	I am more beautiful and I want to win,
a un so'rrizo a unɔkkja'tina dɔn ra'mirɔ a da kas'kar	**a un sorriso, a un'occhiatina Don Ramiro ha da cascar.**	at a smile, (and) tender glance Don Ramiro will fall.

CENERENTOLA

IPA	Italian	English
tʃenɛɛrɛntola vjɛŋ kwa va la va su vjɛn dʒu	**Cenerentola vien qua, va là, va su, vien giù...**	Cinderella come here, go there, go up, come down...
'kwestɔ ɛ 'prɔprjo 'unɔ stra'pattsɔ	**Questo è proprio uno strapazzo**	This is a real drudgery
mi vo'letɛ far krɛ'par	**mi volete far crepar?**	do you want to make me die?
ki 'alla 'fɛsta ki al sɔ'llattsɔ	**Chi alla festa, chi al sollazzo:**	Who to the party, who to the happy celebration:

(One goes to the party, the other to have a good time;)

IPA	Italian	English
ed io 'rɛsto kwi a so'ffjar	**ed il resto qui a soffiar.**	and I stay here and sigh.

ALIDORO

IPA	Italian	English
nel tʃer'vɛllɔ 'una fu'tʃina sta lɛ 'pattsɛ a martɛ'llar	**Nel cervello una fucina sta le pazze a martellar,**	In their brains a forge is in those crazy girls hammering,

(A forge is creating such a hammering in those crazy girls' brains,)

IPA	Italian	English
ma dʒa 'pronta ɛ la ro'vina 'vɔʎʎo 'ridere e skja'ttar	**ma già pronta è la rovina, voglio ridere e schiattar.**	but already at hand is calamity, I want to laugh and burst.

CHORUS

IPA	Italian	English
dʒa nel 'kapo 'una fu'tʃina	**Già nel capo una fucina**	Already in their heads a forge

sta le donne a martellar, ma già pronta è la rovina, etc.

CLORINDA (giving a coin to Cenerentola, which she gives to the Prince's followers)

'date	lor	'mɛddzo	'skudo	'grattsjɛ
Date	**lor**	**mezzo**	**scudo.**	**Grazie.**
Give	them	half a	*scudo*.	Thank you.

ai	'tʃɛnni	del	'printʃipe	noi	'sjamɔ
Ai	**cenni**	**del**	**Principe**	**noi**	**siamo.**
At the	orders	of the	Prince	we	are.

(noticing the beggar is still there)

aŋ'kor	kwi	'sjɛtɛ	kwal	'taɱfɔ	an'datɛ	o	ve ne penti'rete
Ancor	**qui**	**siete?**	**Qual**	**tanfo!**	**Andate,**	**o**	**ve ne pentirete.**
Still	here	you are?	What	smell!	Go away	or	you'll be sorry.

CENERENTOLA *(accompanying Alidoro)*

iɔ	pɔi	kwel	'mɛddzo	'skudo	a	voi	la'vrɛi	dɔ'nato
Io	**poi**	**quel**	**mezzo**	**scudo**	**a**	**voi**	**l'avrei**	**donato;**
I	really	that	half a	farthing	to	you	I'd have	given;

ma	nɔ'nɔ	'mɛddzo	'sɔldɔ
ma	**non ho**	**mezzo**	**soldo.**
but	I haven't	half a	farthing (to my name).

il	'kɔrɛ	im	'mɛddzo	mi spakke'rɛi
Il	**core**	**in**	**mezzo**	**mi spaccherei**
My	heart	in	half	I'd tear out

per		'darlɔ	a	un	iɱfe'litʃe
per		**darlo**	**a**	**un**	**infelice.**
to be able to		give it	to	an	unfortunate man.

ALIDORO *(markedly, as he begins to leave)*

'forsɛ	al	nɔ'vɛllo	di	sa'rai	fe'litʃe
(Forse	**al**	**novello**	**dì**	**sarai**	**felice.)**
(Perhaps	at the	new	day	you shall be	happy.)

TISBE

tʃɛne'rɛntola	'prɛsto	prɛ'para	i	'nastri	i	'manti
Cenerentola,	**presto,**	**prepara**	**i**	**nastri,**	**i**	**manti.**
Cinderella,	quickly,	get ready	the	ribbons,	the	cloaks.

CLORINDA

ʎi	uŋ'gwɛnti	lɛ	pɔ'matɛ
Gli	**unguenti,**	**le**	**pomate.**
The	unguents,	the	pomades.

(Bring us our makeup items.)

TISBE

i mjɛi	dia'manti
I miei	**diamanti.**
My	diamonds.

CENERENTOLA
u'ditemi	sɔ'rɛllɛ
Uditemi,	**sorelle...**
Listen to me,	my sisters...

CLORINDA *(haughtily)*
ke	sɔ'rɛllɛ	nɔm prɔfa'nartʃi	kon	si 'fatto	'nome
Che	**sorelle!**	**Non profanarci**	**con**	**sì fatto**	**nome.**
What	"my sisters"!	Do not degrade us	by (using)	such a	name (on us).

TISBE *(threatening her)*
e	gwai	per	tɛ	sɛ	tuʃʃi'ra di	'bokka
E	**guai**	**per**	**te**	**se**	**t'uscirà di**	**bocca!**
And	woe	to	you	if	it ever leaves your	mouth!

CENERENTOLA *(to herself)*
'sɛmprɛ	'nwɔvɛ	pa'ttsie	sɔ'ffrir	mi 'tokka
Sempre	**nuove**	**pazzie**	**soffrir**	**mi tocca.**
Always	new	follies	suffer	I must.

TISBE
nɔm ve	'tɛmpɔ	da	'pɛrdɛrɛ
Non v'è	**tempo**	**da**	**perdere.**
There is no	time	to	lose.

CLORINDA
'nɔstrɔ	'padrɛ	avvi'zarnɛ	kom'vjɛnɛ
Nostro	**padre**	**avvisarne**	**conviene.**
Our	father	tell him about this	we must.

(We must tell our father about this.)

(Each one trying to prevent the other from entering their father's room.)

TISBE
'essɛr	la	'prima	'vɔʎʎo	a	'darnɛ	la	'nwɔva
Esser	**la**	**prima**	**voglio**	**a**	**darne**	**la**	**nuova.**
To be	the	first one	I want	to	give him	the	news.

(I want to be the first to give him the news.)

CLORINDA
ɔ	mi per'doni	io	'sonɔ	la	ma'ddʒorɛ
Oh!	**mi perdoni,**	**io**	**sono**	**la**	**maggiore.**
Oh!	Forgive me,	I	am	the	eldest!

TISBE *(with mounting rage)*
nɔ	nɔ	ʎɛl vɔ	dir	'io
No,	**no,**	**gliel vo'**	**dir**	**io.**
No,	no,	I want to him	to tell	myself.

(No! I want to tell him.)

CENERENTOLA

ɛ	'kwesto il	do'ver	'mio
È	**questo il**	**dover**	**mio.**
Is	this the	duty	mine.

(This is my duty.)

iɔ	zveʎ'ʎare	lɔ vɔ	ve'nite a'pprɛssɔ
Io	**svegliare**	**lo vo.**	**Venite appresso**
I	awake	him I go.	Come behind me.

(I will go wake him up. You follow me.)

TISBE

ɔ	non la vintʃe'rai
Oh!	**non la vincerai!**
Oh!	You won't have the upper hand!

CLORINDA

'ɛkko	'eʎʎi	'stesso
Ecco	**egli**	**stesso.**
There he is,	he	himself.

(Don Magnifico enters. He is attired in a nightcap and a robe and is in a bad mood as he addresses his daughters.)

MAGNIFICO

mjɛi	ram'polli	femmi'nini	vi ri'pudjo	mi ver'gɔɲɲo
Miei	**rampolli**	**femminini,**	**vi ripudio,**	**mi vergogno!**
My	descendants	female,	I disown you,	I am ashamed!

(My female offspring,)

um	ma'ɲɲifiko	'mio	'soɲɲo	mi ve'niste	a	skɔntʃer'tar
Un	**magnifico**	**mio**	**sogno**	**mi veniste**	**a**	**sconcertar.**
A	magnificent	my	dream	you came me	to	disturb.

(You came and interrupted a magnificent dream of mine.)

(to himself, as he notices the girls tittering when he isn't looking at them)

'kome	sɔm	mɔrtifi'kate	'deɲɲe	'fiʎʎe	dum	ba'rone
Come	**son**	**mortificate!**	**Degne**	**figlie**	**d'un**	**Barone!**
How	they're	mortified!	Worthy	daughters	of a	Baron!

via	si'lɛntsjo	ɛd	attɛn'tsjone	'state	il	'soɲɲo a medi'tar
Via,	**silenzio**	**ed**	**attenzione.**	**State**	**il**	**sogno a meditar.**
Come now,	silence	and	pay attention.	Stay	my	dream to think about.

(Just think about my dream.)

mi sɔ'ɲɲai	tra il	'fosko	e	il 'kjarɔ
Mi sognai	**tra il**	**fosco**	**e**	**il chiaro**
I dreamt	half	hazily	and (half)	clearly

um	bɛ'llissimɔ	sɔ'marɔ	un	sɔ'marɔ	ma	sɔ'lɛnne
un	**bellissimo**	**somaro;**	**Un**	**somaro,**	**ma**	**solenne.**
about	a most beautiful	donkey;	A	donkey	but	<u>what</u> a donkey!

IPA	Italian	English
'kwandɔ a un 'trattɔ ɔ ke pɔr'tɛntɔ	**Quando a un tratto, oh che portento!**	When all of a sudden, oh, what wonder!

IPA	Italian	English
'sullɛ 'spallɛ a 'tʃɛntɔ a 'tʃɛntɔ ʎi spun'tarɔnɔ le 'pennɛ	**Sulle spalle a cento a cento gli spuntarono le penne**	On his shoulders by the hundreds there grew on him some feathers

IPA	Italian	English
ed in 'arja ʃu vɔ'lɔ	**ed in aria sciù volò!**	and into the air, whoosh, he flew!

IPA	Italian	English
ed in'tʃima a uŋ kampa'nile 'kome in 'trɔnɔ si fɛr'mɔ	**Ed incima a un campanile come in trono si fermò.**	And atop a steeple as if on a throne he alighted.

IPA	Italian	English
si sen'tianɔ per di 'sɔttɔ lɛ kam'panɛ zdindɔ'nar din don	**Si sentiano per di sotto le campane sdindonar, din, don...**	Were heard below the bells chiming, ding, dong...

IPA	Italian	English
kol tʃi tʃi tʃu tʃu di 'bɔttɔ mi fa'tʃeste rizve'ʎʎar	**Col ci ci ciù ciù[5] di botto mi faceste risvegliar.**	With your endless chatter suddenly you did awaken me.

IPA	Italian	English
ma dun 'sɔɲɲɔ si intral'tʃatɔ	**Ma d'un sogno sì intralciato,**	But of a dream so tangled,

IPA	Italian	English
'ɛkkɔ il 'simbɔlɔ ɛ spjɛ'gatɔ	**ecco il simbolo è spiegato.**	here's the symbol is explained.

(But here is my explanation of this tangled dream of mine.)

IPA	Italian	English
la kam'pana 'swɔna a 'fɛsta	**La campana suona a festa?**	The bell is pealing joyfully?

IPA	Italian	English
alle'grettsa iŋ 'kaza ɛ 'kwesta	**Allegrezza in casa è questa.**	Merriment in my house is this.

(The joyfully pealing bell means that there is merriment in my house.)

IPA	Italian	English
'kwelle 'pennɛ 'sjete voi kwel gram 'vɔlo 'plɛbɛ a'ddio	**Quelle penne? Siete voi; quel gran volo? Plebe, addio.**	Those feathers? They are you; that great flight? Plebeans, farewell.

(and that flight means I shall rise in society never to deal with the vulgar mob again.)

IPA	Italian	English
'rɛsta 'lazinɔ di 'pɔi ma kwe'llazinɔ son 'io	**Resta l'asino di poi, ma quell'asino son io;**	

---

[5] This is an onomatopoeic combination of sounds describing the noise made by chattering. One could translate it, in American parlance, as yakkety-yak.

ki	vi 'gwarda	'vedɛ	'kjaɾɔ
Chi	**vi guarda**	**vede**	**chiaro**
Whoever	looks at you	sees	clearly

ke	il	sɔ'maɾɔ	ɛ	il	dʒeni'tor
che	**il**	**somaro**	**è**	**il**	**genitor**
that	the	donkey	is	your	father.

(In one glance whoever looks at you can immediately tell that your father is that ass.)

ferti'lissima	ɾe'dʒina	'luna	e	'laltra	divɛ'rra
Fertilissima	**regina**	**l'una**	**e**	**l'altra**	**diverrà;**
A most fertile	queen	one	and	the other	shall become;

ed	il	'nɔnno	'una	do'ddzina	di ne'poti	abbrattʃɛ'ra
Ed	**il**	**nonno**	**una**	**dozzina**	**di nepoti**	**abbraccerà.**
And	the	grandfather	a	dozen	grandchildren	will hug.

un	re	'pikkɔlo	di kwa	'sɛrvɔ
Un	**re**	**piccolo**	**di qua:**	**Servo,**
A	king	little	here:	Your servant,

(A little king over here [with everyone saying] "your servant",)

un	re	'bambolo	di la
Un	**re**	**bambolo**	**di là:**
A	king	baby	there:

(and a baby king over there:)

e	la	'glɔɾja	mia	sa'ra
E	**la**	**gloria**	**mia**	**sarà.**
And	the	glory	mine	shall be.

(and the glory shall be mine!)

CLORINDA *(to her father)*

sa'ppjate	ke	fra 'pɔkɔ
Sappiate	**che**	**fra poco...**
You should know	that	very soon...

TISBE *(interrupting)*

il 'printʃipe	ɾa'miɾo
Il Principe	**Ramiro...**
Prince	Ramiro...

CLORINDA

ke	son	tre	di	ke	'nella	deli'ttsjoza
Che	**son**	**tre**	**dì**	**che**	**nella**	**deliziosa...**
That	it's	three	days	that	in his	country estate...

TISBE

vi'tʃino	'mɛddzo	'miʎʎo	ve'nuto ɛ	ad	abi'tar
Vicino	**mezzo**	**miglio**	**venuto è**	**ad**	**abitar...**
Close by	half a	mile,	come he has	to	live...

(Close by, (half a mile) he has come to live...)

CLORINDA

'ʃeʎʎe	'una	'spɔza
Sceglie	**una**	**sposa...**
He's choosing	a	bride...

TISBE

tʃi man'dɔ	ad iɱvi'tar
Ci mandò	**ad invitar.**
He had us	be invited.

(He sent us an invitation.)

CLORINDA

e	fra mo'menti
E	**fra momenti...**
And	any moment...

TISBE

arrive'ra	per	'prendertʃi
Arriverà	**per**	**prenderci...**
He will arrive	to	get us...

CLORINDA

e	la	'ʃʃelta	la	pju	'bbɛlla	sa'ra
E	**la**	**scelta**	**la**	**più**	**bella**	**sarà...**
And	the	chosen one	the	most	beautiful one	shall be...

(And he will choose the most beautiful one of us...)

MAGNIFICO *(astounded, giving himself an important air)*

'fiʎʎe	ke	'ddite	kwel	printʃi'pon
Figlie	**che**	**dite!**	**Quel**	**Principon!**
Daughters,	what	are you saying!	That	Great Prince!

kwan'tuŋkwe	io	nol	ko'noska	ʃeʎʎe'ra	viɱvi'tɔ
Quantunque	**io**	**nol**	**conosca...**	**sceglierà!...**	**v'invitò...**
Although	I	don't	know him...	he will choose...	he invited you...

'spɔza	pju 'bbɛlla		iɔ	'kadɔ	in zveni'mento
sposa	**più bella...**		**io**	**cado**	**in svenimento...**
bride,	the fairest...		I	feel	quite faint...

'alla	fa'vɛlla	ɛ	ve'nuto il	se'kwɛstrɔ
Alla	**favella**	**è**	**venuto il**	**sequestro.**
In the	nick of time	has	come the	rescue.

il	printʃi'patɔ	per	la	spi'nal mi'dolla	dʒa	mi ser'peddʒa
Il	**Principato**[6]	**per**	**la**	**spinal midolla**[7]	**già**	**mi serpeggia,**
The	"Prince-ipality"	through	my	spinal marrow	already	courses,

(I feel it in my bones, this princely alliance,)

---

[6] Magnifico is considering himself as part of a princely family; the translator could have used "ennoble", but "Prince-ify" suggests being ennobled by joining a princely family through the marriage of (one of) his daughters.

[7] We would say "I feel it in my bones". *Per la spinal midolla* implies "I feel it up and down my back".

ed	in	'una	pa'rɔla	il	'soɲɲo ɛ	'stɔrja
ed	**in**	**una**	**parola**	**il**	**sogno è**	**storia,**
and	in	one	word,	my	dream is	history,

ed	il sɔ'maro	'vola
ed	**il somaro**	**vola.**
and	this donkey	is flying!

tʃɛnɛ'rɛntɔla	'prɛstɔ	'pɔrtami	il miɔ	ka'ffɛ
Cenerentola,	**presto,**	**portami**	**il mio**	**caffè.**
Cinderella,	quickly,	bring me	my	coffee.

(back to his daughters)

'viʃʃɛɾe	'mie	mɛ'ta	del	miɔ	pa'lattsɔ ɛ	dʒa	krɔ'llata
Viscere[8]	**mie,**	**metà**	**del**	**mio**	**palazzo è**	**già**	**crollata,**
Entrails	mine,	half	of	my	palace is	already	crumbling,

e	'laltra	ɛ	in	agoˈnia	'fatevi oˈnore
e	**l'altra**	**è**	**in**	**agonia.**	**Fatevi onore.**
and	the other	is	in	agony.	Do your best.

(Do your best, ye fruits of my loins...half my palace is crumbling and the other half is slowly dying for lack of maintenance [because I am broke].)

mɛ'ttjamotʃi	um	pun'tɛllɔ	'fiʎʎe	'state	in tʃɛr'vɛllɔ
Mettiamoci	**un**	**puntello.**	**Figlie,**	**state**	**in cervello.**
Let us find ourselves	a	support.	Daughters,	sharpen	your wits.

(Let us find ourselves someone to support us.)

par'late	im	'punto	e	'virgɔla
Parlate	**in**	**punto**	**e**	**virgola,**
Speak	with	period	and	comma,

(Speak clearly[9])
(Be careful what you say.)

per	kari'ta	pɛn'sate	ad abbi'ʎʎarvi
Per	**carità,**	**pensate**	**ad abbigliarvi:**
For	pity's sake,	think	about getting dressed :

si 'tratta	njɛnte'men	ke	impritʃi'parvi
si tratta	**nientemen**	**che**	**imprinciparvi.**
it's a matter,	no less,	than	to "Prince-ify" you.[10]

(it's a matter, no less, of making you Princesses.)

(Magnifico and his daughters leave. Prince Ramiro enters, and cautiously looks around.)

---

[8] Magnifico is ultra-poetically referring to his two daughters as *mie viscere,* "the fruits of my loins", which literally means "my entrails" in Italian.

[9] What we in English mean by "dot your *i*'s and cross your *t*'s" or "mind your *p*'s and *q*'s".

[10] In the current Metropolitan Opera production, Simone Alaimo (the bass singing Magnifico) changes *imprincipiarvi* to *imprincipiarmi*. It is an adequate change, meaning to Prince-ify **me**, rather that Prince-ify **you**. After all, only **one** of his daughters can become a Princess, whereas he can become part of a princely family no matter which of the two marries the Prince.

RAMIRO

'tutto	ɛ	de'ʒɛrto	a'mitʃi	ne'ssun	ris'ponde
Tutto	**è**	**deserto.**	**Amici?**	**Nessun**	**risponde.**
All	is	deserted.	Friends!	No one	answers.

iŋ	'kwesta	simu'lata	sɛm'bjantsa	lɛ	'bɛllɛ	ɔssɛrve'rɔ
In	**questa**	**simulata**	**sembianza**	**le**	**belle**	**osserverò.**
In	this	simulated	appearance	the	fair ladies	I will observe.

(In this disguise I will be able to observe the fair ladies.)

nɛ	'vjɛnɛ	al'kuno	e'ppur	mi djɛ	spe'rantsa	il	sa'pjɛnte	ali'dɔrɔ
Nè	**viene**	**alcuno?**	**Eppur**	**mi diè**	**speranza**	**il**	**sapiente**	**Alidoro,**
Is	no one	coming?	Yet	gave me	hope		the wise	Alidoro,

ke	kwi	'saddʒa	e	ve'ttsoza
che	**qui,**	**saggia**	**e**	**vezzosa**
that	here,	good	and	pretty

'deɲɲa	di	mɛ	trɔ'var	sa'prɔ	lla	'spɔza
degna	**di**	**me**	**trovar**	**saprò**	**la**	**sposa.**
worthy	of	me	find	I will	the	bride.

(And yet the wise Alidoro gave me to understand that here I would find a good and pretty bride worthy of me.)

spɔ'zarsi	e	nɔn	a'mar	'leddʒe	ti'ranna
Sposarsi,	**e**	**non**	**amar!**	**Legge**	**tiranna,**
To get married,	and	not	be in love!	Law	tyrannical,

ke	nel	fjor	de	mjɛi	'dʒorni
che	**nel**	**fior**	**de'**	**miei**	**giorni**
which	in the	flower	of	my	youth

a	di'ffitʃil	'ʃʃelta	mi kɔn'danna	tʃer'kjam	ve'djamɔ
a	**difficil**	**scelta**	**mi condanna!**	**Cerchiam,**	**vediamo.**
to	a difficult	choice	condemns me!	Let's look	(and) see.

(To marry and not for love? What a dreadful law that condemns me to make my choice ever so difficult in the flower of my youth!)

(Cenerentola enters, a tray with a cup and saucer in her hands, happily humming her ditty.)

CENERENTOLA
Una volta c'era...

(She suddenly perceives Ramiro's presence and drops the tray, which clatters on the ground.)

ɛ	'fatta
È	**fatta!**
I've	done it!

RAMIRO

ke	kɔ'zɛ
Che	**cos'è?**
What	is it?

CENERENTOLA
ke	batti'kwɔrɛ
Che	**batticuore!**
How	my heart is pounding!

RAMIRO
'forse	um	'mostro	so'nio
Forse	**un**	**mostro**	**son io!**
Perhaps	a	monster	I am!

CENERENTOLA *(at first taken unawares, then correcting herself)*
si	nɔ	si'ɲɲoɾe
Sì...	**no,**	**signore.**
Yes...	no,	sir.

DUET
RAMIRO
un	sɔ'ave	non so ke	iŋ	kwe'ʎʎɔkki	ʃʃinti'llɔ
Un	**soave**	**non so che**	**in**	**quegli occhi**	**scintillò.**
A	gentle	something[11]	in	those eyes	sparkled.

CENERENTOLA *(to herself)*
iɔ	vɔ'rrɛi	sa'per	per'ke	il mio	kɔr	mi palpi'tɔ
Io	**vorrei**	**saper**	**perchè**	**il mio**	**cor**	**mi palpitò.**
I	would like	to know	why	my	heart	throbbed so.

RAMIRO
le di'ɾɛi	ma	nɔn ar'disko
Le direi,	**ma**	**non ardisco.**
I'd tell her,	but	I do not dare.

CENERENTOLA
par'lar	'vɔʎʎo	e 'tattʃo	in'tanto
Parlar	**voglio**	**e taccio**	**intanto.**
To speak	I wish	and I keep silent	meanwhile.

(I want to speak but yet I keep silent.)

RAMIRO, CENERENTOLA *(alternating)*
'una	'grattsja	un	'tʃɛrto	iŋ'kantɔ
Una	**grazia,**	**un**	**certo**	**incanto,**
A	grace,	a	certain	enchantment,

par	ke	'brilli	su	kwel 'vizo
par	**che**	**brilli**	**su**	**quel viso.**
seems	to	shine	in	that face.

'kwantɔ	'kaɾo	ɛ kwel	so'rrizo
Quanto	**caro**	**è quel**	**sorriso**
How	dear	is that	smile

---

[11] *Non so che* literally means "I don't know what", "a certain something I cannot explain", "something I can't put into words". The French have their *je ne sais quoi.*

ˈʃendɛ	aˈllalma	e	fa	speˈrar
scende	**all'alma**	**e**	**fa**	**sperar.**
it penetrates	the soul	and	makes one	hope.

RAMIRO *(to Cenerentola)*

del	baˈron	le	ˈfiʎʎɛ	ˈtʃɛrko
Del	**Baron**	**le**	**figlie**	**cerco.**
Of the	Baron	the	daughters	I seek.

ˈdove	ˈssono	kwi	non le ˈvedo
Dove	**sono?**	**qui**	**non le vedo.**
Where	are they?	Here	I don't see them.

(I am looking for the Baron's daughters. Where are they? I don't see them here.)

CENERENTOLA

son	di	la	neˈllaltrɛ	ˈstantsɛ	or	vɛˈrranno
Son	**di**	**là**	**nell'altre**	**stanze.**	**Or**	**verranno.**
They're	over	there	in another	room.	Soon	they will come.

(to herself)

aˈddiɔ	speˈrantsɛ
Addio,	**speranze.**
Farewell	hopes.

RAMIRO *(interestedly)*

ma	di ˈgrattsja	voi	ki	ˈsjɛtɛ
Ma,	**di grazia,**	**voi**	**chi**	**siete?**
But,	pray,	you	who	are?

(But pray, who are you?)

CENERENTOLA

io	ki	ˈsono	ɛ	nɔn lɔ sɔ
Io	**chi**	**sono?**	**Eh,**	**non lo so.**
I,	who	am I?	Ah,	I do not know.

RAMIRO
nol saˈpete
Nol sapete?
You don't know?

CENERENTOLA

ˈkwazi	nɔ	kwel	kɛ	ˈpadrɛ	nɔˈnɛ	ˈpadrɛ
Quasi	**no.**	**Quel**	**ch'è**	**padre**	**non è**	**padre...**
Almost	no.	He	who is the	father	isn't my	father...

(becoming befuddled in her explanation and correcting herself)

ˈonde	pɔi	le	due	sɔˈrɛllɛ
onde	**poi**	**le**	**due**	**sorelle...**
so	that	my	two	sisters...

'εra 'vedɔva mia 'madrε
era vedova mia madre...
was a widow my mother...

ma fu 'madrε aŋ'kor di 'kwelle
ma fu madre ancor di quelle...
but was mother also of those two...

'kwestɔ 'padrε pjεn dor'goʎʎo
questo padre pien d'orgoglio...[12]
this father full of pride...

(to herself)

sta a ve'dere ke mim'brɔʎʎo
sta a vedere que m'imbroglio.
it's obvious that I'm confused.

dε sku'zatε perdɔ'natε 'alla 'mia semplitʃi'ta
Deh! scusate, perdonate alla mia semplicità.
Please! Excuse, forgive my simplemindedness.

RAMIRO
mi se'dutʃe minna'mora 'kwella 'sua semplitʃi'ta
Mi seduce, m'innamora quella sua semplicità.
It seduces me, it captivates me that her simplicity.
(This simplicity of hers captivates and seduces me.)

CLORINDA, TISBE *(calling from their rooms)*
tʃenε'rεntɔla da mε
Cenerentola, da me!
Cinderella, come here!

RAMIRO
'kwesta 'votʃe ke kɔ'zε
Questa voce che cos'è?
That voice, what is it?

CENERENTOLA
a pɔ'nεntε εd a lε'vantε
A ponente ed a levante
From west to east,

a ʃʃi'rɔkkɔ e a tramɔn'tana
a scirocco e a tramontana,
from south and north[13]

---

[12] Here we see, within two lines of text two Italian words *orgoglio* and *imbroglio*. The first shows a closed *o*, while the second shows an open *o*. Lest someone find this inconsistent and/or confusing, here goes a warning: That is the way it is in Italian, a veritable swamp of phonetic inconsistencies enough to drive a person to distraction. Viva Italia!

[13] *Scirocco* is a south wind and *tramontana* is a north wind.

no'nɔ	'kalma	un	'solo	is'tantɛ
non ho	**calma**	**un**	**solo**	**istante,**
I have no	peace	one	single	moment,

'tutto	'tokka	a mɛ
tutto	**tocca**	**a me.**
everything	I'm expected to do	myself.

CLORINDA, TISBE
Cenerentola!

CENERENTOLA *(turning towards one or the other rooms from which the voices are calling)*

'vɛŋgo	a'ddio	si'ɲɲoɾe
Vengo.	**Addio,**	**signore.**
I'm coming!	Goodbye,	sir.

(with passion, to herself)

a	tʃi	'laʃʃɔ	'prɔprjo	il	'kɔɾe
Ah!	**ci**	**lascio**	**proprio**	**il**	**core.**
Ah!	Here	I am leaving	indeed	my	heart.

'kwestɔ kɔr	pju	'miɔ	nɔ'nɛ
Questo cor	**più**	**mio**	**non è.**
This heart	any longer	mine	isn't.

(My heart is no longer mine.)

RAMIRO

kwella'ttʃɛnto	kwel	sɛm'bjantɛ	ɛ	'una	'kɔza	sovru'mana
Quell'accento,	**quel**	**sembiante**	**è**	**una**	**cosa**	**sovrumana.**
Her voice,	her	face,	are	a	thing	superhuman.

(What a divine voice and face she has!)

io	mi 'pɛrdo	iŋ 'kwesto	is'tantɛ
Io	**mi perdo**	**in questo**	**istante;**
I	feel lost	from this	moment on;

dʒa pju mɛ nɔn 'trɔvo im mɛ
già più me non trovo in me.
I don't recognize myself anymore.

(rapt in thought, gazing at Cenerentola)

ke	innɔ'tʃɛntsa	ke	kan'doɾe	miɲ'vola	'prɔprjo	il	'kɔɾe
Che	**innocenza!**	**che**	**candore!**	**M'invola**	**proprio**	**il**	**core.**
What	innocence!	What	purity!	She steals	truly	my	heart.

Questo cor più mio non è.

(Cinderella leaves. Ramiro remains.)

RAMIRO

nɔn sɔ	ke	dir	'kome	in	si	'rɔddze	'spɔʎʎe
Non so	**che**	**dir.**	**Come**	**in**	**sì**	**rozze**	**spoglie**
I don't know	what	to say.	How	in	such	rough	apparel

si	bɛl	'volto	ɛ	dʒen'til	ma	dom	ma'ɲɲifiko
sì	**bel**	**volto**	**è**	**gentil!**	**Ma**	**Don**	**Magnifico**
such a	pretty	face	is	charming!	But	Don	Magnifico

noŋ appa'riʃʃe	aŋ'kor	nun'tsjar	vɔ'rrei
non appparisce	**ancor.**	**Nunziar**	**vorrei**
hasn't arrived	yet.	Announce	I'd like

del	maskɛ'rato	'printʃipe	la'rrivo
del	**mascherato**	**principe**	**l'arrivo.**
of the	disguised	prince	the arrival.

(I'd like to announce the arrival of the bogus prince.)

fortu'nato	kon'siʎʎo	da	'semplitʃe	sku'djɛrɔ
Fortunato	**consiglio!**	**Da**	**semplice**	**scudiero**
Excellent	advice!	As	a simple	squire

il	'kɔre	'delle	'femminɛ	'meʎʎo	zvɛ'lar	sa'prɔ
il	**core**	**delle**	**femmine**	**meglio**	**svelar**	**saprò.**
the	heart	of the	women	better	lay bare	I will.

(as a simple servant I will be able to better lay bare the hearts of these women.)

dan'dini	in'tantɔ	retʃi'tandɔ	da	'printʃipe
Dandini	**intanto,**	**recitando**	**da**	**principe...**
Dandini,	meanwhile,	playing	the	prince...

(Don Magnifico enters, dressed in his finest clothes. He approaches Ramiro.)

MAGNIFICO

dɔ'mando	um	mi'lljon di	per'doni	'dika
Domando	**un**	**million di**	**perdoni.**	**Dica:**
I beg	a	million	pardons.	Tell me,

e	sua	al'tettsa	il	'prɛntʃe
E	**Sua**	**Altezza**	**il**	**Prence?**
and	His	Highness	the	Prince?

RAMIRO
a'rriva
Arriva.
He'll be arriving.

MAGNIFICO
e 'kwandɔ
E quando?
But when?

RAMIRO

fra	tre	mi'nuti
Fra	**tre**	**minuti!**
In	three	minutes!

MAGNIFICO *(excited)*

tre	mi'nuti	a	'fiʎʎe	zbri'gatevi	ke	'sservɛ
Tre	**minuti!**	**ah**	**figlie,**	**sbrigatevi:**	**che**	**serve?**
Three	minutes!	Ah,	daughters,	hurry up;	Oh what's	the use?

lɛ	'vadɔ	ad	affre'ttar	'skuzi
Le	**vado**	**ad**	**affrettar.**	**Scusi:**
I am off		to	hurry them along.	Excuse me;

per	'kwestɛ	ɾa'gattse	bene'dette
per	**queste**	**ragazze**	**benedette**
with	these	girls	blessed

un	'sɛkɔlɔ	ɛ	um	mo'mentɔ	'alla	tɔɛ'lettɛ
un	**secolo**	**è**	**un**	**momento**	**alla**	**toelette.**
a	century	is	a	moment	for their	primping.

(with these blessed girls, a moment's primping lasts a century with them!)

(He goes into his daughters' room.)

RAMIRO

ke	bu'ffone	e	ali'dɔɾo	miɔ	ma'ɛstrɔ
Che	**buffone!**	**E**	**Alidoro**	**mio**	**maestro**
What	a buffoon!	But	Alidoro	my	tutor

sɔs'tjɛŋ	ke	iŋ	'kwestɛ	'muɾa	sta	la	bɔn'ta	pju	'ppuɾa
sostien	**che**	**in**	**queste**	**mura**	**sta**	**la**	**bontà**	**più**	**pura!**
sustains	that	within	these	walls	there dwells		kindness	most	pure!

'basta	ve'drem	'alle	sue	'fiʎʎe
Basta,	**vedrem.**	**Alle**	**sue**	**figlie**
All right,	we'll see.	To	his	daughters

kɔɱ'vjɛŋ ke	mavvi'tʃini
convien che	**m'avvicini.**
I had better	get close.

(I'd be well advised to get to know his daughters better.)

(A noise is heard outside.)

kwal	fra'gor	nom miŋ'gannɔ	'ɛkkɔ	dan'dini
Qual	**fragor!...**	**non m'inganno.**	**Ecco**	**Dandini.**
What	noise!...	I'm not wrong.	Here is	Dandini.

(Enter Courtiers, Dandini, Magnifico, Clorinda and Tisbe.)

COURTIERS

ˈʃeʎʎi	la	ˈspɔza	aˈfrettati	simˈvola via	lɛˈta
Scegli	**la**	**sposa,**	**affrettati:**	**sin'vola via**	**l'età:**
Choose	a	bride,	hurry;	flies away	the age:
				(time is passing you by;)	

la	printʃiˈpeska	ˈlinea	sɛ	nɔ	sestingweˈra
La	**principesca**	**linea,**	**se**	**no,**	**s'estiguerà.**
The	princely	lineage,	if	not,	will die out.

CAVATINA
DANDINI

ˈkome	un	ˈape	ne	ˈdʒorni	daˈprile
Come	**un**	**ape**	**ne'**	**giorni**	**d'aprile**
As	a	bee	in the	days	of April

va	vɔˈlandɔ	lɛˈddʒera	e	skerˈtsoza
va	**volando,**	**leggiera**	**e**	**scherzosa;**
goes	flying,	lightly	and	playfully;

(As a bee on an April day goes flying lightly and playfully;)

ˈkorrɛ	al	ˈdʒiʎʎo	pɔi	ˈsalta	ˈalla	ˈrɔza
Corre	**al**	**giglio,**	**poi**	**salta**	**alla**	**rosa,**
It darts	to the	lily,	then	springs	to the	rose,

ˈdoltʃe	uŋ	ˈfjorɛ	a	tʃerˈkare	per	sɛ
dolce	**un**	**fiore**	**a**	**cercare**	**per**	**sè.**
sweet	a	flower	to	seek	for	itself.

(seeking a sweet flower for itself.)

fra	lɛ	ˈbɛllɛ	maˈddʒiro	e	riˈmiro
Fra	**le**	**belle**	**m'aggiro**	**e**	**rimiro:**
Among	the	fair maids	I rove	and	look them over;

nɛ ɔ	veˈdutɛ	dʒa	ˈtante	e ppɔi	ˈtantɛ
Ne ho	**vedute**	**già**	**tante**	**e poi**	**tante;**
I have	seen	already	so many	and then	some;

ma	nɔn	ˈtrɔvo	un	dʒuˈdittsjo	un	semˈbjante
Ma	**non**	**trovo**	**un**	**giudizio,**	**un**	**sembiante,**
But	I can't	find	a	mind,	or	a face,

uŋ	boˈkkone	skwiˈzito	per	mɛ
un	**boccone**	**squisito**	**per**	**me.**
a	tidbit	delicious	to suit	me.

CLORINDA *(unctuously)*

ˈprentʃe
Prence...[14]
Prince...

---

[14] "Prince" in Italian can be *principe,* or *prence,* the latter a more poetic form.

TISBE *(likewise)*
'sire
Sire...
Sire...

CLORINDA, TISBE
ma	'kwanti	fa'vori
Ma	**quanti**	**favori!**
But	how many	favors!

(How honored we are by your favor!)

MAGNIFICO
ke	di'luvjo	ke	a'bisso	di	o'nori
Che	**diluvio,**	**che**	**abisso**	**di**	**onori!**
What	a deluge,	what	an ocean	of	honors!

DANDINI *(turning to one, then to the other)*
'nulla	ve'ttsoza	gra'ttsjoza
Nulla.	**Vezzosa!**	**Graziosa!**
It's nothing.	Pretty one!	Charming one!

(aside, to Ramiro)

'dikɔ	'bɛnɛ
Dico	**bene?**
Am I doing	all right?

son	'tuttɛ	pa'pa
Son	**tutte**	**papà.**
They're all		daddy.

(Just like their daddy.)

RAMIRO *(to Dandini, softly)*
'bestja	a'ttɛntɔ	ti 'skɔsta	di	kwa
(Bestia!	**attento!**	**ti scosta**	**di**	**qua.)**
(You ass!	Be careful!	get away	from	me!)

DANDINI *(to the two sisters, who are longingly looking at him)*
per	pjɛ'ta	'kwelle	'tʃiʎʎa	abba'ssatɛ
Per	**pietà,**	**quelle**	**ciglia**[15]	**abbassate.**
For	pity's sake,	those	eyes	lower.

(Lower your eyes, for pity's sake!)

galɔ'ppandɔ	sɛŋ va	la	ra'dʒone
Galoppando	**sen va**	**la**	**ragione,**
Galloping	away goes	my	reason,

(My wits are leaving me apace,)

e	fra	i	'kolpi	dun	'doppjɔ	ka'nnone
e	**fra**	**i**	**colpi**	**d'un**	**doppio**	**cannone**
and	at	the	shots	of a	double	cannon

---

[15] Eyes in poetic Italian have different names: *Occhi* is the common name. Then there are *ciglia, rai, pupille, lumi, fuochi,* and *mongibelli.*

La Cenerentola, Act I

spalaŋ'kata	la	'brettʃa	ɛ	di ddʒa
spalancata	**la**	**breccia**	**è**	**di già.**
wide open	the	breach	is	already.

(and you've breached the fortress of my heart with the intensity of a double cannon shot!)

Vezzosa, graziosa, son tutte papà.

(to himself)

ma	al	fi'nir	'della	'nɔstra	kɔm'mɛdja
(Ma	**al**	**finir**	**della**	**nostra**	**commedia,**
(But	at the	end	of	our	comedy,

ke	tra'dʒɛdja	kwi	'naʃʃɛr	dɔ'vra
che	**tragedia**	**qui**	**nascer**	**dovrà!)**
what	tragedy	here	be born	must!)

(what a tragedy there will be here!)

CLORINDA, TISBE *(each to herself)*

ei	mi 'gwarda	sos'pira	de'lira	nom vɛ	'dubbjo
Ei	**mi guarda,**	**sospira,**	**delira,**	**non v'è**	**dubbio,**
He	is looking at me,	he sighs,	he is enraptured,	there is no	doubt,

ɛ	miɔ	'skjavo	di ddʒa
è	**mio**	**schiavo**	**di già.**
he's	my	slave	already.

RAMIRO *(with interest, seeing if Cenerentola is coming back)*

a	per'ke	kwi	non 'rjɛdɛ	kɔ'lɛi
Ah!	**perchè**	**qui**	**non riede**	**colei**
Ah!	Why	here	does not come	she

koŋ	kwel'larja	di	'grattsja e	bɔn'ta
con	**quell'aria**	**di**	**grazia e**	**bontà?**
with	that air	of	charm and	kindness?

(Ah! Why does that girl with that air of charm and kindness not come here?)

MAGNIFICO *(to himself, referring to Dandini)*

ɛ	dʒa	'kɔttɔ	stra'kɔttɔ	spɔl'patɔ
È	**già**	**cotto,**	**stracotto,**	**spolpato.**
He's	already	smitten,	head over heels,	undone.

lɛttsɛl'lɛntsa	si 'kandʒa	im	maɛs'ta
L'eccellenza	**si cangia**	**in**	**maestà.**

("Excellency", is soon to become "Your Majesty"...)[16]

CHORUS
Scegli la sposa, etc.

(The Courtiers leave. Dandini observes the two sisters and their father)

---

[16] Foolish Magnifico is imagining himself becoming a member of "Prince" Dandini's court and being addressed as "Your Majesty", and not simply as "Your Excellency", as heretofore, being a simple Baron.

allegrissima'mente	ke	bɛi	'kwadri
Allegrissimamente,	**che**	**bei**	**quadri!**
Delightful,	what	lovely	pictures (you make)!

ke	bo'kkino	ke	'tʃiʎʎa
Che	**bocchino,**	**che**	**ciglia!**
What	sweet little mouths,	what	eyes!

'sjɛte	lɔ'ttava	e	'nɔna	meɾa'viʎʎa
Siete	**l'ottava**	**e**	**nona**	**meraviglia.**
You are	the eighth	and	ninth	wonders (of the world)!

dʒa	'talis	'patris	'talɛm	'fiʎʎa
Già	*talis*	*Patris,*	*talem*	**Figlia.**
Yes,	like	father,	like	daughter.[17]

CLORINDA *(curtsying)*
'grattsjɛ
Grazie.
Thank you.

MAGNIFICO *(also bowing)*

al'tettsa	'dellɛ	al'tettse
Altezza	**delle**	**Altezze,**
Your Highness	of all	Highnesses,

ke	'ddiʃe	mi kom'fonde	debo'lettse
che	**dice?**	**Mi confonde:**	**debolezze.**
what	are you saying?	I'm in a state of confusion;	I'm feeling weak.

DANDINI *(flatteringly)*

'veɾe	fi'guɾe	e'truske
Vere	**figure**	**etrusche.**
True	figures	Etruscan.

(softly, to Ramiro)

'dikɔ 'bɛnɛ
Dico bene?
Am I saying it right?
(How am I doing?)

RAMIRO *(softly, to Dandini)*

ko'mintʃi	a	'dirle 'grɔssɛ
Cominci	**a**	**dirle grosse.**
You're starting	to	exaggerate.

DANDINI *(softly, to his master)*

iɔ	'rɛtʃitɔ	da 'grandɛ	e	'grandɛ ɛ'ssɛndɔ
Io	**recito**	**da grande,**	**e**	**grande essendo,**
I	am playacting	a big role,	and	being a big personality,

---

[17] Of course, the servant Dandini is not quite up on his Latin declensions. The phrase in correct Latin should be *talem patrem, talæ filiæ.*

'grandi	lɛ ɔ da spa'rar	
grandi	**le ho da sparar.**	
big	I have to fire off (my lines).	

MAGNIFICO *(softly, to his daughters)*

bɛl	printʃi'pɔtto	ke	nom vi 'skappi	a'ttɛntɛ
Bel	**principotto!**	**Che**	**non vi scappi,**	**attente!**
Beautiful	little prince!	Let	him not escape you,	watch out!

DANDINI *(with exaggerated pomposity, speaking very quickly)*

or 'duŋkwe	segwi'tando	kwel	dis'korso	ke	nɔ'nɔ	komin'tʃato
Or dunque,	**seguitando**	**quel**	**discorso**	**che**	**non ho**	**cominciato,**
Now then,	to continue	that	speech	that	I have not	begun,

dai	mjɛi	'luŋgi	'vjaddʒi	ritɔr'nato	e	il mio pa'pa	trɔ'vato
dai	**miei**	**lunghi**	**viaggi**	**ritornato,**	**e**	**il mio papà**	**trovato,**
from	my	long	journeys	returned,	and	my daddy	having found

ke	fra	i	'kwɔndam	ɛ	kapitɔmbɔ'lato
che	**fra**	**i**	**quondam**	**è**	**capitombolato,**
who	among	the	recently departed	had	fallen headlong,

e	spi'rando	a	ordi'nato
e	**spirando**	**ha**	**ordinato**
and	as he expired	did	order me

ke	a 'vista	kwal	kam'bjalɛ	io 'sia	spɔ'zato
che	**a vista,**	**qual**	**cambiale**	**io sia**	**sposato,**
that	at first sight	like a	promisory note,	that I be	married,

ɔ	son diserɛ'dato	'fatto ɔ	un	im'vito
o	**son diseredato,**	**fatto ho**	**un**	**invito**
or	I am disinherited,	I sent out	an	invitation

a	'tutto	il vitʃi'nato	e	trɔ'vando	um bo'kkone	deli'kato
a	**tutto**	**il vicinato**	**e**	**trovando**	**un boccone**	**delicato**
to	the entire	neighborhood	and	if I find	a tidbit	delicate

per	mɛ	lɔ	desti'nato
per	**me**	**l'ho**	**destinato:**
for	myself	I have	reserved it:

(Now then, to continue that speech that I haven't yet begun, on returning from my long travels and finding my daddy who had fallen headlong into the realm of the late departed and dying ordered me to get married at first sight like a promisory note or be disinherited I sent out invitations to the entire neighborhood and when I find a delicate tidbit of a girl to reserve her for myself:)[18]

ɔ	'detto	e	a'dɛsso 'prɛndo	'fjato
Ho	**detto,**	**e**	**adesso prendo**	**fiato.**
I've	spoken,	and	now I can catch my	breath.

---

[18] This speech should be delivered at <u>great</u> speed, with great pomposity, hardly stopping to breathe.

MAGNIFICO *(taken aback, to himself)*

ke	elo'kwɛntsa	nor'tʃina
Che	**eloquenza**	**norcina!**
What	eloquence	norcina![19]

(What mangled eloquence!)
(What erudite, learned eloquence!)

(Cenerentola enters and sees the luxurious attire of Dandini, while Ramiro gazes at her lovingly.)

CENERENTOLA

i	ke	bɛ'llabitɔ	e	kwe'llaltro	mi 'gwarda
(Ih,	**che**	**bell'abito!**	**e**	**quell'altro**	**mi guarda.)**
(Oh,	what	lovely clothes!	And	the other one	who is looking at me.)

RAMIRO

'ɛkkɔ kɔ'lɛi	mi ɾi'palpita	il	kɔr
Ecco colei!	**Mi ripalpita**	**il**	**cor!**
There she is!	It's throbbing again	my	heart!

DANDINI

'bɛlle	ɾa'gattse	sɛ	vi dɛ'ɲɲate	intʃambɛ'llate	il	'brattʃɔ
Belle	**ragazze,**	**se**	**vi degnate,**	**inciambellate**[20]	**il**	**braccio**
Lovely	girls,	if	you deign to do so,	take by	the	arm

ai 'nɔstɾi	kava'ljɛɾi	il	'leɲɲo	ɛ	'pronto
ai nostri	**cavalieri.**	**Il**	**legno**[21]	**è**	**pronto.**
our	cavaliers.	The	coach	is	ready.

CLORINDA *(attended by the cavaliers)*

an'djamɔ
Andiamo.
Let's go.

TISBE

pa'pa	ɛttʃɛ'llɛntsa	nɔn	tar'datɛ	a	ve'nir
Papà,	**eccellenza,**	**non**	**tardate**	**a**	**venir.**
Daddy,	Your Excellency,	don't	delay	in	coming.

MAGNIFICO *(ill-humoredly, as he notices Cenerentola's presence)*

ke	fai tu	kwi	il	ka'ppɛllo	e	il	bas'tone
Che	**fai tu**	**qui?**	**Il**	**cappello**	**e**	**il**	**bastone.**
What	are you doing	here?	My	hat	and	my	cane.

---

[19] *Norcina* can have a double connotation. There is a well known seat of learning in **Norcia**, an Umbrian university town; therefore Magnifico could be praising Dandini for his truly eloquent breathless explanation. However, since Magnifico's line in the score is marked "taken aback, to himself", it also can mean "the eloquence of a pig-slaughterer". Norcia, in addition to being a seat of learning, is a region where most of the pig slaughterers have their abattoirs, so much so that the word in Italian for a pig slaughterer is ***norcino***.

[20] *Ciambella* is a donut-like pastry with a hole in the middle. The verb *inciambellare* designates the action of a gentleman using one arm in an arc, expecting a lady to place her hand through the space between his body and his curved arm. The Zingarelli dictionary does **not** show this word, so we must assume that it is an invention of the librettist to further show Dandini's "pig-slaughterer's eloquence"

[21] *Legno* means "wood". It also means "a wooden boat". In this case it refers to "the wooden coach".

CENERENTOLA

ɛ	si ssi'ɲɲor
Eh!	**sì Signor!**
Why,	yes sir!

(taking her eyes off Ramiro and hurrying into one of the rooms)

DANDINI *(continuing to use grossly inflated language)*

persegwi'tatɛ	'prɛstɔ	kon	i pjɛ	barɔ'nali
Perseguitate[22]	**presto**	**con**	**i piè'**	**baronali**
Follow	soon	with	your feet	baronial

i	ma'ɲɲifitʃi	ˌmjɛi	'kwarti	rɛ'ali
i	**magnifici**	**miei**	**quarti**	**reali.**
to the	magnificent	my	quarters	royal.

(Will "Your Baronial Excellence" soon take his "Baronial feet" and come see my magnificent royal quarters.)

(He leaves.)

MAGNIFICO *(to Dandini, as he leaves)*

'monti	iŋ	ka'rrɔttsa	e	'veŋgo
Monti	**in**	**carrozza**	**e**	**vengo.**
Get in	your	coach	and	I'll be right there.

(He goes into the room into which Cenerentola had gone.)

RAMIRO

e'ppur	kɔ'lɛi	vɔ	rive'der
E pur	**colei**	**vo'**	**riveder.**
Yet,	she	I want	to see again.

MAGNIFICO *(from within, screaming)*

ma	'laʃʃami
Ma	**lasciami!**
Oh,	don't bother me!

RAMIRO

la 'zgrida
La sgrida!
He's screaming at her!

(Magnifico re-enters, coat and cane in hand, with Cenerentola ingenuously holding on to his coat.)

CENERENTOLA

sen'tite
Sentite.
Listen.

---

[22] The word *perseguire* is an inflated way for Dandini to simply say "follow". It is yet another example of the servant trying to assume (but not quite succeeding) the elevated language of his royal master.

MAGNIFICO

il 'tɛmpɔ	'vola	vwɔi la'ʃʃarmi
Il tempo	**vola.**	**Vuoi lasciarmi?**
Time	is flying.	Will you let go of me?

RAMIRO

ke	vɔ'rra
(Che	**vorrà?)**
(What	can she want?)

CENERENTOLA

'una	pa'rɔla
Una	**parola.**
One	word.

QUINTET
CENERENTOLA *(to Magnifico)*

si'ɲɲor 'una	pa'rɔla	iɲ	'kaza	di	kwel	'printʃipe
Signor, una	**parola:**	**in**	**casa**	**di**	**quel**	**Principe,**
Sir, one	word:	To	the house	of	that	Prince,

u'nora,	u'nora 'sola	pɔr'tatemi	a	ba'llar
un'ora,	**un'ora sola**	**portatemi**	**a**	**ballar.**
for an hour,	an hour only	take me	to	dance.
		(take me to that ball.)		

MAGNIFICO *(laughing)*

i i i
Ih! Ih! Ih!
Ha! Ha! Ha!

DANDINI *(returning and seeing Ramiro motionless)*

kɔ'zɛ	kwi fa la 'statua
Cos'è,	**qui fa la statua?**
What's this,	why do you stand there like a statue?

MAGNIFICO *(derisively, to Cenerentola)*

la	'bɛlla	'vɛnɛɾe	ve'ttsoza	pompo'zetta
La	**bella**	**Venere!**	**Vezzosa,**	**pomposetta!...**
The	beautiful	Venus!	So charming,	the pompous guttersnipe!...

zgwa'jata	kova'tʃenere	a	'laʃʃami	'deddʒɔ	an'dar
sguaiata,	**covacenere!**[23]	**Ah!**	**lasciami!**	**deggio**	**andar.**
vulgar	lazy girl!	Ah!	go away!	I must	go.

RAMIRO *(softly to Dandini)*

si'lɛntsjo	ed	ɔsser'vjamɔ
Silenzio	**ed**	**osserviamo.**
Silence	and	let us observe.

---

[23] *Covacenere* means "a lazy person who loves to sit next to the fire doing nothing".

DANDINI

ma	an'djamɔ	ɔ	nɔn an'djamɔ
Ma	**andiamo**	**o**	**non andiamo?**
But	are we leaving	or	not?

RAMIRO

mi 'sɛntɔ	latʃe'rar
Mi sento	**lacerar.**
I feel myself	being cut to the quick.

(I am upset by the way he is treating her.)

CENERENTOLA

ma	'una	me'ddzɔra	uŋ	'kwartɔ
Ma	**una**	**mezz'ora,**	**un**	**quarto...**
But	one	half hour,	a	quarter (of an hour)..

(Just for half an hour, a quarter of an hour...)

MAGNIFICO *(lifting his cane, threateningly)*

ɔ	'laʃʃami	ɔ	ti 'stritɔlɔ
O	**lasciami,**	**o**	**ti stritolo!**
Either,	go away	or	I'll crush you!

(or I'll beat you to a pulp!)

RAMIRO, DANDINI *(holding back Magnifico)*

fɛr'matɛ
Fermate!
Stop it!

MAGNIFICO *(surprised, and bowing to Dandini)*

sere'nissima
Serenissima!
Most Serene Highness!

(turning to Cenerentola)

ma 'vattɛnɛ
Ma vattene!
Get lost!

(to Dandini once again)

alte'ttsissima		sɛr'vattʃa	iɲɲɔran'tissima
Altezzissima!		**Servaccia**	**ignorantissima!**
Most Exalted Highness!	(she's nothing but a)	lowly servant,	most ignorant!

RAMIRO, DANDINI *(in turn, to Magnifico and Cenerentola)*

'sɛrva
Serva?
A servant?

CENERENTOLA

tʃɔ'ɛ
Cioè...
That is...

MAGNIFICO

vi'lissima	dun ɛstra'ttsjon	ba'ssissima
Vilissima.	**D'un'estrazion**	**bassissima.**
Most base.	From an extraction	most lowly.

(The basest of girls, coming from the lowest of the low extraction.)

vwɔl far	la suffi'tʃɛnte	la 'kara	lavvve'nɛntɛ
Vuol far	**la sufficiente,**	**la cara,**	**l'avvenente,**
She wants to play	the presumptuous one,	the darling,	the great beauty,

e	nɔ'nɛ	'bwɔna	a	'njɛnte
e	**non è**	**buona**	**a**	**niente.**
and	she's	a good	for	nothing.

va	iŋ	'kamɛra	la	'polvɛrɛ	a	spa'ttsar
Va	**in**	**camera**	**la**	**polvere**	**a**	**spazzar.**
Go	into	the room	the	dust	to	sweep.

(and sweep up the dust.)

DANDINI *(stepping up to Magnifico, with authority)*

ma	'karɔ	dom	ma'ɲɲifikɔ	via	nɔn la strapa'ttsar
Ma	**caro**	**Don**	**Magnifico,**	**via,**	**non la strapazzar.**
But	dear	Don	Magnifico,	come now,	don't mistreat her so.

RAMIRO

o'rora	la mia 'kɔllɛra	nɔm 'pɔsso	pju	frɛ'nar
Or ora	**la mia collera**	**non posso**	**più**	**frenar.**
Soon	my wrath	I won't be able	any longer	to contain.

CENERENTOLA *(ingenuously)*

a	'sɛmpre	fra	la	'tʃenere	dɔ'vrɔ	rɛs'tar
Ah!	**sempre**	**fra**	**la**	**cenere**	**dovrò**	**restar?**
Ah!	Always	among	the	ashes	must I	stay?

si'ɲɲori	perswa'detelɔ	pɔr'tatemi	a ba'llar
Signori,	**persuadetelo;**	**portatemi**	**a ballar.**
Gentlemen,	persuade him,	take me	dancing.

(As Magnifico breaks free from Cenerentola and is about to leave with Dandini, Alidoro enters with a sizable register in his hands.)

ALIDORO

kwi	nel	miɔ	'kɔditʃe	'delle	tsi'tɛllɛ
Qui	**nel**	**mio**	**codice**	**delle**	**zitelle,**[24]
Here	in	my	register	of	eligible maidens,

kon	dom ma'ɲɲifikɔ	stan	tre	sɔ'rɛllɛ
con	**Don Magnifico**	**stan**	**tre**	**sorelle.**
with	Don Magnifico	live	three	sisters,

---

[24] In Italian, words containing *z* are a vexing problem. The word for "spinster", "old maid", "eligible maiden" is *zitella* pronounced with a voiceless [ts] initial sound as shown above. HOWEVER, no matter what the great dictionaries say (Zingarelli, Melzi, Garzanti) Italians will continue to pronounce it as [dzi'tɛlla] and not [tsi'tɛlla], just as they do with every other word that starts with *z*. Viva Italia!

La Cenerentola, Act I

ALIDORO *(moving between them)*

via	'mɛnɔ	'strɛpitɔ	'fatɛ	si'lɛntsjɔ
Via,	**meno**	**strepito,**	**fate**	**silenzio,**
Come,	less	noise,	be	silent,

ɔ	'kwalkɛ	'skandalɔ	kwi	naʃʃɛ'ra
o	**qualche**	**scandalo**	**qui**	**nascerà.**
or	some	scandal	here	will be caused.

RAMIRO *(to Cenerentola)*

via	kɔnsɔ'latevi
Via,	**consolatevi:**
Come,	cheer up;

(to Magnifico)

si'ɲɲor	la'ʃʃatɛla
Signor,	**lasciatela.**
Sir,	let her be.

(to himself)

dʒa	la mia	'furja	krɛ'ʃʃendo va
Già	**la mia**	**furia**	**crescendo va.**
Already	my	fury	is growing.

(I am becoming more and more furious.)

DANDINI

io	'sono	um	'printʃipe	ɔ	'sono	uŋ	'kavɔlɔ
Io	**sono**	**un**	**principe,**	**o**	**sono**	**un**	**cavolo?**
I	am	a	prince,	or	am I	some	cabbage?

vi 'mandɔ	al	'djavɔlɔ
Vi mando	**al**	**diavolo:**
I am sending you	to the	devil;

(to Cenerentola)

ve'nitɛ	kwa
Venite	**qua.**
Come	here.

(Dandini pulls Magnifico away from Cenerentola and takes him off, while the others follow. Cenerentola runs into her room. Alidoro enters, dressed as a beggar but wearing a Philosopher's garb underneath.)

ALIDORO [25]

si	'tuttɔ	kandʒɛ'ra
Sì,	**tutto**	**cangierà.**
Yes,	everything	will change.

---

[25] This *scena* and aria of Alidoro (bearing No. 6-A) is found at the end of the score, and is the one sung at the latest Metropolitan Opera revival. It is vocally much more demanding than *Vasto teatro è il mondo*, the now superceded aria which is found in the score at this place.

kwel	'fɔlle	or'goʎʎɔ	'pɔka	'polve	sa'ra	'dʒoko del 'vɛntɔ
Quel	**folle**	**orgoglio**	**poca**	**polve**	**sarà,**	**gioco del vento,**
That	mad	pride	a little	dust	will become,	a puff of wind,

(That mad pride, like a puff of wind will turn to dust,)

e	al	'tenerɔ	la'mento	suttʃedɛ'ra	il	so'rrizo	'fiʎʎa
e	**al**	**tenero**	**lamento**	**succederà**	**il**	**sorriso.**	**Figlia...**
and	to	tender	complaints	will follow	a	smile.	Daughter...

(and, my daughter, after all your tender complaining, you will be able to smile once again.)

CENERENTOLA

'fiʎʎa	voi	mi kja'matɛ	ɔ	'kwesta ɛ 'bbɛlla
Figlia	**voi**	**mi chiamate?**	**Oh**	**questa è bella!**
Daughter	you	are calling me?	Oh	that's a fine one!

il	pa'drinno	ba'rone	nɔɱ vwɔl	'essermi	'padrɛ
Il	**padrigno**	**Barone**	**non vuol**	**essermi**	**padre...**
My	stepfather	Baron	doesn't want	to be my	father...

e	'vvoi	peɾ 'altrɔ	gwar'dando	i	'strattʃi 'vɔstri
e	**voi,**	**per altro**	**guardando**	**i**	**stracci vostri**
and	you,	on the other hand,	as I see	the	rags yours

e	i	'strattʃi 'mjɛi
e	**i**	**stracci miei**
and	the	rags mine

(and, on the other hand, as I look at the two of us in rags)

'dennja dum	'padrɛ tal	'fiʎʎa	sa'rɛi
degna d'un	**padre tal**	**figlia**	**sarei.**
worthy of a	father such	a daughter	I should be.

(I should be a worthy daughter to such a father.)

ALIDORO

'tatʃi	'fiʎʎa	e	'vjɛni	'mɛko
Taci,	**figlia,**	**e**	**vieni**	**meco.**[26]
Hush,	daughter,	and	come	with me.

CENERENTOLA

'tɛko	e	'ddove
Teco?	**e**	**dove?**
With you?	And	where?

ALIDORO

del	'printʃipɛ	al	fes'tino
Del	**Principe**	**al**	**festino.**
Of the	Prince	to the	celebration.

(To the Prince's ball.)

---

[26] *Meco, teco, seco* are old forms of *con me, con te, con se* (with me, with you, with him), from the Latin *mecum, tecum, secum*. The Catholic missal to this day is called *Vade mecum*, "it goes with me".

CENERENTOLA

ma	'dimmi pelle'grino	per'ke	tɔ 'data	'pɔka	kɔla'ttsjone
Ma	**dimmi, pellegrino,**	**perchè**	**t'ho data**	**poca**	**colazione**
Now	tell me, pilgrim,	because	I gave you	little	breakfast

tu	mi 'vjɛni	a	bur'lar
tu	**mi vieni**	**a**	**burlar?**
you	come here	to	make fun of me?

(Tell me, pilgrim, are you coming to make fun of me because I served you such a meager breakfast?)

va	'vvia	'vɔʎʎo	sɛ'rrar	la	'pɔrta
Va	**via!**	**Voglio**	**serrar**	**la**	**porta...**
Go	away!	I want	to lock	the	door...

'pɔssɔnɔ	ɛn'trar	de 'ladri	e	a'llora	sta'rɛi	'freska	da'vvero
Possono	**entrar**	**de' ladri**	**e**	**allora**	**starei**	**fresca**	**davvero.**
Can	come in	thieves	and	then	I'd be	in trouble	for sure.

(Thieves could break into the house)

ALIDORO

nɔ	su'blima	il	pɛn'sjɛɾɔ	'tutto	kan'dʒɔ	per	tɛ
No!	**sublima**	**il**	**pensiero!**	**Tutto**	**cangiò**	**per**	**te!**
No!	Give flight to	your	thoughts!	Everything	has changed	for	you!

kalpɛste'ɾai	mɛŋ ke	'faŋgɔ	i tɛ'zɔɾi
Calpesterai	**men che**	**fango**	**i tesori,**
Your feet will stand	instead of in	mud,	in treasures,

rapi'ɾai	'tutti	i	'kwɔɾi
Rapirai	**tutti**	**i**	**cuori.**
You will charm all		the	hearts.

vjɛm	'meko	e	non te'mer
Vien	**meco**	**e**	**non temer;**
Come	with me	and	do not fear.

per	tɛ	da'llalto	mis'pira	un	'nume
Per	**te**	**dall'alto**	**m'inspira**	**un**	**Nume**
For	you	from high above	I am inspired by	a	God

(On your behalf a God inspires me from high above)

a	'kui	non 'krɔlla	il	'trɔno
a	**cui**[27]	**non crolla**	**il**	**trono.**
to	whom	doesn't topple	the	throne.

(whose throne will never be toppled.)
(who sits on high on a throne never to be toppled.)

---

[27] *Cui,* is a ubiquitous Italian word constantly being confused with *qui*, and pronounced as the latter. Notice the phonetics above: *cui* is [kui] and *qui* is [kwi]. For lovers of Donald Duck comics, you may recall that he had three nephews: Louie, Hewie, and Dewie. I have invented a <u>fourth</u> nephew by the name **Kooey.** Remember his name every time you pronounce *cui.*

e	se	'dubiti	aŋ'kor	'mira	ki	'ssono
E	**se**	**dubiti**	**ancor**	**mira**	**chi**	**sono!**
And	if	you are in doubt	still,	behold	who	I am!

(He sheds his beggar's costume, revealing himself as a handsome, well-dressed gentleman.)

ARIA

la	del	tʃɛl	nɛllar'kano	pro'fondo
Là	**del**	**ciel**	**nell'arcano**	**profondo**
There,	in	Heaven's	arcane	depths

del	po'ter	sullal'tissimo	'trɔnɔ
del	**poter**	**sull'altissimo**	**trono**
with a	power	upon His most high	throne

'vɛʎʎa	un	'nume	si'ɲɲore	del	'mondo
veglia	**un**	**Nume,**	**signore**	**del**	**mondo,**
presides	a	God,	Lord	of the	world,

al	kui	pjɛ	'basso	'mormora	il	'twɔnɔ
al	**cui**	**piè**	**basso**	**mormora**	**il**	**tuono.**
at	Whose	feet	low	rumbles	the	thunder.

(at the feet of Whom thunder merely lets forth a low rumble.)
(at Whose feet even thunder in its awe rumbles feebly.)

'tuttɔ	sa	'tutto	'vede	e	nɔn 'laʃʃa
Tutto	**sa,**	**tutto**	**vede,**	**e**	**non lascia**
Everything	He knows,	everything	He sees,	and	He won't permit

nellam'baʃʃa	pe'rir	la bɔn'ta
nell'ambascia	**perir**	**la bontà.**
in distress	to perish	goodness.

(that goodness should die in distress.)

fra	la	'tʃenere	il	'pjanto	la'ffanno
Fra	**la**	**cenere,**	**il**	**pianto,**	**l'affanno**
Among	the	ashes,	the	tears,	need

ei	ti 'vede	ɔ	fan'tʃulla	innɔ'tʃɛntɛ
ei	**ti vede**	**o**	**fanciulla**	**innocente,**
He	sees you,	oh, (as a)	young girl	innocent,

e	kan'dʒando	il tuɔ	'statɔ	ti'rannɔ
e	**cangiando**	**il tuo**	**stato**	**tiranno**
and	changing	your	state	tyrannous

(and changing your most painful state)

fra	lo'rror	'vibra	un	'lampɔ	splɛn'dɛntɛ
fra	**l'orror**	**vibra**	**un**	**lampo**	**splendente.**
amid	the horror (of your existence)	He unleashes	a	lightning bolt	shining.

(He unleashes a shining lightning bolt amid the horror of your servile existence.)

IPA	Italian	English
nɔ non te'mer si ɛ kam'bjata la 'ʃʃɛna	**No, non temer, si è cambiata la scena:**	No, don't be afraid, for it has changed the situation:

(the situation is now changed:)

IPA	Italian	English
la 'tua 'pena kan'dʒandɔ dʒa va	**La tua pena cangiando già va.**	Your suffering is already changing (to something else).

IPA	Italian	English
uŋ kre'ʃʃɛnte mormo'rio non ti 'sembra daskɔl'tar	**Un crescente mormorio non ti sembra d'ascoltar?**	A growing murmuring does it not seem to you to hear?

(Don't you seem to hear an approaching noise?)

IPA	Italian	English
a sta 'ljɛta il 'kɔkkjo 'mio su kui 'voli a triom'far	**Ah, sta lieta: il cocchio mio su cui voli a trionfar!**	Ah, be happy: it's the coach mine upon which you shall fly to triumph!

IPA	Italian	English
tu mi 'gwardi ti kom'fondi	**Tu mi guardi? Ti confondi?**	You are looking at me? Are you bewildered?

IPA	Italian	English
ɛi ra'gattsa non ris'pondi	**Ehi, ragazza, non rispondi?**	Hey, young girl, aren't you answering me?

IPA	Italian	English
skɔntʃer'tata ɛ la tua 'tɛsta e rim'baltsa kwa e la	**Sconcertata è la tua testa e rimbalza qua e là,**	Bewildred is your head and it sways from here to there,

IPA	Italian	English
'kome 'nave iŋ gran tɛm'pesta ke di 'sotto in su seɲ va	**come nave in gran tempesta che di sotto in su sen va.**	like a ship in a great storm that from below upwards goes.

(like a storm-tossed ship that plunges into and then out of the waves.)

IPA	Italian	English
si ma dʒa il 'nembɔ ɛ termi'natɔ	**Sì, ma già il nembo è terminato,**	Yes, but already the storm is over,

IPA	Italian	English
ʃinti'llɔ sssereni'ta il des'tinɔ sɛ kan'dʒatɔ	**scintillò serenità. Il destino s'è cangiato,**	There gleamed serenity. Fate has changed,

(A ray of serenity has shined.)

IPA	Italian	English
linnɔ'tʃɛntsa brille'ra	**L'innocenza brillerà.**	Innocence shall shine.

(He leads her into his coach and they both leave. The scene changes to a study in Ramiro's country house. Dandini enters with Clorinda and Tisbe on either arm, followed by Magnifico and Ramiro.)

DANDINI

ma 'bravɔ	'kaɾo il mio	dom ma'ɲɲifiko
Ma bravo,	**caro il mio**	**Don Magnifico.**
Well done,	my dear	Don Magnifico.

di	'viɲɲe	di	ven'demmje	di	'vini
Di	**vigne,**	**di**	**vendemmie**	**di**	**vini**
About	vineyards,	of	harvests,	of	wines

ma'vete 'fatto	'una	disserta'ttsjone	'lɔdo	il 'vɔstro	ta'lɛnto
m'avete fatto	**una**	**dissertazione.**	**Lodo**	**il vostro**	**talento.**
you've given me	a	dissertation.	I praise	your	talent.

(to Ramiro)

si 'vedɛ	ke	a stu'djatɔ
Si vede	**che**	**ha studiato.**
One can see	that	he has studied.

(back to Magnifico and his courtiers)

si 'pɔrti	sul mo'mento	'dovɛ	sta	il 'nɔstro	'vino	kɔnsɛr'vato
Si porti	**sul momento**	**dove**	**sta**	**il nostro**	**vino**	**conservato.**
Take him	at once	to where	is	our	wine	stored.

(Take him at once to our wine cellars.)

e	sɛ	sta	'saldo	e	in'trɛpido
e	**se**	**sta**	**saldo**	**e**	**intrepido**
and	if	he stays	steady	and	upstanding

al	tri'dʒɛzimɔ	a'ssaddʒɔ
al	**trigesimo**	**assaggio**
after the	thirteenth	tasting,

lɔ prɔ'mɔvɔ	allo'nor	di	kanti'njɛɾo
lo promovo	**all'onor**	**di**	**cantiniero.**
I shall promote him	to the honorable post	of	vintner.

io	dis'tiŋgwo	i	ta'lɛnti	e	'prɛmjo	il	'saddʒo
Io	**distinguo**	**i**	**talenti**	**e**	**premio**	**il**	**saggio.**
I	have an eye	for	talent	and	I reward	a	clever man.

MAGNIFICO

'prɛntʃe	lal'tettsa 'vɔstra	ɛ	um	'pottso di	bon'ta
Prence:	**l'Altezza Vostra**	**è**	**un**	**pozzo di**	**bontà.**
Prince;	Your Highness	is	a	well of	kindness.

pju	sɛ nɛ 'kava	pju	nɛ 'rɛsta	a	ka'var
Più	**se ne cava,**	**più**	**ne resta**	**a**	**cavar.**
The more	one draws from it,	the more	there is left	to	draw.

(softly, to his daughters)

'fiʎʎe ve'dete non 'reddʒe al 'vɔstro 'mɛrtɔ
Figlie, vedete? Non regge al vostro merto;
Daughters, do you see? He cannot resist your worth;
(He is unable to resist you;)

nɛ la mia promo'ttsjone in'dittsjɔ 'tʃɛrtɔ
n'è la mia promozione indizio certo.
for that reason is my promotion an indication certain.
(and that is the reason for my promotion [to vintner].)

(aloud, with exaggerated unctuousness, to his daughters)

kloɾin'duttʃa tiz'bina te'netɛ a'llegro il re
Clorinduccia, Tisbina, tenete allegro il re.
Little Clorinda, sweet Tisbe, keep happy the king.
(keep the king happy.)

'vado iŋ kan'tina
Vado in cantina.
I am going to the cellar.

(He leaves.)

RAMIRO *(softly, to Dandini)*
ɛ'zamina diz'vela e fedel'mente 'tutto mi narre'rai
(Esamina, disvela, e fedelmente tutto mi narrerai.
(Observe, reveal, and faithfully everything you will tell me.

aŋ'kio fra 'pɔkɔ il kɔr nɛ tɛntɛ'ɾɔ
Anch'io fra poco il cor ne tenterò;
Also I soon her heart will test;

del 'volto i 'vettsi zva'niskoŋ kon lɛ'ta ma il 'kɔɾe
Del volto i vezzi svaniscon con l'età, ma il core...)
Of the face the charms disappear with age, but the heart...)
(Beauty fades with age, but the heart always stays young.)

DANDINI *(aside)*
il 'kɔɾe 'kredo ke sia um me'lon ta'ʎʎato a 'fette
Il core credo che sia un melon tagliato a fette;
His heart, I believe, is a melon cut in slices;

un tim'ballɔ lin'dʒeɲɲo
un timballo l'ingegno,
a kettle-drum cleverness
(and cleverness a kettle-drum,)

e il tʃer'vello 'una 'kaza spidʒɔ'nata
e il cervello una casa spigionata.)
and his brain a house unrented.)
(and his brain is as empty as an unoccupied house.)

(aloud to Ramiro)

La Cenerentola, Act I

il mio	vo'leɾe	a	'fɔrtsa	dun	e'ditto
Il mio	**volere**	**ha**	**forza**	**d'un**	**editto.**
My	will	has	the strength	of an	edict.

eze'gwitɛ	trɔ'ttando	il 'tʃenno mio	u'diste
Eseguite	**trottanto**	**il cenno mio.**	**Udiste?**
Carry out	apace	my orders.	Did you hear me?

RAMIRO

u'di
Udii.
I heard.

DANDINI *(dismissing Ramiro)*

'fidɔ	va'ssallɔ	a'ddio
Fido	**vassallo,**	**addio.**
Faithful	vassal,	goodbye.

(Ramiro leaves. Dandini turns to Clorinda and Tisbe.)

'oɾa	'sonɔ	da	'voi.	skɔmmɛttɛ'ɾɛi	ke	'sjetɛ	'fattɛ	al	'torno
Ora	**sono**	**da**	**voi.**	**Scometterei**	**che**	**siete**	**fatte**	**al**	**torno,**[28]
Now	I am	with	you.	I'd like to bet	that	you	were fashioned	at a	lathe.

(Now back to you two. I bet [you supremely comely damsels], were fashioned at a [celestial] lathe [of sorts],)

e	ke	il	gwer'tʃettɔ	a'moɾɛ	ɛ 'stato	il	torni'toɾe
e	**che**	**il**	**guercietto**	**amore**	**è stato**	**il**	**tornitore.**
and	that	that	squinting	Cupid	was	the	turner.

CLORINDA *(grabbing Dandini)*

kom per'messo	la	ma'ddʒoɾe	so'nio
Con permesso,	**(la**	**maggiore**	**son io,**
Excuse me,	(the	the elder one	I am,

(I am the older of the two,)

'ondɛ	la 'prɛgo	'darmi	la	prɛfɛ'ɾɛntsa
onde	**la prego**	**darmi**	**la**	**preferenza.)**
for which	I beg you	(to) give me	your	preference.)

(and I beg you to give me preference.)

TISBE *(as above, grabbing Dandini by the arm)*

kon	sua	li'tʃentsa	la	mi'noɾe	so'nio
Con	**sua**	**licenza:**	**la**	**minore**	**son io.**
With	your	permission:	the	younger one	I am.

(I am the younger one.)

iɱvekkje'ɾɔ	pju	'ttardi
Invecchierò	**più**	**tardi.**
I will grow old	much	later.

---

[28] *Fatto al tornio* (in poetic language *torno*) means a thing fashioned with exquisite care on a lathe (*tornio*), meticulously turned, honed and polished. What Dandini is saying to the two girls, in his inflated language is "you are a work of art, and Cupid himself was at the lathe!"

CLORINDA *(interrupting)*

'skuzi	'kwella ɛ	fan'tʃulla	'prɔprjɔ	nɔn sa di	'nulla
Scusi,	**quella è**	**fanciulla.**	**Proprio**	**non sa di**	**nulla**
Excuse me,	that one is	a mere child.	Really	she knows	nothing.

TISBE *(as above)*

per'metta	'kwella	ɛ	un	'akkwa	'sɛntsa	'salɛ
Permetta,	**quella**	**è**	**un**	**acqua**	**senza**	**sale,**
Allow me,	that one	is	like	water	without	salt,

(Allow me sir, my sister is the very quintessence of insipidity.)

nɔɱ fa	nɛ bɛn	nɛ 'malɛ
Non fa	**nè ben**	**nè male.**
She does	no good	nor bad.

(She is really good for nothing.)

CLORINDA

di 'grattsja	i 'dritti 'mjɛi	la 'prɛgo	bilan'tʃar
Di grazia,	**i dritti miei**	**la prego**	**bilanciar.**
Excuse me,	my rights	I beg of you	to weigh.

TISBE

per'doni	'veda	io	non	'tɛŋgo	ɾo'ssetto
Perdoni,	**veda,**	**io**	**non**	**tengo**	**rossetto.**
Excuse me,	look,	I	don't	wear	rouge.

CLORINDA

as'kolti	kwel	suo	'bjaŋko	ɛ	di	bjaŋ'ketto
Ascolti:	**quel**	**suo**	**bianco**	**è**	**di**	**bianchetto.**
Listen:	that	of her	whiteness	is	of	whitewash.

(that whiteness of hers is [pure] whitewash.)

TISBE

'sɛnta
Senta...
Listen...

CLORINDA

mi favo'riska
Mi favorisca...
Take me...

DANDINI *(breaking away from them somewhat miffed at their aggressiveness)*

'animɛ 'bɛllɛ	mi vo'lete	spa'kkar
Anime belle,	**mi volete**	**spaccar?**
My dears,	do you want	to tear me apart?

non dubi'tatɛ	ɔ	due	'ɔkki	ɾɛ'ali	e	non a'dɔpro	ɔ'kkjali
Non dubitate.	**Ho**	**due**	**occhi**	**reali,**	**e**	**non adopro**	**occhiali.**
Have no doubt.	I have	two	eyes	royal	and	I don't use	eyeglasses.

(to Clorinda)

fi'date pur di mɛ
(Fidate pur di me.)
(Trust me.)

(to Tisbe)

sta	a'llegra	ɔ 'kkaɾa
(Sta	**allegra,**	**o cara.)**
(Be	happy,	oh my dearest.)

(to himself)

arrive'dertʃi	'prɛstɔ 'alla	lɔŋ'gaɾa
Arrivederci	**presto alla**	**Longara.**[29]
We'll see each other	soon at	Longara.

TISBE *(ironically bowing to her sister)*

miŋ'kinɔ	a	vɔstral'tettsa
M'inchino	**a**	**Vostr'Altezza.**
I bow	to	Your Highness.

CLORINDA *(doing likewise)*

'antsi	allal'tettsa 'vɔstra
Anzi	**all'altezza Vostra.**
Also	to Your Supreme Highness.

TISBE *(sarcastically)*

ve'rrɔ	a pɔr'tarlɛ	'kwalke	mmɛmɔ'rjalɛ
Verrò	**a portarle**	**qualche**	**memoriale.**
I will come	to bring you	some	petition.

CLORINDA
'lɛktum
Lectum.
Ditto.
(Me too!)

TISBE
tʃɛ la ve'dremo
Ce la vedremo.
We shall see.

CLORINDA

'forsɛ ssi	'forsɛ nnɔ
Forse sì,	**forse no.**
Maybe yes,	maybe no.

---

[29] Longara is the name of an insane asylum at the time. Since it has no meaning for modern audiences, in the recent Metropolitan Opera production the phrase was changed to: *Mio caro oggetto, per te sola mi batte il cor in petto,* (my dearest, my heart beats for you alone in my breast.)

TISBE
po'ter del 'mondo
Poter del mondo!
By Jove!

CLORINDA *(bowing very low)*
lɛ 'fattʃo   rivɛ'rɛntsa
Le faccio   riverenza!
I'll give you   a low bow!
(I bow to you most revently)

TISBE
ɔ   mi spro'fondo
Oh!   mi sprofondo!
Oh,   I bow with a <u>most profound</u> respect!

FIRST FINALE
(A drawing-room in the Prince's palace. There is a table with writing materials. Don Magnifico is arrayed in a coat embroidered with bunches of grapes. He is surrounded by Courtiers.)

COURTIERS
kɔntʃossiakoza'kke	'trenta	'botti	dʒa	gus'tɔ
Conciossiacosacchè	**trenta**	**botti**	**già**	**gustò,**
Inasmuch as	thirty	barrels	already	he tasted,

e	be'vuto	a	dʒa	per	tre	e	fi'nor	nom barkɔ'llɔ
e	**bevuto**	**ha**	**già**	**per**	**tre**	**e**	**finor**	**non barcollò;**
and	drunk	he has	already	for	three	and	up to now	hasn't staggered;

(Inasmuch as he already tasted thirty barrels [of wine] and drunk enough for three, and still has not even begun to stagger,)

ɛ	pja'tʃuto	a	sua	maɛs'ta	nomi'narlɔ	kanti'njer
è	**piaciuto**	**a**	**Sua**	**Maestà**	**nominarlo**	**cantinier:**
it is	the pleasure	of	His	Majesty	to name him	vintner:

intɛn'dɛntɛ	dei	bi'kkjɛr	kon	es'teza	autori'ta
Intendente	**dei**	**bicchier,**	**con**	**estesa**	**autorità,**
Superintendent	of	wine glasses,	with	extended	authority,

prɛzi'dɛnte	al	vɛndɛ'mmjar	dirɛ'ttor	dellɛvɔ'ɛ
presidente	**al**	**vendemmiar,**	**direttor**	**dell'evoè;**
president	at the	grape harvest,	director	of Bacchic revels.

'onde	'tutti	in'torno a tɛ	tʃi affɔ'lljamo	kwi	a	ba'llar a sal'tar
onde	**tutti**	**intorno a te**	**ci affolliamo**	**qui**	**a**	**ballar, a saltar.**
so that	all of us	around you	crowd	here	to	dance, to jump.

MAGNIFICO
intɛn'dɛntɛ	dirɛ'ttor	prɛzi'dɛnte	kanti'njer
Intendente?	**Direttor?**	**Presidente?**	**Cantinier?**
Superintendent?	Director?	President?	Vintner?

'grattsjɛ   ke pja'tʃer
Grazie!   **che piacer!**
Thank you!   What a pleasure!

ke   dʒi'randola   ɔ   nel   kɔr
Che   **girandola**   **ho**   **nel**   **cor!**
What   a whirl   I have   in my   heart!

si 'veŋga   a 'skrivere   kwel ke   dɛ'ttjamɔ
Si venga   **a scrivere**   **quel che**   **dettiamo.**
Someone   write down   what   I am about to dictate.

(The men start to write.)

sɛi'mila   'kɔpje   pɔi   nɛ vɔ'ʎʎamɔ
Sei mila   **copie**   **poi**   **ne vogliamo.**
Six thousand   copies   then   I want of it.

CHORUS
dʒa   'pronti a   'skrivere   'tutti   sjam   kwi
Già   **pronti a**   **scrivere**   **tutti**   **siam**   **qui.**
Already   ready to   write   all of us   are   here.
(We are all ready to write down what you say.)

MAGNIFICO
noi   dom ma'ɲɲifiko   'kwesto im   ma'juskɔlɛ   'bɛstjɛ   ma'juskɔlɛ
Noi,   **Don Magnifico...**   **questo in**   **maiuscole.**   **Bestie!**   **Maiuscole!**
We,   Don Magnifico...   put that in   capital letters.   You asses!   Capital letters!

(The men re-write and use capital letters.)

'bravi   ko'zi   noi   dom ma'ɲɲifiko   'duka   e   ba'rone
Bravi!   **così.**   **Noi**   **Don Magnifico,**   **duca**   **e**   **barone**
Bravo!   That's it!   We,   Don Magnifico,   Duke   and   Baron

dellanti'kissimo   montefjas'kone   'grande inten'dɛnte   gram   prɛzi'dɛnte
dell'antichissimo   **Montefiascone;**   **grande intendente,**   **gran**   **presidente,**
of the ancient (town of)   Montefiascone;   great superintendent,   great   president,

kon   'ʎaltri   'titoli   koɱ   'venti   ɛ'ttʃetɛra
con   **gli altri**   **titoli,**   **con**   **venti**   **et cetera,**
with   the other   titles   with   twenty   etceteras,

im   spleni'tudine   dautori'ta
in   **splenitudine**   **d'autorità,**
in the   plenitude   of his authority,

ri'tʃeva   'lordine   ki   lɛddʒɛ'ra
riceva   **l'ordine**   **chi**   **leggerà:**
let (everyone) receive   this decree   who   can read:
(let everyone who is able to read receive this decree, which will read as follows:)

48   *La Cenerentola, Act I*

di	pju	nom ˈmeʃʃere	peɾ	ˈanni	ˈkwinditʃi
Di	**più**	**non mescere**	**per**	**anni**	**quindici**
To	never (again)	mix	for	years	fifteen

nel	ˈvinɔ	aˈmabilɛ	ˈdakkwa	ˈuna	ˈgottʃɔla
nel	**vino**	**amabile**	**d'acqua**	**una**	**gocciola,**
in	wine	generous	of water	a	drop,

(For the next fifteen years, let no one dare mix a single drop of water into a bottle of good wine,)

ˈaljas	kaˈpjetur	ɛt	stranguˈletur	perˈke	ɛˈttʃetɛɾa
alias	**capietur**	**et**	**stranguletur.**	**Perchè**	**et cetera,**
else (he be)	caught	and	strangled.	Because	etcetera,

laˈondɛ	ɛˈttʃetɛɾa	neˈllannɔ	ɛˈttʃetɛɾa	baˈronɛ	ɛˈttʃetɛɾa
laonde	**et cetera,**	**nell'anno**	**et cetera,**	**Barone**	**et cetera.**
wherefrom	etcetera,	in the year	etcetera,	Baron	etcetera.

(signing the decree)

CHORUS

baˈrone	ɛˈttʃetɛɾa	ɛ	ˈfattɔ dʒa
Barone	**et cetera,**	**è**	**fatto già.**
Baron	etcetera,	it's	done.

MAGNIFICO

ˈoɾa	affiˈddʒetelo	per	la tʃiˈtta
Ora	**affiggetelo**	**per**	**la città.**
Now	post it	all over	town.

CHORUS

il	ˈprandzo	in	ˈordine	anˈdjamɔ	a	ˈmettɛɾɛ
Il	**pranzo**	**in**	**ordine**	**andiamo**	**a**	**mettere**
The	dinner	in	order	we'll go	to	set

(We'll go see that dinner is in order)

ˈvinɔ	a	diˈluvjo	si bɛvɛˈɾa
vino	**a**	**diluvio**	**si beverà.**
wine	in	deluge	will be consumed.

(where we'll drink wine as if it were water.)

MAGNIFICO

ˈpremjɔ	bɛˈllissimo	di	ˈpjastɾɛ	ˈseditʃi
Premio	**bellissimo**	**di**	**piastre**[30]	**sedici**
A prize	most beautiful	of	*piastres*	sixteen

a	ki	pju	ˈmalaga	si bɛvɛˈɾa
a	**chi**	**più**	**Malaga**	**si beverà.**[31]
to	whoever	the most	Malaga (wine)	shall drink.

(And a most handsome prize of sixteen *piastres* to whoever drinks the most Malaga wine.)

---

[30] A *piastra* was an old Italian silver coin minted in the XVI century.
[31] The score shows *si succhierà* in certain measures (...whoever "sucks up" more Malaga) instead of *si beverà*. Out of compassion for the Magnifico doing this fiendishly difficult patter, it was decided in the present Metropolitan Opera revival to let Magnifico say *si beverà* all the way through and *basta!*

(The Courtiers exit with Don Magnifico. Dandini and the Prince enter, looking around cautiously.)

RAMIRO *(softly)*

'tsitto	'pjanɔ	'sɛntsa	'strɛpito	e	ru'moɾe
Zitto:	**piano:**	**senza**	**strepito**	**e**	**rumore.**
Quiet,	softly,	without	din	or	noise.

'delle	'due	kwa'lɛ	lu'moɾe	eza'tettsa	e	veɾi'ta
Delle	**due**	**qual'è**	**l'umore?**	**Esatezza**	**e**	**verità.**
Of those	two	what is	the state of mind?	Exactness	and	truth.

(What is the state of mind of those two sisters? I want an exact and truthful report.)

DANDINI

sotto'votʃe	a	'mɛddzo	'twono	in	ɛs'trɛma	kɔɱfi'dɛntsa
Sottovoce,	**a**	**mezzo**	**tuono,**	**in**	**estrema**	**confidenza,**
Sottovoce,	at	half	voice,	in	extreme	confidence,

'sono	um	'misto	dinsɔ'lɛntsa	di	ka'prittʃo	e	vani'ta
sono	**un**	**misto**	**d'insolenza,**	**di**	**capriccio**	**e**	**vanità.**
they are	a	mixture	of insolence,	of	whims	and	vanity.

RAMIRO

e	ali'dɔɾo	mi di'tʃeva	ke	'una	'fiʎʎa	del	ba'ɾone
E	**Alidoro**	**mi diceva**	**che**	**una**	**figlia**	**del**	**Barone...**
But	Alidoro	had told me	that	a	daughter	of the	Baron...

DANDINI

a	il	ma'ɛstɾɔ	a	uŋ	gran	tɛs'tone
Ah,	**il**	**maestro**	**ha**	**un**	**gran**	**testone,**
Ah,	your	tutor	has	a	big	obstinate head,

'ɔka	ɛ'gwale	non si da
oca	**eguale**	**non si dà.**
a goose	like him	doesn't exist.

(as a goose he has no equal.)

son	'due	'vɛɾɛ	bandeɾ'wɔlɛ	ma	kɔɲ'vjɛn	dissimu'lar
Son	**due**	**vere**	**banderuole,**[32]	**ma**	**convien**	**dissimular.**
They're	two	true	weathervanes,	but	we must (continue to)	pretend.

RAMIRO

sɛ	le 'spɔzipur	ki	'vwɔlɛ	segwi'tjamo	a	ɾetʃi'tar
Se	**le sposi pur**	**chi**	**vuole,**	**seguitiamo**	**a**	**recitar.**
Let	marry them	who	wishes,	let us continue	to	play our parts.

(Whoever wants to marry them, let them.)

(Clorinda and Tisbe enter, each one from a different door.)

CLORINDA

printʃi'pino	'dove	'sjɛtɛ
Principino,	**dove**	**siete?**
My little Prince,	where	are you?

---

[32] The word "weathervanes" is used as a synonym for "fickle, changeable girls".

TISBE

printʃi'pino	'dove	'state
Principino,	**dove**	**state?**
My little Prince,	where	can you be?

BOTH

a	per'ke	mmabbandɔ'nate	mi fa'rete	dispe'rar
Ah!	**perchè**	**m'abbandonate,**	**mi farete**	**disperar.**
Ah!	Why	do you abandon me,	you'll make me	despair.

TISBE

iɔ	vi 'vɔʎʎo
Io	**vi voglio...**
I	want you...

CLORINDA

vi vɔ'ʎʎio
Vi vogl'io.
I want you.

DANDINI

ma	nɔn 'djamɔ	im	baga'ttelle
Ma	**non diamo**	**in**	**bagattelle,**
But	let us not concern ourselves	with	trifles,

mari'tarmi	a	due	sɔ'relle
maritarmi	**a**	**due**	**sorelle**
getting married	to	two	sisters

'tutte	in'sjeme	nɔn si pwɔ	'una	'spɔzɔ
tutte	**insieme**	**non si può.**	**Una**	**sposo...**
both	together	cannot be done.	One	I will marry...

CLORINDA, then TISBE *(eagerly)*

e	'laltra
E	**l'altra...**
And	the other one...

DANDINI *(indicating Ramiro)*

e	'laltra	alla'mikɔ	la da'rɔ
E	**l'altra,**	**all'amico**	**la darò.**
And	the other one,	to my friend	I will give her.

(And I'll give the other one to my friend over here.)

CLORINDA, TISBE

nɔ	nnɔ	un	sku'djerɔ	ɔi'bɔ
No,	**no**	**un**	**scudiero,**	**oibò!**
No,	no,	a	squire,	good heavens!

RAMIRO *(stepping between them, with sweetness)*

sa'rɔ	'ddɔtʃile	amo'rozo	tene'rissimo	di	'kwɔre
Sarò	**docile,**	**amoroso,**	**tenerissimo**	**di**	**cuore.**
I will be	obedient (and)	loving,	most tender	of	heart.

CLORINDA, TISBE *(gazing at him with utter disdain)*

un	sku'djɛɾɔ	nɔ si'ɲɲoɾe	un	sku'djɛɾɔ	'kwesto nɔ
Un	**scudiero!**	**No signore.**	**Un**	**scudiero!**	**questo no.**
A	squire!	No sir.	A	squire!	Not that!

CLORINDA

kon	u'nanima	plɛ'bɛa
Con	**un'anima**	**plebea!**
With	a soul	plebean!

RAMIRO

sa'ɾɔ	'bwɔnɔ
Sarò	**buono...**
I'll be	good...

TISBE

kon	u'naɾja	doddzi'nalɛ
Con	**un'aria**	**dozzinale!**
With	an air	commonplace!

BOTH

mi fa 'malɛ	sola'mentɛ	a	immadʒi'nar
Mi fa male	**solamente**	**a**	**immaginar.**
It makes me sick	only	to	imagine (such a thing).

DANDINI, RAMIRO *(to themselves, laughing)*

la	ʃʃe'netta	ɛ	oɾidʒi'nalɛ	veɾa'mentɛ	da	kon'taɾ
La	**scenetta**	**è**	**originale,**	**veramente**	**da**	**contar.**
The	little scene	is	original,	truly	to be	told.

(This is a droll situation, worthy of retelling.)

(A chorus of Cavaliers is heard from within. Alidoro enters soon after.)

CHORUS

'vɛŋga	i'noltri	a'vantsi	il	pjɛ	anti'kamɛɾa	nɔɱ vɛ
Venga,	**inoltri**	**avanzi**	**il**	**piè,**	**anticamera**	**non v'è.**
Let her come,	let her	advance	her	foot,	anteroom	there is not.

(Let her come inside, no need to wait in the anteroom.)

RAMIRO, DANDINI *(to Alidoro)*

sapjɛn'tissimɔ	ali'dɔɾɔ	'kwestɔ	'strɛpito	ke	kɔ'zɛ
Sapientissimo	**Alidoro,**	**questo**	**strepito**	**che**	**cos'è?**
Most wise	Alidoro,	this	din,	what	is it?

ALIDORO

'dama	iŋ'kɔɲɲita	kwi	vjɛn	'sopɾa	il	'volto	uɱ	'vɛlɔ	tjɛn
Dama	**incognita**	**qui**	**vien,**	**sopra**	**il**	**volto**	**un**	**velo**	**tien.**
A lady	unknown	here	comes,	over	her	face	a	veil	she has.

(An unknown lady is coming here, her face covered by a veil.)

CLORINDA, TISBE

'una	'dama
Una	**dama!**
A	lady!

ALIDORO
si'ɲɲor si
Signor sì.
Yes sir.

CLORINDA, TISBE
ma ki ɛ
Ma chi è?
But who is she?

ALIDORO
nɔl palɛ'zɔ
Nol palesò.
She didn't reveal (her name).

CLORINDA, TISBE
sa'ra 'bbɛlla
Sarà bella?
Is she beautiful?

ALIDORO
si e nnɔ
Sì e no.
Yes and no.

DANDINI, RAMIRO
ki sa'ra
Chi sarà?
Who can it be?

ALIDORO
ma non si sa
Ma non si sa.
But no one knows.

CLORINDA
nom par'lɔ
Non parlò?
Didn't she say?

ALIDORO
si'ɲɲora nɔ
Signora, no.
Madame, no.

TISBE
e kwi vjɛn
E qui vien?
And here she is coming?

ALIDORO
ki ssa per'ke
Chi sa perchè.
Who knows why.

TUTTI

ki	sa'ra	ki ɛ	per'ke	non si sa	si ve'dra
Chi	**sarà?**	**Chi è?**	**Perchè?**	**Non si sa,**	**si vedrà.**
Who	might it be?	Who is it?	Why?	We don't know,	we will see.

(There is a long moment of silence.)

CLORINDA, TISBE *(softly)*

dʒelo'zia	dʒa	mi 'latʃɛra	dʒa	il	tʃɛr'vɛl pju im mɛ	nɔ'nɛ
Gelosia	**già**	**mi lacera,**	**già**	**il**	**cervel più in me**	**non è.**
Jealousy	now	tears at me,	already	my	brain in me	no longer is.

(I am going out of my mind.)

ALIDORO *(to himself)*

dʒelo'zia	dʒa	le 'rozika	pju il tʃɛr'vɛl	in	lor	nɔ'nɛ
Gelosia	**già**	**le rosica,**	**più il cervel**	**in**	**lor**	**non è.**
Jealousy	already	gnaws at them,	no longer their brain	in	them	isn't.

(they're going out of their minds.)

RAMIRO *(to himself)*

un	i'ɲɲɔtɔ	ar'kano 'palpito	'ora	'madʒita	per'ke
Un	**ignoto**	**arcano palpito**	**ora**	**m'agita;**	**perchè?**
An	unknown	strange heartthrob	now	stirs me;	why?

DANDINI *(to himself)*

diven'tato	sonun di 'ttsukkero	'kwante	'moske	in'torno	a mmɛ
Diventato	**son un di zucchero!**	**quante**	**mosche**	**intorno**	**a me!**
I've become,	of sugar!	How many	flies	around	me!

(I've turned to sugar! Look at how many flies are buzzing around me!)

(Dandini signals Alidoro to bring the lady in. Courtiers and ladies-in-waiting escort Cinderella into the room. She is elegantly attired and wears a veil.)

CHORUS

a	sɛ	vɛ'lata aŋ'kor dal	'seno	il	kɔr	tʃjai 'tɔlto
Ah!	**se**	**velata ancor dal**	**seno**	**il**	**cor**	**ci hai tolto,**
Ah!	If	veiled still from the	breast	the	heart	you have taken from us,

(Oh, if while still veiled you have stolen our hearts from our breasts,)

sɛ	zvɛlɛ'rai	kwel	'volto	ke	sa'ra
se	**svelerai**	**quel**	**volto,**	**che**	**sarà?**
if	you reveal	your	face,	what	will happen?

CENERENTOLA

'sprettso	kwei	don	ke	'versa	for'tuna	kapri'ttʃoza
Sprezzo	**quei**	**don**	**che**	**versa**	**fortuna**	**capricciosa;**
I despise	those	gifts	that	are lavished (on us by)	fortune	fickle;

'mɔffra	ki	mi vwɔl	'spoza
M'offra	**chi**	**mi vuol**	**sposa,**
Let him offer me,	whoever	wants me for a	bride,

ris'petto a'mor bɔn'ta
rispetto, amor, bontà.
respect, love (and) kindness.
(Let the one man who wants me for his bride offer me nothing but respect, love and kindness.)

RAMIRO *(to himself)*
di 'kwella 'votʃe il 'swɔno i'ɲɲoto al kɔr non 'ʃʃɛndɛ
Di quella voce il suono ignoto al cor non scende;
Of that voice the sound unrecognized to my heart doesn't descend,
(The sound of that voice does not reach my heart unrecognized,)

per'ke lla 'spɛmɛ a'ttʃɛndɛ di mɛ ma'ddʒor mi fa
perchè la speme accende, di me maggior mi fa.
and because my hope it kindles, it makes me into a greater man.

DANDINI
bɛ'ʎʎɔkki ke dal 'velo vi'brate un 'raddʒɔ a'kuto
Begl'occhi che dal velo vibrate un raggio acuto,
Lovely eyes that behind that veil flash a ray sharp,

zvɛ'latevi um mi'nuto al'meno per tʃivil'ta
svelatevi un minuto almeno per civiltà.
reveal yourselves for a minute at least, out of civility.
(if only as an act of courtesy.)

CLORINDA, TISBE *(to themselves)*
ve'dremo il gram mi'rakɔlo di 'kwesta rari'ta
Vedremo il gran miracolo di questa rarità.
We shall see the great miracle of this rareness.
(Let us see what miracle of rare beauty she really is.)

(Cenerentola removes her veil. There is a moment of surprise as everyone recognizes her and is filled with uncertainty.)

TUTTI *(each to himself, looking at Cenerentola, while she gazes at Ramiro)*
par'lar pɛn'sar vɔ'rrɛi par'lar pɛn'sar nɔn sɔ
Parlar, pensar, vorrei, parlar, pensar non so.
To speak, to think, I'd like, to speak, to think I cannot.

kwes'tɛ un iŋ'kantɔ iŋ'gannɔ
Quest'è un incanto (inganno)
This is a magic trick, (deceit)

ɔ 'ddɛi kwel 'voltɔ mattɛ'rrɔ
Oh Dei quel volto m'atterrò.
Oh Gods, that face has struck me down.

ALIDORO *(to himself)*
a'mar dʒa la dɔ'vrɛbbe il 'kɔlpo nɔn zba'ʎʎɔ
Amar già la dovrebbe, il colpo non sbagliò.
To love already he must her, the ruse did not fail.
(He must already be in love with her; my ruse did not fail.)

(Don Magnifico enters in haste.)

MAGNIFICO *(to Dandini)*

siˈɲɲor	alˈtettsa	ɛ in ˈtavɔla
Signor,	**Altezza,**	**è in tavola...**
My Lord,	Your Highness,	it's on the table...
		(dinner is served...)

(catching sight of Cenerentola)

ke	kɔ	ki	si	ke ˈbbɛstja
Che...	**co...**	**chi...**	**sì,**	**che bestia!**
What,	how...	who...	yes,	what the...!

ˈkwando	si ˈditʃe	i ˈsimili	non ˈsembra	tʃeneˈrɛntɔla
Quando	**si dice**	**i simili**	**non sembra**	**Cenerentola?**
When	one speaks	of likeness,	does she not resemble	Cinderella?

CLORINDA, TISBE

paˈreva	aŋˈkora	a ˈnoi	ma	a rigwarˈdarla	pɔi
Pareva	**ancora**	**a noi,**	**ma**	**a riguardarla**	**poi...**
She seemed	so	to us,	but	as we took a second look	afterwards...

la ˈnɔstra	ɛ	ˈgɔffa	e	aˈttratta
la nostra	**è**	**goffa**	**e**	**attratta,**
"ours"	is	clumsy	and	ungainly,

ˈkwesta	ɛ	um	pɔ	pju	bɛɱ ˈfatta
questa	**è**	**un**	**po'**	**più**	**ben fatta;**
this one	is	a	bit	more	attractive;

ma	pɔi	nɔˈnɛ	ˈuna	ˈvɛnere di	ˈfartʃi	spavɛnˈtar
ma	**poi**	**non è**	**una**	**Venere di**	**farci**	**spaventar.**
but	then	she isn't	some	Venus to	make us	be frightened.
			(some Venus to cause us to be frightened.)			

MAGNIFICO

ˈkwella	sta	ˈnelle	ˈtʃenere	a	ˈstrattʃi	sol	per	ˈabiti
Quella	**sta**	**nelle**	**cenere,**	**ha**	**stracci**	**sol**	**per**	**abiti.**
That one	is	by her	ashes;	she has	rags	only	for	clothes.

(Cenerentola is [home] with her ashes, and besides, she only wears rags.)

CENERENTOLA *(to herself)*

il	ˈvɛkkjo	ˈgwarda	e	ˈdubita
Il	**vecchio**	**guarda**	**e**	**dubita.**
The	old man	is looking	and	is dubious.

RAMIRO

mi ˈgwarda	e	par	ke	ˈpalpiti
Mi guarda	**e**	**par**	**che**	**palpiti.**
She looks at me	and	it seems	that	her heart beats (faster).

DANDINI

ma	nonɲ faˈttʃam	lɛ	ˈstatuɛ	paˈtiʃʃe	lindiˈviduo
Ma	**non facciam**	**le**	**statue,**	**patisce**	**l'individuo,**
But	let's not stand about	like	statues;	Suffers	a man.

(A man can have hunger pangs.)

anˈdjamo	a	ˈtavola	pɔi	balleˈremo	il	ˈtaitʃɛ
Andiamo	**a**	**tavola,**	**poi**	**balleremo**	**il**	**Taice,**
Let us go	to	table,	then	we'll dance	the	*Taice* country dance.

e	ˈkwindi	la	bɛˈllissima	kom	me	sa da	spoˈzar
e	**quindi**	**la**	**bellissima**	**con**	**me**	**s'ha da**	**sposar.**
and	after that	the	fairest of all	to	me	will be	married.

ALL EXCEPT DANDINI

anˈdjamo	a	ˈtavola	si ˈvoli	a	dʒubiˈlar
Andiamo	**a**	**tavola,**	**si voli**	**a**	**giubilar.**
Let's go	to	table,	let us fly	to	enjoy ourselves!

DANDINI *(to himself)*

ˈɔddʒi	ke	fɔ	da	ˈprintʃipe
Oggi	**che**	**fo**	**da**	**principe**
Today	that	I'm acting	like	a prince,

per	ˈkwattro	vɔ	manˈdʒar
per	**quattro**	**vo'**	**mangiar.**
for	four	I want	to eat.

(I'll eat enough for four people!)

TUTTI

mi par	ˈdɛssɛrɛ	soˈɲɲando	fra	dʒarˈdini	e	fra	bosˈketti
Mi par	**d'essere**	**sognando**	**fra**	**giardini**	**e**	**fra**	**boschetti.**
I seem	to be	dreaming	amid	gardens	and	amid	groves.

i	ruˈʃʃɛlli	sussuˈrrando	gorgeˈddʒando	ʎi	audʒeˈletti
I	**ruscelli**	**sussurrando,**	**gorgheggiando**	**gli**	**augelletti**
The	brooks	babbling,	chirping	the	little birds

in	um	ˈmaɾe	di	deˈlittsja	ˈfanno	ˈlanima	nwɔˈtar
in	**un**	**mare**	**di**	**delizia**	**fanno**	**l'anima**	**nuotar.**
in	a	sea	of	delight	make	our spirit	swim.

(The babbling brooks and the chirping of little birds make my spirit swim in a sea of delight.)

ma	ɔ tiˈmor	ke	ˈsotto ˈtɛrra	ˈpjano	a ˈpɔko a ˈpɔko
Ma	**ho timor**	**che**	**sotto terra,**	**piano,**	**a poco a poco**
But	I fear	that	underground,	softly,	little by little

si zviˈluppi	un	ˈtʃɛrto	ˈfɔko
si sviluppi	**un**	**certo**	**foco;**
there may develop	a	certain	fire;

(But I fear that underground a fire is starting to smoulder;)

e improˈvvizo	a	ˈtutti	iˈɲɲoto	ˈbaltsi ˈfwɔri	un	tɛrreˈmɔto
e improvviso	**a**	**tutti**	**ignoto**	**balzi fuori**	**un**	**terremoto,**
and suddenly	to	all	unbeknown	will break forth	an	earthquake,

(and suddenly, unbeknown to all, an earthquake may develop,)

ke	krɔˈllando	strɛpiˈtando	frakaˈssando	skɔŋkwaˈssando
che	**crollando,**	**strepitando,**	**fracassando**	**sconquassando**
which	smashing,	roaring,	shaking,	crashing

pɔi	mi ˈvɛnga	a	rizveˈʎʎar
poi	**mi venga**	**a**	**risvegliar;**
then	come me	to	awaken;

(which with its smashing, roaring, shaking and roaring will come to awaken me)

e	ɔ paˈura	ke	il mio	ˈsoɲɲo	ˈvada	iɱ ˈfumo	a dileˈgwar
e	**ho paura**	**che**	**il mio**	**sogno**	**vada**	**in fumo**	**a dileguar.**
and	I fear	that	my	dream	will	up in smoke	vanish.

END OF ACT I

ACT II

(A room in Ramiro's palace. Cavaliers come in, followed by Magnifico with Clorinda and Tisbe on his arms.)

CHORUS

a	'della	'bɛlla	iŋ'kɔɲɲita	la'rrivo	inaspɛ'ttatɔ
Ah!	**Della**	**bella**	**incognita**	**l'arrivo**	**inaspettato**
Ah!	Of the	beautiful	unknown lady	the arrival	unexpected

pe'ddʒorɛ	a'ssai	del	'fulmine
peggiore	**assai**	**del**	**fulmine**
worse	even	than	lighting

per	'tʃɛrtɛ	'bɛllɛ	ɛ	'statɔ
per	**certe**	**belle**	**è**	**stato.**
for	certain	beauties	has	been.

(That unexpected arrival of the unknown lady was even worse than a lightning bolt for those two beauties Clorinda and Tisbe.)

la 'gwardanɔ	e	ta'rɔkkanɔ	so'rridono	ma	'frɛmɔnɔ
La guardano	**e**	**taroccano,**	**sorridono**	**ma**	**fremono.**
They look at her	and	grumble,	smile	but	shudder.

'anno	'una	'lima	iŋ	'kɔrɛ	ke	a konsu'mar lɛ sta
Hanno	**una**	**lima**	**in**	**core**	**che**	**a consumar le sta.**
They have	a	rasp	in their	hearts	that	is consuming them alive.

gwar'datɛ	dʒa	rɛ'ɲɲavanɔ	tʃɔ 'gustɔ	ha	ha
Guardate!	**Già**	**regnavano!**	**Ci ho gusto.**	**Ah!**	**Ah!**
Look here!	Already (they)	reigned!	How amusing.	Ha!	Ha!

(They saw themselves as princesses, reigning, how funny, ha ha!)

MAGNIFICO *(with exaggerated anger)*

mi par	ke	kwei	bir'banti
Mi par	**che**	**quei**	**birbanti**
It seems to me	that	those	rascals

ri'dessɛrɔ	di	'noi	'sotto	ka'potto
ridessero	**di**	**noi**	**sotto**	**capotto.**
were laughing	at	us	under	(their) capes.

(up their sleeves at us.)

'kɔrpo del	'mostɔ	'kɔttɔ	fɔ	uŋ kavaljɛri'tʃidjo
Corpo del	**mosto**	**cotto,**	**fo**	**un cavaliericidio.**
Body of the	must[1]	cooked,	I'll commit	cavaliericide.[2]

TISBE

pa'pa	nom viŋkwjɛ'tatɛ
Papà,	**non v'inquietate.**
Papà,	don't fret.

---

[1] "Must" meaning the body of the wine. Being a wine connoisseur, Magnifico is swearing upon the "body of a new wine".

[2] Of course there is no such word in English; he is saying "I'll kill me a cavalier or two".

Cenerentola, Act II

MAGNIFICO

ɔ	'nella	'tɛsta	'kwattro 'mila	pɛn'sjɛɾi
Ho	**nella**	**testa**	**quattro mila**	**pensieri.**
I have	in my	head	four thousand	thoughts.

tʃi maŋ'kava	'kwella ma'dama	a'nɔnima
Ci mancava	**quella madama**	**anonima.**
We really needed	that lady	anonymous.

(All we needed was the appearance of that unknown lady.)

CLORINDA

e	kre'dete	ke	del	'printʃipe
E	**credete**	**che**	**del**	**Principe**
And	do you think	that	of the	Prince

il	'kɔɾe	tʃi kɔn'trasti
il	**core**	**ci contrasti?**
the	heart	she will compete for with us.

(And do you think that she will rival us for the Prince's heart?)

so'miʎʎa a	tʃeneˈrɛntɔla	e	vi 'basti
Somiglia a	**Cenerentola**	**e**	**vi basti.**
She resembles	Cinderella	and	that's all.

MAGNIFICO

so'miʎʎa	'tantɔ	ke	son	due	'gottʃe	'dakkwa
Somiglia	**tanto**	**che**	**son**	**due**	**goccie**	**d'acqua,**
She resembles her	so	that	they're like	two	drops	of water,

e	'kwandɔ	a	'prandzɔ	fa'tʃeva
e	**quando**	**a**	**pranzo**	**faceva**
and	when	at	dinner	she made

un	'tʃɛrtɔ	'vɛrso	kon	la	'bokka
un	**certo**	**verso**	**con**	**la**	**bocca,**
a	certain	movement	with	her	mouth,

brontɔ'lavɔ	fra	mmɛ	per 'bakkɔ	ɛ	'llɛi
brontolavo	**fra**	**me,**	**per Bacco,**	**è**	**lei!**
I grumbled	to	myself,	"by Jove	it is	she!"

ma	'kome	'daʎʎi ɛ'brɛi	'prendɛr	'labito a	'nɔlɔ
Ma	**come**	**dagli Ebrei,**	**prender**	**l'abito a**	**nolo!**
Just	like	with the Jews,	to get	a dress for	hire!

(Imagine renting those clothes, like the Jews do!)[3]

a'ver	kɔ'raddʒo	di	ve'nir	fra	'noi
Aver	**coraggio**	**di**	**venir**	**fra**	**noi**
To have (the)	courage	to	come	to	us

---

[3] Anti-Semitic remarks like these were common in those times and they've crept into the texts of opera. One finds such remarks in Giordano's *Fedora*, and others. This may be the reason why the above phrase has been cut in modern versions of the opera.

e'ppɔi	par'lar	kon 'lintʃi e 'skwintʃi	
e poi	**parlar**	**con linci e squinci?**	
and then	to speak	in such high falutin language?	

e'ppɔi	'starsene	kon	si	gran	dizimvol'tura
E poi	**starsene**	**con**	**sì**	**gran**	**disinvoltura**
And then	to go about	with	such	great	coolness

e	non te'mere	'una	skjaffeddʒa'tura
e	**non temere**	**una**	**schiaffeggiatura?**
and	not even be afraid of	a	a slap in the face (from me)?

TISBE

dʒa dʒa	'kwesta	fi'ʎʎastra	'finɔ a	ki	la so'miʎʎa
Già, già,	**questa**	**figliastra**	**fino a**	**chi**	**la somiglia**
Yes, yes,	that	step-daughter,	while	she	resembles her

ɛ	a	noi	fu'nɛsta
è	**a**	**noi**	**funesta.**
is	for	us	deadly.

MAGNIFICO

ma	sai tu	ke	tɛm'pɛsta	mi pjombe'rɛbbɛ	a'ddɔssɔ
Ma	**sai tu**	**che**	**tempesta**	**mi piomberebbe**	**addosso,**
But	do you know	what	a storm	would fall on	my back

sɛ	'skɔprɛ	al'kuno	'kome ɔ	dilapi'dato
se	**scopre**	**alcuno**	**come ho**	**dilapidato**
if	reveals	someone	how I have	squandered

il	patri'mɔnjo	'suo
il	**patrimonio**	**suo!**
the	inheritance	hers!
(her inheritance!)

per	abbi'ʎʎarvi	al 'verde	lɔ ri'dotto
Per	**abbigliarvi**	**al verde**	**l'ho ridotto.**
In order to (properly)	clothe you,	down to nothing	I've reduced it.
(I've used up all her inheritance to keep you in fine clothes.)

ɛ	divɛn'tato	uɱ	'verɔ	'sakkɔ	'dɔssa
è	**diventato**	**un**	**vero**	**sacco**	**d'ossa.**
she's	become	a	true	bag	of bones.
(and, [unable to eat properly], she has become a true bag of bones.)

a	sɛ	si 'skɔprɛ	a'vrɛi trɔ'vato	il	'rɛsto del	kar'lino
Ah!	**se**	**si scopre**	**avrei trovato**	**il**	**resto del**	**Carlino.**[4]
Ah!	If	it is revealed	I will have found	the	change for the	*Carlino*.
(If its revealed I'll be ruined.)

---

[4] There used to be a newspaper in Bologna called *Il Carlino*. There was also a coin, called *Carlo*. When people paid with a *Carlo* coin, sometimes if there weren't small denomination coins for the change, they received a copy of the *Il Carlino* instead. One could say that the expression above means, "I've been short-changed!"

Cenerentola, Act II

CLORINDA *(with a mysterious look)*

ε	pavɛn'tar	po'tetɛ	a	nnoi	vi'tʃino
E	**paventar**	**potete**	**a**	**noi**	**vicino?**
And	be afraid	can you	to	us	so near?

(How can you be so afraid, when we are here, close to you?)

MAGNIFICO

vi som 'bwɔnɛ	spe'rantsɛ
Vi son buone	**speranze?**
Are there any	hopes?

CLORINDA

ɛ	'njɛntɛ
Eh!	**niente!**
Ah,	no (hope)!

TISBE

'pɔsso	dir	kɛ	tʃer'tettsa
Posso	**dir**	**ch'è**	**certezza.**
I can	say	that it seems	a certainty.

CLORINDA

'iɔ	'kwazi	pɔ'trɛi	dar 'dellɛ 'karike
Io	**quasi**	**potrei**	**dar delle cariche.**
I	almost	could	give it another try.

TISBE

in	se'grɛtɔ	ma 'dɛttɔ	'anima 'mia
In	**segreto**	**m'ha detto:**	**"Anima mia"**
In	secret	he said to me:	"My beloved"

a	'fatto	uŋ	gran	sos'piro	ɛ an'dato	'via
ha	**fatto**	**un**	**gran**	**sospiro,**	**è andato**	**via.**
he	gave	a	great	sigh	and went	away.

CLORINDA

un sos'pirɔ	kɔ'zɛ	'kwando	mi 'vedɛ	'subito	'ride
Un sospiro	**cos'è?**	**Quando**	**mi vede**	**subito**	**ride.**
A sigh,	what is that?	When	he sees me	right away	he smiles.

MAGNIFICO *(looking at one and then the other)*

a	'duŋkwe	kwi	sos'pira	e	kwi	'ridɛ
Ah!	**dunque**	**qui**	**sospira**	**e**	**qui**	**ride.**
Ah!	Then	for you	he sighs	and	for you	he smiles.

CLORINDA

'ditɛ	pa'pa	bba'rone	voi	ke	a'vete	un	tes'tone
Dite,	**papà**	**Barone,**	**voi**	**che**	**avete**	**un**	**testone.**
Tell me,	daddy	Baron,	you	who	have	such a	big brain.

kwa'lɛ	il 'vɔstrɔ	pɛn'sjer	'ditelɔ	'skjɛtto
Qual'è	**il vostro**	**pensier?**	**Ditelo**	**schietto.**
What are	your	thoughts?	Tell me	plainly.

MAGNIFICO

dʒo'kato	ɔ	un	'ambɔ	e	vintʃe'rɔ	un	e'letto
Giocato ho		**un**	**ambo**	**e**	**vincerò**	**un**	**eletto.**
I've bet	on	a	pair	and	I will win	with	the chosen one.

(I've put my money on my two daughters and I'll come out the winner.)

da	voi 'due	non si 'skappa	ɔ	'kkome
Da	**voi due**	**non si scappa:**	**oh**	**come**
From	the two of you	he can't escape:	Oh	how,

'fiʎʎe mie	bene'dette	si parle'ra	ddi	me	'nelle	ga'ddzette
figlie mie	**benedette,**	**si parlerà**	**di**	**me**	**nelle**	**gazzette!**
my daughters	blessed,	they will speak	of	me	in the	gossip sheets!

kwes'tɛ	il 'tempo	oppor'tuno	per	ri'mettermi	im 'pjɛdi
Quest'è	**il tempo**	**opportuno**	**per**	**rimettermi**	**in piedi.**
This is	the time	opportune	to	get myself again	on my feet

lɔ sa'pete	'io	'sono	indebi'tato
Lo sapete	**io**	**sono**	**indebitato.**
You know,	I	am	in great debt.

'fino	i	sti'vali	a 'tromba ɔ ipɔte'katɔ
Fino	**i**	**stivali**	**a tromba ho ipotecato.**
Even	my	boots	I've auctioned off.

ma	ke	'flusso	e	ri'flusso
Ma	**che**	**flusso**	**e**	**riflusso**
But	what	ebb	and	flow

a'vrɔ	ddi	memɔ'rjali
avrò	**di**	**memoriali!**
I shall have	of (marriage)	petitions!

(What ebb and flow of marriage petitions I will have!)

a	'kwesto 'solɔ	ɛ	il	pa'tɛrno	de'zio
Ah,	**questo solo**	**è**	**il**	**paterno**	**desio,**
Ah,	this only	is	the	paternal	desire,

(My one wish as a father,)

ke	fa'ttʃate il res'krittɔ	a 'mɔdo 'mio
che	**facciate il rescritto**	**a modo mio.**
is that	you may bring this matter to a profitable solution	by doing it my way.

tʃintende'rem fra 'noi	'viʃʃɛre 'mie	mi rakkɔ'mandɔ	a 'vvoi
C'intenderem fra noi.	**Viscere mie,**	**mi raccomando**	**a voi.**
We will be of one mind.	My entrails,[5]	I place my trust	in you.

---

[5] Another example of poor Magnifico's inflated language. *Viscere*, are the innards, the entrails in one's body. The best way to put this sentence is "oh ye fruits of my loins, I place my trust in you both".

ARIA
MAGNIFICO

sia kwa'luŋkwe	'delle	'fiʎʎe
Sia qualunque	**delle**	**figlie,**
Whichever	of my	daughters

ke	fra 'pɔkɔ	an'dra	sul	'trɔnɔ
che	**fra poco**	**andrà**	**sul**	**trono,**
who	soon	will ascend	the	throne,

a	nɔn 'laʃʃi	in	abban'dono	um	ma'ɲɲifikɔ	pa'pa
ah!	**non lasci**	**in**	**abbandono**	**un**	**magnifico**	**papà.**
ah,	do not leave	in	abandonment	your	magnificent	daddy.

(don't abandon your wonderful daddy.)

dʒa	mi par ke	'kwesto	o	'kwello
Già	**mi par che**	**questo**	**o**	**quello**
Already	I see	this one	or	that one

koɱfi'kkandomi	a	uŋ	kan'tone
conficcandomi	**a**	**un**	**cantone,**
pushing me	into	a	corner,

e	ka'vandosi	il	ka'ppellɔ	iŋko'mintʃi	sor ba'rone
e	**cavandosi**	**il**	**cappello**	**incominci:**	**sor Barone,**
and	doffing	his	hat	begin by saying:	"My lord Baron,

'alla	'fiʎʎa 'sua	ɾɛ'ale	porte'rebbe	um	mɛmɔ'rjalɛ
alla	**figlia sua**	**reale**	**porterebbe**	**un**	**memoriale?**
to	your daughter	royal	would you take	a (marriage)	petition?

(would you take my marriage petition to your royal daughter?)

'prɛnda	pɔi per	la tʃɔkkɔ'lata
Prenda:	**poi per**	**la cioccolata,**
Take this	for	chocolate,

e	'una	'doppja	bɛŋ	kɔ'njata
e	**una**	**doppia**	**ben**	**coniata**
and	this	doubloon[6]	well	coined

'fattʃa	in'tanto	ʃʃivɔ'lar
faccia	**intanto**	**scivolar**
cause	meanwhile	to slip (into your pocket").

(Accept this well minted doubloon and slip it [into your pocket].")

io	ɾis'pondo	ɛ	si	ve'dremo
Io	**rispondo:**	**eh**	**sì,**	**vedremo.**
I	answer	eh,	yes	we'll see.

dʒa ɛ	di 'pezɔ		parle'remo
già è	**di peso?**		**Parleremo.**
Is it	weighing (on your mind)?		We will talk.

---

[6] A gold coin at the time worth about $8.

da	pa'lattsɔ	pwɔ	pa'ssar
Da	**palazzo**	**può**	**passar.**
To the	palace	(you) can	go.

mi	ri'vɔlto	e	vettso'zetta	'tutta	o'dori	e	'tutta uŋ'gwɛnti
Mi	**rivolto:**	**e**	**vezzosetta**	**tutta**	**odori**	**e**	**tutta unguenti,**
I	turn around	and	charmingly,	all	scents	and	all pomades,

mi siŋ'kina	'una	sku'ffjetta	fra	sos'piri e kompli'menti
mi s'inchina	**una**	**scuffietta**	**fra**	**sospiri e complimenti:**
bows to me	a	little bonnet	amid	sighs and compliments:

(in a high falsetto voice)

baron'tʃino	si ri'kɔrdi	kwella'ffarɛ
Baroncino!	**si ricordi**	**quell'affare**
"Little Baron!	Remember	that matter"

(back to his normal voice)

e	dʒa	min'tɛndɛ
e	**già**	**m'intende:**
and	now	she understands me:

'sɛntsa	ar'dʒɛntɔ	'parla	ai	'sordi
Senza	**argento**	**parla**	**ai**	**sordi.**
Without	money	you are speaking	to the	deaf.

la ma'nina	al'kwantɔ	'stɛndɛ
La manina	**alquanto**	**stende,**
Her little hand	slightly	she extends,

(She slightly holds out her little hand,)

fa	'una	'pjastra	zdruttʃɔ'lar
fa	**una**	**piastra**	**sdrucciolar.**
causes	a	piaster	to drop.

iɔ ga'lantɛ	ɔ'kjetti 'bɛi	a	per	voi	ke nɔɲ fa'rɛi
Io galante:	**occhietti bei! Ah!**	**per**	**voi**	**che**	**non farei!**
I, gallantly:	"Lovely eyes! Ah!	For	you	what	wouldn't I do!

io vi 'vɔʎʎɔ	kontɛn'tar
io vi voglio	**contentar!**
I want	to please you!"

mi riz'veʎʎɔ	a	mɛddzo'dʒorno	'swɔnɔ a'ppena	il	kampa'nɛllɔ
Mi risveglio	**a**	**mezzogiorno:**	**suono appena**	**il**	**campanello,**
I awake	at	noon.	I ring barely	the	bell,

(I can sleep until noon [every day] and barely do I ring the bell [on my night table to order breakfast or to call my valet to bring me my clothes, or whatever...],

ke	mi 'vedo	al	'lɛtto in'torno	suppli'kevɔlɛ	dra'ppɛllɔ
che	**mi vedo**	**al**	**letto intorno**	**supplichevole**	**drappello:**
than	I see	to my	bed around	a supplicating	troop.

(I see around my bed a troop of suppliants.)

'kwestɔ	'tʃerka	prote'ttsjone
Questo	**cerca**	**protezione;**
This one	seeks	protection;

'kwellɔ	a	'tɔrto	e vwɔl	ra'dʒone
quello	**ha**	**torto**	**e vuol**	**ragione;**
that one	is	wrong	and wishes	to be right;

ki	vɔ'rrɛbbe	un	impje'guttʃo
chi	**vorrebbe**	**un**	**impieguccio,**
someone	would like	a	nice little job,

ki	'una	'katɛdra	ɛd	ɛ un	'tʃuttʃo
chi	**una**	**catedra**	**ed**	**è un**	**ciuccio!**
another	a	professorship	and	he's an	ass!

ki	la'ppalto	'delle	'spille
Chi	**l'appalto**	**delle**	**spille,**
Someone	the monopoly	of	brooches,

ki la	'peska	'dellɛ	aŋ'gwille
chi la	**pesca**	**delle**	**anguille,**
another the	fisheries	of	eels,

ed	in'tanto	in	'oɲɲi	'latɔ
ed	**intanto**	**in**	**ogni**	**lato**
and	meanwhile	from	all	sides

sa'rɔ	'ttseppo	e	kɔntɔr'natɔ
sarò	**zeppo**	**e**	**contornato**
I'll be	crowded	and	surrounded

di	mɛ'mɔrje	e peti'ttsjoni	di	ga'lline	di stɔ'rjoni
di	**memorie**	**e petizioni,**	**di**	**galline**	**di storioni,**
by	memorandums	and petitions,	by	chickens	and sturgeons,

di	bo'ttiʎʎe	di	brɔ'kkati	di kan'dele e	mari'nati
di	**bottiglie,**	**di**	**broccati,**	**di candele e**	**marinati,**
by	bottles,	by	brocades,	by candles and	marinated pickles,

di tʃam'bɛlle	e	pasti'tʃetti	di	kan'diti	e di kɔɱ'fetti
di ciambelle	**e**	**pasticcetti,**	**di**	**canditi**	**e di confetti,**
by doughnuts	and	pies,	by	candied fruit	and sugared almonds,

di	pjas'troni	di	do'bloni
di	**piastroni**	**di**	**dobloni,**
by	heavy piastres	and	doubloons,

di	va'niʎʎa	e	di	ka'ffɛ
di	**vaniglia**	**e**	**di**	**caffè.**
by	vanilla	and	by	coffee.

'basta	'basta	nɔm pɔr'tatɛ
Basta,	**basta:**	**non portate:**
Enough,	enough!	Don't bring me anything else;

termi'natɛ	vɛ nan'datɛ
terminate:	**ve n'andate!**
finish already!	Go away!

'basta	iŋ kaɾi'ta	'sɛrro	'luʃʃo	a	katɛ'nattʃo
Basta,	**in carità.**	**Serro**	**l'uscio**	**a**	**catenaccio:**
Enough,	for pity's sake.	I shall lock	the door	with	a heavy chain;

impor'tuni	sɛkka'toɾi	'fwɔɾi	via	da	'mmɛ
importuni,	**seccatori,**	**fuori,**	**via**	**da**	**me.**
bothersome people,	pests,	out,	away	from	me.

'prɛsto	via	di	kwa
Presto,	**via**	**di**	**qua.**
Quickly,	out	of	here!

(He leaves, as Clorinda and Tisbe enter the room.)

TISBE *(approaching her sister in confidence)*

di	'soɲɲi	aŋ'koɾa ke	il	'printʃipe
Dì:	**sogni**	**ancora che**	**il**	**Principe**
Say,	are you dreaming	still that	the	Prince

'vada	pɛn'sando	a	ttɛ
vada	**pensando**	**a**	**te?**
is	thinking	about	you?

CLORINDA

mɛ lo dɔ'mandi
Me lo domandi?
You ask me this?

TISBE *(sarcastically)*

'sɛrva	di	'vɔstra al'tettsa
Serva	**di**	**Vostra Altezza.**
Servant	of	Your Highness.
(I am your most humble servant, Your Highness.)

CLORINDA

a	swɔi	kɔ'mandi
A'	**suoi**	**comandi.**
At	your	orders.

(They usher each other out the door, exchanging exaggerated compliments. Soon after, Ramiro comes in followed by Cenerentola fleeing Dandini, then Alidoro.)

RAMIRO

a	'kwesta 'bɛlla	iŋ'koɲɲita	kon 'kwella	somi'ʎʎantsa
Ah!	**questa bella**	**incognita**	**con quella**	**somiglianza**
Ah!	This lovely	unknown girl	with that	resemblance

alliɱfe'litʃe	ke	mi kol'pi	sta'manɛ		
all'infelice	**che**	**mi colpì**	**stamane**		
that wretched one	who	struck me so	this morning,		

mi va	des'tando	im	'pɛtto	'tʃerta	i'ɲɲota	pre'mura
mi va	**destando**	**in**	**petto**	**certa**	**ignota**	**premura...**
is	awaking	in my	breast	a certain	mysterious	longing...

'aŋke	dan'dini	ne 'sembra	innamo'rato
Anche	**Dandini**	**ne sembra**	**innamorato.**
Even	Dandini	seems to be	in love (with her).

'ɛkkoli	u'dirli	or	kwi	pɔ'trɔ	tʃe'lato
Eccoli:	**udirli**	**or**	**qui**	**potrò**	**celato.**
Here they are;	to hear them	now	here	I can	hidden.

(I can now hear them from my hiding place.)

(He hides.)

DANDINI *(trying to catch up with Cenerentola)*

ma	noɱ fu'ddʒir	per	'bakko
Ma	**non fuggir,**	**per**	**Bacco!**
But	don't scurry off,	by	Jove!

'kwattro	'vɔlte	mi ai 'fatto	mizu'rar	la	galle'ria
Quattro	**volte**	**mi hai fatto**	**misurar**	**la**	**galleria.**
Four	times	you've made me	trek back and forth	the	gallery.

CENERENTOLA

ɔ	mu'tate	liŋ'gwaddʒo	o	'vado	'via
O	**mutate**	**linguaggio**	**o**	**vado**	**via.**
Either	you change	the subject	or	I'll go	away.

DANDINI

ma kkɛ	il par'larɛ	da'morɛ	ɛ	'forse	'una	stɔ'kkata
Ma che?	**Il parlare**	**d'amore**	**è**	**forse**	**una**	**stoccata!**
What's this?	Speaking	about love	is	maybe	a	sword-thrust!

(Is telling you I love you such a harmful thing?)

CENERENTOLA

ma	'sio	du'naltrɔ		'sono	innamo'rata
Ma	**s'io**	**d'un altro**		**sono**	**innamorata!**
But	I	with another	(man)	am	in love!

DANDINI

e	mɛ lo 'ditʃi	iɱ 'fattʃa
E	**me lo dici**	**in faccia?**
And	you say that	in my face?

CENERENTOLA

a	mio	siˈɲɲore	dɛ	non anˈdate	iŋ ˈkɔllera
Ah!	**mio**	**signore,**	**deh!**	**non andate**	**in collera**
Ah!	my	lord,	please	do not get	angry

sɛ	vi ˈparlo	kol	miɔ	ˈlabbro	sinˈtʃɛrɔ
se	**vi parlo**	**col**	**mio**	**labbro**	**sincero.**
if	I speak to you	with	my	lip	sincere.

(I speak to you sincerely.)

DANDINI

ed	ˈami
Ed	**ami?**
And	you are in love with?

CENERENTOLA

ˈskuzi
Scusi...
Forgive me...

DANDINI
Ed ami?

CENERENTOLA

il suɔ	skuˈdjɛrɔ
Il suo	**scudiero.**
Your	squire.

RAMIRO *(showing himself)*

a	ˈdʒɔja	ˈanima ˈmia
Ah	**gioia!**	**Anima mia!**
Ah	joy!	My beloved!

ALIDORO *(softly showing his approval)*

va a	mɛraˈviʎʎa
Va a	**meraviglia.**
It's going	marvelously well.

RAMIRO

ma	il ˈgrado	e	la riˈkettsa
Ma	**il grado**	**e**	**la richezza**
But (does)	rank	and	riches

non seˈdutʃe	il tuɔ	ˈkɔrɛ
non seduce	**il tuo**	**core?**
not seduce	your	heart?

CENERENTOLA

miɔ	ˈfasto	ɛ	la virˈtu	riˈkkettsa	ɛ	aˈmore
Mio	**fasto**	**è**	**la virtù,**	**ricchezza**	**è**	**amore.**
My	pomp	is	virtue, (my)	riches	is	love.

RAMIRO

'duŋkwɛ	sa'resti	'mia
Dunque	**saresti**	**mia?**
Then	you'd be	mine?

CENERENTOLA

'pjano	tu 'devi	'pria	ritʃer'karmi	ko'noʃʃermi	ve'dermi
Piano,	**tu devi**	**pria**	**ricercarmi,**	**conoscermi,**	**vedermi,**
Gently,	you must	first	seek me out,	get to know me,	see me,

ɛzami'nar	la mia	for'tuna
esaminar	**la mia**	**fortuna.**
survey	my	fortunes.

RAMIRO

io	'tɛkɔ	'kara	vɛ'rrɔ	vvɔ'lando
Io	**teco,**	**cara,**	**verrò**	**volando.**
I	to you,	dearest one,	shall come	flying.

CENERENTOLA

'fermati	non se'gwirmi	iɔ	tɛl kɔ'mando
Fermati:	**non seguirmi.**	**Io**	**tel comando.**
Stop.	Do not follow me.	I	order you.

RAMIRO

e'kkome	'duŋkwe
E come	**dunque?**
And how	then...?

CENERENTOLA (*giving him a bracelet[7]*)

'tjɛni	'tʃerkami	e	'alla	mia	'dɛstra
Tieni,	**cercami,**	**e**	**alla**	**mia**	**destra**
Here,	search for me	and	on	my	right hand

il	kom'paɲɲo	ve'drai	e	a'llor	sɛ	non ti 'spjattʃɔ
il	**compagno**	**vedrai;**	**e**	**allor,**	**se**	**non ti spiaccio...**
its	companion	you shall see;	and	then,	if	I don't displease you...

a'llor	ma'vrai
allor	**m'avrai.**
then	you shall have me.

(*She leaves. There is a moment of silence.*)

RAMIRO

dan'dini	ke	ne 'ditʃi
Dandini,	**che**	**ne dici?**
Dandini,	what	do you say to that?

---

[7] In this version of the story identical bracelets are used instead of the well-known glass slipper.

DANDINI

ɛ	ˈdiko	ke	da	ˈprintʃipe	sonɔ	paˈssatɔ
Eh!	**dico**	**che**	**da**	**principe**	**sono**	**passato**
Hey!	I say	that	from	prince	I've	changed over

a	far	da	tɛstiˈmɔnjɔ
a	**far**	**da**	**testimonio.**
to	becoming	a	witness.

RAMIRO

e	aˈllor	sɛ	non ti ˈspjattʃɔ	aˈllor	maˈvrai
"E	**allor...**	**se**	**non ti spiaccio...**	**allor**	**m'avrai."**
"And	then...	if	I do not displease you...	then	you shall have me."

ˈkwali	aˈttʃɛnti	soŋ	ˈkwesti
Quali	**accenti**	**son**	**questi?**
What	words	are	these?
(What did she mean by that?)

(He discovers Alidoro.)

a	miɔ	saˈpjɛnte	vɛnɛˈratɔ	maˈɛstrɔ
Ah!	**mio**	**sapiente,**	**venerato**	**maestro.**
Ah!	My	all-knowing,	venerated	tutor.

il	kɔr	miŋˈgombra	misteˈrjozɔ	aˈmore	ke	far deˈddʒio
Il	**cor**	**m'ingombra**	**misterioso**	**amore.**	**Che**	**far degg'io?**
My	heart	is full of a	mysterious	love.	What	shall I do?

ALIDORO

kwel	ke	konˈsiʎʎa	il	ˈkɔrɛ
Quel	**che**	**consiglia**	**il**	**core.**
That	which	counsels	the	heart.
(Do what your heart tells you to.)

RAMIRO *(to Dandini)*

ˈprintʃipe	pju nɔn	ˈsɛi
Principe	**più non**	**sei:**
A Prince	no longer	you are:

di	ˈtantɛ	ˈʃʃɔkkɛ	si ˈvwɔti	il miɔ	paˈlattsɔ
Di	**tante**	**sciocche**	**si vuoti**	**il mio**	**palazzo.**
Of	all those	buffoons	empty	my	palace.
(Get all those buffoons out of my palace.)

(He calls his courtiers.)

ɔˈla	mjɛi	ˈfidi	sia	ˈpronto	il ˈnɔstrɔ	ˈkɔkkjɔ
Olà,	**miei**	**fidi,**	**sia**	**pronto**	**il nostro**	**cocchio,**
Ho there,	my	trusted ones,	make	ready	our	carriage,

e	fra	moˈmenti
e	**fra**	**momenti...**
and	in a few	minutes...

ko'zi po'tessi	a'ver	'lali	dei	'vɛnti
così potessi	**aver**	**l'ali**	**dei**	**venti.**
could I but	have	the wings	of the	wind(s).

ARIA
RAMIRO

si	ritro'varla	io	'dʒuro	a'mor	mi 'mwɔvɛ
Sì,	**ritrovarla**	**io**	**giuro.**	**Amor**	**mi muove.**
Yes,	to find her again	I	swear.	Love	spurs me on.

sɛ	'fɔsse	iŋ	'grɛmbɔ	a	'dʒove
Se	**fosse**	**in**	**grembo**	**a**	**Giove**
Even if	she were	in the	arms	of	Jupiter

'io	la ritrove'rɔ
io	**la ritroverò.**
I	shall find her again.

(gazing at the bracelet)

'peɲɲo ado'rato	e	'kkarɔ	ke	mi lu'ziŋgi	al'meno
Pegno adorato	**e**	**caro**	**che**	**mi lusinghi**	**almeno.**
Token adored	and	dear	that	gives me hope	at last.

ɔ	'komɛ al,	'labbro	al	'seno
Oh,	**come al**	**labbro**	**al**	**seno,**
Oh,	how to my	lips,	to my	bosom,

'komɛ	tti strindʒe'rɔ
come	**ti stringerò!**
how	I will press you!

CHORUS

ɔ	kwal	tu'multo	a	in	'seno	kom'prenderlo	nɔn sɔ
Oh!	**qual**	**tumulto**	**ha**	**in**	**seno!**	**Comprenderlo**	**non so.**
Oh!	What	tumult	he has	in his	breast.	Understand it	I cannot.

RAMIRO, CHORUS

noi	vole'remo	dɔmande'remo	ritʃerke'remo	ritrove'remo
Noi	**voleremo,**	**domanderemo,**	**ricercheremo,**	**ritroveremo.**
We	will fly,	we will ask,	we will seek,	we will find again.

'doltʃɛ spe'rantsa	'freddo	ti'moɾe
Dolce speranza,	**freddo**	**timore,**
Sweet hope,	cold	fear

'dentro	il mio	(suo)	'kɔɾe	'stanno a	pu'ɲɲar
dentro	**il mio**	**(suo)**	**core**	**stanno a**	**pugnar.**
within	my	(his)	heart	are	competing.

a'moɾe	mai	(la) da	gwi'dar
Amore,	**m'hai**	**(l'ha)da**	**guidar.**
Love,	you must me	(must him)	guide.

(Love, guide me. Love, guide him.)

(Ramiro leaves with his followers. Alidoro enters.)

ALIDORO

la 'nɔttɛ	ɛ	ɔ'mai	vi'tʃina
(La notte	**è**	**omai**	**vicina.**
(Night	is	already	near.

kol	fa'vor	'dellɛ	'tɛnɛbrɛ	rɔvɛ'ʃʃandosi	ad	'artɛ
Col	**favor**	**delle**	**tenebre**	**rovesciandosi**	**ad**	**arte**
Under	cover	of	darkness,	breaking down	with my	(magic) arts

la	ka'rrɔttsa	'prɛssɔ	la	'kaza	del	ba'ron	pɔ'trɛi
la	**carrozza**	**presso**	**la**	**casa**	**del**	**Baron,**	**potrei...**
the	carriage	near	the	house	of the	Baron,	I could...

(Under cover of darkness I could, with my magic arts, cause the carriage to break down near the Baron's house...)

soɲ	vi'tʃini	'alla	'mɛta	i	de'zir	'mjɛi
Son	**vicini**	**alla**	**meta**	**i**	**desir**	**miei.)**
Are	near	the	goal	the	wishes	mine.)

(my wishes are almost fulfilled.)

(He leaves in haste. Dandini enters, followed shortly afterwards by Magnifico.)

DANDINI *(pacing up and down)*

ma	'duŋkwe	io	'sono	un	ɛks	dal	'tuttɔ	al	'njɛntɛ
Ma	**dunque**	**io**	**sono**	**un**	**ex.**	**Dal**	**tutto**	**al**	**niente**
But	then	I	am	an	ex.	From	all	to	nothing

prɛ'tʃipito	in	un	'trattɔ	veɾa'mente
precipito	**in**	**un**	**tratto**	**veramente.**
I tumble	in	a	trice	truly.

(Here I am, an ex, having tumbled in one second from being a great man to truly being a nobody.)

(Magnifico enters hurriedly.)

MAGNIFICO *(to Dandini)*

'skuzi	la mia	pre'muɾa	ma	'kwellɛ	due	ɾa'gattsɛ
Scusi	**la mia**	**premura...**	**ma**	**quelle**	**due**	**ragazze**
Excuse	my	haste...	but	those	two	girls

staŋ	kon la 'fɛbbrɛ a 'freddo	si po'trɛbbe	sɔllɛtʃi'tar	la 'ʃʃelta
stan	**con la febbre a freddo.**	**Si potrebbe**	**sollecitar**	**la scelta?**
are	in a cold sweat.	Could you	speed up	your choice?

DANDINI

ɛ	'fatta	a'miko
É	**fatta,**	**amico.**
It's	made,	friend.

MAGNIFICO

ɛ	'fatta	a	per	pjɛ'ta		'dite	par'late
È	**fatta!**	**ah,**	**per**	**pietà!**		**dite,**	**parlate!**
It's	made!	Ah,	for	pity's sake,		tell me,	speak!

e	i mjɛi	dʒer'moʎʎi	iŋ	'kwestɛ	'stantsɛ	a	vɛdʒɛ'tar	vɛ'rrannɔ
e	**i miei**	**germogli**	**in**	**queste**	**stanze**	**a**	**vegetar**	**verranno?**
And	my	offspring	in	these	rooms	to	flourish	will come?

(and will my two offspring come to flourish in these rooms?)

DANDINI

'tutti	'pɔi	lo sa'prannɔ
Tutti	**poi**	**lo sapranno:**
Everyone	in good time	will know it.

peɾ	'oɾa	ɛ	uŋ	gran	se'greto
Per	**ora**	**è**	**un**	**gran**	**segreto.**
For	now	it is	a	big	secret.

MAGNIFICO

e	'kwalɛ	klorin'dina	o	tiz'betta
E	**quale?**	**Clorindina**	**o**	**Tisbetta?**
And	which one?	Little Clorinda	or	little Tisbe?

DANDINI

non	dʒudi'kate	iɱ 'fretta
Non	**giudicate**	**in fretta.**
Don't	judge in such	a hurry.

(Don't jump to conclusions.)

MAGNIFICO

lo 'dika	ad um	pa'pa
Lo dica	**ad un**	**papà.**
Tell it	to	papa.

DANDINI

ma	si'lɛntsjɔ
Ma	**silenzio.**
But	silence.

(Then don't breathe a word about this.)

MAGNIFICO *(anxiously)*

si sa	'via	'dika	'prestɔ
Si sa,	**via,**	**dica**	**presto.**
Of course,	come,	tell me	quickly.

DANDINI

non	tʃi	'ɔdɛ	al'kuno
Non	**ci**	**ode**	**alcuno?**
Not	us	hears	anyone?

(No one can hear us?)

MAGNIFICO

in	'arja	non si 'vede	'una	'moska
In	**aria**	**non si vede**	**una**	**mosca.**
In the	air	one cannot see	a	fly.

(There isn't even a fly on the wall.)

DANDINI

ɛ	un	'tʃɛrto	ar'kano	ke	fa'ra zbalor'dir
È	**un**	**certo**	**arcano**	**che**	**farà sbalordir.**
It's	a	certain	mystery	that	will astound you.

MAGNIFICO *(in a frenzy)*

'stɔ	'sulle	'spine
Sto	**sulle**	**spine.**
I am	on	pins and needles.

DANDINI *(bringing a chair)*

pɔ'njamotʃi	a se'dere
Poniamoci	**a sedere.**
Let us	sit down.

MAGNIFICO

'prɛstɔ	per kari'ta
Presto,	**per carità.**
Hurry,	for pity's sake!

DANDINI

voi	senti'rete	uŋ	'kazɔ	a'ssai	bi'ddzarrɔ
Voi	**sentirete**	**un**	**caso**	**assai**	**bizzarro.**
You	are about to hear	a	case	most	fantastic.

MAGNIFICO *(to himself)*

ke vo'lessɛ	maɾi'tarsi	kom mɛ
Che volesse	**maritarsi**	**con me?**
Could he want	to marry	me?

DANDINI

mi ɾakkɔ'mandɔ
Mi raccomando.
Please listen.

MAGNIFICO *(with growing impatience)*

ma si 'laʃʃi ser'vir
Ma si lasci servir.
At your service.

DANDINI

sia	sidʒi'llato	'kwanto 'oɾa	u'drete	'dalla	'bokka 'mia
Sia	**sigillato**	**quanto ora**	**udrete**	**dalla**	**bocca mia.**
Be it	sealed	all that now	you will hear	from the	mouth mine.

(Your lips must be sealed at what I now will reveal to you.)

MAGNIFICO

io	'teŋgo	iŋ	'kɔrpɔ	'una	segrete'ria
Io	**tengo**	**in**	**corpo**	**una**	**segreteria.**[8]
I	have	in my	body	a	strongbox.

(Your secret is <u>safe</u> with me.)

DUET
DANDINI

un	se'greto	dimpor'tantsa	un	ar'kano	intere'ssante
Un	**segreto**	**d'importanza,**	**un**	**arcano**	**interessante**
A	secret	of importance,	a	mystery	most interesting

io	vi 'devɔ	palɛ'zar	ɛ	'una	'kɔza	strava'gantɛ
io	**vi devo**	**palesar:**	**È**	**una**	**cosa**	**stravagante,**
I	must to you	reveal;	It's	a	matter	quite extraordinary,

vi fa'ra	strasɛkɔ'lar
vi farà	**strasecolar.**
it will cause you	to be astonished.

MAGNIFICO

'sɛntsa	'battɛrɛ	le	'tʃiʎʎa
Senza	**battere**	**le**	**ciglia,**
Without	batting	an	eyelash,

'sɛntsa	'maŋkɔ	'trarre	il	'fjatɔ
senza	**manco**	**trarre**	**il**	**fiato,**
without	even	drawing	my	breath,

io	mi 'poŋgɔ	ad	askɔl'tar
io	**mi pongo**	**ad**	**ascoltar;**
I	am ready	to	listen;

(I am listening breathlessly.)

sta'rɔ	kwi	petrifi'katɔ	'oɲɲi	'sillaba a	kɔn'tar
Starò	**qui**	**petrificato**	**ogni**	**sillaba a**	**contar.**
I'll be	here,	in stony silence,	every	syllable to	count.

(I shall sit here in stony silence, counting every one of your syllables.)

DANDINI

'wɔmɔ	'saddʒo e	stadʒɔ'natɔ	'sɛmprɛ	'meʎʎo	tʃi kon'siʎʎa
Uomo	**saggio e**	**stagionato**	**sempre**	**meglio**	**ci consiglia;**
A man	wise and	mature	always	better	advises us;

(A wise and mature man always offers the best advice;)

sɛ	spɔ'zassi	'una sua	'fiʎʎa
Se	**sposassi**	**una sua**	**figlia,**
If	I were to marry	one of your	daughters,

---

[8] A *segreteria* was an old piece of furniture with many drawers and secret compartments where people concealed documents and other items that they wanted to keep away from the curious.

'komɛ	mmai	lɔ da	tra'ttar
come	**mai**	**l'ho da**	**trattar?**
how	then	should I have	to treat her?

MAGNIFICO *(to himself)*

konsi'ʎʎɛr	son	dʒa	stam'patɔ
(Consiglier	**son**	**già**	**stampato.)**
(Counsellor	I am	already	appointed.)

(aloud)

ma	ke	ɛ'ttʃesso	di	klɛ'mɛntsa
Ma	**che**	**eccesso**	**di**	**clemenza!**
But	what	excess	of	favor

mi 'stia	'duŋkwe	sua	ɛttʃɛ'llɛntsa
Mi stia	**dunque**	**sua**	**Eccellenza...**
is for me	then	Your	Excellency...

'bɛstia	al'tettsa	ad	askɔl'tar
bestia,	**Altezza**	**ad**	**ascoltar**
(ass,)[9]	Highness	to	hear.

(Oh what excess of favor I hear you are bestowing on me, Your Excellency, (Whoops!) I mean, Your Highness.)

'abbja	'sɛmpre 'pronti	in	'sala	'trɛnta	'sɛrvi	im	'pjɛna	'gala
Abbia	**sempre pronti**	**in**	**sala**	**trenta**	**servi**	**in**	**piena**	**gala,**
Have	always ready	in the	hall	thirty	servants	in	full	livery,

tʃɛto'seditʃi	ka'valli	'duki	'konti	marɛ'ʃʃalli
centosedici	**cavalli,**	**Duchi,**	**Conti,**	**Marescialli,**
one hundred sixteen	horses,	Dukes,	Counts,	Marshals,

a	do'ddzine	i konvi'tati	'prandzi 'sɛmpre	koi	dʒe'lati
a	**dozzine**	**i convitati,**	**pranzi sempre**	**coi**	**gelati,**
by the	dozens	guests,	meals always	with	ices,

pɔi	ka'rrɔttse	'ppɔi	bɔm'bɛ
poi	**carrozze**	**poi**	**bombè.**
then	carriages,	then	domed carriages.

DANDINI

vi ris'pondɔ	'sɛntsa ar'kani	ke	noi	'sjamɔ	a'ssai	lɔn'tani
Vi rispondo	**senza arcani**	**che**	**noi**	**siamo**	**assai**	**lontani.**
I reply	without secrets	that	we	are	rather	far (from that).

(In reply, I'll make no secret of it, that we're far from that.)

io	non 'uzɔ	far	de 'prandzi
Io	**non uso**	**far**	**de' pranzi,**
I	do not usually	have	dinner parties,

---

[9] *Bestia*, the insult meaning "you ass!" is directed at himself for having called the supposed Prince Your Excellency instead of Your Highness.

'mandʒɔ 'sɛmpre 'deʎʎi a'vantsi
mangio sempre degli avanzi,
I eat always leftovers,

nɔm ma'kkɔstɔ a gran siɲɲori
non m'accosto a gran signori,
I don't hobnob with fine gentlemen,

'trattɔ 'sɛmpre servi'tori ma nɛ 'vadɔ 'sɛmpre a pjɛ
tratto sempre servitori, ma ne vado sempre a piè'.
I deal always with servants, and I go always on foot.

MAGNIFICO
mi kɔr'bɛlla
Mi corbella!
You're fooling me!

DANDINI
ʎjɛl pro'mɛtto
Gliel prometto.
I promise you (it is true).

MAGNIFICO
'kwesto 'duŋkwe
Questo dunque?
All this then?

DANDINI
ɛ un rɔman'dzetto ɛ 'una 'burla il printʃi'patɔ
È un romanzetto, è una burla il principato,
It is a hoax, it is a joke my Prince business,
(It is all a hoax, and this "Prince" business is nothing but a joke,)

'sono un 'wɔmɔ maskɛ'ratɔ
sono un uomo mascherato:
I am a man in disguise;

ma ve'nuto ɛ il 'vero 'printʃipe
ma venuto è il vero principe,
but returned, has the real prince,

ma stra'ppata al'fin la 'maskɛra
m'ha strappata alfin la maschera.
he has torn off at last my mask.

io ri'tornɔ al miɔ mɛs'tjɛrɛ
Io ritorno al mio mestiere:
I am going back to my job:

son dan'dini il kamɛ'rjɛrɛ
Son Dandini il cameriere,
I am Dandini the valet,

ri'far	'lɛtti	spa'ttsar	'abiti
rifar	**letti,**	**spazzar**	**abiti,**
who makes	beds,	brushes	clothes,

'far la 'barba		e	petti'nar
far la barba[10]		**e**	**pettinar.**
shaves		and	dresses hair.

MAGNIFICO

far la 'barba		e	petti'nar
Far la barba		**e**	**pettinar?**
Shaves		and	dresses hair?

di	'kwesta	in'dʒurja	di	kwesta'ffronto
Di	**questa**	**ingiuria,**	**di**	**quest'affronto**
For	this	insult,	for	this affront

il	'vero	'printʃipe	mi 'rɛnda	'konto
il	**vero**	**principe**	**mi renda**	**conto.**
the	true	prince	will owe me	an explanation.

DANDINI

ɔ	non	siŋ'kɔmodi,	nɔm fa'ra	'njɛntɛ
Oh	**non**	**s'incomodi,**	**non farà**	**niente:**
Oh	don't	bother,	he won't do	anything;

ma	'parta	'subito	immanti'nente
ma	**parta**	**subito,**	**immantinente.**
but (you must)	leave	at once,	immediately.

MAGNIFICO
nɔm parti'rɔ
Non partirò.
I won't leave.

DANDINI
lɛi parti'ra
Lei partirà.
You <u>will</u> leave.

MAGNIFICO
'sono um ba'rone
Sono un Barone.
I am a Baron.

DANDINI
'prontɔ ɛ il bas'tone
Pronto è il bastone.
Ready is my stick.

---

[10] *Far la barba*, literally "make the beard", id. est. <u>to shave</u>.

MAGNIFICO
tʃi rive'dremo
Ci rivedremo.
We'll see about that.

DANDINI
Ci rivedremo.

MAGNIFICO
tʃi parle'remo
Ci parleremo.
We'll talk about it.

DANDINI
Ci parleremo.

MAGNIFICO

'teŋgo	nel	'tʃɛrɛbro	uŋ	kontra'bbassɔ			
Tengo	**nel**	**cerebro**	**un**	**contrabbasso**			
I have	in my	brain	a	double-bass fiddle			

ke	'bassɔ 'bassɔ	fru'llandɔ	va	da	'tʃima	a	'fondo
che	**basso basso**	**frullando**	**va.**	**Da**	**cima**	**a**	**fondo,**
that	very deep down	whirling	is.	From	top	to	bottom,

po'ter del 'mondo	ke	ʃʃivɔ'lata	ke	graŋ	kas'kata		
poter del mondo,	**che**	**scivolata,**	**che**	**gran**	**cascata!**		
by golly,	what	a landslide,	what	great	letdown!		

'ɛkkɔlɔ	'tutti	di'rannɔ	mi burle'rannɔ	per	la tʃi'tta		
Eccolo,	**tutti**	**diranno,**	**mi burleranno**	**per**	**la città.**		
There he is,	all	will say,	they'll mock me	throughout	the city.		

DANDINI

'pɔvɛrɔ 'djavɔlɔ	ɛ	uŋ	'gran	skɔŋ'kwassɔ	
Povero diavolo!	**è**	**un**	**gran**	**sconquasso,**	
Poor devil!	It's	a	great	confusion,	

ke	'dalto	im	'basso pjom'bar	lɔ fa
che	**d'alto**	**in**	**basso piombar**	**lo fa.**
that	from the heights	to the	depths to fall	makes him.

(which makes him fall from the heights to the depths.)

'vɔstra	ɛttʃɛ'llɛntsa	'abbja	pru'dɛntsa	
Vostra	**Eccellenza,**	**abbia**	**prudenza:**	
Your	Excellency,	be	prudent,	

sɛ	vwɔl	ra'zojo	sa'pone e	'pɛttine
Se	**vuol**	**rasoio,**	**sapone e**	**pettine,**
If	you want	a razor,	soap and	a comb,

sa'prɔ	arri'tʃarla	zbarbifi'karla		
saprò	**arricciarla,**	**sbarbificarla.**		
I will know how	to curl you,	shave you.		

ha	ha	gwarˈdatɛlɔ	laˈllɔkkɔ	ɛ	la
Ah!	**Ah!**	**guardatelo,**	**l'allocco**	**è**	**là.**
Ha!	Ha!	Look at him	the fool	is	there.

(They leave and Alidoro enters.)

ALIDORO

mi seˈkonda	il	desˈtino
Mi seconda	**il**	**destino.**
I am being helped	by	fate.

(This is just as I planned it.)

aˈmor	pjeˈtozɔ	favoˈriʃʃe	il	diˈzeɲɲo
Amor	**pietoso**	**favorisce**	**il**	**disegno.**
Cupid	compassionate	favors	my	plan.

(The compassionate god of love [Cupid] favors my plan.)

ˈaŋke	la	ˈnɔtte	prɔtʃɛˈlloza	ed	osˈkura
Anche	**la**	**notte,**	**procellosa**	**ed**	**oscura**
Even	the	night,	stormy	and	dark

ˈrɛnde	pju	natuˈral	kwestavvenˈtura
rende	**più**	**natural**	**quest'avventura.**
makes	more	natural	this accident.[11]

la	kaˈrrɔttsa	dʒa ɛ	imˈpronto
La	**carrozza**	**già è**	**in pronto,**
The	carriage	is now	ready;

ˈovɛ	danˈdini	ˈsekɔ	lɔ vwɔl	nel	suɔ	viˈaddʒɔ
Ov'è	**Dandini?**	**Seco**	**lo vuol**	**nel**	**suo**	**viaggio.**
Where is	Dandini?	With him	he wants	on	his	trip.

(The Prince wants him with him on this trip.)

ɔ	ˈkome	inˈdɔtʃile	sɛ	ˈfattɔ	ed	impaˈttsjɛnte
Oh	**come**	**indocile**	**s'è**	**fatto**	**ed**	**impaziente!**
Oh	how	undocile	he has	become	and	impatient!

ke	lo ˈpittsika	aˈmor	ˈseɲɲo	eviˈdɛnte
che	**lo pizzica**	**amor**	**segno**	**evidente.**
that	he's being twitched by	love	sign	evident.

(It's an evident sign that love is tugging at his heartstrings.)

(He goes off.)

SONG
CENERENTOLA
Una volta c'era un Re, etc.

(She looks at the bracelet.)

---

[11] Alidoro is talking about the "accident" he plans to instigate, whereby the carriage will break down near the Baron's house.

Cenerentola, Act II

'kwantɔ	sɛi	'karo	e	'kwello
Quanto	**sei**	**caro!**	**e**	**quello,**
How	you are	dear (to me)!	And	he,

'kui	'datɔ ɔ	il tuɔ	kɔm'paɲɲo	e pju 'kkaro	di	te
cui	**dato ho**	**il tuo**	**compagno,**	**è più caro**	**di**	**te.**
whom	I gave	your	companion,	is more precious	than	you.

kwel	si'ɲɲor 'printʃipe	ke	prɛtɛn'dea	kɔn	'kwellɛ 'zmɔrfje
Quel	**signor Principe**	**che**	**pretendea**	**con**	**quelle smorfie?**
That	Prince,	what	did he mean	by	his simpering?

ɔ 'bbɛlla	iɔ	nom 'badɔ	a	ɾi'kami
Oh bella!	**Io**	**non bado**	**a**	**ricami,**
Fancy that!	I	do not care	for	fancy lace,

ed	'amo	'solo	bɛl	'volto	e	kɔr	sin'tʃɛɾo
ed	**amo**	**solo**	**bel**	**volto**	**e**	**cor**	**sincero,**
and	I love	only	a handsome	face	and	a heart	sincere,

e	dɔ	la	prɛfɛ'rɛntsa	al	suo	sku'djɛɾo
e	**do**	**la**	**preferenza**	**al**	**suo**	**Scudiero.**
and	I give	my	preference	to	his	squire.

le mie	sɔ'rɛllɛ	in'tantɔ		ma	ke	ɔ'kkjatɛ
Le mie	**sorelle**	**intanto...**		**ma**	**che**	**occhiate!**
My	sisters	in the meantime...		but	what	nasty looks!

(what nasty looks they gave me!)

pa'reanɔ	stralu'natɛ
Pareano	**stralunate!**
They seemed	thunderstruck!

(A loud knock is heard as she goes to open the door.)

kwal	ru'moɾe
Qual rumore!	
What's this noise!	

(Seeing Magnifico and her two sisters come into the room.)

u	ki 'vedo	ke	'tʃɛffi
(Uh?	**chi vedo!**	**che**	**ceffi!)**
(Uh!	What do I see!	What	ugly mugs!)

di ɾi'torno	noŋ kre'dea	ke tɔr'nastɛ	a'vanti	'dʒorno
di ritorno	**non credea**	**che tornaste**	**avanti**	**giorno.**
back	I didn't think	you'd return	before	daylight.

(I didn't expect you back before daylight.)

(Clorinda points to Cenerentola)

DANDINI *(indicating Ramiro)*

lo kono'ʃʃete
Lo conoscete?
Don't you know him?

MAGNIFICO

lo	sku'djɛrɔ	i	gwar'date
Lo	**scudiero!**	**Ih,**	**guardate...**
The	squire!	Oh,	just look at this...

RAMIRO

si'ɲɲore	pɛrdo'nate	se	'una	kombina'ttsjone
Signore,	**perdonate**	**se**	**una**	**combinazione...**
Sire,	forgive me	if	some	circumstance...

MAGNIFICO

ke	'ditʃe	si fi'guri		mio	pa'drone
Che	**dice?**	**Si figuri,**		**mio**	**padrone.**
What	are you saying?	Don't mention it,		my	liege.

(to Clorinda and Tisbe)

ɛ	non	'sɛntsa	per'ke	ɛ	ve'nuto	kwa
(Eh!	**non**	**senza**	**perchè**	**è**	**venuto**	**qua.**
(Hey!	Not	without	(a) reason	did	he come	here.

(Look, he didn't come here for no reason.)

la	'spɔza	'fiʎʎe 'mie	fra	voi	sa'ra
La	**sposa,**	**figlie mie,**	**fra**	**voi**	**sarà.)**
The	bride,	my daughters,	between	both of you	shall be.)

(will be one of you.)

ɛi	'prɛsto	tʃene'rentɔla	'pɔrta	la	'sɛdja	'nɔbile
Ehi!	**presto,**	**Cenerentola,**	**porta**	**la**	**sedia**	**nobile.**
Ho there!	Quickly,	Cinderella,	bring	the	chair	noble.

(bring our best chair.)

RAMIRO

nɔ	'pɔki mi'nuti	'altra	ka'rrɔttsa	'pronta ritɔrne'ra
No:	**pochi minuti;**	**altra**	**carrozza**	**pronta ritornerà.**
No,	I'm only staying a few minutes;	another	carriage	soon will come back.

MAGNIFICO

ma	ke ʎi 'parɛ
Ma	**che gli pare?**
But	how do you mean?

CLORINDA

ti 'zbriga	tʃene'rentɔla
Ti sbriga,	**Cenerentola.**
Hurry,	Cinderella.

(Cenerentola enters bringing an elegant chair to Dandini, whom she still believes is the Prince.)

CENERENTOLA

soŋ	kwi
Son	**qui.**
I am	here.

MAGNIFICO *(roughly)*

'dalla	al	'printʃipe	'bɛstia	'ɛkkɔlo li
Dalla	**al**	**Principe,**	**bestia,**	**eccolo lì.**
Give it	to the	Prince,	imbecile,	there he is.

(Cenerentola recognizes Ramiro in the Prince and covers her face with her hands, starting to run away.)

'kwesto	a	'ke	'vvedo	'printʃipe
Questo...	**ah,**	**che**	**vedo!**	**Principe!**
This man...	ah,	what	do I see!	Prince!

RAMIRO *(to Cenerentola)*

ta'rrɛsta	ke	lɔ	zma'niʎʎo	ɛ	'llɛi
T'arresta.	**Che!**	**lo**	**smaniglio!**	**È**	**lei:**
Stay!	What!	The	bracelet!	It's	she!

ke	'dʒɔja	ɛ	'kwesta
Che	**gioia**	**è**	**questa!**
What	joy	is	this!

SEXTET
RAMIRO

'sjete	voi
Siete	**voi?**
Is it	you?

CENERENTOLA *(observing the Prince's clothing)*

'voi	'prɛntʃe	'sjete
Voi	**Prence**	**siete?**
You	a Prince	are?

CLORINDA, TISBE *(to themselves, amazed)*

kwal	sor'preza
Qual	**sorpresa!**
What	a surprise!

DANDINI

il	'kazo	ɛ	'bbɛllɔ
Il	**caso**	**è**	**bello!**
The	matter	is	delightful!

MAGNIFICO *(wishing to get Ramiro's attention)*

ma
Ma...
But...

RAMIRO
ta'tʃete
Tacete.
Keep quiet.

MAGNIFICO *(as above)*
a'ddio	tʃɛr'vɛllɔ	sɛ
Addio	**cervello.**	**Se...**
Goodbye	brain.	If...

(Farewell my sanity...if...)

DANDINI, RAMIRO
si'lentsjɔ
Silenzio.
Silence.

ALL SIX
ke	sa'ra
Che	**sarà!**
What	will happen!

'kwestɔ	ɛ	un	'nɔdɔ	avvilu'ppato
Questo	**è**	**un**	**nodo**	**avviluppato**
This	is	a	knot	snarled

'kwestɔ ɛ	uŋ	'grrruppo	rrrintrrrɛ'ttʃato
questo è	**un**	**gruppo**	**rintrecciato,**[12]
this is	a	group	tangled,

ki	zvi'luppa	pju iɱvi'luppa
chi	**sviluppa**	**più inviluppa;**
whoever	tries to undo it	tangles it all the more:

(This is a snarled knot, a tangled group of people and the more someone tries to undo it, the more entangled it becomes.)

ki	pju 'zgrrruppa	pju rrra'ggrrruppa
Chi	**più sgruppa**	**più raggruppa;**
Whoever	tries to undo it,	the more he tightens it still;

ed	in'tanto	la mia	'tɛsta	'vola	e	pɔi	sa'rrrɛsta
Ed	**intanto**	**la mia**	**testa**	**vola**	**e**	**poi**	**s'arresta,**
And	meanwhile	my	head	flies	and	then	stops,

(my brain keeps spinning and then stops.)

vɔ	tɛn'tɔn	per	'larja	os'kura	e	ko'mintʃɔ	a	deli'rar
vo	**tenton**	**per**	**l'aria**	**oscura**	**e**	**comincio**	**a**	**delirar.**
I go	groping	about	the air	dark	and	I am beginning	to	rave.

---

[12] It is traditional to roll the *r*'s with the force of a snare drum in this ensemble. The phonetic transcription shows this by having thrree [r] in succession. This goes for the words *sgruppa*, *s'arresta*, and *ragruppa*.

CLORINDA *(violently wrenching Cenerentola from her bewilderment)*

'dɔnna	'ʃɔkka	'alma	di	'faŋgo	'kɔza	'tʃerki
Donna	**sciocca,**	**alma**	**di**	**fango,**	**cosa**	**cerchi?**
Woman	stupid,	soul	of	mud,	what	do you want?

'kɔza	pre'tɛndi		fra	noi	'dʒɛnte	'dalto	'raŋgo
che	**pretendi?**		**Fra**	**noi**	**gente**	**d'alto**	**rango**
who	do you you think you are?		Among us,		people	of high	rank

larrɛs'tarsi	ɛ	intʃivil'ta
l'arrestarsi	**è**	**inciviltà.**
to mingle	is	incivility

(It is bad manners to mix with people of high breeding like us.)

MAGNIFICO

'sɛrva	au'datʃe	e	ki	tin'seɲɲa
Serva	**audace,**	**e**	**chi**	**t'insegna**
Servant	bold,	and	who	has taught you

di	star	kwi	fra	'tanti	ɛ'rɔi
di	**star**	**qui**	**fra**	**tanti**	**eroi?**
to	be	here	among	so many	heroes?

(to stand here in such select company?)

va	iŋ	ku'tʃina	'sɛrva	in'deɲɲa
Va	**in**	**cucina,**	**serva**	**indegna,**
Go	to the	kitchen,	servant	worthless,

non tɔr'nar	mai pju	di	kwa
non tornar	**mai più**	**di**	**qua.**
do not return	ever again	in	here.

RAMIRO

'alme	'vili	im'van	tɛn'tate	dinsul'tar	kɔ'lɛi	ke	a'dɔro
Alme	**vili,**	**invan**	**tentate**	**d'insultar**	**colei**	**che**	**adoro;**
Souls	vile,	in vain	you try	to insult	the one	whom	I adore;

'alme 'vili	pavɛn'tate	il mio	'fulmine	ka'dra
Alme vili,	**paventate:**	**Il mio**	**fulmine**	**cadrà.**
Wretched creatures,	beware:	My	thunderbolt	will fall (upon you).

DANDINI

dʒa sa'pea	ke	la	kɔm'mɛdja
Già sapea	**che**	**la**	**commedia**
I already knew	that	this	comedy

si kan'dʒava	al	sekon'datto
si cangiava	**al**	**second'atto;**
would change	in the	second act;

'ɛkko	a'pɛrta		la	tra'dʒɛdja	mɛ la 'gɔdo	im veri'ta
ecco	**aperta**		**la**	**tragedia;**	**me la godo**	**in verità.**
here	unfolded	(is)	the	tragedy;	I'm enjoying it	indeed!

CLORINDA, TISBE *(to themselves)*

son	di	'dʒɛlɔ
Son	**di**	**gelo.**
I'm	of	ice.

(I've turned to ice!)

MAGNIFICO *(to himself)*

'son	di	'stukko
Son	**di**	**stucco.**
I am	of	stucco.

(I've turned to stone.)
(I'm dumbfounded.)

DANDINI *(to himself)*

divɛn'tatɔ	ɛ	um	mamma'lukko
Diventato	**è**	**un**	**mammalucco.**
Become	he has	a	Mameluke.[13]

(He has become a complete idiot.)

MAGNIFICO, CLORINDA, DANDINI

ma	'una	'sɛrva
Ma	**una**	**serva...**
But	a	servant...

RAMIRO *(making a threatening gesture)*

ɔ'la	ta'tʃete	'lira mia	pju	fren	nɔ'na
Olà,	**tacete:**	**l'ira mia**	**più**	**fren**	**non ha.**
Ho,	keep quiet.	My ire	no more	bridle	has.

(I can no longer bridle my wrath.)

CENERENTOLA *(bowing to Ramiro, who gently lifts her up)*

a	si'ɲɲor	sɛ	ver	ke	im 'pɛttɔ
Ah,	**signor,**	**s'è**	**ver**	**che**	**in petto**
Ah,	Lord,	if it is	true	that	in your breast

'kwalke	a'mor	per me sɛr'batɛ	kɔmpa'tite	perdɔ'natɛ
qualche	**amor**	**per me serbate,**	**compatite,**	**perdonate**
some	love	for me you feel,	have pity (on them)	forgive them

e	tri'omfi	la bɔn'ta
e	**trionfi**	**la bontà.**
and	let triumph	goodness.

(and let "GOODNESS BE TRIUMPHANT")

DANDINI, RAMIRO

'kwellɛ 'lagrime	mi'rate 'kwal	kan'dorɛ	kwal	bɔn'ta
Quelle lagrime,	**mirate, qual**	**candore,**	**qual**	**bontà!**
Those tears,	look, what	sincerity,	what	goodness!

---

[13] *Mammalucco* for some reason has become synonymous with dumb, stupid, oafish, etc. The Mamelukes were members of a famed cavalry corps, originally slaves, who dominated Egypt from 1254 to 1811. Why the word has acquired its connotation in operatic Italian language is a mystery, but this writer ventures to suggest that it is because the word has such obvious onomatopoeic properties, with the double *m*'s and the double *c's*, that it sounds "funny". This is only a conjecture, of course.

CLORINDA, TISBE, MAGNIFICO

a	li'pɔkrita	gwar'datɛ	ɔ	ke	'bile	ke	mi fa
Ah,	**l'ipocrita,**	**guardate!**	**Oh**	**che**	**bile**	**che**	**mi fa!**
Ah,	the hypocrite,	look at her!	Oh	what	gall	she	gives me!

(Oh how she galls me!)

MAGNIFICO *(in a servile attitude, to Ramiro)*

ma	in	'somma 'delle 'somme	al'tettsa	'kɔza	'vwɔlɛ
Ma	**in**	**somma delle somme,**	**Altezza,**	**cosa**	**vuole?**
But	after	all is said and done,	Highness,	what	is it you wish?

RAMIRO *(taking Cenerentola's hand)*

'pjanɔ	nom pju	pa'rɔle	'kwesta	sa'ra	mia	'spɔza
Piano,	**non più**	**parole. Questa**		**sarà**	**mia**	**sposa.**
Quiet,	no more	words. This (young lady)		will be	my	bride.

CLORINDA, TISBE *(tittering nervously)*

ha ha	di'ra per 'ridere
Ah! Ah!	**Dirà per ridere.**
Ha! Ha!	He must be joking.

CLORINDA, TISBE, MAGNIFICO *(to Cenerentola)*

nom 'vedi	ke	ti 'burlanɔ
Non vedi	**che**	**ti burlano?**
Don't you see	that	they're making fun of you?

RAMIRO

lɔ 'dʒuro	'mia	sa'ra
Lo giuro:	**mia**	**sarà.**
I swear it.	Mine	she shall be.

MAGNIFICO *(sheepishly)*

ma	fra	i ram'pɔlli 'mjɛi	mi parɛa	a 'kreder 'mio
Ma	**fra**	**i rampolli miei,**	**mi parea**	**a creder mio...**
But	among	my offspring,	I thought that	I believed...

RAMIRO *(contemptuously)*

per	'lorɔ	non son 'io	ɔ	'lanima plɛ'bea
Per	**loro**	**non son io.**	**Ho**	**l'anima plebea,**
For	them	I am not.	I have	a plebean soul,

ɔ	'larja	doddzi'nalɛ
ho	**l'aria**	**dozzinale.**[14]
I have	an air	commonplace.

DANDINI

al'fine	'sul	'brattʃalɛ	'ɛkko	il	pa'llon	tor'nɔ
Alfine	**sul**	**bracciale**	**ecco**	**il**	**pallon**	**tornò;**
At last	to the	arm-basket,	here	the	ball	has fallen;

---

[14] *Dozzina* means "dozen". *Dozzinale*, therefore connotes "a dime a dozen", ergo, "common".

e	il	dʒokaˈtor	maˈɛstro	in ˈarja	il ribalˈtso
e	**il**	**giocator**	**maestro**	**in aria**	**il ribalzò.**
and	the	player	expert	into the air	threw it back.[15]

(What goes around comes around, and my expert master the Prince has put it right.)

RAMIRO *(to Cenerentola, with gentle force)*

ˈvjɛni	a	reˈɲɲar	limˈpoŋgo
Vieni	**a**	**regnar:**	**l'impongo.**
Come	to	reign:	I command it!

CENERENTOLA *(turning to kiss Magnifico's and her stepsisters' hands)*

su	ˈkwesta	ˈmano	alˈmeno	e	ˈprima a	ˈkwesto ˈseno
Su	**questa**	**mano**	**almeno,**	**e**	**prima a**	**questo seno...**
Upon	this	hand	at least,	and	first to	my breast...

MAGNIFICO *(repulsing her)*

ti	ˈskosta
Ti	**scosta.**
Get away from me.	

TISBE, CLORINDA

ti	alˈlontana
Ti	**allontana.**
Be off!	

RAMIRO

ˈpɛrfida	ˈdʒɛnte	inˈsana	io	vi faˈro	trɛˈmar
Perfida	**gente**	**insana!**	**io**	**vi farò**	**tremar.**
Evil	people	insane!	I	shall make you	tremble.

CENERENTOLA

ˈdove	sson	ke	iŋˈkanto	ɛ	ˈkwesto
Dove	**son!**	**che**	**incanto**	**è**	**questo?**
Where	am I!	What	enchantment	is	this?

io	feˈlitʃe	ɔ	ˈkwal	ɛˈvɛnto
Io	**felice!**	**Oh,**	**qual**	**evento!**
I,	happy (at last)!	Oh	what	an event!

ɛ	un	iŋˈganno	a	sɛ	mi ˈdɛsto	
È	**un**	**inganno?**	**Ah!**	**se**	**mi desto,**	
Is it	a	deceit?	Ah!	If	I wake,	

ke	improˈvvizo	kandʒaˈmento
Che	**improvviso**	**cangiamento!**
What	a sudden	change!

---

[15] We are talking here about a ball game akin to Jai Alai, where the player has a semi-circular basket tied to his arm, with which he catches the ball bouncing back from a slate wall at great speed. He then flings the ball out of this basket with great expertise and throws it back at the wall. The metaphors suggested by this are: "What goes around comes around" – "The circle is complete" – "The tables have been turned, and the expert player has put things right again".

sta	in	tɛmˈpesta	il mio	tʃerˈvɛllo,	ˈpɔsso	aˈppena	respiˈrar
Sta	**in**	**tempesta**	**il mio**	**cervello,**	**posso**	**appena**	**respirar.**
Is	in	tempest	my	brain,	I can	barely	breathe.

(My brain is in turmoil,)

THE OTHERS

ˈkwello	ˈbrontola	e	borˈbotta
Quello	**brontola**	**e**	**borbotta,**
That one	grumbles	and	mutters,

ˈkwestɔ	ˈstrɛpita	e	saˈdira
questo	**strepita**	**e**	**s'adira,**
this one	shouts	and	rages,

ˈkwello	ˈfrɛmɛ	ˈkwestɔ	ˈfjɔtta
quello	**freme,**	**questo**	**fiotta,**
that one	fumes,	this one	whines,

ki	miˈnattʃa	ki	sosˈpira
chi	**minacccia,**	**chi**	**sospira;**
one	threatens,	another	sighs;

va a fiˈnir ke	a	pattsaˈrɛlli	tʃi dɔˈvranno	traʃʃiˈnar
Va a finir che	**a'**	**pazzarelli**	**ci dovranno**	**trascinar.**
In the end	to	the madhouse	they will	drag us.

(Ramiro takes Cenerentola off with him, followed by Dandini and Magnifico.)

TISBE

ˈduŋkwe	noi	sjam burˈlatɛ
Dunque,	**noi**	**siam burlate?**
Then,	we	have been duped?

CLORINDA

ˈdalla	ˈrabbja	io	nom ˈvedo pju	ˈllume
Dalla	**rabbia**	**io**	**non vedo più**	**lume.**
Out of	rage	I	can no longer see	light.

(I am so furious I can hardly see anymore!)

TISBE

mi ˈparɛ	di	sɔˈɲɲar	la	tʃɛnɛˈrɛntɔla
Mi pare	**di**	**sognar**	**la**	**Cenerentola...**
It seems to me	I'm	dreaming	of	Cinderella...

ALIDORO *(entering and interrupting)*

printʃiˈpessa	saˈra
Principessa	**sarà.**
A Princess	she shall be.

CLORINDA

ki	ˈsjetɛ
Chi	**siete?**
Who	are you?

ALIDORO (haughtily)

io	vi tʃerˈkai	la kariˈta	voi	mi skaˈttʃaste
Io	**vi cercai**	**la carità.**	**Voi**	**mi scacciaste.**
I	asked you	for alms.	You both	repulsed me.

e	landʒoˈlina	ˈkwella ke	nom fu
E	**l'Angiolina,**	**quella che**	**non fu**
And	Angiolina,	she who	was not

ˈsorda	ai		ˈmizeri
sorda	**ai**		**miseri,**
deaf	to (the begging of a)		wretched man,

ke	vvoi	teˈneste	ˈkome	vile	anˈtʃella	fra	le	ˈtʃenere
che	**voi**	**teneste**	**come**	**vile**	**ancella,**	**fra**	**le**	**cenere**
whom	you	kept	as a	lowly	servant	among	the	ashes

e	i ˈtʃentʃi	or	saliˈra	sul	ˈtrɔno
e	**i cenci,**	**or**	**salirà**	**sul**	**trono.**
and	rags,	now	will ascend	the	throne.

il ˈpadre ˈvɔstro	ʎi ɛ debiˈtor	diˈmmense	ˈsomme
Il padre vostro	**gli è debitor**	**d'immense**	**somme.**
Your father	is in debt to her	of enormous	sums (of money).

ˈtutta	si manˈdʒɔ	la sua	ˈdɔte	e	ˈforse	ˈkwesta
Tutta	**si mangiò**	**la sua**	**dote,**	**e**	**forse**	**questa**
All of it	he gobbled up	her	dowry,	and	perhaps	this

reˈlikwja	di	paˈlattso	ˈkwesti	nɔn ˈtrɔppo	ˈrikki	ˈmɔbili
reliquia	**di**	**palazzo,**	**questi**	**non troppo**	**ricchi**	**mobili**
relic	of a	palace,	this	not too	sumptuous	furniture

saˈrannɔ	ˈpɔsti	al	ˈpubbliko	iŋˈkanto
saranno	**posti**	**al**	**pubblico**	**incanto.**
will be	put up	to	public	auction.

TISBE

ke	ˈffia	di	noi	fraˈttanto
Che	**fia**	**di**	**noi**	**frattanto?**
What	will happen	to	us	in the meanwhile?

ALIDORO

il	ˈbivjo	ɛ	ˈkwesto
Il	**bivio**	**è**	**questo.**
The	choice	is	this:

ɔ	termiˈnar	fra	la miˈzɛrja	i	ˈdʒorni
O	**terminar**	**fra**	**la miseria**	**i**	**giorni**
Either	end	in	poverty	your	days

ɔ	ˈkurvɛ	al	pjɛ	del	ˈtrɔno
o	**curve**	**al**	**piè**	**del**	**trono**
or	bend down	at the	foot	of the	throne

implɔˈrar	ˈgrattsja	ed	impeˈtrar	perˈdono	
implorar	**grazia**	**ed**	**impetrar**	**perdono.**	
implore for	mercy	and	beg for	forgiveness.	

nel	viˈtʃin	ˈatrjɔ	io	ˈstesso prɛˈzago	dellɛˈvɛntɔ
Nel	**vicin**	**atrio**	**io**	**stesso presago**	**dell'evento**
In the	nearby	hall,	I	myself, having foreseen	the event,

la	ˈfɛsta	nuˈttsjalɛ	ɔ	prɛpaˈrata
la	**festa**	**nuziale**	**ho**	**preparata.**
the	feast	nuptial	have	prepared.

(have prepared the marriage celebration.)

ˈkwesto	ˈkwestɔ ɛ	il	moˈmento
Questo,	**questo è**	**il**	**momento.**
This,	this is	my	moment.

CLORINDA

abbaˈssarmi	kon	ˈlɛi	son	dispɛˈrata
Abbassarmi	**con**	**lei!**	**son**	**disperata!**
To lower myself	to	her!	I am	desperate!

ARIA
CLORINDA

zventuˈrata	mi krɛˈdea	kɔmanˈdar	sɛˈduta in	ˈtrɔnɔ	
Sventurata!	**Mi credea**	**comandar**	**seduta in**	**trono.**	
Poor me!	I thought	to command	seated upon the	throne.	

ˈson	laˈʃʃata	in abbanˈdono	ˈsɛntsa	uˈnombra	di pjɛˈta
Son	**lasciata**	**in abbandono**	**senza**	**un'ombra**	**di pietà.**
I've	been left	abandoned,	without	a shadow	of pity.

ma	ke	ˈssɛrvɛ	ˈtanto fa	ˈsonɔ alˈfine	dʒoviˈnetta
Ma	**che**	**serve!**	**Tanto fa:**	**sono alfine**	**giovinetta;**
But	what	of it!	After all,	I am still	very young;

kapiˈtar	pɔˈtra	il	mɛrˈlɔttɔ
Capitar	**potrà**	**il**	**merlotto**
To fall (in my hands)	will	the	black bird[16]

vɔ	pɛˈlarlo	iɲ ˈfretta	e skaˈppar	nom mi pɔˈtra
vo'	**pelarlo**	**in fretta**	**e scappar**	**non mi potrà.**
I want	to pluck his feathers	in haste,	and run off	he won't from me.

un	maˈritɔ	krɛdɛˈrɛi	ˈalla ˈfine	nɔm maŋkɛˈra
Un	**marito**	**crederei**	**alla fine**	**non mancherà.**
A	husband,	I'd think,	at last	won't be lacking.

---

[16] Using ornithological substitutes for members of both sexes is common practice in many languages; while the British use "bird", for girls, the Americans "chicks", the Italians use *merlotto* for boys, the feathers of whom Clorinda plans to pluck so it will not fly off.

ALIDORO *(entering)*

la	'pillɔla	ɛ	um	pɔ	'dura
La	**pillola**	**è**	**un**	**po'**	**dura:**
The	pill	is	a	bit	hard (to swallow);

ma	iŋgjo'ttirla	dɔ'vra	nɔn tʃɛ	ri'mɛdjo
ma	**inghiottirla**	**dovrà.**	**Non c'è**	**rimedio.**
but	swallow it	she must.	There's no	alternative.

(to Tisbe)

e	vvoi	'kɔza	pɛn'satɛ
E	**voi**	**cosa**	**pensate?**
And	you,	what	do you think?

TISBE

'kɔza	'pɛnsɔ	mi a'kkɔmɔdɔ	'alla	'sɔrtɛ
Cosa	**penso?**	**Mi accomodo**	**alla**	**sorte:**
What	do I think?	I'll submit	to	fate;

sɛ	mi u'miljɔ	'alla	fin	nɔm 'vadɔ	a	'mmɔrtɛ
se	**mi umilio**	**alla**	**fin,**	**non vado**	**a**	**morte.**
if	I humble myself,	after	all,	I am not going	to	die.

(She leaves.)

ALIDORO

'dʒustɔ	tʃɛl	ti riŋ'grattsjɔ
Giusto	**ciel,**	**ti ringrazio!**
Merciful	Heaven,	I thank you!

i 'voti mjɛi	nɔn am pju ke spɛ'rar	lor'goʎʎo	ɛ	ɔ'prɛssɔ
I voti miei	**non han più che sperar.**	**L'orgoglio**	**è**	**oppresso.**
My wishes	have been totally fulfilled.	Pride	has been	crushed.

sa'ra	fe'litʃe	il	'karo	a'lunno	in	'trɔno	tri'omfa	la bɔn'ta
Sarà	**felice**	**il**	**caro**	**alunno.**	**In**	**trono**	**trionfa**	**la bontà.**
Will be happy		my	dear	pupil.	On the	throne	triumphs	goodness.

(My dear pupil shall be happy and from his throne goodness shall triumph.)

kon'tento	io	'sono
Contento	**io**	**sono.**
Content	I	am.

(Alidoro exits. The curtain rises to reveal an illuminated atrium, in the center of which Ramiro and Cinderella are seated on sumptuous thrones, dressed in their best finery, while Dandini and courtiers stand around. In a corner, the embarrassed Don Magnifico keeps averting his eyes. Later Alidoro enters, followed by Clorinda and Tisbe, who seek to cover their faces in utter mortification.)

CHORUS

'della	for'tuna	is'tabilɛ	la	revo'lubil	'rwɔta
Della	**fortuna**	**istabile**	**la**	**revolubil**	**ruota**
Of	fortune	unstable,	the	turning	wheel

'mentre	ne 'dʒundʒi	al	'vertitʃe per	tɛ	sa'rrɛsta	i'mmɔta
mentre	**ne giungi**	**al**	**vertice per**	**te**	**s'arresta**	**immota;**
as	it reaches	its	vertex, for	you	stops	unmoving.

(The fickle wheel of fortune comes to a stop for you, as it reaches its vertex.)

'kadde	lor'goʎʎo	im	'polvere	tri'oɱfa	la bɔn'ta
Cadde	**l'orgoglio**	**in**	**polvere,**	**trionfa**	**la bontà.**
Has fallen	pride	into	dust, (and)	triumphs	goodness.

(Pride has crumbled to dust and goodness has triumphed.)

RAMIRO *(softly, taking Cenerentola by the arm)*

'spɔza
Sposa...
My bride...

CENERENTOLA *(overwhelmed with joy)*

si'ɲɲor per'dona	la	'tenera intʃer'tettsa	ke	mi koɱ'fondɛ	aŋ'kor
Signor, perdona	**la**	**tenera incertezza**	**che**	**mi confonde**	**ancor.**
Lord, forgive	the	tender bewilderment	which	confounds me	still.

pɔ'kantsi	il 'sai	fra	la	'tʃenere	i'mmonda
Poc'anzi,	**il sai,**	**fra**	**la**	**cenere**	**immonda...**
A short while ago,	as you know,	among	the	ashes	filthy...

ed	or	sul	'trɔno	e	un	'sɛrto	mi tʃir'konda
ed	**or**	**sul**	**trono...**	**e**	**un**	**serto**	**mi circonda.**
and	now,	on a	throne...	with	a	crown	over my brow.

MAGNIFICO *(running to kneel before Cenerentola)*

al'tettsa	a	vvoi	mi 'prɔstro
Altezza,	**a**	**voi**	**mi prostro...**
Your Highness,	before	you	I prostrate myself...

CENERENTOLA *(gently, to Magnifico)*

nɛ mu'drɔ	mai	kja'mar	la 'fiʎʎa 'vɔstra
Né m'udrò	**mai**	**chiamar**	**la figlia vostra?**
Won't I hear	ever	to be called	your daughter?

(Shall I never hear you call me daughter?)

RAMIRO *(nodding to the other two sisters)*

'kwelle	orgo'ʎʎoze
Quelle	**orgogliose...**
Those	arrogant ones...

CENERENTOLA

a	'prɛntʃe	io	'kadɔ	ai	'vɔstri pjɛ
Ah,	**prence,**	**io**	**cado**	**ai**	**vostri piè'.**
Ah,	prince,	I	fall	at	your feet.

lɛ	an'tike	in'dʒurje	mi zva'nir	'dalla	'mente
Le	**antiche**	**ingiurie**	**mi svanir**	**dalla**	**mente.**
The	former	wrongs	have vanished	from my	mind.

sul	'trɔno	iɔ	'salgɔ	e	'vɔʎʎɔ
Sul	**trono**	**io**	**salgo,**	**e**	**voglio**
To the	throne	I	rise,	and	I want

'starvi	ma'ddʒor	del	'trɔnɔ
starvi	**maggior**	**del**	**trono,**
to become	greater while on it	than the	throne (itself),

e	sa'ra	mmia	ven'detta	il lor	per'dono
e	**sarà**	**la mia**	**vendetta**	**il lor**	**perdono.**
and	shall be	my	revenge	their	forgiveness.

(and my revenge shall be their forgiveness.)

ARIA
CENERENTOLA

'nakkwi	alla'ffannɔ	e	al	'pjantɔ
Nacqui	**all'affano**	**e**	**al**	**pianto,**
I was born	to sorrow	and	to	tears,

so'ffri	ta'tʃɛndɔ	il	'kɔrɛ
soffrì	**tacendo**	**il**	**core;**
it suffered	in silence	the	heart;

(my heart suffered in silence;)

ma	per	sɔ'ave	iŋ'kantɔ	delle'ta mia	nel 'fjorɛ
Ma	**per**	**soave**	**incanto**	**dell'età mia**	**nel fiore,**
But	by a	gentle	enchantment	of my age	in the flower,

(but by some sweet enchantment in the flower of my years,)

'kome	um	ba'lenɔ	'rapidɔ	la 'sɔrte 'mia	kan'dʒɔ
come	**un**	**baleno**	**rapido**	**la sorte mia**	**cangiò.**
like	a	flash	swift	my fate	was changed.

(in a quick flash my fate was suddenly changed.)

(To Magnifico and the step sisters, who appear moved to tears.)

nɔ	ter'dʒete	il	'tʃiʎʎo	per'ke	trɛ'mar
No,	**tergete**	**il**	**ciglio,**	**perché**	**tremar?**
No,	dry	your	tears,	why	tremble?

a	'kwesto	'sen	vɔ'latɛ	'fiʎʎa	sɔ'rɛlla	a'mika
a	**questo**	**sen**	**volate.**	**Figlia,**	**sorella,**	**amica,**
to	my	breast	fly.	Daughter,	sister,	friend,

'tutto	trɔ'vatɛ	im	mɛ
tutto	**trovate**	**in**	**me.**
all of those	you can find	in	me.

(She embraces her sisters.)

ALL, except Cenerentola

mintene'riʃʃɛ	'madʒita	ɛ	un	'numɛ	a'ʎʎokki 'mjɛi
M'intenerisce,	**m'agita,**	**è**	**un**	**Nume**	**agli occhi miei;**
She stirs me	(and) moves me,	she is	a	goddess	in my eyes;

'deɲɲa del tron tu 'sɛi
Degna del tron tu sei
Worthy of a throne you are,

ma ɛ 'pɔkɔ un 'trɔnɔ a tɛ
ma è poco un trono a te.
but is little a throne for you.
(You are worthy of a throne, but a throne is a small reward for you.)

CENERENTOLA

'padrɛ 'spɔzɔ a'miko ɔ is'tantɛ
Padre... sposo... amico... oh, istante!
Father... husband... friend... what moment!

nom pju 'mɛsta a'kkantɔ al 'fwɔkɔ
Non più mesta accanto al fuoco
No longer sad next to the fire

sta'rɔ 'sola a gorge'ddʒar nɔ
starò sola a gorgheggiar, no.
will I be alone singing, no.

a fu un 'lampo un 'soɲɲo un 'dʒwɔkɔ
Ah, fu un lampo, un sogno, un giuoco
Ah it was a streak of lightning, a dream, a game

il mio 'luŋgɔ palpi'tar
il mio lungo palpitar.
my long heartache.

CHORUS

'tutto 'kandʒa a 'pɔkɔ a 'pɔkɔ 'tʃessa al'fin di sospi'rar
Tutto cangia a poco a poco, cessa alfin di sospirar.
Everything changes little by little, cease at last your sighing.

END OF THE OPERA

APPENDIX

ARIA NO. 6
ALIDORO

(Sometimes substituted for the much more vocally demanding No. 6-A included in this translation)

ALIDORO *(to Cinderella)*

'vastɔ	tɛ'atrɔ ɛ	il	'mondo
Vasto	**teatro è**	**il**	**mondo,**
A vast	theater is	the	world,

sjam	'tutti	kɔmmɛ'djanti
siam	**tutti**	**commedianti,**
we are,	all of us,	actors,

si	pwɔ	fra	'brɛvi	is'tanti	ka'rattɛrɛ	kan'dʒar
si	**può**	**fra**	**brevi**	**istanti**	**carattere**	**cangiar.**
one	can	in	a few	instants (our)	character	change.

(we can, in an instant change from one part to another.)

kwel	'kɔddʒi	ɛ	un	arle'kkino	ba'ttutɔ	dal	pa'drone
Quel	**ch'oggi**	**è**	**un**	**Arlecchino**	**battuto**	**dal**	**padrone,**
He	who today	is	a	Harlequin,	beaten	by his	master,

dɔ'mani	ɛ	un	siɲɲo'rone	un	'wɔmɔ	'daltɔ	a'ffar
domani	**è**	**un**	**signorone,**	**un**	**uomo**	**d'alto**	**affar.**
tomorrow	can be	a	big man,	a	man	of high	office.

fra	miste'rjoze	'nuvole
Fra	**misteriose**	**nuvole**
Amid	mysterious	clouds

ke	'lɔkkjo	u'man nom 'pɛnetra	sta 'skritto	kwel	ka'rattɛrɛ
che	**l'occhio**	**uman non penetra,**	**sta scritto**	**quel**	**carattere**
that	the eye	human cannot penetrate,	is written	that	character

ke	'devi	retʃi'tar
che	**devi**	**recitar.**
which	you must	play.

(The part one must play is written in mysterious clouds that the human eye cannot penetrate.)

(The sound of the approaching carriage is heard.)

'ɔdɔ	del	'kɔkkjo	'krɛʃʃɛrɛ	il	'prɔssimo	ru'morɛ
Odo	**del**	**cocchio**	**crescere**	**il**	**prossimo**	**rumore.**
I hear	of the	carriage	growing	the	approaching	noise.

(I can hear the approaching noise of the carriage.)

'vjɛni	tin'seɲɲi	il	'kɔrɛ	ko'lui	ke	'devi	a'mar
Vieni,	**t'insegni**	**il**	**core**	**colui**	**che**	**devi**	**amar.**
Come,	may teach you		your heart	he	whom	you must	love.

(Come [with me], and let your heart tell you what kind of man you must love.)

(Alidoro opens the door. There is a carriage outside and Cenerentola gets into it. Alidoro closes the door as one can hear the carriage going off.)

L'ITALIANA IN ALGERI
BY
GIOACHINO ANTONIO ROSSINI

Marble medallion by H. Chevalier

L'ITALIANA IN ALGERI
(The Italian Girl in Algiers)

Dramma Giocoso in two acts
Music by Gioacchino Rossini
Libretto by Angelo Anelli
First performed on May 22, 1813 at Teatro San Benedetto in Venice

CHARACTERS

Mustafà, Bey of Algiers: bass
Elvira, his wife: soprano
Zulma, her confidante: mezzo-soprano
Haly, the Bey's captain of corsairs: bass
Lindoro, Italian lover of Isabella: tenor
Isabella, an Italian girl: mezzo-soprano
Taddeo, a bumbling suitor of Isabella: baritone

Eunuchs, Servants, Harem Girls, State Officials, Guards

The action takes place in Algiers in the XVIII century

THE PLOT

ACT I

In the palace of the Bey of Algiers, a chorus of eunuchs laments the sad lot of women, while Elvira, the Bey's wife, assisted by her confidante Zulma, bemoans the fact that her husband the Bey no longer loves her. The Bey enters, and with utter arrogance launches into a tirade against all women, behaving rudely towards his wife who tries to get a word in edgewise. The Bey has decided he is no longer interested in his present wife (Elvira) and commands the captain of his corsairs, Haly, to go find him an Italian girl. Nothing else will satisfy him.

The Bey has in his service an Italian, now one of the slaves, by name Lindoro. The latter bemoans his sad fate as he longs for his beloved Isabella. The Bey asks this Italian whether he would like to get married. He really wants to pawn off his own wife Elvira on the Italian. Not unless he were in love, is Lindoro's reply. They both discuss at length the qualifications for a happy marriage.

Isabella has been roaming the seas in a slave ship in search of her lost lover Lindoro. She is most conveniently shipwrecked on the shores of Algeria. Haly's men rescue her and the men comment on the comeliness of the slaves (especially the female ones), and how they will make lovely additions to the Bey's harem. All are made prisoner, and Haly is overjoyed to find that Isabella and Taddeo, an ageing and comic admirer she has brought along for company on the voyage, are indeed Italians. Left alone with Taddeo for a moment Isabella seems less dismayed than he at the prospect that she is destined for the Bey's seraglio. They agree that the status of uncle and niece (which they decide shall be their official relationship) has its advantages.

In the Bey's palace, Elvira and Zulma are arguing with Lindoro, who is firmly disinclined to accept the Bey's suggestion to marry his wife Elvira, even though promised freedom and money to take her off his hands. Haly brings in news of Isabella's capture and the Bey rejoices at his good fortune. After he has gone, Elvira admits that she still loves her inconstant husband, but Lindoro comforts her: if she comes to Italy with him, she will find husbands and lovers as she pleases.

The eunuchs sing the praises of Mustafà, 'the scourge of women who changes them from tigresses into lambs'. Isabella is led in and cannot contain her amusement at the sight of Mustafà. Taddeo pushes himself forward, after all is he not her uncle? Isabella recognizes Lindoro, and later becomes incensed when she discovers that the Bey wants to discard his wife Elvira like some piece of old luggage. The mounting confusion and complications come to an end in one of Rossini's most delightfully comic finales.

ACT II

The eunuchs comment on Mustafà's lovelorn condition. Haly advises Elvira and Zulma to keep on his right side, for he may change his mind once again. At the moment there seems to be prospect of this happening, for no sooner does Mustafà come in he sends Haly to fetch Isabella to have coffee with him.

Isabella, alone with Lindoro, reproaches him for his expected marriage to Elvira, but eventually accepts his protestations of love for her and they plan to escape.

Mustafà tells Taddeo that in honor of his "niece", he will make him Grand Kaimakan[1] of Algeria. Isabella is in front of her mirror, finishing dressing. Elvira and Zulma come to deliver the Bey's message, and Isabella orders coffee for three from her slave, Lindoro, saying that she would not dream of excluding the Bey's wife from the party. She will, in fact, as woman to woman, give her a much needed lesson in man-management. Mustafà cannot wait to be alone with Isabella and informs Taddeo that it his duty as Kaimakan to see that she is brought to him at once. The wish to be alone with the lovely Italian girl is frustrated when the others come along as well and he loses his temper in a pandemonium of Rossinian *crescendo*.

Alone, Haly praises the wiles of Italian women, and the ways in which they insinuate themselves on men's affections. No sooner has he left than Taddeo and Lindoro appear, the former telling the latter in confidence that he loves Isabella, who he once thought loved a certain Lindoro, but who really loves him (Taddeo) after all. Lindoro is suitably impressed by these disclosures from the bumbling old man, who he now realizes is an insignificant rival offering no real threat.

As Mustafà comes in, Lindoro whispers to his compatriot to back him up in the plan he is about to put forward. Mustafà complains at the treatment he has received at Isabella's hands, but is told by the Italian that Isabella awaits for him to join the 'ancient and noble Italian order of Pappataci.[2] Mustafà, quite unaware of the double meaning of the title, consents to be enrolled.

---

[1] *Kaimakan*, a high official in government. This is a Turkish title, which, in Turkish, is pronounced [xaimaˈxan]
[2] Literally "eat and shut up", implying the convenience of a complacent husband.

In preparation for the ceremony to enroll Mustafà into the Pappataci order, Isabella gathers all the Italians in the Bey's service and appeals to their patriotism to help her carry out her plans, which include escape for them all in the course of the initiation ceremony.

Announced by Lindoro, the "Pappataci" chorus comes on with horns blowing. Mustafà, prompted by Isabella, swears to obey all the rules of the order, which he then repeats after Taddeo: the duty of the model husband is to eat and sleep soundly, and nothing else. Lindoro and Isabella indulge in a display of affection as a "test" for Mustafà—he fails, but is prompted by Taddeo, and swears he will not offend against the rules again. A chorus of European slaves can be heard from outside, where the Venetian ship Mustafá has arranged to transport Lindoro, Elvira and Zulma to Italy is waiting in full sight of the Bey's palace. Isabella and Lindoro prepare to go on board and Mustafà treats it all as part of his initiation rite, although Taddeo becomes apprehensive at the turn events are taking.

In due time Mustafà discovers his mistake through the intervention of Elvira, Zulma and Haly, as he now realizes he has been hoodwinked. His turns to Elvira, his true love, saying that the passing fancy for the Italian girl was just a temporary diversion. The boat leaves, carrying aboard all the Italians, and everybody is happy at the denouement.

ACT I
Scene One
(A small room between the apartments of the Bey and those of his wife Elvira. In the middle there is a sofa. Elvira is sitting on the sofa with Zulma near her and a chorus of eunuchs of the seraglio around them.)

CHORUS OF EUNUCHS

sɛɾeˈnate	il	ˈmɛsto	ˈtʃiʎʎo	del	desˈtin	noɱ	vi	laˈɲɲate
Serenate	**il**	**mesto**	**ciglio:**	**del**	**destin**	**non**	**vi**	**lagnate,**
Soothe		your	sad	eyes;	of your	fate	do not	complain,

kwa	le	ˈfemmine	son	ˈnate	solaˈmente	per	sofˈfrir
qua	**le**	**femmine**	**son**	**nate**	**solamente**	**per**	**soffrir.**
here		women	are	born	only	to	suffer.

ELVIRA

a	kɔmˈprɛndɔ		mɛ	iɱfeˈlitʃe
Ah,	**comprendo,**		**me**	**infelice!**
Ah,	I realize,		poor	me!

ke	il mio	ˈspɔzɔ	or pju	nɔm ˈmama
che	**il mio**	**sposo**	**or più**	**non m'ama.**
that	my	husband	no longer	loves me.

ZULMA

tʃi	vwɔl	ˈflemma	e	tʃɔ	kei	ˈbrama
Ci	**vuol**	**flemma:**	**e**	**ciò**	**ch'ei**	**brama**
You	need	patience,	and	that	which he	wishes

ˈoɾa	ɛ	ˈvano	il kontraˈddir
ora	**è**	**vano**	**il contraddir.**[1]
now	it's	useless	to contradict him.

CHORUS
Qua le femmine son nate solamente

per	serˈvir
per	**servir.**
to	serve.

HALY *(from offstage)*

il	bɛˈi
Il	**Bey.**
The	Bey.

---

[1] There are a half dozen disyllabic words in Italian (*dove, ove, qualche, sopra, sovra,* **contra**, *come*) that cause Raddoppiamento Sintattico (Phrasal Doubling). In the case above with the word *contra<u>dd</u>ire,* (to contradict), the double *dd* has already been spelled into the word. Compare this to the word for a bass fiddle, *contra basso,* spelled *contra<u>bb</u>asso,* also with the double *bb* spelled into the word.

ZULMA
dɛ	siˈɲɲoɾa	vi skonˈdʒuɾo
Deh!	**Signora...**	**vi scongiuro...**
Please,	my lady,	I beg of you...

ELVIRA
ke	ɔ	da	ˈfar
Che	**ho**	**da**	**far?**
What	shall	I	do?

(Mustafà enters.)

CHORUS *(aside)*
or	per	lɛi	kwel	ˈmuzo	ˈduɾo	mi da	ˈpɔko da	speˈrar
(Or	**per**	**lei**	**quel**	**muso**	**duro**	**mi dà**	**poco da**	**sperar.)**
(Now	for	her	his	mug	hard	gives me	little to	hope for.)

(With that hardened face of his, she has very little to hope for.)

ARIA
MUSTAFÀ
ˈdelle	ˈdɔnne	larroˈgantsa	il	poˈter il	ˈfasto	inˈsano
Delle	**donne**	**l'arroganza,**	**il**	**poter il**	**fasto**	**insano,**
Of	women	the arrogance,	their	power, their	extravagances	insane,

kwi	da	voi	sɔsˈtɛnta	imˈvano	lɔ preˈtɛnde	mustaˈfa
qui	**da**	**voi**	**s'ostenta**	**invano,**	**lo pretende**	**Mustafà.**
here	by	you	is flaunted	in vain,	so declares	Mustafà.

(I, Mustafà, declare that you flaunt in vain the arrogance, power and insane extravagances of women.)

ZULMA *(to Elvira)*
su	kɔˈraddʒo	mia	siˈɲɲoɾa
Su,	**coraggio,**	**mia**	**signora.**
Come now,	courage,	my	lady.

HALY
ɛ	uŋ	kaˈttivɔ ˈkwarto	ˈdoɾa
È	**un**	**cattivo quarto**	**d'ora**
This is	a	bad quarter of	an hour.

(This is going to be a bad fifteen minutes.)

ELVIRA
di	me ˈstessa	or	pju	non ˈkuɾo
Di	**me stessa**	**or**	**più**	**non curo;**
Of	myself	now	any longer	I cannot protect;

(I no longer can protect myself;)

ˈtuttɔ	ɔˈmai	deˈddʒio	tɛnˈtar
tutto	**omai**	**degg'io**	**tentar.**
everything	from now on	I must	try.

CHORUS
(Or per lei quel muso duro,) etc.

ZULMA
Su, coraggio, mia signora.

ELVIRA

si'ɲɲor	per	'kwellɛ	'zmanjɛ	ke a voi	pju nɔn nas'kondo
Signor,	**per**	**quelle**	**smanie**	**che a voi**	**più non nascondo...**
My lord,	by	those	rages	that from you	I no longer can hide...

MUSTAFÀ

'kara	mai 'rotto	il	'timpano
Cara,	**m'hai rotto**	**il**	**timpano:**
My dear,	you've broken	my	eardrum;

ti 'parlɔ	'skjɛtto	e	'tondo
ti parlo	**schietto**	**e**	**tondo.**
I'm speaking to you	plain	and	simple.

nɔɲ vɔ	pju 'zmɔrfjɛ	di tɛ	non sɔ	ke	ffar
Non vo'	**più smorfie:**	**di te**	**non so**	**che**	**far.**
I want	no more grimacing;	with you	I don't know	what	to do.

ELVIRA

ɔi'mɛ	si'ɲɲor	ma	sɛ
Ohimè...	**signor...**	**ma...**	**se...**
Alas...	my lord...	but...	if...

HALY, ZULMA, ELVIRA, CHORUS

ɔ	ke	'tɛsta	strava'gantɛ	ɔ	ke	'burbɛrɔ	arrɔ'gantɛ
(Oh!	**che**	**testa**	**stravagante!**	**Oh!**	**che**	**burbero**	**arrogante!)**
(Oh,	what	a head	capricious!	Oh,	what	a rude man	arrogant!)

pju	vo'lubil	'duna	'fɔʎʎa
Più	**volubil**	**d'una**	**foglia**
More	changeable	than a	leaf

va	il suɔ	kɔr	di	'vɔʎʎa	iɱ	'vɔʎʎa
va	**il suo**	**cor**	**di**	**voglia**	**in**	**voglia**
goes	his	heart	from	one fancy	to	another (fancy)

'dellɛ	'dɔnnɛ	kalpɛs'tandɔ	le	lu'ziŋgɛ	e	la bɛl'ta
delle	**donne**	**calpestando**	**le**	**lusinghe**	**e**	**la beltà.**
of	women	trampling	the	allurements	and	beauty.

(His/my heart is more fickle than a leaf, going from one fancy to another trampling underfoot the allurements and beauty of all women.)

MUSTAFÀ
Più volubil d'una foglia, va il <u>MIO</u> cor di voglia in voglia, etc.

ELVIRA

si'ɲɲor	sen'titɛ	sɛ	mai
Signor...	**sentite...**	**se**	**mai...**
My lord,	listen...	if	ever...

MUSTAFÀ
Cara, m'hai rotto il timpano, etc.

TUTTI
Più volubil d'una foglia, etc.

MUSTAFÀ

riti'ratevi	'tutti	a'li	ta'rresta
Ritiratevi	**tutti.**	**Haly,**	**t'arresta.**
Withdraw,	all of you.	Haly,	you stay.

ZULMA

ke	'fjɛɾɔ	kɔr
(Che	**fiero**	**cor!)**
(What	a cruel	heart!)

ELVIRA

ke	'ddura	'leddʒɛ	ɛ 'kwesta
(Che	**dura**	**legge**	**è questa!)**
(How	harsh	a law	this is!)

(Elvira, Zulma and the eunuchs leave.)

Scene Two
(Mustafà and Haly)

MUSTAFÀ *(to Haly)*

il miɔ	'skjavo	ita'ljan	fa'rai	ke	'tɔsto
Il mio	**schiavo**	**Italian**	**farai**	**che**	**tosto**
My	slave	Italian	you will see to it	that	soon

'vɛŋga	e	mas'pɛtti	kwi
venga	**e**	**m'aspetti**	**qui.**
he comes	and	awaits me	here.

(I want you to have my Italian slave come at once and wait for me here.)

tu	'sai	ke	'sattsjo	io	son	di	'kwesta	'moʎʎe
Tu	**sai**	**che**	**sazio**	**io**	**son**	**di**	**questa**	**moglie,**
You	know	that	tired	I	am	of	this	wife,

ke	nɔn ne 'pɔsso	pju	ska'ttʃarla	ɛ	'malɛ
che	**non ne posso**	**più.**	**Scacciarla**	**è**	**male,**
that	I cannot stand her	any longer.	To throw her out	is	wrong,

te'nerla	ɛ	'pɛddʒo	ɔ	'kwindi	stabi'lito
tenerla	**è**	**peggio.**	**Ho**	**quindi**	**stabilito**
to keep her	is	worse.	I have	therefore	decided

'kella	'piʎʎi	kos'tui	per	suɔ	ma'ritɔ
ch'ella	**pigli**	**costui**	**per**	**suo**	**marito.**
that she	take	him	for	her	husband.

(that she take him [my slave Lindoro] for her husband.)

HALY

ma	'kkome	ei	nɔ'nɛ	'turko
Ma	**come?**	**Ei**	**non è**	**Turco?**
But	how?	He	isn't	a Turk?

MUSTAFÀ

ke	im'pɔrta	a	mmɛ	'una	'moʎʎe	'kome	'kwesta
Che	**importa**	**a**	**me?**	**Una**	**moglie**	**come**	**questa**
What	does it matter	to	me?	A	wife	like	this one

da'bbɛn	'dɔtʃil	mɔ'dɛsta
dabben,	**docile,**	**modesta,**
truly	docile,	modest,

ke	sol	'pensa	a	pja'tʃere a	suɔ	ma'ɾito
che	**sol**	**pensa**	**a**	**piacere a**	**suo**	**marito,**
who	only	thinks	of	pleasing	her	husband,

peɾ	un	'turkɔ	ɛ	um	paɾ'tito	a'ssai	ko'mune
per	**un**	**Turco**	**è**	**un**	**partito**	**assai**	**comune;**
for	a	Turk	is	a	match	very	common;

(is a very common match for a Turkish man.)

ma	peɾ	un	ita'ljanɔ	al'mem	per	'kwanto	in'tezɔ
Ma	**per**	**un**	**Italiano**	**(almen**	**per**	**quanto**	**intesi**
But	for	an	Italian man,	(at least	from	what	I heard

da	lui 'stessɔ	a ɾakkɔn'taɾɛ
da	**lui stesso**	**a raccontare)**
from	himself	telling)

(But for an Italian, as Lindoro himself told me,)

'una	'moʎʎɛ	sa'ɾia	'delle pju	'ɾaɾɛ
una	**moglie**	**saria**	**delle più**	**rare.**
such	a wife	would be	most	rare.

sai	'kamo	'kwesto	'dʒovine
Sai	**ch'amo**	**questo**	**giovine:**
You know	that I love	this	young man:

vɔ	prɛ'mjarlo	ko'zi
Vo'	**premiarlo**	**così.**
I want	to reward him	like this.

HALY

ma	di	mao'mettɔ	la	'leddʒe
Ma	**di**	**Maometto**	**la**	**legge**
But	of	Mohammed	the	law

nom	peɾ'mette	un tal	pas'tittʃo
non	**permette**	**un tal**	**pasticcio.**
does not	permit	such a	mixture.

(But Mohammed's law does not permit such dubious mixed marriages.)

MUSTAFÀ

'altra	'leddʒe	io nɔ'nɔ	ke	il miɔ	ka'prittʃo	min'tɛndi
Altra	**legge**	**io non ho**	**che**	**il mio**	**capriccio.**	**M'intendi?**
Other	law	I don't have	than	my	whim.	Do you understand me?

HALY

si'ɲɲor	si
Signor	**sì...**
My lord,	yes...

MUSTAFÀ

'sentimi	aŋ'kora	per	pa'ssar	'bɛnɛ un	ora
Sentimi	**ancora.**	**Per**	**passar**	**bene un'**	**ora**
Listen	some more.	To	spend	a pleasant	hour

io	non ri'trɔvo	'una	fra	le miɛ	'skjave
io	**non ritrovo**	**una**	**fra**	**le mie**	**schiave**
I	cannot find	one	from among	my	slave girls

ke	mi 'pɔssa	pja'tʃer
che	**mi possa**	**piacer.**
who	can	please me.

'tantɛ	ka'rettse	'tantɛ	'zmɔrfjɛ
Tante	**carezze,**	**tante**	**smorfie**
So many	caresses,	such	(girlish) pouting

non son	di	'gusto 'mio
non son	**di**	**gusto mio.**
are not	to	my taste.

HALY

e	kke	tʃi ɔ da far 'iɔ
E	**che**	**ci ho da far io?**
And	what	can I do about it?

MUSTAFÀ

tu	mi do'vresti	trɔ'var	una	ita'ljana
Tu	**mi dovresti**	**trovar**	**un'**	**Italiana.**
You	must	find me	an	Italian girl.

ɔ	'una	graɲ	'vɔʎʎa	da'ver	'una	di	'kwelle	siɲɲo'rine
Ho	**una**	**gran**	**voglia**	**d'aver**	**una**	**di**	**quelle**	**Signorine,**
I have	a	great	desire	to have	one	of	those	*signorinas*,

ke	dam	mar'tellɔ	a	'tanti	tʃitʃiz'bɛi
che	**dan**	**martello**	**a**	**tanti**	**cicisbei.**
who	give	hammer[2]	to	so many	suitors.

(who make life miserable for so many suitors.)

---

[2] In Italian poetry the word *martello* (hammer), acquires the meaning of "a bothersome torment", "a continuous 'hammering' on one's head when situations are outrageously exasperating".. In the lively Rossini finales one always finds the characters referring to "their hammering brains" – This opera, for sure, and *Il Barbiere di Siviglia* and *La Cenerentola* as well.

HALY

io	ser'virvi	vo'rrei	ma	im	kɔr'sari
Io	**servirvi**	**vorrei,**	**ma**	**i miei**	**Corsari...**
I	to serve you	would like,	but	my	corsairs...

liŋkɔs'tansa	del	mar
l'incostaza	**del**	**mar...**
the unpredictability	of the	sea...

MUSTAFÀ

sɛ	fra	sɛi	'dʒorni	nɔm mɛ la 'trɔvi
Se	**fra**	**sei**	**giorni**	**non me la trovi,**
If	within	six	days	you don't find her for me,

e	'sɛgwi	a	far	lɔ	'skaltrɔ
e	**segui**	**a**	**far**	**lo**	**scaltro,**
and	continue	to	play	the	clever one,

io	ti 'fattʃo	impa'lar
io	**ti faccio**	**impalar.**
I	shall have you	impaled.

HALY

nɔn ɔkkɔ'rraltro
Non occorr'altro,
No need to say more.

(They both go off into his apartments.)

Scene Three
(Lindoro alone)

CAVATINA
LINDORO

laŋ'gwir	per 'una	'bɛlla
Languir	**per una**	**bella**
To languish	for a	beauty

e	star	lɔn'tan	da	'kwella
e	**star**	**lontan**	**da**	**quella,**
and	to be	far away	from	her,

ɛ	il pju	kru'dɛl	tor'mento	ke	prɔ'var 'pɔssa	uŋ	kɔr
è	**il più**	**crudel**	**tormento**	**che**	**provar possa**	**un**	**cor.**
is	the most	cruel	torment	that	undergo can	a	heart.

(that a heart can experience.)

'forsɛ	vɛ'rra	il	mo'mento	ma	nɔn lɔ 'spɛrɔ	aŋ'kor
Forse	**verrà**	**il**	**momento,**	**ma**	**non lo spero**	**ancor.**
Perhaps	shall come	the	moment,	but	I have no hope	yet.

kon'tɛnta	kwes'talma	im 'mɛddzo	'alle	'pene
Contenta	**quest'alma**	**in mezzo**	**alle**	**pene**
Content	my soul	amidst	my	woes

L'Italiana in Algeri, Act I

sol	'trɔva	la 'kalma	pɛn'sandɔ	al	suɔ	'bɛnɛ
sol	**trova**	**la calma**	**pensando**	**al**	**suo**	**bene,**
only	finds	peace	while thinking	of	its	beloved,

(My soul, content amidst my woes, finds peace only in thinking of my beloved one,)

ke	'sɛmprɛ	kɔs'tante	si 'sɛrba	in	a'mor
che	**sempre**	**costante**	**si serba**	**in**	**amor.**
who	always	constant	remains	in her	love.

a	'kwando	'fia	kiɔ	'pɔssa in	i'talja	tɔr'nar
Ah,	**quando**	**fia**	**ch'io**	**possa in**	**Italia**	**tornar?**
Ah,	when	will it be	that I	can to	Italy	return?

a ɔ'mai	tre	'mezi	ke	iŋ	'kwesti rɛi	pa'ezi
Ha omai	**tre**	**mesi**	**che**	**in**	**questi rei**	**paesi**
It's been	three	months	that	in	these evil	lands

dʒa 'fattɔ	'skjavɔ	e	dal	miɔ	bɛn	lɔn'tanɔ
già fatto	**schiavo**	**e**	**dal**	**mio**	**ben**	**lontano...**
having been	enslaved	and	from	my	beloved	separated...

MUSTAFÀ *(entering)*

sɛi	kwi	'sɛnti	ita'ljano	vɔ	'darti	'moʎʎe
Sei	**qui?**	**Senti,**	**Italiano,**	**vo'**	**darti**	**moglie.**
Are you	here?	Listen,	Italian,	I want	to give you	a wife.

LINDORO

a	mɛ	ke	'sɛntɔ	ɔ'ddiɔ
A	**me?...**	**che**	**sento?...**	**(Oh Dio!)**
To	me?...	What	do I hear?...	(Oh God!)

ma	'kome	iŋ	'kwestɔ	'statɔ
Ma	**come?...**	**in**	**questo**	**stato...**
But	how come?...	In	my	(lowly) state...

MUSTAFÀ

a	tʃɔ	non dei	pɛn'sar	e'bbɛn
A	**ciò**	**non dei**	**pensar.**	**Ebben?...**
About	that	you mustn't	think.	Well?...

LINDORO

si'ɲɲore	'kome 'mai	'sɛntsa a'more	si pwɔ	un'wɔmo	amɔ'ʎʎar
Signore,	**come mai**	**senza amore**	**si può**	**un uomo**	**ammogliar?**
Lord,	how	without love	can	a man	get married?

MUSTAFÀ

ba	in	i'talja	'suza	'forse	ko'zi
Bah!... in	**Italia**	**s'usa**	**forse**	**così?**
Bah!... In	Italy	is it done	perhaps	like that?

(Oh come now, is that the way it is in Italy?)

la'mor	dell'ɔrɔ	non 'tʃentra	'mai
L'amor	**dell'oro**	**non c'entra**	**mai?...**
The love	of gold	never comes into it,	ever?...

LINDORO

'daltri	nɔl sɔ	ma	'tʃɛrto
D'altri	**no'l so**	**ma**	**certo**
About others	I don't know	but	certainly

per	'lɔrɔ	iɔ	nɔl pɔ'trɛi
per	**l'oro**	**io**	**no'l potrei...**
for	gold	I	couldn't do it...

MUSTAFÀ

e	la bɛ'llettsa
E	**la bellezza?...**
And	beauty?...

LINDORO

mi 'pjatʃɛ	ma	nɔm 'basta
Mi piace:	**ma**	**non basta.**
I like it,	but	it's not enough.

MUSTAFÀ

e	ke	vo'rresti
E	**che**	**vorresti?**
And	what	would you want?

LINDORO

'una	'dɔnna	ke	'fɔssɛ	a	'dʒɛnjo	'mio
Una	**donna**	**che**	**fosse**	**a**	**genio**	**mio.**
A	woman	that	was	to the	taste	mine.

(A woman who'd be to my taste.)

MUSTAFÀ

or'su	tʃi	'pɛnso	'io	'vjɛni	e	vɛ'drai
Orsù	**ci**	**penso**	**io.**	**Vieni**	**e**	**vedrai**
Well,	about that	think	I.	Come	and	you will see

(Well, I've thought of that.)

um	bɛl	'vɔlto	e	um	bɛl	kɔr	kon	'tutto	il	'rɛstɔ
Un	**bel**	**volto,**	**e**	**un**	**bel**	**cor,**	**con**	**tutto**	**il**	**resto.**
A	lovely	face,	and	a	good	heart,	with	all	the	rest.

(with all the rest you might expect...)

LINDORO

ɔ	'ppɔvɛrɔ	a'mor 'mio	ke	im'brɔʎʎɔ	ɛ 'kwɛsto
(O	**povero**	**amor mio,**	**che**	**imbroglio**	**è questo!)**
(Oh,	poor	love of mine,	what	a predicament	this is!)

DUET
LINDORO

sɛ	iŋkli'nassi	a	'prɛndɛr	'mɔʎʎe
Se	**inclinassi**	**a**	**prender**	**moglie**
If	I were so inclined	to	take	a wife

tʃi	vɔ'rrɛbbɛr	'tantɛ	'kɔzɛ
ci	**vorrebber**	**tante**	**cose.**
there	would have to be	so many	things.

L'Italiana in Algeri, Act I

'una	a'ppena	in	'tʃɛntɔ	'spɔzɛ
Una	**appena**	**in**	**cento**	**spose**
One	scarcely	in	a hundred	wives

lɛ pɔ'trebbe	'tutte	kombi'nar	lɛ pwɔ 'tutte kombi'nar
le potrebbe	**tutte**	**combinar,**	**le può tutte combinar.**
could them	all	combine,	could combine them all.

(Scarcely one woman in a hundred could combine them all.)

MUSTAFÀ

vwɔi	bɛ'llettsa	vwɔi	ri'kkettsa
Vuoi	**bellezza?**	**Vuoi**	**richezza?**
Do you want	beauty?	Do you want	riches?

'grattsjɛ	a'moɾe	ti kon'sola
Grazie?...	**amore?...**	**ti consola:**
Charm?...	Love?...	Take comfort;

'trɔvi	'tutto	iŋ	'kwesta	'sola
Trovi	**tutto**	**in**	**questa**	**sola**
You'll find	it all	in	this one	alone.

ɛ	'una	'dɔnna	siŋgɔ'lar
È	**una**	**donna**	**singolar.**
She is	a	woman	singular.

(She's quite an exceptional woman.)

LINDORO

pɛɾ	ɛ'zɛmpjɔ	la vɔ'rrɛi	'skjetta	e	'bwɔna
Per	**esempio,**	**la vorrei**	**schietta...**	**e**	**buona...**
For	example,	I'd like her to be	frank...	and	kind...

MUSTAFÀ

ɛ	'tutta 'lɛi
È	**tutta lei.**
That's	her all over.

LINDORO

pɛɾ	ɛ'zɛmpjɔ	iɔ	vɔ'rrɛi	duɛ	bɛ'ʎʎɔkki
Per	**esempio**	**io**	**vorrei**	**due**	**begl'occhi...**
For	example,	I	would want	two	lovely eyes...

MUSTAFÀ

son	due	'stelle
Son	**due**	**stelle.**
They're two		stars.

LINDORO

'kjɔmɛ
Chiome...
Hair...

MUSTAFÀ
'nɛɾe
Nere.
Black.

LINDORO
'gwantʃɛ
Guancie...
Cheeks...

MUSTAFÀ
'bɛllɛ
Belle.
Beautiful.

LINDORO
'volto
Volto...
Face...

MUSTAFÀ
'bɛllɔ
Bello.
Beautiful.

LINDORO
'doɲɲi	'parte	io	kwi	min'tʃampo
(D'ogni	**parte**	**io**	**qui**	**m'inciampo,**
(On every	side	I	here	am stumbling,

ke	ɔ da 'diɾe		ke	ɔ da 'faɾɛ
che	**ho da dire?**		**Che**	**ho da fare?)**
what	am I to say?		What	am I to do?)

MUSTAFÀ
'kaɾɔ	a'mikɔ	nɔn tʃɛ	'skampo	sɛ	la 'vedi
Caro	**amico,**	**non c'è**	**scampo,**	**se**	**la vedi**
Dear	friend,	there's no	way out,	when	you see her

ai da	kas'kar
hai da	**cascar.**
you are bound	to fall.

LINDORO
(D'ogni parte io	mi koɱ'fondo
	mi confondo,
	I'm confused,

che ho da dire, che ho da far?)

a	mi 'pɛɾdɔ	mi koɱ'fondo		'kwale	im'brɔʎʎo	male'detto
Ah,	**mi perdo,**	**mi confondo,**		**quale**	**imbroglio**	**maledetto:**
Ah,	I'm lost,	I'm confounded,		what	predicament	accursed;

'sɛntɔ	a'mor	ke	'dentro	il	'pɛtto	marte'llando	il	kɔr	mi va
Sento	**amor**	**che**	**dentro**	**il**	**petto**	**martellando**	**il**	**cor**	**mi va.**
I feel	love	which	within	my	breast	hammering	on my	heart	is.

(I feel my heart pounding with love within my breast.)

MUSTAFÀ

'prestɔ	an'djamɔ	sɛi	di	'gjattʃɔ
Presto	**andiamo.**	**Sei**	**di**	**ghiaccio?**
Quickly	let us go.	Are you made	of	ice?

'sɛi	di 'stukko
Sei	**di stucco?**
Are you made	of stone?

'vjeni	ke	ta'rrɛsta	'una	'moʎʎe	'kome	'kwesta
Vieni,	**che**	**t'arresta?**	**Una**	**moglie**	**come**	**questa**
Come,	what	is holding you back?	A	wife	like	this one

'kredi	a mme	ti pjatʃe'ra
credi	**a me,**	**ti piacerà.**
believe	me,	will please you.

LINDORO

a	be'ʎʎɔkki
Ha	**begl'occhi...**
Does she have	lovely eyes?...

MUSTAFÀ

'son	'due	'stelle
Son	**due**	**stelle.**
They're two		stars.

LINDORO

'skjɛtta	e	'bwɔna
Schietta	**e**	**buona...**
Frank	and	kind?...

MUSTAFÀ
È tutta lei, etc.

(They both leave.)

Scene Four
(On a seashore in the distance can be seen a slave ship wrecked on a rock and dismasted by the storm, which is gradually abating. On the ship are various people in states of much agitation. The corsairs, led by Haly, rescue the survivors Isabella and Taddeo, among others.)

CHORUS

'kwanta	'rɔba	'kwanti	'skjavi
Quanta	**roba!**	**Quanti**	**schiavi!**
What	spoils!	How many	slaves!

HALY, CHORUS

bwɔm	bo'ttino	'viva	'bravi	tʃi som	'bɛllɛ
Buon	**bottino!**	**Viva,**	**bravi!**	**Ci son**	**belle?**
Good	booty!	Hurrah,	well done!	Are there any	pretty girls?

nɔn tʃɛ 'malɛ	sta'ra	'mɛʎʎo	musta'fa
Non c'è male!	**Starà**	**meglio**	**Mustafà.**
Not bad!	Will be	better	Mustafà.

(This will put Mustafà in a much better mood.)

(Isabella appears among the crowd of disembarking people.)

CHORUS

ma	'una	'bɛlla	'sɛntsa	ɛ'gwalɛ
Ma	**una**	**bella**	**senza**	**eguale**
But	a	beauty	without	equal

ɛ	kɔs'tɛi	ke	'vedi	kwa
è	**costei**	**che**	**vedi**	**qua.**
is	the one	that	you see	here.

(But a matchless beauty is the one you see coming.)

HALY, CHORUS *(looking her over)*

ɛ	um	bo'kkom	per	musta'fa
È	**un**	**boccon**	**per**	**Mustafà.**
She's	a	dainty morsel	for	Mustafà.

ARIA
ISABELLA

'kruda	'sɔrtɛ	a'mor	ti'rannɔ
Cruda	**sorte!**	**Amor**	**tiranno!**
Cruel	fate!	Love	tyrannous!

'kwestɔ ɛ	il	'prɛmjo di	'mia	fe
Questo è	**il**	**premio di**	**mia**	**fe?**
Is this	the	reward for	my	constancy?

nɔɲ vɛ	o'rror	te'rror	nɛ	a'ffannɔ
Non v'è	**orror,**	**terror,**	**né**	**affanno**
There is no	horror,	terror,	nor	anguish

'pari	a	kwel	kiɔ	'prɔvo	im	mɛ
pari	**a**	**quel**	**ch'io**	**provo**	**in**	**me.**
similar	to	that	which I	feel	in	me.

per	tɛ	'solo	ɔ	mio	lin'dɔrɔ
Per	**te**	**solo,**	**o**	**mio**	**Lindoro,**
For	you	alone,	oh	my	Lindoro,

'io	mi 'trɔvo	in	tal	pe'riʎʎo
io	**mi trovo**	**in**	**tal**	**periglio.**
I	find myself	in	such	peril.

L'Italiana in Algeri, Act I

da	ki	'spɛɾo	ɔ 'ddio		kon'siʎʎo
Da	**chi**	**spero,**	**O Dio**		**consiglio?**
From	whom	can I hope,	Oh God, (for some)		advice?

ki	kom'fɔrto	mi da'ra
Chi	**conforto**	**mi darà?**
Who	comfort	will give me?

(Who will bring me comfort?)

CHORUS
È un boccon per Mustafà.

ISABELLA

kwa	tʃi vwɔl	dizimvol'tuɾa	nom pju	'zmanje nɛ	pa'uɾa
Qua	**ci vuol**	**disinvoltura,**	**non più**	**smanie né**	**paura:**
Here	we need	coolheadedness,	no more	rages nor	fears;

di	kɔ'raddʒo	ɛ	'tɛmpo	a'dɛsso or	ki	'ssono	si vɛ'dra
Di	**coraggio**	**è**	**tempo**	**adesso, or**	**chi**	**sono**	**si vedrà.**
For	courage	it is	the time	now, now	who	I am	they'll see.

(It's time for courage now; they will soon see whom they have to deal with.)

dʒa	sɔ	per	'pratika	kwal	sia	lɛ'ffetto
Già	**so**	**per**	**pratica**	**qual**	**sia**	**l'effetto**
Already	I know	from	experience	what	is	the effect

dun	'zgwardo	'laŋgwido	dun	sospi'retto
d'un	**sguardo**	**languido,**	**d'un**	**sospiretto...**
of a	glance	languishing,	of a	slight sigh...

sɔ	a	dɔ'mar	'ʎwomini	'kome	si	ffa	si
so	**a**	**domar**	**gli uomini**	**come**	**si**	**fa,**	**sì.**
I know	how	to tame	men	as	it	must be,	I know.

'sian	'doltʃi	ɔ	'ruvidi	'siam	'flɛmma	ɔ	'fɔko
Sian	**dolci**	**o**	**ruvidi, sian**		**flemma**	**o**	**foco**
Be they	sweet	or	rough, be they		cool	or	ardent,

son	'tutti	'simili	a 'prɛsso a 'pɔko
son	**tutti**	**simili**	**a' presso a poco...**
they're	all	alike,	more or less...

'tutti	la 'kjɛdɔno	'tutti	la 'bramano	da	'vaga	'femmina	felitʃi'ta
Tutti	**la chiedono,**	**tutti**	**la bramano**	**da**	**vaga**	**femmina**	**felicità.**
All	ask for,	all	desire	from a	pretty	woman	happiness.

(They all seek, they all long for happiness from a pretty woman.)

dʒa tʃi sjam	'tanto fa	kom'vjɛm	pɔr'tarla
Già ci siam.	**Tanto fa.**	**convien**	**portarla**
Here we are,	just the same,	I must	carry on

kon	gran	dizimvol'tuɾa
con	**gran**	**disinvoltura.**
with	great	coolheadedness.

io   de'ʎʎwɔmini   al'fin   nɔ'nɔ pa'uɾa
Io   degl'uomini   alfin   non ho paura.
I   of men   after all   am not afraid.

(A few of the corsairs discover and arrest Taddeo.)

TADDEO *(agitated and frightened)*
mizɛri'kɔrdja   a'juto   kompa'ssjone   iɔ   son
Misericordia... aiuto...   compassione...   io   son...
Mercy...   help...   compassion...   I   am...

HALY
'tatʃi   pol'trone   'unɔ   'skjavo   di pju
Taci,   poltrone.   Uno   schiavo   di più.
Keep quiet,   you fool.   One   slave   more.

TADDEO *(to himself)*
a   som   per'duto
(Ah!   son   perduto!)
(Ah!   I am   lost!)

ISABELLA
'kaɾɔ   ta'ddɛɔ
Caro   Taddeo...
Dear   Taddeo...

TADDEO
Misericordia...aiuto!

ISABELLA
nom mi ko'noʃʃi   pju
Non mi conosci   più?
Don't you know me   anymore?

TADDEO
a   si   mma
Ah!... sì...   ma...
Ah!...   Yes...   but...

HALY *(to Taddeo)*
'dimmi   ki   ɛ   kɔs'tɛi
Dimmi,   chi   è   costei?
Tell me,   who   is   she?

TADDEO *(to himself)*
ke   ɔ   da dir
(Che   ho   da dir?)
(What   should   I say?)

ISABELLA
son   sua   ni'pote
Son   sua   nipote.
I'm   his   niece.

TADDEO

si	ni'pote	per	'kwesto	io	'dɛvɔ	star	kon	'lɛi
Sì,	**nipote...**	**per**	**questo**	**io**	**devo**	**star**	**con**	**lei.**
Yes,	niece...	because of	that	I	must	stay	with	her.

HALY

di	kwal	pa'eze
Di	**qual**	**paese?**
From	what	country?

TADDEO

di	li'vornɔ	ambe'due
Di	**Livorno**	**ambedue.**
From	Livorno,	both of us.

HALY

'duŋkwe	ita'ljani
Dunque	**Italiani?**
Then (you're)	Italians?

TADDEO

tʃi sin'tɛndɛ
Ci s'intende.
That's understood.

ISABELLA

e	me ne 'vantɔ
E	**me ne vanto.**
And	I'm proud of it.

HALY

e'vviva	a'mitʃi
Evviva,	**amici!**
Hurrah,	friends!

ISABELLA

e	per'ke	mmai	'tanta	alle'gria
E	**perchè**	**mai**	**tanta**	**allegria?**
And	why	ever	such	rejoicing?

HALY

a	nɔn sɔ	dal	pja'tʃer	'dove	io mi 'sia
Ah!	**Non so**	**dal**	**piacer**	**dove**	**io mi sia.**
Ah!	I don't know	from my	pleasure	where	I am.

(Ah! I am so delighted I don't even know where I am!)

'duna	ita'ljana	a'ppunto	a	graɲ	'vɔʎʎa	il	be'i
D'un	**Italiana**	**appunto**	**ha**	**gran**	**voglia**	**il**	**Bey.**
For an	Italian girl	in fact	has	great	desire	the	Bey.

(The Bey has a great fancy precisely for an Italian girl.)

kon	'ʎaltri	'skjavi	'parte	di	voi	kɔm'paɲɲi
Con	**gli altri**	**schiavi,**	**parte**	**di**	**voi,**	**compagni,**
With	the other	slaves,	some	of	you,	companions,

'vɛŋga	kom	mɛ	'laltra	al	be'i	fra 'pɔkɔ
venga	**con**	**me;**	**l'altra**	**al**	**Bey**	**fra poco**
should come	with	me;	the others	to the	Bey	soon

kondu'rra	'kwesti	'due
condurrà	**questi**	**due.**
will lead	these	two..

(Part of you, my corsairs, will come with me with the other slaves. The others will then lead these two to the Bey very soon.)

'pjɔva	ɔ si'ɲɲora	la	ɾu'dʒada	del	'tʃɛlɔ	'sopra	ddi 'voi
Piova,	**o Signora,**	**la**	**rugiada**	**del**	**cielo**	**sopra**	**di voi.**
May it rain,	oh Madam,	the	dew	of	Heaven	over	you.

(Madame, may the heavenly dew fall on you.)

pre'ʃʃɛlta	da	musta'fa	sa'retɛ	sɛ	iɔ nɔn 'zbaʎʎɔ
Prescelta	**da**	**Mustafà...**	**sarete,**	**se**	**io non sbaglio,**
Chosen	by	Mustafà...	you shall be,	if	I'm not mistaken,

la	'stella	e	lo splen'dor	del	suɔ	sɛ'rraʎʎɔ
la	**stella**	**e**	**lo splendor**	**del**	**suo**	**serraglio.**
the	star	and	splendor	of	his	seraglio.

(He leaves with some corsairs. Taddeo and Isabella stay, with some corsairs in the background.)

Scene Five
(Taddeo, Isabella and some corsairs in the background)

TADDEO

a	iza'bɛlla	sjam 'dʒunti	a mal	par'tito
Ah!	**Isabella...**	**siam giunti**	**a mal**	**partito.**
Ah!	Isabella...	we are	in a bad	way.

ISABELLA
per'ke
Perchè?
Why?

TADDEO

nɔ'nai	sen'tito	'kwella	'brutta	pa'rɔla
Non hai	**sentito**	**quella**	**brutta**	**parola?**
Didn't you	hear	that	ugly	word?

ISABELLA
e kwal
E qual?
Which one?

TADDEO
sɛ'rraʎʎɔ
Serraglio.
Seraglio.

ISABELLA
eˈbbɛn
Ebben?...
Well?...

TADDEO
ˈduŋkwɛ	bɛrˈsaʎʎo	tu	saˈrai	dum	beˈi	dum	mustaˈfa
Dunque	**bersaglio**	**tu**	**sarai**	**d'un**	**Bey,**	**d'un**	**Mustafà?**
Then	a prey	you	will be	of a	Bey,	of a	Mustafà?

ISABELLA
saˈra	kwel	ke	saˈra		io	nom mi ˈvoʎʎo
Sarà	**quel**	**che**	**sarà.**		**Io**	**non mi voglio**
It will be	what	it	will be.		I	don't want

(What will be will be.)

per	ˈkwesto	rattrisˈtarɛ
per	**questo**	**rattristare.**
on account of	this	to become saddened.

TADDEO
e	la ˈprɛndi	koˈzi
E	**la prendi**	**così?**
And	you take it like	this?

ISABELLA
ke	tʃi ɔ	da ˈffarɛ
Che	**ci ho**	**da fare?**
What	can I	do about it?

TADDEO
ɔ	ˈppɔvɛro	taˈddɛo
O	**povero**	**Taddeo!**
Oh	poor	Taddeo!

ISABELLA
ma	di	mɛ	non		ti ˈfidi
Ma	**di**	**me**	**non**		**ti fidi?**
But	of	me	don't you		trust?

(But don't you trust me?)

TADDEO
ɔ	vɛraˈmɛntɛ	nɛ ɔ		lɛ	ˈgram	ˈprɔvɛ
Oh!	**veramente.**	**Ne ho**		**le**	**gran**	**prove.**
Oh,	certainly!	Of it I have		the	great	proof.

(I have great proof of it.)

ISABELLA
a	maleˈdetto	ˈparla	di	ke	ti pwɔi	laˈɲɲar
Ah!	**maledetto,**	**parla.**	**Di**	**che**	**ti puoi**	**lagnar?**
Ah!	Curses on you,	speak.	Of	what	can you	complain?

(What have you to complain of?)

TADDEO

'via	ke	'ssɛrvɛ	mu'tjam	dis'korso
Via,	**che**	**serve?**	**Mutiam**	**discorso.**
Come,	what's	the use?	Let us change	subject.

ISABELLA

nɔ	'spjɛgati
No:	**spiegati.**
No:	Explain yourself.

TADDEO

'prezɔ	mai	'forsɛ	'anima 'mia	per	um	ba'bbɛo
Preso	**m'hai**	**forse,**	**anima mia,**	**per**	**un**	**babbeo?**
Taken	have you	perhaps,	my dear	for	a	fool?

(Have you, my dear, perhaps taken me for a fool?)

di	kwel	'tuo	tʃitʃiz'bɛɔ	di	kwel	lin'dɔrɔ
Di	**quel**	**tuo**	**cicisbeo...**	**di**	**quel**	**Lindoro...**
Of	that	your	swain...	of	that	Lindoro...

(About that swain of yours...that Lindoro...)

iɔ	nɔn lɔ 'vistɔ 'mai	ma	sɔ	'tutto
io	**non l'ho visto mai**	**ma**	**so**	**tutto.**
I	have never seen him	but	I know	everything.

ISABELLA

la'mai	'prima	di tɛ	nɔl 'nɛgɔ	a	'molti	'mezi
L'amai	**prima**	**di te:**	**no'l nego.**	**Ha**	**molti**	**mesi**
I loved him	before	you,	I don't deny it.	It is	many	months

kei	di'talja	ɛ par'tito	ed	'ora
ch'ei	**d'Italia**	**è partito:**	**ed**	**ora...**
that he	from Italy	has gone,	and	now...

(It's been many months since he left Italy and now...)

TADDEO

ed 'ora	sɛ ne 'dʒia	la si'ɲɲora	a	tʃer'karlo	iŋ	ga'llittsja
Ed ora	**se ne gìa**	**la Signora**	**a**	**cercarlo**	**in**	**Gallizia...**
And now	she had to go,	the lady,	to	search for him	in	Galicia...

ISABELLA

e	ttu
E	**tu?**
And	you?

TADDEO

ed	io	kol	'nome	di	kɔm'paɲɲo
Ed	**io,**	**col**	**nome**	**di**	**compagno**
And	I,	under	the name	of	"companion"

'ʎjɛla	do'vea	kon'dur
gliela	**dovea**	**condur...**
to him	I was to	lead...

(was to lead you to him...)

ISABELLA

e	a'dɛssɔ
E	**adesso?...**
And	now?...

TADDEO

e	a'dɛssɔ	kon	un	'nome	se'kondo
E	**adesso**	**con**	**un**	**nome**	**secondo**
And	now	with	a	name	second

vɔ	in	un	sɛ'rraʎʎɔ	a	far	lɔ 'pɛnsi il 'mondo
vo	**in**	**un**	**serraglio**	**a**	**far...**	**lo pensi il mondo.**
I go	into	a	seraglio	to	play...	everyone can guess what it is.

(And now I will go into a seraglio bearing another name[3]...and everyone can guess what that is!)

DUET
ISABELLA

ai	ka'prittʃi	'della	'sɔrte	iɔ	sɔ	far	lindiffe'rente
Ai	**capricci**	**della**	**sorte**	**io**	**so**	**far**	**l'indifferente.**
To the	whims	of	fate	I	know how	play	the indifferent one.

(I know how to show indifference to the caprices of fate.)

ma	un dʒe'lozo	imperti'nɛnte
Ma	**un geloso**	**impertinente**
But	a jealous	impertinent man

iɔ	son	'staŋka	di	sɔ'ffrir
io	**son**	**stanca**	**di**	**soffrir.**
I	am	tired	of	putting up with.

TADDEO

ɔ	pju	'flɛmma	e	pju	pru'dɛntsa
Ho	**più**	**flemma,**	**e**	**più**	**prudenza**
I am	more	calm,	and	(have) more	prudence

di	kwa'luŋkwe	innamɔ'ratɔ
di	**qualunque**	**innamorato.**
than	any other	swain.

ma	kɔm'prɛndɔ	dal	pa'ssatɔ
Ma	**comprendo**	**dal**	**passato**
But	I understand	from	past (experience)

'tutto kwel	ke	pwɔ	avve'nir
tutto quel	**che**	**può**	**avvenir.**
all	that	can	happen.

---

[3] Of course, the name he imagines himself being called is *cornuto*, a cuckold, the most infamous appellation for a Mediterranean man wounded to the quick in his male pride. Compare to Ford in *Falstaff*, or Figaro in *Le Nozze di Figaro*, or Marcello in *La Bohème*.

ISABELLA

'ʃɔkkɔ	a'mantɛ	ɛ	uŋ	'gran	su'pplittsjo
Sciocco	**amante**	**è**	**un**	**gran**	**supplizio.**
A foolish	lover	is	a	great	trial.

TADDEO

'dɔnna	'skaltra	ɛ	um	pretʃi'pittsjo
Donna	**scaltra**	**è**	**un**	**precipizio.**[4]
A woman	wily	is	a	calamity.

(A wily woman is a disaster.)

ISABELLA

'mɛʎʎo un	'turko ke	um	bri'kkone
Meglio un	**Turco che**	**un**	**briccone.**
Better a	Turk than	a	rascal.

TADDEO

'mɛʎʎo	il 'fjasko	ke	il	lam'pjone
Meglio	**il fiasco**[5]	**che**	**il**	**lampione.**
Better (to play)	the cuckold	than	the	chaperone.

ISABELLA

'vannɛ al	'djavɔlo	im ma'lɔra
Vanne al	**diavolo**	**in malora!**
Go to the	devil,	to blazes!

pju	nɔm vɔ	kon	tɛ	ga'rrir
più	**non vo'**	**con**	**te**	**garrir.**
No longer	do I want	with	you	to bicker.

TADDEO

'bwɔna 'nɔtte	si	si'ɲɲora	ɔ ffi'nito	dimpa'ttsir
Buona notte:	**sì**	**signora.**	**Ho finito**	**d'impazzir.**
Good night,	yes,	madam.	I'm through	being driven mad.

ISABELLA

ma	im	man	de	'barbari	'sɛntsa un	a'miko
(Ma	**in**	**man**	**de'**	**barbari...**	**senza un**	**amico**
(But	in the	hands	of the	barbarians...	without a	friend

'kome	di'ridʒermi	ke	'brutto in'triko
come	**dirigermi?...**	**Che**	**brutto intrico!**
how	shall I manage?...	What	an ugly situation!

ke	ɔ da	ri'sɔlvɛrɛ	ke	'deddʒo far	ke	'brutto a'ffar
Che	**ho da**	**risolvere?**	**Che**	**deggio far?**	**Che**	**brutto affar!)**
How	shall I	resolve this?	What	must I do?	What	an ugly business!)

---

[4] *Precipizio* is a word often found in libretti. It really means "a precipice", as when one arrives "at the edge" of a desperate situation. Notice also that the word is pronounced with a **double** [tt] sound, as are **all** Italian words with a single *z* between vowels: *malizia, delizia, giustizia, giudizio, grazie, grazia, perizia,*etc. This may come as a surprise to some, but it is indeed pronounced as in the case of **double** *z* words like *nozze, ragazza, pazzo, pizza*.

[5] Becoming a cuckold could, in effect, connote that a man's relationship with a woman has become a "fiasco", at least in the context of the moral codes at the time of this story

L'Italiana in Algeri, Act I

TADDEO
ma	sɛ	al	la'voro	pɔi	mi si 'mena
(Ma	**se**	**al**	**lavoro**	**poi**	**mi si mena...**
(But	if	off to	work	then	they make me go...

'kome	re'zistere	sɛ	ɔ	'pɔka	'skjena
come	**resistere,**	**se**	**ho**	**poca**	**schiena?)**
how	can I resist,	when	I have	a weak	back?)

(But if I'm then put to work, how can I stand it, I have little strength?)

BOTH
(Che ho da risolvere? Che deggio far?)

TADDEO
'dɔnna iza'bɛlla
Donna Isabella?...
Madam Isabella?...

ISABELLA
mɛ'ssɛr	ta'ddɛɔ
Messer	**Taddeo...**
Monsieur	Taddeo...

TADDEO
la	'furja	or	'plakasi
(La	**furia**	**or**	**placasi.)**
(Her	fury	now	is abating.)

ISABELLA
'ride	il	ba'bbɛɔ
(Ride	**il**	**babbeo.)**
(Laughs	the	dolt.)

(The dolt is laughing.)

TADDEO
sta'remo	iŋ	'kɔllɛra
Staremo	**in**	**collera?**
Must we remain	in	choler?

(Must we stay angry at one another?)

ISABELLA
ke	vɛ nɛ par
Che	**ve ne par?**
What	do you think?

BOTH
a	nnɔ	per	'sɛmpre	u'niti	'sɛntsa sɔs'pɛtti	e	'liti
Ah,	**no:**	**per**	**sempre**	**uniti,**	**senza sospetti**	**e**	**liti,**
Ah	no;	for	always	united,	without suspicions	or	quarrels,

koŋ	gram	pja'tʃer	bɛm 'mio	sa'rem	ni'pote e		'ttsio
Con	**gran**	**piacer,**	**ben mio,**	**sarem**	**nipote e**		**zio;**[6]
With	great	pleasure,	my dear,	we will be	niece and		uncle,

e	o'ɲɲun	lo krede'ra
e	**ognun**	**lo crederà.**
and	everyone	will believe it.

TADDEO

ma	kwel	be'i	si'ɲɲora	uŋ	gram	pɛn'sjɛr	mi da
Ma	**quel**	**Bey**	**Signora,**	**un**	**gran**	**pensier**	**mi dà.**
But	that	Bey,	madam,	some	great	concern	causes me.

ISABELLA

non	tʃi pɛn'sar	per	'ora	sa'ra	kwel ke	sa'ra
Non	**ci pensar**	**per**	**ora,**	**sarà**	**quel che**	**sarà.**
Don't	think about it	for	now,	it will be	what	it will be.

(They leave.)

Scene Six
(A small room, as in the first scene, where Zulma, Elvira and Lindoro are having a conversation.)

ZULMA *(to Lindoro)*

e	riku'zar po'tresti	'una	si	'bɛlla	e	dʒen'til si'ɲɲora
E	**ricusar potresti**	**una**	**sì**	**bella**	**e**	**gentil signora?**
And	refuse could you	a	so	beautiful	and	kind lady?

(And could you refuse so beautiful and kind a lady?)

LINDORO

nɔm 'vɔʎʎo	'moʎʎe io	tɛ lo 'dɛttɔ	aŋ'kora
Non voglio	**moglie, io**	**te l'ho detto**	**ancora.**
I don't want	a wife. I	have told you so	already.

ZULMA *(to Elvira)*

e	vvoi	ke	'ffatɛ la
E	**voi,**	**che**	**fate là?**
And	you,	what	are you doing?

kwel	dʒovi'nɔttɔ	nom	vi 'mettɛ	appe'tito
Quel	**giovinotto**	**non**	**vi mette**	**appetito?**
That	young lad, (does he)	not	whet (your)	appetite?

ELVIRA

abbas'tantsa	prɔ'vai	'kɔza ɛ	ma'rito
Abbastanza	**provai,**	**cosa è**	**marito.**
Enough	I have experienced	what is	a husband.

(I've had experience enough with husbands.)

---

[6] The word *zio* (uncle) is pronounced as shown: ['ttsio]. Undoubtedly one hears Italians pronounce it as ['ddzio], one of those maddening inconsistencies that simply <u>cannot</u> be disciplined. The Zingarelli and Garzanti dictionaries however, show the pronunciation as seen above.

ZULMA
ma	dʒa	nɔn tʃɛ	ri'paro
Ma	**già**	**non c'è**	**riparo.**
But	really	there isn't	(any) remedy.

(But in truth there's nothing we can do about it.)

'spozo	e	'spoza	vwɔl	ke	'sjate	il	be'i
Sposo	**e**	**sposa**	**vuol**	**che**	**siate**	**il**	**Bey.**
Man	and	wife	he wants	that	you be	the	Bey.

(The Bey wishes you to be man and wife.)

'kwando	a de'tʃizo	obbe'dito	'ɛssɛr	'vwɔlɛ
Quando	**ha deciso**	**obbedito**	**esser**	**vuole**
When	he decides,	obeyed	to be	he wants

ad	'oɲɲi	'patto
ad	**ogni**	**patto.**
at	all	cost.

(When he's made up his mind, he wants to be obeyed implicitly.)

ELVIRA
ke	'strano	u'mor
Che	**strano**	**umor!**
What	an unusual	fancy!

LINDORO
ke	tira'nnia	da	'matto
Che	**tirannia**	**da**	**matto!**
What	tyranny	of a	madman!

(What insane tyranny!)

ZULMA *(hearing Mustafà's approach)*
'tsitto	ei	ri'torna
Zitto.	**Ei**	**ritorna.**
Hush.	He	is coming back.

Scene Seven
(Mustafà enters the room, going directly to Lindoro.)

MUSTAFÀ
as'koltami	ita'ljano	uɱ	va'ʃʃɛl	vene'ttsjano
Ascoltami,	**Italiano,**	**un**	**vascel**	**veneziano**
Listen to me,	Italian,	a	vessel	Venetian

riska'ttato	pu'ror	'devɛ	a	mo'menti	di	kwa	par'tir
riscattato	**pur or**	**deve**	**a**	**momenti**	**di**	**qua**	**partir.**
ransomed	just now	will	in	a moment	from	here	depart.

(A just ransomed Venetian vessel is about to leave here very shortly.)

vo'rresti	in	i'talja	tor'nar
Vorresti	**in**	**Italia**	**tornar?**
Would you like to		Italy	to return?

LINDORO

'alla	mia	'patrja	a	kwal	'grattsja	ɔ siˈɲɲor
Alla	**mia**	**patria?...**	**Ah!**	**qual**	**grazia,**	**o Signor!...**
To	my	homeland?...	Ah!	What	generosity,	oh my lord!...

di pju	nɔn ˈkjɛdɔ
Di più	**non chiedo.**
Nothing more	can I ask.

MUSTAFÀ

'teko	elˈvira	konˈdutʃi	e	tɛl kɔnˈtʃedɔ
Teco[7]	**Elvira**	**conduci**	**e**	**tel concedo.**
With you	Elvira	take	and	I will grant it.

(Take Elvira with you)

LINDORO

ke	'deddʒo	'dire
(Che	**deggio**	**dire?)**
(What	should	I say?)

MUSTAFÀ

kon	ˈessa	aˈvrai	tanˈtɔrɔ	ke	ˈrikko	ti faˈra
Con	**essa**	**avrai**	**tant'oro**	**che**	**ricco**	**ti farà.**
With	her	you'll have	so much gold	that	rich	it will make you.

LINDORO

'dʒunto	ke io	sia	nel	miɔ	paˈeze
Giunto	**che io**	**sia**	**nel**	**mio**	**paese...**
Arrived	I	be	in	my	homeland...

(As soon as I arrive in my homeland...)

aˈllor	ˈforsɛ	spɔˈzare	iɔ	la	pɔˈtrɛi
allor...	**forse**	**sposare**	**io**	**la**	**potrei...**
then...	maybe	marry	I	her	could...

(then, maybe...I could marry her...)

MUSTAFÀ

si	ssi	'kome	tti 'parɛ
Sì,	**sì:**	**come**	**ti pare.**
Yes,	yes:	As	you like.

va	inˈtanto	del	vaˈʃʃello	il	kapiˈtanɔ	a	ritʃerˈkarɛ
Va	**intanto**	**del**	**vascello**	**il**	**capitano**	**a**	**ricercare,**
Go	meanwhile	of the	vessel	the	captain	to	look for,

(Meanwhile, go seek out the vessel's captain,)

e	ˈdiʎʎi	in	ˈnome ˈmio	ˈkeʎʎi di	kwa	nom ˈparta
e	**digli**	**in**	**nome mio**	**ch'egli di**	**qua**	**non parta**
and	tell him in		my name	that he from	here	shouldn't sail

---

[7] *Teco, meco* and *seco* are old forms of *con te* (with you), *con me* (with me), and *con se* (with him), from the Latin *tecum, mecum, secum*. The Catholic Missal is called *Vade mecum*, "it goes with me".

senza di voi.
without both of you.

LINDORO *(aside)*
(Pur ch'io mi tolga omai da sì odiato soggiorno...
(As long as I get away now from so hateful a stay...

tutto deggio accettar.)
everything I must accept.)

(aloud)

Vado e ritorno.
I'm going and will return.

(He leaves.)

Scene Eight
(Elvira, Mustafà, Zulma, then Haly)

ELVIRA *(to Mustafà)*
Dunque degg'io lasciarvi?
Then must I leave you?

MUSTAFÀ
Nell'Italia tu starai bene.
In Italy you will be quite well.

ELVIRA
Ah! E dovunque io vada il mio cor...
Ah! And wherever I go, my heart...

MUSTAFÀ
Basta: del tuo cor e di te son persuaso.
Enough; of your heart and of you I am very aware.

ZULMA *(aside)*
(Se c'è un burbero egual mi caschi il naso.)
(If there's a boor like him may drop off my nose.)
(If there's another boor like him, may my nose drop off.)

HALY *(entering)*
Viva il Bey.
Long live the Bey.

MUSTAFÀ

e	ke	mi ˈrɛki		aˈli
E	**che**	**mi rechi,**		**Haly?**
And	what (news)	do you bring me,		Haly?

HALY

ˈljɛtɛ	nɔˈvɛllɛ	ˈuna	ˈdellɛ	pju	ˈbɛllɛ
Liete	**novelle.**	**Una**	**delle**	**più**	**belle**
Glad	tidings.	One	of the	most	beautiful (and)

spiɾiˈtozɛ	itaˈljanɛ
spiritose	**Italiane...**
spirited	Italian girls...

MUSTAFÀ

eˈbbɛn
Ebben?...
Well?...

HALY

kwi	ˈspinta	da	ˈuna	buˈrraska
Qui	**spinta**	**da**	**una**	**burrasca...**
Here	driven	by	a	storm...

MUSTAFÀ

ˈzbrigati
Sbrigati...
Get on with it...

HALY

kaˈduta	tɛsˈtɛ	kɔn	ˈaltri	ˈskjavi ɛ	in	ˈnɔstra	ˈmanɔ
Caduta	**testé**	**con**	**altri**	**schiavi è**	**in**	**nostra**	**mano.**
Fallen	just now	with	other	slaves she's	in	our	hands.

(...she's just fallen into our hands with some other slaves.)

MUSTAFÀ

or	mi ˈtɛŋgɔ		da	pju	del	gran	sulˈtanɔ
Or	**mi tengo**		**da**	**più**	**del**	**gran**	**Sultano.**
Now	I can regard myself		as	more	than a	great	Sultan.

ˈprɛstɔ	ˈtuttɔ	saˈduni	il miɔ	sɛˈrraʎʎɔ
Presto:	**tutto**	**s'aduni**	**il mio**	**serraglio**
Quickly,	all	let assemble	my	seraglio

(Quick, let my whole harem assemble)

ˈnella	ˈsala	maˈddʒor
nella	**sala**	**maggior.**
in the	hall	great.

(in the great hall.)

ˈivi	la	ˈbɛlla	ɾitʃɛveˈɾɔ	ha	ha
Ivi	**la**	**bella**	**riceverò...**	**ah!**	**ah!**
There	the	beauty	I will receive...	ha!	ha!

L'Italiana in Algeri, Act I

'kaɾi	ga'lanti	vi vɔ'rrɛi	'tutti 'kwanti
Cari	**galanti,**	**vi vorrei**	**tutti quanti**
Dear	gallants,	I'd like you,	all of you,

pre'zɛnti	al	mio	tri'oɱfo
presenti	**al**	**mio**	**trionfo.**
present	at	my	triumph.

el'vira	a'dɛsso	kon	lita'ljan	tu	'pwɔi	affrɛ'ttarti	a	par'tir
Elvira,	**adesso**	**con**	**l'Italian**	**tu**	**puoi**	**affrettarti**	**a**	**partir.**
Elvira,	now	with	the Italian man	you	can	hasten	to	depart.

'dzulma	kon	'essi	tu	'puɾɛ	an'drai
Zulma,	**con**	**essi**	**tu**	**pure**	**andrai.**
Zulma,	with	them	you	also	will go.

koŋ	'kwesta	siɲɲo'rina	mɛ la 'vɔʎʎɔ go'der
Con	**questa**	**Signorina**	**me la voglio goder.**
With	this	*Signorina*	I want to have a good time.

e	'aʎʎi	'wɔmini 'tutti	ɔddʒinsɛ'ɲɲaɾ	iɔ	'vɔʎʎɔ
E	**agli**	**uomini tutti**	**ogg'insegnar**	**io**	**voglio**
And	to	all men	today teach	I	wish

di	'kwɛstɛ	'bɛllɛ	a	kalpes'tar	lor'goʎʎo
di	**queste**	**belle**	**a**	**calpestar**	**l'orgoglio.**
of	these	beauties	to	trample	the pride.

(And I want to teach all men today how to trample the pride of these [Italian] beauties.)

ARIA
MUSTAFÀ

dʒa	din'sɔlitɔ	ar'doɾe	nel	'pɛttɔ
Già	**d'insolito**	**ardore**	**nel**	**petto**
Already	with an unusual ardor		in (my) breast	

adʒi'taɾɛ	avvam'paɾe	mi 'sɛntɔ
agitare,	**avvampare**	**mi sento:**
stirred,	afire	I feel:

(I already feel excited and afire with unusual ardor in my breast.)

un	i'ɲɲɔtɔ	sɔ'ave	kɔn'tɛntɔ
Un	**ignoto**	**soave**	**contento**
An	unknown,	sweet	contentment

mi tras'pɔrta	e	bri'llaɾe	mi fa
mi trasporta	**e**	**brillare**	**mi fa.**
transports me	and	enlivened	makes me.

(transports and enlivens me.)

(to Elvira)

voi	par'tite	nɛ pju	mannɔ'jatɛ
Voi	**partite.**	**Né più**	**m'annoiate.**
You	be off...	No longer	bother me.

(to Zulma)

tu	va	'seko	ke	'zmɔrfjɛ	obbe'dite
Tu	**va**	**seco...**	**Che**	**smorfie...**	**Obbedite.**
You	go	with her...	What	faces...	Obey!

(to Haly)

voi	la	'bɛlla	al	miɔ	'seno	gwi'datɛ
Voi	**la**	**bella**	**al**	**mio**	**seno**	**guidate.**
You	the	beauty	to	my	bosom	lead.

(And you bring that beauty to my arms.)

vapprɛs'tatɛ	a	ɔnɔ'rar	la bɛl'ta
V'apprestate	**a**	**onorar**	**la beltà.**
Be ready	to	honor	beauty.

al	miɔ	'fɔkɔ	al	tras'pɔrtɔ	al	de'zio
Al	**mio**	**foco,**	**al**	**trasporto,**	**al**	**desio,**
To	my	fire,	my	transport,	my	desire,

non re'ziste	la'ttʃezo	kɔr	'mio
non resiste	**l'acceso**	**cor**	**mio.**
not resists	the inflamed	heart	mine.

(My heart aflame hardly can resist my ardor, my loving transport and my desire.)

'kwestɔ 'karo	tri'ɔɱfɔ	nɔ'vɛllɔ
Questo caro	**trionfo**	**novello**
This dear	triumph	new

'kwantɔ	'doltʃɛ a	kwes'talma	sa'ra
quanto	**dolce a**	**quest'alma**	**sarà.**
how	sweet to	my soul	will be.

(How sweet this dear new conquest will be for my soul.)

(He leaves with Haly and his followers.)

Scene Nine
(Zulma, Elvira and Lindoro)

ZULMA

vi 'diko	il	ver	non sɔ	'kome	si	'pɔssa	vo'ler 'bɛnɛ
Vi dico	**il**	**ver,**	**non so**	**come**	**si**	**possa**	**voler bene**
I tell you	the	truth,	I don't know	how	you	can	love

ad un	'wɔm	di	'kwesta	'fatta
ad un	**uom**	**di**	**questa**	**fatta.**
a	man	of	this	sort.

ELVIRA

iɔ	sa'rɔ	'ʃʃɔkka	e	'matta ma	'lamɔ	aŋ'kor
Io	**sarò**	**sciocca**	**e**	**matta, ma**	**l'amo**	**ancor.**
I	may be	foolish	and	crazy, but	I love him	still.

LINDORO

ma'dama	ɛ	dʒa dis'posto	il	va'ʃʃellɔ	a	sal'par
Madama,	**è**	**già disposto**	**il**	**vascello**	**a**	**salpar.**
Madam,	is	ready	the	ship	to	set sail.

e	non	a'ttɛndɛ	'altro	ke	nnoi	voi	sospi'ratɛ
e	**non**	**attende**	**altro**	**che**	**noi...**	**voi**	**sospirate?...**
and	doesn't	await	other	than	us...	you	are sighing?...

(and waits only for us...)

ELVIRA

al'meno	ke io 'pɔssa	'aŋko	'una	'vɔlta
Almeno	**che io possa**	**anco**	**una**	**volta**
At least	let me	one	more	time

rive'der	musta'fa	sol	'kwesto io	'bramɔ
riveder	**Mustafà.**	**Sol**	**questo io**	**bramo.**
see again	Mustafà.	Only	this I	ask for.

(All I ask is to be able to see Mustafà one more time.)

LINDORO

pria	di par'tir	dɔ'bbjamɔ	kɔndʒe'darsi	da	'llui
Pria	**di partir**	**dobbiamo**	**congedarsi**	**da**	**lui.**
Before	departing	we must	take our leave	of	him.

ma	sei	vi 'ʃkattʃa	per'ke	lla'matɛ	aŋ'kor
Ma	**s'ei**	**vi scaccia,**	**perchè**	**l'amate**	**ancor?**
But	if he	drives you away,	why	do you love him	still?

'fatɛ	a miɔ 'mɔdɔ	affre'ttjamotʃi	a	par'tirɛ	allegra'mente
Fate	**a mio modo:**	**Affrettiamoci**	**a**	**partire**	**allegramente.**
Do it	my way.	Let us hasten	to	leave	in good spirits.

voi	'sjɛte	final'mente	'dʒovine	'rikka	e	'bbɛlla
Voi	**siete**	**finalmente**	**giovine**	**ricca**	**e**	**bella,**
You	are	after all,	young	rich	and	beautiful,

e	al	miɔ	pa'eze voi	trove'retɛ	'kwanti
e	**al**	**mio**	**paese voi**	**troverete**	**quanti**
and	in	my	country you	will find	as many as

pwɔ	'una	'dɔnna bra'mar	ma'riti	e	a'manti
può	**una**	**donna bramar**	**mariti**	**e**	**amanti.**
can	a	woman desire	husbands	and	lovers.

(and in my country you can find as many husbands and lovers as any woman can desire.)

Scene Ten
(In a magnificent hall, Mustafà is seated on a luxurious sofa. On a balcony above can be seen the women of the harem. Eunuchs stand all around.)

FINALE I
CHORUS OF EUNUCHS

'viva	il	fla'dʒɛl	'dellɛ	'dɔnnɛ
Viva	**il**	**flagel**	**delle**	**donne,**
Long live	the	scourge	of	women,

ki	di	'tigri	lɛ 'kandʒa	in	a'ɲɲɛllɛ
che	**di**	**tigri**	**le cangia**	**in**	**agnelle.**
who	from	tigresses	changes them	into	ewes.

ki	nɔn sa	soddʒɔ'gar	'kwestɛ 'bɛllɛ
Chi	**non sa**	**soggiogar**	**queste belle**
Whoever	does not know	how to subdue	these beauties

'vɛŋga	a	'skwɔla dal	'gram	musta'fa
venga	**a**	**scuola dal**	**gran**	**Mustafà.**
let him come	to the	school of the	great	Mustafà.

HALY *(entering, to Mustafà)*

sta	kwi 'fwɔri	la	'bɛlla	ita'ljana
Sta	**qui fuori**	**la**	**bella**	**Italiana...**
She's	outside,	the	beautiful	Italian girl...

MUSTAFÀ

'vɛŋga
Venga...
Let her in...

CHORUS

ɔ	ke	'raɾa	bɛl'ta
Oh,	**che**	**rara**	**beltà.**
Oh,	what	rare	beauty.

Scene Eleven
(Isabella, Mustafà, eunuchs)

ISABELLA *(entering and looking at Mustafà)*

o	ke	'mmuzo	ke	ffi'guɾa	'kwali	ɔ'kkjatɛ
(Oh!	**che**	**muso,**	**che**	**figura!...**	**quali**	**occhiate!...**
(Oh!	What	an ugly face,	what	a sight!...	What	leering!...

ɔ in'tezo	'tutto	del	miɔ	'kolpo	or	son	si'kuɾa
Ho inteso	**tutto.**	**Del**	**mio**	**colpo**	**or**	**son**	**sicura.**
I understand	everything.	Of	my	effect	now	I am	sure.
(I see the effect I've had here.)

sta a	ve'der	kwel	kio	sɔ	far
Sta' a	**veder**	**quel**	**ch'io**	**so**	**far.)**
Let me	see	what	I	can	do.)

MUSTAFÀ

ɔ	ke	'pettsɔ	da	sul'tano	'bɛlla	'taʎʎa
(Oh!	**che**	**pezzo**	**da**	**Sultano!**	**Bella**	**taglia!...**
(Oh!	What a tidbit		fit for	a sultan!	Beautiful	figure!...

'vizɔ	'stranɔ	a	miŋ'kanta		minna'moɾa
Viso	**strano...**	**Ah!**	**m'incanta...**		**m'innamora.**
Face	unusual...	Ah!	She enchants me...		I'm already in love.

ma	kɔm'vjɛn	dissimu'lar
Ma	**convien**	**dissimular.**
But	I'd better	dissemble.

(But I had better play the disinterested one.)

ISABELLA *(directing her gaze on the love-stricken Mustafà)*

maltra'ttata	'dalla	'sɔrte	kɔnda'nnata	'alle	ɾi'tɔrtɛ
Maltrattata	**dalla**	**sorte,**	**condannata**	**alle**	**ritorte...**
Ill-treated	by	fate,	condemned	to	chains...

a	voi	'solo	ɔ 'mio	di'lɛttɔ	mi po'tetɛ	kɔnsɔ'lar
Ah	**voi**	**solo,**	**o mio**	**diletto,**	**mi potete**	**consolar.**
Ah,	you	alone,	oh my	beloved,	can	console me.

MUSTAFÀ

mi sal'tɛlla	il	kɔr	nel	'pɛttɔ	ke dol'tʃettsa	di	par'lar
(Mi saltella	**il**	**cor**	**nel**	**petto.**	**Che dolcezza**	**di**	**parlar!)**
(It leaps	my	heart	in my	breast.	How sweet	is her	speech!)

ISABELLA

iŋ	'gabbja ɛ	dʒa	il	mɛɾ'lɔttɔ
(In	**gabbia è**	**già**	**il**	**merlotto,**
(In a	trap is	already	the	big fool,

(The big fool is already entrapped,)

nɛ	pju	mi pwɔ	ska'ppar
né	**più**	**mi può**	**scappar!)**
and	no longer	from me can he	escape!)

(and he can't escape me now!)

Del mio colpo or son sicura, oh! che muso, che figura!)...etc.

MUSTAFÀ

io	son	dʒa 'kaldɔ	e	'kɔttɔ	nɛ	pju	mi sɔ frɛ'nar
(Io	**son**	**già caldo**	**e**	**cotto,**[8]	**né**	**più**	**mi so frenar.)**
(I	am	already on fire	and	in love,	no	more	can I contain myself.)

Ah! m'incanta, m'innamora. Che taglia!...

ma	bi'zɔɲɲa	simu'lar	ɔ	ke	'pɛttsɔ
Ma	**bisogna**	**simular.**	**Oh!**	**che**	**pezzo!...**
But	I must	pretend.	Oh!	what	a morsel!...

Scene Twelve
(Taddeo enters pushing away Haly, who tries to hold him back.)

---

[8] *Cotto* is a word used often to denote being utterly taken by a member of the opposite sex. It also means "cooked", and by extension, "boiling", "overheated", "aflame", etc.

TADDEO *(to Haly)*

vɔ	star	kom	mia	ni'pote	io	'sono	il	si'ɲɲor 'ttsio
Vo'	**star**	**con**	**mia**	**nipote,**	**io**	**sono**	**il**	**signor zio.**
I want	to be	with	my	niece,	I	am	her	uncle.

min'tendi	si	son	io	va	'via	nom mi se'kkar
M'intendi?	**Sì**	**son**	**io.**	**Va'**	**via**	**non mi seccar.**
Do you hear me?	Yes,	it is	I.	Go	away,	don't annoy me.

(turning to Mustafà)

si'ɲɲor	mø'sjø	ɛttʃɛ'llɛntsa
Signor...	**Monsieur...**	**Eccellenza...**
Sir...	*monsieur...*	Excellency...

ɔi'mɛ	kwal	kɔɱfi'dɛntsa
(Ohimè!...	**qual**	**confidenza!...**
(Oh woe!...	Such	self-assurance!...

il	'turko	un	tʃitʃiz'bɛɔ	ko'mintʃa	a	divɛn'tar
Il	**Turco**	**un**	**cicisbeo**	**comincia**	**a**	**diventar.**
This	Turk	a	wooer	is starting	to	become.

(The Turk is looking like a wooer already.)

a	ki	ssa mai	ta'ddɛɔ	kwel	kor	ti 'tɔkka	a ffar
Ah,	**chi**	**sa mai,**	**Taddeo,**	**quel**	**ch'or**	**ti tocca**	**a far?)**
Ah,	who	knows,	Taddeo,	what	now	you must	do?)

HALY *(to Mustafà)*

si'ɲɲor	'kwellɔ	zgwa'jatɔ
Signor,	**quello**	**sguaiato...**
My lord,	this	coarse fellow...

MUSTAFÀ

sia	'subito	impa'latɔ
Sia	**subito**	**impalato.**
Must	immediately	be impaled.

TADDEO *(desperately, to Isabella)*

ni'pote	ɔi'mɛ	iza'bɛlla	'sɛnti	ke baga'ttɛlla
Nipote...	**ohimè...**	**Isabella...**	**senti,**	**che bagattella?**
Niece...	alas...	Isabella...	do you hear?	What a trifle!

ISABELLA

'eʎʎi	ɛ	miɔ	'ttsio
Egli	**è**	**mio**	**zio.**
He	is	my	uncle.

MUSTAFÀ

kɔs'pɛttɔ	a'li	'laʃʃalɔ	star
Cospetto!	**Haly,**	**lascialo**	**star.**
By Jove!	Haly,	let him	be.

ISABELLA *(insinuatingly, to Mustafà)*

'karɔ	ka'piskɔ	a'dɛsso	ke	voi	sa'pete	a'mar
Caro,	**capisco**	**adesso**	**che**	**voi**	**sapete**	**amar.**
My dear,	I understand	now	that	you	know	how to love.

MUSTAFÀ

non sɔ	ke	dir	mɛ 'stesso	'kara	mi fai skɔr'dar
Non so	**che**	**dir,**	**me stesso,**	**cara,**	**mi fai scordar.**
I don't know	what	to say,	myself,	dearest,	you make me lose my head.

(dearest, I see myself losing my head.)

TADDEO

um 'palɔ	addiɾit'tura	ta'ddɛɔ	ke	'bruttɔ	a'ffar
(Un palo	**addirittura?**	**Taddeo,**	**che**	**brutto**	**affar!)**
(Impaled	no less?	Taddeo,	what	ugly	business!)

HALY

kos'tui	'dalla	pa'uɾa	nɔn 'ɔza	pju	par'lar
(Costui	**dalla**	**paura**	**non osa**	**più**	**parlar.)**
(This one	out of	fear	doesn't dare	any more	to speak!)

(This one out of fear can't speak another word!)

Last Scene
(Elvira, Zulma and Lindoro enter.)

ELVIRA, ZULMA, LINDORO *(to Mustafà)*

pria di	di'vidertʃi	da	voi	si'ɲɲore
Pria di	**dividerci**	**da**	**voi,**	**Signore,**
Before	taking leave	of	you	my lord,

vɛ'njamɔ	a	es'primervi	il 'nɔstrɔ	'kɔɾe
veniamo	**a**	**esprimervi**	**il nostro**	**core,**
we come	to	express (the feelings of)	our	hearts,

ke	'sɛmpɾɛ	'mɛmɔɾe	di	voi	sa'ra
che	**sempre**	**memore**	**di**	**voi**	**sarà.**
which	always	retaining memories	of	you	shall be.

(which will always retain fond memories of you.)

ISABELLA *(seeing Lindoro)*

ɔ	tʃɛl
(O	**ciel!)**
(Oh	Heaven!)

LINDORO *(seeing Isabella)*

ke	'mmiɾo
(Che	**miro!)**
(What	do I see!)

ISABELLA

'soɲɲo
(Sogno?)
(Am I dreaming?)

LINDORO
de'liɾo	kwes'tɛ	iza'bɛlla
(Deliro?	**Quest'è**	**Isabella!)**
(Am I delirious?	That is	Isabella!)

ISABELLA
kwes'tɛ	lin'dɔɾɔ
(Quest'è	**Lindoro!)**
(That is	Lindoro!)

LINDORO
iɔ	'dʒɛlɔ
(Io	**gelo.)**
(I	am turned to ice.)

ISABELLA
iɔ	'palpito
(Io	**palpito.)**
(I	am pounding.)
(My heart is pounding.)	

BOTH
ke mai	sa'ɾa	a'moɾe	a'jutami	per	kaɾi'ta
(Che mai	**sarà?**	**Amore,**	**aiutami**	**per**	**carità.)**
(What ever	will happen?	Love,	help,	for	pity's sake!)

MUSTAFÀ, ELVIRA, ZULMA, HALY
kom'fuzi	e	'stupidi	in'tʃɛɾti	'pɛndɔnɔ
(Confusi	**e**	**stupidi,**	**incerti**	**pendono;**
(Confused	and	bewildered,	uncertain	they stand;

nɔn sɔ	kom'prɛndeɾe	tal	nɔvi'ta
non so	**comprendere**	**tal**	**novità.)**
I can't	understand	this	new situation.)

ISABELLA, LINDORO
ɔ ddio	ke	'fulmine	non sɔ	ɾis'pondeɾe
(Oh, Dio,	**che**	**fulmine,**	**non so**	**rispondere.**
(Oh God,	what	a thunderbolt,	I don't know	how to react.

Amore, aiutami per carità.)

TADDEO
ɔ	ddiɔ	ke	'frɛmitɔ	ɔ	ddiɔ	ke	'spazimo
(Oh	**Dio,**	**che**	**fremito!**	**oh**	**Dio,**	**che**	**spasimo!**
(Oh	God,	what	agitation!	Oh	God,	what	agony!

ke	'brutto 'muzɔ	fa	musta'fa
Che	**brutto muso**	**fa**	**Mustafà.)**
What	an ugly scowl	has	Mustafà.)

L'Italiana in Algeri, Act I

ISABELLA *(to Mustafà)*

'dite	ki	ɛ	'kwella	'femmina
Dite,	**chi**	**è**	**quella**	**femmina?**
Say,	who	is	that	woman?

MUSTAFÀ

fu	'sinɔ	ad or	mia	'moʎʎe
Fu	**sino**	**ad or**	**mia**	**moglie.**
She was	till	now	my	wife.

ISABELLA

ed	or
Ed	**or?...**
And	now?...

MUSTAFÀ

il 'nɔstro	'viŋkolo	'kaɾa	per	te	si ʃʃoʎʎɛ
Il nostro	**vincolo,**	**cara,**	**per**	**te**	**si scioglie:**
Our	ties,	my dear,	for	you	are being dissolved:

'kwesti	ke fu	miɔ	'skjavo	si de	kon	lei	spɔ'zar
Questi	**che fu**	**mio**	**schiavo**	**si dee**	**con**	**lei**	**sposar.**
This man,	who was	my	slave,	must	with	her	be married.

ISABELLA

kol	diskat'tʃar	la	'moʎʎe da	mɛ	spe'ɾatɛ	a'moɾe
Col	**discacciar**	**la**	**moglie da**	**me**	**sperate**	**amore?**
By	discarding	your	wife from	me	you hope for	love?

(You hope to gain my love by discarding your wife?)

'kwesti	kos'tumi	'barbaɾi	io	vi fa'ɾɔ	kan'dʒar
Questi	**costumi**	**barbari**	**io**	**vi farò**	**cangiar.**
These	customs	barbarous?	I	shall make you	change.

'ɾesti	koŋ	voi	la	'spɔza
Resti	**con**	**voi**	**la**	**sposa...**
Let stay	with	you	the	wife...

(Let your wife stay with you...)

MUSTAFÀ

ma	'kwesta nɔ'nɛ	'kɔza
Ma	**questa non è**	**cosa...**
But	this is not	what...

ISABELLA

'ɾesti	ko'lui	miɔ	'skjavo
Resti	**colui**	**mio**	**schiavo.**
Let become	that man	my	slave.

(and let that man [Lindoro] remain as my slave.)

MUSTAFÀ

ma	'kwestɔ nɔm pwɔ	star
Ma	**questo non può**	**star.**
But	this cannot	be.

ISABELLA

an'date	'duŋkwe	al	'djavɔlɔ	vɔi	nɔn sa'petɛ	a'mar
Andate	**dunque**	**al**	**diavolo,**	**voi**	**non sapete**	**amar.**
Go	then	to the	devil,	you	don't know	how to love.

MUSTAFÀ

a nnɔ	mas'kolta	a'kkɛtati	a	kɔs'tɛi	mi fa	impa'ttsar
Ah! no...	**M'ascolta...**	**acchetati...**	**(Ah!**	**costei**	**mi fa**	**impazzar.)**
Ah no!...	Listen...	calm down...	(Ah!	She	drives me	crazy!)

ELVIRA, ZULMA, LINDORO *(laughing)*

a	di	le'one	in	'azinɔ	lɔ fɛ	kɔs'tɛi	kan'dʒar
(Ah!	**Di**	**leone**	**in**	**asino**	**lo fe'**	**costei**	**cangiar.)**
(Ah!	From	a lion	into	an ass,	she made him,	that girl,	change.)

(That girl turned him from a lion into an ass.)

TADDEO, MUSTAFÀ, ELVIRA, ZULMA ISABELLA, LINDORO, HALY

va	so'ssopra	il mio	tʃɛr'vɛllɔ
Va	**sossopra**	**il mio**	**cervello**
It's going	topsy-turvy	my	brain

zbalor'dito	in	'tanti	im'brɔʎʎi
sbalordito	**in**	**tanti**	**imbrogli;**
bewildered	in	so much	confusion;

(My brain is turning topsy-turvy in all this confusion;)

kwal	va'ʃʃɛl	fra	'londe	e	i 'skɔʎʎi
Qual	**vascel**	**fra**	**l'onde**	**e**	**i scogli**
Like	a vessel	amid	waves	and	reefs

iɔ stɔ	ei sta	'prɛssɔ	a	naufra'gar
io sto/	**ei sta**	**presso**	**a**	**naufragar.**
I am/	he is	about	to	founder.

CHORUS

Va sossopra il suo cervello; ei sta presso a naufragar.

ELVIRA, then ISABELLA, ZULMA

'nella	'tɛsta	ɔ	un	kampa'nɛllɔ	ke	swo'nando	fa	din din
Nella	**testa**	**ho**	**un**	**campanello**	**che**	**suonando**	**fa**	**din din.**
In my	head	I have	a	bell	that	ringing	goes	ding ding.

LINDORO, HALY

'nella	'tɛsta	un	gram	mar'tɛllɔ	mi pɛr'kwɔte	e	fa	tak ta
Nella	**testa**	**un**	**gran**	**martello**	**mi percuote**	**e**	**fa**	**tac tà.**
In my	head	a	big	hammer	beats on me	and	goes	bang bang.

TADDEO

'sono	'kome	'una	kɔr'nakkja	ke	spe'nnata	fa	kra kra
Sono	**come**	**una**	**cornacchia**	**che**	**spennata**	**fa**	**crà crà.**
I am	like	a	crow	that	plucked	goes	caw caw.

MUSTAFÀ

'kome	'skɔppjo	di	ka'nnone	la mia	'tɛsta	fa	bum bum
Come	**scoppio**	**di**	**cannone**	**la mia**	**testa**	**fa**	**bum bum.**
Like a	shot	from	a cannon	my	head	goes	boom boom.

END OF FIRST ACT

ACT II
Scene One
(Elvira, Zulma, Haly and a chorus of eunuchs are in a small hall as in Act I.)

CHORUS

'uno 'stupido	'uno 'stolto	diven'tato	ɛ	musta'fa
Uno stupido,	**uno stolto**	**diventato**	**è**	**Mustafà,**
An idiot,	an imbecile	turned into	has	Mustafà,

(Mustafà has turned into an imbecile and an idiot,)

'kwesta 'vɔlta	a'mor	la 'kɔltɔ	ʎjɛl a 'fatta 'kome va
Questa volta	**Amor**	**l'ha colto:**	**Gliel ha fatta come va.**
This time	love	has caught him;	and has really done him in.

ELVIRA, ZULMA, HALY

lita'ljana	ɛ	'franka	e	'skaltra
L'Italiana	**è**	**franca**	**e**	**scaltra.**
That Italian girl is		outspoken	and	wily.

la sa 'luŋga pju	'doɲɲi	'altra
La sa lunga più	**d'ogni**	**altra**.
She's more knowing	than any	other woman.

kwel	suo far	si	dizim'vɔltɔ
Quel	**suo far**	**sì**	**disinvolto**
That	manner of hers	so	self-possessed

'gabba	i 'kukki	ed	ei	nɔl sa
gabba	**i cucchi**	**ed**	**ei**	**no'l sa.**
fools	all blockheads	and	he	doesn't realize it.

CHORUS
Questa volta Amor l'ha colto, etc.

ELVIRA

a'li	ke	tɛ nɛ par	a'vrɛstɛ	mai	im musta'fa	kre'duto
Haly,	**che**	**te ne par?**	**Avresti**	**mai**	**in Mustafà**	**creduto**
Haly,	what	do you think?	Would you have	ever	in Mustafà	believed

un si	graŋ	kandʒa'mento	e	si	impro'vvizo
un sì	**gran**	**cangiamento**	**e**	**sì**	**improvviso?**
such a	great	change	and	so	sudden?

(Would you have ever believed so great and sudden a change in Mustafà?)

HALY

mi fa stu'pore	e	in'sjɛm mi 'mwɔvɛ	a 'rizo
Mi fa stupore	**e**	**insiem mi muove**	**a riso.**
It amazes me	and	also makes me	laugh.

ZULMA *(to Elvira)*

'forsɛ	ɛ	um	'bɛne	per	voi
Forse	**è**	**un**	**bene**	**per**	**voi.**
Maybe	it's	an	advantage	for	you.

L'Italiana in Algeri, Act II

sua	'moʎʎe	in'tanto	voi	'sjɛtɛ	aŋ'kor
Sua	**moglie**	**intanto**	**voi**	**siete**	**ancor.**
His	wife	meanwhile	you	are	still.

ki	ssa	ke	'dalla	'bɛlla	dilɛ'ddʒato	e	sker'nito
Chi	**sa**	**che**	**dalla**	**bella**	**dileggiato**	**e**	**schernito**
Who	knows	if	by that	beauty	ridiculed	and	scorned

'eʎʎi	al'fin	non di'venti	um	'bwɔm	ma'rito
egli	**alfin**	**non diventi**	**un**	**buon**	**marito!**
he	at last	may not become	a	good	husband!

(Who knows if after being ridiculed and scorned by that Italian beauty he may not become a good husband after all!)

HALY

ei	vjɛn	'flɛmma	per	'ora	sekon'date	o si'ɲɲora
Ei	**vien...**	**Flemma...**	**Per**	**ora**	**secondate,**	**o Signora,**
He	is coming...	Keep calm...	For	now	go along	oh Madam,

i swɔi	ka'prittʃi	la	bɔn'ta 'vɔstra	il 'tɛmpo	e	la ra'dʒone
i suoi	**capricci.**	**La**	**bontà vostra,**	**il tempo**	**e**	**la ragione**
with his	whims.	Your	kindness	time	and	reason

'forse	la	'benda	ʎi tra'rran	dal	'tʃiʎʎo.[1]
forse	**la**	**benda**	**gli trarran**	**dal**	**ciglio.**
maybe	the	blindfold	will remove	from his	eyes.

(Your kindness and time will may perhaps remove the blindfold from his eyes [and make him see the truth of his situation].)

ZULMA

tu	'parli	'bɛnɛ
Tu	**parli**	**bene.**
You	speak	well.

(You make good sense.)

ELVIRA

mi 'pjatʃe	il tuo	kon'siʎʎo
Mi piace	**il tuo**	**consiglio.**
I like	your	advice.

Scene Two
(Mustafà enters.)

MUSTAFÀ *(to the women)*

a'mike	an'date a	'dire	a lita'ljana	ke	iɔ	sa'rɔ
Amiche,	**andate a**	**dire**	**a l'Italiana**	**che**	**io**	**sarò**
My dears,	go	tell	the Italian girl	that	I	will come

tra	me'ddzora	a	ber	'seko	il ka'ffɛ
tra	**mezz'ora**	**a**	**ber**	**seco**	**il caffè.**
in	a half hour	to	drink	with her	coffee.

---

[1] In poetic Italian, eyes are referred to in many ways. The normal, current word is *occhi*. Then there are *ciglio, lumi, rai, pupille, mongibelli, fuochi,* and perhaps a few more.

sɛ	mi ri'tʃevɛ	a	kwa'trɔkki	bwɔn	'seɲɲo
Se	**mi riceve**	**a**	**quattr'occhi...**	**buon**	**segno...**
If	she receives me	in	private[2]...	a good	sign...

il	'dʒɔkɔ	ɛ	'fattɔ	a'llor
il	**gioco**	**è**	**fatto.**	**Allor**
the	game	is	won.	Then

ve'drete a'llor	ko'miɔ	la 'trattɔ
vedrete allor	**com'io**	**la tratto.**
you'll see	how I	handle her.

ZULMA

vi servi'remo
Vi serviremo.
We are at your service.

ELVIRA

fa'rɔ	per	kompja'tʃervi	'tutto kwel	kiɔ	pɔ'trɔ
Farò	**per**	**compiacervi**	**tutto quel**	**ch'io**	**potrò.**
I'll do	to	please you	all	that I	can.

ZULMA

ma	noŋ kre'djate	ko'zi	'fatʃil	lim'preza	ɛ	'ffinta
Ma	**non crediate**	**così**	**facil**	**l'impresa.**	**È**	**finta...**
But	don't believe	so	easy	the enterprise.	She's	pretending...

ELVIRA

ɛ	'skaltra	pju	a'ssai	ke	noŋ kre'dete
È	**scaltra**	**più**	**assai**	**che**	**non credete.**
She's	wily	more	so	than	you may think.

MUSTAFÀ

ed	io	'sono	um	ba'ddʒan	'ʃɔkke	ke	'sjɛte
Ed	**io**	**sono**	**un**	**baggian?**	**Sciocche**	**che**	**siete.**
And	I,	am I	a	simpleton?	Foolish women	that	you are.

'dallɔ	'skjavo	ita'ljan	ke	mi a pro'messo
Dallo	**schiavo**	**Italian**	**che**	**mi ha promesso**
From	the Italian slave		who	promised me

di	ser'vir	le miɛ	'bramɛ
di	**servir**	**le mie**	**brame**
to	serve	my	wishes

ɔ	dʒa	skɔ'pɛrto	lu'mor	di	lɛi
ho	**già**	**scoperto**	**l'umor**	**di**	**lei.**
I have	already	discovered	the humor	of	her.

(I have already managed to ascertain her disposition from the Italian slave who promised to serve my wishes.)

---

[2] *Quatr'occhi,* literally "four eyes", as when people are alone, in private, one to one.

le 'brutte	nɔm fa'rian	'nulla			
Le brutte	**non farian**	**nulla,**			
Being brutish	won't accomplish	anything,			

e 'prima	davvi'lirsi	'tʃɛrto son	io	ke	si fa'ria ska'nnarɛ
e prima	**d'avvilirsi**	**certo son**	**io**	**che**	**si faria scannare.**
and sooner	than be humiliated	certain am	I	that	she'd cut her throat.

lambi'ttsjom	mi 'parɛ	ke 'pɔssa 'tutto	in	lɛi
L'ambizion	**mi pare**	**che possa tutto**	**in**	**lei.**
Ambition,	it seems to me,	is all powerful	in	her.

per 'kwesta via	la piʎʎɛ'rɔ	
Per questa via	**la piglierò.**	
By this way	I'll catch her.	

(That's how I will catch her.)

kwel 'gɔffo	di	suo 'ttsio	trar sa'prɔ	'dalle 'mie
Quel goffo	**di**	**suo zio**	**trar saprò**	**dalle mie.**
That oaf	of	her uncle	take in I can	to my side.

(That blundering uncle of hers can be taken in and turned around to be my ally.)

ve'drete	in'somma	kwel kio	sɔ	'farɛ
Vedrete	**insomma**	**quel ch'io**	**so**	**fare.**
You will see,	in short,	what I	can	do.

a'li	vjɛm 'meko	e	voi	rɛ'katɛ lamba'ʃʃata
Haly,	**vien meco**	**e**	**voi**	**recate l'ambasciata.**
Haly,	come with me,	and	you two	deliver my message.

a	sɛ	ri'ɛʃʃe	'kwello ke	dʒa	pɛn'sai
Ah!	**Se**	**riesce**	**quello che**	**già**	**pensai,**
Ah!	If	it succeeds	that which I	already	have in mind,

la vɔʎʎam ve'der 'bɛlla
la vogliam veder bella.
we'll have some real fun.

(Ah! If what I already have in mind succeeds, we'll have some real fun.)

HALY

e 'bɛlla a'ssai
E bella assai.
Fun indeed!

(They all leave.)

Scene Three
(Isabella is alone.)

ISABELLA

kwal	diz'detta	ɛ	la mia
Qual	**disdetta**	**è**	**la mia!**
What	hard luck	is	mine!

(How unfortunate I am!)

o'nor	e	'patrja	e	fim	mɛ 'stessa	o'blio	
Onor	**e**	**patria**	**e**	**fin**	**me stessa**	**oblio;**	
Honor	and	country	and	even	myself	I forget;	

(I have forgotten honor, country and even myself;)

su	'kwesto	'lido	'trovo	lin'dɔro	e	lo ri'trovo	iɱ'fido
Su	**questo**	**lido**	**trovo**	**Lindoro,**	**e**	**lo ritrovo**	**infido!**
On	these	shores	I find	Lindoro,	and	I find him	unfaithful!

(Lindoro enters and approaches Isabella, who is about to leave.)

LINDORO

pur	ti ri'veggo	a nnɔ	ta'rrɛsta	ado'rata	iza'bɛlla
Pur	**ti riveggo...**	**Ah, no,**	**t'arresta,**	**adorata**	**Isabella,**
At last	I see you...	ah no,	wait,	(my) adored	Isabella,

iŋ	ke	pɛ'kkai	ke	mi 'fuddʒi	ko'zi
in	**che**	**peccai**	**che**	**mi fuggi**	**così?**
in	what way	have I sinned	that	you shun me	thus?

(what have I done wrong that you should shun me like this?)

ISABELLA

lɔ 'kjɛdi	aŋ'kora	tu	ke	'spɔzɔ	ad	el'vira
Lo chiedi	**ancora?**	**Tu**	**che**	**sposo**	**ad**	**Elvira...**
You ask	still?	You	who	a husband	to	Elvira...

(How can you still ask me that? You who promised to marry Elvira...)

LINDORO

io	di	kon'durla	non	di	spo'zarla	ɔ	'detto
Io!	**Di**	**condurla,**	**non**	**di**	**sposarla**	**ho**	**detto,**
I!	To	escort her,	not	to	marry her	I did	say,

e	sol	min'dussi	per	de'zio	dabbra'ttʃarti
e	**sol**	**m'indussi**	**per**	**desio**	**d'abbracciarti.**
and	only	was I induced	out of	a desire	to hold you in my arms.

(I! I said I'd take her [to Italy], not marry her, and I was only induced to do so out of a desire to hold you in my arms again.)

ISABELLA

e	'kreder	'pɔssɔ
E	**creder**	**posso?**
And	can I believe	that?

LINDORO

mintʃene'riska	uɱ	'fulmine	sɛ	mai
M'incenerisca	**un**	**fulmine**	**se**	**mai**
May I be incinerated by a		lightning bolt	if	ever

pɛn'sai	tra'dir	la 'nɔstra	'fede
pensai	**tradir**	**la nostra**	**fede.**
I thought of	betraying	our	faith.

L'Italiana in Algeri, Act II

ISABELLA (*thoughtfully*)

ai	'kɔrɛ	tɛ	'karɔ	la'mor 'mio	lo'nor	ti 'prɛmɛ
Hai	**core?**	**T'è**	**caro**	**l'amor mio,**	**l'onor**	**ti preme?**
Have you the	heart?	Is it to you	dear	my love,	honor,	do you prize it?

(Are you courageous? Is my love dear to you and do you prize honor?)

LINDORO

ke	far de'ddʒio
Che	**far degg'io?**
What	must I do?

ISABELLA

fu'ddʒir dɔ'bbjamo	in'sjɛmɛ	kwellis'tesso	va'ʃʃɛl
Fuggir dobbiamo	**insieme.**	**Quell'istesso**	**vascel...**
Flee we must	together.	That same	vessel...

'kwalke	ra'ddʒiro	kwi	bi'zoɲɲa	intre'ttʃar
Qualche	**raggiro**	**qui**	**bisogna**	**intrecciar.**
Some	plan	now	we need	to concoct.

sai	ke	'una	'dɔnna nɔŋ va
Sai	**che**	**una**	**donna non v'ha**
You know	that	a	woman there isn't

di	mɛ	pju	intrapren'dɛnte e	ar'dita
di	**me**	**più**	**intraprendente e**	**ardita.**
than	me	more	enterprising and	daring.

(You know that there isn't another woman more enterprising and daring than I am.)

LINDORO

'kara	iza'bɛlla	a	tu	mi 'torni	iŋ 'vita
Cara	**Isabella,**	**ah,**	**tu**	**mi torni**	**in vita.**
Dear	Isabella,	ah,	you	bring me back	to life.

ISABELLA

ta'ttɛndo	nel	bos'ketto	inɔsser'vati	kontʃerte'remo
T'attendo	**nel**	**boschetto.**	**Inosservati**	**concerteremo**
I'll wait for you	in the	grove.	Unobserved	we will plan

i 'nɔstri	'passi	in'sjɛmɛ	sepa'rjamtʃi	per	or
i nostri	**passi**	**insieme.**	**Separiamci**	**per**	**or.**
our	steps	together.	Let us separate	for	now.

LINDORO

vɛ'rrɔ	mia	'spɛmɛ
Verrò,	**mia**	**speme!**
I will come,	my	hope![3]

---

[3] There are many ways in poetic Italian to say "my beloved": *Mia speme* (my hope), *mio tesoro* (my treasure), *mia gioia* (my joy), *mio amore/ amor mio* (my love), *mia vita* (my life), *mia cara* (my dearest), *mio nume* (my goddess), and several others.

CAVATINA
LINDORO

ɔ	'kome	il	kɔr	di	'dʒubilo	e'zulta	iŋ	'kwesto	is'tante
Oh	**come**	**il**	**cor**	**di**	**giubilo**	**esulta**	**in**	**questo**	**istante!**
Oh,	how	my	heart	with	joy	exults	at	this	moment!

trɔ'var	li'rata	a'mante	pla'kar	'sua	krudel'ta
Trovar	**l'irata**	**amante,**	**placar**	**sua**	**crudeltà.**
To find	my angered	beloved,	to placate	her	wrath.

soŋ 'kwesti	a'mor	twɔi	'doni	'soŋ 'kwesti	i twɔi	di'letti
Son questi,	**Amor,**	**tuoi**	**doni,**	**son questi**	**i tuoi**	**diletti,**
These are,	Cupid,	your	gifts,	these are	your	delights,

a	tu	sɔs'tjɛn	ʎi	a'ffɛtti	di	'mia	felitʃi'ta
ah	**tu**	**sostien**	**gli**	**affetti**	**di**	**mia**	**felicità.**
ah,	you	sustain	the	feelings of		my	felicity.

(ah, sustain in me the feelings of happiness.)

(He leaves.)

Scene Four
(Mustafà enters, followed by Taddeo, then Haly and two slaves bearing a turban, a Turkish costume and a saber. A chorus of eunuchs follows.)

MUSTAFÀ

a	sɛ	da 'solɔ a 'sola	ma'kkɔʎʎe	lita'ljana
Ah!	**Se**	**da solo a sola**	**m'accoglie**	**l'Italiana...**
Ah!	If	in a tête-à-tête	she receives me,	that Italian girl...

il mio	pun'tiʎʎo	koŋ	'kwesta siɲɲo'rina	ɛ	talɛ
Il mio	**puntiglio**	**con**	**questa signorina**	**è**	**tale**
My	fancy	with	this *signorina*	is	such

kio	ne 'sembro	innamɔ'ratɔ
ch'io	**ne sembro**	**innamorato.**
that one	would think	I'm in love.

TADDEO

a	siɲɲor	musta'fa
Ah!	**Signor**	**Mustafà!**
Ah!	*signor*	Mustafà!

MUSTAFÀ

ke 'kɔza	ɛ 'statɔ
Che cosa	**è stato?**
What	is the matter?

TADDEO

a'bbjate	kompa'ssjon	dun	innɔ'tʃɛntɛ
Abbiate	**compassion**	**d'un**	**innocente.**
Have	compassion	on an	innocent man.

ɔ   nɔɱ vɔ 'fattɔ   'njɛntɛ
Io   non v'ho fatto   niente.
I   have not done to you   anything.
(I have done you no harm.)

MUSTAFÀ
ma 'spjɛgati   kɔ'zai
Ma spiegati...   cos'hai?
Explain yourself... what's wrong with you?

TADDEO
mi 'korre   'djɛtro   kwella'miko   del   'palɔ
Mi corre   dietro   quell'amico   del   palo.[4]
He's running after me   that friend   with the stake.

MUSTAFÀ
a   ka'piskɔ   ɛ   'kwesta la   ka'dʒon del   tuɔ   spa'vɛntɔ
Ah!... capisco.   È   questa la   cagion del   tuo   spavento?
Ah! I understand. Is   that the   reason for   your   fright?

TADDEO
'forse il   'palo   in   al'dʒɛri ɛ   uŋ   kompli'mentɔ
Forse il   palo   in   Algeri è   un   complimento?
Maybe the   stake   in   Algiers is   a   compliment?

(seeing Haly approaching)

'ɛkkɔlɔ   ɔi'mɛ
Eccolo!...   Ohimè!...
There he comes!... Woe is me!...

MUSTAFÀ
non dubi'tar   ɛi   'vjɛne   'dɔrdine 'mio   per   ɔnɔ'rarti
Non dubitar. Ei   viene   d'ordine mio   per   onorarti.
Have no fear.   He   is coming   at my orders   to   honor you.

iɔ   'vɔʎʎɔ   mɔs'trar   'kwantɔ a   mmɛ   'kara   ɛ   tua   ni'pote
Io voglio   mostrar   quanto a   me   cara   è   tua   nipote.
I   wish   to show   how to   me   dear   is   your   niece.
                           (how dear to me your niece is.)

pɛr'tʃɔ   tɔ nomi'natɔ   miɔ   ɡraŋ   kaima'kan
Perciò   t'ho nominato   mio   gran   Kaimakan.
Therefore I have named you   my   grand   Kaimakan.[5]

---

[4] Taddeo is still fretting about being impaled on a stake.
[5] A Turkish title meaning "a high government official". In Turkish it is pronounced [xaima'xan]. This word is also used in *Il Turco in Italia*, by the same composer.

TADDEO

'grattsjɛ	ɔbbli'gatɔ
Grazie,	**obbligato.**
Thanks,	I am sure.

(Thanks...I think...)

(Haly puts the Turkish costume on Taddeo, then the turban; Mustafà then buckles the scabbard on him. Meanwhile the eunuchs sing the hymn with great reverence.)

CHORUS OF EUNUCHS

'viva	il	'grandɛ	kaima'kan	prote'ttor	de	mussul'man
Viva	**il**	**grande**	**Kaimakan,**	**protettor**	**de'**	**Mussulman.**
Long live	the	grand	Kaimakan,	protector	of	Muslims.

'kɔlla	'fɔrtsa	dei	le'oni	kɔllas'tuttsja	'dei	sɛr'pɛnti
Colla	**forza**	**dei**	**leoni,**	**coll'astuzia**	**dei**	**serpenti,**
With the	strength	of	lions,	with the cunning	of	serpents,

dʒene'rozo	il tʃɛl	ti 'doni		'fattʃa 'fraŋka e	'bwɔni	'dɛnti
generoso	**il ciel**	**ti doni**		**faccia franca e**	**buoni**	**denti.**
generous	Heaven	may it grant you		a face frank and	good	teeth.

(may Heaven grant you, oh generous man, a frank face and good teeth.)

TADDEO

kaima'kan	iɔ	nɔŋ ka'piskɔ	'njɛntɛ
Kaimakan,	**io**	**non capisco**	**niente.**
Kaimakan,	I	don't understand	any of this.

MUSTAFÀ

vwɔl dir	lwɔgɔtɛ'nɛntɛ
Vuol dir	**luogotenente.**
It means	a high official.

TADDEO

e	per	i	'mɛriti 'della	'nɔstra ni'pote a	'kwesto im'pjɛgɔ
E	**per**	**i**	**meriti della**	**nostra nipote a**	**questo impiego**
And	because of	the	merits of	our niece, to	this high office

la 'vɔstra	siɲɲo'ria	ma desti'natɔ
la vostra	**Signoria**	**m'ha destinato.**
Your	Lordship	has destined me?

MUSTAFÀ

a'ppuntɔ	a'miko mio
Appunto,	**amico mio.**
Exactly,	my friend.

TADDEO

'grattsjɛ	ɔbbli'gatɔ	ɔ	'povɛrɔ ta'ddeo	ma	io	si'ɲɲore
Grazie:	**obbligato.**	**(Oh**	**povero Taddeo.)**	**Ma**	**io...**	**Signore...**
Thank you;	much obliged.	(Oh	poor Taddeo.)	But	I...	my lord...

sɛ	'dɛbbo	a'prirvi	il 'kɔre	som	vera'mente	un	'azino
Se	**debbo**	**apprirvi**	**il core,**	**son**	**veramente**	**un**	**asino.**
If	I may	open to you	my heart,	I am	truly	an	ass.

va'ttʃɛrto	ke	sɔ	'lɛddʒɛre	a'ppena
V'accerto	**che**	**so**	**leggere**	**appena.**
I assure you	that	I	know how to read,	barely.

(I assure you that I barely know how to read.)

MUSTAFÀ

e'bbɛne	ke	im'pɔrta	mi 'pjatʃe	tua	ni'pote
Ebbene!	**Che**	**importa?**	**Mi piace**	**tua**	**nipote,**
Well,	what	does it matter?	I like	your	niece,

e	sɛ	sa'prai	'mettermi	iŋ	'grattsja a lɛi
e	**se**	**saprai**	**mettermi**	**in**	**grazia a lei,**
and	if	you can	put me	in	her good graces,

noŋ ku'rɔ	il	'rɛstɔ
non curo	**il**	**resto.**
I don't care about	the	rest.

TADDEO

me'sser	ta'ddɛo	ke	bbɛllim'pjɛgo	ɛ	'kwesto
(Messer	**Taddeo,**	**che**	**bell'impiego**	**è**	**questo!)**
(Master	Taddeo,	what a	lovely office	is	this!)

ARIA
TADDEO

ɔ	uŋ gram	'pezo	'sulla	'tɛsta	iŋ kwes'tabito	mim'brɔʎʎo
Ho	**un gran**	**peso**	**sulla**	**testa;**	**in quest'abito**	**m'imbroglio.**
I have	a great	weight	on my	head;	in this costume	I feel uncomfortable.

(This turban weighs on my head, and this costume is uncomfortable.)

sɛ	vi par	la	'skuza	ɔ'nɛsta kaima'kan	'ɛsser	nom 'vɔʎʎo
Se	**vi par**	**la**	**scusa**	**onesta, Kaimakan**	**esser**	**non voglio,**
If	you think	my	excuse	honest, Kaimakan	to be	I don't want,

(and if you'll pardon my frankness I [really] don't want to be a Kaimakan,)

e	riŋ'grattsjo	il mio	si'ɲɲore	dello'nore	ke	mi fa
e	**ringrazio**	**il mio**	**Signore**	**dell'onore**	**che**	**mi fa.**
and	I thank	your	Lordship	for the honor	that	he does me.

'eʎʎi	'zbuffa	ɔi'mɛ	ke	ɔ'kkjate
(Egli	**sbuffa!...**	**Ohimè!...**	**Che**	**occhiate!)**
(He's	fuming!...	Woe is me!...	What	angry glances!)

kɔmpa'titemi	askɔl'tatemi
Compatitemi...	**ascoltatemi...**
Have mercy on me...	listen to me...

IPA	Italian	English
spiri'tar kos'tui mi fa. kwa bi'zoɲɲa 'fare uŋ 'konto	(Spiritar costui mi fa. Qua bisogna fare un conto.	(Shudder he makes me. Here I must take an account of things.
		(He makes me shudder. I must think matters over.)
sɛ ri'kuzo il 'palɔ e 'pronto	Se ricuso... il palo è pronto:	If I refuse... the stake will be ready;
e sɛ a'ttʃɛttɔ ɛ mio do'vere	e se accetto?... è mio dovere	and if I accept?... It will be my duty
di pɔr'tarʎi il kandɛ'ljɛrɛ	di portargli il candeliere.[6]	to hold for him the lamp.
		(to be a chaperone.)
a ta'ddɛɔ ke 'bivjɔ ɛ 'kwestɔ	Ah! Taddeo, che bivio è questo!	Ah! Taddeo, what a dilemma is this!
ma kwel 'palɔ ke ɔ da far	Ma quel palo?... Che ho da far?)	But that stake?... What shall I do?)
kaima'kan si'ɲɲor iɔ 'rɛstɔ noŋ vi 'vɔʎʎo dizgus'tar	Kaimakan, Signor, io resto non vi voglio disgustar.	Kaimakan, my lord I will remain, I've no wish to displease you.

CHORUS
Viva il grande Kaimakan, etc.

TADDEO

IPA	Italian	English
'kwanti iŋ'kini 'kwanti o'nori	Quanti inchini!... Quanti onori!...	So much bowing!... Such honors!...
'mille 'grattsje mjei si'ɲɲori noŋ vi 'state a iŋkɔmɔ'dar	Mille grazie, miei Signori, non vi state a incomodar.	A thousand thanks, gentlemen, do not trouble yourselves.
per far 'tutto kwel kiɔ 'pɔssɔ	Per far tutto quel ch'io posso	To do all that I can
si'ɲɲor miɔ kɔl 'bastɔ in'dɔsso	Signor mio, col basto indosso,	my lord with this saddle pack on my back,

---

[6] The expression *portare il candeliere* (or *essere il lampione*- used by Taddeo in Act I) means to "play the chaperone, literally, "to hold the lamp as an observer, as the lovers do their thing", "to stand by as a chaperone, illuminating the scene of a couple's amorous doings". The French have the expression *tenir la chandelle*, meaning the same thing.

L'Italiana in Algeri, Act II

'alla	'deɲɲa	mia	ni'pote	or	mi 'vadɔ	a	prɛzɛn'tar
alla	**degna**	**mia**	**nipote**	**or**	**mi vado**	**a**	**presentar.**
to	my	worthy	niece	now	I shall go	to	present myself.

(I'll do all that I can and now, my lord, I'll go present myself to my worthy niece with this saddle pack [Turkish costume] on my back.)

a	ta'ddɛo	kwan'tɛra 'meʎʎɔ
(Ah,	**Taddeo!**	**quant'era meglio**
(Ah,	Taddeo!	How much better it would have been

ke	tu	an'dassi	im	'fondɔ	al	mar
che	**tu**	**andassi**	**in**	**fondo**	**al**	**mar.)**
if	you	had gone	to the	bottom	of the	sea.)

(He exits.)

Scene Five
(In a magnificent apartment with a balcony overlooking the sea, Isabella is finishing dressing in Turkish style. Elvira and Zulma are standing by.)

ZULMA

bwɔn	'seɲɲo	pel	be'i
(Buon	**segno**	**pe'l**	**Bey.)**
(A good	sign	for the	Bey.)

ELVIRA

'kwandɔ	sa'bbiʎʎa	la	'dɔnna	vwɔl	pja'tʃer
(Quando	**s'abbiglia**	**la**	**donna**	**vuol**	**piacer.)**
(When	she dresses up,	a	woman	wants	to please.)

ISABELLA

'duŋkwɛ	a	mo'menti	il si'ɲɲor	musta'fa
Dunque	**a**	**momenti**	**il Signor**	**Mustafà**
So	in	a few minutes	His Lordship	Mustafà

mi favo'riʃʃɛ	a	'prɛndɛre	il	ka'ffɛ
mi favorisce	**a**	**prendere**	**il**	**caffè?**
will deign with me	to	take	the	coffee?

(will deign to take coffee with me?)

'kwantɔ	ɛ gra'ttsjozo	il si'ɲɲor	musta'fa
Quanto	**è grazioso**	**il Signor**	**Mustafà.**
How	charming of	His Lordship	Mustafà!

(calling to Lindoro)

ɛi	'skjavo	ki	ɛ	di la
Ehi!...	**Schiavo...**	**Chi**	**è**	**di là?**
Ho there...	Slave...	Who	is	there?

LINDORO *(appearing)*

ke	vwɔl	si'ɲɲora
Che	**vuol,**	**Signora?**
What	do you wish,	my lady?

ISABELLA
azi'nattʃɔ	due	'vɔlte	ti fai	kja'mar	ka'ffɛ
Asinaccio,	**due**	**volte**	**ti fai**	**chiamar?...**	**Caffè.**
You fool,	two	times	one has to	call you?...	Coffee.

LINDORO
per	'kwanti
Per	**quanti?**
For	how many?

ISABELLA
al'men	per	tre
Almen	**per**	**tre.**
At least	for	three (people).

ELVIRA
sɛ	ɔ	'bɛne in'tezo		kom	voi	da 'sɔlɔ a 'sola
Se	**ho**	**bene inteso,**		**con**	**voi**	**da solo a sola**
If	I have	understood it right,		with	you	in a tête-à-tête

vwɔl	'prɛnderlo	il	be'i
vuol	**prenderlo**	**il**	**Bey.**
wishes	to take it	the	Bey.

(The Bey wants to have coffee with you <u>alone</u> as I understand it.)

ISABELLA
da 'sɔlɔ a 'sola	e	sua	'moʎʎe mi fa	'tali	amba'ʃʃatɛ
Da solo a sola?...	**E**	**sua**	**moglie mi fa**	**tali**	**ambasciate?**
Alone hey?...	And	his	wife brings me	such	a message?

ELVIRA
si'ɲɲoɾa
Signora...
Madam...

ISABELLA
an'datɛ	arro'ssisko	per	voi
Andate...	**arrossisco**	**per**	**voi.**
Go on...	I blush	for	you.

ELVIRA
a	sɛ	sa'pestɛ	ke	'rattsa 'dwɔmɔ	ɛ il 'mio
Ah!	**se**	**sapeste**	**che**	**razza d'uomo**	**è il mio!**
Ah!	If	you only knew	what	kind of man	he is!

ZULMA
pju	di pja'tʃerʎi	si 'studja
Più	**di piacergli**	**si studia**
The more	to please him	one tries

e	pju	dis'prɛttsɔ	ɛi	le di'mostra
e	**più**	**disprezzo**	**ei**	**le dimostra.**
the	more	disdain	he	shows.

ISABELLA

fiŋ'ke	'fate	ko'zi	la	'kolpa	ɛ	'vɔstra
Finchè	**fate**	**così**	**la**	**colpa**	**è**	**vostra.**
As long as	you act	like that,	the	fault	is	yours.

ELVIRA

ma	ke 'kkɔza	ɔ	da 'ffarɛ
Ma	**che cosa**	**ho**	**da fare?**
But	what	must	I do?

ISABELLA

io	vinseɲɲe'rɔ	va	im	'bokka	al	'lupo	ki	'pekɔra si fa
Io	**v'insegnerò.**	**Va**	**in**	**bocca**	**al**	**lupo**	**chi**	**pecora si fa.**
I	will teach you.	Goes	into	the mouth	of the	wolf	who	sheep acts like.

(He who acts like a sheep ends up in the wolf's mouth.[7])

'sono	le	'moʎʎi	fra	noi	'kwelle	ke	'formano	i	ma'riti
Sono	**le**	**mogli**	**fra**	**noi**	**quelle**	**che**	**formano**	**i**	**mariti.**
Are	the	wives	among	us	those	who	train	the	husbands.

(Among us Italians, the wives train their husbands.)

or'su	'fatɛ	a	miɔ	'mɔdɔ	iŋ	'kwesta	'stantsa	riti'ratevi
Orsù:	**fate**	**a**	**mio**	**modo.**	**In**	**questa**	**stanza**	**ritiratevi.**
Now then:	Do	as	I	do.	Into	this	room	withdraw.

ELVIRA

e'ppɔi
E poi?[8]
And then?

ISABELLA

ve'drete	'kome	a	musta'fa	fa'rɔ	dri'ttsarɛ	la	'tɛsta
Vedrete	**come**	**a**	**Mustafà**	**farò**	**drizzare**	**la**	**testa.**
You'll see	how	to	Mustafà	I'll straighten out		the	head.

(I'll bring Mustafà to his senses.)

ZULMA

ke	'spirito	a	kɔs'tei
(Che	**spirito**	**ha**	**costei!)**
(What	spirit	has	this girl!)

(What spirit this girl has!)

---

[7] The common saying is "Act like a sheep and you'll end up as mutton."

[8] The expression *e poi* oftentimes appears written as *eppoi*. This is due to Italian Phrasal Doubling (*Raddoppiamento Sintattico*) in which a number of monosyllables cause the initial consonant in the following word to double. The same occurs in *là su* (up there), which becomes *lassù*; *là giù*, which becomes *laggiù*. In these three examples, the "doubling" is spelled into the word with the doubled consonant. Many times the phrasal doubling is employed but **not** necessarily spelled into the word, as in Elvira's speech above **Ma che cosa ho da fare?** The phonetic transcription shows [ma ke 'kkɔza ɔ da 'farɛ] showing a double k. This one and any other such "doublings" are strictly this translator's choice based on time-honored operatic tradition. Phrasal doubling is **NOT** a constant thing. It is employed sparingly only when lexical or dramatic necessity calls for it, and not all Italians use it all the time.

ELVIRA

kwal	'dɔnna	ɛ	'kwesta
(Qual	**donna**	**è**	**questa!)**
(What	a woman	is	this!)

ISABELLA *(to the slave girls)*

voi	rɛs'tatɛ	a	mo'menti	ei	sa'ra	kwi
Voi	**restate:**	**(a**	**momenti**	**ei**	**sarà**	**qui):**
You	stay:	(In a few	moments	he	will be	here.)

fi'njamɔ	dabbi'ʎʎartʃi	'keʎʎi	'vegga	a 'sɛɲ 'vjɛnɛ
Finiamo	**d'abbigliarci.**	**Ch'eggli**	**vegga...**	**Ah! Sen viene:**
Let us finish	dressing.	Let him	see...	Ah! He's coming.

or	'tutta	'larte	a mme	adɔ'prar	kɔɲ'vjɛnɛ
Or	**tutta**	**l'arte**	**a me**	**adoprar**	**conviene.**
Now	all	my art	I	to employ	need.

(Now I must employ all my skill.)

(She returns to the mirror, getting dressed with the assistance of the slave girls. Mustafà, Taddeo and Lindoro remain in the background, but in a position to see everything.)

CAVATINA
ISABELLA

per	lui	ke	a'dɔrɔ	kɛ	il miɔ	tɛ'zɔrɔ
Per	**lui**	**che**	**adoro,**	**ch'è**	**il mio**	**tesoro,**
For	him	whom	I adore,	who is	my	treasure,

pju	'bɛlla	'rɛndimi	'madrɛ da'mor
più	**bella**	**rendimi,**	**madre d'amor.**
more	beautiful	make me,	mother of love.

tu	sai	sɛ	'lamɔ	pja'tʃerʎi	iɔ	'bramɔ
Tu	**sai**	**se**	**l'amo,**	**piacergli**	**io**	**bramo:**
You	know	that	I love him,	to please him	I	wish;

'grattsjɛ	prɛs'tatemi	'vettsi	e	splen'dor
Grazie,	**prestatemi**	**vezzi**	**e**	**splendor.**
Graces,	lend me	charms	and	splendor.

'gwarda	as'pɛtta	tu	nɔn sai	ki	'sonɔ	aŋ'kor
(Guarda,	**aspetta,**	**tu**	**non sai**	**chi**	**sono**	**ancor.)**
(Look,	wait,	you	don't know	who	I am	yet.)

(Look, wait [Mustafà], you haven't quite found out yet what kind of woman I really am!)

MUSTAFÀ

'kara	'bɛlla	'una 'dɔnna	'kome 'kwella	nɔɲ 'vidi aŋ'kor
(Cara!...	**Bella!**	**Una donna**	**come quella**	**non vidi ancor.)**
(Dearest!...	Beautiful!	A woman	like her	I haven't seen before.)

TADDEO, LINDORO

'furba	iŋ'grata	'una	'dɔnna 'kome	lei	nɔɲ 'vidi	aŋ'kor
(Furba!...	**Ingrata!**	**Una**	**donna come**	**lei**	**non vidi**	**ancor.)**
(Minx!...	Ungrateful one! A	woman like	her	I've never seen	before.)

ISABELLA *(to the slave girls)*

'kwesto	'vɛlɔ	ɛ	'trɔppo	'bassɔ
Questo velo		**è**	**troppo**	**basso...**
This	veil	is	too	low...

'kwelle	'pjume	um	pɔ	dʒi'ratɛ
quelle	**piume**	**un**	**po'**	**girate...**
those	feathers	a	bit	turn around...

(turn those feathers around a bit...)

nɔ	ko'zi	voi	miŋkwje'tatɛ	'meʎʎo	'sola	sa'prɔ	ffar
No,	**così...**	**voi**	**m'inquietate...**	**Meglio**	**sola**	**saprò**	**far.**
No,	like this...	you	exasperate me...	Better	alone	I'll	do it.

'bɛlla	'kwanto io	brame'rɛi
Bella	**quanto io**	**bramerei**
Beautiful	as I	would wish

'temɔ	a	lui	di	nɔn	sɛm'brar
temo	**a**	**lui**	**di**	**non**	**sembrar.**
I fear	for	him	of	not	seeming.

(I am afraid of not seeming to him as beautiful as I'd wish.)

Per lui che adoro, etc.

'turkɔ	'karɔ	dʒa	tʃi sɛi	un	kol'petto	e	dei	kas'kar
(Turco	**caro,**	**già**	**ci sei,**	**un**	**colpetto**	**e**	**dei**	**cascar.)**
(Turk	dear,	already	you're there;	a	little tap	and	you'll	fall.)

(My dear Turk, I've got you; one more little tap and you'll fall.)

TADDEO, LINDORO, MUSTAFÀ

ɔ ke	'dɔnna	ɛ mai kɔs'tɛi
(Oh che	**donna**	**è mai costei!...**
(Oh what	a woman	this is!...

fa'ria	o'ɲɲwɔmo	deli'rar
Faria	**ogn'uomo**	**delirar.)**
She'd make	any man	go crazy!)

(Isabella withdraws with the slave girls.)

Scene Six

MUSTAFÀ

io	non	re'zisto	pju	kwestiza'bɛlla	ɛ un	iŋ'kantɔ
Io	**non**	**resisto**	**più:**	**quest'Isabella**	**è un**	**incanto:**
I	can't	resist	anymore;	this Isabella	is an	enchantment;

iɔ	nɔm 'pɔssɔ	pju	star	'sɛntsa di lɛi
Io	**non posso**	**più**	**star**	**senza di lei...**
I	cannot	any longer	be	without her...

an'date e kondu'tʃetela
andate... e conducetela.
go... and bring her here.

LINDORO
vɔ 'tɔstɔ ko'zi lɛ parlɛ'rɔ
Vo tosto. (Così le parlerò.)
I'm going right away. (So I can talk to her.)

(He leaves.)

MUSTAFÀ *(to Taddeo)*
'vanne tu 'puɾe fa 'prɛstɔ va kɛ fai
Vanne tu pure... fa' presto... va'... che fai?...
Go you also... hurry... go... what are you doing?...

TADDEO
ma a'dɛssɔ o'rio kɛ sɔŋ kaima'kan 'vede
Ma adesso... or io, che son Kaimakan... vede...
But now... I... that I am Kaimakan... you see...

MUSTAFÀ
tʃɛr'karla kja'marla e kwi kon'durla ɛ tuo do'ver
Cercarla, chiamarla e qui condurla è tuo dover.
To look for her, to call her and here to lead her is your duty.

TADDEO
iza'bɛlla ɔ kɛ mɛs'tjɛr
Isabella... (Oh che mestier!)
Isabella... (Oh what a job!)

LINDORO *(returning)*
si'ɲɲor la mia pa'drona a mo'menti ɛ kɔɲ voi
Signor, la mia padrona a momenti è con voi.
My lord, my mistress in a moment will be with you.

MUSTAFÀ
'dimmi skɔ'pɛrtɔ ai 'kwalke 'kɔza
(Dimmi: scoperto hai qualche cosa?)
(Tell me: Have you found out anything?)

LINDORO
iŋ kɔɱfi'dɛntsa a'ttʃezɔ ɛ il di lɛi kɔr
(In confidenza... acceso è il di lei cor:
(In confidence... aflame is the of her heart;
(that heart of hers is aflame;)

ma tʃi vwɔl 'flemma
ma ci vuol flemma.)
but you need to be cool.)

MUSTAFÀ

ɔ in'tezo	'sɛnti	kaima'kan	'kwando	iɔ	star'nuto
(Ho inteso.)	**Senti**	**Kaimakan,**	**quando**	**io**	**starnuto**
(I understand.)	Listen,	Kaimakan,	when	I	sneeze

'lɛvati	'tɔsto	e	'laʃʃami	kon	lɛi
levati	**tosto**	**e**	**lasciami**	**con**	**lei.**
get out	at once	and	leave me	with	her..

TADDEO

a	ta'ddɛɔ	de	ta'ddɛi	a	kwal	tʃi'mentɔ
(Ah!	**Taddeo**	**de'**	**Taddei,**	**a**	**qual**	**cimento...**
(Ah!	Taddeo	of	Taddeos,	to	what	trial...

a	kwal	'passo	sɛi	'dʒunto
a	**qual**	**passo**	**sei**	**giunto!...)**
to	what	extreme	you've	come!...)

MUSTAFÀ

ma	ke	ffa	'kwesta	'bɛlla
Ma	**che**	**fa**	**questa**	**bella?**
But	what	is doing	that	beauty?

(But what is that beauty doing?)

LINDORO

'ɛkkɔla a'ppunto
Eccola appunto.
Here she is.

(Isabella enters.)

QUINTET
MUSTAFÀ

ti prɛ'zɛnto	di	mia	man	ser	ta'ddɛɔ	kaima'kan
Ti presento	**di**	**mia**	**man**	**Ser**	**Taddeo**	**Kaimakan,**
I present to you	by	my	hand,	Sir	Taddeo,	Kaimakan,

da	tʃɔ	a'pprɛndi	'kwanta 'stima	di	te	'fattʃa	musta'fa
Da	**ciò**	**apprendi**	**quanta stima**	**di**	**te**	**faccia**	**Mustafà.**
From	this	you'll learn	what esteem	of	you	has	Mustafà.

(how Mustafà esteems you.)

ISABELLA *(to Taddeo)*

kaima'kan	a mɛ ta'kkɔsta	il tuo	'muzɔ	ɛ	'fattɔ a'ppɔsta
Kaimakan?	**a me t'accosta.**	**Il tuo**	**muso**	**è**	**fatto apposta.**
Kaimakan?	Come closer.	Your	ugly face	was	made for it!

aggra'disko	ɔ mio si'ɲɲore	'kwestɔ 'trattɔ	di	bɔn'ta
Aggradisco,	**o mio Signore,**	**questo tratto**	**di**	**bontà.**
I accept,	oh my lord,	this mark	of	kindness.

TADDEO

pe	twɔi	'mɛɾiti	ni'pote	son	sa'lito	a 'tanto o'noɾe
Pe'	**tuoi**	**meriti,**	**nipote,**	**son**	**salito**	**a tanto onore.**
Through	your	merits,	niece	I've been	elevated	to such an honor.

ai	ka'pito		'kwestɔ	'kɔɾɛ	'pensa	a'dɛssɔ	'komɛ	sta
Hai	**capito?**		**Questo**	**core**	**pensa**	**adesso**	**come**	**sta.**
Have	you understood?		This	heart,	think,	now	how	it feels.

(Think of how my heart feels.)

LINDORO *(aside, to Mustafà)*

ɔssɛɾ'vate	kwel	ves'tito		'parla	'kjaɾo	a ki	lin'tɛndɛ
Osservate	**quel**	**vestito,**		**parla**	**chiaro**	**a chi**	**l'intende,**
Observe	that	dress,		it speaks	clearly	to who	understands,

a	pja't∫ervi		a'dɛssɔ	a'ttɛnde
a	**piacervi**		**adesso**	**attende**
to	please you		now	she awaits

e	lo 'dit∫ɛ	a	ki	nɔl sa
e	**lo dice**	**a**	**chi**	**no'l sa.**
and	she says so	to	who	doesn't know it.

(She is anxious to please you and to say so to anyone who doesn't know it.)

ISABELLA *(to Mustafà)*

a	miɔ	'kaɾo
Ah,	**mio**	**caro.**
Ah,	my	dear.

MUSTAFÀ

ɛ'tt∫i
Ecci!...
A-tchoo!...

ISABELLA, LINDORO

'viva
Viva.
Bless you!

TADDEO

t∫i 'sjamo
(Ci siamo.)
(This is it.)

MUSTAFÀ

Ecci...

TADDEO

'kɾɛpa	fɔ	il 'sordo
(Crepa.	**Fo**	**il sordo.)**
(Let him burst!	I'll play	deaf.)

MUSTAFÀ

male'detto kwel	ba'lordo	non in'tɛnde	e aŋ'korkwi	sta
(Maledetto quel	**balordo**	**non intende**	**e ancor qui**	**sta.)**
(Cursed be that	oaf,	he doesn't understand	and still here	he is.)

Ecci!

TADDEO

kei star'nuti	fiŋ'ke	'skɔppja	fiŋ'ke	'vwɔlɛ
Ch'ei starnuti	**finchè**	**scoppia**	**(finchè**	**vuole):**
Let him sneeze	until	he bursts	(as much	as he wants);

nom mi 'mɔvɔ	via	di	kwa
Non mi movo	**via**	**di**	**qua.**
I am not moving	away	from	here.

ISABELLA, LINDORO

'lunɔ 'spɛra	'laltrɔ	'frɛmɛ
(L'uno spera,	**l'altro**	**freme.**
(One hopes,	the other	trembles.

di	duɛ	'ʃʃɔkki	u'niti	in'sjɛmɛ
Di	**due**	**sciocchi**	**uniti**	**insieme**
Over	two	fools	brought	together

ɔ	ke	'ridɛr si	fa'ra
oh,	**che**	**rider si**	**farà.)**
oh,	what	a laugh we	will have.)

ISABELLA

ɛi	ka'ffɛ
Ehi!...	**caffè...**
Ho there...	(some) coffee...

(Two Moors bring in coffee.)

LINDORO

'sjɛtɛ	sɛr'vita
Siete	**servita.**
You're	served.

ISABELLA *(to Elvira)*

'mia si'ɲɲora	favo'ritɛ	ɛ	il	ma'rito	ke	viɱ'vita
Mia Signora,	**favorite.**	**È**	**il**	**marito**	**che**	**v'invita:**
Madam,	be so kind,	it's	your	husband	who	invites you;

noɱ vi 'fatɛ	si	prɛ'gar
non vi fate	**sì**	**pregar.**
don't make yourself	so much	to be begged.
(don't be so reluctant.)		

MUSTAFÀ
'kɔza 'vjɛnɛ a far kɔs'tɛi
(Cosa viene a far costei?)
(What comes here to do she?)
(What is <u>she</u> doing here?)

ISABELLA
'kolla 'spɔza sia dʒen'tile
Colla sposa sia gentile.
With your wife be kind.

MUSTAFÀ
'bevɔ 'tɔskɔ 'sputo 'bile
(Bevo tosco... sputo bile.)
(I'm drinking poison... I'm spitting bile.)

TADDEO
nɔn star'nuta 'tʃɛrtɔ a'dɛssɔ
(Non starnuta certo adesso.)
(He's not sneezing for sure now.)

LINDORO
ɛ ɾi'dikɔla la 'ʃʃɛna
(È ridicola la scena.)
(It's laughable, this scene.)

MUSTAFÀ
io nɔn sɔ pju simu'lar
(Io non so più simular.)
(I can no longer pretend.)

ISABELLA *(to Mustafà)*
via gwar'datɛla
Via, guardatela...
Come, look at her...

MUSTAFÀ *(to Isabella, softly)*
bri'kkona
Briccona!
You minx!

ISABELLA
ɛ si 'kkaɾa
È sì cara!...
She's so dear!...

MUSTAFÀ
e mi kan'tsona
(E mi canzona!)
(She's mocking me!)

ELVIRA *(to Mustafà)*
unɔ'kkjata
Un'occhiata...
A glance...

MUSTAFÀ
mi la'ʃʃatɛ
Mi lasciate.
Leave me.

LINDORO *(to Mustafà)*
or   kɔ'manda
Or   comanda?
Now what do you wish?

ISABELLA
kɔmpja'tʃɛntsa
Compiacenza...
Be kind...

ELVIRA
'spɔzɔ   'karɔ
Sposo   caro...
Husband dear...

ISABELLA
bwɔm pa'drone
Buon padrone...
Good master...

TADDEO
nɔn star'nuta
(Non starnuta.)
(He isn't sneezing.)

ELVIRA, ISABELLA, LINDORO, TADDEO
tʃi   la   do'vete   kɔnsɔ'lar
Ci   (la)   dovete   consolar.
On us (on her) you must take pity.

MUSTAFÀ
an'datɛ 'alla ma'lora   non 'sono   um   babbu'ino
Andate alla malora.   Non sono   un   babbuino....
Go to the devil.   I am not   a   baboon...[9]

ɔ   in'tezo   mia   si'ɲɲora   la 'nɔtɔ a takku'ino
Ho   inteso   mia   Signora,   la noto a taccuino.
I   understand, my   lady,   I've taken note of it.

(to Elvira)

---

[9] "Baboon" in the sense of "an imbecile, a fool".

L'Italiana in Algeri, Act II

tu	pur	mi 'prɛndi a 'dʒɔkɔ	mɛ la fa'rɔ pa'gar
Tu	**pur**	**mi prendi a gioco,**	**me la farò pagar.**
You	too	are making fun of me,	you'll pay for that.

ɔ	'nelle	'vene	uɱ	'fɔkɔ	pju	nom mi sɔ frɛ'nar
Ho	**nelle**	**vene**	**un**	**foco,**	**più**	**non mi so frenar.**
I have	in my	veins	a	fire,	no longer	can I contain myself.

TUTTI

'sɛnto	uɱ	'frɛmitɔ	uɱ	'fɔkɔ	un	dis'pɛttɔ
Sento	**un**	**fremito...**	**un**	**foco,**	**un**	**dispetto...**
I feel	a	shiver...	a	fire,	a	fury...

adʒi'tato	koɱ'fuzɔ	[10]	frɛ'mɛntɛ
agitato,	**confuso...**		**fremente...**
agitated,	confused,		trembling...

il miɔ	'kɔrɛ	la	'tɛsta	la	'mɛntɛ
Il mio	**core...**	**la**	**testa...**	**la**	**mente...**
My	heart...	my	head...	my	mind...

deli'randɔ	pɛr'dɛndo si va	in si	'fjɛrɔ	kɔn'trastɔ	e	pe'riʎʎo
delirando...	**perdento si va.**	**In sì**	**fiero**	**contrasto**	**e**	**periglio**
in delirium...	is getting lost.	In such	fierce	strife	and	peril

ki	kon'siʎʎo	koɱ'forto	mi da
chi	**consiglio,**	**conforto**	**mi da?**
who	advice,	comfort	will give me?

Scene Seven
(Haly is alone in a small room as in the first scene of Act I.)

HALY

kon	'tutta	la sua	'bɔrja
Con	**tutta**	**la sua**	**boria**
With	all	his	arrogance

'kwesta 'vɔlta	il	bɛ'i	'pɛrdɛ	la	'tɛsta
questa volta	**il**	**Bey**	**perde**	**la**	**testa.**
this time	the	Bey	is losing	his	head.

tʃi ɔ 'gusto	'tanta	'zmanja	a'vea	'duna	ita'ljana
Ci ho gusto.	**Tanta**	**smania**	**avea**	**d'una**	**Italiana...**
I'm glad.	Such	a frenzy	he was in	for an	Italian girl...

tʃi vwɔl 'altrɔ	kon	le 'dɔnnɛ	allɛ'vate	iɲ	kwel	pa'eze
Ci vuol altro	**con**	**le donne**	**allevate**	**in**	**quel**	**paese,**
It's quite different	with	women	brought up	in	that	country,

ma	va	bɛɲ	'keʎʎi im'pari a	'prɔprjɛ	'speze
ma	**va**	**ben**	**ch'egli impari a**	**proprie**	**spese.**
but	it's	good	that he learn at	his own	cost.

---

[10] Women say *agitat<u>a</u>, confus<u>a</u>*.

ARIA

le	'femmine	di'talja	'son	dizim'volte e	'skaltrɛ
Le	**femmine**	**d'Italia**	**son**	**disinvolte e**	**scaltre,**
The	women	from Italy	are	self-possessed and	wily,

e	'sannɔ	pju de'llaltre	'larte di	'farsi	a'mar
e	**sanno**	**più dell'altre**	**l'arte di**	**farsi**	**amar.**
and	know	more than any others	the art of	making themselves	be loved.

'nella	galante'ria	lin'dʒeɲɲɔ	an	raffi'natɔ
Nella	**galanteria**	**l'ingegno**	**han**	**raffinato:**
In	love intrigues	their wits	they've	sharpened;

e	swɔl	res'tar	ga'bbatɔ	ki le vo'rrebbɛ	ga'bbar
e	**suol**	**restar**	**gabbato**	**chi le vorrebbe**	**gabbar.**
and	usually	finds himself	hoodwinked	he who would them	try to hoodwink.

(and the man who tries to hoodwink them finds himself hoodwinked at the end.)

(He leaves.)

Scene Eight
(Taddeo And Lindoro)

TADDEO

e	tu	'spɛri di	'tɔʎʎɛrɛ	iza'bɛlla
E	**tu**	**speri di**	**togliere**	**Isabella**
And	you	hope to	take away	Isabella

'dallɛ	'mani	del	be'i
dalle	**mani**	**del**	**Bey?**
from the	hands	of the	Bey?

(And do you hope to snatch Isabella away from the Bey?)

LINDORO

'kwesta ɛ	la	'trama	'kella	vi 'prɛga
Questa è	**la**	**trama,**	**ch'ella**	**vi prega**
This is	the	plot	that she	begs of you

e	'brama	ke	a'bbjatɛ	a sekon'dar
e	**brama**	**che**	**abbiate**	**a secondar.**
and	prays	that	you will	support.

TADDEO

nɔɱ 'vwɔi	per	'bakkɔ	dʒa	sa'prai ki	son 'io
Non vuoi?...	**Per**	**bacco!**	**Già**	**saprai chi**	**son io.**
You wouldn't want?...	By	Jove!	You'll	know who	I am.

LINDORO

non 'sjɛte	il si'ɲɲor	'tsio
Non siete	**il signor**	**zio?**
Aren't you	her	uncle?

TADDEO

ha	ha	ti 'paɾe
Ah!	**Ah!**	**Ti pare?**
Ha	ha!	Do you really think so?

LINDORO

'kome	'kome
Come?...	**Come?**
What?...	What's this?

TADDEO

tu sai	kwel ke	pju im'pɔrta	e i'ɲɲoɾi	il men
Tu sai	**quel che**	**più importa**	**e ignori**	**il men.**
You are aware	of what is	most important	and are unaware of	what is less so.

da'ver	uŋ 'kwalke	a'mante
D'aver	**un qualche**	**amante**
Of having	some	lover

nɔn ta mai	koɱfi'dato	la	si'ɲɲoɾa
non t'ha mai	**confidato**	**la**	**Signora?**
hasn't she ever	confided in you	the	lady?

(Hasn't the lady confided in you about having a lover?)

LINDORO

sɔ	ke	un	a'mante	a'dɔɾa
So	**che**	**un**	**amante**	**adora:**
I know	that	one	lover	she adores;

ɛ	per	lui	'solo	'kella
É	**per**	**lui**	**solo**	**ch'ella...**
It's	for	him	alone	that she...

TADDEO

e'bbɛn	sono	kwe'llio
Ebben.	**Sono**	**quell'io.**
Well...	I am	the one.

LINDORO

mɛ ne kon'solo	ha ha
Me ne consolo.	**(Ah ah.)**
I'm glad to hear that.	(Ha ha!)

TADDEO

ti 'dʒuɾo	a'miko	ke	iŋ	'kwesto in'triko
Ti giuro,	**amico,**	**che**	**in**	**questo intrico**
I swear to you,	friend,	that	in	this tangled matter

'altro	koɱ'fɔrto	io	nɔ'nɔ	ke	il suo	a'moɾe
altro	**conforto**	**io**	**non ho**	**che**	**il suo**	**amore.**
other	comfort	I	don't have	but	her	love.

'prima da'dɛssɔ	nɔn 'eɾa	tɛl kɔɱ'fessɔ		
Prima d'adesso	**non era,**	**te'l confesso**		
Before now	I hadn't been,	I'll confess to you,		

di lɛi	'trɔppɔ	kɔn'tɛntɔ	
di lei	**troppo**	**contento.**	
with her	too	happy.	

a'vea sɔs'pɛttɔ	ke	dun	'tʃɛrtɔ	lin'dɔɾɔ
Avea sospetto	**che**	**d'un**	**certo**	**Lindoro**
I had suspicions	that	with a	certain	Lindoro

suɔ 'primɔ a'mante		innamɔ'rata	aŋ'kɔɾa	
suo primo amante		**innamorata**	**ancora,**	
her first lover		in love	still,	

vɔ'lɛssɛ	la si'ɲɲɔɾa	'farsi	'dʒɔkɔ di	mɛ
volesse	**la signora**	**farsi**	**gioco di**	**me.**
wished	the lady	make	a fool out of	me.

(I suspected that, still in love with her first lover, a certain Lindoro, the lady wished to make a fool out of me.)

ma a'dɛssɔ	ɔ 'vistɔ	ke	nɔɱ va	tʃitʃiz'bɛɔ
Ma adesso	**ho visto**	**che**	**non v'ha**	**cicisbeo**
But now	I have seen	that	there is no	swain

ke la 'pɔssa	sta'kkar	dal	suɔ	ta'ddɛɔ
che la possa	**staccar**	**dal**	**suo**	**Taddeo.**
that can her	separate	from	her	Taddeo.

(that can possibly come between her and her Taddeo.)

LINDORO

'viva ha ha	ma 'ttsittɔ	a'ppuntɔ	vjɛɱ musta'fa	kɔ'raddʒɔ	
Viva: (ah... ah!)	**ma zitto:**	**appunto**	**vien Mustafà.**	**Coraggio.**	
Hooray, (ha ha!)	But hush;	here	comes Mustafà.	Courage!	

sekɔn'date kɔn	'arte	il miɔ	par'laɾɛ	
Secondate con	**arte**	**il mio**	**parlare.**	
Help me along with	skill	with what	I will say (to him).	

vi di'rɔ	pɔi	kwɛl ke	a'vetɛ	a 'faɾɛ
Vi dirò	**poi**	**quel che**	**avete**	**a fare.**
I'll tell you	later	what	you have	to do.

Scene Nine
(Enter Mustafà)

MUSTAFÀ

or'su	la tua ni'pɔte kɔŋ	ki	'krɛdɛ	da'ver ke far	
Orsù:	**la tua nipote con**	**chi**	**crede**	**d'aver che far?**	
Now then,	your niece, with	whom	does she think	she's dealing?	

prezɔ	ma'vra	kɔs'tei	per	un	de	swɔi	ba'bbei
Preso	**m'avrà**	**costei**	**per**	**un**	**de'**	**suoi**	**babbei?**
Taken me	has	she	for	one	of	your	fools?

(Has she [perhaps] taken me for one of your [Italian] fools?)

LINDORO

ma	pɛrdɔ'natɛ	'ella	a	'tuttɔ	ɛ	dis'posta
Ma	**perdonate.**	**Ella**	**a**	**tutto**	**è**	**disposta.**
But	excuse me.	She	for	anything	is	ready.

(She is ready for anything.)

TADDEO

e	vi la'ɲɲatɛ
E	**vi lagnate?**
And	you're complaining?

MUSTAFÀ

'ditʃi	da'vvero
Dici	**davvero?**
Are you speaking	the truth?

LINDORO

sen'tite	iŋ	komfi'dɛntsa	'ella	mi 'manda	a	'dirvi
Sentite.	**In**	**confidenza**	**ella**	**mi manda**	**a**	**dirvi**
Listen.	In	confidence	she	sends me	to	tell you

ke	'spazima	da'mor
che	**spasima**	**d'amor.**
that	she's languishing	for love.

MUSTAFÀ

da'more
D'amore?
For love?

TADDEO

e	'kwantɔ
E	**quanto!...**
And	how!...

LINDORO

ke	si 'krede
Che	**si crede...**
That	she thinks that...

MUSTAFÀ *(starting to go)*

ɔ	si	si
Oh,	**sì,**	**sì.**
Oh,	yes,	yes!

LINDORO

ma	'ddovɛ	an'datɛ
Ma	**dove**	**andate?**
But	where	are you going?

MUSTAFÀ

da	lɛi
Da	**lei.**
To	her.

TADDEO

nɔ	aspeˈttatɛ
No,	**aspettate.**
No,	wait.

LINDORO

senˈtitɛ	aŋˈkora
Sentite	**ancora.**
I've more to tell you.	

MUSTAFÀ

eˈbbɛn
Ebben?
Well?

LINDORO

ma ˈdetto	imˈfin	ke	a ˈrendervi
M'ha detto	**infin,**	**che**	**a rendervi**
She told me,	finally,	that	so as to make you

di	lɛi	ˈsempre pju	ˈdeɲɲo
di	**lei**	**sempre più**	**degno,**
of	her	even more	worthy

ˈella	a	ˈfatto	il	diˈzeɲɲo
ella	**ha**	**fatto**	**il**	**disegno,**
she	has	made	the	plan,

koŋ	gran	solenniˈta	fra	ˈkanti	e	ˈswɔni
con	**gran**	**solennità**	**fra**	**canti**	**e**	**suoni,**
with	great	solemnity,	amid	songs	and	music,

e	al	tremɔˈlar	dellamoˈrozɛ	ˈfatʃi
e	**al**	**tremolar**	**dell'amorose**	**faci**
and	by the	flickering	of romantic	torches

di	voˈlervi krɛˈar	suɔ	pappaˈtatʃi
di	**volervi crear**	**suo**	**Pappataci.**[11]
to	make you	her	Pappataci.

(she has planned, with great solemnity, by the sound of songs and music, by the flickering of amorous torches, to make you her Pappataci.)

---

[11] A *pappataci* in Italian is a man who suffers indignities in silence without complaining. It is a word that contains two elements: *pappare* (the slang word for "to eat") and *tacere* ("to keep quiet"). In the context of this ridiculous plot the appellation will come to mean **just eat and keep quiet!**

TRIO
MUSTAFÀ

pappa'tatʃi	ke mai 'sento	la riŋ'grattsjo	soŋ	kon'tento
Pappataci!	**Che mai sento?**	**La ringrazio.**	**Son**	**contento.**
Pappataci!	What do I hear?	I thank her.	I am	happy.

ma	di 'grattsja	pappa'tatʃi	ke	vwɔl pɔi	siɲɲifi'kar
Ma	**di grazia,**	**Pappataci**	**che**	**vuol poi**	**significar?**
But,	if you please,	Pappataci,	what	does	it mean?

LINDORO

a ko'lor	ke	mai	nɔn 'sanno	dizgus'tarsi	kol	bɛl 'sɛssɔ
A color	**che**	**mai**	**non sanno**	**disgustarsi**	**col**	**bel sesso,**
To those	who	never	manage	to quarrel	with the	fair sex,

in	i'talja	vjeŋ	kɔn'tʃɛsso	'kwesto 'titol	siŋgɔ'lar
in	**Italia**	**vien**	**concesso**	**questo titol**	**singolar.**
in	Italy	is	conferred	this title	singular.

(This unique title is conferred in Italy to those [men] who never quarrel with the fair sex.)

TADDEO

voi	mi 'deste	un	'nɔbil	'pɔstɔ
Voi	**mi deste**	**un**	**nobil**	**posto.**
You	granted me	a	noble	position.

or	nɛ 'sjete	korris'posto
Or	**ne siete**	**corrisposto.**
Now	for it you are	paid back.

kaima'kan	e	pappa'tatʃi	'sjamɔ la	ke	vɛ nɛ par
Kaimakan	**e**	**Pappataci**	**siamo là:**	**che**	**ve ne par?**
Kaimakan	and	Pappataci,	there we are:	What	do you think of it?

MUSTAFÀ

lita'ljane	soŋ kor'tezi,	'nate som	per	'farsi	a'mar
L'Italiane	**son cortesi,**	**nate son**	**per**	**farsi**	**amar.**
Italian women	are kind,	they're born	to	make themselves	loved.

LINDORO, TADDEO

sɛ	mai	'tornɔ	a	mjei	pa'ezi
(Se	**mai**	**torno**	**a'**	**miei**	**paesi,**
(If	ever	I return to		my	homeland,

'aŋke	'kwesta ɛ	da kɔn'tar
anche	**questa è**	**da contar.)**
also	this is	to be told.)

(this will make a good story to tell.)

MUSTAFÀ
Pappataci...

LINDORO

ɛ	um	bɛl	im'pjɛgɔ
È	**un**	**bel**	**impiego.**
It's	a	fine	position.

(It's a post of honor!)

TADDEO

a'ssai	'fatʃil	da	impa'rar
Assai	**facil**	**da**	**imparar.**
Quite	easy	to	learn.

MUSTAFÀ

ma	spjɛ'gatemi,	vi 'prego	pappa'tatʃi	ke	a	da	far
Ma	**spiegatemi,**	**vi prego,**	**Pappataci**	**che**	**ha**	**da**	**far?**
But	explain to me,	I beg you,	Pappataci,	what	has he	to	do?

LINDORO, TADDEO

fra	ʎi a'mori	e	le be'llettse
Fra	**gli amori**	**e**	**le bellezze,**
Amid	lovemaking	and	beauties,

fra	ʎi 'skertsi	e	lɛ ka'rettse
fra	**gli scherzi**	**e**	**le carezze,**
amid	toying	and	caresses,

de	dor'mirɛ	man'dʒare	e	'bere
dee	**dormire,**	**mangiare**	**e**	**bere,**
he must	sleep,	eat	and	drink,

de	dor'mire	e	pɔi	man'dʒar
dee	**dormire**	**e**	**poi**	**mangiar.**
he must	sleep	and	then	eat.

pappa'tatʃi	de	man'dʒar	pappa'tatʃi	de	dor'mir
Pappataci	**dee**	**mangiar,**	**Pappataci**	**dee**	**dormir.**
Pappattaci	must	eat,	Pappataci	must	sleep.

pppa'tatʃi	'deve	ber	pappa'tatʃi	a da	dor'mir
Pappataci	**deve**	**ber,**	**Pappataci**	**ha da**	**dormir.**
Pappataci	must	drink,	Pappataci	must	sleep.

pappa'tatʃi	a da	go'der
Pappataci	**ha da**	**goder.**
Pappataci	must	enjoy himself.

MUSTAFÀ

'bɛlla	'vita	ɔ	ke	pja'tʃere
Bella	**vita!...**	**oh,**	**che**	**piacere!...**
(What) a lovely life!...		Oh,	what	pleasure!...

io	di pju	nɔn sɔ	bra'mar
Io	**di più**	**non so**	**bramar.**
I	for more	cannot	ask.

pappa'tatʃi	de	man'dʒar	pappa'tatʃi	de	dor'mir
Pappataci	**dee**	**mangiar,**	**Pappataci**	**dee**	**dormir,**
Pappataci	must	eat,	Pappataci	must	sleep,

pappa'tatʃi	e	ber	man'dʒar
Pappataci...	**e**	**ber,**	**mangiar.**
Pappataci...	and	drink,	eat.

Scene Ten
(Haly and Zulma)

HALY

e	pwɔ	la tua	pa'drona	'kredere	allita'ljana
E	**può**	**la tua**	**padrona**	**credere**	**all'Italiana?**
And	can	your	mistress	believe	the Italian woman?

ZULMA

e	ke	vwɔi 'fare
E	**che**	**vuoi fare?**
And	what	do you want (her) to do?

da	'tutto	kwel ke 'pare	'ella	noŋ 'kura
Da	**tutto**	**quel che pare**	**ella**	**non cura**
From	all	appearances	she -Isabella	pays no attention to

ʎi a'mori	del	bɛ'i
gli amori	**del**	**Bey;**
the love	of the	Bey.

'antsi	sim'peɲɲa	di	rego'larne	le sue	'pattse	'vɔʎʎe
Anzi	**s'impegna**	**di**	**regolarne**	**le sue**	**pazze**	**voglie**
Moreover,	she's determined	to	control	his	mad	desires

si	ke	'torni	ad	a'mar	la	'prɔprja	'moʎʎe
sì	**che**	**torni**	**ad**	**amar**	**la**	**propria**	**moglie.**
so	that	he may go back to		loving	his	own	wife.

ke	vwɔi	di pju
Che	**vuoi**	**di più?**
What	do you want	more?

(What more do you want?)

HALY

sa'ra	ma	a	'kwale	ɔ'ddʒetto	dɔ'nar	'tante	bo'ttiʎʎe
Sarà.	**Ma**	**a**	**quale**	**oggetto**	**donar**	**tante**	**bottiglie**
Maybe.	But	for	what	reason	give	so many	bottles

di	li'kwori	'aʎʎi	eu'nuki	ed	ai	'mɔri
di	**liquori**	**agli**	**Eunuchi**	**ed**	**ai**	**Mori?**
of	liquor	to the	eunuchs	and	to the	Moors?

ZULMA

peʁ	un	'dʒɔkɔ	'antsi	peʁ	'una	'fɛsta
Per	**un**	**gioco,**	**anzi**	**per**	**una**	**festa**
As	a	joke,	rather	as	a	festivity

ke	dar	'vwɔlɛ	al	bɛ'i
che	**dar**	**vuole**	**al**	**Bey.**
that	to give	she wants	for the	Bey.

(that she plans to give the Bey.)

HALY

ha	ha	sko'mmetto	ke	kɔs'tɛi	'ʎɛla fa
Ah!	**ah!**	**Scommetto**	**che**	**costei**	**gliela fa.**
Ha!	Ha!	I wager	that	she	will put one over on him.

ZULMA

suɔ 'dannɔ	ɔ 'gusto	'laʃʃa pur ke
Suo danno.	**Ho gusto.**	**Lascia pur che**
At his expense.	I'll enjoy it.	Just let

il	ba'bbɛɔ	'fattʃa	a	suɔ	'mɔdɔ
il	**babbeo**	**faccia**	**a**	**suo**	**modo**
that	imbecile	act	in	his own	way.

HALY

per	mɛ	'vedo	nom 'parlo	e	mɛ la 'gɔdɔ
Per	**me...**	**vedo,**	**non parlo,**	**e**	**me la godo.**
As for	me...	I'll watch	not say a word,	and	enjoy myself.

Scene Eleven
(In a magnificent apartment as in Scene Five, we find Taddeo, Lindoro, then Isabella and a chorus of Italian slaves.)

TADDEO

'tutti	i 'nɔstri ita'ljani	otte'ner	dal	bɛ'i	'spɛʁa	iza'bɛlla
Tutti	**i nostri Italiani**	**ottener**	**dal**	**Bey**	**spera**	**Isabella?**
All	our Italians	to obtain	from the	Bey	hopes	Isabella?

(Does Isabella hope to obtain all our Italian [slaves] from the Bey?)

LINDORO

e li	ɔ'ttjɛnɛ	sɛn'tsaltrɔ
E li	**ottiene**	**senz'altro.**
She'll	obtain them	without question.

TADDEO

a	sa'ria	'bɛlla	ma	kon	kwal	'mɛddzo 'tɛʁmine
Ah!	**saria**	**bella!**	**Ma**	**con**	**qual**	**mezzo termine?**
Ah!	That would be	wonderful!	But	with	what	subterfuge?

LINDORO

per	far	la	tʃeʁi'mɔnja
Per	**far**	**la**	**cerimonia.**
By	arranging	the	ceremony.

TADDEO
hi hi hi
Ih, ih, ih...
Hee, hee hee...

LINDORO
di	'lorɔ	'altri	sa'raɱ	ves'titi	da	pappa'tatʃi
Di	**loro**	**altri**	**saran**	**vestiti**	**da**	**Pappataci,**
Among	them	some	will be	dressed	as	Pappatacis,

ed	'altri	kwi a suo 'tɛmpo	vɛ'rran	'sopra	il	va'ʃʃɛllɔ
ed	**altri**	**qui a suo tempo**	**verran**	**sopra**	**il**	**vascello.**
and	others	at the right moment	will board		the	ship.

TADDEO
hi hi		'dʒɔkɔ	pju	'bbɛllɔ	non si pwɔ dar	ma	'ɛkkɔla
Ih ih...		**gioco**	**più**	**bello**	**non si può dar.**	**Ma**	**eccola...**
Hee hee...		a joke	more	lovely	cannot be had.	But	there she is...

per	'bakkɔ	'sekɔ	a	ʎi	'skjavi	aŋ'kor
Per	**bacco!**	**Seco**	**ha**	**gli**	**schiavi**	**ancor.**
By	Jove!	With her	she has	the	slaves	too.

LINDORO
'neɾo si'kuɾo
N'ero sicuro.
I was sure of it.

TADDEO
'kwantɔ	ɛ	'brava	kos'tɛi
Quanto	**è**	**brava**	**costei!**
How	she is	great,	that girl!

LINDORO
'kon due	pa'rɔle	'aʎʎi	'ʃʃɔkki	fa far	'kwello ke 'vwɔlɛ
Con due	**parole**	**agli**	**sciocchi**	**fa far**	**quello che vuole.**
With a few	words	the	fools	she makes them do	what she wants.

(With a few words she make fools do whatever she wants.)

CHORUS OF ITALIAN SLAVES
'pronti	a'bbjamo	e	'fɛrri	e	'mani
Pronti	**abbiamo**	**e**	**ferri**[12]	**e**	**mani**
Ready	we have	both	swords	and	hands

per	fu'ddʒir	koɱ	voi	di	kwa
per	**fuggir**	**con**	**voi**	**di**	**qua.**
to	escape	with	you	from	here.

---

[12] *Ferro* in Italian means "iron". In poetry it is used to mean "sword". The usual word for sword is *spada*. Other words used for a sword are *acciaio/acciaro/acciar* (steel), *lama* (blade) and the generic *brando* meaning any weapon.

L'Italiana in Algeri, Act II

'kwanto	'vaʎʎan	ʎita'ljani	al	tʃi'mento	si ve'dra
Quanto	**vaglian**	**gl'Italiani**	**al**	**cimento**	**si vedrà.**
How much	are worth	the Italians	at the	test	shall be seen.

(It shall be seen how worthy Italians are when put to the test.)

ISABELLA

a'mitʃi	in 'oɲɲi e'vento	ma'ffido	a	'vvoi
Amici,	**in ogni evento**	**m'affido**	**a**	**voi.**
Friends,	come what may,	I'll put my trust	in	you.

ma	dʒa	fra 'poko	io	'spɛro	'sɛntsa	'riskjo	e	kon'teza
Ma	**già**	**fra poco,**	**io**	**spero,**	**senza**	**rischio**	**e**	**contesa,**
But	now	soon,	I	hope,	without	risk	or	conflict,

di	'trarrɛ	a	fin	la	medi'tata	im'preza
di	**trarre**	**a**	**fin**	**la**	**meditata**	**impresa**
to	carry out	to the	end	the	thought up	plan.

per'ke	'ridi	ta'ddɛo	pwɔ 'darsi aŋ'kora
Perchè	**ridi,**	**Taddeo?**	**Può darsi ancora**
Why	do you laugh,	Taddeo?	It could very well be

kio	mi 'rida	di	tɛ
ch'io	**mi rida**	**di**	**te.**
that	I may laugh	at	you.

(to Lindoro)

tu	impali'diʃʃi	'skjavo	dʒen'til
Tu	**impallidisci,**	**schiavo**	**gentil?**
Do you	turn pale,	slave	gentle?

a	sɛ	pjɛ'ta	ti 'dɛsta	il mio	pe'riʎʎo	il mio	'tɛnɛro a'mor
Ah!	**Se**	**pietà**	**ti desta**	**il mio**	**periglio,**	**il mio**	**tenero amor,**
Ah!	If	pity	arouses in you	my	peril,	my	tender love,

(Ah! If my peril and my tender love arouse pity in you,)

sɛ	'parlano	al	tuo	'kɔrɛ	'patrja	do'vere e	o'nore
Se	**parlano**	**al**	**tuo**	**core**	**patria,**	**dovere e**	**onore,**
If	speak	to	your	heart	homeland,	duty and	honor,

(and if homeland, duty and honor speak to your heart,)

'daʎʎi	'altri	a'pprɛndi	a	mɔs'trarti	ita'ljano
dagli	**altri**	**apprendi**	**a**	**mostrati**	**Italiano:**
from the	others	learn	to	show yourself	Italian;

e	'alle	vi'tʃɛnde	'della	vo'lubil 'sɔrtɛ
e	**alle**	**vicende**	**della**	**volubil sorte**
and	at the	vicissitudes	of	fickle fate

'una	'dɔnna	tin'seɲɲi	ad	'ɛsser	'fɔrtɛ
una	**donna**	**t'insegni**	**ad**	**esser**	**forte.**
a	woman	may she teach you	to	be	strong.

(and let a woman teach you to be strong in the face of fickle fate's vicissitudes.)

RONDO
ISABELLA *(to the Italian Slaves)*

'pɛnsa	'alla	'patrja	e	in'trɛpido	il tuo	do'ver	a'dempi
Pensa	**alla**	**patria,**	**e**	**intrepido**	**il tuo**	**dover**	**adempi:**
Think	of your	homeland,	and	boldly	your	duty	carry out;

'vedi	per	'tutta	i'talja	ri'naʃʃɛrɛ
Vedi	**per**	**tutta**	**Italia**	**rinascere**
See	throughout	all of	Italy	born anew

ʎi	ɛ'zɛmpi	dar'dir	e	di va'lor
gli	**esempi**	**d'ardir**	**e**	**di valor.**
the	examples	of boldness	and	valor.

(to Taddeo, who bursts out laughing)

'ʃɔkko	tu	'ridi	aŋ'kora	'vannɛ mi fai dis'pɛtto
Sciocco!	**Tu**	**ridi**	**ancora?**	**Vanne, mi fai dispetto.**
Fool!	You	are laughing	still?	Go, you make me angry.

(to Lindoro)

'karo	ti 'parli	im	'pɛtto	a'more	do'vere	o'nor
Caro,	**ti parli**	**in**	**petto**[13]	**amore,**	**dovere,**	**onor.**
Dearest,	let speak	to your	breast	love,	duty,	honor.

(My dear, let love, duty and honor speak to your heart.)

Amici, in ogni evento...

CHORUS

an'djam	di	noi	ti 'fida
Andiam.	**Di**	**noi**	**ti fida.**
Let's go.	In	us	have trust.

ISABELLA

vi'tʃino	ɛ	dʒa	il	mo'mento
Vicino	**è**	**già**	**il**	**momento.**
At hand	is	already	the	moment.

CHORUS

'dove	ti 'par	tʃi 'gwida
Dove	**ti par**	**ci guida.**
Wherever	you please	guide us.

ISABELLA

sɛ	pɔi	va	'male	il	'dʒɔko
Se	**poi**	**va**	**male**	**il**	**gioco...**
If	then	goes	sour	the	affair...

---

[13] In Italian poetry one's heart (*core/cor/cuore/cuor*) is sometimes referred to interchangeably as *seno* (bosom), and *petto* (breast/chest).

CHORUS

lar'dir	triomfe'ra
L'ardir	**trionferà.**
Our boldness	shall triumph.

ISABELLA

kwal	pja'tʃer	fra	'pɔki	is'tanti
Qual	**piacer!**	**Fra**	**pochi**	**istanti**
What	pleasure!	In	a few	moments

rive'drem		lɛ	'patrjɛ	a'rene
rivedrem		**le**	**patrie**	**arene.**[14]
we shall see again		our	native	sands.

nel	pe'riʎʎo	del	miɔ	'bɛne
(Nel	**periglio**	**del**	**mio**	**bene**[15]
(In the	peril	of	my	beloved

koɾa'ddʒoza	a'mor	mi fa
coraggiosa	**amor**	**mi fa.)**
courageous	love	makes me.)

(Seeing my beloved's peril, love lends me courage.)

CHORUS
Quanto vaglian gl'Italiani al cimento si vedrà.

(All leave but Taddeo.)

Scene Twelve
(Taddeo and Mustafà)

TADDEO

ke	bbɛl	'kɔɾe	a	kɔs'tɛi		ki	a'vria	mai	'detto
Che	**bel**	**core**	**ha**	**costei!**		**Chi**	**avria**	**mai**	**detto**
What	a good	heart	has	that girl!		Who	would	ever	have said

ke	un si	'tɛneɾo	a'ffetto		pɔr'tasse	al	suo	ta'ddɛo
che	**un sì**	**tenero**	**affetto**		**portasse**	**al**	**suo**	**Taddeo?...**
that	such a	tender	affection		she had	for	her	Taddeo?...

far	'una	'trama	koɾbɛ'llar	um	be'i
Far	**una**	**trama,**	**corbellar**	**un**	**Bey**
Devise	a	plot,	hoodwink	a	Bey

arris'kjar	'tutto	peɾ	'ɛsser	'mia
arrischiar	**tutto**	**per**	**esser**	**mia...**
to risk	it all	in order	to be	mine...

MUSTAFÀ
Kaimakan...

---

[14] *Arena* (or its plural form *arene)* meaning "sand" refers in poetry to the seashore, beach.

[15] "My beloved one" in poetic Italian can have many forms: *mio bene*, as above, *mio tesoro* (my treasure), *mia vita,* (my life), *mia gioia* (my joy) *mio amore* (my love) among others.

TADDEO

si'ɲɲor	
Signor?	
My lord?	

MUSTAFÀ

tua	ni'pote	dɔ've
Tua	**nipote**	**dov'è?**
Your	niece,	where is she?

TADDEO

sta	prepa'rando	'kwellɔ kɛ	netʃe'ssarjɔ	per far	la tʃeri'mɔnja
Sta	**preparando**	**quello ch'è**	**necessario**	**per far**	**la cerimonia.**
She's	preparing	whatever is	necessary	for the	ceremony.

'ɛkko	il suɔ	'skjavɔ	ke	kwi	a'ppunto	ɾi'torna
Ecco	**il suo**	**schiavo**	**che**	**qui**	**appunto**	**ritorna,**
Here's	her	slave	who	here	just	returned,

(Here's her slave, who has just returned,)

e	a	'seko	il	'kɔɾo	de	pappa'tatʃi
e	**ha**	**seco**	**il**	**coro**	**de'**	**Pappataci.**
and	he's brought	with him	the	party	of	Pappatacis.

MUSTAFÀ

e	dɔnɔ'rarmi	a'duŋkwe	la	'bɛlla	a	'tanta	'fretta
E	**d'onorarmi**	**adunque**	**la**	**bella**	**ha**	**tanta**	**fretta?**
And	to honor me	then	the	fair one	has	such	haste?

(Then is the fair one in such haste to honor me?)

TADDEO

ɛ	la'mor ke	la 'sprona
È	**l'amor che**	**la sprona.**
It's	love that	spurs her on.

MUSTAFÀ

ɔ	bbene'detta
Oh!	**benedetta.**
Oh,	blessed girl!

Scene Thirteen
FINALE II
LINDORO

dei	pappa'tatʃi	sa'vantsa	il	'kɔɾɔ
Dei	**Pappataci**	**s'avanza**	**il**	**coro:**
Of the	Pappatacis	is approaching	the	group;

la	tʃeri'mɔnja	kɔŋ	gran	de'kɔɾɔ
La	**cerimonia**	**con**	**gran**	**decoro**
The	ceremony	with	great	decorum

a'dɛssɔ ɛ	'tɛmpo	di	komin'tʃar
adesso è	**tempo**	**di**	**cominciar.**
now it is	time	to	begin.

CHORUS OF PAPPATACIS

i	ˈkɔrni	ˈswɔnino	ke	favoˈriti
I	**corni**	**suonino,**	**che**	**favoriti**
The	horns,	let them sound,	for	preferred

som	pju	dei	ˈtimpani	nei	ˈnɔstri	ˈriti
son	**più**	**dei**	**timpani**	**nei**	**nostri**	**riti,**
they are	more	than	drums	in	our	rites,

e	inˈtorno	ˈfattʃano	ˈlarja	ɛkkeˈddʒar
e	**intorno**	**facciano**	**l'aria**	**eccheggiar.**
and	around us	let them make	the air	resound.

(Sound the horns, which in our rites are preferred to drums, and make the air around us resound.)

TADDEO

lɛ	ˈgwantʃe	ˈtumide	lɛ	ˈpantʃɛ	ˈpjɛnɛ
Le	**guancie**	**tumide,**	**le**	**pancie**	**piene,**
Their	cheeks	tumid,	their	bellies	full,

ˈfannɔ	koˈnoʃʃɛrɛ	ke	ˈvivom	ˈbɛnɛ
fanno	**conoscere**	**che**	**vivon**	**bene.**
let us	know	that	they live	well.

LINDORO, TADDEO

hi	hi	dal	ˈridɛrɛ	stɔ	per	skjaˈttar
(Ih...	**ih...**	**dal**	**ridere**	**sto**	**per**	**schiattar.)**
(Hee...	hee...	from	laughing	I'm	about	to burst.)

MUSTAFÀ

fraˈtɛi	kaˈrissimi	tra	voi	son	ˈljɛtɔ
Fratei	**carissimi,**	**tra**	**voi**	**son**	**lieto.**
Brothers	most dear,	among	you	I am	happy.

sɛ	dɛnˈtrar	ˈmɛrito	nel	ˈvɔstro	ˈtʃɛtɔ
Se	**d'entrar**	**merito**	**nel**	**vostro**	**ceto**
If	to enter	I deserve	into	your	order

saˈra	ˈuna	ˈgrattsja	partikɔˈlar
sarà	**una**	**grazia**	**particolar.**
it will be	an	honor	(most) particular.

CHORUS (referring to Mustafà)

ˈtʃerka	i swɔi	ˈkɔmodi	ki	a	ˈsale	in	ˈtsukka
Cerca	**i suoi**	**comodi**	**chi**	**ha**	**sale**	**in**	**zucca.[16]**
Looks after	his	comfort	who	has	salt	in his	pumpkin.[17]

(Whoever has a brain in his head looks after his own comfort.)

---

[16] *Zucca* (pumpkin) is pronounced as shown: [ˈtsukka]. Many Italians will pronounce it [ˈdzukka], depending on where they come from. One must be flexible, especially if the conductor and/or coach prefers the other pronunciation.

[17] *Aver sale nella zucca* (literally, "to have salt in one's pumpkin") is an Italian idiomatic expression meaning "to have brains", "to be clever". The expression comes to us from olden days when poor Italian housewives used to hollow out dried pumpkins and cleverly used the dried gourd to store their salt.

'dʒetta	il	tur'bante	'metti	pa'rrukka
Getta	**il**	**turbante,**	**metti**	**parrucca,**
Cast off	your	turban,	put on	a wig,

'lɛva	kwes'tabito	ke	fa	su'dar
leva	**quest'abito**	**che**	**fa**	**sudar.**
take off	this coat	that	makes you	sweat.

(They take off Mustafà's coat and turban, dress him in Pappataci costume and put a wig on his head.)

MUSTAFÀ
Quest'è una grazia particolar.

LINDORO, TADDEO
(ih...ih...dal ridere sto per shiattar.)

Scene Fourteen
(Isabella and above)

ISABELLA *(to Mustafà)*

nɔn sɛi	tu	ke	il	'grado	ɛ'lɛtto
Non sei	**tu**	**che**	**il**	**grado**	**eletto**
Isn't it	you	who	the	status	select

'brami	a'ver	di	pappa'tatʃi
brami	**aver**	**di**	**Pappataci?**
desires	to have	of	Pappataci?

(Isn't it you who desires to occupy the select status of Pappataci?)

'dɛlle	'bɛlle	il	predi'lɛtto	'kwesto	'grado	ti fa'ra
Delle	**belle**	**il**	**prediletto**	**questo**	**grado**	**ti farà.**
Of the	beauties	the	favorite	this	rank	will make you.

(This rank will make you a favorite with the fair ladies.)

ma	bi'zoɲɲa	ke tu 'dʒuri	deze'gwirne	'oɲɲi	do'vere
Ma	**bisogna**	**che tu giuri**	**d'eseguirne**	**ogni**	**dovere.**
But	it is necessary	that you swear	to carry out	every one of its	obligations.

MUSTAFÀ

iɔ	fa'rɔ	kon	gram	pja'tʃere	'tutto kwel	ke	si vɔ'rra
Io	**farò**	**con**	**gran**	**piacere**	**tutto quel**	**che**	**si vorrà.**
I	will do	with	great	pleasure	all	that	is required.

CHORUS

'bravɔ bɛn	ko'zi si fa
Bravo, ben:	**così si fa.**
Very well.	That's how it should be.

LINDORO

'state	'tutti	a'ttɛnti	e	'kɛti	a	si	gran	sɔlɛnni'ta
State	**tutti**	**attenti**	**e**	**cheti**	**a**	**sì**	**gran**	**solennità.**
Be	all	attentive	and	quiet	at	such a	grand	solemnity.

(Pay attention, all of you, and be silent at this solemn ceremony.)

(He gives Taddeo a paper to read out loud.)

a	tɛ	ˈlɛddʒi
A	**te:**	**leggi.**
For	you;	read it.

(to Mustafà)

e	tu	riˈpɛti	ˈtutto	kwel	kei	ti diˈra
E	**tu**	**ripeti**	**tutto**	**quel**	**ch'ei**	**ti dirà.**
And	you	repeat	all	that	he	will tell you.

(Taddeo reads and Mustafà repeats it all line by line.)

TADDEO, repeated by MUSTAFÀ

di	veˈder	e	nom	veˈder
Di	**veder**	**e**	**non**	**veder,**
To	see	and	not	to see,

di	senˈtir	e	non	senˈtir
di	**sentir**	**e**	**non**	**sentir,**
to	hear	and	not	to hear,

per	manˈdʒaɾe	e	per	goˈder
per	**mangiare**	**e**	**per**	**goder,**
to	eat	and	to	enjoy,

di	laˈʃʃaɾe	e	faɾe	e	dir
di	**lasciare**	**e**	**fare**	**e**	**dir,**
to	allow	both	what is being done	and	what is being said,

io	kwi	ˈdʒuɾo	e	ppɔi	skonˈdʒuɾo	pappaˈtatʃi	mustaˈfa
io	**qui**	**giuro**	**e**	**poi**	**scongiuro**	**Pappataci**	**Mustafà.**
I	hereby	swear	and	then	pledge it,	Pappataci	Mustafà.

CHORUS
Bravo ben: così si fa.

TADDEO, repeated by MUSTAFÀ

ˈdʒuɾo	iˈnoltrɛ	allɔkkaˈzjon
Giuro	**inoltre**	**all'occasion,**
I swear	furthermore	on this occasion,

di	pɔrˈtar	ˈtɔrtʃa	e	lamˈpjon
di	**portar**	**torcia**	**e**	**lampion.**
to	carry (a)	torch	and	a lantern

(stand by and play chaperone.)

e	sɛ	ˈmaŋkɔ	al	dʒuɾaˈmento
E	**se**	**manco**	**al**	**giuramento**
And	if	I fail	in	my oath

pju	nɔn 'abbja	um	pel	sul	'mento
più	**non abbia**	**un**	**pel**	**sul**	**mento.**
nevermore	let there be	a	hair	on my	chin.

(May my beard wither on my chin.)

Io qui giuro e poi scongiuro Pappataci, Mustaà.

CHORUS
Bravo ben: così si fa.

LINDORO
kwa	la	'mensa
Qua	**la**	**mensa.**
Bring	the	table.

(A table with food and bottles of wine is brought in.)

ISABELLA
ad	'essa	'sjɛdanɔ	kaima'kan	e	pappa'tatʃi
Ad	**essa**	**siedano**	**Kaimakan**	**e**	**Pappataci.**
At	it	let sit	Kaimakan	and	Pappataci.

(Let Kaimakan and Pappataci sit at it.)

CHORUS
'laʃʃa pur	ke 'ʎaltri	'fattʃanɔ
Lascia pur	**che gli altri**	**facciano:**
Simply let	the others	carry on;

tu	kwi	'mandʒa	'bevi	e	'tatʃi
Tu	**qui**	**mangia,**	**bevi**	**e**	**taci.**
You	here	eat,	drink	and	keep quiet.

'kwestɔ ɛ	il 'rito	'primo	e	'massimo	'della	'nɔstra	sɔtʃɛ'ta
Questo è	**il rito**	**primo**	**e**	**massimo**	**della**	**nostra**	**società.**
This is	the rite	prime	and	principal	of	our	brotherhood.

(The chorus leaves.)

TADDEO, MUSTAFÀ
'bwɔna	'kɔza	ɛ	'kwesta	kwa
Buona	**cosa**	**è**	**questa**	**qua.**
Good	thing	is	this	here.

(This is splendid.)

ISABELLA
or	si 'prɔvi	il	kandi'datɔ
Or	**si provi**	**il**	**candidato.**
Now	let us test	the	candidate.

(looking adoringly at Lindoro)

'karɔ
Caro...
Dearest...

MUSTAFÀ *(reacting)*

ɛi	ke	kɔ'zɛ
Ehi!	**Che**	**cos'è?**
Hey!	What	is that?

TADDEO

tu	nɔɱ fai	kwel ke	ai	dʒu'ratɔ
Tu	**non fai**	**quel che**	**hai**	**giurato!**
You	are not doing	what	you	swore to do!

or	tin'seɲɲo		'bada a mɛ
Or	**t'insegno.**		**Bada a me.**
Now	I will show you.		Watch me.

ISABELLA *(as above)*

'vjɛni	ɔ	'kkaɾɔ
Vieni,	**o**	**caro.**
Come,	oh	dearest.

TADDEO *(eating with zest, paying no attention to what is going on)*
Pappataci.

LINDORO *(to Isabella)*

iɔ	ta'dɔɾɔ
Io	**t'adoro.**
I	adore you.

TADDEO

'mandʒa	e	'tatʃi
Mangia	**e**	**taci.**
Eat	and	keep quiet.

ISABELLA
Vieni, o caro.

MUSTAFÀ

'basta	'ɔɾa	ɔ	ka'pito	sa'per far	'meʎʎo di	tɛ
Basta.	**Ora**	**ho**	**capito.**	**Saper far**	**meglio di**	**te.**
Enough.	Now	I have	understood.	I can do	better than	you.

LINDORO, TADDEO

ke	ba'bbɛɔ	ke	ʃimu'nito	mɛ la 'gɔdɔ	per mia fɛ
(Che	**babbeo,**	**che**	**scimunito,**	**me la godo**	**per mia fè.)**
(What	a dolt,	what	a fool,	I'm enjoying this,	I must say.)

ISABELLA

kɔ'zi	uɱ	'veɾɔ	pappa'tatʃi	tu	sa'rai da	'kapɔ	a	pjɛ
Così	**un**	**vero**	**Pappataci**	**tu**	**sarai da**	**capo**	**a**	**piè.**
Thus	a	true	Pappataci	you	will be from	head	to	foot.

Così un vero Pappataci

rɛstɛˈrai da ˈkapɔ a pjɛ
resterai da capo a piè.
you will remain from head to foot.

Scene Fifteen
(A ship appears alongside the balcony with sailors and European slaves.)

CHORUS
son ˈlaure seˈkonde som ˈplatʃide ˈlonde
Son l'aure seconde, son placide l'onde,
Are the breezes favorable, are calm the waves,
(The breezes are favorable and the sea is calm,)

traŋˈkwille son ˈlonde su ˈprɛsto salˈpjamɔ
tranquille son l'onde, su presto salpiamo:
tranquil are the waves, come, quickly let us sail;

non stjam pju a tarˈdar
non stiam più a tardar.
let us not any longer delay.

LINDORO *(to Isabella)*
anˈdjam miɔ tɛˈzɔrɔ
Andiam, mio tesoro.
Let us go, my treasure.

ISABELLA
son ˈteko linˈdɔrɔ
Son teco, Lindoro.
I am with you, Lindoro.

LINDORO, ISABELLA
tʃimˈvitanɔ aˈdɛssɔ la ˈpatrja e laˈmor
C'invitano adesso la patria e l'amor.
Are beckoning us now homeland and love.

TADDEO
linˈdɔrɔ ke ˈssɛntɔ kwesˈtɛ un tradiˈmento
Lindoro!... Che sento? Quest'è un tradimento...
Lindoro?... What do I hear? This is a betrayal...

(to Mustafà)

gaˈbbati burˈlati noi ˈsjamo ɔ siˈɲɲor
Gabbati, burlati noi siamo, o Signor.
Duped, hoodwinked we have been, oh my Lord.

MUSTAFÀ
io som pappaˈtatʃi
Io son Pappataci.
I am a Pappataci.

TADDEO
ma	kwɛi
Ma	**quei...**
But	those two...

MUSTAFÀ
'mandʒa	e	'tatʃi
Mangia	**e**	**taci.**
Eat	and	be quiet.

TADDEO
ma	'voi
Ma	**voi...**
But	you...

MUSTAFÀ
'laʃʃa far
Lascia far.
Let them do what they want.

TADDEO
ma	io
Ma	**io...**
But	I...

MUSTAFÀ
'laʃʃa dir
Lascia dir.
Let them say what they want.

TADDEO
ɔi'mɛ	ke	ɔ da far	rɛs'tar ɔ	par'tir
Ohimè!...	**Che**	**ho da far?**	**Restar, o**	**partir?**
Woe is me!...	What	must I do?	Stay or	leave?

vɛ	il 'palo	sɛ	'rɛsto	sɛ	'parto	il lam'pjone
V'è	**il palo**	**se**	**resto:**	**se**	**parto,**	**il lampione.**
It's	impalement	if	I stay;	if	I leave, (it's)	playing the chaperone.

lin'dɔro	iza'bɛlla	soŋ kwa	'kollɛ 'bwɔne
Lindoro,	**Isabella:**	**son qua**	**colle buone,**
Lindoro,	Isabella,	I'm coming	quietly,

a	'tutto	ma'datto	nɔn sɔ pju	ke	dir
A	**tutto**	**m'adatto,**	**non so più**	**che**	**dir.**
With	everything	I'll put up with,	I don't know what else	to	say.

ISABELLA, LINDORO
fa 'prɛsto	sɛ	'brami	kon	noi	di ve'nir
Fa' presto,	**se**	**brami**	**con**	**noi**	**di venir.**
Hurry	if	you want	with	us	to come.

Last Scene.
(Zulma, Elvira, Haly, chorus and the above)

ZULMA, HALY *(to Mustafà)*

mio	si'ɲɲore
Mio	**Signore...**
My	Lord...

ELVIRA

mio	ma'rito
Mio	**marito...**
My	husband...

ZULMA, ELVIRA, HALY

'kɔza	'fatɛ
Cosa	**fate?**
What	are you doing?

MUSTAFÀ
Pappataci.

ZULMA, ELVIRA, HALY

nom	ve'dete
Non	**vedete?**
Don't	you see?

MUSTAFÀ
Mangia e taci. Di veder e non veder, di sentir e non sentir, etc.

ZULMA, ELVIRA, HALY

'eʎʎi	ɛ	'mattɔ
Egli	**è**	**matto.**
He	is	crazy.

LINDORO, ISABELLA, TADDEO

il	'kolpɔ	ɛ	'fattɔ
Il	**colpo**	**è**	**fatto.**
The	*coup*	has been	accomplished.

(We've brought it off!)

ZULMA, ELVIRA, HALY

lita'ljana	sɛ nɛ va
L'Italiana	**se ne va.**
The Italian girl	is leaving.

MUSTAFÀ *(suddenly realizing it all)*

'kome	a tradi'tori	'prestɔ	'turki	ɛu'nuki	'mɔri
Come...	**ah, traditori.**	**Presto,**	**Turchi,**	**Eunuchi...**	**Mori.**
What!...	Ah, betrayers.	Quickly,	Turks,	eunuchs...	Moors!

ZULMA, ELVIRA, HALY

som	bri'aki	'tutti 'kwanti
Son	**briachi**	**tutti quanti.**
They're	drunk,	all of them.

MUSTAFÀ

'kwestɔ	'skɔrnɔ	a	musta'fa
Questo	**scorno**	**a**	**Mustafà?**
Such	humiliation	for	Mustafà?

CHORUS OF SLAVES

ki	a'vra kɔr	di	'farsi	a'vanti
Chi	**avrà cor**	**di**	**farsi**	**avanti**
Whoever	dares	to	come	near us

trutʃi'datɔ	kwi	al'fin ka'dra
trucidato	**qui**	**al fin cadrà.**
killed	here	will end up.

MUSTAFÀ *(turning to Elvira)*

'spɔza mia	nom	pju	ita'ljane
Sposa mia:	**non**	**più**	**Italiane.**
My wife,	no	more	Italian girls.

'tornɔ	a	tɛ	dɛ	mi per'dona
Torno	**a**	**te.**	**Deh!**	**mi perdona...**
I come back	to	you.	Please!	Forgive me...

ELVIRA, ZULMA, HALY

amo'roza	'dɔtʃil	'bwɔna	'vɔstra	'moʎʎe	o'ɲɲor sa'ra
Amorosa,	**docil,**	**buona,**	**vostra**	**moglie**	**ognor sarà.**
Loving,	docile,	kind,	your	wife	always will be.

ISABELLA, LINDORO, TADDEO

an'djamɔ	pa'droni
Andiamo,	**Padroni!**
Let's leave,	my good fellows!

ELVIRA, ZULMA, HALY, MUSTAFÀ

bwɔŋ 'vjaddʒɔ
Buon viaggio!
Bon voyage!
(Safe journey!)

ELVIRA, ZULMA, HALY, MUSTAFÀ

'stjam	'bɛne
Stian	**bene!**
Stay	well!

ISABELLA, LINDORO, TADDEO

pɔ'ssjamɔ	kon'tenti	la'ʃʃar	'kwestɛ	a'rene
Possiamo	**contenti**	**lasciar**	**queste**	**arene.**
We can	gladly	leave	these	shores.

ti'mor	ne	pe'riʎʎo	per	noi	pju nɔm va
Timor	**nè**	**periglio**	**per**	**noi**	**più non v'ha.**
Fear	or	peril	for	us	there is no longer.

(Neither fear nor danger exists for us any longer.)

ELVIRA, ZULMA, HALY, MUSTAFÀ

po'tete	kon'tenti	'laʃʃar	'kwestɛ	a'rene
Potete	**contenti**	**lasciar**	**queste**	**arene.**
You can	in happiness	leave	these	shores.

Timor nè periglio per <u>voi</u> più non v'ha.
                              you

TUTTI

la	'bɛlla	ita'ljana	ve'nuta	in	al'dʒɛri
La	**bella**	**Italiana**	**venuta**	**in**	**Algeri**
The	beautiful	Italian girl	who came	to	Algiers

in'seɲɲa	'aʎʎi	a'manti dʒe'lozi	ed	al'tɛri
insegna	**agli**	**amanti gelosi**	**ed**	**alteri**
has taught	the	lovers jealous	and	proud

ke	a 'tutti sɛ	'vwɔlɛ	la	'dɔnna	la fa
che	**a tutti, se**	**vuole,**	**la**	**Donna**	**la fa.**
that	anyone, if	she wishes,	a	woman	can fool.

(that a woman, if she so wishes, can make a fool of any man.)

END OF THE OPERA

LA SONNAMBULA
BY
Vincenzo Bellini

LA SONNAMBULA

AN OPERA IN TWO ACTS

Words by FELICE ROMANI

Music by
VINCENZO BELLINI

First Performance at the Teatro Carcano, Milan, on March 6th, 1831

Characters of the Opera

WITH THE ORIGINAL CAST AS PRESENTED AT THE FIRST PERFORMANCE

IL CONTE RODOLFO, Lord of the village	Bass	LUCIANO MARIANI
TERESA, milleress	Mezzo-Soprano	BAILLOU-HILARET
AMINA, orphan adopted by Teresa, betrothed to Elvino	Soprano	GIUDITTA PASTA
ELVINO, wealthy peasant	Tenor	GIOV. BATT. RUBINI
LISA, inn-keeper, in love with Elvino	Soprano	ELISA TACCANI
ALESSIO, peasant, in love with Lisa	Bass	LORENZO BIONDI
A NOTARY	Tenor	ANTONIO CRIPPA

Peasants and Peasant-women

THE SCENE IS LAID IN A SWISS VILLAGE

First Performance in New York, in English, at the Park Theatre, November 13th, 1835, with the following cast:

COUNT RODOLPHO,	MR. BROUGH
ELVINO,	MR. WOOD
ALEXIS,	MR. RICHINGS
LISA,	MRS. CONDUIT
TERESA,	MRS. VERNON
AMINA,	MRS. WOOD

First Performance in Italian in New York, Palmo's Opera Company, May 11th, 1844

AMINA,	BORGHESE
LISA,	BOULARD
TERESA,	ADAIR
IL CONTE RODOLFO,	VALTELLINA
ELVINO,	PEROZZI
ALESSIO,	BENETTI

LA SONNAMBULA
(The Sleepwalker)

Opera in two acts by Vincenzo Bellini
Libretto by Felice Romani
First performed at the Teatro Carcano, Milan, in March, 1831

CHARACTERS

Count Rodolfo, lord of the castle: bass
Teresa, proprietress of the mill: mezzo-soprano
Amina, her foster-daughter: soprano
Lisa, proprietress of the village inn: soprano
Elvino, a young farmer: tenor
Alessio, a villager: bass
A Notary: tenor or baritone

Villagers, Peasants, Children

The action takes place in a village in Switzerland in the early 19th Century

THE PLOT

ACT I

The village green. To one side is an inn and in the background a water mill. Mountains are also seen in the background. As the curtain rises the villagers are making merry, for they are about to celebrate a nuptial contract between Amina, an orphan brought up as a foster child of Teresa, the mistress of the village mill, and Elvino, a young landowner of the neighborhood. These preparations, however, fill with jealousy the heart of Lisa, the proprietress of the inn, for she is in love with Elvino. Nor do Alessio's ill-timed attentions please her. Amina enters under the care of Teresa, and returns her thanks to her neighbors for their good wishes.

When the village Notary and Elvino appear, the contract is signed and attested, and Elvino places a ring on Amina's finger. The village is startled by the crack of whips and the rumble of wheels. A handsome stranger in an officer's fatigue uniform appears, desiring to have his horses watered and fed before he proceeds to the castle. The road is bad and night is approaching. Counseled by the villagers and urged by Lisa, the officer consents to remain the night at the inn. The villagers don't know it but this officer is Rodolfo, the lord of the castle, who looks about and recalls the scenes of his youth.

Elvino is piqued by the stranger's obvious attention to his bride, but Teresa warns all to retire, for the village is said to be haunted by a phantom. The stranger treats the superstition lightly, and, ushered in by Lisa, retires to the village inn. Everyone wends their way home. Elvino, however, finds time to upbraid Amina for seemingly having found much pleasure in the stranger's gallant speeches, but before they part there are mutual concessions and forgiveness.

Rodolfo goes into his bedroom at the inn, led by Lisa. She is coquettish and he is quite content to engage in a bit of flirting with her. He learns from her that his identity as the lord of the castle has been discovered by the villagers, and that they will shortly come to the inn to offer their congratulations.

He is somewhat annoyed, but quite willing that Lisa's attractions shall atone for the discovery. At that moment, however, there is a noise outside, and Lisa escapes into an adjoining room, in her haste dropping her handkerchief, which Rodolfo picks up and puts on the sofa. A few moments later he is amazed to see Amina, all in white, raise his window and enter his room. He realizes almost immediately that she is walking in her sleep, and that it is her somnambulism that has given rise to the village's superstition of a phantom. In her sleep, Amina speaks of her approaching marriage, of Elvino's jealousy and of their quarrel and reconciliation. Rodolfo, not wishing to embarrass her by his presence should she suddenly awaken, extinguishes the candles, steps out of the window and closes it tightly after him. Still asleep, Amina sinks down on the bed.

The villagers enter to greet Rodolfo. As the room is darkened, and, to their amusement, they see the figure of a woman on the bed, they are about to withdraw discreetly, when Lisa, who knows what has happened, enters with a light, brings in Elvino, and points out Amina to him. The light and noise awaken her. Her natural confusion at the situation in which she finds herself is mistaken by Elvino as evidence of guilt. He casts her off. The others, except Teresa, share his suspicions. Teresa, in a simple, natural way, takes the handkerchief hanging over the bedpost and places it around Amina's neck, and when the poor, grief-stricken girls swoons, as Elvino turns away from her, her foster-mother catches in her arms.

ACT II

The villagers are walking to Rodolfo's castle, to beg him to intercede with Elvino for Amina. Elvino meets Amina. Still enraged at what he thinks is her perfidy, he snatches from her finger the ring he had given her. Amina still loves him, however, and manages to somewhat placate Elvino's hurt feelings.

Taking advantage of the situation, Lisa has induced Elvino to promise to marry her. Preparations for the wedding are afoot. The villagers have assembled. Rodolfo endeavors to dissuade Elvino from the step he is about to take. He explains that Amina is a somnambulist, but Elvino has never heard of somnambulism and remains utterly incredulous.

Teresa begs the villagers to make less noise as poor Amina is asleep at the mill. Amina's foster-mother learns of Elvino's intentions to marry Lisa. She then removes from her bosom Lisa's handkerchief, which she found hanging over Rodolfo's bedpost. Lisa is confused. Elvino feels that she, too, has betrayed him. Rodolfo again urges Elvino to believe that Amina was never false to him, that she is merely the innocent victim of sleepwalking.

"Who can prove it?" Elvino asks in agonized tones.
"Who? She herself! – see there!" exclaims Rodolfo.

At that very moment Amina, in her nightdress, lamp in hand, emerges from a window in the mill roof. She passes along, still asleep, to the lightly built bridge spanning the mill-wheel, which is still turning rather quickly. Now she sets foot on the narrow, insecure bridge. The villagers fall on their knees in prayer that she may cross safely. Rodolfo stands among them, head uncovered. As Amina crosses the bridge a rotting plank breaks under her footsteps. The lamp falls from her hand into the stream below. She, however, reaches the other side and gains the stone steps, which she descends. Still sleepwalking she advances to where

Rodolfo and the villagers are standing. She kneels and prays for Elvino. Then, rising, she speaks of the ring he has taken from her, and draws from her bosom the flowers given to her by him on the previous day. Gently, Elvino places the ring on her finger and kneels before her. "Viva Amina!" shout the villagers. She awakens. Instead of sorrow, she sees joy all around her and Elvino, with arms outstretched, waiting to beg her forgiveness and lead her to the altar.

ACT I
(A Village in Switzerland. Teresa's mill can be seen in the background. One hears villagers shouting from afar as they are coming to celebrate the betrothal ceremony of Amina. Lisa comes out of her inn and after a moment meets Alessio coming down from the hills.)

CHORUS *(offstage)*

'viva	e'vviva	a'mina	e'vviva	aŋ'kor
Viva,	**evviva**	**Amina!**	**Evviva**	**ancor!**
Long live	long live	Amina!	Long live	again!

CAVATINA
LISA

'tuttɔ	ɛ	'dʒɔja	'tuttɔ	ɛ	'fɛsta
Tutto	**è**	**gioia,**	**tutto**	**è**	**festa...**
All	is	joy,	all	is	merriment...

sol	pɛr	me	nɔŋ va	kɔn'tɛntɔ
sol	**per**	**me**	**non v'ha**	**contento,**
only	for	me	there's no	happiness,

e	per 'kolmo	di	tɔr'mento	son	kos'tretta	a	simu'lar
e	**per colmo**	**di**	**tormento**[1]	**son**	**costretta**	**a**	**simular.**
and,	the worst	of	tortures,	I am	compelled	to	pretend.

ɔ	bɛl'tadɛ	a	mɛ	fu'nɛsta
O	**beltade**	**a**	**me**	**funesta**
Oh	beauty	to	me	fateful

ke	miɱ'vɔli	il mio	tɛ'zɔɾo
che	**m'involi**	**il mio**	**tesoro,**
who	robs me of	my	treasure,

(Oh [Amina], whose beauty so fateful to me is robbing me of my treasure [Elvino],)[2]

'mentre	io	'sɔffrɔ	'mentrɛ	'mɔɾo
mentre	**io**	**soffro,**	**mentre**	**moro**
while	I	suffer,	while (I feel like)	dying

pur	ti 'dɛddʒɔ	akkaɾe'ttsar
pur	**ti deggio**	**accarezzar!**
yet	I must	caress you!

(yet I must embrace that woman Amina [pretending that I like her].)

CHORUS
Viva Amina ancor!

---

[1] Italian rules for the pronunciation of either closed or open [e-ɛ] or [o-ɔ] are non-existent. It's a matter of having to look up <u>every</u> word in a dictionary. Here we have two words, **contento** and **tormento** within two phrases in this cavatina. As can be seen in the phonetics, **contento** has an <u>open</u> [ɛ] and **tormento** has a closed [e]. Both words end in the same letters and yet, they are pronounced differently. Such are the vagaries of the Italian language!

[2] Lisa is in love with Elvino, and she is referring to <u>Amina's</u> beauty as being fateful to her.

ALESSIO *(calling to Lisa)*

'liza
Lisa!

LISA *(annoyed)*

o	limpor'tuno
Oh	**l'importuno!**
Oh,	that bothersome man!

ALESSIO

a	tu	mi 'fuddʒi
Ah!	**Tu**	**mi fuggi!**
Ah!	You	avoid me!

LISA

'fuggo	o'ɲɲuno
Fuggo	**ognuno.**
I'm avoiding	everyone.

ALESSIO

a	nɔn	'sɛmprɛ	o	brikkɔn'tʃɛlla
Ah!	**non**	**sempre,**	**o**	**bricconcella**
Ah!	Not	forever,	oh	my little wily one

fuddʒi'rai	da	mɛ	ko'zi
fuggirai	**da**	**me**	**così.**
will you flee	from	me	like that.

pɛr	tɛ	'purɛ	o	'liza	'bɛlla
per	**te**	**pure,**	**o**	**Lisa**	**bella**
For	you	too,	oh	Lisa	beautiful

dʒundʒe'ra	di	'nɔttʃe	il	di
giungerà	**di**	**nozze**	**il**	**dì.**
will arrive	of	marriage	the	day.

(The wedding day will come for you too, my beautiful Lisa.)

'viva	a'mina	aŋ'kor	si
Viva	**Amina**	**ancor,**	**sì!**
Long live	Amina	again,	yes!

LISA *(spitefully)*

aŋ'kesso	o	dis'pɛtto
(Anch'esso!	**Oh**	**dispetto!)**
(He too!	Oh	what spite!)

ALESSIO

kwi	skje'rati	kwi	da'ppressɔ
Qui	**schierati...**	**qui**	**d'appresso...**
Here	all in line...	here	close by...

LISA

a	la 'rabbja	mi di'vɔra
(Ah!	**la rabbia**	**mi divora!)**
(Ah!	Rage	is devouring me!)

CHORUS

la	kan'tsonɛ	prɛpa'rata	intwɔ'nar	di kwi	si pwɔ
La	**canzone**	**preparata**	**intuonar**	**di qui**	**si può.**
The	song	prepared	sing	from here	we can.

(We can sing our prepared song from here.)

LISA

'oɲɲi	'spɛmɛ ɛ	a	me	trɔŋ'kata	la	ri'vale	triɔɱ'fɔ
(Ogni	**speme è**	**a**	**me**	**troncata.**	**La**	**rivale**	**trionfò.)**
(Every	hope is	from	me	cut off.	My	rival	has triumphed.)

(All hope is gone for me)

CHORUS, ALESSIO

in	ɛl'vɛttsja	nɔɱ va	'rɔza
In	**Elvezia**	**non v'ha**	**rosa**
In	Helvetia[3]	there isn't a	rose

'freska	e	'kara	al par da'mina
fresca	**e**	**cara**	**al par d'Amina;**
as fresh	and	as dear	as Amina;

ɛ	'una	'stella	mattu'tina	'tutta	'lutʃe	'tutta a'mor
È	**una**	**stella**	**mattutina,**	**tutta**	**luce,**	**tutta amor.**
She is	(like) a	star	of the morning,	all	light,	all love.

ma	'pudika	ma	ri'trɔza
Ma	**pudica,**	**ma**	**ritrosa,**
But	modest	and	shy,

'kwantɔ ɛ	'vaga	'kwantɔ ɛ	'bɛlla
quanto è	**vaga,**	**quanto è**	**bella;**
she's	pleasing	as she is	lovely;

ɛ	innɔ'tʃɛntɛ	tɔrtɔ'rɛlla	ɛ	lɛm'blɛma	del kan'dor
È	**innocente**	**tortorella,**	**è**	**l'emblema**	**del candor.**
She is	an innocent	turtledove,	she is	the symbol	of candor.

Viva!

LISA *(aside)*

a pɛr	mɛ	si	'ljɛti	'kanti	desti'nati	un di	kre'dei
(Ah! per	**me**	**sì**	**lieti**	**canti**	**destinati**	**un dì**	**credei;**
(Ah, for	me	such	happy	songs	destined	one day	I believed;

(I thought such happy songs would one day be sung for me;)

---

[3] Helvetia is the Latin name for Switzerland, from the Helvetians, a Celtic people who inhabited the region at the time of Cæsar.

La Sonnambula, Act I

'krudo a'mor ke siam per lɛi no'no 'fɔrtsa a sɔppɔr'tar
crudo amor, che sian per lei non ho forza a sopportar.)
cruel love, that they be for her I haven't the strength to bear it.)
(I can't bear, cruel love, that these songs be sung to her.)

ALESSIO *(coming close to Lisa)*
'liza mia si 'ljɛti 'kanti riswɔ'nar pɔ'tram per noi
Lisa mia, sì lieti canti risuonar potran per noi,
My Lisa, such happy songs resound can for us,

se pje'toza al'fin tu vwɔi darɛ as'kolto al mio prɛ'gar
se pietosa alfin tu vuoi dare ascolto al mio pregar.
if merciful at last you would give heed to my entreaties.
(If only you would give heed to my [amorous] pleas, these happy songs could be sung for us.)

CHORUS
te fe'litʃe avventu'rato
Te felice avventurato,
You, happy fortunate man,

pju dum 'prɛntʃe e dun so'vrano
più d'un prence e d'un sovrano,
more than a prince or a king,
(You, happy man, are more fortunate than a prince or a king,)

bɛl gar'dzoɲ ke la sua 'manɔ
bel garzon, che la sua mano
handsome youth who her hand

sɛi pur 'dʒunto a mɛri'tar
sei pur giunto a meritar!
you have come to deserve!

tal tɛ'zɔrɔ a'mor ta 'dato di be'llettsa e di vir'tude
Tal tesoro amor t'ha dato di bellezza e di virtude,
Such a treasure love has given you of beauty and virtue,

ke kwan'tɔro il 'mondo 'kjude ke njun re po'tria kom'prar
che quant'oro il mondo chiude, che niun re potria comprar.
that as much gold as the world has, (---) no king could buy.

Viva!

RECITATIVO AND CAVATINA
AMINA *(entering)*
'karɛ kom'paɲɲe e vvoi 'tɛneri a'mitʃi
Care compagne, e voi, teneri amici,
Dear companions, and you, tender friends,

ke 'alla 'dʒɔja mia 'tanta 'parte pren'dete
che alla gioia mia tanta parte prendete,
who in my joy such a part take,
(who share so much in my joy,)

o	'kome	'ddoltʃi	'ʃendon	da'mina	al	'kɔɾe
oh	**come**	**dolci**	**scendon**	**d'Amina**	**al**	**core**
oh	how	sweet	reach	of Amina	the	heart

i	'kanti	ke	vins'pira	il 'vɔstro	a'moɾe
i	**canti**	**che**	**v'inspira**	**il vostro**	**amore!**
the	songs	that	are inspired by	your	love!

(How sweet are the songs that reach my heart, inspired by your love!)

CHORUS

'vivi	fe'litʃe	ɛ 'kwesto	il	ko'mun	'vɔtɔ	ɔ a'mina
Vivi	**felice!**	**è questo**	**il**	**comun**	**voto,**	**o Amina.**
Live	happily!	This is	the	common (everyone's)	wish,	oh Amina.

AMINA *(turning to Teresa)*

a	tɛ	di'letta	'tɛnɛɾa 'madɾɛ
A	**te,**	**diletta,**	**tenera madre,**
For	you,	dearest,	tender mother,

ke	a	si	'ljeto	'dʒorno	me	ɔrfa'nɛlla	sɛɾ'basti
che	**a**	**sì**	**lieto**	**giorno**	**me**	**orfanella**	**serbasti,**
who	for	such a	happy	day	me	a little orphan girl	saved,

(who saved me, as a little orphan girl, for such a happy day as this,)

a	tɛ	fa'vɛlli	'kwesto
a	**te**	**favelli**	**questo**
to	you	let it speak	this,

dal	kɔr	pju	ke	dal	'tʃiʎʎo	ɛs'prɛssɔ
dal	**cor**	**più**	**che**	**dal**	**ciglio**	**espresso,**
from the	heart	more	than	from the	eyes	expressed,

'doltʃɛ	'pjanto	di	'dʒɔja	e	kwestam'plɛssɔ
dolce	**pianto**	**di**	**gioia**	**e**	**quest'amplesso.**
sweet	tears	of	joy	and	this embrace.

(let my joy speak to you, more from my heart than from my eyes, and let these tears of happiness accompany this embrace.)

(She embraces Teresa most tenderly.)

Compagne...teneri amici...

a	'madɾɛ	a	kwal	'dʒɔja
Ah	**madre...**	**ah**	**qual**	**gioia!**
Ah	mother...	ah	what	joy!

'kome	pɛr	me	se'ɾeno	'ɔddʒi	ɾi'nakkwe	il	di
Come	**per**	**me**	**sereno**	**oggi**	**rinacque**	**il**	**dì!**
How	for	me	serene	today	is born again	the	day!

(How peacefully for me this day is born again!)

La Sonnambula, Act I

'kome	il	te'rrem	fjo'ri	pju	'bbɛllɔ	e	a'mɛnɔ
Come	**il**	**terren**	**fiorì**	**più**	**bello**	**e**	**ameno!**
How	the	earth	has blossomed,	more	beautiful	and	fair!

mai	di	pju	'ljetɔ	as'pɛttɔ	na'tura	nom bri'llɔ
Mai	**di**	**più**	**lieto**	**aspetto**	**natura**	**non brillò:**
Never	with	a more	happy	glow	nature	shone;

(Nature never was aglow with a happier countenance;)

a'mor	la kɔlɔ'rɔ	a'mor	del	miɔ	di'lɛttɔ
Amor	**la colorò,**	**amor**	**del**	**mio**	**diletto.**
love	has colored it,	love	of	my	delight.

([Elvino], love of my delight.)

CHORUS

'sɛmpre	o fe'litʃe	a'mina	'sɛmpre	per	tɛ	ko'zi
Sempre,	**o felice**	**Amina,**	**sempre**	**per**	**te**	**così**
Always,	oh happy	Amina,	always	for	you	like this

iɱ'fjoɾi	il 'tʃɛlo	i	di	ke	ti des'tina
infiori	**il cielo**	**i**	**dì**	**che**	**ti destina.**
may it deck with flowers	Heaven	the	days	that	are granted you.

(Always, happy Amina, may Heaven, as today, bedeck with flowers all the days of your life.)

AMINA *(she embraces Teresa and, taking her hand, places it over her own heart)*

'sovra	il	sen	la	man	mi 'pɔza
Sovra	**il**	**sen**	**la**	**man**	**mi posa;**
Upon	my	breast	your	hand	place;

(Place your hand upon my heart;)

palpi'tar	bal'tsar	lɔ 'sɛnti
palpitar,	**balzar**	**lo senti:**
palpitating,	beating	you can feel it;

'eʎʎi	ɛ	il	kɔr	ke	i swɔi	kon'tɛnti
egli	**è**	**il**	**cor**	**che**	**i suoi**	**contenti**
it	is	my	heart,	which	its	happiness

nɔ'na	'fɔrtsa	a	soste'ner
non ha	**forza**	**a**	**sostener.**
it has no	strength	to	hold.

(it is my heart, which hasn't the strength to hold in all my happiness.)

ALESSIO

io	pju	di	'tutti	ɔ	a'mina 'teko	mi ra'llegro
Io	**più**	**di**	**tutti**	**o**	**Amina, teco**	**mi rallegro.**
I	more	that	anyone,	oh	Amina, for you	I am happy.

iɔ	prɛpa'rai	la	'fɛsta	io	'fetʃi	la	kan'tsone
Io	**preparai**	**la**	**festa,**	**io**	**feci**	**la**	**canzone;**
I	prepared	the	festivities,	I	composed	the	song;

io	radu'nai	de	vi'tʃini	vi'lladdʒi	i	swɔna'tori
Io	**radunai**	**de'**	**vicini**	**villaggi**	**i**	**suonatori.**
I	assembled	from the	neighboring	villages	the	musicians.

AMINA

e	'grata	a	twɔi	fa'vori,	bwɔn a'lɛssjo	so'nio
E	**grata**	**a'**	**tuoi**	**favori,**	**buon Alessio,**	**son io.**
And	thankful	for	your	favors,	good Alessio,	I am.

fra	'pɔko	iɔ	'spɛro	ɾikam'bjarteli	'tutti
Fra	**poco**	**io**	**spero**	**ricambiarteli**	**tutti,**
Very	soon	I	hope	to repay you for them	all,

a'llor	ke	'spɔzo	tu	di	'liza	sa'rai
allor	**che**	**sposo**	**tu**	**di**	**Lisa**	**sarai,**
when		husband	you	of	Lisa	shall be,

sɛ	kɔ'mɛ	'votʃe	'essa	a	'farti	fe'litʃe
se,	**com'è**	**voce,**	**essa**	**a**	**farti**	**felice**
if,	as is the	rumor,	she	to	make you	happy

a	il	kɔr	dis'posto
ha	**il**	**cor**	**disposto.**
has	the	heart	prepared.

(when you become Lisa's husband, and, as they say, her heart is prepared to make you happy.)

ALESSIO *(to Lisa)*

la 'sɛnti	o	'liza
La senti,	**o**	**Lisa?**
Do you hear her,	oh	Lisa?

LISA *(spitefully)*

nɔ	nɔn sa'ra	si	'tɔstɔ
No,	**non sarà**	**sì**	**tosto!**
No,	it won't be	that	soon!

ALESSIO

sɛi	pur	kru'dɛlɛ
Sei	**pur**	**crudele!**
You're	very	cruel!

TERESA

e	peɾ'ke	mmai
E	**perchè**	**mai?**
And	why?	

LISA

li'ɲɲoɾi	'skiva	so'nio	da'mori	mia	liber'ta	mi 'pjatʃɛ
L'ignori?	**Schiva**	**son io**	**d'amori;**	**mia**	**libertà**	**mi piace.**
Don't you know?	Wary	I am	of all love;	my	freedom	I like.

AMINA

a	tu	nɔn 'sai	'kwanta	felit∫i'ta
Ah!	**tu**	**non sai**	**quanta**	**felicità**
Ah!	You	don't know	how much	happiness

ri'pɔsta sia	in	un	'tɛnɛrɔ a'mor
riposta sia	**in**	**un**	**tenero amor.**
abides	in	a	tender love.

LISA

sɔ'vɛntɛ	a'mor	a	sɔ'ave	prin't∫ipjo	e	'finɛ	a'marɔ
Sovente	**amor**	**ha**	**soave**	**principio**	**e**	**fine**	**amaro.**
Oftentimes	love	has a	sweet	beginning	and	an end	bitter.

TERESA

'vedi	lipokri'zia
(Vedi	**l'ipocrisia!)**
(Look at	that hypocrisy!)

CHORUS

'vjɛne il nɔ'tarɔ
Viene il Notaro.
The Notary is coming.

(The Notary enters.)

AMINA

il	nɔ'tarɔ	ed	el'vino nɔ'nɛ	prɛ'zɛntɛ	aŋ'kor
Il	**Notaro?**	**Ed**	**Elvino non è**	**presente**	**ancor?**
The	Notary?	And	Elvino is not	present	yet?

NOTARO

da	'pɔki	'passi	iɔ	lɔ prɛ't∫edɔ
Da	**pochi**	**passi**	**lo**	**lo precedo.**
By	a few	steps	I	preceded him.

iŋ	'kapɔ	al	'bɔskɔ	iɔ	lo mi'rai	da	'lundʒi
In	**capo**	**al**	**bosco**	**io**	**lo mirai**	**da**	**lungi.**
From	above	the	woods	I	saw him	from	afar.

CHORUS

'ɛkkɔlɔ
Eccolo.
Here he is.

AMINA *(to Elvino, who enters)*

'karɔ	el'vino al'fin	tu	'dʒundʒi
Caro	**Elvino, alfin**	**tu**	**giungi!**
Dear	Elvino, at last	you've	arrived!

RECITATIVO AND DUET
ELVINO

per'dona	o	mia	di'letta	il	'brɛvɛ	in'dudʒo
Perdona,	**o**	**mia**	**diletta,**	**il**	**breve**	**indugio.**
Forgive,	oh	my	dearest,	my	brief	delay.

iŋ	'kwesto di	sɔ'lɛnnɛ	ad	implɔ'rar	nɛ an'dai
In	**questo dì**	**solenne**	**ad**	**implorar**	**neandai**
On	this day	solemn	to	implore	I went

sui	'nɔstri	'nɔdi	dun	'andʒɛlo	il	fa'vor
sui	**nostri**	**nodi**	**d'un**	**angelo**	**il**	**favor;**
over	our	bonds	of an	angel	the	favor;

(On this solemn day I went to implore a favor from an angel over our marriage bonds;)

prɔs'trato	al	'marmɔ delles'tinta	mia	'madrɛ
Prostrato	**al**	**marmo dell'estinta**	**mia**	**madre,**
Prostrate	at the	grave of the deceased	my	mother,

(Kneeling at my mother's grave,)

o	bene'ditʃi	la mia	'spɔza	le 'dissi
"oh	**benedici**	**la mia**	**sposa"**	**le dissi.**
"oh	bless	my	bride",	I said to her.

'ella	pɔ'ssjɛdɛ	'tutte	le tue	vir'tudi
"Ella	**possiede**	**tutte**	**le tue**	**virtudi:**
"She	possesses	all	your	virtues;

'ella	fe'litʃe	'rɛnda	il tuo	'fiʎʎo
ella	**felice**	**renda**	**il tuo**	**figlio**
she	happy	should make	your	son

kwal	tu	rɛn'desti	il	'padrɛ
qual	**tu**	**rendesti**	**il**	**padre."**
as	you	made	my	father."

("She should make your son as happy as you, dear mother, made my father happy".)

a	lɔ 'spɛɾo	bɛm mio	mu'di la 'madrɛ
Ah,	**lo spero,**	**ben mio,**	**m'udì la madre.**
Ah,	I hope,	my beloved,	that my mother heard me.

AMINA

ɔ	'fausto	au'gurjo
Oh!	**fausto**	**augurio!**
Oh,	happy	omen!

ALL

e	van	'esso	nom fia
E	**van**	**esso**	**non fia.**
And	in vain	it	should not be.

ELVINO
'sjatɛ	voi	'tutti	ɔ	a'mitʃi	al	kɔn'trattɔ	prɛ'zɛnti
Siate	**voi**	**tutti,**	**o**	**amici,**	**al**	**contratto**	**presenti.**
Be	all	of you,	oh	friends,	at the	contract (signing)	present.

(I want all of you, dear friends, to be present at the signing of the contract.)

(The Notary prepares everything for the signing.)

NOTARO
el'vin	ke	'rɛki	'alla	tua	'spɔza	in	'dono
Elvin,	**che**	**rechi**	**alla**	**tua**	**sposa**	**in**	**dono?**
Elvino,	what	do you bring	to	your	bride	as	a gift?

ELVINO
i mjɛi	po'deɾi	la mia	'kaza	il mio	'nome
I miei	**poderi,**	**la mia**	**casa,**	**il mio**	**nome,**
My	farms,	my	house,	my	name,

'oɲɲi	'bɛnɛ	di	kui	som	posse'ssoɾe
ogni	**bene**	**di**	**cui**	**son**	**possessore.**
every	property	of	which	I am	the possessor.

(everything that I possess.)

NOTARO
e	a'mina
E	**Amina?**
And	Amina?

AMINA
il	kɔr	sɔl'tantɔ
Il	**cor**	**soltanto.**
My	heart	only.

ELVINO
a	'tuttɔ	ɛ	il	'kɔɾɛ
Ah!	**tutto**	**è**	**il**	**core!**
Ah!	Everything	is	the	heart!

(The heart is everything!)

(While Teresa and the witnesses sign, Elvino gives the ring to Amina.)

'prɛndi	la'nɛl	ti 'dɔnɔ
Prendi,	**l'anel**	**ti dono**
Here,	this ring	I give you

ke	un	di	rɛ'kava	a'llaɾa
che	**un**	**dì**	**recava**	**all'ara**
that	one	day	took	to the altar

'lalma	bɛ'ata	e	'kaɾa	ke	a'rridɛ al	'nɔstro a'mor
l'alma	**beata**	**e**	**cara**	**che**	**arride al**	**nostro amor.**
the soul	blissful	and	dear	that	smiles upon	our love.

(Take this ring, worn by the blissful and dear soul of my mother who wore it herself to the altar, and now smiles upon our love.)

'sakro ti sia tal 'dɔnɔ 'kome fu 'sakro a lɛi
Sacro ti sia tal dono come fu sacro a lei;
Sacred may it be to you this gift as it was sacred to her;

sia de twɔi 'voti e mjɛi
Sia de' tuoi voti e miei
May it be of your wishes and mine

'fido kus'tɔde o'ɲɲor
fido custode ognor.
a faithful custodian always.

ALL
'skritti nel tʃɛl dʒa 'sono
Scritti nel ciel già sono,
Written in Heaven already they are,
(Your vows are written in Heaven,)

'kome nel 'vɔstro kɔr
come nel vostro cor.
as in your heart.

ELVINO
'spɔzi or noi 'sjamɔ
Sposi or noi siamo.
Betrothed now we are.

AMINA
'spɔzi ɔ 'tɛnera pa'rɔla
Sposi!... oh tenera parola!
Betrothed!... Oh tender word!

ELVINO *(giving her a bouquet)*
'kara nel sen ti 'pɔzi 'kwesta dʒen'til vi'ɔla
Cara, nel sen ti posi questa gentil viola.
Dearest, on your bosom place this lovely violet.

AMINA
'puro innɔ'tʃɛnte 'fjore
Puro, innocente fiore!
Pure, innocent flower!

ELVINO
e mi ra'mmɛnti a ttɛ
Ei mi rammenti a te.
May it remind you of me.

AMINA
a nɔn nɛ a 'dwɔpɔ il 'kwɔrɛ
Ah! non ne ha d'uopo il core.
Ah! It doesn't have need of it my heart!
(My heart doesn't need it.)

AMINA, ELVINO

'karo	'kara	dal	di	ke	u'niva	i 'nɔstri 'kɔri	un	dio
Caro,	**(cara)**	**dal**	**dì**	**che**	**univa**	**i nostri cori**	**un**	**Dio,**
Dearest		from the	day	that	united	our hearts	a	God

(from the day that God united our hearts,)

kɔn	tɛ	ri'maze il mio	il tuo	kɔm	me	rɛs'tɔ
con	**te**	**rimase il mio,**	**il tuo**	**con**	**me**	**restò.**
with	you	stayed mine,	yours	with	me	stayed.

(my heart stayed with you and yours stayed with me.)

CHORUS
Scritti nel ciel, etc.

AMINA, ELVINO

a	vɔ'rrɛi	trɔ'var pa'rɔlɛ a spje'gar	ko'mio ta'dɔrɔ
Ah!	**vorrei**	**trovar parole a spiegar**	**com'io t'adoro!**
Ah!	I'd like	to find words to express	how I adore you!

ma	la	'vɔtʃe	o	mio	tɛ'zɔrɔ
ma	**la**	**voce,**	**o**	**mio**	**tesoro,**[4]
but	my	voice,	oh	my	treasure,

non ris'pondɛ	al	mio	pɛn'sjɛr
non risponde	**al**	**mio**	**pensier.**
doesn't respond	to	my	thoughts.

ELVINO

'tuttɔ	iŋ	'kwesto is'tantɛ
Tutto	**in**	**questo istante**
Everything	at	this moment

'parla	a	me	del	'fɔkɔ	on'dardi
parla	**a**	**me**	**del**	**foco**	**ond'ardi:**
speaks	to	me	of the	ardor	that burns inside you;

iɔ	lɔ 'lɛggɔ	nɛ twɔi	'zgwardi
io	**lo leggo**	**ne' tuoi**	**sguardi,**
I	can read it	in your	glance,

nel	tuo	'vettsɔ luziŋ'gjɛr
nel	**tuo**	**vezzo lusinghier!**
in	your	charming manner!

'lalma mia	nel	tuɔ	sɛm'bjantɛ
L'alma mia	**nel**	**tuo**	**sembiante**
My soul	in	your	countenance

---

[4] There are many ways in Italian to say "my beloved": *Mio ben, mio tesoro, mia vita, mio amore,* and its inversions, *ben mio, tesoro mio, vita mia, amore mio, anima mia,* etc.

'vedɛ	a'ppjɛn	la tua	skol'pita
vede	**appien**	**la tua**	**scolpita**
sees	fully	yours	sculptured

(In your countenance my soul sees itself completely mirrored)

a	lɛi	'vola	ɛ	in	lɛi	ra'pita
a	**lei**	**vola,**	**è**	**in**	**lei**	**rapita**
to	it	flies,	is	in	it	enraptured

di	dol'tʃettsa	e	di	pja'tʃer
di	**dolcezza**	**e**	**di**	**piacer!**
with	sweetness	and	with	pleasure!

(and flies to you, enraptured with your sweetness and with joy!)

ALL

a	ko'zi	ne'ʎʎɔkki	'vɔstri
Ah!	**così**	**negl'occhi**	**vostri**
Ah!	Thus	in the eyes	yours

'kɔrɛ	a	'kɔrɛ	o'ɲnor	si 'mɔstri
core	**a**	**core**	**ognor**	**si mostri,**
heart	to	heart	always	be shown,

(May your hearts always show themselves to each other in your eyes,)

'lɛgga	o'ɲnor	kwal	'lɛddʒɛ	a'dɛssɔ
legga	**ognor**	**qual**	**legge**	**adesso**
may you read	always	as	you read	now

lun	ne'llaltrɔ	un	sol	pɛn'sjɛr
l'un	**nell'altro**	**un**	**sol**	**pensier.**
one	in the other	one	single	thought.

(may you always share your thoughts and read each other's as you do now.)

AMINA

a	miɔ bɛn	spjɛ'gar	nɔl sɔ
Ah,	**mio ben,**	**spiegar**	**nol so.**
Ah,	my beloved	explain it	I cannot.

ELVINO

tu	ma'dɔri
Tu	**m'adori?**
You	adore me?

LISA

il	dis'petto	in	sen	re'prɛssɔ
(Il	**dispetto**	**in**	**sen**	**represso**
My	scorn	in my	breast	repressed

pju	nɔɲ 'valgɔ	a soste'ner
più	**non valgo**	**a sostener.)**
no longer	I am able to	contain.)

(I can no longer contain the scorn I feel inside me.)

ELVINO

dɔ'mani	a'ppena	a'ddʒorni	tʃi reke'remo	al	'tɛmpjɔ
Domani	**appena**	**aggiorni**	**ci recheremo**	**al**	**tempio**
Tomorrow	as soon as	it is daylight	we will go	to the	church

e	il 'nɔstro	i'mɛnɛ	sa'ra	kom'pjuto
e	**il nostro**	**imene**	**sarà**	**compiuto**
and	our	marriage	will be	solemnized

da	pju	'santo	'rito
da	**più**	**santo**	**rito.**
by	a more	sacred	rite.

(The sound of horses' hooves and the cracking of a whip can be heard.)

kwal	ru'more
Qual	**rumore!**
What	noise (is that)!

ALL

ka'valli
Cavalli!
Horses!

AMINA

um	fɔres'tjɛrɔ
Un	**forestiero.**
A	stranger.

(Rodolfo enters with two grooms.)

RECITATIVO AND CAVATINA
RODOLFO

'kome	no'jozo	e	'luŋgo	il	ka'mmim	mi sɛm'brɔ
Come	**noioso**	**e**	**lungo**	**il**	**cammin**	**mi sembrò!**
How	tedious	and	long	the	journey	seemed to me!

dis'tanti	aŋ'kora	dal	kas'tɛl	sjam	'noi
Distanti	**ancora**	**dal**	**castel**	**siam**	**noi?**
Distant	still	from the	castle	are	we?

(Are we still very far from the castle?)

LISA

trɛ	'miʎʎa	e	'dʒunti	nom vi sa'rete	ke	a	'nɔtte	os'kura
Tre	**miglia,**	**e**	**giunti**	**non vi sarete**	**che**	**a**	**notte**	**oscura,**
Three	miles,	and	arrive	you won't there	but	at	night	dark,

(and you won't get there before dark,)

'tantɔ	al'pɛstrɛ	ɛ	la	via
tanto	**alpestre**	**è**	**la**	**via.**
so	hilly	is	the	road.

'fino a dɔ'mani kwi pɔ'zar vi kon'siʎʎo
Fino a domani qui posar vi consiglio.
Till tomorrow here to stay I advise you.
(I suggest you stay here till tomorrow.)

RODOLFO
e lo de'zio 'avvi al'bɛrgo al vi'lladdʒo
E lo desio. Avvi albergo al villaggio?
I wish to. Is there an inn at the village?

LISA
'ɛkkovi il mio
Eccovi il mio.
There's mine.

RODOLFO
'kwello
Quello?
That one?

ALL
Quello.

RODOLFO
a lɔ kɔ'nosko
Ah! lo conosco.
Ah! I know it.

LISA
voi si'ɲɲor
Voi, signor?
You, sir?

ALL
kos'tui ki fia
(Costui chi fia?)
(This man, who can he be?)

RODOLFO
il mu'lino il 'fonte il 'bɔsko e vi'tʃin la fatto'ria
Il mulino... il fonte... il bosco!... e vicin la fattoria!
The mill... the source... the woods... and nearby the farm!

vi ra'vvizo ɔ 'lwɔgi a'mɛni
Vi ravviso, o luoghi ameni,
Again I see you, oh places lovely,

iŋ kui 'ljeti iŋ kui se'reni
in cui lieti, in cui sereni
in which happy, in which serene

si traŋ'kwillo i di pa'ssai 'della 'prima dʒoven'tu
sì tranquillo i dì passai della prima gioventù!
so peacefully the days I spent of my early youth!

'kaɾi 'lwɔgi iɔ vi trɔ'vai ma kwei di nɔn 'trɔvɔ pju
Cari luoghi, io vi trovai, ma quei dì non trovo più.
Dear places, I found you. but those days I find no more.

ALL
del vi'lladdʒɔ ɛ 'kɔnʃɔ a'ssai
(Del villaggio è conscio assai:
(Of this village he is conscious quite well;
(He knows all about this village;)

'kwando mai kos'tui vi fu
quando mai costui vi fu?)
When ever this man was he here?)
(When was this man ever here before?)

RODOLFO
ma fra voi sɛ nom miŋ'gannɔ
Ma fra voi, se non m'inganno,
But among you, unless I am mistaken,

'ɔddʒi a 'lwɔgɔ al'kuna 'fɛsta
oggi ha luogo alcuna festa.
today is taking place some celebration.

ALL
'faustɛ 'nɔttsɛ kwi si 'fannɔ
Fauste nozze qui si fanno.
Happy nuptials here are taking place.
(There is going to be a happy marriage here.)

RODOLFO *(indicating Lisa)*
e la 'spɔza ɛ 'kwella
E la sposa? è quella?
And the bride, is it that girl?

ALL *(pointing to Amina)*
ɛ 'kwesta
È questa.
It's this one.

RODOLFO
ɛ dʒen'til le'ddʒadra 'molto kiɔ ti 'miɾi o il 'vago 'volto
È gentil, leggiadra molto. Ch'io ti miri. Oh il vago volto!
She is lovely, charming very. Let me look at you. What a lovely face!

tu nɔn 'sai koŋ kwei 'bɛʎʎi 'ɔkki
Tu non sai con quei begli occhi
You don't know with those lovely eyes

'kome 'doltʃe il kɔr mi 'tɔkki
come dolce il cor mi tocchi,
how sweetly my heart you touch,

La Sonnambula, Act I 211

kwai	ri'kjami	ai	pen'sjɛr	mjɛi	adɔ'rabile	bɛl'ta
quai	**richiami**	**ai**	**pensier**	**miei**	**adorabile**	**beltà.**
how	you recall	to the	thoughts	mine	adorable	beauty.

(what adorable beauty[5] is recalled to my thoughts.)

'ɛra	'dessa	kwal	tu	sei	sul	ma'ttino	dellɛ'ta
Era	**dessa**	**qual**	**tu**	**sei**	**sul**	**mattino**	**dell'età.**
Was	she	as	you	are,	in the	morning	of her years.

(She was as you are now, in the morning of her years.)

LISA *(piqued with jealousy)*

'ella	'sola	ɛ	vagɛ'ddʒata
(Ella	**sola**	**è**	**vagheggiata!)**
(She	alone	is	being flattered!)

ELVINO *(not too pleased with the stranger's attention towards his bride)*

da	kwei	'detti	ɛ	luziŋ'gata
(Da	**quei**	**detti**	**è**	**lusingata!)**
(By	those	words	she is being	flattered!)

CHORUS

son	kor'tezi	son	ga'lanti
(Son	**cortesi,**	**son**	**galanti,**
(They're	courteous	and	gallant,

ʎi	abi'tanti	di tʃi'tta	lo son
gli	**abitanti**	**di città,**	**lo son.)**
the	dwellers	from the city,	they are.)

CHORUS, ELVINO *(to Rodolfo)*

kon'tettsa	del	pa'eze	a'vete	voi	si'ɲɲor
Contezza	**del**	**paese**	**avete**	**voi,**	**signor?**
Knowledge	of the	region	have	you,	sir?

(Are you familiar with this region, sir?

RODOLFO

vi fui	da	dʒovi'netto	kol	si'ɲɲor del	kas'tɛllɔ
Vi fui	**da**	**giovinetto**	**col**	**signor del**	**castello.**
I was here	as a	young boy	with the	master of the	castle.

TERESA

o	il	bwɔn	si'ɲɲore	ɛ	'mɔrtɔ	or son	kwa'tranni
Oh!	**il**	**buon**	**signore!**	**È**	**morto**	**or son**	**quattr'anni!**
Oh,	that	good	lord!	He	died	it's now	four years!

(He died four years ago!)

RODOLFO

e	nɛ	ɔ	do'lore	'eʎʎi	mi a'mɔ	kwal	'fiʎʎo
E	**ne**	**ho**	**dolore!**	**Egli**	**mi amò**	**qual**	**figlio...**
And	over it	I have	grief!	He	loved me	like a	son...

---

[5] Rodolfo is remembering a young woman he used to be in love with, who resembled the adorable Amina.

TERESA

ed	um	'fiʎʎo	'eʎʎi	a'vea			
Ed	**un**	**figlio**	**egli**	**avea:**			
And	a	son	he	had;			

ma	dal	kas'tɛllɔ	'sparve	il 'dʒovane	un	di
Ma	**dal**	**castello**	**sparve**	**il giovane**	**un**	**dì,**
But	from the	castle	disappeared	the young man	one	day,

nɛ	pju	nɔ'vella	'nɛbbe	la'fflittɔ	'padrɛ
nè	**più**	**novella**	**n'ebbe**	**l'afflitto**	**padre.**
no	more	news	he had of him,	the worried	father.

RODOLFO

a	swɔi	kon'dʒunti	'nwɔva	io	ne 'rɛkɔ	e	'tʃɛrta
A'	**suoi**	**congiunti**	**nuova**	**io**	**ne reco,**	**e**	**certa.**
To	his	kin	news	I	bring of him,	and	true.

(I bring true news about that young man to all his kin.)

ei	'vive
Ei	**vive.**
He	is alive.

LISA

e	'kwandɔ	'alla	'tɛrra	na'tia	fa'ra ɾi'torno
E	**quando**	**alla**	**terra**	**natia**	**farà ritorno?**
And	when	to his	land	native	will he return?

CHORUS

tʃas'kun	lɔ 'brama
Ciascun	**lo brama.**
All of us	long to see him.

RODOLFO

lo ve'drete	un	'dʒorno
Lo vedrete	**un**	**giorno.**
You'll see him	one	day.

(The sound of a bagpipe is heard, leading the flocks back to the fold.)

TERESA

ma	il	sol	tra'monta	ɛ	'dwɔpo	prɛpa'rarsi	a par'tir
Ma	**il**	**sol**	**tramonta:**	**è**	**d'uopo**	**prepararsi**	**a partir.**
But	the	sun	is setting;	it's	necessary	to prepare	to leave.

CHORUS
Partir!

TERESA

sa'pete	ke	'lɔɾa	savvi'tʃina	iŋ	kui	si 'mɔstra
Sapete	**che**	**l'ora**	**s'avvicina**	**in**	**cui**	**si mostra**
You know	that	the hour	is near	in	which	reveals itself

il tre'mendo fan'tazma
il tremendo fantasma.
that terrifying phantom.

CHORUS
ɛ 'vveɾo
È vero!
That's true!

RODOLFO
kwal fan'tazma
Qual fantasma?
What phantom?

ALL
ɛ um mis'tɛɾo un ɔ'ddʒetto do'rror
È un mistero... un oggetto d'orror!
It's a mystery... an object of horror!

RODOLFO
fɔ'llie
Follie!
Foolishness!

CHORUS
ke 'dite sɛ sa'peste si'ɲɲor
Che dite? Se sapeste, signor...
What are you saying? If you only knew, sir...

RODOLFO
na'rrate
Narrate.
Narrate.
(Tell me.)

CHORUS
u'dite a 'fosko 'tʃɛlo a 'nɔtte 'bruna
Udite. A fosco cielo, a notte bruna,
Listen. With a gloomy sky, in the night dark,

al 'fjɔkko 'raddʒo din'tʃerta 'luna
al fiocco raggio d'incerta luna,
by the feeble ray of a half-hidden moon,

al 'kupo swɔn di twɔn lɔn'tano
al cupo suon di tuon lontano
at the dread sound of thunder far away

dal 'kɔlle al pjan un'ombra a'ppar
dal colle al pian un'ombra appar.
from the hill to the plain a shade appears.

im	'bjaŋko	a'vvɔlta	lɛn'tswɔl	ka'dɛntɛ
In	**bianco**	**avvolta**	**lenzuol**	**cadente,**
In	white	wrapped (with)	folds	falling,

(Wrapped in white with falling folds,)

kol	krin	di'ʃʃɔlto	kɔn	'ɔkkjo	ar'dɛntɛ
col	**crin**	**disciolto,**	**con**	**occhio**	**ardente,**
with	hair	disheveled,	with	eyes	burning,

kwal	'dɛnsa	'nebbja	dal	'vɛnto 'mɔssa
qual	**densa**	**nebbia**	**dal**	**vento mossa**
like a	dense	fog	by the	wind blown

a'vantsa	iŋ'grɔssa	i'mmɛnsa	par
avanza,	**ingrossa,**	**immensa**	**par.**
it advances,	it grows bigger,	immense	it seems.

RODOLFO

vɛ la di'pindʒɛ	vɛ la fi'gura	la 'vɔstra	'tʃɛka	kreduli'ta
Ve la dipinge,	**ve la figura**	**la vostra**	**cieca**	**credulità.**
It is pictured,	it is imagined (by)	your	blind	credulity.

(Your blind credulity imagines and pictures it.)

TERESA, AMINA, ELVINO

a	nɔ'nɛ	'fɔla	nɔ'nɛ	pa'ura
Ah!	**Non è**	**fola,**	**non è**	**paura:**
Ah!	It isn't an	old wives' tale,	it isn't	fear;

tʃas'kun	la 'vidɛ	ɛ	veri'ta
Ciascun	**la vide:**	**è**	**verità.**
Everyone	saw her;	it's	the truth.

CHORUS

do'vuŋkwe	i'nɔltra	a	'passo	'lɛnto
Dovunque	**inoltra**	**a**	**passo**	**lento,**
Wherever	she enters	with	steps	slow,

si'lɛntsjo	'reɲɲa	ke	fa	spa'vɛnto
silenzio	**regna**	**che**	**fa**	**spavento:**
silence	reigns	that	gives one	fright;

non 'spira	'fjato	nɔm 'mɔvɛ	'stɛlo
Non spira	**fiato,**	**non move**	**stelo:**
No breeze	blows,	not a movement of the	reeds;

'kwazi	per	'dʒɛlo	il	'rio si sta
quasi	**per**	**gelo**	**il**	**rio si sta.**
almost	of	ice	the	river seems to become.

i 'kani	'stessi	akkova'ttʃati	a'bbasan	ʎi 'ɔkki
I cani	**stessi**	**accovacciati**	**abbassan**	**gli occhi,**
The dogs	themselves,	bedded down,	lower	their eyes,

nɔn an	laˈtrati
non han	**latrati.**
do not	bark.

sɔl	ˈtrattɔ ˈtrattɔ	da	ˈvalle	ˈfonda
Sol	**tratto tratto**	**da**	**valle**	**fonda**
Only	now and then	from the	valley's	depth

la	ˈstridʒe	iˈmmonda	urˈlandɔ va
la	**strige**	**immonda**	**urlando va.**
the	owl	filthy	screeches away.

RODOLFO

ɔ ˈtɔstɔ	ɔ	ˈtardi
O tosto	**o**	**tardi,**
Sooner	or	later,

vɔˈrrɛi	veˈderla	skoˈprir	ke	fa
vorrei	**vederla,**	**scoprir**	**che**	**fa.**
I'd like	to see her,	find out	what	she does.

ALL

dal	ritʃerˈkarla	il tʃɛl	vi ˈgwardi
Dal	**ricercarla**	**il ciel**	**vi guardi!**
From	seeking her out	(may) Heaven	protect you!

saˈria	sɔˈvɛrkja	temeriˈta
Saria	**soverchia**	**temerità.**
It would be	gross	foolhardiness.

RODOLFO

ˈbasta koˈzi	tʃasˈkuno	si aˈttɛŋga	al	suɔ	paˈrer
Basta così.	**Ciascuno**	**si attenga**	**al**	**suo**	**parer.**
Enough.	Everyone	should keep	to	his (own)	opinions.

vɛˈrra	staˈdʒone	ke	di	siˈffatte ˈlarvɛ
Verrà	**stagione**	**che**	**di**	**siffatte larve**
There will come the	time	when	from	such apparitions

fia	purˈgato	il	viˈlladdʒɔ
fia	**purgato**	**il**	**villaggio.**
will be	purged	this	village.

TERESA

il tʃɛl	lɔ ˈvɔʎʎa
Il ciel	**lo voglia!**
(May) Heaven	wish it!

ˈkwesto	o	siˈɲɲorɛ	ɛ	luniverˈsal	deˈzio
Questo,	**o**	**signore,**	**è**	**l'universal**	**desio.**
This,	oh	sir,	is	the universal	desire. (everyone's wish.)

RODOLFO

ma	del	'vjaddʒo mio	ripo'zarmi	vo'rrɛi
Ma	**del**	**viaggio mio**	**riposarmi**	**vorrei,**
But	from	my journey	to rest	I'd like,

sɛ	mɛl kon'tʃedɛ	la mia 'bɛlla	albɛrga'tritʃe
se	**mel concede**	**la mia bella**	**albergatrice.**
is	it is permitted me (by)	my beautiful	innkeeper?

ALL

	bwɔn ri'pɔzo si'ɲɲor	'nɔtte fe'litʃe
	Buon riposo, signor.	**Notte felice.**
(Have)	a good rest, sir,	Night happy.

RODOLFO *(to Amina)*

a'ddio	dʒen'til fan'tʃulla	'fino a do'mani
Addio,	**gentil fanciulla,**	**fino a domani...**
Farewell,	lovely maiden,	till tomorrow...

'tami	il tuo 'spɔzo	'kome a'marti	io sa'prɛi
T'ami	**il tuo sposo**	**come amarti**	**io saprei.**
May he love you,	your bridegroom,	as love you	I could.

(May your bridegroom love you as I would know how to.)

ELVINO *(somewhat sharply)*

ne'ssum	mi 'vintʃe	im	profe'ssarlɛ	a'more
Nessun	**mi vince**	**in**	**professarle**	**amore.**
No one	can best me	in	professing to her	(my) love.

RODOLFO *(with a wry smile)*

fe'litʃɛ tɛ	sɛ	nɛ	po'ssjedi	il	'kɔrɛ
Felice te	**se**	**ne**	**possiedi**	**il**	**core!**
Happy you	if	of her	you possess	the	heart!

(Happy you if you possess her heart.)

(Rodolfo leaves with Lisa. The people disperse. Elvino is about to leave.)

SCENE AND DUET
AMINA

el'vino e	mɛ	tu	'laʃʃi	'sɛntsa	un	'tɛnɛro a'ddio
Elvino! e	**me**	**tu**	**lasci**	**senza**	**un**	**tenero addio?**
Elvino! And	me	you	leave	without	a	tender farewell?

ELVINO *(ironically)*

'dallɔ	stra'njɛro	bɛn	'tɛnɛro la'vesti
Dallo	**straniero**	**ben**	**tenero l'avesti.**
From that	stranger	quite	tender you got one.

AMINA

ɛ vver	ko'mmɔsso	in	la'ʃʃarmi	ɛi	sɛm'brɔ
È ver:	**commosso**	**in**	**lasciarmi**	**ei**	**sembrò.**
That's true;	moved	when	he left me	he	seemed.

La Sonnambula, Act I

da	kwel	sɛm'bjantɛ	'ɔttimɔ	kɔr	tras'parɛ
Da	**quel**	**sembiante**	**ottimo**	**cor**	**traspare...**
From	his	countenance	an excellent	heart	seems to emerge...

ELVINO

ɛ	kɔr	da'mantɛ
È	**cor**	**d'amante.**
It's the	heart	of a lover.

AMINA

'parli	tu	il	'vero	o	'skertsi	kwal	'sɔrdʒe	'dubbjo in tɛ
Parli	**tu**	**il**	**vero**	**o**	**scherzi?**	**Qual**	**sorge**	**dubbio in te?**
Speak	you	the	truth	or	do you jest?	What	arises	doubt in you?

(What doubts do you feel?)

ELVINO

tiɱ'findʒi	iɱ'vanɔ	ɛi	ti strin'dʒea	la	'manɔ
T'infingi	**invano.**	**Ei**	**ti stringea**	**la**	**mano,**
You pretend	in vain.	He	was clasping	your	hand,

ti fa'tʃea ka'rettse
ti facea carezze...
caressed you...

AMINA

e'bbɛn
Ebben!...
So!...

ELVINO

dis'karɛ	non 'tɛran	'esse
Discare	**non t'eran**	**esse,**
Unpleasant	were not for you	they,

(Those caresses weren't exactly unpleasant for you...)

e	ad	'oɲɲi sua pa'rɔla	siŋkɔn'travanɔ
e	**ad**	**ogni sua parola**	**s'incontravano**
and	at	his every word	they met

i twɔi	'neʎʎi	'ɔkki	swɔi
i tuoi	**negli**	**occhi**	**suoi.**
yours	in the	eyes	his.

(and at every word he spoke your eyes met his.)

AMINA

iŋ'gratɔ	e	dir mel	pwɔi
Ingrato!	**E**	**dir mel**	**puoi?**
Ungrateful one!	And	say that to me	you can?

'ɔkki	nɔ'nɔ	nɛ	'kɔrɛ	fwɔr ke	per	tɛ
Occhi	**non ho**	**nè**	**core**	**fuor che**	**per**	**te.**
Eyes	I don't have	nor	heart	except	for	you.

non ti dʒu'rai   mia   'fede   nɔ'nɔ   la'nɛllo tuo
Non ti giurai   mia   fede?   Non ho   l'anello tuo?
Haven't I pledged you   my   troth?   Haven't I   your ring?

ELVINO
si
Sì.
Yes.

AMINA
nɔn ta'dɔrɔ   il mio bɛn   nɔn 'sɛi tu
Non t'adoro?   Il mio ben   non sei tu?
Don't I adore you?   My beloved,   isn't that you?

ELVINO
si   ma
Sì...   ma...
Yes...   but...

AMINA
prɔ'sɛgwi   sa'resti tu   dʒe'lozo
Prosegui.   Saresti tu   geloso?...
Go on.   Could you be   jealous?...

ELVINO
a   si   lo 'sono
Ah,   sì,   lo sono.
Ah,   yes,   I am.

AMINA
di   ki
Di   chi?
Of   whom?

ELVINO
di   'tutti
Di   tutti.
Of   everyone.

AMINA
in'dʒustɔ   kɔr
Ingiusto   cor!
Unjust   heart!

ELVINO
per'dono   son   dʒe'lozo   del   'ddzɛfirɔ   ɛ'rrantɛ
Perdono.   Son   geloso   del   zefiro   errante
Forgive me.   I am   jealous   of the   breeze   wandering

ke   si 'skertsa   kol   'krine   kol   'velo
che   si scherza   col   crine   col   velo;
that   plays   with your   hair   with your   veil;

fin	del	sol	ke	ti 'mira	dal	'tʃɛlɔ
fin	**del**	**sol**	**che**	**ti mira**	**dal**	**cielo,**
even	of the	sun	that	looks at you	from the	sky,

fin	del	'rivo	ke	'spekkjo	ti fa
fin	**del**	**rivo**	**che**	**specchio**	**ti fa.**
even	of the	river	that	mirrors	your image.

AMINA

son	mio	'bɛnɛ	del	'ddzɛfirɔ	a'mantɛ
Son,	**mio**	**bene,**	**del**	**zefiro**	**amante,**
I am,	my	beloved,	of the	breeze	the lover,

(I love the breeze, my beloved,)

per'ke	ad	'esso	il tuo	'nome	kɱ'fido
perchè	**ad**	**esso**	**il tuo**	**nome**	**confido;**
because	to	it	your	name	I confide;

'amo	il	sol	per'ke	'teko	il di'vido
amo	**il**	**sol**	**perchè**	**teco**	**il divido,**
I love	the	sun	because	with you	I share it,

'amo	il	rio	per'ke	'londa	ti da
amo	**il**	**rio**	**perchè**	**l'onda**	**ti dà.**
I love	the	river	because	its waves	it gives you.

ELVINO

a	per'dona	alla'more	il	sɔs'pɛttɔ
Ah!	**perdona**	**all'amore**	**il**	**sospetto!**
Ah!	Forgive	my love	its	suspicion!

AMINA

a	pɛr 'sɛmprɛ	zgɔm'brarlo	dɛi tu
Ah!	**per sempre**	**sgombrarlo**	**dei tu.**
Ah!	Forever	be rid of it	you must.

ELVINO

si	pɛr 'sɛmprɛ
Sì,	**per sempre!**
Yes,	forever!

AMINA

e	il pro'metti
e	**il prometti?**
And	you promise?

ELVINO

il pro'metto
Il prometto.
I promise.

AMINA, ELVINO

mai	pju	'dubbi	ti'moɾi	mai pju
Mai	**più**	**dubbi!**	**timori**	**mai più!**
Never	again	doubts!	Fears	never again!

a	miɔ 'bɛnɛ	a	kɔs'tantɛ
Ah,	**mio bene!**	**Ah,**	**costante**
Ah,	my beloved,	ah,	constant

e	sɛm'bjantɛ	a	se'ɾenɔ ma'ttino
e	**sembiante**	**a**	**sereno mattino**
and	like	a	calm morning

per	noi	'sɛmpɾɛ	la 'vita sa'ɾa	miɔ-a kaɾo 'kaɾa a'ddio
per	**noi**	**sempre**	**la vita sarà.**	**Mio/a caro (cara) addio!**
for	us	always	life shall be.	My dear (---) farewell!

ELVINO

a mɛ 'pɛnsa
A me pensa.
Think of me.

AMINA

e	tu	aŋ'koɾa
E	**tu**	**ancora.**
And	you	too.

AMINA, ELVINO

pur	nel	'sonno	il miɔ kɔr	ti vɛ'dra	a'ddio
Pur	**nel**	**sonno**	**il mio cor**	**ti vedrà.**	**Addio!**
Even	in my	sleep	my heart	will see you.	Farewell!

(They exit.)

A room at the inn
(There are windows and a door on the sides. In an inner room there is a table and a sofa. At first Rodolfo is alone. Later he is joined by Lisa.)

RODOLFO

da'vver	nom mi	dis'pjatʃɛ	'dɛssermi	kwi	fɛɾ'mato
Davver,	**non mi**	**dispiace**	**d'essermi**	**qui**	**fermato:**
Really,	I am not	displeased	for having	here	stopped;

il	'lwɔgo	ɛ	a'mɛno	'laɾja	ɛttʃɛ'llɛntɛ
Il	**luogo**	**è**	**ameno,**	**l'aria**	**eccellente,**
The	place	is	pleasant,	the air	excellent,

ʎi 'wɔmini	kor'tezi	a'mabili	le 'dɔnnɛ	'oltre 'oɲɲi 'kɔza
gli uomini	**cortesi,**	**amabili**	**le donne**	**oltre ogni cosa.**
the men	courteous,	friendly	the women	indeed.

'kwella 'dʒovinɛ	'spɔza	ɛ	a'ssai	le'ddʒadɾa
Quella giovine	**sposa**	**è**	**assai**	**leggiadra...**
That young	bride	is	quite	charming...

e	'kwella	os'tessa	ɛ	um	pɔ	ri'troza
e	**quella**	**ostessa?**	**È**	**un**	**po**	**ritrosa...**
and	that	innkeeper?	She is	a	bit	coy...

ma	mi 'pjatʃɛ	aŋ'kessa	'ɛkkɔla	a'vanti
ma	**mi piace**	**anch'essa.**	**Eccola:**	**avanti,**
but	I like her	as well.	Here she is;	come in,

mia	'bɛlla	albɛrga'tritʃe
mia	**bella**	**albergatrice.**
my	lovely	hostess.

LISA *(entering)*

ad	iɱfɔr'marmi	ve'niva	io 'stessa
Ad	**informarmi**	**veniva**	**io stessa**
To	find out	I was coming	myself

sɛ	lapparta'mentɔ	va a	'dʒɛnjɔ
se	**l'appartamento**	**va a**	**genio**
whether	the apartment	is to the	liking

al	si'ɲɲor	'konte
al	**signor**	**Conte.**
of	His Lordship the	Count.

RODOLFO

al	si'ɲɲor	'konte	'djamine	son kono'ʃʃuto
Al	**signor**	**Conte!**	**(Diamine!**	**son conosciuto!)**
Of	His Lordship the	Count!	(The devil!	I've been recognized!)

LISA

perdɔ'natɛ	ma	il	'sindakɔ	lɔ a'ttʃerta
Perdonate,	**ma**	**il**	**Sindaco**	**lo accerta,**
Forgive me,	but	the	Mayor	has verified it,

e	a	'farvi 'fɛsta	'tutto	il	vi'lladdʒɔ	a'duna
e	**a**	**farvi festa**	**tutto**	**il**	**villaggio**	**aduna.**
and	to	feast your arrival	all	the	village	is gathering.

io	riŋ'grattsjo	for'tuna	ke	a	mɛ	'prima di 'tutti
Io	**ringrazio**	**fortuna**	**che**	**a**	**me**	**prima di tutti**
I	thank my	fortune	that	to	me	above all others

a kontʃe'duto	il	fa'vor	do'ffrirvi	il mio	ris'pɛttɔ
ha conceduto	**il**	**favor**	**d'offrirvi**	**il mio**	**rispetto.**
you've granted	the	favor	of offering you	my	respects.

RODOLFO

'nelle	'bɛlle	mi 'pjatʃɛ	u'naltro	a'ffɛttɔ
Nelle	**belle**	**mi piace**	**un'altro**	**affetto.**
In	beautiful women	I like	another	attitude.

La Sonnambula, Act I

e	tu	sei	'bɛlla	o	'liza	'bɛlla	da'vveɾo
E	**tu**	**sei**	**bella,**	**o**	**Lisa,**	**bella**	**davvero.**
And	you	are	beautiful,	oh	Lisa,	beautiful	indeed.

LISA

ɔ	il 'siɲɲor		'konte	'skertsa
Oh!	**il signor**		**Conte**	**scherza.**
Oh,	Your Lordship the		Count	is joking.

RODOLFO

nɔ	non is'kertso	e	'kwesti	'furbi	ɔ'kjetti
No,	**non ischerzo.**	**E**	**questi**	**furbi**	**occhietti,**
No,	I am not joking.	And	those	wily	lovely eyes,

'kwanti	'kɔɾi	an	sor'prezi	e	amma'ljati
quanti	**cori**	**han**	**sorpresi**	**e**	**ammaliati?**
how many	hearts	have they	surprised	and	bewitched?

LISA

non ko'nosko	fi'noɾa	innamɔ'ɾati
Non conosco	**finora**	**innamorati.**
I haven't known	as yet any	suitors.

RODOLFO

tu	'mɛnti	o	brikkɔn'tʃɛlla	io	ne ko'nosko
Tu	**menti,**	**o**	**bricconcella,**	**io**	**ne conosco...**
You	are lying,	oh	my sly one,	I	know one of them...

LISA *(coming closer to him)*

e'dɛ
Ed è?...
And he is?...

RODOLFO

sɛ	kwel	fo'ssio	ke	di'resti	ɔ ka'ɾina
Se	**quel**	**foss'io,**	**che**	**diresti,**	**o carina?...**
If	I	were he,	what	would you say,	dearest?...

LISA

io	ke	di'ɾei	si'ɲɲor	nɔl kɾɛdɛ'ɾei
Io	**che**	**direi?**	**Signor,**	**nol crederei.**
I,	what	would I say?	Sir,	I wouldn't believe it.

im	me	nɔ'nɛ	bɛl'ta	'deɲɲa	di	'tantɔ
In	**me**	**non è**	**beltà**	**degna**	**di**	**tanto...**
In	me	there isn't	beauty	worthy	of	so much...

(I have no beauty so deserving...)

um	'meɾito	ɔ	sɔl'tantɔ	'kwello di	uŋ	kɔr	sin'tʃeɾɔ
Un	**merito**	**ho**	**soltanto:**	**quello di**	**un**	**cor**	**sincero.**
One	merit	have I	only:	that of	a	heart	sincere.

223

RODOLFO

e	'kwestɔ	ɛ	'molto		ma	kwal	ru'morɛ		as'kolto
E	**questo**	**è**	**molto.**		**Ma**	**qual**	**rumore**		**ascolto?**
And	that	is	a great deal.		But	what	noise		do I hear?

(A noise is heard at the window.)

LISA *(aside)*

mal	'vɛŋga	allimpor'tuno
(Mal	**venga**	**all'importuno!)**
(Evil	take	the intruder!)

RODOLFO *(opening the window)*

'dondɛ	prɔ'vjɛn
Donde	**provien?**
Where	is it coming from?

LISA

ke	nom mi 'vegga	al'kuno
Che	**non mi vegga**	**alcuno.**
Let	me not be seen by	anyone.

(Lisa flees into the other room, losing her handkerchief in her haste. Rodolfo tosses it on the sofa. Amina appears, dressed in white; from the window can be seen the stair by which she came. She is asleep-- a somnambulist. She comes slowly into the room.)

RECITATIVE AND DUET
RODOLFO

ke	'veddʒɔ	sa'ria		'forse	il	no'tturnɔ	fan'tazma
Che	**veggio?**	**Saria**		**forse**	**il**	**notturno**	**fantasma?**
What	do I see?	Could	this be	maybe,	the	nocturnal	phantom?

a	nom miŋ'gannɔ		kwes'tɛ	la	villa'nɛlla
Ah!	**non m'inganno...**		**quest'è**	**la**	**villanella**
Ah!	I'm not mistaken...		this is	the	village maid

ke	'djantsi	'aʎʎi	'ɔkki	mjɛi	'parve	si	'bbɛlla
che	**dianzi**	**agli**	**occhi**	**miei**	**parve**	**sì**	**bella.**
who	before	to the	eyes	mine	seemed	so	beautiful.

(who seemed so lovely to me before.)

AMINA
Elvino...

RODOLFO
'dorme
Dorme.
She is asleep.

AMINA
non ris'pondi
Non rispondi?
Why don't you answer me?

RODOLFO

ɛ   sɔ'nnambula
È   sonnambula.
She is   a somnambulist.

AMINA *(with a playful smile)*

dʒe'lozɔ   sa'resti   aŋ'kora   'dellɔ   stra'njɛɾɔ
Geloso   saresti   ancora   dello   straniero?...
Jealous   could you be   still   of that   stranger?...
(Are you still jealous of that stranger?...)

a   'parla   'sɛi   tu   dʒe'lozo
Ah   parla. Sei   tu   geloso?
Ah   speak. Are   you   jealous?

RODOLFO

'deddʒo   dɛs'tarla
Deggio   destarla?
Should I   wake her?

AMINA

iŋ'gratɔ   a   me   ta'ppressa   'amɔ   tɛ   'solo   il sai
Ingrato,   a   me   t'appressa.   Amo   te   solo,   il sai.
Ungrateful one,   to   me   come close.   I love   you   alone,   you know that.

RODOLFO

'dɛstisi
Destisi.
Let me wake her.

AMINA

'prɛndi la   man   ti 'stɛndɔ   um 'batʃɔ   im'primi   in 'essa
Prendi, la   man   ti stendo...   un bacio   imprimi   in essa,
Here,   my   hand   I hold out to you...   a kiss   imprint   on it,
(I'm holding out my hand to you...kiss it,)

'peɲɲo di   'patʃɛ
pegno di   pace.
(as a)   token   of   peace.

RODOLFO

a   non si 'dɛsti   al'kun   a   tur'barmi
Ah!   non si desti...   alcun   a   turbarmi
Ah!   Let me not wake her...   someone   to   disturb me

nom   'vɛŋga in   tal   mo'mento
non   venga   in   tal   momento.
should not   come   at   such   a moment.
(Nobody should disturb me now.)

(Rodolfo goes to close the window. Lisa enters, sees Amina and leaves the room unseen by the Count.)

LISA

aˈmina	ɔ	tradiˈtritʃe
Amina!	**O**	**traditrice!**
Amina!	Oh (the)	betrayer!

RODOLFO *(running to Amina, then stopping himself)*

ɔ	tʃɛl	ke	ˈtɛnto
Oh	**ciel!**	**Che**	**tento?**
Oh	Heaven!	What	am I trying (to do)?

AMINA *(dreaming of her wedding)*

ɔ	ˈkomɛ	ˈljɛtɔ	ɛ	il	ˈpɔpɔlo
Oh!	**come**	**lieto**	**è**	**il**	**popolo**
Oh!	How	happy	is	the	crowd

ke	al	ˈtɛmpjɔ	nɛ	fa	ˈskɔrta
che	**al**	**tempio**	**ne**	**fa**	**scorta!**
that	to the	church	to us	makes	escort!

(following us to the church!)

RODOLFO

in	ˈsoɲɲo	aŋˈkor	kweˈllanima	ɛ	nel	suɔ	ˈbɛnɛ	aˈssɔrta
In	**sogno**	**ancor**	**quell'anima**	**è**	**nel**	**suo**	**bene**	**assorta.**
In her	dream	still	that soul	is	in	her	happiness	absorbed.

(That dear soul even in her dreams is absorbed in her happiness.)

AMINA

ˈardɔn	lɛ	ˈsakrɛ	ˈtɛdɛ
Ardon	**le**	**sacre**	**tede.**
Are burning	the	sacred	wedding torches.

(The wedding torches are lighted.)

RODOLFO

ˈessa	allalˈtar	si ˈkrede
Essa	**all'altar**	**si crede!**
She	at the altar	believes herself to be!

AMINA

ɔ	ˈmadre mia	maˈita	nom mi sɔsˈtjɛnɛ	il	pjɛ
Oh	**madre mia,**	**m'aita.**	**Non mi sostiene**	**il**	**piè.**
Oh	mother mine,	help me.	Doesn't hold me up	the	foot.

(My steps fail me.)

RODOLFO

nɔ	non saˈrai	traˈdita	ˈalma	dʒenˈtil da	mɛ
No,	**non sarai**	**tradita,**	**alma**	**gentil, da**	**me!**
No,	you will not be	betrayed,	soul	lovely, by	me!

(by me, dear soul................!)

AMINA

ˈtʃɛlo	al mio	ˈspɔzɔ	io ˈdʒuro	ɛˈtɛrna ˈfede	e	aˈmor
Cielo,	**al mio**	**sposo**	**io giuro**	**eterna fede**	**e**	**amor!**
Heaven,	to my	husband	I swear	eternal faith	and	love!

RODOLFO

'dʒiʎʎo	inno'tʃɛnte	e	'puro	kon'sɛrva	il tuo	kan'dor
Giglio	**innocente**	**e**	**puro,**	**conserva**	**il tuo**	**candor!**
Lily	innocent	and	pure,	keep	your	innocence!

(Oh innocent lily-white creature, keep your purity!)

AMINA

el'vino	al'fin	sɛi	'mio
Elvino!	**alfin**	**sei**	**mio.**
Elvino!	At last	you are	mine.

RODOLFO

'fuggasi
Fuggasi.
I must escape.

AMINA

dʒa	tua	son io	a'bbrattʃami	ɔ	kon'tɛnto
Già	**tua**	**son io.**	**Abbracciami.**	**Oh**	**contento**
Already	yours	I am.	Embrace me.	Oh	happiness

ke	nɔn si pwɔ	spjɛ'gar
che	**non si può**	**spiegar!**
that	cannot be	described!

RODOLFO

a	sɛ	pju	'rɛsto	io	'sɛnto	la mia	vir'tu	maŋ'kar
Ah	**se**	**più**	**resto**	**io**	**sento**	**la mia**	**virtù**	**mancar.**
Ah,	if	any longer	I stay	I	feel	my	virtue	failing.

(If I stay any longer, I may give in to my prurient intentions.)

AMINA
Elvino, abbracciami, alfin sei mio.

(Rodolfo is about to leave by the door, but hearing the sound of people, he leaves by the window, shutting it afterwards. Amina, still asleep, lies on the bed.)

CHORUS *(at first offstage, then closer)*

ɔsser'vate	'luʃʃo	ɛ	a'pɛrto
Osservate,	**l'uscio**	**è**	**aperto.**
Observe,	the door	is	open.

'sɛntsa	'strɛpito	inol'trjam	'tutto	'tatʃɛ
Senza	**strepito**	**inoltriam.**	**Tutto**	**tace,**
Without	noise	let us enter.	All	is quiet,

ɛi	'dorme	'tʃɛrto	lo des'tjam	ɔ	nol des'tjam
ei	**dorme**	**certo.**	**Lo destiam**	**o**	**nol destiam?**
He	is asleep	surely.	Shall we wake him	or	shall we not?

per'ke	nnɔ	tʃi vwɔl	kɔ'raddʒo
Perchè	**no?**	**ci vuol**	**coraggio;**
Why	not?	We must have	courage;

prezɛnˈtarsi	ɔ	uˈʃʃir	di	kwa		
Presentarsi	**o**	**uscir**	**di**	**qua.**		
(Either) show ourselves	or	get out	of	here.		

dellɔˈssɛkkwjɔ	del	viˈlladdʒɔ	malkɔnˈtɛntɔ	ei	nɔn	saˈra
Dell'ossequio	**del**	**villaggio**	**malcontento**	**ei**	**non**	**sarà.**
With the homage	of the	village	ill-pleased	he	cannot	be.

avanˈtsjam	vɛ vɛ	miˈratɛ	a	dorˈmir kɔˈla	sɛ	ˈmesso
Avanziam.	**Ve' ve!**	**mirate.**	**A**	**dormir colà**	**s' è**	**messo.**
Let's approach.	Why,	look here,	to	sleep there	he has	laid himself.

(What's this? He lay down to sleep over there.)

appreˈssjam	a	fɛrˈmatɛ	
Appressiam.	**Ah!**	**fermate!**	
Let's get closer.	Ah!	Stop!	

(They recognize Amina lying on the sofa.)

nɔˈnɛ	ˈdesso	al	vesˈtitɔ	ˈalla	fiˈgura	ɛ	ˈuna	ˈdɔnna si
Non è	**desso!**	**Al**	**vestito,**	**alla**	**figura, è**		**una**	**donna, sì.**
It isn't	him!	By the	dress,	by the	shape,	it's	a	woman, yes.

ɛ	biˈddzarra	lavvenˈtura	ˈuna ˈdɔnna	ˈkomɛ	ɛnˈtrɔ
È	**bizzarra**	**l'avventura.**	**Una donna!**	**Come**	**entrò?**
It's	strange,	this affair.	A woman!	How	did she come in?

ke	mai	fa	kwi
Che	**mai**	**fa**	**qui?**
What	ever	is she doing	here?

(Elvino, Teresa and Lisa enter. Elvino is very upset.)

QUINTET
ELVINO

ɛ	menˈtsɔɲɲa
È	**menzogna!**
It's	a lie!

CHORUS

alˈkun	saˈppressa
Alcun	**s'appressa.**
Someone	is coming.

LISA *(to Elvino with malice, pointing to Amina)*

ˈmira	e	ˈkredi	ˈaʎʎi ˈɔkki	twɔi
Mira	**e**	**credi**	**agli occhi**	**tuoi.**
Look	and	believe	the eyes	yours.

(See for yourself.)

ELVINO

ˈtʃɛlɔ	aˈmina
Cielo!	**Amina!**
Heaven!	Amina!

CHORUS

a'mina	'dessa
Amina!	**dessa!**
Amina!	She!

AMINA *(awakened by the commotion)*

'dove	sson	ki	'sjɛte	voi	a	mio	'bɛnɛ
Dove	**son?**	**Chi**	**siete**	**voi?**	**Ah**	**mio**	**bene!**
Where	am I?	Who	are	all of you?	Ah,	my	beloved!

ELVINO

va	tradi'tritʃe
Va!	**traditrice!**
Go! (Faithless)	traitress!

AMINA

io
Io!...
I?...

ELVINO

ti	'skɔsta
Ti	**scosta!**
Away from me!	

AMINA

ɔ mɛ iɱfe'litʃe	ke	'fetʃi iɔ mai
Oh! me infelice!	**Che**	**feci io mai?**
Oh, unhappy me!	What	have I done?

ELVINO

e	aŋ'kor	lɔ 'kjɛdi
E	**ancor**	**lo chiedi?**
And	still	you ask?

CHORUS

'dovɛ	sɛi	tu	bɛn	lo 'vedi
Dove	**sei**	**tu**	**ben**	**lo vedi.**
Where	are	you	well	you see.
(You see where you are.)				

AMINA

kwi	per'ke	ki	mi	va	'spinta
Qui!...	**perchè?**	**Chi**	**mi**	**v'ha**	**spinta?**
Here!...	Why?	Who	me	here	has brought?
		(Who brought me here?)			

ELVINO *(spitefully)*

il tuɔ	'kɔɾe	iŋganna'tor
Il tuo	**core**	**ingannator.**
Your	heart	deceitful.

AMINA

ɔ	'madrɛ
Oh,	**madre!**
Oh,	mother!

(She runs to her mother, who hides her face with her hands.)

CHORUS, LISA

a	sɛ	kon'vinta
Ah!	**sei**	**convinta?...**
Ah!	Are you	convinced?...

AMINA
Ah! me infelice! Che feci io mai?

o	mio	do'lor
Oh	**mio**	**dolor!**
Oh,	my	grief!

dum	pɛn'sjɛɾo	e	dun	a'ttʃɛnto
D'un	**pensiero**	**e**	**d'un**	**accento**
Of a	thought	or	of a	word

rɛa	non 'sono	nɛ	il fui	dʒa'mmai
rea	**non son**	**nè**	**il fui**	**giammai.**
guilty	I am not	nor	was I	ever.

a	sɛ	'fede	im	mɛ	nɔ'nai
Ah!	**se**	**fede**	**in**	**me**	**non hai,**
Ah!	If	faith	in	me	you don't have,

mal	ris'pondi	a	'tanto	a'mor	a mel 'kredi
mal	**rispondi**	**a**	**tanto**	**amor.**	**Ah! mel credi.**
badly	do you respond	to	all my	love.	Ah! Believe me.

ELVINO

'vɔʎʎa il 'tʃɛlo	ke	il	dwɔl	kio	'sɛnto
Voglia il cielo	**che**	**il**	**duol**	**ch'io**	**sento**
May Heaven grant	that	the	grief	that I	feel

tu	prɔ'var	non 'debba		mai
tu	**provar**	**non debba**		**mai!**
you	feel	should not		ever!

(Heaven keep you from ever feeling the pain that I feel now!)

a	tɛl 'mɔstri	sɛ	io	ta'mai
Ah!	**tel mostri**	**se**	**io**	**t'amai**
Ah!	May they show you	if	I	loved you

'kwesto	'pjanto del	miɔ	kɔr
questo	**pianto del**	**mio**	**cor.**
these	tears from	my	heart.

(May these heartfelt tears show you how much I loved you.)

CHORUS, ALESSIO

il tuo	'nero	tradi'mento	ɛ	pa'leze	e	'kjaro	a'ssai
Il tuo	**nero**	**tradimento**	**è**	**palese**	**e**	**chiaro**	**assai.**
Your	black	betrayal	is	obvious	and	clear	enough.

TERESA

dɛ	lu'dite		un	sol	mo'mento
Deh!	**l'udite**		**un**	**sol**	**momento:**
Please!	Listen to her for		one	single	moment;

il	ri'gor	ɛ'ttʃɛdɛ	ɔ'mai
Il	**rigor**	**eccede**	**omai.**
Your	severity	has gone	too far.

CHORUS, ALESSIO

iŋ	kwal	kɔr	fi'dar	pju mai
In	**qual**	**cor**	**fidar**	**più mai**
In	what	heart	can we trust	ever again

sɛ	kwel	kɔr	fu	menti'tor
se	**quel**	**cor**	**fu**	**mentitor?**
if	her	heart	was	deceitful?
	(Amina's)			

(In the meantime Teresa has picked up Lisa's handkerchief and tied it around Lisa's throat.)

ELVINO

nɔm	pju	'nɔttsɛ
Non	**più**	**nozze!**
No	more	marriage!

CHORUS
Non più nozze!

ELVINO

skɔnɔ'ʃʃɛntɛ	io	tabban'dono
Sconoscente,	**io**	**t'abbandono.**
Ungrateful one,	I	am leaving you.

AMINA

ɔ	'krudo	is'tantɛ	dɛ	mu'dite	io	rɛa	non 'sono
Oh	**crudo**	**istante!**	**Deh!**	**m'udite...**	**io**	**rea**	**non sono.**
Oh	cruel	moment!	Please!	Listen to me...	I	guilty	am not.

ELVINO

'tɔʎʎi	a	mɛ	la tua	prɛ'zɛntsa
Togli	**a**	**me**	**la tua**	**presenza;**
Remove	from	me	your	presence;
(Remove yourself from my presence;)				

va	la tua	'votʃe	o'rror	mi fa
Va!	**la tua**	**voce**	**orror**	**mi fa.**
Go!	Your	voice	horror	causes me.

AMINA

'nume	a'miko	allino'tʃentsa,	'zvela	tu	la	veri'ta
Nume	**amico**	**all'innocenza,**	**svela**	**tu**	**la**	**verità.**
Oh God	friend	of innocence,	reveal	Thou	the	truth.

AMINA, ELVINO

no'nɛ	'kwesta,	iŋ'grato	'kɔre,	la	mer'tʃede
Non è	**questa,**	**ingrato**	**core,**	**la**	**mercede**
It isn't	this,	ungrateful	heart,	the	reward

ke	io	spe'rai	da	'tanto	a'more,
che	**io**	**sperai**	**da**	**tanto**	**amore,**
that	I	hoped	for	so much	love,

ke	aspɛ'ttai	da	'tanta	'fede
che	**aspettai**	**da**	**tanta**	**fede...**
that	I expected	for	so much	faithfulness...

a mai	'tɔlta		in	um	mo'mento
Ah! m'hai tolta			**in**	**un**	**momento**
Oh, you have taken from me			in	one	moment

'oɲɲi	'spɛme	di kɔn'tɛnto
ogni	**speme**	**di contento...**
every	hope	of happiness...

a	pe'noza	rimɛm'brantsa	sol	di	te	mi rɛste'ra
Ah!	**penosa**	**rimembranza**	**sol**	**di**	**te**	**mi resterà.**
Ah!	A painful	memory	only	of	you	will stay with me.

(Only painful memories will I have from you.)

LISA, ALESSIO, CHORUS

nom	pju	'nɔttse	nom pju	i'mɛne
Non	**più**	**nozze,**	**non più**	**imene,**
No	more	nuptials,	no more	marriage,

'sprɛttso,		iɱ'famja	a	lɛi	kɔɱ'vjɛne
sprezzo,		**infamia**	**a**	**lei**	**conviene.**
scorn	(and)	infamy	for	her	is deserved.

di	noi	'tutti	all'ɔdjo	ɛ'tɛrno
Di	**noi**	**tutti**	**all'odio**	**eterno,**
From	us	all	in hatred	eternal,

al	ro'ssore	la	rɛa	vi'vra
al	**rossore**	**la**	**rea**	**vivrà.**
in	shame	the	guilty girl	will live.

TERESA

a	sɛ	al'kun	non ti sɔs'tjɛne
Ah!	**se**	**alcun**	**non ti sostiene,**
Ah!	If	no one	helps you,

sɛ   neˈssun   faˈvor   tɔˈttjɛnɛ
se   nessun   favor   t'ottiene,
if   no   favor   you receive,
(if no one looks with favor on you,)

zventuˈrata   il   sem   maˈtɛrnɔ   ˈkjuzɔ a   tɛ   nɔn rɛstɛˈra
sventurata,   il   sen   materno   chiuso a   te   non resterà.
unhappy girl,   the   bosom maternal   closed   to   you   will not stay.
(your mother's heart, unhappy girl, will not remain closed to you.)

(All leave. Amina falls into Teresa's arms.)

END OF ACT I

ACT II
(A group of villagers appears in a forest.)

CHORUS

kwi	la	'sɛlva	ɛ	pju	'folta	ed	om'broza
Qui	**la**	**selva**	**è**	**più**	**folta**	**ed**	**ombrosa.**
Here	the	woods	are	more	thick	and	dark.

kwi	pɔ'zjamo	vi'tʃini	al	ru'ʃʃɛllɔ
Qui	**posiamo**	**vicini**	**al**	**ruscello.**
Here	let us rest	near	the	brook.

'luŋga	aŋ'kora	sko'ʃʃeza	sa'ssoza
Lunga	**ancora,**	**scoscesa,**	**sassosa**
Long	still,	steep (and)	rocky

ɛ	la	via	ke	kon'dutʃɛ	al	kas'tɛllɔ
è	**la**	**via**	**che**	**conduce**	**al**	**castello,**
is	the	road	that	leads	to the	castle;

'sɛmprɛ	'tɛmpɔ	per	'dʒundʒerɛ	a'vremo
sempre	**tempo**	**per**	**giungere**	**avremo**
still	time	to	reach it	we will have

pria ke	'sɔrga	dal	'lɛtto	il	si'ɲɲore
pria che	**sorga**	**dal**	**letto**	**il**	**signore.**
before	he gets out	of	bed	the	Count.

(We still have time to reach the castle before the Count gets out of bed.)

rifle'ttjam	'kwando	'dʒunti sa'remo
Riflettiam!	**Quando**	**giunti saremo,**
Let us think!	When	we will have arrived,

ke	di'rem	per	tɔ'kkare	il suo	kɔr
che	**direm**	**per**	**toccare**	**il suo**	**cor?**
what	shall we say	to	touch	his	heart?

ettʃe'llɛntsa	di'rem	koŋ	kɔ'raddʒɔ
"Eccellenza"...	**direm**	**con**	**coraggio...**
"Your Excellency"...	we will say	with	courage...

si'ɲɲor 'konte	la	'pɔvɛra	a'mina
"Signor Conte...	**la**	**povera**	**Amina**
"Count...	the	unfortunate	Amina

'ɛra	'djantsi	lo'nor	del	vi'lladdʒɔ
era	**dianzi**	**l'onor**	**del**	**villaggio,**
was	before this	the pride	of the	village,

il	de'zio	'doɲɲi	'villa	vi'tʃina
il	**desio**	**d'ogni**	**villa**	**vicina...**
the	envy	of every	town	nearby...

ad	un	'trattɔ	ɛ	trɔ'vata	dɔr'mɛntɛ
ad	**un**	**tratto**	**è**	**trovata**	**dormente**
all	of	a sudden	she	is found	asleep

'nella	'stantsa	ke	a voi	ritʃe'ttɔ
nella	**stanza**	**che**	**a voi**	**ricettò.**
in the	room	that	to you	gave shelter.

(that you were occupying.)

difen'detɛla	'sɛlla	ɛ	innɔ'tʃɛntɛ	aju'tatɛla	'sɛlla fa'llɔ
Difendetela	**s'ella**	**è**	**innocente,**	**aiutatela**	**s'ella fallò."**
Defend her	if she	is	innocent,	help her	if she sinned."

a	tai	'dɛtti a	si'ffatti argo'mɛnti
A	**tai**	**detti, a**	**siffatti argomenti...**
By	these	words, by	such arguments...

ei	si 'mɔstra	kɔ'mmɔssɔ	kɔɲ'vintɔ
ei	**si mostra**	**commosso,**	**convinto;**
he	will show himself	moved (and)	convinced;

noi	prɛ'gjam	insis'tjam	rivɛ'rɛnti
Noi	**preghiam,**	**insistiam,**	**riverenti...**
We	will plead,	insist,	with great reverence...

ei	tʃi a'ffida	ei prɔ'mɛttɛ	a'bbjam	'vintɔ
Ei	**ci affida,**	**ei promette,**	**abbiam**	**vinto.**
He	will trust us,	he promises us...	we've	won!

kɔnsɔ'lati	al	vi'lladdʒɔ	tɔr'njamɔ
Consolati	**al**	**villaggio**	**torniamo:**
Consoled,	to the	village	we will return;

in	duɛ	'passi in	duɛ	'salti	sjam kwa
In	**due**	**passi, in**	**due**	**salti**	**siam qua.**
In	two	steps, in	two	leaps	we're there.

(The castle is a few steps away; we'll be there in no time at all.)

'alla	'prɔva	da 'bravi	par'tjamɔ
Alla	**prova!...**	**da bravi!**	**partiamo...**
To the	test!...	Like brave men!	Let us go...

la	mes'kina	prɔ'tɛtta	sa'ra
La	**meschina**	**protetta**	**sarà.**
That	poor girl	protected	shall be!

(All leave. Amina and Teresa enter.)

SCENE
AMINA

'rɛddʒimi	ɔ	'bwɔna	'madrɛ
Reggimi,	**o**	**buona**	**madre!**
Hold me up,	oh	good	mother!

a	miɔ	sos'teɲɲo	'sola	ɾi'mani tu			
A	**mio**	**sostegno**	**sola**	**rimani tu.**			
For	my	support	only	you remain.			

TERESA

fa	'kɔɾɛ	il 'konte	'dalle	'laɡrime tue	sa'ra	kɔ'mmɔssɔ	an'djamɔ
Fa	**core.**	**Il Conte**	**dalle**	**lagrime tue**	**sarà**	**commosso.**	**Andiamo.**
Take	heart.	The Count	by	your tears	will be	moved.	Let's go.

AMINA

a'nnɔ		nɔm 'pɔssɔ	il	kɔr	mi 'maŋka	e	il	pjɛ
Ah! no...		**non posso:**	**il**	**cor**	**mi manca**	**e**	**il**	**piè.**
Ah no!...		I cannot;	my	heart	fails me	and	my	steps.

'vedi	sjam noi	'prɛssɔ	il	po'der del'vino
Vedi?	**siam noi**	**presso**	**il**	**poder d'Elvino.**
You see?	We're	near	the	farm of Elvino.

ɔ	'kwantɛ	'vɔltɛ	se'demmo	in'sjɛme
Oh	**quante**	**volte**	**sedemmo**	**insieme**
Oh	how many	times	we sat	together

di	'kwesti 'faddʒi	a'llombra	al	mormo'rar	del	rio
di	**questi faggi**	**all'ombra,**	**al**	**mormorar**	**del**	**rio!**
of	these beeches	in the shade,	at the	murmuring	of the	brook!

(in the shade of these beech trees, listening to the babbling brook!)

'lauɾa	ke 'spiɾa	de	dʒuɾa'menti 'nɔstri	'aŋko	ɾi'swɔna
L'aura	**che spira**	**de'**	**giuramenti nostri**	**anco**	**risuona...**
The breeze	that wafts	with	our vows	still	echoes...

ʎi ɔ'bbljɔ	il	kru'dɛle	ɛi	mabban'dona
Gli obbliò	**il**	**crudele!**	**ei**	**m'abbandona!**
He has forgotten them,	that	cruel man!	He	has abandoned me!

TERESA

'ɛssɛr nɔm 'pwɔtɛ	il 'kredi	kei	pju nɔn 'tami
Esser non puote,	**il credi,**	**ch'ei**	**più non t'ami.**
It cannot be,	believe me,	that he	no longer loves you.

a'ffittɔ	ɛ	'fɔrsɛ	aŋ'kesso	al par di tɛ
Afflitto	**è**	**forse**	**anch'esso**	**al par di te...**
Grief-stricken	is	perhaps	he also,	like you...

'miɾalɔ	ei	'vjɛne	sɔli'taɾjo	e pen'sozo
Miralo:	**ei**	**viene**	**solitario**	**e pensoso...**
Look at him;	he	comes,	alone	and lost in thought...

AMINA

a	lui	mas'kondi	rima'ner	no'nozo
A	**lui**	**m'ascondi...**	**rimaner**	**non oso.**
From	him	hide me...	to stay	I don't dare.

(Elvino enters.)

'vedi	ɔ	'madrɛ	ɛ	a'fflitto	e	'mɛstɔ
Vedi,	**o**	**madre,**	**è**	**afflito**	**e**	**mesto...**
See,	oh	mother,	he's	grief-stricken	and	sad...

'forse	'mama	aŋ'kor
forse...	**m'ama**	**ancor.**
perhaps...	he loves me	still.

ARIA
ELVINO

'tuttɔ	ɛ	'ʃʃɔltɔ	pju	pɛr	me	nɔɱ va	kɔɱ'fɔrtɔ
Tutto	**è**	**sciolto:**	**più**	**per**	**me**	**non v'ha**	**conforto.**
All	is	undone;	more	for	me	there's no	solace.
			(there's no solace left for me.)				

il miɔ	kɔr	pɛr 'sɛmprɛ	ɛ	'mɔrtɔ
Il mio	**cor**	**per sempre**	**è**	**morto**
My	heart	forever	is	dead

'alla	'dʒɔja	ed	alla'mor
alla	**gioia**	**ed**	**all'amor.**
to	joy	and	love.

(Amina draws nearer. Elvino sees her and speaks bitterly to her.)

AMINA
'mɔdi	el'vino
M'odi,	**Elvino.**
Hear me out,	Elvino.

ELVINO
tu	e	tan'tɔzi
Tu...	**e**	**tant'osi?**
You...	and	you dare?

AMINA
dɛ	ti 'kalma
Deh!	**ti calma.**
Please!	Calm yourself.

ELVINO
va	spɛr'dʒura
Va!	**spergiura!**
Go!	Faithless one!

AMINA
'kredi	'kɔlpa	al'kuna im	mɛ	nɔ'nɛ
Credi...	**colpa**	**alcuna in**	**me**	**non è.**
Believe me...	guilt	any in	me	there isn't.
	(I am not guilty of anything.)			

ELVINO

tu	mai 'tɔltɔ	'oɲɲi	kom'fɔrtɔ	va	iŋ'grata
Tu	**m'hai tolto**	**ogni**	**conforto.**	**Va,**	**ingrata!**
You	have taken from me	every	solace.	Go,	thankless one!

AMINA

'sono	innɔ'tʃɛntɛ	io	tel 'dʒuro
Sono	**innocente,**	**io**	**tel giuro.**
I am	innocent,	I	swear to you.

Colpa alcuna in me non è.

ELVINO

'paʃʃi	il	'gwardo	e	a'ppaga	'lalma
Pasci	**il**	**guardo**	**e**	**appaga**	**l'alma**
Feed	your	glances	and	satisfy	your soul

dellɛ'tʃɛsso	de	mjɛi	'mali
dell'eccesso	**de'**	**miei**	**mali.**
with the surfeit	of	my	pain.

il	pju 'triste	de	mɔr'tali	'sono
Il	**più triste**	**de'**	**mortali**	**sono,**
The	saddest	of	mortals	I am,

o	'kruda	e	il som	per	tɛ
o	**cruda,**	**e**	**il son**	**per**	**te.**
oh	cruel one,	and	I am that	because of	you.

FAR OFF VOICES

'viva	il	'konte
Viva	**il**	**Conte!**
Long live	the	Count!

ELVINO *(about to leave)*
Il Conte!

AMINA, TERESA

a	ta'rrɛsta
Ah!	**t'arresta!**
Ah,	stay!

ELVINO

nɔ	si 'fugga
No.	**Si fugga.**
No.	Let me run off.

AMINA

per	pjɛ'tadɛ
Per	**pietade!**
For	pity's sake!

ELVINO

va	mi	'laʃʃa
Va!	**mi**	**lascia!**
Go!	Leave	me!

(The villagers enter.)

CHORUS

'bwɔnɛ	'nwɔvɛ	'ditʃe	il	'konte	'kella	ɛ	ɔ'nɛsta
Buone	**nuove!**	**dice**	**il**	**Conte**	**ch'ella**	**è**	**onesta,**
Good	news!	Says	the	Count	that she	is	honest,

ke	ɛ	innɔ'tʃɛnte	e	a	noi	dʒa	'mɔvɛ
che	**è**	**innocente:**	**e**	**a**	**noi**	**già**	**move.**
that	she is	innocent;	and	to	us	now	he is coming.

(He is coming to us now.)

ELVINO

'eʎʎi	ɔ	'rabbja
Egli!	**oh**	**rabbia!**
He!	Oh	rage!

ALL

a	'plaka	'lira
Ah!	**placa**	**l'ira...**
Ah!	Placate	your wrath!...

ELVINO

e'bbɛn	si 'fugga	'lira mia	pju	fren	nɔ'na
Ebben	**si fugga.**	**L'ira mia**	**più**	**fren**	**non ha.**
Well then	I must go off.	My rage	more	restraint	doesn't have.

(I can't hold back my rage any longer.)

(He takes the ring from Amina.)

AMINA

a	il mio	a'nɛllɔ	ɔ	'mmadrɛ
Ah!	**Il mio**	**anello!**	**Oh**	**madre!**
Ah!	My	ring!	Oh	mother!

TERESA, CHORUS *(to Elvino)*

'mira	a	tal	'kolpo	mɔri'ra	kru'dɛl
Mira.	**A**	**tal**	**colpo**	**morirà.**	**Crudel!**
See,	from	such a	blow	she will die.	Cruel man!

(There is a brief silence. Elvino, deeply moved, draws closer to Amina.)

ELVINO

a	per'ke	nɔm 'pɔsso	ɔ'djarti	iɱfe'del	ko'mio	vɔ'rrɛi
Ah!	**perchè**	**non posso**	**odiarti,**	**infedel,**	**com'io**	**vorrei!**
Ah!	Why	can't I	hate you,	unfaithful one,	as I	would wish!

a	del 'tutto	aŋ'kor	nɔn sɛi	kantʃe'llata	dal	miɔ	kɔr
Ah!	**del tutto**	**ancor**	**non sei**	**cancellata**	**dal**	**mio**	**cor.**
Ah!	Wholly	still	you're not	driven	from	my	heart.

(I haven't quite gotten you out of my heart.)

'pɔssa	u'naltrɔ	a'marti	kwal	ta'mɔ	kwestiɱfe'litʃe
Possa	**un'altro**	**amarti**	**qual**	**t'amò**	**quest'infelice!**
May	another	love you	as	loved you	this wretched man!

(May another [man] love you as I, unfortunate, have loved you!)

'altro	'voto	ɔ	tradi'tritʃe	non te'mer	dal	mio	do'lor
Altro	**voto,**	**o**	**traditrice,**	**non temer**	**dal**	**mio**	**dolor.**
Other	wish,	oh	traitress,	do not fear	from	my	grief.

(Fear no other wish, you traitress, from [the depths] of my grief.)

TERESA, CHORUS

a kru'del	ei	rɛndɛ'ra	a	lɛi	lo'nor
Ah, crudel!	**Ei**	**renderà**	**a**	**lei**	**l'onor.**
Ah, cruel one!	He	will give back	to	her	her honor.

(Elvino leaves in despair. Teresa takes Amina off in another direction.)

The village as in Act I
(In the square are Lisa and Alessio, engaged in an argument.)

LISA *(sharply, to Alessio)*

'laʃʃami	a'ver	kom'prezɔ	a'ssai	do'vresti
Lasciami!	**Aver**	**compreso**	**assai**	**dovresti**
Leave me!	To have	understood	enough	you should have

ke	mi sɛi	no'jozo
che	**mi sei**	**noioso.**
that	I find you	bothersome.

(Leave me! By now you should have understood that I find you annoying.)

ALESSIO

non ispɛ'rar	ke	'spɔzo	el'vin	ti sia
Non **isperar**	**che**	**sposo**	**Elvin**	**ti sia.**
Don't hope	that	husband	Elvino	will be to you.

(Don't ever hope that Elvino will marry you.)

dellɔnes'ta	da'mina	sa'ɾa	koɱ'vinto	im 'brɛvɛ
Dell'onestà	**d'Amina**	**sarà**	**convinto**	**in breve,**
Of the honesty	of Amina	he will be	convinced	shortly,

e	a'llɔɾa
e	**allora...**
and	then...

LISA

e	a'llɔɾa	mi sa'ɾai	pju	riŋkre'ʃʃozo	aŋ'koɾa
E	**allora**	**mi sarai**	**più**	**rincrescioso**	**ancora...**
And	then	to me you will be	more	disgusting	even...

(And then I'll find you even more disgusting than now...)

ALESSIO

dɛ	'liza	per pjɛ'ta	'kambja	kon'siʎʎo
Deh!	**Lisa,**	**per pietà...**	**cambia**	**consiglio,**
Please!	Lisa,	for pity's sake...	change (your)	attitude,

nom	mi tra'ttar	ko'zi
non	**mi trattar**	**così.**
don't	treat me	like that.

ke	far	dun	'wɔmɔ	ke	ti 'spɔza
Che	**far**	**d'un**	**uomo**	**che**	**ti sposa**
What	can you do	with a	man	who	marries you

sɔl'tanto	per	dis'pɛttɔ
soltanto	**per**	**dispetto?**
only	out of	spite?

LISA

mi	ɛ	pju	'karɔ	dun	'ʃɔkkɔ	io	te lo 'detto
Mi	**è**	**più**	**caro**	**d'un**	**sciocco,**	**io**	**te l'ho detto.**
To me	he'll be	more	dear	than a	fool,	I	have told you (already).

(I'd prefer him to a fool like you...I've told you so already!)

ALESSIO

nɔ	nɔn lo spɔzɛ'rai	po'rrɔ	so'ssopra	'tutto il	vi'lladdʒɔ
No,	**non lo sposerai.**	**Porrò**	**sossopra**	**tutto il**	**villaggio:**
No,	you won't marry him.	I'll turn	upside down	the entire	village;

iɱvɔkɛ'rɔ	del	'kɔnte	lautori'ta
invocherò	**del**	**Conte**	**l'autorità,**
I will invoke	of the	Count	the authority,

(I will have the Count use his authority,)

pria	kio	sɔ'ppɔrti	im	'patʃɛ
pria	**ch'io**	**sopporti**	**in**	**pace**
before	I	withstand	in	peace

'dɛssɛr	da	tɛ	sker'nito	iŋ	'kwesta	'gwiza
d'esser	**da**	**te**	**schernito**	**in**	**questa**	**guisa.**
being	by	you	scorned	in	this	fashion.

(before I let myself be scorned by you in this fashion without protesting.)

                                                      (lying down.)

CHORUS *(from within)*

'liza	ɛ	la	'spɔza
Lisa	**è**	**la**	**sposa!**
Lisa	is	the	bride!

LISA, ALESSIO

ke
Che?
What?

La Sonnambula, Act II

CHORUS
La sposa è Lisa!

a	ɾallɛˈgɾaɾtʃi	kɔn	tɛ	vɛˈnjamɔ
A	**rallegrarci**	**con**	**te**	**veniamo,**
To	rejoice	with	you	we come,

di	tua	forˈtuna	tʃi kɔnsɔˈljamɔ
di	**tua**	**fortuna**	**ci consoliamo.**
with	your	good fortune	we are pleased.

a	tɛ	fra ˈpɔkɔ	daˈmina	in	ˈlɔkɔ
A	**te**	**fra poco**	**d'Amina**	**in**	**loco**
To	you	shortly	of Amina	in	place

la	man	di	ˈspɔzɔ	elˈvin daˈɾa
la	**man**	**di**	**sposo**	**Elvin darà.**
the	hand	of a	husband	Elvino will give.

(Elvino will shortly make you his wife in place of Amina.)

LISA

dɛ	ˈljɛti	auˈguɾi a	voi	sɔŋ	ˈgrata
De'	**lieti**	**auguri a**	**voi**	**son**	**grata,**
For your	good	wishes to	you	I am	thankful,

kɔn	ˈdʒɔja	io	ˈveggo	ke	ˈsɔnɔ	aˈmata
con	**gioia**	**io**	**veggo**	**che**	**sono**	**amata.**
with	joy	I	see	that	I am	loved.

e	la	mɛˈmɔɾja	del	ˈvɔstrɔ	aˈmore
E	**la**	**memoria**	**del**	**vostro**	**amore**
And	the	memory	of	your	love

dʒaˈmmai	dal	kɔɾ	nom muʃʃiˈɾa	nɔ
giammai	**dal**	**cor**	**non m'uscirà,**	**no.**
never	from my	heart	will leave,	no.

ALESSIO

kwal	wɔm	da	ˈtwɔno	kolˈpito io	ˈsono
(Qual	**uom**	**da**	**tuono**	**colpito io**	**sono**
(As a	man	by	a thunderbolt	struck I	am

paˈɾɔle	il	ˈlabbrɔ	trɔˈvar	nɔn sa
parole	**il**	**labbro**	**trovar**	**non sa.)**
words	my	lips	find	cannot.)

(I feel like a thunderstruck man and I cannot find words [to express my anger].)

CHORUS

la	ˈbɛlla	ˈʃʃelta	a	ˈtutti	ɛ	ˈkaɾa
La	**bella**	**scelta**	**a**	**tutti**	**è**	**cara.**
The	lovely	chosen one	to	all	is	dear.

tʃaskun	ti 'lɔda	te'zalta a 'gara
Ciascun	**ti loda,**	**t'esalta a gara,**
Every one of us	praises you	and is rooting for you,

o'ɲɲun	ti 'prɛga	prɔsperi'ta	a	si
ognun	**ti prega**	**prosperità,**	**ah**	**sì!**
every one of us	wishes for your	prosperity,	ah	yes!

(There is a change of scene. Lisa and Elvino are having a conversation.)

QUARTET
LISA *(to Elvino)*

e fia	pur	'vero	el'vino	ke	al'fin
E fia	**pur**	**vero,**	**Elvino,**	**che**	**alfin**
And can it be	indeed	true,	Elvino,	that	at last

della'mor 'tuo	'deɲɲa	mi 'kredi
dell'amor tuo	**degna**	**mi credi?**
of your love	worthy	you find me?

(Can it be true, Elvino, that at last you have found me worthy of your love?)

ELVINO

si	'liza	si ri'nnɔvi	il	bɛl	'nɔdo	di	pria
Sì,	**Lisa.**	**Si rinnovi**	**il**	**bel**	**nodo**	**di**	**pria;**
Yes,	Lisa.	Let us renew	the	lovely	bonds	of	before.

la'verlɔ	'ʃʃɔlto	per'dona	a un	kɔr	se'dotto
L'averlo	**sciolto**	**perdona**	**a un**	**cor**	**sedotto**
For having them	dissolved	forgive	a	heart	seduced

da	men'tita	vir'tu
da	**mentita**	**virtù.**
by	false	virtue.

(Forgive my heart, seduced by [Amina's] false virtue, for having broken our former vows.)

LISA

per'dono	'tutto	'ora	ke	a	mɛ	ri'torni
Perdono	**tutto.**	**Ora**	**che**	**a**	**me**	**ritorni**
I forgive	everything.	Now	that	to	me	you return

pju nom 'pɛnsɔ	al	pa'ssato
più non penso	**al**	**passato.**
no longer do I think	of the	past.

'altrɔ	nom 'veggo	ke	il	ri'dɛnte
Altro	**non veggo**	**che**	**il**	**ridente**
Nothing else	do I see	but	the	smiling

avve'nir	ke	al'fin	mi as'pɛtta
avvenir	**che**	**alfin**	**mi aspetta.**
future	that	at last	awaits me.

ELVINO

'vjɛni	tu	mia	di'lɛtta	mia	kɔm'paɲɲa	sa'rai
Vieni:	**tu**	**mia**	**diletta,**	**mia**	**compagna**	**sarai.**
Come;	you	my	love,	my	partner	will be.

la 'sakra	'pompa	'dʒa	nel	'tɛmpjo si a'pprɛsta
La sacra	**pompa**	**già**	**nel**	**tempio si appresta.**
The sacred	rite	already	in the	church is being readied.

non si ri'tardi
Non si ritardi.
Let it not be delayed.

ALL
an'djamɔ
Andiamo!
Let's go!

(Rodolfo enters.)

RODOLFO
el'vin ta'rrɛsta
Elvin, t'arresta.
Elvino, stop.

LISA
(Il Conte!)

ALESSIO

	a	'tɛmpo ei 'dʒundʒe
	(A	**tempo ei giunge.)**
(Just	in	time he arrives.)

RODOLFO *(to Elvino)*
'ovɛ ta'ffretti
Ove t'affretti?
Where are you hurrying?

ELVINO
Al tempio.

RODOLFO

'ɔdimi	'prima	'deɲɲa da'mor	di	'stima ɛ	a'mina aŋ'kor
Odimi	**prima.**	**Degna d'amor,**	**di**	**stima è**	**Amina ancor.**
Hear me	first.	Worthy of love,	of	esteem is	Amina still.
		(Amina still deserves your love and respect.)			

io	'della	sua	vir'tude	'kome	de	'prɛdʒi	swɔi
Io	**della**	**sua**	**virtude**	**come**	**de'**	**pregi**	**suoi,**
I	of	her	virtue	as well as	of the	merits	hers

La Sonnambula, Act II

mallɛva'dor   'ɛsser   ti 'vɔʎʎo
mallevador   esser   ti voglio.
guarantor   to be   want for you.
(I want to show you that I can vouch for her virtue as well as her merits.)

ELVINO
voi   si'ɲɲor
Voi!   Signor!
You,   sir!

si'ɲɲor 'konte,   'aʎʎi   'ɔkki   mjei   nɛ'gar   'fede   nɔm pɔ'ssio
Signor Conte,   agli   occhi   miei   negar   fede   non poss'io.
Count,   to the   eyes   mine   deny   faith   I cannot,
(I can't deny, my Lord, what my eyes have seen.)

RODOLFO
iŋga'nnato   i'lluzo   sɛi   io   ne im'peɲɲo   lo'nor mio
Ingannato,   illuso   sei: io   ne impegno   l'onor mio.
Deceived,   mistaken   you are;   I   stake   my honor on it.

ELVINO
'nella   'stantsa   a voi   sɛr'bata   nɔn la 'vidi   addormen'tata
Nella   stanza   a voi   serbata   non la vidi   addormentata!
In the   room   you   occupied,   didn't I see her asleep?!

RODOLFO
la ve'desti   a'mina   e'llɛra   ma   zvɛ'ʎʎata   nɔm vɛn'trɔ
La vedesti,   Amina   ell'era,   ma   svegliata   non v'entrò.
You saw her,   Amina   it was,   but   awake   she did not come in.

ALL
'kome 'duŋkwe   iŋ kwal   ma'njɛra
Come dunque?   In qual   maniera?
How is that!   In what   way?

RODOLFO
'tutti   u'dite
Tutti   udite.
All   listen.

ALL
u'djamo um pɔ
Udiamo un po'.
Let's all listen.

RODOLFO
van   tʃɛr'tuni   ke   dɔr'mɛndɔ   'vanno in'torno 'komɛ   'dɛsti
V'han   certuni   che   dormendo   vanno   intorno come   desti,
There are certain people   that   while sleeping   go   around as   if awake,

favɛ'llandɔ   rispɔn'dɛndɔ   'komɛ   'vɛŋgono   ri'kjɛsti
favellando,   rispondendo   come   vengono   richiesti,
talking,   answering   when   they're   spoken to,

e	kja'mati	sɔ'nnambuli	dallan'dar	e	dal	dor'mir
e	**chiamati**	**sonnambuli**	**dall'andar**	**e**	**dal**	**dormir.**
and	called	"somnambulists"	from "amble"	and	from	"sleep".[1]

ALL

e fia	'veɾo	e fia	po'ssibile
E fia	**vero?**	**E fia**	**possibile?**
Can this be	true?	Can this be	possible?

RODOLFO

um par mio	nɔm pwɔ	men'tir
Un par mio	**non può**	**mentir.**
A man like me	cannot	lie.

ELVINO

nɔ	nom fia	di	tai	prɛ'tɛsti
No,	**non fia;**	**di**	**tai**	**pretesti**
No,	it can't be so;	for	such	pretexts

la	ka'dʒone	a'ppjɛn	si 'vede
la	**cagione**	**appien**	**si vede.**
the	reason	fully	can be seen.

(The reason for the story is obvious.)

RODOLFO *(angered by Elvino's remark)*

ʃagu'rato	e tu po'tresti	dubi'tar	'della mia	'fede
Sciagurato!	**E tu potresti**	**dubitar**	**della mia**	**fede?**
You wretch!	Can you	doubt	my	truthfulness?

ELVINO *(paying no attention to Rodolfo)*

'vjɛni	o 'liza
Vieni,	**o Lisa.**
Come,	Lisa.

LISA
Andiam.

CHORUS

an'djam	a	tai	'fɔlɛ	nɔŋ kre'djamɔ
Andiam.	**A**	**tai**	**fole**	**non crediamo.**
Let's go.	To	such	old wives' tales	we do not give credence.

(We don't believe in such tales.)

uŋ	ke	'dorme e	ke	ka'mmina
Un	**che**	**dorme e**	**che**	**cammina!**
One	who	sleeps and	who	walks!

---

[1] A little lesson in etymology for the ignorant peasants from the learned Rodolfo: From the Latin *ambulare* (to amble about) and *somnis* (sleep), ergo, a person who ambles about in his/her sleep. These words give us the English "ambulatory", "ambulance", and "insomnia, insomniac."

nɔ	nɔˈnɛ	non si pwɔ dar	
No,	**non è,**	**non si può dar.**	
No,	it isn't so,	it cannot be.	

(Teresa enters.)

TERESA

ˈpjanɔ	aˈmitʃi	noŋ griˈdatɛ	ˈdormɛ	alˈfin	la	ˈstaŋka	aˈmina
Piano,	**amici,**	**non gridate;**	**dorme**	**alfin**	**la**	**stanca**	**Amina;**
Softly,	friends,	do not shout;	sleeps	at last	the	tired	Amina;

nɛ a biˈzoɲɲo	poveˈrina	ˈdopɔ	ˈtanto	lagriˈmar
ne ha bisogno,	**poverina,**	**dopo**	**tanto**	**lagrimar.**
she needs it,	poor girl,	after	so much	weeping.

ALL

a	si	taˈttʃam
Ah!	**sì,**	**tacciam.**
Ah,	yes,	let us be silent.

TERESA

ˈliza	elˈvino	ke	veˈddʒio	ˈdovɛ	anˈdate	iŋ ˈkwesta ˈgwiza
Lisa!	**Elvino!...**	**Che**	**vegg'io?**	**Dove**	**andate**	**in questa guisa?**
Lisa!	Elvino!...	What	do I see?	Where	are you going	like that?

LISA

a	spɔˈzartʃi
A	**sposarci.**
To	get married.

TERESA

voi	gran	ddio	e	la	ˈspɔza	ɛ	ˈliza
Voi!	**Gran**	**Dio!**	**e**	**la**	**sposa**	**è**	**Lisa?...**
You!	Great	God!	And	the	bride	is	Lisa?...

ELVINO
È Lisa.

LISA

si	e	lɔ ˈmertɔ	io	nom fui	ˈkɔlta	ˈsola	mai
Sì,	**e**	**lo merto.**	**Io**	**non fui**	**côlta**	**sola**	**mai**
Yes,	and	I deserve it.	I	was never	caught	alone,	ever,

di	ˈnɔttɛ	im ˈvɔlta	nɛ	trɔˈvata io	fui	riŋˈkjuza
di	**notte**	**in volta,**	**nè**	**trovata io**	**fui**	**rinchiusa**
at	night	any time	nor	found I	was	shut inside

ˈnella	ˈstantsa di	un	siˈɲɲor
nella	**stanza di**	**un**	**signor.**
in the	room of	a	gentleman.

TERESA

mentso'ɲɲeɾa	a	'kwest	a'kkuza	pju	nom 'freno	il mio	fu'ror
Menzognera!	**A**	**questa**	**accusa**	**più**	**non freno**	**il mio**	**furor!**
Liar!	At	this	accusation	more	I can't restrain	my	fury!

'kwesto	vel	fu	ɾiɱve'nuto	'nella	'stantsa	del	si'ɲɲoɾe
Questo	**vel**	**fu**	**rinvenuto**	**nella**	**stanza**	**del**	**signore.**
This	kerchief	was	found	in the	room	of this	gentleman.

ALL

di	ki	ɛ mai	ki	la peɾ'duto
Di	**chi**	**è mai?**	**Chi**	**l'ha perduto?**
To	whom	does it belong?	Who	lost it?

TERESA *(pointing to a blushing Lisa)*

ve lo 'dika	il suo	ro'ssoɾe
Ve lo dica	**il suo**	**rossore.**
Let it tell you	her	blushing.

(Let her blushing give you the answer.)

ELVINO *(mortified, letting go of Lisa's hand)*
Lisa!

TERESA

'liza	il	si'ɲɲor 'konte	mi zmen'tiska	se	lɔ pwɔ
Lisa,	**il**	**signor Conte**	**mi smentisca**	**se**	**lo può.**
Lisa, (let)	the	Count	refute me	if	he can.

LISA

io	nɔ'nɔzɔ	al'tsar	la	'fronte
(Io	**non oso**	**alzar**	**la**	**fronte!)**
(I	don't dare	to lift	my	head!)

RODOLFO, ALESSIO, CHORUS *(to themselves)*

ke	pen'sar	ke	dir	nɔn sɔ
Che	**pensar,**	**che**	**dir...**	**non so.**
What	to think,	what	to say...	I don't know.

ELVINO *(to himself)*

'liza	men'datʃɛ	aŋ'kessa	rɛa	dellis'tesso	e'rrore
Lisa	**medace**	**anch'essa!**	**Rea**	**dell'istesso**	**errore!**
Lisa	a liar	also she!	Guilty	of the same	transgression!

'spɛntɔ	ɛ	nel	'mondɔ	a'more
Spento	**è**	**nel**	**mondo**	**amore,**
Snuffed out	is	in the	world	(all) love,

pju	fe	pju	o'nor	nɔ	nɔɱ va
Più	**fè,**	**più**	**onor,**	**no,**	**non v'ha.**
No more	trust,	no more	honor,	no	there isn't.

TERESA

iŋ	'kwella	'fronte	im'prɛssa	'kjara	ɛ	la	'kɔlpa	e 'tʃɛrta
In	**quella**	**fronte**	**impressa**	**chiara**	**è**	**la**	**colpa**	**e certa.**
On	her	forehead	written	clear	is	the	guilt	certain.

(Certain guilt is written all over [Lisa's] face.)

'sɔffra	pje'ta	nom 'mɛrta	ki	al'trui	nɛ'gɔ	pje'ta
Soffra:	**pietà**	**non merta**	**chi**	**altrui**	**negò**	**pietà.**
Let her suffer;	pity	does not deserve	who	to others	denied	pity.

(One who couldn't show pity to others does not deserve it herself.)

LISA *(to herself)*

'tʃɛlɔ	a	tal	'kɔlpo	ɔ'pprɛssa
Cielo!	**A**	**tal**	**colpo**	**oppressa**
Heaven!	By	such	a blow	oppressed

'votʃɛ	nɔn 'trɔvo	e	'trɛmɔ
voce	**non trovo**	**e**	**tremo.**
voice	I can't find	and	I tremble.

'kwanto	al	mio	'skɔrnɔ ɛs'trɛmɔ	la mia ri'val	gɔ'dra
Quanto	**al**	**mio**	**scorno estremo**	**la mia rival**	**godrà!**
How much	at	my	scorn extreme	my rival	will laugh!

(How my rival will laugh at the extreme scorn heaped upon me!)

RODOLFO
In quella fronte impressa chiara è la colpa e certa, etc.

CHORUS
Ah! che pensar non so, etc.

SCENA AND FINAL ARIA
ELVINO *(to Rodolfo)*

si'ɲɲor ke	'kredɛr	'dɛddʒo	'ella	pur	mi tra'di
Signor, che	**creder**	**deggio?**	**Ella**	**pur**	**mi tradì!**
Sir,	what	believe	must I?	She	also betrayed me!

RODOLFO

kwel	kio	nɛ 'pɛnsi	manifɛs'tar	nɔɱ vɔ
Quel	**ch'io**	**ne pensi**	**manifestar**	**non vo'.**
That	which I	think about this	state	I do not wish.

(I don't wish to say what I think of this.)

sol	ti ri'pɛtɔ	sol	ti sos'tɛŋgo	ke	innɔ'tʃɛnte	ɛ	a'mina
Sol	**ti ripeto,**	**sol**	**ti sostengo**	**che**	**innocente**	**è**	**Amina.**
I only	repeat to you,	only	sustain	that	innocent	is	Amina.

(I only repeat and sustain that Amina is totally innocent.)

ke	la	'stessa	vir'tu	ɔ'ffɛndi	in	'essa
Che	**la**	**stessa**	**virtù**	**offendi**	**in**	**essa.**
That	the	very	virtue	you offend	in	her.

(You are offending her very virtue.)

ELVINO
ki	fia	ke	il 'prɔvi
Chi	**fia**	**che**	**il provi?**
Who	is there	that	can prove it?

RODOLFO
ki	'mira	'ella	'stessa
Chi?	**Mira**	**ella**	**stessa.**
Who?	Look,	she	herself.

(Amina is seen coming out of a window of the mill; asleep, she walks across the frail bridge over the water-wheel which turns quickly below her, threatening to crush her if she takes a false step. All turn to watch her, terrified. Elvino is held back from rushing to her by Rodolfo.)

ALL *(terrified)*
Ah!

RODOLFO
si'lɛntsjɔ	un	sol	'passɔ	un	sol	'grido	lu'ttʃide
Silenzio!	**un**	**sol**	**passo,**	**un**	**sol**	**grido**	**l'uccide!**
Silence!	One	single	step,	one	single	shout	will kill her!

TERESA
ɔ 'fiʎʎa
Oh figlia!
Oh my daughter!

ELVINO
ɔ a'mina
Oh Amina!

CHORUS
'ʃɛndɛ	bɔn'ta di'vina	'gwida	lɛ'rrantɛ	pjɛ
Scende...	**bontà divina,**	**guida**	**l'errante**	**piè.**
She's coming down...	goodness gracious,	she leads	her wandering	step(s).

(Amina arrives near the wheel, walking along a half-bolted beam that bends precariously under her weight.)

'trɛma	va'tʃilla	ai'mɛ
Trema...	**vacilla...**	**ahimè!**
She trembles,	she falters...	oh woe!

RODOLFO
kɔ'raddʒɔ	ɛ	'ssalva
Coraggio...	**è**	**salva!...**
Courage...	she is	safe!...

ALL
È salva!

(Amina comes toward the others.)

AMINA

ɔ	sɛ	'una	'vɔlta	'sola	rive'derlo	io	po'tessi
Oh!	**se**	**una**	**volta**	**sola**	**rivederlo**	**io**	**potessi,**
Oh,	if	one	time	only	see him again	I	could,

'antsi ke	a'llara	'altra	'spɔza	ei	gwi'dassɛ
anzi che	**all'ara**	**altra**	**sposa**	**ei**	**guidasse!...**
before	to the altar	another	bride	he	should lead!

(Oh, if only I could see him again before he leads another bride to the altar!)

RODOLFO *(to Elvino)*

'ɔdi
Odi?
Are you listening?

TERESA *(to Elvino)*

a	tɛ	'pɛnsa	'parla	di	tɛ
A	**te**	**pensa,**	**parla**	**di**	**te.**
Of	you	she's thinking,	she speaks	of	you.

AMINA

'vana	spe'rantsa	iɔ	'sɛntɔ	swɔ'nar	la	'sakra	'skwilla
Vana	**speranza!...**	**io**	**sento**	**suonar**	**la**	**sacra**	**squilla...**
Vain	hope!...	I	hear	sounding	the	sacred	bells...

al	'tɛmpjɔ	ei	'mwɔvɛ	io	lo per'duto
Al	**tempio**	**ei**	**muove...**	**io**	**l'ho perduto...**
To the	church[2]	he	is going...	I	have lost him...

e	ppur	rɛa	non son io
e	**pur...**	**rea**	**non son io.**
and	yet...	guilty	I am not.

ELVINO, OTHERS

'tɛnɛrɔ	kɔr
Tenero	**cor!**
Tender	heart!

AMINA *(kneeling)*

gran	ddio	nom mi'rar	il miɔ	'pjantɔ	io	ʎɛl per'dono
Gran	**Dio,**	**non mirar**	**il mio**	**pianto:**	**io**	**gliel perdono.**
Great	God,	do not look	at my	tears;	I	forgive him.

'kwanto	imfe'litʃe	io	'sono	fe'litʃe	ei	sia
Quanto	**infelice**	**io**	**sono**	**felice**	**ei**	**sia...**
As	unhappy as	I	am,	happy	he	be...

(May he be as happy as I am unhappy.)

'kwesta duŋ	kwɔr	ke	'mɔrɛ	ɛ	'lultima	prɛ'gjɛra
Questa d'un	**cuor**	**che**	**more**	**è**	**l'ultima**	**preghiera...**
This,	of a	heart	that	is dying	is	the last	prayer...

---

[2] *Tempio* can function both as "church" or "temple". In *Aida* it refers to the Temple of Phta, and in *Nabucco* it refers to a synagogue; here it is definitely a church.

La Sonnambula, Act II

ALL

o	'detti	ɔ	a'moɾe
Oh	**detti!**	**Oh**	**amore!**
What	words!	What	love!

AMINA *(looking at her hand, as if looking for her ring)*

la'nɛllo mio	ei	mɛ la 'tɔltɔ	
L'anello mio...	**ei**	**me l'ha tolto...**	
My ring...	he	took it from me...	

ma	nɔm pwɔ	ɾa'pirmi	li'mmadʒin sua
Ma	**non può**	**rapirmi**	**l'immagin sua...**
But	he cannot	take from me	his image...

'skulta	'ella	ɛ	kwi	nel	'pɛttɔ
sculta	**ella**	**è**	**qui...**	**nel**	**petto.**
engraved	it	is	here...	in my	breast. (heart.)

(She takes from her bosom the bouquet of flowers Elvino had given her.)

nɛ	tɛ	de'tɛɾnɔ	a'ffɛttɔ	'tɛneɾo	'peɲɲo
Nè	**te**	**d'eterno**	**affetto**	**tenero**	**pegno...**
Not	you	of eternal	love	tender	pledge...

o	fjor	nɛ tɛ peɾ'dei
o	**fior**	**nè te perdei.**
oh	flower,	I did not lose you.

(But I did not lose you, oh flower, my tender pledge of eternal affection.)

aŋ'kor	ti 'batʃɔ	ma	inaɾi'ditɔ	sɛi
Ancor	**ti bacio,**	**ma...**	**inaridito**	**sei.**
Again	I kiss you,	but...	withered	you are.

a	non kre'dea	mi'ɾarti si	'pɾɛsto es'tinto	o	'fjoɾe
Ah!	**non credea**	**mirarti sì**	**presto estinto,**	**o**	**fiore,**
Ah!	I didn't think I'd	see you so	quickly withered,	oh	flower,

pa'ssasti	al par da'moɾe	ke	un	'dʒorno	'solo	du'ɾɔ
passasti	**al par d'amore,**	**che**	**un**	**giorno**	**solo**	**durò.**
you passed away	like love,	which	one	day	single	lasted.

(which lasted one single day.)

ELVINO

io	pju	nɔn 'rɛggɔ	a 'tantɔ	'dwɔlo
Io	**più**	**non reggo**	**a tanto**	**duolo.**
I	no longer	can stand	so much	grief.

AMINA

po'tria	nɔ'vɛl	vi'goɾe	il	'pjanto	mio	rɛ'karti
Potria	**novel**	**vigore**	**il**	**pianto**	**mio**	**recarti,**
Could	a new	vigor	the	tears	mine	bring you,

([Perhaps] my tears could restore your strength once again.)

ma ravvi'var la'more il 'pjanto mio nɔm pwɔ
ma ravvivar l'amore il pianto mio non può.
but bring back to life love my tears cannot.
(but my tears can never bring back his love.)

ELVINO
No, più non reggo.

AMINA
e 'seʎʎi a me tɔr'nasse ɔ 'tɔrna el'vino
E s'egli a me tornasse!... Oh, torna, Elvino.
And if he to me returned!... Oh, come back, Elvino.

RODOLFO *(to Elvino)*
se'konda il suo pen'sjer
Seconda il suo pensier.
Do as bids her thought
(Do as she asks you.)

AMINA
a mɛ ta'ppressi ɔ 'dʒɔja la'nɛllo mio mi 'rɛki
A me t'appressi? Oh gioia! L'anello mio mi rechi?
To me you're near? Oh joy! My ring you bring me?

RODOLFO *(to Elvino)*
a lɛi lɔ 'rɛndi
A lei lo rendi.
To her give it back.

(Elvino puts the ring back on her finger.)

AMINA
aŋ'kor son tua tu 'sɛmpre mio
Ancor son tua; tu sempre mio...
Once more I am yours; you always mine...

(Rodolfo makes Teresa go to Amina.)

ma'bbrattʃa 'tɛnɛra 'madre io sɔm fe'litʃe a'ppjɛnɔ
M'abbraccia, tenera madre... io son felice appieno!
Embrace me, tender mother... I am happy completely!

(Elvino prostrates himself at Amina's feet, as Teresa embraces him.)

RODOLFO
de swɔi di'letti in 'seno 'ella si 'dɛsti
De' suoi diletti in seno ella si desti.
Of her loved ones in bosom (may) she be wakened.
(Let her wake up in the bosom of all her loved ones.)

CHORUS
'viva a'mina 'viva aŋ'kɔra
Viva Amina! Viva ancora!
Long live Amina! Long live again!

AMINA (awaking)

ɔ	tʃɛl	'ove	so'nio	ke	'veggo	a pɛr pje'ta
Oh!	**Ciel!**	**Ove**	**son io?**	**Che**	**veggo?**	**Ah! per pietà...**
Oh	Heaven!	Where	am I?	What	do I see?	Ah! for pity's sake...

ɲom	mi	zvɛʎʎate	voi
Non	**mi**	**svegliate**	**voi!**
Don't		waken	me!

(She covers her face with her hands.)

ELVINO *(with growing passion)*

nɔ	tu	non 'dormi	il tuɔ	'spɔzɔ
No,	**tu**	**non dormi.**	**Il tuo**	**sposo,**
No,	you	aren't asleep.	Your	husband,

il tuɔ	a'mantɛ	ɛ	a	tɛ	vi'tʃino
il tuo	**amante**	**è**	**a**	**te**	**vicino.**
your	beloved	is	to	you	close by.

(At Elvino's voice, Amina uncovers her eyes, sees him and throws herself into his arms.)

AMINA

ɔ	'ddʒɔja	io	ti ri'trɔvo	el'vino
Oh	**gioia!**	**Io**	**ti ritrovo,**	**Elvino!**
Oh	joy!	I	find you again,	Elvino!

ALL

'vannɛ	al	'tɛmpjɔ	innɔ'tʃɛntɛ	e	a	noi	pju	'kara
Vanne	**al**	**tempio,**	**innocente**	**e**	**a**	**noi**	**più**	**cara,**
Go	to the	church,	innocent	and	to	us	even	dearer,

'bɛlla	pju	del	tuo	sɔ'ffrirɛ
bella	**più**	**del**	**tuo**	**soffrire,**
lovelier	even more	by	your	suffering,

e	a	pjɛ	dɛ'llara	iŋkɔ'mintʃi	il tuo	dʒɔ'ir
e	**a**	**piè**	**dell'ara**	**incominci**	**il tuo**	**gioir.**
and	at the	foot	of the altar	let it begin	your	joy.

AMINA

a	non 'dʒundʒe	u'mam	pɛn'sjɛrɔ
Ah!	**non giunge**	**uman**	**pensiero**
Ah!	Cannot conceive	human	thought

al	kon'tɛnto	on'dio	som	'pjɛna
al	**contento**	**ond'io**	**son**	**piena:**
of the	happiness	with which	I am	filled;

a	mjɛi	'sɛnsi	iɔ	'krɛdɔ	a'ppena
A'	**miei**	**sensi**	**io**	**credo**	**appena,**
In	my	senses	I	believe	scarcely,

tu	ma'ffida		ɔ	miɔ	tɛ'zɔr
tu	**m'affida,**		**oh**	**mio**	**tesor.**
you	have faith in me,		oh	my	treasure.

a	mi a'bbrattʃa	e	'sɛmpre	in'sjɛmɛ
Ah!	**mi abbraccia,**	**e**	**sempre**	**insieme,**
Ah!	Embrace me,	and	always	together,

'sɛmpre	u'niti	in	'una	'spɛmɛ
sempre	**uniti**	**in**	**una**	**speme,**
always	united	in	one	hope,

'della	'tɛrra	iŋ	kui	vi'vjamo	tʃi fɔr'mjamɔ	un tʃɛl	da'mor
della	**terra**	**in**	**cui**	**viviamo,**	**ci formiamo**	**un ciel**	**d'amor.**
on this	earth	on	which	we live	we will make	a heaven	of love.

CHORUS
Innocente e a noi più cara, bella più del tuo soffrir, etc.

END OF THE OPERA

ANNA BOLENA
By
Gaetano Donizetti

SINFONIA

Drawing of Donizetti attributed to Giuseppe Cammarano

ANNA BOLENA[1]
(Ann Boleyn)

Opera in two acts
Music by Gaetano Donizetti
Libretto by Felice Romani
First performed at Teatro Carcano, Milan, on December 20, 1830

CHARACTERS

Enrico (Henry) VIII, King of England: bass
Anna Bolena (Ann Boleyn), his second wife: soprano
Giovanna (Jane) Seymour, Anna's lady-in-waiting: mezzo soprano
Lord Rochefort, Anna's brother: bass
Lord Richard Percy: tenor
Smeton, the Queen's page: mezzo-soprano
Hervey, official at court: tenor
Courtiers, Officials, Lords, Huntsmen, Soldiers, Ladies-in-waiting, Guards

The action takes place in Windsor and London
The time is 1536, during the reign of Henry VIII

THE PLOT

ACT I

On the great staircase at Windsor Castle, a crowd of courtiers discusses King Henry's growing love for Jane Seymour, who presently appears, troubled that the Queen should show such solicitude to one whom she does not recognize as her rival. To solemn music, the Queen enters, full of foreboding which is only increased by the sad little song her page Smeaton sings to try to cheer her. The Queen withdraws followed by Smeaton and the Court. Jane Seymour gives vent to her anxiety but the appearance of the King and his ardent wooing soon remove her doubts. The King reveals that he intends to expose his wife's unfaithfulness and marry Jane.

In a courtyard in the castle, the Queen's brother Rochefort is astonished to see Percy, whom the King has recalled from his exile in the hope that he will provide evidence against the Queen. Percy admits that the love he felt for Anne Boleyn as a girl is not dead. When the King and Queen appear, Percy's hopes are encouraged by the Queen's obvious confusion. The King instructs Hervey to watch Percy's behavior towards the Queen. Rochefort laments Percy's lack of discretion and the courtiers are filled with apprehension at the new turn of events.

In a corridor leading to the Queen's private apartments, Smeton gazes enraptured at a miniature of the Queen, as he sings of his secret love for her. He hides when the Queen comes into view with her brother, who is trying to persuade her to grant an audience to Percy. When Percy appears, the Queen remains adamant. She is a wife and a Queen and will not listen to his ardent protestations of love. At the end of their meeting Anne refuses to see him again and Percy draws his sword to kill himself, only for Smeton to rush from his hiding place. The Queen faints as Rochefort warns her that the King is on his way, and Henry arrives just in time to catch her in what he purports to be a

---

[1] The characters in this opera are historically accurate. Percy was indeed an historical figure. He was Lord Henry Percy, heir to the Duke of Northumberland, and was, as in Romani's libretto, indeed betrothed to Anne, but their engagement was terminated by Wolsey on the king's orders. He was not included in Cromwell's indictment and presumably eluded execution. (Quoted by permission from "History Through the Opera Glass", by George Jellinek, Pro/Am Music Resources, Inc. 1994, White Plains NY)

compromising situation. Smeton's feeble protestations of her innocence are rendered less credible by the discovery by the King of the portrait of the Queen he wears around his neck. The King condemns the conspirators to separate cells and orders the Queen to make her defense before the judges, not to him. The Queen realizes that her fate is sealed.

ACT II

The Queen is in custody, and as her ladies-in-waiting try to console her as she waits for the trial. Hervey enters and announces that the King has decided to deny her their support. Jane Seymour comes in to advise her to try to save her life with a plea of guilty, but soon confesses repentfully that she herself is the one the King has designated to take the Queen's place. In the course of an extended dramatic scene Anne forgives her.

In a vestibule before the Council Chamber Hervey tells the assembled courtiers that Smeton has confessed and implicated the Queen. The King passes through and the Queen proudly refutes the accusations which are about to be levelled at her, at the same time admitting that before becoming Queen she had loved Percy. The King flies into a rage and is determined to be avenged. Percy ecstatically proclaims his love, while the Queen regrets that no hope now is left for her. The Queen and Percy are led off by guards. Jane Seymour's pleas to the King on Ann's behalf fall on deaf ears, as Hervey then enters to announce that the Council has unanimously decreed the death sentence for the Queen and her supposed accomplices.

In the Tower of London, the Queen awaits her execution. She has lost her senses and chides her ladies for weeping on her wedding day when the King awaits her. Her mood shifts from terror to joy, and, when she thinks she sees Percy smiling at her, she expresses her unbounded joy. Hervey enters to order the Queen and her accomplices to proceed to the scaffold, and Smeton admits to the false accusation he made about the Queen, but it is too late. Anne again starts to divagate and asks Smeton to tune his harp and sing to her, then intones a prayer. The firing of a cannon and the ringing of bells announce the acclamation of a new Queen, as Anne, momentarily brought back to her senses, denounces both Henry and Jane in a fierce outburst of rage: "You iniquitous couple!"

ACT I
Scene One

CHORUS OF COURTIERS

nɛ 'venne	il	re
Nè venne	**il**	**Re?**
Hasn't he come,	the	King?

si'lɛntsjɔ	aŋ'kor	nom 'venne
Silenzio.	**Ancor**	**non venne.**
Silence.	Still	he hasn't come.

ed	'ella	nɛ 'dʒɛme	iŋ	kɔr	ma	'simula
Ed	**ella?**	**Ne geme**	**in**	**cor,**	**ma**	**simula.**
And	she?	Moans		her heart,	but	she pretends.

(Her heart moans in anguish but she pretends.)

tra'monta	ɔ'mai	sua	'stella
Tramonta	**omai**	**sua**	**stella.**
Setting	is already	her	star.

(Her star is setting.)

den'riko	il	kɔr	vo'lubile	'arde	du'naltrɔ	a'mor
D'Enrico	**il**	**cor**	**volubile**	**arde**	**d'unaltro**	**amor.**
Of Henry	the	heart	fickle	burns	with another	love.

(Henry's fickle heart is already burning with another love.)

'forsɛ	ɛ	sɛr'bata
Forse	**è**	**serbata,**
Perhaps	she is	destined

'mizɛra	ɔ	tʃɛl	a	dwɔl	ma'ddʒor
misera!	**oh**	**ciel!**	**a**	**duol**	**maggior!**
wretched woman,	oh	Heaven	to	a grief	greater!

(Oh Heaven, to greater suffering!)

Scene Two

GIOVANNA

'ella	di	mɛ	sɔ'lletʃita	pju	dellu'zato	a	'kjɛstɔ
Ella	**di**	**me,**	**sollecita**	**più**	**dell'usato**	**ha**	**chiesto.**
She	for	me	eagerly	more	than usual	has	asked.

(She has asked me to come to her more eagerly than usual.)

'ella	per'ke	kwal	'palpito	kwal	'dubbjo im	mɛ	si ɛ 'dɛstɔ
Ella...	**perchè?...**	**Qual**	**palpito!**	**Qual**	**dubbio in**	**me**	**si è desto!**
She?...	Why?...	What	trembling!	What	doubt in	me	has awakened!

i'nnantsi	'alla mia	'vittima 'pɛrde	'oɲɲi	ar'dire	il	kɔr
Innanzi	**alla mia**	**vittima perde**	**ogni**	**ardire**	**il**	**cor..**
Face to face	with my	victim loses	all	boldness	my	heart.

'sorda	al	ri'mɔrsɔ	'rɛndimi	ɔ	in	sen	tes'tiŋgwi	a'mor
Sorda	**al**	**rimorso**	**rendimi,**	**o**	**in**	**sen**	**t'estingui,**	**amor.**
Deaf	to	remorse	make me,	or	in my	bosom	die out,	love.

(Oh love, make me deaf to remorse or be extinguished in my heart.)

Scene Three
(Ann enters, followed by her ladies-in-waiting and her page Smeton.)

ANNA *(looking around and speaking to Jane Seymour)*

si	tatʃi'turna	e	'mɛsta	mai	nom 'vidi	assɛm'blɛa
Sì	**taciturna**	**e**	**mesta**	**mai**	**non vidi**	**assemblea...**
So	quiet	and	sad	never	have I seen	the court...

tu	'stessa	un	'tɛmpɔ	'ljɛta	kɔ'tantɔ
Tu	**stessa,**	**un**	**tempo**	**lieta**	**cotanto,**
You	yourself,	at one	time	cheerful	so,

(You yourself, who at one time were so cheerful,)

rikja'mar	nɔn sai	sul	tuɔ	'labbro	un	so'rrizo
richiamar	**non sai**	**sul**	**tuo**	**labbro**	**un**	**sorriso!**
to summon	you cannot	over	your	lips	a	smile!

(you can't even summon a smile to your lips!)

GIOVANNA

e	ki	po'tria	se'rɛm	mɔs'trarsi
E	**chi**	**potria**	**seren**	**mostrarsi**
And	who	could	serene	show herself

'kwandɔ	a'fflitta	ei	'vedɛ	la sua	re'dʒina
quando	**afflitta**	**ei**	**vede**	**la sua**	**Regina?**
when	troubled	she	sees	her	Queen?

(And who could show herself serene on seeing her Queen so troubled?)

ANNA

a'fflitta	ɛ	vver	so'nio	nɛ	sɔ	per'ke
Afflitta,	**è**	**ver,**	**son io...**	**nè**	**so**	**perchè...**
Troubled,	it's	true,	am I...	nor	do I know	why...

'zmanja	iŋkwj'ɛta	i'ɲɲɔta	a	mɛ	la	'patʃɛ
Smania,	**inquieta,**	**ignota**	**a**	**me**	**la**	**pace**
A frenzy	restless,	unknown,	from	me	the	peace of mind

da	pju	'dʒorni	iɱ'vola
da	**più**	**giorni**	**invola.**
for	many	days	robs.

(A restless, unknown frenzy has been robbing me of my peace of mind for several days now.)

SMETON
'mizɛɾa
(Misera!)
(Wretched woman!)

GIOVANNA

iɔ	'trɛmɔ	ad	'oɲɲi	sua	pa'rɔla
(Io	**tremo**	**ad**	**ogni**	**sua**	**parola!)**
(I	tremble	at	every one	of her	word[s]!)

ANNA

'zmɛtɔn dɔ'vɛ
Smeton dov'è?
Where is Smeton?

SMETON

re'dʒina
Regina.
My Queen!

ANNA

a	mmɛ	ta'pprɛssa	nɔm vwɔi tu	per	'pɔkɔ
A	**me**	**t'appressa.**	**Non vuoi tu**	**per**	**poco**
To	me	come near.	Do you not want	for	a while

de	twɔi	kɔn'tʃɛnti	rallɛ'grar	mia	'kɔrte
de'	**tuoi**	**concenti**	**rallegrar**	**mia**	**Corte**
with	your	songs	to enliven	my	Court

fiŋ'ke	non 'dʒuŋga	il	re
finchè	**non giunga**	**il**	**re?**
until	arrives	the	King?

GIOVANNA

miɔ	kɔr	res'pira
(Mio	**cor,**	**respira!)**
(My	heart,	breathe!)
([Oh] my [troubled] heart, [you may] breathe [again]!)

ANNA

'lɔkɔ	ɔ	'lɛdi	pren'dete
Loco,	**o**	**Ledi,**	**prendete.**
Place,	oh	Ladies,	take.
(Take your places, Ladies.)

SMETON

'amor mins'pira
(Amor, m'inspira.)
(Love, inspire me.)

CAVATINA
SMETON

dɛ	nom vo'ler	kos'trindʒere	a	'finta	'dʒɔja	il	'vizo
Deh!	**non voler**	**costringere**	**a**	**finta**	**gioia**	**il**	**viso;**
Ah!	Do not wish	to force	to	feigned	joy	the	face;
(Ah! Do not wish to force [an expression] of feigned joy;)

Anna Bolena, Act I

'bɛlla	ɛ	la tua	mes'tittsja	si'kkome	il tuo	so'rrizo 'bɛlla
Bella	**è**	**la tua**	**mestizia**	**siccome**	**il tuo**	**sorriso bella.**
Beautiful	is	your	sadness	as	your	smile (is) beautiful.

'tʃinta	di	'nubi	aŋ'koɾa 'bɛlla	ɛ	ko'zi	lau'roɾa
Cinta	**di**	**nubi**	**ancora bella**	**è**	**così**	**l'aurora,**
Encircled	by	clouds	still beautiful	is	thus	the dawn,

(While encircled by clouds, the dawn is still beautiful,)

la	'luna	maliŋ'kɔnika	'bɛlla	ɛ	nel	suɔ	pa'llɔr
la	**luna**	**malinconica**	**bella**	**è**	**nel**	**suo**	**pallor.**
the	moon	melancholy	beautiful	is	in	its	pallor.

(and the mournful moon is beautiful in its pallor.)

ki	pensje'roza	e	'tatʃita 'starti	ko'zi	ti 'miɾa
Chi	**pensierosa**	**e**	**tacita starti**	**così**	**ti mira,**
Whoever	thoughtful	and	quiet being	so	beholds you,

(Whoever beholds you being so thoughtful and silent,)

ti 'krede	in'dʒɛnwa	'verdʒine	ke	il	'primɔ a'mor sos'piɾa
ti crede	**ingenua**	**vergine**	**che**	**il**	**primo amor sospira:**
would think you	an ingenuous	maiden	who	her	first love sighs for;

ed	ɔbbli'ato	il	'sɛrto	on'dɛ	il tuo	krin	kɔ'pɛrto
ed	**obbliato**	**il**	**serto**	**ond'è**	**il tuo**	**crin**	**coperto,**
and	forgetting	the	crown	with which is	your	hair	covered,

'teko	sos'piɾa	e	'sembraʎi	'ɛsser	kwel	'primɔ a'mor
teco	**sospira**	**e**	**sembragli**	**esser**	**quel**	**primo amor.**
with you	sighs	and	it seems to him	to be	that	first love.

(Whoever [the man] may be who sees you so thoughtful and silent would think you an ingenuous maiden sighing for her first love; and forgetting the crown that adorns your hair, sighs along with you and feels as if he were that first love.)

ANNA *(rising, moved)*

'tʃessa	dɛ	'tʃessa
Cessa...	**deh!**	**cessa...**[1]
Stop...	please	stop!...

GIOVANNA
Regina!

SMETON

ɔ	tʃɛl
Oh	**ciel!...**
Oh	Heaven!...

---

[1] Sometimes the word *Taci* is used here. It means "be quiet", rather than "stop". The verb *cessare* (literally "to cease") and its derivative *cessa* is sometimes avoided for the reason that *un cesso* in Italian also means... a "toilet", and there may be some concern that Italian audiences may find the word somewhat suggestive of a plumbing installation, which in a serious scene like this would be, to say the least, amusing, and/or possibly offensive. (Compare with Raimondo's aria in *Lucia di Lammermoor*, found in Volume I of this Belcanto series.)

CHORUS

'ɛlla ɛ tur'bata ɔp'prɛssa
(Ella è turbata, oppressa.)
(She is perturbed, upset.)

ARIA
ANNA *(to herself)*

'kome innɔ'tʃɛnte 'dʒovane 'kome mai 'skɔsso il 'kɔrɛ
(Come, innocente giovane, come m'hai scosso il core!
(How, you innocent young man, how you have shaken my heart!

son 'kalde aŋ'kor le 'tʃeneɾi del mio pri'mjɛɾo a'morɛ
Son calde ancor le ceneri del mio primiero amore!
Are warm still the ashes of my first love!

a nɔn a'vessi il 'pɛtto a'pɛrto ad 'altro a'ffɛtto
Ah! non avessi il petto aperto ad altro affetto,
Ah! Had I not my heart opened to another love,

a 'nnɔ io nɔn sa'rei si 'mizɛɾa nel 'vano mio splen'dor
Ah no! io non sarei sì misera nel vano mio splendor.)
Ah no! I wouldn't be so unhappy in the vain my splendor.)
(Ah no! I would not be so unhappy now, in my vain [queenly] splendor.)

(collecting herself, to the assembled)

ma 'pɔkɛ ɔ'mai ɾi'maŋgɔnɔ 'ore di 'nɔtte io 'kredo
Ma poche omai rimangono ore di notte, io credo.
But few now remain hours of night, I believe.
(But I believe there now remain but few hours of night.)

GIOVANNA

'lalba ɛ vi'tʃina a 'sordʒere
L'alba è vicina a sorgere.
Dawn is close to rising.
(It is almost dawn.)

ANNA

si'ɲɲori io vi kɔn'dʒedo ɛ 'vana 'spɛme a'ttɛndeɾe
Signori, io vi congedo, è vana speme attendere
Gentlemen, I dismiss you; it's vain hope to wait

ke ɔ'mai pju 'dʒuŋga il re an'djam sej'muɾ
che omai più giunga il Re. Andiam, Seymour.
that now still come the King. Let us leave, Seymour.
(It's hopeless to still expect the King to come now.)

GIOVANNA

ke 'vadʒita
Che v'agita?
What is troubling you?

ANNA

'lɛddʒer	po'tessi	im mɛ
Legger potessi		**in me!**
If only you could read		my thoughts!

nɔɱ va	'zgwardo	kui	sia	'datɔ
Non v'ha	**sguardo**	**cui**	**sia**	**dato**
There isn't	a glance	that	is	permitted

pɛnɛ'trar	nel	'mɛstɔ	'kɔrɛ
penetrar	**nel**	**mesto**	**core;**
to penetrate	my	sad	heart;

mi kɔn'danna	'krudo	'fatɔ	soli'tarja	a	sospi'rar
Mi condanna	**crudo**	**fato**	**solitaria**	**a**	**sospirar.**
I'm condemned (by)	cruel	fate	in solitude	to	sigh.

a	sɛ	mai	di	'redʒo	'sɔʎʎo	ti se'dutʃe	lo	splen'dore
Ah!	**se**	**mai**	**di**	**regio**	**soglio**	**ti seduce**	**lo**	**splendore,**
Ah!	If	ever	of a	royal	throne	you seduces	the	splendor,

(If ever you are seduced by the splendor of a royal throne,)

ti ɾa'mmenta	il mio	kɔr'dɔʎʎo	nɔn	la'ʃʃarti	luziŋ'gar
ti rammenta	**il mio**	**cordoglio,**	**non**	**lasciarti**	**lusingar.**
remember	my	heartache,	don't	let yourself	be deceived.

GIOVANNA, SMETON

al'tsar	'ʎɔkki	in	lɛi	nɔn 'ɔzɔ	nɔn	ar'diskɔ	favɛ'llar
(Alzar	**gli occhi**	**in**	**lei**	**non oso,**	**non**	**ardisco**	**favellar.)**
(To lift	my eyes	to	her	I don't dare,	I do not dare		speak.)

CHORUS

'kwalke	is'tante	di	ɾi'pɔzɔ	'pɔssa	il 'sonnɔ	a	lɛi	ɾɛ'kar
(Qualche	**istante**	**di**	**riposo**	**possa**	**il sonno**	**a**	**lei**	**recar.)**
(Some	moments	of	rest	may	sleep	to	her	bring.)

Scene Four

SCENE AND DUET
GIOVANNA

ɔ	kwal	par'lar	fu	il suo	'kome	il	kɔr	mi kol'pi
Oh!	**qual**	**parlar**	**fu**	**il suo!**	**Come**	**il**	**cor**	**mi colpì!**
Oh!	What	a manner of speaking	was	hers!	How	my	heart	it struck!

tra'dita	'forse	skɔ'pɛrta	iɔ mi sa'rɛi
Tradita	**forse,**	**scoperta**	**io mi sarei?**
Betrayed	perhaps,	discovered	could I have been?

(Did I betray myself? Could she have seen through me?)

sul	mio	sɛm'bjantɛ	a'vria	'lɛtto	il mio	mis'fatto
Sul	**mio**	**sembiante**	**avria**	**letto**	**il mio**	**misfatto?**
On	my	face	could she have	read	my	misdeed?

a	nnɔ	mi 'strinse	tenera'mente	al	'pɛttɔ
Ah,	**no;**	**mi strinse**	**teneramente**	**al**	**petto:**
Ah,	no;	she clasped me	tenderly	to her	bosom;

ri'pɔza	i'ɲɲara	ke	il	sɛr'pɛntɛ	a 'strɛtto
Riposa	**ignara**	**che**	**il**	**serpente**	**ha stretto.**
She rests	unaware	that	a	serpent	she has clasped.

po'tessi	al'men	ri'trarre	da	'kwesto	a'bisso	il	'pjɛdɛ
Potessi	**almen**	**ritrarre**	**da**	**questo**	**abisso**	**il**	**piede;**
Oh could I	at least	draw back	from	this	abyss		my	foot;

(Oh, if only I could stand back from this abyss [to which fate] has brought me!)

e	far	ke	il	'tɛmpo 'korso	nom 'fosse
e	**far**	**che**	**il**	**tempo corso**	**non fosse.**
and	cause	that	the	time elapsed	didn't happen.

(and stop the course of time.)

ai	la mia	'sɔrtɛ	ɛ	'fissa
Ahi!	**la mia**	**sorte**	**è**	**fissa.**
Ah!	My	fate	is	fixed.

'fissa	nel	'tʃɛlɔ	'kome	il	di	trɛ'mɛndɔ
Fissa	**nel**	**Cielo**	**come**	**il**	**di**	**tremendo.**
Fixed	in	Heaven,	like	on the	day	terrifying.
			(like Judgment Day.)			

(A knock is heard and she goes to open a secret door.)

'ɛkko	il	re
Ecco	**il**	**Re...**
Here is	the	King...

Scene Five
(The King enters.)

SCENE AND DUET
ENRICO
trɛ'mate voi
Tremate voi?
Are you trembling?

GIOVANNA *(confused)*
si 'trɛmɔ
Sì, tremo.
Yes, I am trembling.

ENRICO
ke fa kɔ'lɛi
Che fa colei?
What does she?
(What is she [Anne] doing?)

GIOVANNA

ri'poza
Riposa.
She is resting.

ENRICO

non   'io
Non   io.
Not   I.

GIOVANNA

ri'pozo io   'forse   'ultimo   'sia   'kwesto ko'llokwjo   'nostro
Riposo io   forse?   Ultimo   sia   questo colloquio   nostro...
Am I resting   perhaps?   Last one   be   this   conversation   ours...
(Do you think I can rest? Let this be our last conversation...)

'ultimo   ɔ   'sire   ve ne skon'dʒuro
ultimo,   o   Sire,   ve ne scongiuro.
the last one,   oh   Sire,   I entreat you.

ENRICO

si   e   tal   sa'ra
Sì,   e   tal   sarà.
Yes,   and   so   it shall be.

ve'dertʃi   'alla   'fattʃa del   'sole   ɔ'mai   do'bbjamo
Vederci   alla   faccia del   sole   omai   dobbiamo:
To see one another   in the   face   of the   sun   from now on   we must.
(We must see one another in broad daylight from now on.)

la 'tɛrra   e   il 'tʃɛlo   an da sa'per   kiɔ   'vamo
La Terra   e   il Cielo   han da saper   ch'io   v'amo.
Earth   and   Heaven   must know   that I   love you.

GIOVANNA

dʒa'mmai   so'tɛrra   vo'rrɛi   tʃe'lar la mia ver'goɲɲa
Giammai.   Sotterra   vorrei   celar la mia vergogna.
Never.   Underground   I'd wish   to hide my shame.

ENRICO

ɛ   'glɔrja   la'mor   den'riko
È   gloria   l'amor   d'Enrico.
Is   glory   the love   of Henry.
(Henry's love is glory.)

ed   'ɛra   tal   per 'anna   'aʎʎi   'ɔkki   pur delliŋgil'tɛrra   in'tɛra
Ed   era   tal   per Anna   agli   occhi   pur dell'Inghilterra   intera.
And   it was   such   for Anne   in the   eyes   even of England   entire.
(in the eyes of all England.)

GIOVANNA

'dopo   li'mɛne   ɛi   'lɛra   'dopo   li'mɛne   'solo
Dopo   l'Imene   ei   l'era...   dopo   l'Imene   solo.
After   the marriage   it   was...   after   the marriage   only.

ENRICO

e	iŋ	'kwesta	'gwiza	'mama	sej'muɾ
E	**in**	**questa**	**guisa**	**m'ama**	**Seymour?**
And	in	this	fashion	loves me	Seymour?

(And Jane Seymour loves me in this fashion?)

GIOVANNA

e	il	re	ko'zi	pur	'mama
E	**il**	**Re**	**così**	**pur**	**m'ama?**
And	the	King	thus	also	loves me?

ENRICO

iŋ'grata	e	ke	bra'matɛ
Ingrata,	**e**	**che**	**bramate?**
Ungrateful one, and	what	do you desire?

GIOVANNA

a'moɾe	e	'fama
Amore e		**fama.**
Love	and	reputation.

ENRICO

'fama	si	la'vrete
Fama!	**Sì:**	**l'avrete,**
Reputation!!	Yes,	you shall have it,

e	'talɛ	ke	nel	'mondo	e'gwal	noɱ	'fia
e	**tale**	**che**	**nel**	**mondo**	**egual**	**non**	**fia.**
and	such	that	in the	world	equal	there	isn't.

(and such that it has no match in the world.)

'tutta	iɱ	voi	la 'lutʃe 'mia	iɱ	voi	si spande'ra
Tutta	**in**	**voi**	**la luce mia,**	**in**	**voi**	**si spanderà.**
All	in	you	my light,	on	you	will be shed.

(All my glory shall be shed upon you.)

non	a'vra	sej'muɾ	ri'valɛ	'kome	il	sol	ri'val	nɔ'na
Non	**avrà**	**Seymour**	**rivale**	**come**	**il**	**sol**	**rival**	**non ha.**
Not	will have	Seymour	a rival,	as	the	sun	rival	has not.[2]

(Jane Seymour shall have no rivals, just as the sun has none.)

GIOVANNA

la mia 'fama	ɛ	a	pjɛ	de'llaɾa
La mia fama	**è**	**a'**	**piè**	**dell'ara;**
My	reputation	lies	at the	foot	of the altar;

'onta	al'trovɛ	ɛ	a	me	sɛr'bata
onta	**altrove**	**è**	**a**	**me**	**serbata:**
shame	elsewhere	is	for	me	reserved;

(elsewhere only shame is my lot;)

---

[2] Henry is using an astronomical metaphor: "the sun shines brighter than any other star, therefore its light is unrivaled".

e	kweˈllara	ɛ	a	mɛ	vjeˈtata
e	**quell'ara**	**è**	**a**	**me**	**vietata;**
and	that altar	is	to	me	forbidden;

lɔ sa	il ˈtʃɛlɔ	il	re	lɔ sa
Lo sa	**il Cielo,**	**il**	**Re**	**lo sa.**
Knows it	Heaven,	the	King	knows it.

a	sɛ	ver	ke	al	re	soŋ	ˈkara
Ah!	**s'è**	**ver**	**che**	**al**	**Re**	**son**	**cara,**
Ah!	If it is	true	that	to the	King	I am	dear,

loˈnor ˈmio	pju	ˈkarɔ	aˈvra
l'onor mio	**più**	**caro**	**avrà.**
my honor	more	dear	he shall have.
(he will hold my honor dearer still.)

ENRICO *(annoyed)*

si	vinˈtɛndɔ
Sì...	**v'intendo.**
Yes...	I understand you...

GIOVANNA

ɔ	ˈtʃɛlɔ	ˈsire
Oh	**Cielo!**	**Sire!**
Oh	Heaven!	Sire!

ENRICO
V'intendo.

GIOVANNA

e	ˈtantɔ	ɛ	iɱ	voi	lo	ˈzdeɲɲo
E	**tanto**	**è**	**in**	**voi**	**lo**	**sdegno?**
And	such	is	in	you	the	anger?

ENRICO

ɛ	ˈzdeɲɲo	e	ˈdwɔlo
È	**sdegno**	**e**	**duolo.**
It is	anger	and	grief.

GIOVANNA
Sire!

ENRICO

aˈmate	il	re	sɔlˈtanto	vi ˈprɛmɛ	il	ˈtrɔno	ˈsolo
Amata	**il**	**Re**	**soltanto.**	**Vi preme**	**il**	**trono**	**solo.**
You love	the	King	only.	You covet	the	throne	alone.
([You don't love me], you love my position as King.)

GIOVANNA

ˈio	ˈsire
Io!	**Sire!**
I!	Sire!

Anna Bolena, Act I

ENRICO
V'intendo.

GIOVANNA
No, Sire!

ENRICO
V'intendo.

'anna	'pure	a'mor	mɔ'ffria	vagɛ'ddʒando	il	'sɔʎʎo	iŋ'gleze
Anna	**pure**	**amor**	**m'offria,**	**vagheggiando**	**il**	**soglio**	**inglese.**
Anne	also	love	offered me,	longing for	the	throne	English.

'ella	'pure	il	'sɛrtɔ	am'bia	dellal'tɛra	arago'neze
Ella	**pure**	**il**	**serto**	**ambia**	**dell'altera**	**Aragonese.**
She	also	the	crown	coveted	of that haughty	Aragonese woman.[3]

'lɛbbɛ	al'fin	ma	'lɛbbɛ	a'ppena
L'ebbe	**alfin;**	**ma**	**l'ebbe**	**appena,**
She had it	at last,	but	she had it	scarcely,

ke	sul		krin	lɛ vatʃi'llɔ
che	**sul**		**crin**	**le vacillò.**
than	over her		hair	it wavered.

(but scarcely had she [obtained that crown] than it wavered on her head.)

per	suɔ	'dannɔ	per	sua	'pena	'daltra	'dɔnna	il	kɔr	ten'tɔ
Per	**suo**	**danno,**	**per**	**sua**	**pena,**	**d'altra**	**donna**	**il**	**cor**	**tentò.**
To	her	harm,	to	her	grief,	another	woman	my	heart	tempted.

GIOVANNA

a	non	io	vo'ffria	'kwestɔ	kɔr	a	'tɔrto	o'ffezo
Ah!	**non**	**io**	**v'offria**	**questo**	**cor**	**a**	**torto**	**offeso.**
Ah!	Not	I	offered you	this	heart	into	wrongdoing	prompted.

(Ah! It was not I who offered you this heart prompted into wrongdoing.)

il mio	re	mɛ lɔ ra'pia	dal	mio	re	mi 'veŋga	'rezo
Il mio	**Re**	**me lo rapia;**	**dal**	**mio**	**Re**	**mi venga**	**reso;**
My	King	stole it from me;	by	my	King	let it be	returned to me;

pju	iɱfe'litʃe	di	bo'lena	pju	da	'pjandʒɛrɛ	sa'rɔ
Più	**infelice**	**di**	**Bolena,**	**più**	**da**	**piangere**	**sarò.**
More	unhappy	than	Boleyn,	more	to	weep for	I will have.

(I will be unhappier than Boleyn and will have more to weep for.)

da	un ri'pudjɔ	a'vrɔ	lla 'pena
Da	**un ripudio**	**avrò**	**la pena,**
From	rejection	I'll have	the pain,

---

[3] This refers to Catherine of Aragon, Henry VIII's first wife.

nɛ	um	maˈrito	oˈffezɔ	aˈvrɔ	
nè	**un**	**marito**	**offeso**	**avrò.**	
not even	a	husband	offended	I shall have.	

(I will have the pain of rejection, but I won't even have an offended husband.)

ENRICO

tu	mi ˈlaʃʃi
Tu	**mi lasci?**
You	leave me?

GIOVANNA

il ˈdeddʒɔ
Il deggio.
I must.

ENRICO

aˈrrɛsta
Arresta.
Stay.

GIOVANNA

iɔ	nɔl ˈpɔssɔ
Io	**nol posso.**
I	cannot.

ENRICO

asˈkolta	il ˈvɔʎʎo	dʒa	lalˈtar	per	tɛ	si aˈppresta
Ascolta;	**il voglio.**	**Già**	**l'altar**	**per**	**te**	**s'appresta:**
Listen;	I wish it.	Already	the altar	for	you	is being readied;

aˈvrai	ˈspɔzɔ	e	ˈʃʃettro	e	ˈsɔʎʎo
Avrai	**sposo**	**e**	**scettro**	**e**	**soglio.**
You shall have	husband,	and	scepter	and	throne.

GIOVANNA

ˈtʃɛlɔ	ed	ˈanna
Cielo!...	**ed**	**Anna?**
Heaven!...	And	Anne?

ENRICO

iɔ	ˈllɔdjɔ
Io	**l'odio.**
I	hate her!

GIOVANNA

a	ˈsire
Ah!	**Sire.**
Ah!	Sire!

ENRICO

ˈdʒuntɔ	ɛ	il	ˈdʒorno	di	ppuˈnire
Giunto	**è**	**il**	**giorno**	**di**	**punire.**
Arrived	has	the	day	of	punishment.

GIOVANNA

a	ˈkwal	ˈkolpa
Ah!	**Qual**	**colpa?**
Ah!	For what	crime?

ENRICO

la	pju ˈnnɛra	ˈdjɛmmi	un	kɔrɛ	ke	ˈsuo	noˈnɛra
La	**più nera.**	**Diemmi**	**un**	**core**	**che**	**suo**	**non era...**
The	blackest!	She gave me	a	heart	that	hers	was not...

miŋgaˈnnɔ	pria	ˈdɛssɛr	ˈmoʎʎe
M'ingannò	**pria**	**d'esser**	**moglie;**
She deceived me	before	becoming (my)	wife;

	ˈmoʎʎɛ	aŋˈkora	miŋgaˈnnɔ
	moglie	**ancora**	**m'ingannò.**
(and as my)	wife	yet again	she deceived me.

GIOVANNA

e	i swɔi	ˈnɔdi
E	**i suoi**	**nodi?**
And	her	vows?

ENRICO

il	re	li ˈʃʃoʎʎɛ
Il	**Re**	**li scioglie.**
The	King	annuls them.

GIOVANNA

koŋ	kwal	ˈmɛddzo
Con	**qual**	**mezzo?**
By	what	means?

ENRICO

io	sol	lɔ sɔ
Io	**sol**	**lo so.**
I	alone	know it.

GIOVANNA

ma	ˈkwalɛ
Ma	**quale?**
But	which one?

ENRICO

Io sol lo so.

GIOVANNA

a	kwal	sia	tʃɛrˈkar	nɔn ˈɔzɔ
Ah!	**Qual**	**sia**	**cercar**	**non oso:**
Ah!	Whatever	it might be	find out	I don't dare;

nɔl kɔn'sɛnte　　　il　　　kɔr　　　ɔ'pprɛssɔ
Nol consente　　il　　cor　　oppresso.
Doesn't allow it　　my　　heart　　oppressed.
(My oppressed heart won't dare to find out what they may be.)

ma　spɛ'rar mi fia　kɔn'tʃɛssɔ　　　ke　　nɔɱ fia　　di　　krudɛl'ta
Ma　sperar mi fia　concesso　　　che　　non fia　　di　　crudeltà.
But　to hope to me　let it be permitted　that　it not be　of　cruelty.
(But may I be permitted to hope that it will not be by cruel means.)

ENRICO
ta'kkwɛta
T'acqueta.
Calm yourself.

GIOVANNA
nom mi 'kɔsti　　un　　'rɛdʒɔ　'spɔzɔ　　pju　ri'mɔrsi　　per　pjɛ'ta
Non mi costi　　un　　regio　sposo　　più　rimorsi,　　per　pietà!
May he not cost me,　a　royal　husband,　more　remorse,　for　pity's sake!

ENRICO
a　　rassi'kura　　il　　kɔr　　tur'batɔ
Ah,　rassicura　　il　　cor　　turbato:
Ah,　calm　　your　heart　troubled;

nel　tuo　re　la　'mɛntɛ　a'kkwɛta
Nel　tuo　Re　la　mente　acqueta;
In　your　King　your　mind　calm;
(Let your King take your mind off dire thoughts;)

kei　ti 'vegga　　ɔ'mai　pju　　'ljɛta　della'mor　　ke　　sua　ti fa
Ch'ei　ti vegga　　omai　più　　lieta　dell'amor　　che　　sua　ti fa.
Let him see you　now　more　happy　in the love　that　his　makes you.
(Let him see you happier now in the love that makes you his.)

(Henry leaves by the secret door. Jane goes into the apartments.)

Scene Six
(In the park surrounding Windsor Castle, Rochefort sees Percy and they embrace.)

ROCHEFORT
ki　'veggo　　in　　iŋgil'tɛrra　　tu　　miɔ　　pɛr'si
Chi　veggo?　　In　　Inghilterra,　　tu,　　mio　　Percy?
Whom do I see?　In　England,　you,　my　Percy?

PERCY
mi　vi　ri'kjama　　a'miko　den'riko　　un　　'tʃenno
Mi　vi　richiama,　amico,　d'Enrico　　un　　cenno...
Me　to it　recalls,　friend,　of Henry　an　order...
(I was recalled [to England], my friend, at an order from Henry...)

e　al　suɔ　pa'ssaddʒɔ　ɔ'ffrirmi
e　al　suo　passaggio　offrirmi
and　at　his　passage　present myself

Anna Bolena, Act I

'kwandɔ 'alla 'kattʃa ei 'mɔva ɛ mio kon'siʎʎo
quando alla caccia ei mova è mio consiglio.
when to the hunt he goes is my intention.
(and it is my intention to present myself as he passes by on his way to the hunt.)

'dopo si 'luŋgo e'ziʎʎo respi'rar 'laura an'tika e il tʃɛl na'tio
Dopo sì lungo esiglio respirar l'aura antica e il ciel natio,
After such a long exile, to breathe the air of old and the sky native,

ad 'oɲɲi 'kɔrɛ ɛ 'doltʃe a'marɔ al 'mio
ad ogni core è dolce, amaro al mio.
to every heart is sweet, (but) bitter to mine.

ROCHEFORT

'karɔ pɛr'si mu'tato il dwɔl nɔn ta ko'zi
Caro Percy! Mutato il duol non t'ha così,
Dear Percy! Changed grief has you so,
(Grief has changed you so much,)

ke a ravvi'zarti 'pronto io nom 'fossi
che a ravvisarti pronto io non fossi.
that to recognize you at first I could not.

PERCY

nɔ 'nɛ 'dwɔlo il 'mio ke iɱ 'frontɛ a'ppaja
Non è duolo il mio che in fronte appaja:
It isn't grief mine that on my brow shows;
(My grief is not such that it shows on my face;)

radu'nato ɛ 'tutto nel kɔr pro'fondo io non ar'disko a'miko
Radunato è tutto nel cor profondo. Io non ardisco, amico,
Gathered it is all in my heart's depths. I do not dare, friend,

'della tua 'swɔra avventu'rar iŋ'kjɛsta
della tua suora avventurar inchiesta.
about your sister to venture to inquire.
(venture to inquire about your sister.)

ROCHEFORT

'ella ɛ re'dʒina 'oɲɲi sua 'dʒɔja ɛ 'kwesta
Ella è Regina. Ogni sua gioja[4] è questa.
She is Queen. All her joy is this one.
(This is her one joy.)

PERCY

e il ver par'lɔ la 'fama
E il ver parlò la fama?
So the truth spoke the rumor?
(So the rumor was true?)

---

[4] We have now seen some words like *appaja* and *gioja* spelled with a *j* (an older spelling) instead of an *i* (*appaia, gioia*).

Anna Bolena, Act I

'ella	ɛ	iɱfe'litʃe	il	re	mu'tatɔ
Ella	**è**	**infelice?**	**Il**	**Re**	**mutato?**
She	is	unhappy?	The	King	changed?

ROCHEFORT

e	'dura	a'mor	kon'tɛntɔ	'mai
E	**dura**	**amor**	**contento**	**mai?**
And	lasts	love	happy	ever?

(Does happy love ever last?)

PERCY

bɛn 'ditʃi	ei	'vive	'privo	di	'spɛme	'kome	'vive	il 'mio
Ben dici.	**Ei**	**vive**	**privo**	**di**	**speme,**	**come**	**vive**	**il mio.**
Well said.	It	lives	deprived	of	hope,	as	lives	mine.

(Her love lives without hope, as mine does.)

ROCHEFORT

so'mmessɔ	'parla
Sommesso	**parla.**
Softly	speak.

PERCY

e	kke	te'mer	de'ddʒio
E	**che**	**temer**	**degg'io?**
And	what	to fear	should I?

(What should I be afraid of?)

ARIA
PERCY

da	kwel	di	ke	lei per'duta
Da	**quel**	**dì**	**che,**	**lei perduta,**
From	that	day,	having	lost her,

dispe'ratɔ	im	'bandɔ	an'dai
disperato	**in**	**bando**	**andai,**
desperate	into	exile	I walked,

da	kwel	di	ke	il	mar	pa'ssai	la mia	'mɔrte	komin'tʃɔ
da	**quel**	**dì**	**che**	**il**	**mar**	**passai,**	**la mia**	**morte**	**cominciò...**
from	that	day	that	the	sea	I crossed	my	death	began...

'oɲɲi	'lutʃɛ	a mmɛ	fu	'muta
Ogni	**luce**	**a me**	**fu**	**muta,**
Every	light	for me	was	snuffed,

dai	vi'vɛnti	io	mi di'vizi
dai	**viventi**	**io**	**mi divisi:**
from the	living	I	separated myself;

'oɲɲi	'tɛrra	o'viɔ	ma'ssizi	la mia	'tomba	mi sɛm'brɔ
ogni	**terra**	**ov'io**	**m'assisi**	**la mia**	**tomba**	**mi sembrò.**
every	land	where I	settled	my	tomb	it seemed to me.

ROCHEFORT

e	ve'nisti	a	far	pe'ddʒore
E	**venisti**	**a**	**far**	**peggiore**
And	you came	to	make	worse

il tuɔ	'statɔ	a	lɛi	vi'tʃino
il tuo	**stato**	**a**	**lei**	**vicino?**
your	situation	to	her	near?

(And you came here, close to her to worsen your situation?)

PERCY

'sɛntsa	'mente	'sɛntsa	'kɔre	'tʃeko	io	'sɛgwo	il mio	des'tino
Senza	**mente,**	**senza**	**core,**	**cieco**	**io**	**seguo**	**il mio**	**destino,**
Without	mind,	without	heart,	blind	I	follow	my	destiny,

(Heartlessly and mindlessly, I blindly follow my destiny,)

ma	pur	tal'vɔlta	in	dwɔl	si	'fjɛrɔ
ma...	**pur**	**talvolta**	**in**	**duol**	**sì**	**fiero**
but...	yet	sometimes	in my	grief	so	cruel

mi so'rride	nel	pen'sjɛrɔ	la	tʃer'tettsa
mi sorride	**nel**	**pensiero**	**la**	**certezza**
smiles at me	in my	thoughts	the	certainty

ke	for'tuna	i mjei	'mali	vendi'kɔ
che	**fortuna**	**i miei**	**mali**	**vendicò.**
that	fate	my	misfortune	has avenged.

(yet at times in my cruel grief my mind is assured that fate has avenged my misfortune.)

ROCHEFORT
E venisti a far peggior, etc.

(Hunting horns are heard in the distance.)

dʒa	la	'kattʃa	si ra'duna	'tatʃi	al'kuno	u'dir ti pwɔ
Già	**la**	**caccia**	**si raduna.**	**Taci:**	**alcuno**	**udir ti può.**
Already	the	hunt	is gathering.	Hush,	someone	may hear you.

(Groups of huntsmen, pages, grooms and men armed with pikes enter from various parts.)

CHORUS

ɔ'la	ve'lotʃi	a'kkorrano	i	'paddʒi	e	li	sku'djɛri
Olà!	**Veloci**	**accorrano**	**i**	**paggi**	**e**	**li**	**scudieri.**
Ho there!	Quickly	gather	the	pages	and	the	grooms.

i	'vɛltri	si dis'pɔŋganɔ	sin'sɛllino	i	des'trjɛri
I	**veltri**	**si dispongano;**	**s'insellino**	**i**	**destrieri.**
The	greyhounds,	let them be readied;	saddle	the	horses.

pju	ke	dʒa'mmai	sɔ'lletʃitɔ	'ɛʃʃe	sta'mane	il re
Più	**che**	**giammai**	**sollecito**	**esce**	**stamane**	**il Re.**
More	than	ever	eager	goes out	this morning	the King.

(The King is more eager than ever to go hunting this morning.)

PERCY

ed	'anna	aŋ'kella
Ed	**Anna**	**anch'ella?**
And	Anne,	she too?

ROCHEFORT

a	a'kkwetati		ri'kkardɔ
Ah!	**Acquetati!**		**Riccardo!**
Ah!	Calm yourself!		Richard!

PERCY

a	ko'zi	nei	di	ri'dɛnti	del	pri'mjɛr	fe'litʃe	a'moɾe
Ah!	**così**	**nei**	**dì**	**ridenti**	**del**	**primier**	**felice**	**amore,**
Ah!	Thus	in the	days	smiling	of my	first	happy	love,

palpi'tar	sen'tiva	il	'kɔɾe	nel	do'verla	rive'der
palpitar	**sentiva**	**il**	**core**	**nel**	**doverla**	**riveder.**
beating	I felt	my	heart	at	the prospect	of seeing her again.

di	kwei	'doltʃi	e	'bɛi	mo'menti
Di	**quei**	**dolci**	**e**	**bei**	**momenti**
Of	those	sweet	and	lovely	moments

tʃɛl	pje'tozo	un	sol	mi 'ɾɛndi
Ciel	**pietoso**	**un**	**sol**	**mi rendi,**
Heaven	merciful	one	alone	give me,

(Oh merciful Heaven give me only one of those lovely moments,)

pɔi	la	'vita	mi ɾi'prɛndi	per'kiɔ	'mɔɾa	di	pja'tʃer
poi	**la**	**vita**	**mi riprendi**	**perch'io**	**mora**	**di**	**piacer.**
then	my	life	take away	so that I	may die	of	pleasure.

ROCHEFORT

'tatʃi	al'kuno	u'dir ti pwɔ	'vjɛni	ɔ	ri'kkardɔ
Taci,	**alcuno**	**udir ti può.**	**Vieni**	**o**	**Riccardo!**
Hush,	someone	may hear you.	Come,	oh	Richard!

PERCY

'anna	'ella	'stessa
Anna!	**ella**	**stessa!**
Anne!	She	herself!

ROCHEFORT
Vieni, alcun udir ti può.

PERCY
Così nei dì ridenti, etc.

Scene Eight
(Rochefort takes Percy aside. The King enters, passing through the ranks of the hunters. Anne enters, surrounded by her ladies-in-waiting. Percy positions himself in such a way that the King must see him. Hervey and the guards are also present.)

Anna Bolena, Act I

ENRICO *(to Anne)*

'desta	si	'tɔsto	e	'tɔlta	'ɔddʒi	al	ri'pozo
Desta	**sì**	**tosto.**	**e**	**tolta**	**oggi**	**al**	**riposo?**
Awake	so	early,	and	deprived	today	of	rest?

ANNA

im	me	po'tea	pju 'fɔrtɛ	ke	il	de'zio	del	ri'pɔzo
In	**me**	**potea**	**più forte**	**che**	**il**	**desio**	**del**	**riposo**
In	me	was	stronger	than	the	desire	for	rest

kwel	di	ve'dervi	ɔ'mai	pju	di	son	'kɔrsi
quel	**di**	**vedervi.**	**Omai**	**più**	**dì**	**son**	**corsi**
that	of	seeing you.	Now	several	days	have	passed

kio	non	go'dea	del	mio	si'ɲɲor	las'pɛtto
ch'io	**non**	**godea**	**del**	**mio**	**Signor**	**l'aspetto.**
that I	did not	enjoy	of	my	Lord	the countenance..

(The desire to see you was stronger than my desire for rest; furthermore, several days have passed since I have enjoyed the countenance of my Lord.)

ENRICO

'molte	mi 'stanno	im	'pɛtto	e	'gravi	'kuɾe
Molte	**mi stanno**	**in**	**petto**	**e**	**gravi**	**cure...**
Many	are on	my	heart	(and)	grave	cares...

(I have many grave cares on my mind...)

pur	mia	'mente	o'ɲɲor	a	voi	fu	'vɔlta
Pur	**mia**	**mente**	**ognor**	**a**	**voi**	**fu**	**volta;**
Yet	my	mind	always	to	you	was	turned;

(Yet [despite that] I've always had my mind on you;)

ne	un	mo'mento	solo	da	'voi	ri'trassi
Nè	**un**	**momento**	**solo**	**da**	**voi**	**ritrassi**
Not for	one	moment	single	from	you	did I withdraw

il 'mio	vidʒi'lantɛ	'zgwardɔ
il mio	**vigilante**	**sguardo.**
my	vigilant	eye.

(I've been watching you every moment.)

(noticing Percy)

voi	kwa	pɛr'si
Voi	**qua,**	**Percy!**
You	here,	Percy!

ANNA *(in a start)*

tʃɛl	ki	ve'ddʒio	ri'kkardɔ
(Ciel!	**Chi**	**vegg'io...**	**Riccardo!)**
(Heaven!	Whom	do I see...	Richard!)

Anna Bolena, Act I

ENRICO *(to Percy)*
appre'ssatevi
Appressatevi.
Approach.

PERCY
iɔ	'trɛmɔ
(Io	**tremo.)**
(I	tremble.)

ENRICO
'prontɔ bɛŋ	'foste
Pronto ben	**foste.**
Very prompt	you were.

(You were very prompt [in complying with my summons to come back to England].)

PERCY
un	'solo	is'tantɛ	ɔ	'sirɛ	ke	indu'dʒato	mi 'fossi
Un	**solo**	**istante,**	**o**	**Sire**	**che**	**indugiato**	**mi fossi**
One	single	moment,	oh	Sire,	that	delayed	I had

a	far	pa'leze il	'gratɔ	'animo 'mio
a	**far**	**palese il**	**grato**	**animo mio,**
to	make	known the	grateful	spirit mine,

(If I for one moment, oh Sire, had delayed to make known to you my gratitude,)

sa'ria	sɛm'bratɔ	e'rrorɛ ad	'altri
saria	**sembrato**	**errore ad**	**altri,**
it would have	seemed	a fault to	others,

a	me	sɛm'brɔ	de'litto
a	**me**	**sembrò**	**delitto.**
to	me	it seemed	a crime.

la	man	ke	mɛ pros'kritto		'alla 'patrja	ri'dona
La	**man**	**che**	**me proscritto**		**alla patria**	**ridona**
The	hand	that	me, the exile	(and now)	my homeland	gives back to me

e	al	'tettɔ	an'tiko	de'votɔ	iɔ	'batʃɔ
e	**al**	**tetto**	**antico,**	**devoto**	**io**	**bacio.**
as well as my	as my	home	old,	devotedly	I	kiss.

(I devotedly kiss the hand that has restored me, the exile, to my homeland and my old home.)

(He attempts to kiss Henry's hand.)

ENRICO *(drawing back his hand)*
non	la	'mano	den'riko
Non	**la**	**mano**	**d'Enrico.**
Not	the	hand	of Henry.

dellinnɔ'tʃɛntsa 'vostra		dʒa	da	gran	'tɛmpɔ sekur'ta	mi 'djɛdɛ
Dell'innocenza vostra		**già**	**da**	**gran**	**tempo securtà**	**mi diede**
Of your innocence		already	for	some	time assurance	was given me by

ki	nu'drito	kom	voi	kom	voi	kre'ʃʃuto
chi,	**nudrito**	**con**	**voi,**	**con**	**voi**	**cresciuto,**
someone who,	brought up	with	you,	with	you	grown up,

ko'noʃʃe	'della	vos'tralma	il	kan'dore	'anna	al'fin
conosce	**della**	**vostr'alma**	**il**	**candore.**	**Anna**	**alfin.**
knows	of	your soul	the	purity.	Anne,	after all...

(Someone who was brought up and grew together with you has already given me assurance about the purity of your soul...Anne, of course...)

ANNA

a	nɔn tra'dirmi	ɔ	'kkɔɾe
(Ah!	**non tradirmi,**	**o**	**core!)**
(Ah!	Do not betray me,	oh	(my) heart!)

PERCY *(to Anne)*

voi	re'dʒina	e	fia	pur	'vero
Voi,	**Regina!**	**E**	**fia**	**pur**	**vero**
You, (my)	Queen!	And	is it	indeed	true

ke	di	me	pen'sjer	vi 'preze	voi
che	**di**	**me**	**pensier**	**vi prese?**	**Voi?**
that	of	me	thought	you took?	You?

(that you took thought of me? You?)

ANNA *(confused)*

innɔ'tʃente	il	'reɲɲo	in'tero	vi kre'dette	e	vi di'feze
Innocente	**il**	**Regno**	**intero**	**vi credette...**	**e**	**vi difese...**
Innocent	the	realm	whole	believed you...	and	defended you...

(The whole kingdom believed you innocent and defended you...)

ENRICO

e	innɔ'tʃente	io	vi kre'dei	per'ke	tal	sɛm'braste	a lɛi
E	**innocente**	**io**	**vi credei**	**perchè**	**tal**	**sembraste**	**a lei.**
And	innocent	I	believed you	because	such	you seemed	to her.

'tutto	il	'reɲɲo	a me il 'kredete	'vera	iɱ'vam	malleva'dor
Tutto	**il**	**Regno,**	**a me il credete,**	**v'era**	**invan**	**mallevador.**
All of	the	Kingdom,	believe me,	was	in vain,	your surety.

PERCY *(kneeling at Anne's feet and kissing her hand)*

a	re'dʒina
Ah,	**Regina!**
Ah,	my Queen!

ANNA

ɔ 'ddio	sor'dʒete
O Dio!	**Sorgete!**
Oh God!	Get up!

ROCHEFORT

ei	si 'pɛrde
(Ei	**si perde!)**
(He	is lost!)

ENRICO *(with the greatest indifference)*
ɛrˈvɛi
Hervey.
Hervey.

HERVEY
siˈɲɲor
Signor.
My Lord.

(Percy crosses to Rochefort, while Henry moves to the opposite side with Hervey. Anne stands in the middle, struggling to conceal her distress.)

QUINTET
ANNA
io	senˈti	ˈsulla	mia	ˈmanɔ	la sua	ˈlagrima	kɔˈrrɛntɛ
(Io	**sentii**	**sulla**	**mia**	**mano**	**la sua**	**lagrima**	**corrente...**
(I	felt	upon	my	hand	his	tear	flowing...

ˈdella	ˈfjamma	pju	kɔˈtʃɛntɛ	si diˈffondɛ	sul	mio	kɔr
della	**fiamma**	**più**	**cocente**	**si diffonde**	**sul**	**mio**	**cor.)**
of a	flame	most	burning	spreading	upon	my	heart.)

(I felt his burning, flowing tears upon my hand, reaching into my heart.)

ENRICO *(to Hervey)*
a tɛ ˈspɛtta	il far	ke	ˈvano	non riˈɛska	il	ˈgrandɛ inˈtɛntɔ
(A te spetta	**il far**	**che**	**vano**	**non riesca**	**il**	**grande intento:**
(It is up to you	to see	that	awry	it should not go	my	great plan;

(You must see to it that my great plan does not go awry;)

ˈdoɲɲi	ˈpasso	ˈdoɲɲi	aˈttʃɛntɔ	si	kɔsˈtantɛ	ɛsplɔraˈtor
D'ogni	**passo,**	**d'ogni**	**accento**	**sii**	**costante**	**esplorator.)**
Of every	step,	of every	word	be	a constant	observer.)

HERVEY *(to Henry)*
non	inˈdarno	il mio	sɔˈvrano	im	mɛ	ˈfida	il suo	diˈzeɲɲo
(Non	**indarno**	**il mio**	**sovrano**	**in**	**me**	**fida**	**il suo**	**disegno:**
(Not	in vain	my	sovereign	in	me	entrusts	his	plan;

iɔ	saˈrɔ	mia	fe	ne imˈpeɲɲo	de	swɔi	ˈtʃɛnni	ɛzekuˈtor
Io	**sarò,**	**mia**	**fè**	**ne impegno,**	**de'**	**suoi**	**cenni**	**esecutor.)**
I	shall be,	my	faith	on it I pledge,	of	your	orders	the executor.)

PERCY *(to Rochefort)*
a	pɛnˈsava	a mɛ	lɔnˈtano	mɛ	raˈmiŋgo	non sɔˈffria
(Ah!	**pensava**	**a me**	**lontano,**	**me**	**ramingo**	**non soffria;**
(Ah!	She thought	of me	far away,	me	as an exile	she could not suffer;

(Ah! She thought of me when I was far away; she could not suffer me to be in exile;)

ˈoɲɲi	aˈffannɔ	il ˈkɔrɛ	ɔˈbblia iɔ	riˈnasko	e	ˈspɛrɔ	aɲˈkor
Ogni	**affanno**	**il core**	**obblia, io**	**rinasco**	**e**	**spero**	**ancor.)**
Every	care	my heart	forgets, I	am reborn	and	hope	again.)

ROCHEFORT *(to Percy)*

a	ke	ffai		ti 'frena		in'sano	
(Ah!	**che**	**fai!**		**Ti frena,**		**insano:**	
(Ah!	What	are you doing!		Restrain yourself,		madman;	

'oɲɲi	'gwardɔ	ɛ	in	tɛ	ri'vɔlto
ogni	**sguardo**	**è**	**in**	**te**	**rivolto;**
every	glance	is	toward	you	turned;

ai pa'leze		ai		'skritto	iɱ	'volto
hai palese,		**hai**		**scritto**	**in**	**volto**
plainly,		you have		written	on your	face

lo	skom'piʎʎo	del	tuɔ	kɔr
lo	**scompiglio**	**del**	**tuo**	**cor.)**
the	confusion	in	your	heart.)

CHORUS

ke	mai	fia		si	'mite	e	u'manɔ
Che	**mai**	**fia?**		**Sì**	**mite**	**e**	**umano**
What	ever	is going on?		So	gentle	and	human

'ɔddʒi	il	re	si	'ljɛto	iɱ	'vizo
oggi	**il**	**Re?**	**Sì**	**lieto**	**in**	**viso?**
today	the	King?	So	happy	his	face?

menti'tor	ɛ	il suo	so'rrizo	ɛ	fo'rjero	del	fu'ror
Mentitor	**è**	**il suo**	**sorriso,**	**è**	**foriero**	**del**	**furor.**
Deceiving	is	his	smile;	it is	a harbinger	of	fury.

ENRICO *(to Percy, with irony)*

or	ke	'rezɔ	ai	'patri	'lidi
Or	**che**	**reso**	**ai**	**patrii**	**lidi,**
Now	that	returned	to your	native	shores,

e	asso'luto	a'ppjɛɱ	voi	'sjete
e	**assoluto**	**appien**	**voi**	**siete,**
and	absolved	fully	you	are,

(Now that you have returned to your native shores and are fully absolved,)

iɱ	mia	'kortɛ	fra	i	pju	'fidi
in	**mia**	**corte**	**fra**	**i**	**più**	**fidi,**
in	my	court	among	my	most	trusted men,

'spɛrɔ	bɛŋ	ke	rima'rrete
spero	**ben**	**che**	**rimarrete.**
I hope	indeed	that	you will stay.

PERCY

'mɛsto	ɔ	'sirɛ	per	na'tura
Mesto,	**o**	**Sire,**	**per**	**natura,**
Melancholy,	oh	Sire,	by	nature,

desti'nato   a   'vita   os'kura   mal sa'prɛi
destinato   a   vita   oscura,   mal saprei...
destined   for   a life   of obscurity, I'd hardly...

ENRICO
nɔ   lɔ 'bramɔ   rɔʃɛ'fɔr   lɔ a'ffidɔ   a   ttɛ
No,   lo bramo.   Rochefort,   lo affido   a   te.
No,   I wish it.   Rochefort,   I entrust him to   you.
(No, I insist! Rochefort, I put him in your care.)

per   la   'kattʃa   ɔ'mai   par'tjamɔ   'anna   a'ddio
Per   la   caccia   omai   partiamo.   Anna,   addio.
For   the   hunt   now   let us leave.   Anne,   farewell.

ANNA *(bowing, aside)*
sɔɲ   fwɔr   di mɛ
(Son   fuor   di me.)
(I am   beside   myself.)

ENRICO
'alla   'kattʃa
Alla   caccia.
To the   hunt.

ANNA
(Son fuor di me.)

ROCHEFORT *(to Percy)*
ai   pa'leze nel   tuo   'volto   lo   skom'piʎʎo   del   tuo   kɔr
(Hai   palese nel   tuo   volto   lo   scompiglio   del   tuo   cor.)
(You have written on   your   face   the   confusion   in   your   heart.)

ANNA
ɔi'mɛ
(Ohimè!)
(Alas!)

ENRICO
par'tjam
Partiam.
Let us leave.

(Hunting horns are heard.)

TUTTI
'kwesto di   per   noi   voi   spun'tatɔ
Questo dì   per   noi   (voi)   spuntato
This   day   for   us   (you)   risen

kon   si   'ljɛti   e   'fausti   aus'pitʃi
con   sì   lieti   e   fausti   auspici,
with   such   happy   and   favorable   auspices,

dai	su'ttʃessi	pju	fe'litʃi	kɔrɔ'natɔ	splɛndɛ'ra
dai	**successi**	**più**	**felici**	**coronato**	**splenderà.**
by the	outcomes	most	glad	crowned	shall shine.

(will be crowned by the gladdest of outcomes.)
(will have a happy ending.)

PERCY, ANNA, ROCHEFORT

a	per	mɛ	lor	non sia	tur'batɔ
(Ah	**per**	**me**	**(lor)**	**non sia**	**turbato**
(Ah,	for	me	(them)	let it not be	stormy

'kwando	in	tʃɛl	tramontɛ'ra
quando	**in**	**ciel**	**tramonterà.)**
when	in the	sky	it will set.)

(Let this day not be stormy for me (them) when the sun sets.)

ENRICO

'altra	'prɛda	a'mikɔ	'fatɔ	ne	mjɛi	'lattʃi	gwidɛ'ra
Altra	**preda**	**amico**	**fato**	**ne'**	**miei**	**lacci**	**guiderà.**
Other	prey	friendly	fate	into	my	snares	will guide.

(Friendly fate will guide other prey into my snares.)

Scene Nine

SCENA AND CAVATINA
SMETON

'tuttɔ	ɛ	dɛ'zɛrtɔ	ai	'loro	u'ffitʃi	in'tɛntɛ
Tutto	**è**	**deserto.**[5]	**Ai**	**loro**	**uffici**	**intente**
All	is	deserted.	Upon	their	duties	intent

'stansi	al'trove	lɛ	an'tʃɛllɛ
stansi	**altrove**	**le**	**ancelle,**
are	elsewhere	the	ladies-in-waiting,

(No one is here. The ladies-in-waiting are elsewhere intent on their duties,)

e	'dove	al'kuna	mɛ	kwi	ve'desse
e	**dove**	**alcuna**	**me**	**qui**	**vedesse,**
and	even if	one of them	me	here	saw,

(and even if one of them saw me here,)

'ella	pur sa	ke	iŋ	'kwelle	pju	re'kɔnditɛ	'stantsɛ
ella	**pur sa**	**che**	**in**	**quelle**	**più**	**recondite**	**stanze**
she	knows well	that	to	those	most	private	rooms

'aŋkɔ	tal'vɔlta	ai	pri'vati	kɔn'tʃenti	'anna	miɲ'vita
anco	**talvolta**	**ai**	**privati**	**concenti**	**Anna**	**m'invita.**
even	sometimes	to	private	musicales	Anne	invites me.

(Anne sometimes even invites me to her private musicales.)

---

[5] The score shows an alternate text for this line, having the exact same meaning:

ɛ	'zgombro	il	'lɔkɔ
È	**sgombro**	**il**	**loco.**
Is	empty	the	place.

(He removes a portrait from his breast pocket.)

'kwesta da	mɛ	ra'pita	'kaɾa	i'mmadʒine	'sua
Questa da	**me**	**rapita**	**cara**	**immagine**	**sua,**
This, by	me	stolen	dear	portrait	hers,

(This portrait of hers stolen by me,)

ri'por	de'ddʒio	pria ke	si 'skopra	laɾdi'mento	'mio
ripor	**degg'io**	**pria che**	**si scopra**	**l'ardimento**	**mio.**
put back	I must	before	is discovered	the boldness	mine.

(I must put back before my boldness is discovered.)

um	'batʃo	um	'batʃo	aŋ'koɾa	adɔ'ratɛ	sɛm'bjantsɛ
Un	**bacio,**	**un**	**bacio**	**ancora,**	**adorate**	**sembianze...**
A	kiss,	a	kiss	again,	adored	features...

a'ddiɔ	bɛl'tade	ke	sul	miɔ	kɔr	pɔ'zavi
Addio,	**beltade**	**che**	**sul**	**mio**	**cor**	**posavi,**
Farewell,	beauty	that	over	my	heart	rested,

e	kol	miɔ	kɔɾe	palpi'tar	sɛm'bravi	a'ddio
e	**col**	**mio**	**core**	**palpitar**	**sembravi.**	**Addio!**
and	with	my	heart	to beat	seemed.	Farewell!

(Farewell, beautiful portrait that rested upon my heart and seemed to beat to its rhythm. Farewell!)

(holding the locket in his hand)

a	pa'ɾea	ke	peɾ	iŋ'kantɔ	rispon'dessi	al	mio	so'ffriɾe
Ah!	**parea**	**che**	**per**	**incanto**	**rispondessi**	**al**	**mio**	**soffrire;**
Ah!	It seemed	that	as if by	magic	you responded	to	my	suffering

ke	'oɲɲi	'stilla	del	miɔ	'pjantɔ	rizveˈʎʎasse	un tuo	sos'pir
che	**ogni**	**stilla**	**del**	**mio**	**pianto**	**risvegliasse**	**un tuo**	**sospir.**
that	every	drop	of	my	tears	awakened	one of your	sighs.

a	tal	'vista	il	'kɔɾe	au'datʃɛ
A	**tal**	**vista**	**il**	**core**	**audace**
At	such a	sight,	my	heart	bold

pjɛn	di	'spɛme	e	di	de'ziɾ
pien	**di**	**speme**	**e**	**di**	**desir,**
full	of	hope	and	of	desire,

ti sko'pria	lar'dor	vɔ'ratʃe
ti scopria	**l'ardor**	**vorace**
would reveal to you	my ardor	eager

ke	nɔn 'ɔzɔ	a	lɛi	sko'priɾ
che	**non oso**	**a**	**lei**	**scoprir.**
which	I dare not	to	her	reveal.

(He is about to enter the Queen's apartments.)

'ɔdo	ru'mor	si a'ppressa	a 'kwestɛ	'stantsɛ	al'kun
Odo	**rumor...**	**si appressa**	**a queste**	**stanze**	**alcun.**
I hear	a noise...	is approaching	these	rooms	someone.

'trɔppo	indu'dʒai
Troppo	**indugiai...**
Too long	I tarried...

(He hides behind a curtain. Anne and Rochefort enter.)

Scene Ten

ANNA *(to Rochefort)*

'tʃessa	trɔ'ppoltrɛ	vai	'trɔppo	in'sisti	ɔ	fra'tɛllɔ
Cessa,	**tropp'oltre**	**vai,**	**troppo**	**insisti,**	**o**	**fratello.**
Stop,	too far	you go,	too much	you insist,	oh	brother.

(Stop, you are going too far; you insist too much, my brother.)

ROCHEFORT

un	sol	mo'mento	ti 'pjattʃa	u'dirlo
Un	**sol**	**momento**	**ti piaccia**	**udirlo:**
For one	single	moment	may it please you	to hear him out;

al'kum	pe'riʎʎo	il 'kredi	'korrer	nom pwɔi
alcun	**periglio,**	**il credi,**	**correr**	**non puoi...**
any	danger,	believe me,	run	you cannot...

(believe me, you will not run any danger...)

ben'si	lo 'korri	e	'gravɛ	sɛ	fai	kol	tuo	ri'gore
Bensì	**lo corri,**	**e**	**grave,**	**se**	**fai**	**col**	**tuo**	**rigore**
But yet	you run it,	and	grave,	if	you cause,	with	your	severity

(But you will run a risk, and a grave one at that, if you cause with your severity)

kɛ	il dwɔl so'vɛrki	'oɲɲi	ra'dʒonɛ	in	'lui
che	**il duol soverchi**	**ogni**	**ragione**	**in**	**lui.**
that	grief take over	every bit of	reason	in	him.

(that grief may master all reason in him.)

ANNA

'lassa	e	ka'dʒon	del	suo	ri'torno io	'fui
Lassa!	**E**	**cagion**	**del**	**suo**	**ritorno io**	**fui!**
Alas!	And	the reason	for	his	return I	was!

e'bbɛn	mel 'gwida	e	'veʎʎa a'ttento	si kɛ	a	noi
Ebben,	**mel guida,**	**e**	**veglia attento**	**sì che**	**a**	**noi**
Well then,	bring him to me,	and	watch carefully	that	to	us

non	'dʒuŋga al'kuno kɛ	a	mɛ	fe'del	nɔn	sia
non	**giunga alcuno che**	**a**	**me**	**fedel**	**non**	**sia.**
not	come anyone who	to	me	faithful	not	be.

(and see to it that no unfriendly person should approach us [while we are talking].)

ROCHEFORT

ri'poza	im	mɛ
Riposa	**in**	**me.**
Rest	in	me.

(Trust me.)

Scene Eleven
(Smeton peeks out carefully from behind the screen.)

SMETON *(aside)*

ne	u'ʃʃir	pɔ'ssio
(Nè	**uscir**	**poss'io!)**
(Not	leave	can I!)

(I cannot escape!)

ANNA

'debole	io	'fui	do'vea	'ferma	nɛ'gar	nɔm mai	ve'derlo
Debole	**io**	**fui!**	**Dovea**	**ferma**	**negar...**	**non mai**	**vederlo.**
Weak	I	was!	I should	firmly	have refused...	never again	to see him.

ai	'vano	di	mia	ɾa'dʒoŋ	kon'siʎʎo
Ahi!	**vano**	**di**	**mia**	**ragion**	**consiglio;**
Ah!	Useless	of	my	reason	advice,

(Ah! Useless advice of my reason;)

non	nɛ as'kolta	la	'votʃe	il	kɔr	kɔ'dardɔ
non	**ne ascolta**	**la**	**voce**	**il**	**cor**	**codardo.**
not	listens to	its	voice	my	heart	cowardly.

(but my cowardly heart refuses to listen to its voice.)

(Percy enters.)

'ɛkkɔlɔ	io	'trɛmɔ	io	'dʒɛlɔ
Eccolo!	**Io**	**tremo!**	**Io**	**gelo!**
Here he is!	I	tremble!	I	freeze!

Scene Twelve

PERCY
Anna!

ANNA

ri'kkardɔ	siɛn	'brɛvi	i 'detti 'nɔstri	'kauti	so'mmessi
Riccardo!	**Sien**	**brevi**	**i detti nostri,**	**cauti,**	**sommessi.**
Richard!	Let them be	brief	our words,	cautious,	hushed.

(Let our conversation be brief, hushed and cautious.)

a	rimfa'ttʃarmi	'forsɛ	'vjɛni	la	fe	tra'dita
A	**rinfacciarmi**	**forse**	**vieni**	**la**	**fe'**	**tradita!**
To	confront me	perhaps	you come	(for) the	troth	betrayed!

(Perhaps you come to confront me for the troth I betrayed?)

a'mmɛnda	il 'vedi	'ampja	a'mmɛnda	ne 'fetʃi	
Ammenda,	**il vedi,**	**ampia**	**ammenda**	**ne feci:**	
Amends,	you see,	great	amends	I made up for it;	

(You see, I have made up for it amply;)

ambi'ttsjoza	un	'sɛrto	iɔ	'vɔlli
Ambiziosa	**un**	**serto**	**io**	**volli,**
Ambitious,	a	crown	I	wanted,

e	un	'sɛrto	ɛ'bbio	di	'spine
e	**un**	**serto**	**ebb'io**	**di**	**spine.**
and	a	crown	I got	of	thorns.

PERCY

io	ti 'veggo	iɱfe'litʃe	e	'lira	a	'fine
Io	**ti veggo**	**infelice,**	**e**	**l'ira**	**ha**	**fine.**
I	see you	unhappy	and	my anger	is	over.

la 'fronte mia	sɔl'kata	'vedi	dal	'dwɔlɔ io	tel per'dono
La fronte mia	**solcata**	**vedi**	**dal**	**duolo: io**	**tel perdono:**
My brow	furrowed	you see by	grief:	I	forgive you for it;

(You see my brow furrowed by sorrow: I forgive you for it;)

io	'sɛnto	ke	a	tɛ	vi'tʃinɔ dɛ mjɛi	pa'ssati gwai
Io	**sento**	**che,**	**a**	**te**	**vicino, de' miei**	**passati guai**
I	feel	that	to	you	near, my	past woes

pɔ'trɛi	skɔr'darmi	'kome	'dʒuntɔ	a	'riva
potrei	**scordarmi,**	**come,**	**giunto**	**a**	**riva,**
I could	forget,	as when,	having arrived	at a	shore,

il	'naufragɔ	nɔ'kkjɛr	i	'flutti	o'bblia
il	**naufrago**	**nocchier**	**i**	**flutti**	**obblia.**
the	shipwrecked	mariner	the	waves	forgets.

(Close to you, I feel that I can forget all my past woes, as when, having at last arrived to shore, the shipwrecked mariner forgets [the fury] of the waves.)

'ɔɲɲi	tɛm'pɛsta	'mia	in	tɛ	sa'kkwɛta
Ogni	**tempesta**	**mia**	**in**	**te**	**s'acqueta**
Every	tempest	mine	in	you	is becalmed

e	vjɛn	da	tɛ	mia	'lutʃe
e	**vien**	**da**	**te**	**mia**	**luce.**
and	comes	from	you	my	light.

(Every one of the storms in me is becalmed when I see you, and my light comes from you.)

ANNA

'mizɛrɔ	e	kwal	'spɛme or	ti se'dutʃe	
Misero!	**E**	**qual**	**speme or**	**ti seduce?**	
Wretched man!	And	what	hope now	entices you?	

non sai	ke	'moʎʎe io	'sono	ke	son	re'dʒina
Non sai	**che**	**moglie io**	**sono?**	**Che**	**son**	**regina?**
Don't you know	that	a wife I	am?	That	I am	queen?

PERCY

a	non lo dir	nol 'debbo	nɔl vɔ	sa'per
Ah!	**non lo dir.**	**Nol debbo,**	**nol vo'**	**saper.**
Ah!	Don't say it!	I musn't,	I don't want	to know it!

'anna	per	mɛ	tu	'sei	'anna	sɔl'tantɔ
Anna	**per**	**me**	**tu**	**sei,**	**Anna**	**soltanto.**
Anne	for	me	you	are,	Anne	only.

ed	'io	non	son	lis'tesso	ri'kkardo	'tuo
Ed	**io**	**non**	**sono**	**l'istesso**	**Riccardo**	**tuo?...**
And	I	not	am I	the same	Richard	yours?...

(And am I not your same Richard?...)

kwel	ke	ta'mɔ	kɔ'tantɔ
Quel	**che**	**t'amò**	**cotanto...**
He	who	loved you	so much...

kwel	ke	ad	a'mare	tinse'ɲɲɔ	pri'mjɛrɔ
quel	**che**	**ad**	**amare**	**t'insegnò**	**primiero?**
he	who	to	love	taught you	first?

e	nɔn	ta'bbɔrre	il	re
E	**non**	**t'abborre**	**il**	**Re...**
And	not	loathes you	the	King?

(And does not the King loathe you?)

ANNA

mi a'bbɔrre	ɛ	'vverɔ
Mi abborre,	**è**	**vero.**
He loathes me,	it's	true.

PERCY

sei	ta'bbɔrre	iɔ	'tamɔ	aŋ'kora
S'ei	**t'abborre,**	**io**	**t'amo**	**ancora,**
If he	loathes you,	I	love you	still,

kwal	ta'mava	im	'bassɔ	'statɔ
qual	**t'amava**	**in**	**basso**	**stato:**
as one who	loved you	in my	lowly	state;

kwal	ta'mavɔ	'tamo	aŋ'kora
qual	**t'amavo**	**t'amo**	**ancora:**
as one who	loved you	I love you	still;

'meko	o'bblia	di	'spɔzɔ	iŋ'gratɔ
meco	**obblia**	**di**	**sposo**	**ingrato**
with me	forget	of a	husband	ungrateful

il	dis'prettso	ed	il	ri'gor
il	**disprezzo**	**ed**	**il**	**rigor.**
the	scorn	and	the	harshness.

un	aˈmantɛ	ke	taˈdora	nom posˈporre	a	ˈrio	siˈɲɲor
Un	**amante**	**che**	**t'adora**	**non posporre**	**a**	**rio**	**signor.**
A	lover	who	adores you,	do not reject	for a	cruel	master.

(Do not reject me, a lover who adores you, for a cruel master like the King.)

ANNA

a	nɔn sai	ke	i mjɛi	leˈgami, ˈkome	ˈsakri	ɔˈrrɛndi	ˈsono
Ah!	**non sai**	**che**	**i miei**	**legami, come**	**sacri,**	**orrendi**	**sono;**
Ah!	You don't know	that	my	bonds, as	sacred,	hideous	are;

(Don't you know that my bonds are as hideous as they are sacred;)

ke	kom	me	saˈsside	in	ˈtrɔno	il sosˈpetto	ed	il teˈrror
che	**con**	**me**	**s'asside**	**in**	**trono**	**il sospetto**	**ed**	**il terror!**
that	with	me	sits	on the	throne	suspicion	and	terror!

a	mai pju	sɛ	ver	ke	ˈmmami
Ah!	**mai più,**	**s'è**	**ver**	**che**	**m'ami,**
Ah!	Moreover,	if it is	true	that	you love me,

nɔm parˈlar	kom	me	daˈmor	nɔ	riˈkkardɔ
non parlar	**con**	**me**	**d'amor.**	**No,**	**Riccardo.**
do not speak	with	me	of love.	No,	Richard.

PERCY

ˈanna	ˈtamɔ	a	kruˈdɛlɛ
Anna!	**T'amo,**	**Ah,**	**crudele!**
Anne!	I love you,	ah,	cruel one!

ANNA

fɔrseˈnnato	ˈfuddʒi	va	tɛɲ fɔ preˈgjɛra
Forsennato,	**fuggi!**	**Va!**	**Ten fo preghiera.**
Madman!	Flee!	Go!	I beg of you.

PERCY

nɔ	dʒaˈmmai
No,	**giammai!**
No,	never!

ANNA

ne	oˈppone	il ˈfato	iɱvinˈtʃibile	baˈrrjɛra
Ne	**oppone**	**il fato**	**invincibile**	**barriera.**
To us	imposes	fate	(an) invincible	barrier.

(Fate is placing an invincible barrier between us.)

PERCY

iɔ	la ˈsprɛttsɔ
Io	**la sprezzo.**
I	scorn it.

ANNA

in	iŋgilˈtɛrra	non ti ˈtrɔvi	il	ˈnwɔvo	alˈbor
In	**Inghilterra**	**non ti trovi**	**il**	**nuovo**	**albor.**
In	England	let you not be found (by)	the	new	dawn.

(Get out of England before tomorrow!)

PERCY

a	kaˈdavɛɾɛ	sɔtˈtɛrra	ei mi ˈtrovi	ɔ	ˈtekɔ	aŋˈkor
Ah!	**cadavere**	**sotterra**	**ei mi trovi...**	**o**	**teco**	**ancor.**
Ah!	A cadaver	buried	let it find me...	or	with you	still.

(Ah! Let that dawn find me dead and buried...or with you still!)

ANNA
Fuggi!

PERCY
No.

ANNA
Riccardo!

PERCY
Sotterra!

ANNA *(in utmost distress)*

a	per pjeˈta	del	miɔ	spaˈvɛntɔ
Ah!	**Per pietà**	**del**	**mio**	**spavento,**
Ah!	Out of pity	for	my	terror,

delˈlɔrrore	in	ˈkui	mi ˈvedi
dell'orrore	**in**	**cui**	**mi vedi**
for the horror	in	which	you see me,

ˈtʃɛdi	ai	ˈprjɛgi	al	ˈpjantɔ	ˈtʃɛdi
cedi	**ai**	**prieghi,**	**al**	**pianto**	**cedi,**
give in	to my	entreaties,	to my	weeping	give in,

tʃi diˈvida	e	ˈtɛrra	e	mar
ci divida	**e**	**terra**	**e**	**mar.**
let us be divided (by)	both	land	and	sea.

(Take pity on my terror and the anguish in which you see me, yield to my tears and my entreaties, let both land and sea divide us.)

ˈtʃerka	alˈtrove	un	kɔr	konˈtɛntɔ	kui	non sia deˈlittɔ aˈmar
Cerca	**altrove**	**un**	**cor**	**contento**	**cui**[6]	**non sia delitto amar.**
Seek	elsewhere	a	heart	happy	with whom	it isn't a crime to love.

(Seek a happy heart elsewhere with whom it would not be crime to fall in love.)

PERCY

al	tuɔ	pjɛ	traˈfittɔ e	ˈspɛntɔ
Al	**tuo**	**piè,**	**trafitto e**	**spento**
At	your	feet,	stabbed and	dead

---

[6] This word, *cui*, has appeared twice in this speech by Anna. It is not to be confused with or pronounced like *qui* [kwi]. For devotees of Donald Duck comic strips, it is a well known fact that he has three nephews: Louie, Hewey and Dewey. I have invented a forth one by the name of <u>Kooey</u>. Pronounce the Italian word exactly like that!

iɔ	ka'drɔ	sɛ	tu	lɔ 'kjɛdi		
io	**cadrò**	**se**	**tu**	**lo chiedi:**		
I	shall fall	if	you	so wish it;		

ma	kiɔ	'rɛsti	mi kɔn'tʃɛdi	sola'mentɛ	a	sospi'rar
ma	**ch'io**	**resti**	**mi concedi**	**solamente**	**a**	**sospirar.**
but	to	stay	allow me	if only	to	sigh (for you).

'prɛssɔ	a	tɛ	mi fia	kɔn'tɛntɔ
Presso	**a**	**te**	**mi fia**	**contento**
Near	to	you	will be	contentment

il so'ffrir	ed	il pɛ'nar
il soffrir	**ed**	**il penar.**
suffering	and	anguish.

(Close to you suffering and anguish will turn to happiness.)

ANNA

'parti	kru'dɛlɛ	al'kum	pɔ'tria	askɔl'tarti	iŋ	'kwɛstɛ	'muɾa
Parti,	**crudele,**	**alcun**	**potria**	**ascoltarti**	**in**	**queste**	**mura.**
Go,	cruel one,	someone	could	overhear you	within	these	walls.

PERCY

parti'rɔ	ma	'dimmi	'pria	ti vɛ'drɔ	pro'metti	'dʒuɾa
Partirò,	**ma**	**dimmi**	**pria:**	**ti vedrò?**	**Prometti,**	**giura!**
I shall go,	but	tell me	first:	Will I see you?	Promise,	swear!

ANNA

nɔ	mai	pju
No.	**Mai**	**più.**
No,	never	again!

PERCY
Mai più!

'sia	'kwɛsta	la	ɾis'pɔsta	al	'tuɔ	dʒu'ɾar
Sia	**questa**	**la**	**risposta**	**al**	**tuo**	**giurar.**
May	this	(be)	the	answer	to	your	oath.

(He draws his sword to stab himself.)

ANNA *(crying out)*

a	ke	ffai
Ah!	**che**	**fai!**
Ah!	What	are you doing?

PERCY
No.

ANNA
spjɛ'tatɔ
Spietato!
Pitiless man!

Scene Thirteen

SMETON *(rushing from behind the curtain)*
a'rrɛsta
Arresta!
Stop!

ANNA
'dʒustɔ	'tʃɛlɔ
Giusto	**cielo!**
Merciful	Heaven!

PERCY *(to Smeton)*
nɔn tapprɛ'ssar
Non t'appressar!
Don't come near!

(Smeton and Percy are about to hurl themselves at one another.)

ANNA
dɛ	fɛr'matɛ	io	som	per'duta	'dʒundʒɛ	al'kuno
Deh!	**fermate!**	**Io**	**son**	**perduta:**	**giunge**	**alcuno...**
Please!	Stop!	I	am	lost;	Is approaching	someone...

iɔ	pju nɔn 'rɛggɔ
Io	**più non reggo!**
I	cannot endure any longer!

(She faints.)

Scene Fourteen
(Rochefort enters, in a fright.)

ROCHEFORT
a	sɔ'rɛlla
Ah!	**sorella!**
Ah!	Sister!

SMETON
'ella	ɛ	zve'nuta
Ella	**è**	**svenuta.**
She	has	fainted.

ROCHEFORT
'dʒundʒe	il	re
Giunge	**il**	**Re.**
Is approaching	the	King.

SMETON, PERCY
Il re!

Scene Fifteen
(Henry enters.)

ENRICO

ke	'veggo	'dɛstrɛ	ar'mate	iŋ	'kwestɛ	'sɔʎʎɛ
Che	**veggo?**	**Destre**	**armate**	**in**	**queste**	**soglie!**
What	do I see?	Right hands	armed	in	these	apartments!

im	mia	'rɛddʒa	'nudi	a'ttʃar	ɔ'la	'gwardjɛ
In	**mia**	**reggia**	**nudi**	**acciar!**	**Olà!**	**guardie.**
In	my	palace	naked	blades!	Ho there!	Guards!

(At his voice, courtiers, ladies, pages and soldiers come running.)

Scene Sixteen

CHORUS

ke	mai fu
Che	**mai fu?**
What	was it?

SMETON

ke	ddir	ke	ffar
Che	**dir?**	**Che**	**far?**
What	to say?	What	to do?

PERCY

a'vvɛrsa	'sɔrtɛ
Avversa	**sorte!**
Adverse	fate!

ENRICO

'tatʃe	o'ɲɲuno	ɛ	o'ɲɲun	tre'mantɛ
Tace	**ognuno,**	**è**	**ognun**	**tremante!**
Is silent	everyone,	is	everyone	trembling!

(Everyone is silent and trembling!)

kwal	mis'tɛrɔ	kwal	mis'fatto	or	kwi	sor'dia
Qual	**mistero,**	**qual**	**misfatto**	**or**	**qui**	**s'ordia?**
What	mystery,	what	misdeed	just	now	was being plotted?

iɔ	dʒa	'lɛggo	nel	sɛm'bjantɛ	io	vi 'lɛggo
Io	**già**	**leggo**	**nel**	**sembiante,**	**io**	**vi leggo,**
I	already	see	in her	face,	I	see in it,

ke	kom'pjuta	ɛ	'lonta 'mia
che	**compiuta**	**è**	**l'onta mia:**
that	completed	is	my shame;

tɛsti'mɔnjɔ	ɛ	il	'reɲɲo	in'tɛrɔ
testimonio	**è**	**il**	**regno**	**intero**
witness	is	the	kingdom	entire

ke	kɔsˈtɛi	traˈdiva		il	re			
che	**costei**	**tradiva**		**il**	**Re.**			
that	she	betrayed		the	King.			

SMETON

a	ˈsire	nɔnɛ		ˈvero	io	lo ˈdʒuro	al	ˈvɔstro pjɛ
Ah,	**Sire,**	**non è**		**vero:**	**io**	**lo giuro**	**al**	**vostro piè.**
Ah,	Sire,	it isn't		true,	I	swear it	at	your feet.

ENRICO

ˈtantɔ	arˈdiʃʃi	al	tradiˈmentɔ	dʒa	si	ɛsˈpɛrtɔ	ɔ dʒoviˈnetto
Tanto	**ardisci!**	**Al**	**tradimento**	**già**	**sì**	**esperto,**	**o giovinetto?**
Such	boldness!	At	betrayal	already	such	an expert,	young man?

SMETON

uttʃiˈdetemi	sio ˈmentɔ	ˈnudo	iˈnɛrme	iɔ	ˈvɔffro	il ˈpɛttɔ
Uccidetemi	**s'io mento:**	**nudo,**	**inerme**	**io**	**v'offro**	**il petto.**
Kill me	if I lie:	bare,	unarmed	I	offer you	my breast.

ENRICO

koˈzi	ɛsˈpɛrtɔ
Così	**esperto!**
So	expert!

SMETON
Sì, nudo, inerme io v'offro il petto.

(As he tears open his tunic, the locket with Anne's portrait falls to the ground at the King's feet.)

ENRICO

kwal	moˈnile
Qual	**monile?**
That	locket (is that)?

SMETON

ɔ	tʃɛl
O	**ciel!**
Oh	Heaven!

ENRICO

ke	ˈvedo
Che	**vedo?**
What	do I see?

SMETON
O ciel!

ENRICO

al mio	ˈzgwardɔ	aˈppena	il ˈkredo
Al mio	**sguardo**	**appena**	**il credo!**
My	eyes	barely	believe it!
(I scarcely believe what I see!)

del	suo	'nero	tradi'mento	'ɛkko	il	'vero akkuza'tor
Del	**suo**	**nero**	**tradimento**	**ecco**	**il**	**vero accusator.**
Of	her	black	betrayal	this is	the	true accuser.

PERCY

'anna	ɔ	aŋ'gɔʃʃa
Anna!	**Oh**	**angoscia!**
Anne!	Oh	anguish!

SMETON

ɔ	mio	spa'vɛnto
O	**mio**	**spavento!**
Oh,	my	fright!

ANNA *(reviving)*

'ove	'ssono
Ove	**sono?**
Where	am I?

ENRICO *(trembling with rage)*

'ɛkko	il	tradi'mento
Ecco	**il**	**tradimento.**
Here's	the	betrayal.

ANNA

'ove	'ssono	a	mio	si'ɲɲor
Ove	**sono?**	**Ah**	**mio**	**signor!**
Where	am I?	Ah,	my	Lord!

iŋ	'kweʎʎi	'zgwardi	im'prɛsso	il tuo	sɔs'petto	io 'vedo
In	**quegli**	**sguardi**	**impresso**	**il tuo**	**sospetto**	**io vedo;**
In	your	gaze	imprinted	your	suspicion	I can see;

ma	per	pje'ta	lo 'kjɛdo	nɔn	kondan'narmi	ɔ re
ma	**per**	**pietà,**	**lo chiedo,**	**non**	**condannarmi,**	**o Re.**
but	for	pity's sake	I beg you,	do not	condemn me,	oh King.

'laʃʃa	ke	il	'kɔre ɔ'ppresso	'torni	fra 'poko	in sɛ
Lascia	**che**	**il**	**core oppresso**	**torni**	**fra poco**	**in sè.**
Permit	that	my	heart oppressed,	come	shortly	to itself.

ENRICO

del	tuɔ	ne'fando	ɛ'ttʃesso	'vedi	im	mia man	la 'prɔva
Del	**tuo**	**nefando**	**eccesso**	**vedi**	**in**	**mia man**	**la prova.**
Of	your	vile	excesses,	see	in	my hand	the proof.

il lagri'mar	non 'dʒova		'fuddʒi lɔn'tan da		mɛ
Il lagrimar	**non giova,**		**fuggi lontan da**		**me.**
Weeping	is no use,		flee far from		me.

po'ter	mo'rire	a'dɛsso	'meʎʎo sa'ria		per tɛ
Poter	**morire**	**adesso**	**meglio saria**		**per te.**
To be able	to die	now,	better would be		for you.

SMETON, ROCHEFORT

a	lɔ per'duta	io 'stesso	'kɔlma	ɔ	la sua	zven'tura
(Ah!	**l'ho perduta**	**io stesso,**	**colma**	**ho**	**la sua**	**sventura!**
Ah!	I've caused her ruin	myself,	surfeited	I have	her	misfortune!

il	'dʒorno a	mɛ	sos'kura	nom mi sos'tjɛne	il	pjɛ
Il	**giorno a**	**me**	**s'oscura,**	**non mi sostiene**	**il**	**piè.**
The	day for	me	darkens,	it doesn't support me	my	foot.
				(I can barely stand.)		

po'ter	mo'rire a'dɛssɔ	'mɛʎʎo sa'ria	per	mɛ
Poter	**morire adesso**	**meglio saria**	**per**	**me.)**
To be able	to die now	better would be	for	me.)

PERCY *(referring to Smeton)*

'tʃɛlɔ	un	ri'vale	in	'esso,	um mio	ri'val	fe'litʃe
(Cielo!	**un**	**rivale**	**in**	**esso,**	**un mio**	**rival**	**felice?**
(Heaven!	A	rival	in	him,	my	rival	happy?

e	mɛ	liŋganna'tritʃe	vɔ'lea ban'dir	da	sɛ
E	**me**	**l'ingannatrice**	**volea bandir**	**da**	**sè?**
And	me,	that deceiving woman,	wanted to banish	from	her?

(And that deceiving woman wanted to keep me from her presence?)

'tutta	si 'sfoga	a'dɛssɔ 'ira	del	'fato	im	mɛ
Tutta	**si sfoga**	**adesso, ira**	**del**	**fato**	**in**	**me.)**
All	is vented	now, rage	of	fate	in	me.)

(Ah, rage of fate, now give vent to all the wrath within me.)

GIOVANNA

alliɱfe'litʃe	a'pprɛssɔ	pɔ'ssio trɔ'varmi	ɔ	'tʃɛlɔ
(All'infelice	**appresso,**	**poss'io trovarmi,**	**o**	**cielo!**
(To this unhappy woman	close by	could I but find myself, oh	Heaven!

(Oh if I only could find myself close to this unhappy woman, oh Heaven!)

'prezo	do'rror	di	'dʒelo	'kome	il mio	kɔr	nɔ'nɛ
Preso	**d'orror,**	**di**	**gelo,**	**come**	**il mio**	**cor**	**non è.**
Seized	with horror,	with	chill,	like	my	heart	there isn't.

(There is no heart so seized with a chill horror as mine.)

'spɛnse	il mio	'nero	ɛ'ttʃɛssɔ	'ɔɲɲi	vir'tude im	mɛ
Spense	**il mio**	**nero**	**eccesso**	**ogni**	**virtude in**	**me.)**
Extinguished	my	black	sin	every	virtue in	me.)

(My black sin has extinguished every virtue in me.)

ENRICO

in	sɛpa'rato	'kartʃɛre	'tutti	kɔs'tɔr	'sian	'tratti
In	**separato**	**carcere**	**tutti**	**costor**	**sian**	**tratti.**
In	separate	dungeons	all	of them	be	dragged.

ANNA *(horrified)*

'tutti
Tutti?
All?...

ENRICO
sì
Sì.
Yes.

ANNA
dɛ   'sire
Deh! Sire!
Please! Sire!

ENRICO
'skɔstati
Scostati!
Get away from me!

ANNA
un   'detto   sol
Un   detto   sol...
One   word   only...

ENRICO
ri'tratti
Ritratti!
Away!

ANNA
Ah, Sire!

ENRICO
Scostati!

GIOVANNA, SMETON, PERCY, ROCHEFORT
ɛ   'skritto   il suo   mo'rir
(È   scritto   il suo   morir!)
(Is   written   her   death!)
(Her death is certain!)

ENRICO
In separato carcere.

ANNA
Un detto...un detto solo!

ENRICO
nɔ'niɔ   sol   'denno   i   'dʒuditʃi   la tua   dis'kolpa   u'dir
Non io,   sol   denno   i   giudici   la tua   discolpa   udir.
Not I!   Only   must   the   judges   your   confession   hear.

ANNA
'dʒuditʃi   ad   'anna
Giudici!   Ad   Anna!
Judges!   For   Anne!

a	sɛˈɲɲata	ɛ	la mia	ˈsɔrtɛ
(Ah!	**segnata**	**è**	**la mia**	**sorte,**
(Ah!	Sealed	is	my	fate,

sɛ	mi aˈkkuza	ki	kɔnˈdanna
se	**mi accusa**	**chi**	**condanna.**
if	accuses me	who	condemns.

(if the one who condemns me is my accuser.)

a	di	ˈleddʒe	si	tiˈranna	al	poˈter sokkombɛˈrɔ
Ah!	**di**	**legge**	**sì**	**tiranna**	**al**	**poter soccomberò.**
Ah!	Of a	law	so	tyrannical	to its	power I shall succumb.

(Ah! I shall perish under the power of such a tyrannical law!)

ma	skɔlˈpata	ˈdopo	ˈmɔrtɛ	e	assoˈluta	un	di	saˈrɔ
ma	**scolpata**	**dopo**	**morte**	**e**	**assoluta**	**un**	**dì**	**sarò.)**
but	cleared	after	my death	and	absolved	one	day	I shall be.)

GIOVANNA, SMETON, PERCY, ROCHEFORT
Ah! segnata è la mia sorte;

a	sfuˈddʒirla	ˈoɲɲi	ˈɔpra ɛ	ˈvana
a	**sfuggirla**	**ogni**	**opra è**	**vana:**
to	evade it	every	attempt is	useless;

ˈarte	in	ˈtɛrra	ɔ	ˈfɔrtsa uˈmana
Arte	**in**	**terra**	**o**	**forza umana,**
Art	on	earth	or	force human,

mitiˈgarla	ɔˈmai	nɔm pwɔ
mitigarla	**omai**	**non può**
mitigate it	now	cannot.

(There is no earthly art or human force that can now mitigate it.)

ENRICO
(Sì, segnata è la <u>tua</u> sorte,

sɛ	un	sɔsˈpɛttɔ	aˈver	pɔˈssio
se	**un**	**sospetto**	**aver**	**poss'io.**
if	some	suspicion	have	I can.

(Yes, your fate is sealed, of that suspicion I am sure.)

ki	diˈvide	il ˈsoʎʎo mio	ˈmakkja	in	ˈtɛrra aˈver	nɔm pwɔ
Chi	**divide**	**il soglio mio**	**macchia**	**in**	**terra aver**	**non può.**
Whoever	shares	my throne,	stain	on	earth have	cannot.

(Whoever shares my throne can have no earthly stain.)

mi fia	ˈpena	la tua	ˈmɔrtɛ ma	la ˈmɔrtɛ	a tɛ	daˈrɔ
Mi fia	**pena**	**la tua**	**morte, ma**	**la morte**	**a te**	**darò.)**
It will pain me,	your	death,	but	death	to you	I shall give.)

(Even though your death may pain me, I will have you killed anyway.)

CHORUS

a	di	'kwanti	a'vvɛrsa	'sɔrtɛ
(Ah!	**di**	**quanti**	**avversa**	**sorte**
(Ah!	Of	how many	adverse	fate

'mali	a'fflisse	il	'sɔʎʎo	iŋ'gleze
mali	**afflisse**	**il**	**soglio**	**inglese,**
evil	afflicted	the	throne	English,

(Ah! How has the English throne inflicted such adverse evil fate on so many,)

uɱ	fu'nɛsto	in	lui	non 'ʃeze	'pari a	'kwello ke	skɔ'ppjɔ
un	**funesto**	**in**	**lui**	**non scese**	**pari a**	**quello che**	**scoppiò.**
a	deadly one	to	it	did not ascend	like	that one that	just burst.

(and no deadlier fate has ever burst than the one that just happened here.)

innɔ'tʃɛntsa	ha	kwi	la 'mɔrtɛ	ke	il	de'littɔ makki'nɔ
Innocenza	**ha**	**qui**	**la morte**	**che**	**il**	**delitto macchinò.)**
Innocence	receives	here	the death	which	the	crime contrived.)

(Here innocence receives the death that crime contrived.)

END OF ACT I

ACT II
Scene One
(London. An antechamber that leads to the rooms where Anne is held prisoner. Guards stand at the door.)

CHORUS OF LADIES

ɔ	'dovɛ	mmai	nɛ an'darɔnɔ	le	'turbɛ	adula'tritʃi
Oh!	**Dove**	**mai**	**ne andarono**	**le**	**turbe**	**adulatrici,**
Oh,	where	ever	have they gone,	the	throngs	flattering,

ke	in'tornɔ a	lɛi	ve'nivanɔ	ne	'dʒorni	swɔi	fe'litʃi
che	**intorno a**	**lei**	**venivano**	**ne'**	**giorni**	**suoi**	**felici!**
that	around	her	used to come	in the	days	hers	happy!

(Oh, where have they gone, those flattering throngs who used to crowd around her in her happier days!)

sej'mur	me'dezima	da	lɛi	si allɔnta'nɔ
Seymour	**medesima**	**da**	**lei**	**si allontanò.**
Seymour	herself	from	her	has stayed away.

ma	noi	per 'sɛmprɛ	ɔ	'mizɛra	kon	te	sa'remo
Ma	**noi**	**per sempre,**	**o**	**misera,**	**con**	**te**	**saremo,**
But	we	forever,	oh	wretched one,	with	you	will be,

ɔ	il tuo	tri'oɱfɔ	a'pprestisi
o	**il tuo**	**trionfo**	**apprestisi,**
whether	for your	triumph	is being prepared,

ɔ	il tuo	di'zastrɔ	ɛs'trɛmɔ
o	**il tuo**	**disastro**	**estremo.**
or	your	disaster	extreme.

(either in your triumph or in your final catastrophe.)

'pɔki	il des'tin	ma	'tɛneri	'kɔri	pe	te	la'ʃʃɔ
Pochi	**il destin,**	**ma**	**teneri**	**cori**	**per**	**te**	**lasciò.**
Few	fate	but	tender	hearts	for	you	left.

(Fate has left you a few but tender hearts.)

a	si	'ɛkkɔla	a'fflitta	e	'pallida
Ah	**sì.**	**Eccola...**	**Afflitta**	**e**	**pallida,**
Ah	yes.	Here she comes...	Cast down	and	pale,

'mɔvɛ	a	fa'tika	il	pjɛ
move	**a**	**fatica**	**il**	**piè.**
she moves	with	difficulty	the	foot.

(she is walking with difficulty.)

(Anne enters from the inner room. The ladies crowd around her. She sighs and sits.)

Scene Two

ANNA
Ah!

CHORUS

re'dʒina	riŋkɔ'ratevi	nel	tʃɛl	po'nete	'fede
Regina,!...	**rincoratevi:**	**nel**	**ciel**	**ponete**	**fede.**
(Our) Queen!...	Take heart;	in	Heaven	place (your)	faith.

'annɔ	kom'fin	lɛ	'lagrime
Hanno	**confin**	**le**	**lagrime,**
There's an	end	to	tears,

pe'rir	vir'tu	nɔm pwɔ
perir	**virtù**	**non può.**
to perish	virtue	cannot.

Pochi il destin, ma teneri cori per voi lasciò.

ANNA

ɔ	mie	fe'deli	ɔ	'solɛ	a	me	ri'mastɛ
O	**mie**	**fedeli,**	**o**	**sole**	**a**	**me**	**rimaste**
Oh	my	faithful ones,	oh	alone	to	me	remained

'nella	mia	zven'tura	kɔnsɔla'tritʃi
nella	**mia**	**sventura**	**consolatrici,**
in	my	misfortune	consoling ones,

(Oh, my faithful ones, the only ones that remain to console me,)

'oɲɲi	spe'rantsa	ɛ	'vvero	'posta	ɛ	nel	'tʃɛlɔ
ogni	**speranza**	**è**	**vero**	**posta**	**è**	**nel**	**cielo,**
every	hope,	it's	true,	placed	is	in	Heaven,

in	lui	sɔl'tantɔ	in	'tɛrra	nɔm va	ri'parɔ
in	**lui**	**soltanto...**	**in**	**terra**	**non v'ha**	**riparo**
in	it	only...	on	earth	there isn't any	remedy

per	la mia	ru'ina	ke	'rɛki	ɛr'vɛi
per	**la mia**	**ruina.**	**Che**	**rechi**	**Hervey?**
for	my	ruin.	What	(news) do you bring,	Hervey?

(Hervey enters.)

HERVEY

re'dʒina	'dwɔlmi	la'marɔ	iŋ'karkɔ
Regina!	**Duolmi**	**l'amaro**	**incarco**
(My) Queen!	I am pained (by)	the bitter	charge

a	kui	mɛ'lɛddʒɛ	il	kɔn'siʎʎo	de	'pari
a	**cui**	**m'elegge**	**il**	**Consiglio**	**de'**	**Pari.**
to	which	has elected me	the	Council	of	Peers.

(My Queen, I am pained by the unpleasant duty pressed upon me by the Council of Peers.)

ANNA

e'bbɛn	fa'vɛlla
Ebben?	**Favella.**
What now?	Speak.

HERVEY

ei	'kwestɛ	an'tʃɛllɛ	a'ppɛlla	al	suɔ	kɔs'pɛttɔ
Ei	**queste**	**ancelle**	**appella**	**al**	**suo**	**cospetto.**
It	these	ladies-in-waiting	summons	to	its	presence.

LADIES

noi
Noi?
Us?

ANNA

nel	suɔ	prɔ'pɔstɔ	ɛ	'duŋkwe	'fermo	il	re
Nel	**suo**	**proposto**	**è**	**dunque**	**fermo**	**il**	**Re!**
In	his	intentions	is	then	adamant	the	King!

'tanta	al kɔr mio	fe'rita	ei	rɛkɛ'ra
Tanta	**al cor mio**	**ferita**	**ei**	**recherà?**
So many	to my heart	wounds	he	will bring?

(Will he then deal my heart so many wounds?)

HERVEY

ke	dir	pɔ'ssio
Che	**dir**	**poss'io?**
What	say	can I?

(What can I possibly say?)

ANNA

pjɛ'gar	la	'frontɛ ɛ 'fɔrtsa	al	re'gale	vo'ler
Piegar	**la**	**fronte è forza**	**al**	**regale**	**voler,**
To bow	our	head we must	to the	royal	will,

kwa'luŋkwe	ei sia
qualunque	**ei sia.**
whatever	it may be.

(to the ladies-in-waiting)

dellinnɔ'tʃɛntsa mia	voi	testi'mɔni	'sjatɛ	'tɛnɛrɛ a'mikɛ
Dell'innocenza mia	**voi**	**testimoni**	**siate,**	**tenere amiche.**
Of my innocence	you	witnesses	be,	tender friends.

(May you be witnesses of my innocence, my tender friends.)

LADIES

ɔ	di	fu'nɛstɔ
Oh!	**di**	**funesto!**
Oh!	Day	dire!

(Oh, what a tragic day!)

ANNA *(embracing them)*

an'datɛ
Andate.
Go.

(She embraces them and they leave with Hervey.)

Scene Three
(Anne raises her hands to Heaven and sinks to her knees.)

SCENE AND DUET
ANNA

'dio	ke	mi 'vediin		'kɔɾɛ
Dio,	**che**	**mi vedi in**		**core,**
God,	who	lookest into my		heart,

mi 'vɔlgo	a	ttɛ	ɔ 'ddio
mi volgo	**a**	**te,**	**o Dio.**
I turn	to	Thee,	oh God.

sɛ	meɾi'tai	kwes'tonta	'dʒudika	tu	ɔ 'ddio
Se	**meritai**	**quest'onta**	**giudica**	**tu,**	**o Dio.**
If	I deserved	this shame,	judge	Thou,	Oh God.

(She sits down and weeps. Jane Seymour enters.)

GIOVANNA

'pjandʒɛ	la'fflitta
(Piange	**l'afflitta...**
(She is weeping,	the suffering one...

ai	'komɛ	sɔstɛ'rrɔ	lɔ	'zgwardɔ
Ahi!	**come**	**sosterrò**	**lo**	**sguardo?)**
Ah!	How	can I endure	her	glance?)

ANNA

a	ssi	ʎi	a'ffanni	dellimfe'litʃɛ	aɾago'nezɛ
Ah!	**sì,**	**gli**	**affanni**	**dell'infelice**	**Aragonese**
Ah!	Yes,	the	wrongs	of the unhappy	(Catherine of) Aragon

i'nulti	'ɛssɛɾ non 'dɛnno
inulti	**esser non denno,**
unpunished	should not be.
(should not remain unpunished,)

e	a me	te'rribil	'pena	il tuo	ri'gor	des'tina
e	**a me**	**terribil**	**pena**	**il tuo**	**rigor**	**destina.**
and	for me	terrible	suffering	your	severity	is planning.

ma	te'rribilɛ	ɛ	'trɔppo
Ma	**terrible**	**è**	**troppo...**
But	harsh	it is	too.
(But it is too harsh...too harsh...)

GIOVANNA *(throwing herself at Anne's feet)*

ɔ	mia	re'dʒina
Oh	**mia**	**Regina!**
Oh	my	Queen!

ANNA

sej'mur	a	mɛ	ri'torni	nom mi obbli'asti tu	
Seymour!...	**a**	**me**	**ritorni!**	**Non mi obbliasti tu?**	
Seymour!...	To	me	you return!	You haven't forgotten me?	

'sordʒi	ke	'veggo	impalli'diʃʃi	'trɛmi
Sorgi...	**che**	**veggo!**	**Impallidisci?**	**Tremi?**
Rise...	what	do I see!	You are growing pale?	You are trembling?

a	mɛ	tu	'rɛki	'nwɔva zven'tura	'forse
A	**me**	**tu**	**rechi**	**nuova sventura**	**forse?**
To	me	you	bring	a new misfortune	perhaps?

GIOVANNA

ɔ'rrɛnda	ɛs'trɛma	'dʒɔja	pɔ'ssio re'karvi	a	nnɔ
Orrenda...	**estrema...**	**Gioia**	**poss'io recarvi?**	**Ah!**	**no...**
Awful...	final...	Joy	can I bring you?	Ah,	no...

mu'dite	'tali	son	'trame or'dite	ke	per'duta	voi	'sjɛtɛ
M'udite.	**Tali**	**son**	**trame ordite**	**che**	**perduta**	**voi**	**siete.**
Hear me out.	Such	are	plots woven	that	lost	you	are.
(Plots are being woven [against you] that will ruin you.)							

ad	'oɲɲi	'kɔsto	vwɔl	'franti	il re
Ad	**ogni**	**costo**	**vuol**	**franti**	**il Re**
At	any	cost	wishes	dissolved	the King

ʎi	ʃʃagu'rati	'nɔdi	ke	vi 'striŋgono	a llui
gli	**sciagurati**	**nodi**	**che**	**vi stringono**	**a lui.**
the	wretched	bonds	that	bind you	to him.

la	'vita	al'meno	sɛ	non il	'rɛdʒo	'nome
La	**vita**	**almeno,**	**se**	**non il**	**regio**	**nome,**
Your	life,	at least,	if	not your	royal	name,

la	'vita	al'men	dɛ	voi	sal'vatɛ
la	**vita**	**almen,**	**deh,**	**voi**	**salvate!**
your	life,	at least,	please,	you	must save!

ANNA

e'kkome	'spjɛgati
E come?	**Spiegati.**
How so?	Explain yourself.

GIOVANNA

in	'dirlo	io	'trɛmɔ	pur	'dirlo io	'dɛddʒɔ
In	**dirlo**	**io**	**tremo:**	**pur**	**dirlo io**	**deggio.**
In	saying it	I	tremble;	yet	say it I	must.

il	koɱfe'ssarvi	rɛa dal	re	vi 'ʃʃoʎʎɛ
Il	**confessarvi**	**rea dal**	**Re**	**vi scioglie**
By	admitting (that you are)	guilty from the	King	separates you

e   vi sɔ'ttraddʒɛ   a   'mɔrtɛ
e   vi sottragge   a   morte.
and   delivers you   from   death.

ANNA
ke   'dditʃi   tu
Che   dici   tu?
What   say   you?

GIOVANNA
la   'sɔrtɛ   ke   vi pɛr'sɛgwɛ
La   sorte   che   vi persegue
The   fate   that   pursues you

'altrɔ   nɔn 'laʃʃa   a   voi   'mɛddzo   di   'skampo
altro   non lascia   a   voi   mezzo   di   scampo.
other   not leaves   to   you   means   of   escape.
(does not leave you any other means of escape.)

ANNA
e   konsiʎ'ʎar   mel pwɔi   tu   mia   sej'mur
E   consigliar   mel puoi?   Tu,   mia   Seymour?
And   advise   to me it you can?   You,   my   Seymour?

GIOVANNA
dɛ   per   pjɛ'ta
Deh!   per   pietà!
Please!   For   pity's sake!

ANNA
kio   'kompri   kolliɱ'famja   la   'vita
Ch'io   compri   coll'infamia   la   vita?
That I   should buy   with infamy   my   life?

e   ttu   sej'mur   tu   konsiʎ'ʎar   mɛl pwɔi
E   tu,   Seymour,   tu   consigliar   mel puoi?
And   you,   Seymour,   you   advise   me thus can?

GIOVANNA
e   iɱ'famja   e   'mɔrtɛ   vo'lete voi   re'dʒina
E   infamia   e   morte   volete voi?   Regina!
And   infamy   and   death   do you want?   (My) Queen!
(My Queen, do you want both infamy and death?)

ɔ   tʃɛl   tʃe'dete
O   ciel,   cedete!
Oh   Heaven,   give in!

ve ne kon'siʎʎa   il   re   ve ne skon'dʒura   la   ʃʃagu'rata
Ve ne consiglia   il   Re,   ve ne scongiura   la   sciagurata
Of it advises you   the   King,   of it implores you   the   wretched woman

Anna Bolena, Act II

ke	la'mor	den'riko	a	desti'nata	al	'trɔnɔ
che	**l'amor**	**d'Enrico**	**ha**	**destinata**	**al**	**trono.**
whom	the love	of Henry	has	destined	for the	throne.

(Not only does the King advise you to do it, but the woman whom Henry's love has destined for the throne also begs you to do it.)

ANNA

ɔ	ki	ɛ	kɔs'tɛi	la ko'noʃʃi	fa'vella
Oh!	**Chi**	**è**	**costei?**	**La conosci?**	**Favella.**
Oh!	Who	is	she?	Do you know her?	Speak!

ar'dire	e'llɛbbɛ	di	konsiʎ'ʎarmi	'una	vil'ta
Ardire	**ell'ebbe**	**di**	**consigliarmi**	**una**	**viltà?**
Boldness	she had	to	counsel me	an	act of cowardice?

vil'tadɛ	'alla re'dʒina 'sua	'parla	ki	ɛ	'dessa
Viltade	**alla Regina sua!**	**Parla:**	**chi**	**è**	**dessa?**
A cowardice	to her Queen!	Speak!	Who	is	she?

GIOVANNA *(sobbing)*

un	iɱfe'litʃe
Un	**infelice.**
A	wretched woman.

ANNA

e	tal	fa'tʃea	me 'stessa
E	**tal**	**facea**	**me stessa.**
And	such	she made	me.

sul	suɔ	'kapɔ	a'ggravi	un	ddio	il suɔ	'brattʃo	puni'tore
Sul	**suo**	**capo**	**aggravi**	**un**	**Dio**	**il suo**	**braccio**	**punitore.**
Over	her	head	make to weigh	a	God	His	arm	punishing.

(May God cause His punishing arm to weigh down upon her head!)

GIOVANNA

dɛ	mi as'kolta	dɛ
Deh!	**mi ascolta!**	**Deh!**
Please!	Listen to me!	Please!

ANNA

al par	del mio	sia	stra'ttsjatɔ	il	vil	suɔ	'kwɔrɛ
Al par	**del mio**	**sia**	**straziato**	**il**	**vil**	**suo**	**cuore.**
Like	mine	be	rent	the	cowardly	her	heart.

(Let her cowardly heart be rent just like my own!)

GIOVANNA

a	per'dono
Ah!	**perdono!**
Ah!	Forgive!

ANNA

sia	di	'spinɛ	la	ko'rona	am'bita	al	'krinɛ
Sia	**di**	**spine**	**la**	**corona**	**ambita**	**al**	**crine.**
Let it be	of	thorns,	that	crown	coveted	on her	head.

(Let the crown that she covets be made of thorns!)

GIOVANNA

per'dɔnɔ	as'kolta	dɛ	per pjɛ'ta	mas'kolta
Perdono!	**Ascolta,**	**deh,**	**per pietà**	**m'ascolta.**
Forgive!	Listen!	Please,	for pity's sake,	listen to me.

ANNA *(as if in a vision)*

sul	gwantʃi'al	del	'rɛdʒo	'lɛttɔ
Sul	**guancïal**	**del**	**regio**	**letto**
Upon the	pillow	of the	royal	bed

sia	la 'tema	ed	il sɔs'pɛttɔ
sia	**la tema**	**ed**	**il sospetto.**
let there be	fear	and	suspicion.

(Jane grows increasingly upset.)

fra	lei	'sorga	e	il	rɛɔ	suɔ	'spɔzɔ
Fra	**lei**	**sorga**	**e**	**il**	**reo**	**suo**	**sposo**
Between	her	may it rise	and	the	guilty	her	husband

il mio	'spɛttro	mina'ttʃozo
il mio	**spettro**	**minaccioso,**
my	specter	menacing,

(May my menacing specter rise between her and her guilty husband,)

e	la	'skurɛ	a	me	kɔn'tʃessa
e	**la**	**scure**	**a**	**me**	**concessa,**
and	the	ax	for	me	accorded,

pju	kru'dɛl	lɛ 'nɛgi	il	re
più	**crudel,**	**le neghi**	**il**	**Re.**
more	cruel,	may be denied her (by)	the	King.

(And may the cruel King accord her a far more cruel death than the swift, merciful ax he is according me.)

GIOVANNA *(covering her face)*

a ria	sen'tɛntsa	iɔ	'mɔrɔ
Ah! ria	**sentenza!**	**Io**	**moro...**
Ah! Cruel	sentence!	I	am dying...

a	dɛ	'tatʃi	per pjɛ'ta
ah	**deh!**	**Taci,**	**per pietà!**
Ah,	please!	Be silent,	for pity's sake!

ANNA
No, il mio spettro...

GIOVANNA
Deh! taci, per pietà!

ANNA
Minaccioso...

GIOVANNA *(throwing herself at her feet)*
Per pietà! Taci!

ANNA
tu	ke	asˈkolto
Tu?	**Che**	**ascolto?**
You?	What	am I hearing?

GIOVANNA
a ssi	prosˈtrata	ɛ	al	tuɔ	pjɛ	la	tradiˈtritʃe
Ah! sì,	**prostrata**	**è**	**al**	**tuo**	**piè**	**la**	**traditrice.**
Ah yes!	Prostrate	she is	at	your	feet	the	betraying woman!

ANNA
mia	riˈvale
Mia	**rivale!**
My	rival!

GIOVANNA
ma	straˈttsjata	dai	riˈmɔrsi	ed	iɱfeˈlitʃe
Ma	**straziata**	**dai**	**rimorsi**	**ed**	**infelice.**
But	torn	by	remorse	and	unhappy.

ANNA
tu	ˈfuddʒi
Tu!	**Fuggi...**
You!	Get out...

GIOVANNA
a	nnɔ	perˈdono
Ah	**no!**	**perdono!**
Ah,	no!	Forgive me!

ANNA
tu	mia	riˈvale	diɔ	tu	sejˈmur
Tu!	**mia**	**rivale!**	**Dio!**	**tu?**	**Seymour?**
You!	My	rival!	God!	You?	Seymour?

GIOVANNA
a	perˈdono	dal	miɔ	kɔr	puˈnita	io	ˈsono
Ah!	**perdono!**	**Dal**	**mio**	**cor**	**punita**	**io**	**sono...**
Ah!	Forgive me!	By	my	heart	punished	I	am...

inɛsˈpɛrta	luziɲˈgata	iɱfeˈlitʃe	fui	sɛˈdotta
inesperta...	**lusingata...**	**infelice,**	**fui**	**sedotta...**
inexperienced,	flattered,	unhappy,	I was	seduced...

ANNA *(trembling, without looking at Seymour)*

'ella	mia	ri'valɛ	a	ddio
Ella!	**mia**	**rivale!**	**Ah!**	**Dio!**
She!	My	rival!	Ah!	God!

GIOVANNA

'amo	en'riko	e	nɔ	ro'ssore	a
Amo	**Enrico**	**e**	**n'ho**	**rossore**	**ah!**
I love	Henry	and	over it I	blush	ah!

(I love Henry and am ashamed of it!)

mio	su'pplittsjɔ	ɛ	'kwestɔ	a'more
Mio	**supplizio**	**è**	**questo**	**amore,**
My	torture	is	this	love,

'dʒɛmo	e	'pjaŋgɔ	e	dal	miɔ	'pjantɔ
gemo	**e**	**piango**	**e**	**dal**	**mio**	**pianto**
I moan	and	I weep	but	from	my	weeping

sɔffo'kato	a'mor	nɔ'nɛ
soffocato	**amor**	**non è.**
extinguished	love	is not.

(I moan and I weep, but I cannot extinguish my love with my tears.)

ANNA

'vannɛ	'fuddʒi	'sordʒi
Vanne,	**fuggi,**	**sorgi...**
Leave,	go,	rise...

ɛ	rɛɔ	sɔl'tanto	ki	tal	'fjamma	a'ttʃeze	in tɛ
È	**reo**	**soltanto**	**chi**	**tal**	**fiamma**	**accese**	**in te.**
Is	guilty	only	who	such	a flame	kindled	in you.

(Only the one who kindled this flame of love in you is guilty.)

(She lifts her up and embraces her.)

va	iɱfe'litʃe	e	'teko	'rɛka
Va,	**infelice,**	**e**	**eco**	**reca**
Go,	unhappy woman,	and	with you	take

il	per'dono	di	bo'lena
il	**perdono**	**di**	**Bolena;**
the	forgiveness	of	Boleyn;

nel	miɔ	dwɔl	fu'rɛnte	e	'tʃɛka
Nel	**mio**	**duol,**	**furente**	**e**	**cieca**
In	my	grief,	furious	and	blinded

timprɛ'kai	te'rribil	'pena
t'imprecai	**terribil**	**pena.**
I called down on you	a terrible	suffering.

la tua	'grattsja	or	'kjɛdɔ	a	ddio
La tua	**grazia**	**or**	**chiedo**	**a**	**Dio,**
Your	forgiveness	now	I ask	from	God,

(I now ask God to forgive you,)

e	kɔn'tʃessa	a	mɛ	sa'ra
e	**concessa**	**a**	**me**	**sarà.**
and	granted	to	me	it shall be.

ti ri'maŋga	iŋ	'kwestɔ	'addio
Ti rimanga	**in**	**questo**	**addio**
May remain with you	in	this	farewell

la'mor mio		la mia	pjɛ'ta
l'amor mio,		**la mia**	**pietà.**
my love,	(and)	my	pity.

GIOVANNA

a	pe'ddʒorɛ	ɛ	il tuo	per'dono
Ah!	**peggiore**	**è**	**il tuo**	**perdono**
Ah!	Worse	is	your	forgiveness

'dello	'zdeɲɲo	kio	te'mea
dello	**sdegno**	**ch'io**	**temea.**
than the	scorn	that I	feared.

puni'tor	mi 'laʃʃi	un	'trɔnɔ
Punitor	**mi lasci**	**un**	**trono**
Punishing	you leave me	a	throne

del	de'litto	on'dio	son	rɛa
del	**delitto**	**ond'io**	**son**	**rea.**
for the	crime	of which	I am	guilty.

(You leave me a throne as punishment for the crime of which I am guilty.)

la	mi a'ttɛnde	un	'dʒusto	i'ddio
Là	**mi attende**	**un**	**giusto**	**Iddio,**
There	awaits me	a	just	God,

ke	per	mɛ	per'dɔn	nɔ'na
che	**per**	**me**	**perdon**	**non ha.**
who	for	me	forgiveness	has not.

a	prɪ'mjɛrɔ	ɛ	'kwestɔ	am'plessɔ
Ah!	**primiero**	**è**	**questo**	**amplesso**
Ah!	First	is	this	embrace

dei	tɔr'menti	ke	mi da
dei	**tormenti**	**che**	**mi dà.**
of the	torments	that	He gives me.

(And the first one of the torments He visits upon me is this embrace of yours.)

(Anne goes back into her room. Jane leaves in a state of utter despair.)

Scene Four
(The antechamber that leads into the hall where the Council of Peers is meeting. The double doors are closed and guarded.)

CHORUS OF COURTIERS

eˈbbɛn	diˈnantsi	ai	ˈdʒuditʃi
Ebben?	**Dinanzi**	**ai**	**giudici**
Well then?	Before	the	judges

ˈkwali	dei	rei	fu	ˈtratto	ˈsmɛtɔn
quali	**dei**	**rei**	**fu**	**tratto?**	**Smeton.**
which	of the	accused	was	brought?	Smeton.

a	ˈforse	il	ˈdʒovanɛ	zvɛˈlato	alˈkun	misˈfatto
Haq	**forse**	**il**	**giovane**	**svelato**	**alcun**	**misfatto?**
Has	perhaps	the	youngster	revealed	any	misdeed?

aŋˈkor	lɛˈzame	iˈɲɲorasi	ˈkjuzo	tuˈttora	ˈeʎʎi	ɛ
Ancor	**l'esame**	**ignorasi:**	**chiuso**	**tutt'ora**	**egli**	**è.**
Still	his testimony	is unknown;	locked in	still	he	is.

(He is still behind locked doors with the Council.)

a	ˈtɔlga il tʃɛl	ke	il	ˈdebole ed	inesˈpɛrto	ˈkɔɾɛ
Ah!	**Tolga in ciel**	**che**	**il**	**debole ed**	**inesperto**	**core**
Ah!	May Heaven prevent	that	the	weak and	inexperienced	heart

seˈdur si ˈlaʃʃi	ɔ	ˈvintʃeɾe	da	ˈspɛme ɔ	da tiˈmore
sedur si lasci	**o**	**vincere**	**da**	**speme o**	**da timore;**
be tempted	or	overcome	by	hope or	fear;

ˈtɔlga	kei	mai	diˈmentiki	ke	lakkuzaˈtoɾɛ	ɛ	il re
Tolga	**ch'ei**	**mai**	**dimentichi**	**che**	**l'accusatore**	**è**	**il Re.**
Prevent that he	never	should forget	that	his accuser	is	the King.

(Prevent him from ever forgetting)

(The doors open and Hervey enters.)

ˈɛkkɔ	ɛrˈvei
Eccco	**Hervey.**
Here is	Hervey.

HERVEY *(to the soldiers, who leave to carry out his orders)*

si ˈgwidino	ˈanna	e	pɛrˈsi
Si guidino	**Anna**	**e**	**Percy.**
Bring in	Anne	and	Percy.

COURTIERS *(surrounding him)*

ke	ffia
Che	**fia?**
What	is it?

HERVEY

'smɛtɔm	par'lɔ
Smeton	**parlò.**
Smeton	talked.

(He sighs.)

COURTIERS

lim'prɔvido	'anna	akku'zata	a'vria
L'improvido	**Anna**	**accusata**	**avria?**
That thoughtless one	Anne	accused	has?

(Could that thoughtless youth have accused Anne?)

ɛr'vɛi	dɛ	'parla
Hervey,	**deh!**	**parla.**
Hervey,	please!	Speak!

Anna accusata avria?

HERVEY

'kolpa	ei	zve'lɔ	ke	'frɛmɛrɛ	ed arro'ssir	ne fe
Colpa	**ei**	**svelò**	**che**	**fremere**	**ed arrossir**	**ne fe'.**
A crime	he	revealed	that	tremble	and blush	us made.

COURTIERS
Ah!

HERVEY

'ella	ɛ per'duta	ai	'mizɛra	'ella	arro'ssir ne fe
Ella	**è perduta,**	**ahi**	**misera!**	**Ella**	**arrossir ne fe'.**
She	is lost,	ah	wretched woman!	She	made us blush for her.

COURTIERS

ai	'mizɛra		akkuza'tore	ɛ	il	re
Ahi	**misera!**		**Accusatore**	**è**	**il**	**Re.**
Ah,	wretched woman!	(Her)	accuser	is	the	King.

Ella è perduta.

Scene Five

HERVEY

skɔs'tatevi	il	re	'dʒundʒe
Scostatevi...	**il**	**Re**	**giunge.**
Be off...	the	King	is coming.

(The courtiers go off. Henry enters.)

e	dal	kɔn'sɛsso	ke	vi allɔn'tana
E	**dal**	**Consesso**	**che**	**vi allontana?**
And	from the	Council	what	takes you away?

(What takes you away from the Council?)
(Why are you leaving the Council?)

ENRICO

inoppor'tuna	or	'fɔra	la mia	prɛ'zɛntsa
Inopportuna	**or**	**fôra**	**la mia**	**presenza.**
Inopportune	now	would be	my	presence.

il	'primo	'kolpɔ	ɛ	'ʃʃezo	ki	lɔ ska'ʎʎɔ	si as'konda
Il	**primo**	**colpo**	**è**	**sceso.**	**Chi**	**lo scagliò**	**si asconda.**
The	first	blow	has	fallen.	Who	dealt it	(let him) stay hidden.

HERVEY

ɔ	'komɛ	al	'lattʃɔ	'smɛtɔn	ka'dea
Oh!	**come**	**al**	**laccio**	**Smeton**	**cadea.**
Oh!	How	into the trap		Smeton	fell.

ENRICO

nel	'kartʃer	suo	ri'torni	il	'dʒovin	'tʃɛkɔ
Nel	**carcer**	**suo**	**ritorni**	**il**	**giovin**	**cieco,**
To the	dungeon	his	let him be led,	the	young man	blind,

(Let the young blind fool be returned to his dungeon,)

e	a	'kreder	'segwa	aŋ'kora
e	**a**	**creder**	**segua**	**ancora**
and	to	believe	he continue	still

fiŋ'ke	sos'peza	ɛ	'lora	'della	ven'detta	mia
finchè	**sospesa**	**è**	**l'ora**	**della**	**vendetta**	**mia,**
until	struck	has	the hour	of the	vengeance	mine,

da'ver	sal'vata	'danna	la	'vita
d'aver	**salvata**	**d'Anna**	**la**	**vita.**
of having	saved	of Anne	the	life.

(and let him continue to believe, until the hour of my vengeance strikes, that he has saved Anne's life.)

'ella	si a'ppressa
Ella	**si appressa...**
She	is coming...

HERVEY

e	'kwintʃi vjeŋ	kon'dottɔ	pɛr'si fra	swɔi kus'tɔdi
E	**quinci vien**	**condotto**	**Percy fra'**	**suoi custodi.**
And	there comes	led	Percy between	his guards.

ENRICO *(starting to leave)*

si 'ɛviti
Si eviti.
Let me avoid them.

(Anne and Percy are led in by guards from opposite doors. Henry wishes to leave.)

ANNA *(approaching, with dignity)*

a'rrɛsta	en'riko	ta'rrɛsta	e	'mmɔdi
Arresta,	**Enrico;**	**T'arresta**	**e**	**m'odi.**
Stop,	Henry;	Stop	and	hear me.

ENRICO

ti u'dra	il	kon'siʎʎo
Ti udrà	**il**	**Consiglio.**
You shall be heard (by)	the	Council.

ANNA

a 'pjɛdi twɔi	mi 'prɔstrɔ
A' piedi tuoi	**mi prostro;**
At your feet	I prostrate myself;

'zvenami tu	ma	non	es'pormi	o	'sire
Svenami tu,	**ma**	**non**	**espormi,**	**o**	**Sire,**
Kill me,	but	don't	expose me,	oh	Sire,

a'llonta	di	un	dʒu'dittsjo
all'onta	**di**	**un**	**giudizio:**
to the shame	of	a	trial;

il	'rɛdʒo	'nomɛ	fa	ke	im	mɛ	si ris'petti
Il	**regio**	**nome**	**fa**	**che**	**in**	**me**	**si rispetti.**
The	royal	name	cause	that	in	me	be respected.

(Order that my royal rank be respected.)

ENRICO

ai	rispe'ttato	il	'rɛdʒo	'grado	tu
Hai	**rispettato**	**il**	**regio**	**grado**	**tu?**
Have you	respected	the	royal	rank	(you)?

'moʎʎe	den'riko	ad	um	pɛr'si	ʃʃen'devi
Moglie	**d'Enrico**	**ad**	**un**	**Percy**	**scendevi.**
(As the) wife	of Henry,	to	a	Percy	you lowered yourself.

PERCY *(coming forward)*

e	ttu	di	'kwesto	dispre'dʒatɔ	pɛr'si
E	**tu**	**di**	**questo**	**dispregiato**	**Percy**
And	you	of	this	scorned	Percy

non izdɛ'ɲɲasti	'farti	ri'valɛ
non isdegnasti	**farti**	**rivale**
did not disdain	to make yourself	a rival

e	a	lui	la'mantɛ	ai	'tɔlta
e	**a**	**lui**	**l'amante**	**hai**	**tolta.**
and	from	him	his beloved	you did take.

(And you did not deem it disdainful to take from this scorned Percy his beloved and thus become his rival.)

ENRICO

fe'llone	e	ar'diʃʃi
Fellone!	**E**	**ardisci?**
You criminal!	And	you dare?

PERCY

il	ver	par'larti	as'kolta
Il	**ver**	**parlarti:**	**ascolta.**
The	truth	to speak to you:	listen.

(Listen. I will now tell you the truth.)

sa'rɔ	fra 'pɔko	i'nnantsi	a	tribu'nal
Sarò	**fra poco**	**innanzi**	**a**	**tribunal**
I will be	soon	before	a	tribunal

pju	'sakro	e	pju	tre'mɛndo	ke	il tuo	non 'sia
più	**sacro**	**e**	**più**	**tremendo**	**che**	**il tuo**	**non sia.**
more	sacred	and	more	fearful	than	yours	can ever be.

(Soon I shall be facing a tribunal more sacred and fearful than yours can ever be.)

'dʒuro	per	'kwello	io	'dʒuro	'kella	non ti offen'dea
Giuro	**per**	**quello,**	**io**	**giuro**	**ch'ella**	**non ti offendea,**
I swear	by	it,	I	swear	that she	did not wrong you,

ke	me	ska'ttʃava
che	**me**	**scacciava,**
that	me	she drove away,

ke	allau'datʃe	mia	'spɛme	ar'dea	di 'zdeɲɲo
che	**all'audace**	**mia**	**speme**	**ardea**	**di sdegno.**
that	at the bold	my	hope	she burned	with indignation.

(that she drove me away and bristled with indignation at my bold hopes.)

'dʒuro	ke
Giuro	**che...**
I swear	that...

ENRICO

della'mor suo	pju	'deɲɲo	uɱ	vil	'paddʒo ren'deva
Dell'amor suo	**più**	**degno**	**un**	**vil**	**paggio rendeva...**
Of her love	more	worthy	a	vile	page she held...

(She held a vile page boy's love worthier of her love...)

'eʎʎi	il kɔɱ'fɛssa	e	'tʃɛnto	ne a'ddutʃe	tɛsti'mɔni
Egli	**il confessa...**	**e**	**cento**	**ne adduce**	**testimoni.**
He	so confesses...	and	a hundred	he names	witnesses.

ANNA

'tatʃi	a	'kwesta i'nikwa a'kkuza	mia	diɲɲi'ta ri'prɛndɔ
Taci!	**A**	**questa iniqua accusa**	**mia**	**dignità riprendo,**
Be silent!	At	this evil accusation	my	dignity I reclaim,

ed	alta'mente	di	'smɛtɔn
ed	**altamente**	**di**	**Smeton**
and	loudly	of	Smeton

318 Anna Bolena, Act II

seduˈttor	tɛ	ˈsiɾe	io	ˈgrido	si	tu	sɛi
seduttor	**te,**	**Sire,**	**io**	**grido.**	**Sì,**	**tu**	**sei!**
seducer	you,	Sire,	I	proclaim.	Yes,	you	are!

(and I hereby loudly proclaim that you, Sire, you only were the one who tricked Smeton into making such a confession!)

ENRICO

auˈdatʃɛ	ˈdɔnna
Audace	**donna!**
Bold	woman!

ANNA

io	ˈsfidɔ	ˈtutta	la tua	pɔˈssantsa	ˈella	pwɔ	darmi	ˈmɔrtɛ
Io	**sfido**	**tutta**	**la tua**	**possanza.**	**Ella**	**può**	**darmi**	**morte,**
I	defy	all	your	power.	It	can	give me	death,

ma	non	imˈfamja	ɛ	mio	deˈlittɔ
ma	**non**	**infamia.**	**È**	**mio**	**delitto**
but	not	infamy.	It is	my	crime

laˈver	pɔsˈpostɔ	al	ˈtrɔnɔ	un	ˈnɔbil	kɔɾɛ
l'aver	**posposto**	**al**	**trono**	**un**	**nobil**	**core**
having	supplanted	with	a throne	a	noble	heart

ˈkome	il	kɔr	di	pɛrˈsi
come	**il**	**cor**	**di**	**Percy,**
like	the	heart	of	Percy,

(My crime was to prefer a throne to a noble heart like Percy's,)

laˈver	kreˈduta	felitʃiˈta	suˈprema	ˈlɛsser	dun	re	kɔnˈsɔrtɛ
l'aver	**creduta**	**felicità**	**suprema**	**l'esser**	**d'un**	**Re**	**consorte.**
having	believed it	happiness	supreme	to be	of a	King	consort.

(and having believed it to be supreme happiness to be a king's consort.)

PERCY

ɔ	ˈdʒɔja	ɛsˈtrɛma	nɔ	koˈzi	ˈturpɛ	aˈffɛttɔ
Oh!	**gioia**	**estrema!**	**No,**	**così**	**turpe**	**affetto**
Oh	joy	extreme!	No,	such	a base	love

tu	non nuˈdrivi	iɔ	nɛ sɔn ˈtʃɛrtɔ
tu	**non nudrivi.**	**Io**	**ne son certo;**
you	did not encourage.	I	am certain of it;

(No, you did not encourage [Smeton's] base love, I am certain of it.)

e	ˈljɛto	kɔn	tal	tʃɛrˈtettsa	il mio	desˈtino aˈttɛndɔ
e	**lieto**	**con**	**tal**	**certezza**	**il mio**	**destino attendo...**
and	happy	with	this	certainty	my	destiny I await...

ma	tu	viˈvrai	si
Ma	**tu**	**vivrai,**	**sì.**
But	you	will live,	yes.

ENRICO

ke	in'tɛndɔ	'ambo	mo'rrete	ɔ	'ppɛrfidi
Che	**intendo?**	**Ambo**	**morrete,**	**o**	**perfidi;**
What	do I hear?	Both of you	will die,	oh	wicked ones;

ki	pwɔ	sɔ'ttrarvi	a	'mɔrtɛ
Chi	**può**	**sottrarvi**	**a**	**morte?**
Who	can	rescue you	from	death?

PERCY

dʒus'tittsja	il pwɔ
Giustizia	**il può.**
Justice	can.

ANNA

dʒus'tittsja	ɛ	'muta	dɛn'riko	iŋ	'kɔrtɛ
Giustizia	**è**	**muta**	**d'Enrico**	**in**	**Corte.**
Justice	is	mute	of Henry	in	Court.

(Justice is silent in Henry's Court.)

ENRICO

'ella	a	ta'tʃersi	a'pprezɛ	'kwando	sul	'trono	iŋ'gleze
Ella	**a**	**tacersi**	**apprese**	**quando**	**sul**	**trono**	**inglese**
It	to	be silent	learned	when	on the	throne	English

(Justice learned to be silent when on the English throne)

'tʃeder	do'vette	il	'lɔkɔ	'una	re'dʒina	a	tɛ
ceder	**dovette**	**il**	**loco**	**una**	**Regina**	**a**	**te.**
cede	it had to	the	throne	a	Queen	to	you.

(a Queen [Catherine of Aragon] had to cede her place to you.)

ma	parlɛ'ra	'fra 'pɔkɔ
Ma	**parlerà**	**fra poco.**
But	it will speak	soon.

(But justice will be silent no more. It will speak again soon.)

PERCY

e	tu	las'kolta	o	re
E	**tu**	**l'ascolta,**	**o**	**Re.**
And	you	listen to it,	oh	King.

sɛ	dun	tra'ditɔ	'talamɔ
Se	**d'un**	**tradito**	**talamo**
If	of an	ill-fated	marriage

'dessi	ven'detta	al	'drittɔ
dessi	**vendetta**	**al**	**dritto,**
one should	avenge	the	right,

sɔl'tanto	il mio	si 'vendiki
soltanto	**il mio**	**si vendichi...**
only	mine	should be avenged...

(If one should avenge an ill-fated marriage then it should be me.)

'esso nel tʃɛl ɛ 'skritto
Esso nel ciel è scritto.
It in Heaven is written.
(It is written in Heaven that it should be so.)

'spɔzi noi sjam
Sposi noi siam.
Man and wife[1] we are.

ENRICO
voi 'spɔzi
Voi sposi!
You man and wife/betrothed?

ANNA
a ke di tu
Ah! che di' tu?
Ah! What are you saying?

ENRICO
tan'tɔzi
Tant'osi?
You dare?...

PERCY
ri'prɛndo i 'dritti mjɛi 'ella sia 'rɛza a mɛ
Riprendo i dritti miei: ella sia resa a me.
I reclaim my rights: let her be given back to me.

ENRICO *(to Anne)*
e 'spɔza sua tu 'sɛi
E sposa sua tu sei?
And his betrothed you are?

ANNA *(wavering)*
'io
Io...
I...

ENRICO
E sposa sua tu sei?

PERCY
pwɔi nɛ'garlɔ
Puoi negarlo?
Can you deny it?

ENRICO
e'bbɛn
Ebben?
Well?...

---

[1] Percy uses the word *sposi* which can mean "betrothed", or "man and wife". He is saying that, though not "officially" married, he and Anne are "man and wife" before God.

ANNA
ai'mɛ
(Ahimè!...)
(Woe is me!...)

PERCY

fin	dallɛ'ta	pju	'tenɛra	tu	'fosti	'mia	lɔ 'sai
Fin	**dall'età**	**più**	**tenera**	**tu**	**fosti**	**mia,**	**lo sai:**
Since	the age	most	tender	you	were	mine,	you know it;

tu	mi la'ʃʃasti	io	'mizɛrɔ	'aŋke	iɱfe'del	ta'mai
Tu	**mi lasciasti,**	**io,**	**misero,**	**anche**	**infedel**	**t'amai.**
You	left me,	I,	wretched,	even	faithless	I loved you.

(You left me and I loved you even though by leaving I felt you were faithless to me.)

kwel	ke	mi	ta	ra'pita	ti 'tɔʎʎe	o'nore	e	'vita
Quel	**che**	**mi**	**t'ha**	**rapita**	**ti toglie**	**onore**	**e**	**vita...**
He	who	from me	you did kidnap		takes from you	honor	and	life...

(He who took you from me now takes both your honor and life...)

le	'brattʃa	iɔ	'tapro	e	'vɔʎʎo
Le	**braccia**	**io**	**t'apro**	**e**	**voglio**
My	arms	I	open to you	and	I want

'rɛnderti	'vita	e	o'nor
renderti	**vita**	**e**	**onor.**
to give you back	(your) life	and	honor.

ANNA

a	del	tuɔ	kɔr	ma'ɲɲanimo
Ah!	**del**	**tuo**	**cor**	**magnanimo**
Ah!	Of	your	heart	magnanimous

kwal	'prɔva	a	mɛ	tu	'dai
qual	**prova**	**a**	**me**	**tu**	**dai!**
what	proof	to	me	you	give!

(Ah! What a proof you give me of your generous heart!)

pe'riska	il	di	ke	'pɛrfida
Perisca	**il**	**dì**	**che,**	**perfida,**
Perish	the	day	that,	wicked me,

tɛ	pel	kru'dɛl	la'ʃʃai
te	**pel**	**crudel**	**lasciai.**
you	for that	cruel man	I left.

(I left you for that wicked man.)

ma	'della	fe	tra'dita	ma	il	'dʒustɔ	tʃɛl	pu'nita
Ma	**della**	**fè**	**tradita**	**m'ha**	**il**	**giusto**	**Ciel**	**punita;**
But	for my	faith	betrayed	did me	the	just	Heaven	punish;

(but Heaven in its justice punished me for my betrayed faith;)

ɔ	nɔn trɔˈvai	nel	ˈsɔʎʎɔ
Io	**non trovai**	**nel**	**soglio**
I	did not find	on the	throne

ˈaltro	ke	aˈffanno	e	oˈrror
altro	**che**	**affanno**	**e**	**orror.**
other	than	anguish	and	horror.

ENRICO

ˈkjarɔ	ɛ	liŋˈganno	iˈnutile
Chiaro è		**l'inganno,**	**inutile,**
Clear	is	the deception;	useless...

ˈkjara	ɛ	la	trama	aˈssai
chiara è		**la**	**trama**	**assai;**
clear	is	the	plot	indeed;

ma	ˈkɔppja	rɛa	nɔŋ ˈkrɛdɛrɛ
ma,	**coppia**	**rea,**	**non credere**
but,	couple	guilty,	do not believe

kio	ti	zmenˈtiska	ˈmai
ch'io	**ti**	**smentisca**	**mai.**
that I	you	wish to deny,	ever.

(but, you guilty couple, do not think I will ever deny your culpability.)

ˈkjarɔ	ɛ	liŋˈgannɔ	ɔˈmai
Chiaro è		**l'inganno**	**omai,**
Clear	is	the deceit	now,

o coppia rea!

daˈllarte	tua	skalˈtrita	tu	rimaˈrrai	puˈnita
Dall'arte	**tua**	**scaltrita**	**tu**	**rimarrai**	**punita,**
For the tricks	yours	wily	you	will be	punished,

pju	ˈriɔ	nɛ aˈvrai	kɔrˈdɔʎʎɔ	ˈstrattsjɔ	nɛ aˈvrai	maˈddʒor
più	**rio**	**ne avrai**	**cordoglio,**	**strazio**	**ne avrai**	**maggior.**
more	cruel	you will have	heartache,	torment	you will have	bigger.

(your heartache will be more cruel and your torment even bigger.)

al	konˈsiʎʎo	ˈsiɛn	ˈtratti	ɔ	kusˈtɔdi
Al	**Consiglio**	**sien**	**tratti,**	**o**	**custodi.**
To the	Council	let	them be taken,	oh	guards.

ANNA

ˈaŋko	inˈsisti
Anco	**insisti?**
Still	you insist?

PERCY

il konˈsiʎʎo	nɛ asˈkolti
Il Consiglio	**ne ascolti.**

Let the Council hear us.

ENRICO
va	kom'fessa	ʎi	an'tiki	twoi	'nɔdi
Va...	**confessa**	**gli**	**antichi**	**tuoi**	**nodi:**
Go on...	confess	the	old	your	ties;

(confess your old ties;)

non te'mere	kio	li 'vɔʎʎa	di'ʃʃɔlti
non temere	**ch'io**	**li voglia**	**disciolti.**
fear not	that I	may want them	undone.

ANNA
tʃɛl	ti 'spjɛga
Ciel!	**ti spiega...**
Heaven!	Explain yourself...

ENRICO
Va...va.

ANNA
Oh Cielo, deh! ti spiega...

fu'rore	rɛ'prɛssɔ	pju	trɛ'mɛndo	sul	'volto	ti sta
Furore	**represso**	**più**	**tremendo**	**sul**	**volto**	**ti sta.**
A fury	repressed	more	terrible	on your face		can be seen.

ENRICO
Coppia iniqua!

liŋ'gannɔ tuo	'stesso	sullɔ'djatɔ	tuɔ	'kapo	ka'dra
L'inganno tuo	**stesso**	**sull'odiato**	**tuo**	**capo**	**cadrà.**
Your deceit	itself	over the hated	your	head	shall fall.

(Your very deceit shall fall back upon your hated head.)

ANNA, PERCY
Ah!

ENRICO
sali'ra	diŋgil'tɛrra	sul	'trɔno
Salirà	**d'Inghilterra**	**sul**	**trono**
Will ascend	of England	on the	throne

'altra	'dɔnna	pju	'deɲɲa	da'ffɛtto
altra	**donna**	**più**	**degna**	**d'affetto:**
another woman	more	worthy	of affection;	

(Another woman more worthy of affection [than you] will ascend the English throne;)

abbo'rrito	iɱfa'matɔ	rɛ'jɛttɔ
Abborrito,	**infamato,**	**rejetto**
Hated,	disgraced,	rejected

il tuo	'nome	il tuo	'saŋgwe sa'ra	da	'tutti	sa'ra
il tuo	**nome,**	**il tuo**	**sangue sarà,**	**da**	**tutti**	**sarà.**
your	name,	your	blood shall be	by	everyone	it shall be.

ANNA, PERCY

a	'kwantɔ	ɛ	fu'nɛsto	il tuo	'dono
Ah!	**Quanto**	**è**	**funesto**	**il tuo**	**dono**
Ah!	How	is	tragic	your	gift

(How tragic your gift is)

'altra	'dɔnna	dʒa'mmai	nɔn a'pprɛnda
altra	**donna**	**giammai**	**non apprenda!**
another	woman	never	should learn!

liŋgil'tɛrra	dʒa'mmai	nɔn in'tɛnda
L'Inghilterra	**giammai**	**non intenda**
England	never	should hear of

'lɛmpjɔ	'strattsjo	ke	'danna	si	fa
l'empio	**strazio**	**che**	**d'Anna**	**si**	**fa!**
the wicked	torture	that	of Anne	is	made!

(May England or another woman never be aware of the cruel torture to which Anne is being subjected!)

(Anne and Percy are led off by the guards.)

Scene Seven

SCENE AND ARIA OF GIOVANNA
ENRICO

'spɔza	a pɛr'si	pria ke	ad	en'riko	e'llɛra
Sposa	**a Percy**	**pria che**	**ad**	**Enrico**	**ell'era!**
Betrothed	to Percy	before	to	Henry	she was (married)!

nɔ	nɔm mai	men'tsoɲɲa	ɛ	'kwesta	'ondɛ	so'ttrarsi
No.	**Non mai:**	**menzogna**	**è**	**questa**	**onde**	**sottrarsi**
No,	never;	a lie	is	this	with which	to escape

'alla	trɛ'mɛnda	'lɛddʒe ke	la kɔn'danna
alla	**tremenda**	**legge che**	**la condanna**
from the	terrible	law that	condemns her,

mia	kol'pevol	'moʎʎe
mia	**colpevol**	**moglie.**
my	guilty	wife.

(No, never; this is a lie with which my guilty wife seeks to escape the terrible law that condemns her.)

e	sia pur ver	la 'kɔʎʎe
E	**sia pur ver:**	**la coglie**
And	if it were true,	it will catch her

'lɛddʒe nom	men	trɛ'mɛnda
legge non	**men**	**tremenda...**
a law no	less	fearsome...

e	la sua	'fiʎʎa	ra'vvoldʒɛ	aŋ'kessa	'nella sua	ru'ina
e	**la sua**	**figlia**	**ravvolge**	**anch'essa**	**nella sua**	**ruina.**
and	her	daughter[2]	will enmesh	also her	in	her ruin.

(and if it were true, a law no less fearsome would catch her and enmesh her daughter as well in her ruin.)

GIOVANNA *(entering)*
'sirɛ
Sire...
Sire...

ENRICO
'vjɛni	sej'mur	tu	sɛi	re'dʒina
Vieni,	**Seymour,**	**tu**	**sei**	**regina.**
Come,	Seymour,	you	are	queen.

GIOVANNA
a	'sirɛ	il mio	ri'mɔrsɔ	mi 'gwida	al	'vɔstro pjɛ
Ah!	**Sire,**	**il mio**	**rimorso**	**mi guida**	**al**	**vostro piè.**
Ah!	Sire,	my	remorse	leads me	to	your feet.

(She is about to kneel but Henry raises her.)

ENRICO
Rimorso?

GIOVANNA
a'marɔ	ɛs'trɛmɔ	ɔ'rrɛndɔ	'anna	vi'dio	lin'tezi
Amaro,	**estremo,**	**orrendo.**	**Anna**	**vid'io,**	**l'intesi.**
Bitter,	extreme,	horrible.	Anne	I saw,	I heard her.

il suo	'pjantɔ	ɔ	sul	kɔr	di lɛi	pjɛ'tadɛ
Il suo	**pianto**	**ho**	**sul**	**cor.**	**Di lei**	**pietade**
Her	tears	I have	on my	heart.	On her	pity

e	in un		di mɛ	del suo	mo'rir	ka'dʒone
e	**in un**		**di me,**	**del suo**	**morir**	**cagione**
and	at the same time		on me,	of her	death	reason

'ɛssɛr	nɔɲ vɔ	nɛ	'pɔssɔ	
esser	**non vo',**	**nè**	**posso...**	
to be	I don't want,	nor	can...	

(I have her tears on my heart. Have pity on her and me as well. I don't want to be nor can I be the reason for her death.)

'ultimɔ	a'ddio	'abbja	il mio	re
Ultimo	**addio**	**abbia**	**il mio**	**Re.**
A last	farewell	may have	my	King.

(May my King receive my last farewell.)

---

[2] Elizabeth I, Henry VIII and Anne Boleyn's daughter, the central character in Donizetti's next two "Queen" operas, *Maria Stuarda* and *Roberto Devereux*, appearing in this volume after *Anna Bolena*.

ENRICO

pju	ke	il tuo	re	son io	la'mante	io	son
Più	**che**	**il tuo**	**Re**	**son io.**	**L'amante**	**io**	**son**
More	than	your	King	I am.	The lover	I	am,

la'mante	'kɛbbe	i twɔi	'dʒuɾi	e	ke	fra 'pɔko
l'amante	**ch'ebbe**	**i tuoi**	**giuri,**	**e**	**che**	**fra poco**
the lover	who received	your	vows,	and	who	soon

a'llaɾa	'altri	nɛ a'vra	pju	'sakri
all'ara	**altri**	**ne avrà**	**più**	**sacri.**
at the altar	others	will receive	more	sacred.

(will receive your even holier vows at the altar.)

GIOVANNA

a	non ʎi a'vessi mai	profe'ɾiti	kwe	fu'nɛsti 'dʒuɾi
Ah!	**Non gli avessi mai**	**proferiti**	**que'**	**funesti giuri**
Ah!	If only I had never	made them,	those	dire oaths

ke	mi am per'duta	ad	espi'arli	ɔ	'siɾe
che	**mi han perduta.**	**Ad**	**espiarli,**	**o**	**Sire,**
that	have damned me.	To	atone for them,	oh	Sire,

nɛ an'drɔ	in	rɛ'mɔto a'zilo	'ove	non 'dʒuŋga
ne andrò	**in**	**remoto asilo**	**ove**	**non giunga**
I will go away	to a	remote refuge	where	there never may come

vi'vɛntɛ	'zgwardɔ	'ove	de	mjɛi	sos'piɾi
vivente	**sguardo,**	**ove**	**de'**	**miei**	**sospiri**
a living	glance,	where	of	my	sighs

nɔn	'ɔda	il	'swɔno	'altri	ke	il tʃɛl
non	**oda**	**il**	**suono**	**altri**	**che**	**il Ciel.**
will not	hear	the	sound	other	than	Heaven.

(I will get myself to a remote refuge away from the glance of the living, where my sighs will be heard by Heaven alone.)

ENRICO

de'liɾi	e	'donde in	te	si	'stranɔ prɔ'pɔsto
Deliri?	**E**	**d'onde in**	**te**	**sì**	**strano proposto,**
Are you raving?	And	whence in	you	such	strange intentions,

(And where do these strange intentions come from,)

ɔ	'dɔnna	e	'spɛɾi tu	par'tɛndɔ	'anna	far 'salva
o	**donna?**	**E**	**speri tu,**	**partendo,**	**Anna**	**far salva?**
oh	woman?	And	do you hope,	by leaving,	Anne	to save?

io	pju	la'bbɔrrɔ	a'dɛssɔ
Io	**più**	**l'abborro**	**adesso,**
I	more	loathe her	now,

la'bbɔrrɔ	or pju	ke	si ta'fliddʒe	e 'turba
l'abborro	**or più**	**che**	**sì t'affligge**	**e turba,**
I loathe her	now more so	because	she distresses you	and disturbs you,

ke	a	'speɲɲer	'dʒundʒe	il tuo	me'dezmɔ	a'moɾe
che	**a**	**spegner**	**giunge**	**il tuo**	**medesmo**	**amore.**
that	to	extinguish	she manages	your	very	love.

GIOVANNA

a	nɔ'nɛ	'spɛntɔ	ei	mi kon'suma	il	'kɔɾe
Ah!	**Non è**	**spento.**	**Ei**	**mi consuma**	**il**	**core.**
Ah!	It isn't	extinguished.	It	devours	my	heart.

ARIA

per	'kwesta	'fjamma	in'dɔmita
Per	**questa**	**fiamma**	**indomita**
By	this	flame	uncontrollable

'alla	vir'tu	prɛ'posta
alla	**virtù**	**preposta**
to	virtue	having given preference

(By my uncontrollable passion for you, which I have given preference over virtue)

per	'kweʎʎi	a'mari	'spazimi,	pel	'pjanto	ke	mi 'kɔsta
per	**quegli**	**amari**	**spasimi,**	**pel**	**pianto**	**che**	**mi costa,**
by	those	bitter	pangs,	by the	tears	that	it is costing me,

'ɔdi	la mia	prɛ'gjɛɾa	'anna	per	mɛ	nɔm 'pɛɾa
odi	**la mia**	**preghiera.**	**Anna**	**per**	**me**	**non pera;**
hearken to	my	prayer.	Anne	on account of	me	shouldn't perish;

i'nnantsi	al 'tʃɛlɔ	'aʎʎi	'wɔmini
innanzi	**al Cielo,**	**agli**	**uomini**
before	Heaven,	and	mankind

rɛa	non mi far	di pju
rea	**non mi far**	**di più.**
guilty	do not make me	more.

(do not make me guiltier.)

ENRICO

'stolta	nɔn sai	ma 'frenati
Stolta!	**non sai...**	**Ma frenati:**
You foolish woman!	You don't know...	but stop;

'ʃɔltɔ	ɛ	il kon'siʎʎo
Sciolto	**è**	**il Consiglio.**
Adjourned	is	the Council.

GIOVANNA
Ah! m'odi! Per questo pianto, m'odi!

ENRICO
Frenati, stolta!

(Jane remains utterly distressed. Hervey enters from the Council Chamber with the sheriffs who are holding the verdict in their hands.)

HERVEY

i	'pari	u'nanimi	'ʃʃɔlsɛrɔ	i	'rɛdʒi	'nɔdi
I	**Pari**	**unanimi**	**sciolsero**	**i**	**regi**	**nodi.**
The	Peers	unanimously	dissolved	the	royal	bonds.

(The Peers have unanimously dissolved your marriage.)

'anna	iɱfe'del	kɔn'sɔrtɛ	ɛ	kɔnda'nnata	a	'mmɔrte
Anna	**infedel**	**consorte**	**è**	**condannata**	**a**	**morte,**
Anne	unfaithful	consort	is	condemned	to	death,

e 'seko	o'ɲɲuŋ	ke	'komplitʃe	e	istiga'tor	ne fu
e seco	**ognun**	**che**	**complice**	**e**	**istigator**	**ne fu.**
and with her	everyone	who	an accomplice	and	instigator	was of it.

CHORUS

a	voi	su'prɛmo	'dʒuditʃe	sɔ'mmessa	ɛ	la sɛn'tɛntsa
A	**voi,**	**supremo**	**giudice**	**sommessa**	**è**	**la sentenza.**
On	you,	supreme	judge,	dependent	is	the sentence.

'unika	'spɛmɛ ai	'mizɛri	ɛ	la	re'al	klɛ'mɛntsa
Unica	**speme ai**	**miseri**	**è**	**la**	**real**	**clemenza:**
The sole	hope for the	wretches	is	the	royal	clemency;

i	re	pje'tozi	i'mmadʒine	'sono	del	tʃɛl	kwa'ddʒu
I	**Re**	**pietosi**	**immagine**	**sono**	**del**	**Ciel**	**quaggiù.**
The	Kings	pitying	image	are	of	Heaven	on earth.

(Pitying Kings on this earth are an image of Heaven's [wishes].)

ENRICO

riflɛttɛ'rɔ
Rifletterò.
I'll reflect (upon it).

GIOVANNA

tʃe'dete
Cedete!
Yield!

ENRICO

Stolta! Non sai!

GIOVANNA

per	'kwɛstɛ	'lagrimɛ	de	'anna	nɔm 'pɛra
Per	**queste**	**lagrime**	**deh!**	**Anna**	**non pera.**
By	these	tears,	please! (Let)	Anne	not perish!

CHORUS

I Re pietosi immagine, etc.

ENRICO

dʒus'tittsja	'prima	ɛ	dei	re	vir'tu
Giustizia	**prima**	**è**	**dei**	**Re**	**virtù.**
Justice	first	is	of	Kings	the virtue.

(Justice is a King's first obligation.)

(He takes the sentence from the hands of the sheriffs. Jane approaches Henry with great dignity. Courtiers and ladies retire out of earshot.)

GIOVANNA *(to Henry)*

a	pɛn'sate	ke	ri'vɔlti
Ah!	**pensate**	**che**	**rivolti**
Ah!	Consider	that	turned

'tɛrra	e	'tʃɛlɔ	an	ʎi	'ɔkki	im	voi
terra	**e**	**Cielo**	**han**	**gli**	**occhi**	**in**	**voi;**
earth	and	Heaven	have	their	eyes	on	you;

ke	'ɔɲɲi	'kɔrɛ	a	i 'falli swɔi
che	**ogni**	**core**	**ha**	**i falli suoi**
that	every	heart	has	its weaknesses

per	do'vɛrɛ	al'trui	mɛrtʃe
per	**dovere**	**altrui**	**mercè.**
as its	duty (to show)	to others	(some) mercy.

la pjɛ'tade	en'riko as'kolti
La pietade	**Enrico ascolti**
To pity	Henry should give heed

sɛ	al	ri'gorɛ	ɛ	'spinto	il	re
se	**al**	**rigore**	**è**	**spinto**	**il**	**Re.**
if	to	severity	is	pushed	the	King.

(Let Henry give heed to pity when the King is driven to being severe.)

CHORUS
La pietade Enrico ascolti, etc.

ENRICO

'basta	u'ʃʃite
Basta!	**Uscite!**
Enough!	Leave!

GIOVANNA

'ɔdi	la mia	prɛ'gjɛra	per	'kwestɔ	'pjantɔ
Odi	**la mia**	**preghiera.**	**Per**	**questo**	**pianto.**
Listen to	my	plea.	By	these	tears.

ENRICO

aŋ'kor	ra'kkɔlti	'siano	i	'pari	i'nnantsi a	mmɛ
Ancor	**raccolti**	**siano**	**i**	**Pari**	**innanzi a**	**me.**
Again	convened	be	the	Peers	before	me.

(Let the Peers be convened again before me.)

GIOVANNA

en'rikɔ	'anna nɔm 'pɛra
Enrico,	**Anna non pera...**
Henry, (let)	Anne not perish...

ENRICO
Partite!

GIOVANNA
Ah! pensate che rivolti, etc.

Scene Nine
(Prison cells in the tower of London. Soldiers guard the doors at the back. Percy and Rochefort are in one of the cells together.)

PERCY

tu	pur	da'nnato	a	'mɔrtɛ
Tu	**pur**	**dannato**	**a**	**morte,**
You	even	condemned	to	death,

tu	di	njuɲ	'fallo	'rɛo
tu	**di**	**niun**	**fallo**	**reo?**
you,	of	no	crime	guilty?

ROCHEFORT

'fallo	mi	ɛ	'gravɛ	'lɛssɛr	'danna	fra'tɛllo
Fallo	**mi**	**è**	**grave**	**l'esser**	**d'Anna**	**fratello.**
Crime	for me	is	weighty	being	of Anne	brother.

(Being Anne's brother is my weighty crime.)

PERCY

ɔ	iŋ	kwal	ti 'trassi	trɛ'mɛndo	a'bisso
Oh!	**in**	**qual**	**ti trassi**	**tremendo**	**abisso!**
Oh!	Into	what	I dragged you	fearful	abyss!

(Oh! Into what fearful abyss have I dragged you!)

ROCHEFORT

io	mɛri'tai	ka'dɛrvi.	'io	kɛ	da	't∫eka	ambit'tsjon
Io	**meritai**	**cadervi.**	**Io**	**che**	**da**	**cieca**	**ambizion**
I	deserved	to fall into it.	I,	who	by	blind	ambition

sos'pinto	'anna	sɛ'dussi	ad	aspi'rarɛ	al	'sɔʎʎo
sospinto,	**Anna**	**sedussi**	**ad**	**aspirare**	**al**	**soglio.**
driven,	Anne	seduced	into	aspiring	to the	throne.

PERCY

ɔ	a'miko	al mio	kɔr'dɔʎʎo	il tuo	sad'dʒundʒɛ
Oh!	**amico,**	**al mio**	**cordoglio**	**il tuo**	**s'aggiunge.**
Oh!	Friend,	to my	heartache	yours	is joined.

a	sɛ	spɛ'rarti	'salvo	po'tɛssi	aŋ'kor
Ah!	**se**	**sperarti**	**salvo**	**potessi**	**ancor,**
Ah!	If	to hope for your	safety	I could	still,

mɛn	dolo'roza	ɛ	a'mara	mi fa'ria
men	**dolorosa**	**e**	**amara**	**mi faria**
less	painful	and	bitter	would make for me

la 'mɔrtɛ	'kwesta spɛ'rantsa
la morte	**questa speranza.**
death	this hope.

(If I still could hope for your safety, it would make my death less painful and bitter.)

ROCHEFORT

divi'djamtʃi	da	'fɔrti	al'kun	sa'vantsa
Dividiamci	**da**	**forti...**	**Alcun**	**s'avanza.**
Let us share ourselves	as	strong men...	Someone	is coming.

(Let us both share our strength, and help one another.)

Scene Ten

(Hervey enters.)

HERVEY

a	voi	di	'ljɛtɔ	ɛ'vɛnto	'nuntsjo	so'nio
A	**voi**	**di**	**lieto**	**evento**	**nunzio**	**son io.**
To	you	of	happy	news	herald	I am.

(I am a herald of glad tidings to you both.)

'vita	kon'tʃɛdɛ	ad	'ambi	klɛ'mɛntɛ	il	re
Vita	**concede**	**ad**	**ambi**	**clemente**	**il**	**Re.**
Life	grants	to	both	clement	the	King.

(The King in his clemency spares both your lives.)

PERCY

'vita	a	noi	'soli	ed	'anna
Vita	**a**	**noi**	**soli!**	**Ed**	**Anna?**
Life	to	us	alone!	And	Anne?

HERVEY

la	'dʒusta	sua	kɔn'danna	su'bir	de'vɛlla
La	**giusta**	**sua**	**condanna**	**subir**	**dev'ella.**
The	just	her	sentence	endure	she must.

(She must endure her just sentence.)

PERCY

e	mɛ	si	'vvile	ɛi	'tjɛnɛ
E	**me**	**sì**	**vile**	**ei**	**tiene**
And	me	so	cowardly	he	holds

(Does [Henry] think me such a coward)

ke	'viver	'vɔʎʎa	io	'rɛɔ
che	**viver**	**voglia,**	**io**	**reo,**
that	to live	I should want,	I,	the guilty one,

(that I, the guilty one, should want to live,)

kwan'della	'mɔrɛ	'ella	innɔ'tʃɛntɛ
quand'ella	**more,**	**ella**	**innocente!**
when she	goes to her death,	she,	the innocent one!

a	lui	ri'torna e	'diʎʎi
A	**lui**	**ritorna e**	**digli**
To	him	return and	tell him

kio	riku'zai	lobbrobri'ozo	'dono
ch'io	**ricusai**	**l'obbrobrioso**	**dono.**
that I	refused	his shameful	gift.

HERVEY

ke	as'kolto
Che	**ascolto?**
What	do I hear?

(turning to Rochefort)

e	vvoi
E	**voi?**
And	you?

ROCHEFORT

'prontɔ al	su'pplittsjo	io	'sono
Pronto al	**supplizio**	**io**	**sono.**
Ready for the	execution	I	am.

(He throws himself into Percy's arms.)

ARIA
PERCY

'vivi	tu	tɛ ne skon'dʒuro	tu	men	'tristo	e	men	dɔ'lɛntɛ
Vivi	**tu,**	**te ne scongiuro,**	**tu**	**men**	**tristo**	**e**	**men**	**dolente;**
Live	you,	I implore you,	you	less	sad	and	less	pained;

(I implore you to live; stay alive and be less sad and pained;)

'tʃerka	un	'swɔlo	iŋ	kui	si'kuro
Cerca	**un**	**suolo**	**in**	**cui**	**sicuro**
Look for	a	land	in	which	in safety

'abbja	a'zilo	un	innɔ'tʃɛntɛ
abbia	**asilo**	**un**	**innocente:**
may find	refuge	an	innocent man;

'tʃerka	un	'lido	iŋ	kui	vjɛ'tatɔ
Cerca	**un**	**lido**	**in**	**cui**	**vietato**
Look for	a	shore	in	which	forbidden

non	ti	sia	per	noi	prɛ'gar
non	**ti**	**sia**	**per**	**noi**	**pregar.**
not	to you	be	for	us	to pray.

(Look for a [foreign] shore where it isn't forbidden to pray for us.)

a	kwal'kuno	il 'nɔstrɔ	'fatɔ
Ah!	**qualcuno**	**il nostro**	**fato**
Ah!	Someone	our	fate

'rɛsti	in	'tɛrra	a	lagri'mar
resti	**in**	**terra**	**a**	**lagrimar.**
should remain	on	earth	to	decry.

(Someone [at least] should remain on earth to weep for us.)

ROCHEFORT

a	pɛr'si	di	tɛ	meɲ	'fɔrtɛ	mɛɲ	kɔs'tantɛ	non son 'io
Ah!	**Percy,**	**di**	**te**	**men**	**forte,**	**men**	**costante**	**non son io.**
Ah!	Percy,	than	you	less	strong,	less	steadfast	I am not.

(Percy, I am as strong and steadfast as you.)

HERVEY
risol'vete
Risolvete.
Decide.

ROCHEFORT

u'disti		'mɔrtɛ
Udisti...		**morte.**
You heard me...		death.

PERCY
Morte.

HERVEY *(to the guards)*

sian	di'vizi
Sian	**divisi.**
Let them be	separated.

(Separate them!)

ROCHEFORT

a'miko	a'ddio
Amico!	**addio.**
Friend!	Farewell.

PERCY
Vivi. Deh! Vivi tu.

ROCHEFORT
No, no...addio.

PERCY
Amico!

ROCHEFORT, PERCY
A morte!

ROCHEFORT
Sì.

(Percy embraces him.)

PERCY

nel ve'der	la tua	kɔs'tantsa	il mio	kɔr	si rasse'rena
Nel veder	**la tua**	**costanza,**	**il mio**	**cor**	**si rasserena:**
Seeing	your	fortitude,	my	heart	grows serene,

non te'mea	ke	la tua	'pena	non so'ffria	ke il tuo	so'ffrir
Non temea	**che**	**la tua**	**pena,**	**non soffria**	**che il tuo**	**soffrir.**
I did not fear	but	your	distress,	I did not suffer	but for your	anguish.

(I feared for your distress and suffered at your anguish.)

lulti'mora	ke	sa'vantsa	ambi'due	sfi'dar	pɔ'ssjamɔ
L'ultim'ora	**che**	**s'avanza**	**ambidue**	**sfidar**	**possiamo,**
The last hour	that	is approaching	both of us	defy	we can,

ke	ne'ssun	kwa'ddʒu	la'ʃʃamɔ	ne	ti'more ne	de'zir
che	**nessun**	**quaggiù**	**lasciamo**	**nè**	**timore nè**	**desir.**
that	not	down here	we leave	neither	fear nor	desire.

(because we leave neither fear nor desire on earth.)

(They are escorted out among the soldiers.)

Scene Eleven
(The ladies-in-waiting come out of Anne's prison cell.)

CHORUS OF LADIES

ki	pwɔ	ve'derla	a	'tʃiʎʎɔ	a'ʃʃutto
Chi	**può**	**vederla**	**a**	**ciglio**	**asciutto,**
Who	can	watch her	with	eyes	dry,

in	'tantɔ	a'ffanno	in	'tantɔ	'lutto
in	**tanto**	**affanno,**	**in**	**tanto**	**lutto,**
in	such	grief,	in	such	mourning,

e	non	sen'tirsi	spe'ttsare	il	kɔr
e	**non**	**sentirsi**	**spezzare**	**il**	**cor?**
and	not	feel	breaking	the	heart?

(Who can watch her dry-eyed in such grief and mourning and not feel one's heart breaking?)

or	'muta	e	i'mmɔbilɛ	kwal	'freddɔ 'sassɔ
Or	**muta**	**e**	**immobile**	**qual**	**freddo sasso;**
Now	silent	and	motionless	as	a cold stone,

or	'luŋgo	e	'rapido	stu'djando	il	'passɔ
or	**lungo**	**e**	**rapido**	**studiando**	**il**	**passo;**
now	long	and	brisk	studying	her	step.

(now walking about, either briskly or slowly watching every step.)

or	'trista	e	'pallida	kom'ombra	iɱ	'vizo
or	**trista**	**e**	**pallida**	**com'ombra**	**in**	**viso;**
now	sad	and	pale,	as with a shadow	over her	face,

or	kompo'nɛndosi	ad	un	so'rrizo
or	**componendosi**	**ad**	**un**	**sorriso;**
now	looking composed	with	a	smile.

in	'tanti	'mutasi	di'vɛrsi	as'pɛtti
in	**tanti**	**mutasi**	**diversi**	**aspetti,**
In	so many	she changes	diverse	expressions,

'kwanti	in	lɛi	'sorgono	pɛn'sjɛɾi	e	a'ffɛtti
quanti	**in**	**lei**	**sorgono**	**pensieri**	**e**	**affetti**
how many	in	her	arise	thoughts	and	feelings

nel	suo	de'liɾjo	nel	suo	do'lor
nel	**suo**	**delirio,**	**nel**	**suo**	**dolor.**
in	her	delirium,	in	her	grief.

(She changes expression in many ways, as feelings and thoughts arise in her delirium and in her grief.)

Scene Twelve
(Anne appears, her clothes disordered, head uncovered, deeply absorbed in her thoughts. Moved, her ladies-in-waiting gather around her. Anne looks at them as though reassuring them.)

RECITATIVO AND ARIA
ANNA

pjan'dʒete	'voi	'dondɛ	tal	'pjanto
Piangete	**voi?**	**D'onde**	**tal**	**pianto?...**
Are you weeping?		Whence	these	tears?...

ɛ	'kwesto	'dʒorno	di	'nɔttsɛ	il	re	mas'pɛtta
È	**questo**	**giorno**	**di**	**nozze.**	**Il**	**Re**	**m'aspetta,**
Is	this	day	of	nuptials.	The	King	is waiting for me.

(This is my wedding day.)

ɛ	a'ttʃezo	imfjo'rato	lal'tar
è	**acceso,**	**infiorato**	**l'altar.**
It is	all lit up, (the)	flower-decked	altar.

'datemi	'tosto	il mio	'kandido	a'mmanto
Datemi	**tosto**	**il mio**	**candido**	**ammanto;**
Give me	quickly	my	white	robe;

il	krim	mor'natɛ	del	mio	'sɛrto	di	'rɔzɛ
il	**crin**	**m'ornate**	**del**	**mio**	**serto**	**di**	**rose...**
My	head	adorn	with	my	crown	of	roses...

ke	pɛr'si	nɔn lo 'sappja	il	re	lim'poze
Che	**Percy**	**non lo sappia;**	**Il**	**Re**	**l'impose.**
Let	Percy	not find out.	The	King	has ordered it so.

CHORUS OF LADIES

ɔ	mɛ'mɔɾja	fu'nɛsta
Oh	**memoria**	**funesta.**
Oh	memory	dire.

(Oh, what dire memories!)

ANNA

ɔ	ki	si ˈdwɔlɛ	ki	parˈlɔ	di	pɛrˈsi
Oh!	**chi**	**si duole?**	**Chi**	**parlò**	**di**	**Percy?**
Oh!	Who	is grieving?	Who	spoke	of	Percy?

kio	non lo ˈvegga		kio	masˈkonda	a	swɔi	ˈzgwardi
Ch'io	**non lo vegga;**		**ch'io**	**m'asconda**	**a'**	**suoi**	**sguardi.**
Let me	not see him;		let me	hide		from his	sight.

ɛ	ˈvvanɔ	ei	ˈvjɛnɛ	ei	maˈkkuza	ei	mi ˈzgrida
È	**vano...**	**ei**	**viene,**	**ei**	**m'accusa,**	**ei**	**mi sgrida.**
It's	hopeless...	he	comes,	he	accuses me,	he	scolds me.

(She weeps.)

imfeˈlitʃe	soˈnio	ˈtɔʎʎimi	a	ˈkwesta miˈzɛrja	ɛsˈtrɛma
Infelice	**son io.**	**Toglimi**	**a**	**questa miseria**	**estrema.**
Unhappy	I am.	Take me away	from	this misery	utter.

(from this utter misery.)

tu	soˈrridi	ɔ	ˈdʒɔja
Tu	**sorridi?**	**Oh**	**gioja!**[3]
You	are smiling?	Oh	joy!

nom ˈfia	ke	kwi	deˈzɛrta	iɔ	ˈmɔja
Non fia	**che**	**qui**	**deserta**	**io**	**moja!**
Let it not be	that	here	deserted	I	should die!

al	ˈdoltʃe	ˈgwidami	kasˈtɛl	naˈtio
Al	**dolce**	**guidami**	**castel**	**natio,**
To the	sweet	lead me	castle	native,

(Lead me to the dear castle where I was born,)

ai	ˈverdi	ˈplatani	al	ˈkwɛto	ˈrio
ai	**verdi**	**platani,**	**al**	**queto**	**rio**
to the	green	plane trees,	to the	quiet	brook

ke	i	ˈnɔstri	ˈmormora	sosˈpiri	aŋˈkor
che	**i**	**nostri**	**mormora**	**sospiri**	**ancor.**
that		to our	murmurs	sighs	still.

(that still murmurs to our sighs.)

kɔˈla	diˈmentiko	dɛ ˈskorsi	aˈffanni
Colà	**dimentico**	**de' scorsi**	**affanni,**
There	I forget	past	griefs,

un	ˈdʒorno	ˈrɛndimi	dɛ	mjɛi	priˈmanni
un	**giorno**	**rendimi**	**de'**	**miei**	**prim'anni,**
one	day	give me back	of	my	first years,

(give me back one single day of my youth,)

---

[3] In this speech we see two words, *gioja* and *moja* spelled with a *j*. It is an old spelling for the more modern *gioia* and *muoia*.

un	'dʒorno	'solo	del	'nɔstro	a'mor
un	**giorno**	**solo**	**del**	**nostro**	**amor.**
one	day	only	of	our	love.

LADIES
Chi può vederla a ciglio asciutto, etc.
(A drum roll is heard. The guards come in, followed by Hervey and some courtiers. Anne rouses herself and gradually takes hold of herself.)

Scene Thirteen

ANNA
kwal	'mɛsto	swɔn		ke	'vedo		ɛr'vɛi		le	'gwardje
Qual	**mesto**	**suon?**		**Che**	**vedo?**		**Hervey!**		**Le**	**guardie!**
What	sad	sound!		What	do I see?		Hervey!		The	guards!

(She observes them attentively, gradually coming out of her delirium.)

HERVEY *(to the guards)*
'ite	e	dal	'kartʃer	'loro	'sian	'tratti	i pridʒo'njɛri
Ite,	**e**	**dal**	**carcer**	**loro**	**sian**	**tratti**	**i prigionieri.**
Go,	and	from the	cell	their's	be	brought	the prisoners.

(and bring the prisoners here from their cells.)

(The guards leave.)

ANNA *(terrified)*
ɔ iŋ 'kwale	is'tante	dal mio de'lirjo	mi ris'kwɔti	ɔ 'tʃɛlo
Oh! in quale	**istante**	**dal mio delirio**	**mi riscuoti,**	**o cielo!**
Oh! At what	moment	from my delirium	you rouse me,	oh Heaven!

e	a	ke mmai	mi ris'kwɔti
E	**a**	**che mai**	**mi riscuoti?...**
And	for	what ever	are you rousing me?...

(Percy, Rochefort, and last, Smeton are brought forth from their various cells.)

Last Scene

ROCHEFORT, PERCY
Anna!

ANNA
fra'tɛllɔ	e	tu	pɛr'si	per	mɛ	mo'rite
Fratello!	**E**	**tu,**	**Percy!**	**per**	**me**	**morite!**
Brother!	And	you,	Percy!	On account of	me	you die!

SMETON
io	'solo	io	vi pɛr'dɛi	mɛ male'dite
Io	**solo,**	**io**	**vi perdei...**	**me maledite.**
I	alone,	I	caused your ruin...	curse me.

(He comes forward and kneels at Anne's feet.)

ANNA *(moving away, dismayed)*
Smeton!

PERCY
i'nikwo
Iniquo!
Wicked man!

SMETON
a si	lo 'sono	kio	'ʃʃenda
Ah! sì,	**lo sono...**	**ch'io**	**scenda**
Ah yes!	I am that...	may I	descend

kon	tal	'nome	fra	'lombre
con	**tal**	**nome**	**fra**	**l'ombre.**
with	such a	name	into	the shadows.

iɔ	mi 'laʃʃai	dal	re	se'durre
Io	**mi lasciai**	**dal**	**Re**	**sedurre.**
I	let myself	by the	King	be tempted.

iɔ	vi akku'zai	kre'dɛndɔ	sɛr'barvi	iŋ 'vita
Io	**vi accusai**	**credendo**	**serbarvi**	**in vita;**
I	accused you	believing	to keep you	alive;

ed	a	men'tir	mi 'spinse	un	in'sano	de'ziɾe
Ed	**a**	**mentir**	**mi spinse**	**un**	**insano**	**desire,**
And	to	lie	I was urged (by)	an	insane	desire,

'una	spɛ'rantsa	kiɔ	'tenni	iŋ	'kɔɾɛ
una	**speranza**	**ch'io**	**tenni**	**in**	**core**
a	hope	that I	harbored	in my	heart

un	'annɔ	in'tjɛr	re'pressa
una	**anno**	**intier**	**repressa.**
a	year	entire	repressed.

(a hope which I harbored in my heart and which was repressed for an entire year.)

male'ditemi voi
Maleditemi voi!
Curse me!

(Anne gradually relapses into her delirium.)

ANNA
'smɛtɔn	ta'ppressa	'sordʒi	ke	ffai
Smeton!	**T'appressa.**	**Sorgi,**	**che**	**fai?**
Smeton,	approach.	Rise,	what	are you doing?

kɛ	'larpa tua	nɔn 'tempri	ki	ne spe'ttsɔ	lɛ	'kɔɾdɛ
Chè	**l'arpa tua**	**non tempri?**	**Chi**	**ne spezzò**	**le**	**corde?**
Why	your harp	don't you tune?	Who	broke	its	strings?

ROCHEFORT
Anna!

PERCY
ke	'dditʃi
Che	**dici?**
What	are you saying?

CHORUS
ri'torna	a	deli'rar
Ritorna	**a**	**delirar.**
She returns	to her	raving.

(She's raving again.)

ANNA
un	swɔn	sɔ'mmessɔ	tra'mandan	'esse	'kome	il	'dʒemer	'troŋko
Un	**suon**	**sommesso**	**tramandan**	**esse**	**come**	**il**	**gemer**	**tronco**
A	sound	low	send off	they	like	the	moan	suppressed

duŋ	kɔr	ke	'mwɔɾe.	'eʎʎi ɛ	il mio	kɔr	fe'rito
d'un	**cor**	**che**	**muore.**	**Egli è**	**il mio**	**cor**	**ferito**
of a	heart	that	is dying.	It is	my	heart	wounded

([Those strings] send off a low sound, like a suppressed moan from a wounded heart that is dying, as mine is,)

ke	'lultima	pre'gjeɾa	al	tʃel	sos'piɾa.	u'dite 'tutti
che	**l'ultima**	**preghiera**	**al**	**Ciel**	**sospira.**	**Udite tutti.**
that	its last	prayer	to	Heaven	sighs.	Listen, all of you.

PERCY
ɔ	riɔ	mar'tir
Oh!	**rio**	**martir!**
Oh,	cruel	suffering!

PERCY, ROCHEFORT
de'liɾa
Delira.
She's raving.

ANNA
'tʃelɔ	a	mjei	'luŋgi	'spazimi	kon'tʃedi	al'fin	ri'pɔzɔ
Cielo,	**a'**	**miei**	**lunghi**	**spasimi**	**concedi**	**alfin**	**riposo,**
Heaven,	to	my	long	suffering	grant	at last	rest,

e	'kwesti	ɛs'trɛmi	'palpiti	'sian	di	spe'rantsa	al'men
e	**questi**	**estremi**	**palpiti**	**sian**	**di**	**speranza**	**almen.**
and	these	last	heartbeats	let them be	of	hope	at least.

SMETON, PERCY, ROCHEFORT
lɛs'trɛmo	suo	de'liɾjo	pro'luŋga	ɔ	tʃel	pje'tozo
L'estremo	**suo**	**delirio**	**prolunga,**	**o**	**Ciel**	**pietoso,**
The last	her	delirium	prolong,	oh	Heaven	pitying,

(Oh pitying Heaven, cause that her delirium be prolonged,)

fa	ke	la sua	bɛˈllanima	di	tɛ	si ˈdɛsti	in	sen
fa	**che**	**la sua**	**bell'anima**	**di**	**te**	**si desti**	**in**	**sen.**
cause	that	her	beautiful soul	to	you	may rise	to your	bosom.

(Cannon shots are heard and festive bells ring. Anne comes to her senses again little by little.)

ANNA

ki	mi ˈzveʎʎa		ˈove	soˈnio	ke	mai ˈsento
Chi	**m sveglia?**		**Ove**	**son io?**	**Che**	**mai sento?**
Who	awakens me?		Where	am I?	What	am I hearing?

swɔŋ	fesˈtivo	ke	ffia	aveˈllatɛ	ˈdove	ˈssono
Suon	**festivo?**	**Che**	**fia?**	**Favellate.**	**Dove**	**sono?**
Sound	festive?	What	is it?	Speak.	Where	am I?

SMETON, PERCY, ROCHEFORT
Ah!

ANNA
eˈbbɛn
Ebben?
Well?

SMETON, PERCY, ROCHEFORT

akklaˈmata	dal	ˈpɔpɔl	kɔnˈtɛntɔ	ɛ	reˈdʒina
Acclamata	**dal**	**popol**	**contento**	**è**	**Regina...**
Acclaimed	by the	populace	happy	is	the Queen...

ANNA

taˈtʃetɛ	tʃɛˈssatɛ	ˈmaŋka	ˈsolo	a	komˈpire	il	deˈlitto
Tacete!	**Cessate!**	**Manca**	**solo**	**a**	**compire**	**il**	**delitto**
Keep silent!	Stop it!	Lacks	only	to	complete	the	crime

ˈdanna	il	ˈsaŋgwe	e	vɛrˈsatɔ	saˈra
d'Anna	**il**	**sangue,**	**e**	**versato**	**sarà.**
of Anne	the	blood,	and	spilled	it will be.

(The one thing lacking to complete the crime is Anne's blood, and it will be spilled.)

(She throws herself into her attendants' arms.)

TUTTI

tʃɛl	risˈparmja	al suo	ˈkɔrɛ	traˈfitto
Ciel!	**Risparmia**	**al suo**	**core**	**trafitto**
Heaven!	Spare	her	heart	pierced

ˈkwesto ˈkolpo	a kui ˈrɛddʒer	nɔn sa
questo colpo	**a cui regger**	**non sa.**
this blow	which endure	it cannot.

(Heaven, spare her afflicted heart this blow which it cannot endure.)

ANNA

ˈkɔppja	iˈnikwa	lɛsˈtrɛma	venˈdetta	non imˈprɛkɔ
Coppia	**iniqua,**	**l'estrema**	**vendetta**	**non impreco,**
Couple	wicked,	the final	vengeance	I do not invoke,

iŋ	kwes'tora		tre'mɛnda	
in	**quest'ora**		**tremenda;**	
in	this hour		fearful;	

nel	se'polkro	ke	a'pɛrto	mi as'pɛtta
nel	**sepolcro**	**che**	**aperto**	**mi aspetta,**
into	the grave	that	open	awaits me,

kol	per'dono	sul	'labbro	si 'ʃʃɛnda
col	**perdono**	**sul**	**labbro**	**si scenda;**
with my	forgiveness	on my	lips	let me descend;

ei	ma'kkwisti	klɛ'mɛntsa	e	fa'vore
ei	**m'acquisti**	**clemenza**	**e**	**favore**
it	will gain me	clemency	and	favor

al	kɔs'pɛtto	dun	ddio	di	pjɛ'ta
al	**cospetto**	**d'un**	**Dio**	**di**	**pietà.**
in the	eyes	of a	God	of	mercy.

TUTTI
Ciel! risparmia al suo core trafitto, etc.

ANNA
Tacete! Cessate!

TUTTI
questo colpo a cui regger non sa.

ANNA
Manca solo a compire il delitto, etc.

Coppia iniqua, etc.

(Anne faints. The sheriffs appear to lead the prisoners away to the executioner.)

END OF THE OPERA

MARIA STUARDA
By
Gaetano Donizetti

PRELUDIO ED INTRODUZIONE CORO DI FESTA

MARIA STUARDA

Opera in three acts
Music by Gaetano Donizetti
Libretto by Giuseppe Bardari, based on Schiller's play *Maria Stuart*
First performed at the Teatro San Carlo, Naples, October 18, 1834

CHARACTERS

Elisabetta (Elizabeth), Queen of England: soprano
Maria (Mary), Queen of Scots: soprano
Anna (Hannah Kennedy): mezzo-soprano
Leicester (Robert Dudley, Earl of Leicester): tenor
Talbot (Earl of Shrewsbury): baritone
Cecil (Lord Burghley): bass
A Herald: bass

Heralds, Ladies-in-waiting, Pages, Guards, Soldiers, Scotsmen

The action takes place in 1567 at Westminster Palace in London and Fotheringhay Castle in Northamptonshire.

THE PLOT

ACT I

In the Palace of Westminster, courtiers wait with some excitement the arrival of Queen Elizabeth, rumored to be about to unite by marriage the thrones of England and France. The Queen, however, has inclinations towards another and less exalted man. The court and Talbot urge clemency in her dealings with her cousin Mary Stuart and Cecil reminds her of the untrustworthiness of her rival, while the Queen remains firm in her path of indecisiveness. When Leicester enters, she appoints him her ambassador to France. His reluctance to accept raises suspicions in the minds of the bystanders that this may be the man whom she secretly loves. Elizabeth also notices his reluctance and leaves the stage.

Talbot reveals to Leicester that he has been to Fotheringhay and that Mary Stuart has asked by letter for Leicester's help in her predicament. Leicester, impressed again by the beauty of her portrait and the poignancy of her situation, longs to free her but promises Talbot not to jeopardize her safety further by any impetuous action. The Queen returns and demands to see the letter he is holding. She realizes from it that Mary has at one time or another had designs both on the throne which she herself occupies and the man whom she at present favors. Leicester pleads successfully that the Queen agree to visit Mary in prison at Fotheringhay.

ACT II

In the park at Fotheringhay, Mary recalls with her companion Hannah the soft, far-off days of her happy life at the French court. Her reminiscences turn to agitation at the approach of the Queen's hunting party and the prospect of the meeting she has yearned for and now dreads. Leicester is first on the scene to counsel her to adopt a submissive attitude towards

Elizabeth. He also swears to exact vengeance if the Queen remains obdurate, and, at the end of their duet asks for Mary's hand in marriage.[1]

When Elizabeth appears, she brings with her an atmosphere of suspicion (egged on by Cecil), mistrust (because of her doubts about Leicester's motives) and apprehension (because she and her first cousin are to meet face to face for the first time). The confrontation takes place in a tense atmosphere, as Mary forces herself to kneel before her cousin and beg for forgiveness, only to hear herself accused of treachery and in effect of murdering her husband Darnley. In furious reaction she insults the Queen, addressing her as "the impure, bastard daughter of Anne Boleyn". Her cause is all too evidently lost as the Queen summons her guards and there and then condemns her cousin to the gallows.

ACT III

At Westminster Palace, Elizabeth waits to sign Mary's death warrant. The appearance of Leicester, whom she suspects is amorously involved with her cousin, and the persistent urgings of Cecil combine to resolve her doubts and she signs the order. Mutual recriminations are exchanged, during which she orders Leicester to witness the execution.

At Fotheringhay, Mary hears news of her sentence from Cecil, and is offered and refuses the services of an Anglican priest. Talbot comes to comfort Mary in her distress and opening his cloak reveals underneath the vestments and crucifix of a Catholic priest.

In a room next to the scene of the impending execution, Mary's supporters protest what they think of as a crime against an innocent woman. Hannah tries to stop them disturbing the last hours of her mistress, who enters, sees them for the first time since her condemnation and prays calmly and movingly to God. The first of three cannon shots is heard announcing the moment of the execution, and Cecil brings the Queen's offer of a last wish. Mary asks that Hannah be permitted to accompany her to the steps of the scaffold. She continues in a mood of distracted resignation until the appearance of the distraught Leicester and the sound of the second cannon shot precipitate a last protest of innocence. The third cannon shot is heard and Mary walks upright and dignified to her death.

---

[1] Both the librettist Bardari and the playwright Schiller took considerable liberties with English history. Actually Elizabeth and Mary Stuart never met, but for dramatic reasons, a confrontation between the two queens seemed a worthy *coup de théâtre*.

ACT I
Scene One
(In the Palace of Westminster, Lords and Ladies, having come from the tournament given in honor of the emissaries of the French Prince [the Duke of Anjou], now gather in groups to greet Queen Elizabeth.)

NO. 1
CHORUS

kwi	si aˈttɛnda	ˈella	ɛ	viˈtʃina
Qui	**si attenda.**	**Ella**	**è**	**vicina,**
Here	let us wait for her.	She	is	close by,

ˈdallɛ	ˈdʒɔstrɛ	a	far riˈtorno
dalle	**giostre**	**a**	**far ritorno.**
from the	jousting	to	return.

de	briˈttani	la	reˈdʒina ɛ	la	ˈdʒoja	ˈdoɲɲi	kɔr
De'	**Brittani**	**la**	**Regina è**	**la**	**gioia**	**d'ogni**	**cor.**
Of the	Britons	the	Queen is	the	joy	of every	heart.

ˈkwantɔ	ˈljɛto	fia	tal	ˈdʒorno	se	la ˈstrindʒɛ	ad	ˈalto	aˈmor
Quento	**lieto**	**fia**	**tal**	**giorno**	**se**	**la stringe**	**ad**	**alto**	**amor.**
How	happy	will be	the	day	if	it brings her	to	noble	love.

A VOICE *(from offstage)*

lar	reˈdʒina
La	**Regina!**
The	Queen!

CHORUS

si	per	noi	saˈra	pju	ˈbɛlla
Sì,	**per**	**noi**	**sarà**	**più**	**bella**
Yes,	for	us	it will be	more	beautiful

dalbiˈon	la	ˈpura	ˈstella
d'Albïon	**la**	**pura**	**stella,**
of Albion[1]	the	pure	star,

ˈkwando	uˈnita	la veˈdremo	ˈdella	ˈfrantʃa	ˈallo	splenˈdor
quando	**unita**	**la vedremo**	**della**	**Francia**	**allo**	**splendor.**
when	joined	we will see her	of	France	in the	splendor.

(Yes, when she will be joined [in marriage] to the splendor of France [the Duke of Anjou], the star of Albion shall shine even more beautifully than before.)

festeˈddʒanti	ammireˈrɛmɔ	la	pɔˈssantsa	dellaˈmor
Festeggianti,	**ammireremo**	**la**	**possanza**	**dell'amor.**
Celebrating,	we will admire	the	power	of love.

Scene Two
(Queen Elizabeth enters, attended by her Ladies.)

---

[1] Albion is the poetic name for England

NO. 2 CAVATINA
ELISABETTA

si	vwɔl	di	'frantʃa	il	'redʒe
Sì,	**vuol**	**di**	**Francia**	**il**	**Rege**
Yes,	wishes	of	France	the	King

kol	mio	kɔr	'laŋglɔ	'trɔnɔ
col	**mio**	**cor**	**L'Anglo**	**trono.**
with	my	heart	the English	throne.

(Yes, the King of France wants the English throne along with my heart.)

du'bbjoza	aŋ'kor	io	'sono	di a'kkɔʎʎer	'lalto	iɱ'vito
Dubbiosa	**ancor**	**io**	**sono**	**di accoglier**	**l'alto**	**invito,**
Doubtful	still	I	am	to accept	this exalted	summons,

ma	sɛ	il	'bɛne	de	'fidi	mjɛi	bri'ttani
ma	**se**	**il**	**bene**	**de'**	**fidi**	**miei**	**Brittani**
but	if	the	good	of the	faithful	my	Britons

fa	ke	di'mɛnɛ	a'llara	iɔ	miŋka'mmini
fa	**che**	**d'Imene**	**all'ara**	**io**	**m'incammini,**
causes	that	of Hymen	the altar	I	should approach,

(but if for the good of my faithful Britons I should go to the altar of marriage,)

reddʒe'ra	'kwesta	'dɛstra	'della	'frantʃa
reggerà	**questa**	**destra**	**della**	**Francia**
shall rule	my	hand	of	France

e	de'llaŋglja	'ambo	i	des'tini
e	**dell"Anglia**	**ambo**	**i**	**destini.**
and	of England	both	the	destinies.

(my hand shall rule the destinies of both France and England.)

a	'kwandɔ	a'llara	'skɔrdʒemi
Ah!	**quando**	**all'ara**	**scorgemi**
Ah!	When	to the altar	singles me out

uŋ	'kastɔ	a'mor	del	'tʃɛlɔ
un	**casto**	**amor**	**del**	**cielo**
a	chaste	love	from	Heaven,

'kwando	miɱ'vita	a	'prɛndɛrɛ
quando	**m'invita**	**a**	**prendere**
when	it beckons me	to	take up

di'mɛnɛ	il	'rɔzɛo	'velo
d'Imene	**il**	**roseo**	**velo,**
of Hymen	the	rose-colored	veil,

un 'altrɔ	'kɔrɛ	iɱ'vɔlami	la	'kara	liber'ta
un altro	**core**	**involami**	**la**	**cara**	**libertà!**
another	heart	steals from me	my	precious	freedom!

e	'mentre	'vedo	'sordʒere	fra	noi	fa'tal	ba'rrjera
E	**mentre**	**vedo**	**sorgere**	**fra**	**noi**	**fatal**	**barriera,**
And	while	I see	arising	between	us	a fatal	barrier,

ad	'altrɔ	a'mor	so'rridere	kwes'tanima	nɔn sa
ad	**altro**	**amor**	**sorridere**	**quest'anima**	**non sa.**
on	another	love	smile	this soul	cannot.

(And while I see a fatal barrier rising between us, my soul cannot smile upon another love.)

TALBOT

in	tal	'dʒorno di	kon'tɛntɔ	
In	**tal**	**giorno di**	**contento**	
On	that	day of	happiness	

di	stu'arda	il	sol	la'mento
di	**Stuarda**	**il**	**sol**	**lamento**
of	(Mary) Stuart	the	solitary	lament

si	la brɛ'ttaɲɲa	turbɛ'ra
sì,	**la Brettagna**	**turberà?**
yes,	Britain	will disturb?

(And will Mary Stuart's solitary laments disturb the merriment of that happy day?)

CHORUS

'grattsja	'alla	stu'arda
Grazia	**alla**	**Stuarda!**
Mercy	on	(Mary) Stuart!

ELISABETTA *(interrupting)*

ɔ'la	di	'kwesto 'dʒorno il		'dʒubilo	
Olà!	**Di**	**questo giorno il**		**giubilo**	
Enough!	Of	this day	the	jubilation	

tur'bato	io	noɲ kre'dea
turbato	**io**	**non credea.**
disturbed	I	did not believe.

(Enough! I did not expect the happiness of this day to be disturbed.)

per'ke	fɔr'tsarmi	a 'pjandʒere	sul	'kapo	'della	'rɛa
Perchè	**forzarmi**	**a piangere**	**sul**	**capo**	**della**	**rea?**
Why	force me	to weep	over the	head	of that	guilty woman,

sul	'tristo	suo	des'tin
sul	**tristo**	**suo**	**destin?**
over the	sad	her	fate?

(and over her sad fate?)

CECIL *(to Elizabeth)*

a	'dona	'alla	'skure	kwel	'kapo	ke	'dɛsta
Ah!	**dona**	**alla**	**scure**	**quel**	**capo**	**che**	**desta...**
Ah!	Give over	to the	ax	that	head	that	awakens...

TABOT
Grazia!

CECIL

fa'tali	ti'mori	dis'kɔrdja	fu'nɛsta
...fatali	**timori,**	**discordia**	**funesta...**
...deadly	fears,	discord	tragic...

CHORUS
Grazia!

CECIL

fi'naŋke	fra	'tʃeppi	kol	'fɔkɔ	da'mor
Finanche	**fra'**	**ceppi,**	**col**	**foco**	**d'amor!**
even	in	chains,	with the	fire	of love!

ELISABETTA

ta'tʃete	nɔm 'pɔsso	ri'sɔlvermi	aŋ'kor
Tacete!	**Non posso**	**risolvermi**	**ancor.**
Keep silent!	I cannot	decide	yet.

a	dal	tʃɛl	di'ʃʃenda	un	'raddʒo
Ah!	**dal**	**ciel**	**discenda**	**un**	**raggio**
Ah!	From	Heaven	may there descend	a	ray

ke	ris'kjari	il mio	inte'lletto
che	**rischiari**	**il mio**	**intelletto,**
that	may illumine	my	mind,

'forse	a'llora	in	'kwesto	'pɛtto	la kle'mɛntsa	parle'ra
forse	**allora**	**in**	**questo**	**petto**	**la clemenza**	**parlerà.**
perhaps	then	in	this	breast	clemency	will speak.

ma	se	'lempja	ma ra'pita
Ma	**se**	**l'empia**	**m'ha rapita**
But	if	that wretched woman	has robbed me

'oɲɲi	'spɛme	al	kɔr	gra'dita
ogni	**speme**	**al**	**cor**	**gradita,**
of every	hope	to my	heart	dear,

'dʒorno	a'trotʃe	di	ven'detta	'tardo	a	'sordʒer	nɔn sa'ra
giorno	**atroce**	**di**	**vendetta**	**tardo**	**a**	**sorger**	**non sarà!**
day	horrid	of	vengeance	late	in	dawning	shall not be!

(then that day of vengeance shall not be long in dawning!)

CHORUS

il bɛl kɔr	deliza'betta	'segwa	i 'mɔti	di pje'ta	si
Il bel cor	**d'Elisabetta**	**segua**	**i moti**	**di pietà.**	**Sì!**
The fair heart	of Elizabeth	let it follow	our words	of mercy.	Yes!

CECIL

ti ra'mmenta	eliza'betta	kɛ	da'nnoza	'oɲɲi	pje'ta
Ti rammenta,	**Elisabetta,**	**ch'è**	**dannosa**	**ogni**	**pietà.**
Remember,	Elizabeth,	that it is	damaging	any	pity.

CHORUS
Segua i moti di pietà.

CECIL
Ogni pietà.

ELISABETTA
Ah! dal ciel discenda un raggio, etc.

NO. 3 SCENA
ELISABETTA

fra	voi	per'ke	nonɲ 'veddʒo	'lɛstɛr
Fra	**voi**	**perchè**	**non veggio**	**Leicester?**[2]
Among you		why	do I not see	Leicester?

'eʎʎi	'solo	'rɛsta	lɔn'tano	'dalla	'dʒɔja	ko'mune
Egli	**solo**	**resta**	**lontano**	**dalla**	**gioia**	**comune?**
(Does) he	alone	remain	apart	from the	joy	of all?

CECIL

'ɛkkɔlɔ
Eccolo.
Here he is.

Scene Three

(Leicester enters and kisses Elizabeth's hand.)

ELISABETTA

'kɔnte	or	io	di tɛ	kje'dea
Conte!	**Or**	**io**	**di te**	**chiedea...**
Earl![3]	Just now	I	was about you	asking...

LEICESTER

dɛ	mi per'dona	sɛ	a	twɔi	'tʃenni	indu'dʒai
Deh!	**mi perdona**	**se**	**a'**	**tuoi**	**cenni**	**indugiai!**
Please!	Forgive me	if	at	your	summons	I was tardy!

ELISABETTA *(removing her ring, looking at it and then handing it to Leicester)*

'prɛndi	'rɛka	la'nɛllo mio	di	'frantʃa	alliɲ'vjatɔ
Prendi.	**Reca**	**l'anello mio**	**di**	**Francia**	**all'inviato:**
Take this.	Deliver	my ring	of	France	to the envoy;
				(to the French envoy;)	

LEICESTER

ke im'poni
Che imponi?
What are your orders?

---

[2] Donizetti and his librettist, apparently not being aware of the vagaries of pronunciation of English names, originally notated and pronounced this name as [lɛi'tʃɛstɛr]. In performances nowadays, the English pronunciation ['lɛstɛr] is employed.

[3] There is really no such title in English nobility as "Count". Since the Italians have no word for "Earl", they use *Conte* for want of a better word. This translator will use <u>Earl</u> from now on, as it is, after all, Leicester's true title.

ELISABETTA

al 'prentʃe	'suo	'rjeda	me'ssaddʒɔ	a dir
al Prence	**suo**	**rieda**	**messaggio**	**a dir,**
To his	Prince	let go back	a message	saying,

ke	dʒa	di'mene	liŋ'vito	a'ttʃettɔ
che	**già**	**d'Imene**	**l'invito**	**accetto.**
that	indeed	of marriage	the summons	I accept.

(She watches Leicester closely.)

e	non si 'kandʒa	iɱ 'vizo
(E	**non si cangia**	**in viso!)**
(And	he doesn't change	expression on his face!)

ma	ke	il	'sɛrto	ke	mi 'ɔffrɛ
Ma	**che**	**il**	**serto**	**che**	**mi offre**
But	that	the	crown	that	he offers me

riku'zarɛ	aŋ'kor	'pɔssɔ	ke	'libɛra	so'nio	'prɛndilɔ
ricusare	**ancor**	**posso...**	**che**	**libera**	**son io...**	**Prendilo...**
refuse	still	I can...	that	free	I am...	take it...

iŋ'gratɔ
(Ingrato!)
(Ungrateful man!)

LEICESTER *(indifferently)*
ti obbe'disko
Ti obbedisco...
I will obey you...

ELISABETTA
a'ddio
Addio.
Farewell.

(She gives her hand to Leicester to kiss and goes off followed by Cecil, her attendants and the court. Talbot is about to follow, when Leicester takes his hand and draws him aside for a private conversation.)

Scene Four

LEICESTER *(to Talbot)*

ai	'nellɛ	'dʒɔstrɛ	ɔ 'talbɔ	'kjɛsto di	mɛ
Hai	**nelle**	**giostre,**	**o Talbo,**	**chiesto di**	**me?**
Did you	during the	tournament,	oh Talbot,	ask for	me?

TALBOT
io si
Io sì.
I, yes.

(Just before she leaves, Elizabeth turns and sees Leicester and Talbot in private conversation.)

LEICESTER

ke	'brami	'duŋkwe
Che	**brami**	**dunque?**
What	do you want,	then?

TALBOT

faveˈllarti
Favellarti.
To speak to you.

ti fia	treˈmɛnda	e	ˈkaɾa	ˈoɲɲi	paˈrɔla mia
Ti fia	**tremenda**	**e**	**cara**	**ogni**	**parola mia.**
Let them be for you	awesome	and	precious	every	one of my words.

iŋ	fɔrteˈriŋga	io	fui
In	**Forteringa**	**io**	**fui...**
At	Fotheringhay	I	was...

LEICESTER

ke	asˈkolto
Che	**ascolto!**
What	do I hear!

TALBOT

ˈvidi	liɱfeˈlitʃe	stuˈarda
Vidi	**l'infelice**	**Stuarda...**
I saw	the unhappy	(Mary) Stuart...

LEICESTER

a	pju soˈmmesso	faˈvɛlla iŋ	ˈkweste ˈmuɾa
Ah!	**Più sommesso**	**favella in**	**queste mura!**
Ah!	Softer	speak within	these walls!

e	kwal	ti ˈparve
E	**qual**	**ti parve?**
And	how	did she seem to you?

TALBOT

un	ˈandʒelo	daˈmor	ˈbɛlla	kwal	ˈɛɾa
Un	**angelo**	**d'amor,**	**bella**	**qual**	**era,**
An	angel	of love,	beautiful	as	she always was,

e	maˈɲɲanima	ˈsɛmpɾe
e	**magnanima**	**sempre...**
and	noble-hearted	always...

LEICESTER

ɔ	ˈtrɔppo inˈdeɲɲa	di	rio	desˈtino
Oh!	**troppo indegna**	**di**	**rio**	**destino.**
Oh!	Too undeserving	of	her cruel	fate.

e	a	tɛ	ke	ˈdisse	a	ˈparla
E	**a**	**te**	**che**	**disse?**	**Ah!**	**parla!**
And	to	you	what	did she say?	Ah,	speak!

TALBOT

'pɔsso	im pria	bɛn si'kurɔ	affi'darmi	al	tuɔ	kɔr
Posso	**in pria**	**ben sicuro**	**affidarmi**	**al**	**tuo**	**cor?**
Can I	first,	surely,	trust	in	your	heart?

LEICESTER

'parla	tel 'dʒuro
Parla:	**tel giuro!**
Speak!	I swear to you!

NO. 4 CAVATINA

TALBOT *(cautiously taking from his pocket a portrait and a letter)*

'kwesta	i'mmagɔ	'kwestɔ 'fɔʎʎo	la stu'arda	a	te	lim'via
Questa	**immago,**	**questo foglio**	**la Stuarda**	**a**	**te**	**l'invia:**
This	portrait,	this letter	(Mary) Stuart	to	you	sends;

di	sua	'mano	io	ʎi 'ɛbbi
Di	**sua**	**mano**	**io**	**gli ebbi,**
From	her	hands	I	received them,

e	pria	del	suɔ	'pjanto	li ba'ɲɲo
e	**pria**	**del**	**suo**	**pianto**	**li bagnò.**
and	earlier	with	her	tears	she bathed them.

(and she bathed them in her tears before giving them to me.)

LEICESTER

ɔ	pja'tʃer
Oh	**piacer!**
Oh	pleasure!

TALBOT

koŋ	'kwalɛ	a'ffɛtto	il tuo	'nome	pronun'tsjɔ
Con	**quale**	**affetto**	**il tuo**	**nome**	**pronunziò!...**
With	what	affection	your	name	she uttered!...

(Talbot hands Leicester the portrait and the letter. Leicester gazes at the portrait enraptured.)

LEICESTER

ɔ	pja'tʃere	a	ri'miro	il	bɛl	sɛm'bjantɛ
Oh	**piacere!**	**Ah!**	**rimiro**	**il**	**bel**	**sembiante**
Oh	pleasure!	Ah!	I again look at	the	lovely	face

adɔ'ratɔ	vagɛ'ddʒatɔ	ei mi a'ppare	sfavi'llantɛ	'kome	il di
adorato,	**vagheggiato...**	**ei mi appare**	**sfavillante**	**come**	**il dì,**
adored,	cherished...	it appears to me	sparkling	as	on the day,

'kome	il	di	ke	mi pja'gɔ
come	**il**	**dì**	**che**	**mi piagò.**
as	the	day	in which	I was smitten.

'parmi	aŋ'kora	ke	su	kwel	'vizo
Parmi	**ancora**	**che**	**su**	**quel**	**viso**
It seems to me	still	that	upon	that	face

'spunti	'laŋgwido	un	so'rrizo
spunti	**languido**	**un**	**sorriso**
there appears	languishing	a	smile

'kaltra	'vɔlta	a	mɛ	si	'kkarɔ
ch'altra	**volta**	**a**	**me**	**sì**	**caro**
which on another	occasion	to	me	so	dear

la mia	'sɔrte	iŋkate'nɔ
la mia	**sorte**	**incatenò.**
my	fate	bound.

(It still seems to me that on that face gently dawns a smile that once so endeared her to me and bound my fate to hers.)

TALBOT

al	tra'mɔntɔ	ɛ	la sua	'vita
Al	**tramonto**	**è**	**la sua**	**vita**
In its	sunset	is	her	life

(Her life is at its ending)

ed	a'ita	a	tɛ	tʃer'kɔ
ed	**aita**	**a**	**te**	**cercò.**
and	help	from	you	she sought.

LEICESTER *(still holding the portrait)*

ɔ	mɛ'mɔrje
Oh	**memorie!**
Oh	memories!

Oh cara immago!

di	mo'rire	per	lɛi	som	'pagɔ
Di	**morire**	**per**	**lei**	**son**	**pago.**
To	die	for	her	I am	satisfied.

Ah! rimiro il bel sembiante, etc.

TALBOT
Al tramonto è la sua vita, etc.

ke	ri'sɔlvi
Che	**risolvi?**
What	have you decided?

LEICESTER

libe'rarla	ɔ	kɔn	lɛi	spi'rar	sa'prɔ
Liberarla!	**O**	**con**	**lei**	**spirar**	**saprò.**
To free her!	Or	with	her	expire	I will.

(I will free her or else die with her!)

TALBOT

di	ba'biŋtɔn	il	pe'riʎʎo	nɔn aŋ'kor	ti spavɛn'tɔ
Di	**Babington**	**il**	**periglio**	**non ancor**	**ti spaventò?**
Of	Babington[4]	the	peril	not enough	did it frighten you?

(Doesn't Babington's fate frighten you sufficiently?)

LEICESTER

'oɲɲi	'tema	'oɲɲi	pe'riʎʎo	iɔ	pɛr	lɛi	sfi'dar	sa'prɔ
Ogni	**tema,**	**ogni**	**periglio,**	**io**	**per**	**lei**	**sfidar**	**saprò.**
Every	fear,	every	danger	I	for	her (sake)	defy	shall.

TALBOT
Ah! non ancor ti spaventò?

LEICESTER

vwɔ	libe'rarla	sɛ	'fida	'tanto	kɔ'lɛi	mi a'mɔ
Vuò	**liberarla!**	**Se**	**fida**	**tanto**	**colei**	**mi amò**
I want	to free her!	If	faithful	so	she	loved me

da	ʎi	'ɔkki	il	'pjantɔ	le tɛrdʒe'rɔ
da	**gli**	**occhi**	**il**	**pianto**	**le tergerò.**
from	her	eyes	the	tears	I will dry.

(If so faithfully she loved me, then I will dry her tears.)

e	sɛ	pur	'vittima	ka'der	de'ddʒio
E	**se**	**pur**	**vittima**	**cader**	**degg'io,**
And	if	as	a victim	fall	I must,

del	'fatɔ 'miɔ	su'pɛrbɔ	an'drɔ
del	**fato mio**	**superbo**	**andrò!**
of	my fate	proud	I shall go!

(I shall proudly accept my dire fate!)

TALBOT
Se fida tanto colei <u>ti</u> amò,

sɛ	'largɔ	'pjantɔ fi'nor	vɛr'sɔ
se	**largo**	**pianto finor**	**versò,**
if	flowing	tears till now	she has wept,

di	u'naltra	'vittima	nɔɱ far	ke	'dʒɛma
di	**un'altra**	**vittima**	**non far**	**che**	**gema,**
for	another	victim	do not cause her	to	mourn,

sɛ	a'llora	ɛs'trema	sfu'ddʒir	nɔm pwɔ
se	**all'ora**	**estrema**	**sfuggir**	**non può.**
if	from the hour	extreme	escape	she cannot.

(Since she loved you so faithfully and wept so many tears, don't make her mourn for another victim, if she cannot escape her own death.)

---

[4] Babington (pronounced as shown above, in Italian), was a young English Catholic who headed a conspiracy designed to rescue Mary and place her on the English throne. A necessary part of this plot was the assassination of Elizabeth. Mary was convicted at her trial principally due to her correspondence with Babington, in which she had given tacit approval of Elizabeth's murder.

LEICESTER
Ah! se fida tanto colei mi amò, etc.

(Talbot leaves. Leicester starts to exit in the opposite direction, but he encounters Elizabeth. She looks at him closely for signs of agitation.)

Scene Five

NO. 5 SCENA AND DUET

ELISABETTA
sɛi	tu	komˈfuzo
Sei	**tu**	**confuso?**
Are	you	uneasy?

LEICESTER
iɔ	nɔ	ke	iŋˈkontro
Io	**no...**	**(che**	**incontro!)**
I,	no...	(what	an encounter!)

ELISABETTA
ˈtalbɔ	ˈteko	uŋ	kɔlˈlɔkwjɔ	ˈtenne
Talbo	**teco**	**un**	**colloquio**	**tenne?**
Talbot	with you	a	conversation	held?

(Did you have a conversation with Talbot?)

LEICESTER
ɛ	vver	ke ffia
È	**ver.**	**(Che fia?)**
It's	true.	(What can this be about?)

ELISABETTA
sɔsˈpɛttɔ	ei	mi diˈvenne	ˈtutti	kɔˈlei	seˈdutʃe
Sospetto	**ei**	**mi divenne.**	**Tutti**	**colei**	**seduce!**
Suspicious	he	has become to me.	Everybody	that woman	seduces!

(That [Talbot] is becoming suspicious to me. That Stuart woman can seduce everybody!)

a	ˈforse	ˈkonte	mɛsˈsaddʒo	di	stuˈarda	a tɛ	dʒunˈdʒea
Ah!	**forse,**	**Conte,**	**messaggio**	**di**	**Stuarda**	**a te**	**giungea?**
Ah!	Perhaps,	Earl,	a message	from	(Mary) Stuart	for you	arrived?

LEICESTER
sɔsˈpɛtti	imˈvano	ɔˈmai di	ˈtalbɔ ɛ	ˈnota la	fɛdɛlˈta
Sospetti	**invano!**	**Omai di**	**Talbo è**	**nota la**	**fedeltà.**
You suspect	in vain!	By now of	Talbot is	known the	fidelity.

(Talbot's loyalty is by now well known.)

ELISABETTA *(ironically)*
ˈpure	il tuɔ	kɔr	kɔˈnoskɔ	ˈzvelami	il	ver	limˈpoŋgo
Pure	**il tuo**	**cor**	**conosco.**	**Svelami**	**il**	**ver...**	**l'impongo!**
Yet	your	heart	I know.	Reveal to me	the	truth...	I order it!

LEICESTER
ɔ	tʃɛl	reˈdʒina
(O	**ciel!)**	**Regina...**
(Oh	Heavens!)	(My) Queen...

ELISABETTA

aŋˈkor	mɛl ˈtʃeli		inˈtɛndɔ
Ancor	**mel celi?**		**Intendo.**
Still	you're hiding it from me?		I understand.

(Greatly agitated, she starts to leave.)

LEICESTER

a	nom parˈtir	masˈkolta	dɛ	ti aˈrrɛsta	um	ˈfɔʎʎɔ
Ah!	**non partir!**	**M'ascolta!...**	**deh!**	**ti arresta!**	**un**	**foglio...**
Ah,	don't leave!	Hear me out!...	Please,	stop!	A	letter...

ELISABETTA *(turning back to him, severely)*

il	ˈfɔʎʎɔ	a mmɛ
Il	**foglio**	**a me.**
That	letter,	give it to me.

LEICESTER

ˈsɔrte	fuˈnɛsta	ˈɛkkɔlɔ
(Sorte	**funesta!)**	**Eccolo,**
(Fate	dire!)	Here it is,

(He kneels at her feet, giving her the letter.)

al	ˈrɛdʒɔ	ˈpjɛdɛ	iɔ	lo deˈpoŋgo
al	**regio**	**piede**	**io**	**lo depongo.**
At (your)	royal	feet,	I	hand it over.

ˈella	per	mɛ	ti ˈkjɛdɛ	di uŋ	kɔlˈlɔkwjo	il	faˈvor
Ella	**per**	**me**	**ti chiede**	**di un**	**colloquio**	**il**	**favor.**
She	through	me	begs you	of a	meeting	the	favor.

(Through me she begs you for the favor of a meeting.)

ELISABETTA

sorˈdʒete	ɔ	ˈkonte	ˈtrɔppɔ	ˈfate	per	lɛi
Sorgete,	**oh**	**Conte,**	**troppo**	**fate**	**per**	**lei...**
Rise,	oh	Earl,	too much	you do	for	her...

ˈkrɛdɛ	lalˈtɛra	di	seˈdurmi	koˈzi
Crede	**l'altera**	**di**	**sedurmi**	**così?**
Believes	that proud one	to	seduce me	thus?

(Does that proud woman believe she can win me over like this?)

ma	iɱˈvan	iɱˈvan	lɔ ˈspɛra
Ma	**invan,**	**invan**	**lo spera.**
But	in vain,	in vain	she hopes to.

(Elizabeth opens the letter and reads it quickly. Her anger changes to amazement.)

ˈkwali	ˈsɛnsi
Quali	**sensi!**
What	sentiments!

LEICESTER

ˈella	ɛ	kɔmˈmɔssa
(Ella	**è**	**commossa.)**
(She	is	moved.)

ELISABETTA

kio	diˈʃʃɛnda	ˈalla	priˈdʒone
Ch'io	**discenda**	**alla**	**prigione...**
That I	should go down	to her	prison...

LEICESTER

si	reˈdʒina
Sì,	**Regina...**
Yes,	(my) Queen...

ELISABETTA *(with a mocking laugh)*

ɔˈvɛ	la	ˈpɔssa	di	ki	amˈbia	lɛ	tre	koˈrone
Ov'è	**la**	**possa**	**di**	**chi**	**ambia**	**le**	**tre**	**corone?**
Where is	the	power	of	who	coveted the		three	crowns?[5]

LEICESTER

ˈkome	ˈlampo	in ˈnɔtte ˈbruna	abbaˈʎʎɔ	fuˈddʒi	spaˈri
Come	**lampo**	**in notte bruna,**	**abbagliò,**	**fuggì,**	**sparì!...**
Like	lightning	in a dark night,	it dazzled,	it fled,	it disappeared!...

ELISABETTA

al	rwɔˈtar	ˈdella	forˈtuna	tantorˈgoʎʎo	impalliˈdi
Al	**ruotar**	**della**	**fortuna,**	**tant'orgoglio**	**impallidì.**
At the	turning	of	fortune ('s wheel)	all that pride	paled.

(Her pride faded away at the turning of fortune's wheel.)

LEICESTER

a	pjeˈtade	per	lɛi	limˈplɔra	il	miɔ	kɔr
Ah!	**pietade**	**per**	**lei**	**l'implora**	**il**	**mio**	**cor...**
Ah!	Mercy	on	her,	it implores		my	heart...

(My heart implores you for mercy on her...)

ELISABETTA *(ironically)*

ˈkella	pɔˈssjede	nɔˈnɛ ver
Ch'ella	**possiede,**	**non è ver?**
Which she	possesses,	isn't that true?

([A heart] that she possesses, [because you are in love with her] isn't that true?)

LEICESTER

kwel	dir	maˈkkɔra
(Quel	**dir**	**m'accora.)**
(That	speech	disheartens me.)

ELISABETTA

ˈnella	ˈkorte	oˈɲɲuno	il ˈkrede
Nella	**Corte**	**ognuno**	**il crede.**
In	Court	everyone	believes it.

---

[5] The allusion here is that Mary Stuart coveted the crowns of France, Scotland and England.

LEICESTER
e   siŋˈganna
E   s'inganna.
And they're wrong.

ELISABETTA
mentiˈtoɾe
(Mentitore!)
(Liar!)

LEICESTER
sol   pjeˈtadɛ a   lɛi   muˈni
Sol pietade a lei m'unì.
Only pity   to   her united me.
(I was only bound to her by [my] pity [for her].)

ELISABETTA *(in repressed fury)*
ˈeʎʎi   ˈlama   ɔ   mio   fuˈror
(Egli l'ama, oh mio furor!)
(He loves her, oh my fury!)

(feigning composure)

ɛ   leˈddʒadra   ˈparla
È   leggiadra?   Parla!
Is she lovely?   Speak!

LEICESTER
si
Sì.
Yes.

ELISABETTA *(thunderstruck)*
Sì! sì? Sì?!...

LEICESTER *(lowering his eyes, while being observed balefully by Elizabeth)*
si   ˈɛɾa   daˈmor   limmadʒine   deˈʎʎanni   sullauˈroɾa
Sì. Era   d'amor   l'immagine   degli anni   sull'aurora!
(Yes. She was of love   the image,   of years   in the dawn!
(Yes, She was a picture of love in the dawn of her years!)

sɛmˈbjantsa   aˈvea   dun   ˈandʒɛlɔ
Sembianza   avea   d'un   angelo
The face   she had of an angel

ke   aˈppaɾe   ed   innaˈmoɾa
che   appare   ed   innamora.
that appears and enamors you.

ˈɛɾa   tʃeˈleste   ˈlanima   sɔˈave   il suo   ɾesˈpir
Era   celeste   l'anima,   soave   il suo   respir;
Was celestial her soul, sweet her breath;
(She had a heavenly spirit and her breath was sweet;)

'bɛlla	ne	di	del	'dʒubilo
Bella	**ne'**	**dì**	**del**	**giubilo,**
Beautiful	in her	days	of	joy,

'bɛlla	nel	suɔ	mar'tir
bella	**nel**	**suo**	**martir.**
beautiful	in	her	suffering.

ELISABETTA
a te lo 'kredo
A te lo credo.
I believe you.

ɛ	un	'andʒelɔ	sɛ	tu	le dai	tal	'vantɔ
È	**un**	**angelo**	**se**	**tu**	**le dai**	**tal**	**vanto,**
She is	an	angel	if	you	give her	such	praise,

sɛ	'allɔ	skwa'llore	di	un	'kartʃɛrɛ
se	**allo**	**squallore**	**di**	**un**	**carcere**
if	in the	squalor	of	a	prison

e	'doɲɲi	kɔr	liŋ'kantɔ
e	**d'ogni**	**cor**	**l'incanto...**
and	of every	heart	the enchantress...

LEICESTER
ma
Ma...
But...

ELISABETTA
lɔ ssɔ
Lo so...
I know...

LEICESTER
nɔ
No...
No...

ELISABETTA
ke	a'lletta	'oɲɲi	'anima lu'ziŋga	'oɲɲi	de'zir
Che	**alletta**	**ogni**	**anima, lusinga**	**ogni**	**desir...**
...who	entices	every	soul, flatters	every	desire...

LEICESTER
Regina...

ELISABETTA
Lo so che alletta ogni anima, lusinga ogni desir...

LEICESTER
'kredo
Credo...
I believe...

ELISABETTA
Lo so...

LEICESTER
Io...

ELISABETTA
Lo so...

(to herself)

sɛ	tu	laˈdɔri	ɔ	ˈppɛrfidɔ
Se	**tu**	**l'adori,**	**oh**	**perfido...**
If	you	adore her,	oh	wicked man...

LEICESTER
Bella ne' dì del giubilo,

ELISABETTA
paˈvɛnta	il mio	soˈffrir	si
Paventa	**il mio**	**soffrir,**	**sì.**
Fear	my	suffering,	yes.

LEICESTER
Bella nel suo martir.

ELISABETTA
Se tu l'adori, oh perfido...

LEICESTER
Ah sì...

ELISABETTA
Paventa il mio soffrir, sì, etc.

LEICESTER
Bella nel suo martir, etc.

ˈvjɛni
Vieni.
Come.

ELISABETTA
lɔ ˈkjɛde	il	ˈbarbarɔ
(Lo chiede	**il**	**barbaro.)**
(He asks it,	that	unfeeling man!)

LEICESTER
aˈppaga	il mio	deˈzir
Appaga	**il mio**	**desir.**
Grant	my	wish.

ELISABETTA

'dove	'kwando
Dove?	**Quando?**
Where?	When?

LEICESTER

iŋ	'kwesto	'dʒorno	al	suo	'kartʃere	din'torno
In	**questo**	**giorno,**	**al**	**suo**	**carcere**	**d'intorno**
On	this	day,	at	her	prison	around

(On this very day, [in the woods] around her prison)

per	la	'kattʃa	si a'ppresta
per	**la**	**caccia**	**si appresta**
for	the	hunt	they're getting ready,

ʃende'rai	'nella	fo'resta
scenderai	**nella**	**foresta...**
you will come down	to the	forest...

ELISABETTA

'konte	il 'vwoi
Conte,	**il vuoi?**
Earl,	you wish it?

LEICESTER

tɛm 'prɛgo
Ten prego.
I beg you.

ELISABETTA

in'tɛndo	'alma	iŋ'kauta	a	ttɛ	mi a'rrɛndo
Intendo...	**(Alma**	**incauta!)**	**A**	**te**	**mi arrendo.**
I understand...	(Soul	rash!)	To	you	I submit.

(aside)

sul	krin	la	ri'valɛ	la	man	mi sten'dea
Sul	**crin**	**la**	**rivale**	**la**	**man**	**mi stendea,**
Over my	head	that	rival	her	hand	she stretched out,

il	'sɛrto	re'alɛ	stra'pparmi	vo'lea
il	**serto**	**reale**	**strapparmi**	**volea;**
the	crown	royal	snatch from me	she wanted;

(That rival stretched out her hand over my head wanting to snatch my royal crown from me;)

ma	'vinta	lal'tɛra	di'vɛnne	pju 'fjɛra
Ma	**vinta**	**l'altera**	**divenne**	**più fiera**
But	vanquished,	that proud woman	became	even fiercer,

duŋ	'kɔrɛ	di'lɛtto	pri'varmi	tɛn'tɔ
d'un	**core**	**diletto**	**privarmi**	**tentò.**
of a	heart	favorite	to deprive me	she tried.

(she tried to rob me of my favorite [man's] heart.)

Maria Stuarda, Act I

a	'trɔppo	mi ɔ'ffɛndɛ	pu'nirla	sa'prɔ
Ah!	**troppo**	**mi offende,**	**punirla**	**saprò.**
Ah!	Too much	she offends me,	punish her	I will.

LEICESTER

dɛ	'vjɛni	o	re'dʒina	ti 'mɔstra		klɛ'mɛntɛ
Deh!	**vieni,**	**oh**	**Regina,**	**ti mostra**		**clemente,**
Please!	Come,	oh	(my) Queen,	show yourself	(as)	clement,

ve'drai	la	di'vina	bɛl'tadɛ	innɔ'tʃɛntɛ
vedrai	**la**	**divina**	**beltade**	**innocente:**
you will see	that	divine	beauty	innocent;

sɔ'rɛlla	lɛ sɛi	pjɛ'tadɛ	per	lɛi
sorella	**le sei,**	**pietade**	**per**	**lei,**
a sister	be to her,	pity	on	her,

kɛ	'lɔdjo	nɛl	'pɛttɔ	a'ssai	ti par'lɔ
che	**l'odio**	**nel**	**petto**	**assai**	**ti parlò.**
for	hatred	in your	breast	enough	spoke to you.

(for your hatred [for her] has spoken [loudly] enough within your heart.)

ELISABETTA

'tatʃi
Taci...
Be silent...

LEICESTER

la	'kalma	lɛ 'rɛndi
La	**calma**	**le rendi.**
Her	peace of mind	give back to her.

ELISABETTA
Taci...

LEICESTER

e	'pagɔ	sa'rɔ
E	**pago**	**sarò.**
And	satisfied	I will be.

ELISABETTA

dɔ'vɛ	la	'pɔssa	dɔ'vɛ
Dov'è?	**La**	**possa,**	**dov'è?**
Where is it?	That	power,	where is it?

LEICESTER
Regina...

ELISABETTA

di	trɛ	ko'ronɛ	lor'goʎʎɔ	dɔ'vɛ
Di	**tre**	**corone**	**l'orgoglio**	**dov'è?**
Of	three	crowns,	that pride,	where is it?

LEICESTER
Deh vieni, la calma le rendi, etc.

ELISABETTA
Sul crin la rivale la man mi stendea, etc.

LEICESTER
Regina, ten prego...

ELISABETTA
D'un core diletto privarmi tentò, etc.

(Elizabeth and Leicester exit together.)

END OF ACT I

ACT II
Scene One
(The Park at Fotheringhay. On either side are green trees. In the middle is a vast clearing that stretches to the sea. Mary enters running out of the woods, followed by Hannah at a slower pace. Guards are seen in the distance.)

NO. 6 SCENA AND CAVATINA
ANNA

aˈllɛnta	il	pjɛ	reˈdʒina
Allenta	**il**	**piè,**	**Regina.**
Slow down	the	foot,	Queen.

(Slow your pace, my Queen.)

MARIA

e kke	nɔn ˈami	ke	ad	inˈsɔlita	ˈdʒɔja
E che!	**Non ami**	**che**	**ad**	**insolita**	**gioia**
What!	Are you not pleased	that	to	unaccustomed	joy

il	ˈseno	io	ˈskjuda
il	**seno**	**io**	**schiuda?**
the	bosom	I	open?

(I should open my heart?)

nom ˈvedi	il	ˈkartʃer mio	ɛ	il	tʃɛlo	aˈpɛrto
Non vedi?	**Il**	**carcer mio**	**è**	**il**	**cielo**	**aperto...**
Do you not see?	The	prison mine	is	the	sky	open...

(My prison is the open sky...)

io	lo vaˈgeddʒo	ɔ	ˈkkara la	voˈlutta ke	mi tʃirˈkonda
Io	**lo vagheggio...**	**oh**	**cara la**	**voluttà che**	**mi circonda!**
I	look at it lovingly...	how	dear the	pleasure that	surrounds me!

ANNA

il ˈdwɔlo	sai	ke	ti aˈttɛnde	in	ˈkwelle	ˈmura
Il duolo	**sai**	**che**	**ti attende**	**in**	**quelle**	**mura?**
Grief	do you know	that	awaits you	within	those	walls?

(Do you know that grief awaits you within those walls?)

MARIA

ˈgwarda	su	ˈprati	aˈppare odoroˈzetta	e	ˈbbɛlla
Guarda:	**su'**	**prati**	**appare odorosetta**	**e**	**bella**
Look:	Over the	fields	appears fragrant	and	fair

la	faˈmiʎʎa	de	ˈfjori
la	**famiglia**	**de'**	**fiori...**
the	family	of	flowers...

e	a	mɛ	si	a	mɛ	soˈrride
e	**a**	**me**	**sì,**	**a**	**me**	**sorride**
and	at	me,	yes,	at	me	it smiles

e	il ˈddzɛffiro	ke	ˈtorna da	bɛi	ˈlidi	di	ˈfrantʃa
e	**il zeffiro**	**che**	**torna da'**	**bei**	**lidi**	**di**	**Francia**
and	the breeze	that	wafts from	(the) fair	shores	of	France

kio	dʒoˈiska	mi ˈditʃe
ch'io	**gioisca**	**mi dice**
that I	should enjoy	it tells me

ˈkomɛ	ˈalla	ˈprima	dʒovenˈtu	feˈlitʃe
come	**alla**	**prima**	**gioventù**	**felice!**
as	in my	first	youth	happy!

(tells me that I should enjoy life as in my happy youthful days!)

ɔ	ˈnube	ke	ˈljɛve	per	ˈlarja	ti aˈddʒiri
Oh	**nube!**	**che**	**lieve**	**per**	**l'aria**	**ti aggiri**
Oh	cloud,	that	lightly	through	the air	moves,

tu	ˈrɛka	il mio	aˈffɛttɔ	tu	ˈrɛka	i sosˈpiri
tu	**reca**	**il mio**	**affetto,**	**tu**	**reca**	**i sospiri,**
you	bear	my	love,	you	bear	my sighs,

al	swɔlɔ	beˈato	ke	un	di	mi nuˈdri
al	**suolo**	**beato**	**che**	**un**	**dì**	**mi nudrì.**
to the	soil	blessed	that	one	day	nourished me.

dɛ	ˈʃʃendi	korˈteze	mi aˈkkɔʎʎi	sui	ˈvanni
Deh!	**scendi**	**cortese,**	**mi accogli**	**sui**	**vanni**
Please,	descend	softly,	gather me	in your	wings

mi ˈrɛndi	ˈalla	ˈfrantʃa	mimˈvola	ˈaʎʎi	aˈffanni
mi rendi	**alla**	**Francia,**	**m'invola**	**agli**	**affanni!**
take me back	to	France,	take me away	from	cares!

ma	ˈkruda	la	ˈnube	pur	ˈessa	fuˈddʒi
Ma	**cruda**	**la**	**nube,**	**pur**	**essa**	**fuggì**
But	cruel	the	cloud,	also	it	has disappeared

dal suolo beato che un dì mi nudrì!

(Hunting horns are heard offstage.)

kwal	ˈswɔnɔ
Qual	**suono!**
What	sound!

OFFSTAGE CHORUS

al	ˈbɔskɔ	ˈalla	ˈkattʃa il	ˈtʃervo si aˈffattʃa
Al	**bosco,**	**alla**	**caccia il**	**cervo si affaccia...**
In the	woods,	at the	hunt the	stag appears...

MARIA

kwai	ˈvotʃi
Quai	**voci!**
What	voices!

OFFSTAGE CHORUS

dal	ˈkɔlle	musˈkozo	pɔi	ˈfuddʒe	skerˈtsozo
Dal	**colle**	**muscoso**	**poi**	**fugge**	**scherzoso**
...from the	heights	mossy	then	it flees	playfully

del	ˈrivɔ	ˈalle	ˈsponde	si ˈspekkja	neˈllonde
del	**rivo**	**alle**	**sponde**	**si specchia**	**nell'onde...**
of the	stream	to the	banks,	it is reflected	in the waters...

(to the banks of the stream,)

ANNA

ˈparmi	il	ˈseɲɲo	di	ˈkattʃa	reˈalɛ
Parmi	**il**	**segno**	**di**	**caccia**	**reale!**
It seems to me	the	signal	of a	hunt	royal!

OFFSTAGE CHORUS

koˈrrete	veˈlotʃi	kwel	ˈtʃervɔ	a	feˈrir
Correte	**veloci**	**quel**	**cervo**	**a**	**ferir.**
Run	swiftly	that	stag	to	wound.

MARIA

savviˈtʃinano	i	ˈswɔni	i	desˈtrjɛri
S'avvicinano	**i**	**suoni...**	**i**	**destrieri...**
Are coming closer	the	sounds...	the	horses...

OFFSTAGE CHORUS
La Regina!

MARIA

a	kwal	ˈnɔmɛ	faˈtalɛ
Ah!	**qual**	**nome**	**fatale!**
Ah!	What	name	fatal!

ANNA

la	tiˈranna	pel	ˈparkɔ	sɛm va
La	**tiranna**	**pel**	**parco**	**sen va.**
That	tyrannous woman	through the	park	comes.

MARIA

ˈnella	ˈpatʃe	nel	ˈmɛsto	riˈpɔzɔ
Nella	**pace,**	**nel**	**mesto**	**riposo,**
In the	peace	of my	sad	seclusion,

vwɔl	kolˈpirmi	di	ˈnwɔvɔ	spaˈvɛntɔ
vuol	**colpirmi**	**di**	**nuovo**	**spavento.**
she wants	to strike me	with	a new	fright.

iɔ	la ˈkjɛzi	e	veˈderla	nɔˈnɔzɔ
Io	**la chiesi...**	**e**	**vederla**	**non oso...**
I	asked to see her...	and	see her	I do not dare...

tal	kɔˈraddʒo	nɛˈllalma	nɔn ˈsɛntɔ
Tal	**coraggio**	**nell'alma**	**non sento!**
Such	courage	in my soul	I do not feel!

'resti	sul	'trɔno	adɔ'rata
Resti	**sul**	**trono**	**adorata,**
Let her stay	on her	throne,	adored,

il suɔ	'zgwardɔ	da	mɛ	sia	lon'tano
il suo	**sguardo**	**da**	**me**	**sia**	**lontano;**
her	gaze	from	me	let it be	far away;

'trɔppo	son io	dispre'ttsata
troppo	**son io**	**disprezzata**
too much	I am	despised,

'tatʃe	in	'tutti	per	me	la	pje'ta
tace	**in**	**tutti**	**per**	**me**	**la**	**pietà!**
is silent	in	everybody	for	me	the	pity!

(no one feels any pity for me!)

ANNA

'ella	'dʒundʒe	fu'ddʒamɔ
Ella	**giunge!**	**Fuggiamo!**
She	is coming!	Let us flee!

MARIA

fu'ddʒamɔ	konte'nersi	il mio	'kɔrɛ	nɔn 'sa
Fuggiamo:	**contenersi**	**il mio**	**core**	**non sa,**
Let us flee:	Contain itself	my	heart	cannot,

ANNA

konte'nersi	il suɔ	'kɔrɛ	nɔn sa	nɔ
Contenersi	**il suo**	**core**	**non sa,**	**no!**
Contain itself	her	heart	cannot,	no!

MARIA
Nella pace del mesto riposo, etc.

(Mary and Hannah start to leave, but Mary sees someone approaching and stops, gesturing to Hannah to go on without her. Leicester enters, presenting himself to Mary, much moved.)

Scene Two

NO. 7 SCENE AND DUET
MARIA

a	nom miŋ'ganna	la	'dʒɔja	'lɛstɛr	sɛi	tu
Ah!	**non m'inganna**	**la**	**gioia!**	**Leicester,**	**sei**	**tu!**
Ah!	It does not deceive me	my	joy!	Leicester,	it is	you!

LEICESTER

kwi	'vjɛne	ki	ta'dɔra	a	spe'ttsar	le tue	ka'tene
Qui	**viene**	**chi**	**t'adora**	**a**	**spezzar**	**le tue**	**catene.**
Here	comes	one who	adores you	to	break	your	chains.

MARIA

'libɛra	al'fin	sa'rɔ	dal	'kartʃer mio
Libera	**alfin**	**sarò**	**dal**	**carcer mio?**
Freed	at last	will I be	from	my prison?

'libɛra	e	tua	pɛr 'sɛmprɛ		
Libera	**e**	**tua**	**per sempre?**		
Free	and	yours	forever?		

a'ppena	il 'krɛdɛ	ladʒi'tato	miɔ kɔr
Appena	**il crede**	**l'agitato**	**mio cor.**
Barely	does it believe it,	this troubled	heart of mine.

LEICESTER

kwi	'vɔldʒe	il	'pjɛde	eliza'bɛtta	al	suo	rɛ'al	de'kɔrɔ
Qui	**volge**	**il**	**piede**	**Elisabetta**	**al**	**suo**	**real**	**decoro;**
Here	turns	the	foot	Elizabeth	in	her	royal	pomp;

(Elizabeth is coming here in all her royal pomp.)

di	pre'tɛstɔ	ɛ	la	'kattʃa
Di	**pretesto**	**è**	**la**	**caccia**
As a	pretext	is	the	hunt.

'ove	ti 'mɔstri		a	lɛi	so'mmessa
Ove	**ti mostri**		**a**	**lei**	**sommessa...**
Therefore	you must show yourself		to	her	submissive...

MARIA

a	lɛi	so'mmessa
A	**lei**	**sommessa?**
To	her,	submissive?

LEICESTER

'ɔddʒi	lɔ ddɛi
Oggi	**lo dêi.**
Today	you must do it.

MARIA

ɔ	tʃɛl	ke	as'kolto
Oh	**ciel,**	**che**	**ascolto?**
Oh	Heaven,	what	am I hearing?

a	'tɔʎʎimi	a	'vista	si	fu'nɛsta
Ah!	**toglimi**	**a**	**vista**	**sì**	**funesta!**
Ah!	Remove me	from	a sight	so	dire!

(She starts to leave.)

LEICESTER

sɛ	'mmami	dɛ	ti a'rrɛsta
Se	**m'ami...**	**deh,**	**ti arresta.**
If	you love me,	please,	stay.

MARIA

e	'dɛddʒɔ
E	**deggio?**
And	must I?

LEICESTER

e	dɛi	spɛ'rar
E	**dêi**	**sperar**
And	you must	hope.

MARIA

da	'tutti	abbandɔ'nata	im	'prɛda	a	rio	do'lore
Da	**tutti**	**abbandonata**	**in**	**preda**	**a**	**rio**	**dolore,**
By	all	abandoned,	in	prey	to	bitter	grief,

ɔ'pprɛssa	dɛzɔ'lata	'nulla	spɛ'rar	sa	il	'kɔrɛ
oppressa,	**desolata,**	**nulla**	**sperar**	**sa**	**il**	**core.**
oppressed,	desolate,	nothing	to hope for	knows	my	heart.

(my oppressed and desolate heart has nothing to hope for.)

fui	kɔnda'nnata	al	'pjantɔ	a	'sɛmpre	sospi'rar
Fui	**condannata**	**al**	**pianto,**	**a**	**sempre**	**sospirar.**
I was	condemned	to	weeping,	to	always	sighing.

la'ffɛttɔ tuɔ	sɔl'tantɔ	pwɔ	i 'mali mjɛi	kal'mar
L'affetto tuo	**soltanto**	**può**	**i mali miei**	**calmar.**
Your affection	alone	can	my suffering	calm.

LEICESTER

nɔ	diffi'dar	nɔn dɛi	'ella	ɛ pɔi	'grande	in	'sɔʎʎo
No,	**diffidar**	**non dêi,**	**ella**	**è poi**	**grande**	**in**	**soglio.**
No,	mistrust	you mustn't,	she	is	mighty	in (her) throne.

MARIA

ke	spɛ'rar
Che	**sperar?**
What	hope is there?

LEICESTER

rɛs'tava	il	kɔr	di	lɛi	kɔ'mmɔssɔ	dal	tuɔ	'fɔʎʎo
Restava	**il**	**cor**	**di**	**lei**	**commosso**	**dal**	**tuo**	**foglio.**
Remained	the	heart	of	her	moved	by	your	letter.

(She was very moved by your letter.)

MARIA

ke	mmai	'ditʃi
Che	**mai**	**dici?**
What	ever	are you saying?

LEICESTER

e	su	kwel	'tʃiʎʎo	io	'vidi
E	**su**	**quel**	**ciglio**	**io**	**vidi...**
And	upon	her	brow	I	saw...

MARIA
Oh ciel!

LEICESTER
la	'lagrima	spun'tar
La	**lagrima**	**spuntar.**
...the	tear	appearing.

(The glint of a tear.)

MARIA
Ah!

LEICESTER
sɛ	'mɔdi	e	im	mɛ	ta'ffidi
Se	**m'odi**	**e**	**in**	**me**	**t'affidi...**
If	you hear me out	and	in	me	you trust...

MARIA
ke	spɛ'rar
Che	**sperar?**

What hope is there?

LEICESTER
'tuttɔ	ve'drai	kan'dʒar
Tutto	**vedrai**	**cangiar.**
All	you will see	change.

(You will see how everything changes.)

MARIA
Da tutti abbandonata, in preda a rio dolore, etc.

(bitterly)

del	suɔ	'kɔɾe	kɔɱ'vinta	io	'sono
Del	**suo**	**core**	**convinta**	**io**	**sono.**
Of	her	heart	convinced	I	am.

(I am convinced of how she feels about me.)

LEICESTER
pur	pjɛ'ta	vi al'bɛrga	'spesso
Pur	**pietà**	**vi alberga**	**spesso.**
Yet	mercy	dwells in it	often.

(Yet her heart can often feel mercy.)

MARIA
nom	per	ki	lɛ a'dombra	un	'trɔnɔ
Non	**per**	**chi**	**le adombra**	**un**	**trono.**
Not	for	one	who casts a shadow upon	her	throne.

LEICESTER
nɔ	tu	'ditʃi	e	a'llora	io	'stesso
No,	**tu**	**dici?...**	**e**	**allora**	**io**	**stesso**
No,	you	say?...	So	then	I	myself

'sella	ɛ	'sorda	ai	'prjɛgi twɔi	io ven'detta	nɛ fa'rɔ
s'ella	**è**	**sorda**	**ai**	**prieghi tuoi,**	**io vendetta**	**ne farò!**
if she	is	deaf	to	your pleas,	I vengeance	will have upon her!

MARIA

ke	fa'vɛlli	ke	far pwɔi	per mɛ	es'pɔrti
Che	**favelli?**	**Che**	**far puoi?**	**Per me**	**esporti,**
What	are you saying?	What	can you do?	On account of me	risk yourself,

a	kio	nɔl vɔ	nɔ
Ah!	**ch'io**	**nol vo',**	**no!**
Ah!	I	don't want that,	no!

LEICESTER
Io vendetta ne farò, ah, sì, farò!

MARIA

sɛ	il miɔ	kɔr	trɛ'mɔ	dʒa'mmai
Se	**il mio**	**cor**	**tremò**	**giammai**
If	my	heart	trembled	ever

'della	'mɔrtɛ al	'krudo	as'pɛttɔ
della	**morte al**	**crudo**	**aspetto,**
of	death at the	cruel	face,

(If my heart ever trembled in the cruel face of death,)

nɔɱ far si	ke	sia	kos'tretto
non far sì	**che**	**sia**	**costretto**
do not cause it	to	be	forced

a	trɛ'marɛ	pɛ	twɔi	di
a	**tremare**	**pe'**	**tuoi**	**dì.**
to	tremble	for	your	days.

(to worry about your life.)

'solo	io	'vɔlli	e sol	tʃɛr'kai
Solo	**io**	**volli**	**e sol**	**cercai**
Only	I	wished	and only	I sought

di	ve'derti	e	'fido	e	'gratɔ
di	**vederti**	**e**	**fido**	**e**	**grato;**
to	see you,	both	faithful	and	grateful;

per	tɛ	'spɛɾɔ	ke	il miɔ 'statɔ
Per	**te**	**spero**	**che**	**il mio stato**
For	you	I hope	that	my condition

non sia	'mizɛɾo	ko'zi
non sia	**misero**	**così.**
not be	wretched	as it is now.

(I hope that my condition doesn't hurt or burden you.)

LEICESTER

si	la	fɛ	loˈnor	ne imˈpeɲɲo
Sì,	**la**	**fè,**	**l'onor**	**ne impegno:**
Yes,	my	faith,	my honor	I pledge;

e	il mio	kɔr	ke	ˈtama	il ˈdʒura
e	**il mio**	**cor**	**che**	**t'ama**	**il giura:**
and	my	heart	that	loves you	swears it:

sɔrdʒeˈrai	ˈdalla	zvenˈtura	ke	ˈoɲɲi	ˈglɔrja	ti raˈpi
sorgerai	**dalla**	**sventura**	**che**	**ogni**	**gloria**	**ti rapì.**
you will rise	from the	misfortune	that	every	joy	from you robbed.

e	sɛ	aˈllor	non ti ˈɔffro	un	ˈreɲɲo
E	**se**	**allor**	**non ti offro**	**un**	**regno,**
And	if	then	I can't offer you a		kingdom,

nɛ	la	ˈdɛstra	di un	sɔˈvrano
nè	**la**	**destra**	**di un**	**sovrano,**
nor	the	(right) hand	of a	sovereign,

si	poˈtrɔ	oˈffrirti	alˈmen	la	ˈmano
sì,	**potrò**	**offirti**	**almen**	**la**	**mano**
yes,	I can	offer you	at least	the	hand

ke	le tue	priˈdʒoni	aˈpri
che	**le tue**	**prigioni**	**aprì!**
that	your	prisons	opened!

(I can at least offer you this, the hand that was able to release you from your prisons.)

MARIA
Non esporti!

LEICESTER
il ˈdʒuro
Il giuro!
I swear it!

Sorgerai dalla sventura, etc.

MARIA
Ah! no!

LEICESTER
Sì, la fè, etc.

(Mary leaves and Leicester hastily goes to meet Elizabeth.)

Scene Three

NO. 8 SCENE
ELISABETTA *(entering, followed by Cecil and the hunting party)*

kwal	'lɔkɔ	ɛ	'kwesto
Qual	**loco**	**è**	**questo?**
What	place	is	this?

LEICESTER
Forteringa.
Fotheringhay.

ELISABETTA

ɔ	'konte	'dove	mi 'skɔrdʒi
Oh	**Conte,**	**dove**	**mi scorgi?**
Oh,	Earl,	where	do I find myself?

LEICESTER

non du'bbjar	ma'ria sa'ra	im 'brɛvɛ
Non dubbiar:	**Maria sarà**	**in breve**
Don't be suspicious;	Mary will be	soon

gwi'data	al	tuo	kɔs'petto	dal	'saddʒɔ 'talbɔ
guidata	**al**	**tuo**	**cospetto**	**dal**	**saggio Talbo.**
led	to	your	presence	by the	wise Talbot.

ELISABETTA

a	kwal	per	tɛ	di'ʃʃendɔ	sakri'fittsjo
A	**qual**	**per**	**te**	**discendo**	**sacrifizio!**
To	what	for	you	descend I	sacrifice!

(See to what sacrifice I lower myself for your sake!)

lo 'vedi	dıs'kɔsta	i	kattʃa'tori	da	kon'tigwi	vi'ali
Lo vedi...	**discosta**	**i**	**cacciatori**	**da'**	**contigui**	**viali:**
You see...	station	the	hunters	in	adjoining	paths;

ɛ	'trɔppo	iŋ'gombro	di	'pɔpɔlo	il	sɛn'tjer
È	**troppo**	**ingombro**	**di**	**popolo**	**il**	**sentier.**
It is	too	crowded	with	people	the	path.

(This place is too crowded.)

(At a signal from Leicester the huntsmen arrange themselves in groups at the back of the stage.)

CECIL *(to Elizabeth)*

'vedi	re'dʒina	'komɛ	'laŋglja	ti a'dɔra
Vedi,	**Regina,**	**come**	**l'Anglia**	**ti adora.**
You can see,	my Queen,	how	England	adores you.

a	tu	lɔ sai	kwal	'kapo	'ella	ti 'kjɛdɛ
Ah!	**tu**	**lo sai**	**qual**	**capo**	**ella**	**ti chiede.**
Ah!	You	know	what	head	it	is asking you for.

(You can see, my Queen, how the English adore you and you know whose head they ask you for.)

ELISABETTA *(to Cecil)*
'tatʃi
Taci!
Be silent!

LEICESTER *(softly, to Elizabeth)*

dɛ	ti ɾa'mmɛnta	ke	a	dar	koɱ'fɔrtɔ
Deh!	**ti rammenta**	**che**	**a**	**dar**	**conforto**
Please,	remember	that	to	give	comfort

'alla	dɔ'lɛnte	'vita	di	'una	sɔ'rɛlla io	ti gwi'dai
alla	**dolente**	**vita**	**di**	**una**	**sorella io**	**ti guidai...**
to the	painful	life	of	a	sister I	have led you...

(Please remember that I've brought you here to give comfort to the sad life of a sister...)

la	'mano	ke	di	skwa'llor	la 'tʃinse
La	**mano**	**che**	**di**	**squallor**	**la cinse**
The	hand	that	with	squalor	girded her

al	kɔn'tɛnto	pri'mjɛr	pwɔ	ɾidɔ'narla
al	**contento**	**primier**	**può**	**ridonarla.**
the	happiness	first	can	give her again.

(The same hand that caused her to live in squalor can now restore her happiness of old.)

ELISABETTA *(aside)*

iɔ	la'bbɔrrɔ	ɛi	nɔɱ fa	ke	ɾammɛn'tarla
(Io	**l'abborro!...**	**ei**	**non fa**	**che**	**rammentarla.)**
(I	detest her!...	He	does nothing	but	think of her.)

Scene Four

(Mary enters led on by Talbot. Hannah follows her.)

TALBOT *(to Mary)*
'vjɛni
Vieni.
Come.

MARIA *(to Talbot)*

dɛ	mi 'laʃʃa	al	miɔ	a'zil	mi 'ɾikon'dutʃi
Deh!	**mi lascia...**	**al**	**mio**	**asil**	**mi riconduci.**
Please!	Let me go...	to	my	refuge	lead me back.

ELISABETTA, LEICESTER, CECIL, TALBOT
'ɛkkɔla
Eccola!
Here she is!

MARIA
ɔ ddio
Oh Dio!
Oh God!

(There is a brief silence, as the characters remain motionless in front of one another.)

NO. 9 SEXTET
ELISABETTA

ɛ	'sɛmprɛ	la	'stessa	su'pɛrba	orgo'ʎʎoza
È	**sempre**	**la**	**stessa,**	**superba**	**orgogliosa;**
She's	always	the	same,	haughty,	proud;

kɔl'lalma	fas'toza	mis'pira	fu'ror
coll'alma	**fastosa**	**m'ispira**	**furor...**
with her soul	pompous	she inspires in me	fury...

(she moves me to fury with her pompous air...)

ma	'tatʃɛ	sta	ɔ'pprɛssa	da	'dʒusto	te'rror
Ma	**tace:**	**sta**	**oppressa**	**da**	**giusto**	**terror.**
But	she's silent;	she's	oppressed	by	well deserved	terror.

MARIA

sul	'vizɔ	sta	im'prɛssa	di	'kwella	ti'ranna
Sul	**viso**	**sta**	**impressa**	**di**	**quella**	**tiranna**
On the	face	is	written	of	that	tyrant

la	'trutʃɛ	kɔn'danna	il	'fjɛro	li'vor
la	**truce**	**condanna,**	**il**	**fiero**	**livor:**
the	grim	condemnation,	the	fierce	hatred;

(The face of that tyrant reflects her grim condemnation and her fierce hatred of me.)

kwes'tanima	ɛ	ɔ'pprɛssa	da	'krudo	ti'mor
Quest'anima	**è**	**oppressa**	**da**	**crudo**	**timor.**
My soul	is	oppressed	by	cruel	fear.

TALBOT

al'menɔ	ta'tʃesse	nel	'senɔ	re'alɛ
Almeno	**tacesse**	**nel**	**seno**	**reale**
If only	it could be stilled	in her	bosom	royal

kwe'llira	fa'talɛ	kwel	'tʃeko	fu'ror
quell'ira	**fatale,**	**quel**	**cieco**	**furor,**
that anger	fatal,	that	blind	rage,

(If only her fatal anger and her blind rage could be stilled in her royal breast,)

ke	'barbarɔ	ɔ'pprɛssɛ	un	'dʒiʎʎɔ	da'mor
che	**barbaro**	**oppresse**	**un**	**giglio**	**d'amor.**
that	barbarously	oppressed	a	lily	of love.

(that so barbarously oppressed this lovely flower of a woman.)

ANNA

ne'llanima	ɔ	im'prɛssa	la	'tema	fu'nɛsta
Nell'anima	**ho**	**impressa**	**la**	**tema**	**funesta.**
In my soul	I have	impressed	the	fear	dire.

ɔ	'kwale	si a'pprɛsta	tʃi'mentɔ	a	kwel	kɔr
Oh	**quale**	**si appresta**	**cimento**	**a**	**quel**	**cor.**
Oh	what	is readied	ordeal	for	that	heart.

(I feel a dire fear for the ordeal in store for my poor lady's heart.)

tʃɛl	'salva	lɔ'prɛssa	da	'nwɔvo	raŋ'kor	
Ciel!	**salva**	**l'oppressa**	**da**	**nuovo**	**rancor.**	
Heaven!	Save	the downtrodden one	from	new	rancor.	

LEICESTER

la	'mizɛra	a	im'prɛssi	nel	'volto	ʎi	a'ffanni
La	**misera**	**ha**	**impressi**	**nel**	**volto**	**gli**	**affanni;**
The	wretched woman	has	written	on her	face	the	troubles;

nɛ	'ʎʎastri	ti'ranni	si 'plakano	aŋ'kor
nè	**gli astri**	**tiranni**	**si placano**	**ancor.**
and not	the stars	unfavorable	can be placated	yet.

(and the unfavorable stars still cannot be placated.)

sal'varla	po'tessi	da	'tanto	do'lor
Salvarla	**potessi**	**da**	**tanto**	**dolor.**
Save her	I could	from	such	grief.

(If only I could save her from such grief.)

CECIL

ven'detta	rɛ'prɛssa	skɔ'ppjarɛ	dʒa	'sɛnto
Vendetta	**repressa**	**scoppiare**	**già**	**sento**
Vengeance	repressed	bursting	already	I feel

nel	'fjɛro	tʃi'mento	mi 'palpita	il	kɔr
nel	**fiero**	**cimento**	**mi palpita**	**il**	**cor.**
in the	fierce	ordeal	beats in me	the	heart.

(I feel my repressed [feelings] of vengeance bursting and the coming ordeal makes my heart beat fiercely.)

fia	'vittima	ɔ'prɛssa	di	ɛ'tɛrno do'lor
Fia	**vittima**	**oppressa**	**di**	**eterno dolor.**
Let her be	a victim	oppressed	by	eternal grief.

NO. 10 DIALOGUE OF THE TWO QUEENS
LEICESTER *(to Elizabeth)*

dɛ	la'kkɔʎʎi
Deh!	**l'accogli!**
Please,	greet her!

ELISABETTA

sfu'ddʒirla	vɔ'rrɛi
Sfuggirla	**vorrei.**
Avoid her	I'd rather.

TALBOT *(to Mary)*

nɔn sɔs'tarti
Non sostarti.
Don't delay.

MARIA *(to Talbot)*

la'bisso	ɔ	vi'tʃino
L'abisso	**ho**	**vicino.**
The abyss	I have	nearby.

(The pit opens at my feet.)

ELISABETTA *(to Leicester)*

'trɔppɔ	al'tɛra
Troppo	**altera.**
Too	proud.

(She's too haughty.)

LEICESTER

da	un	'krudo	des'tino	avvi'lita	di'nantsi	ti sta
Da	**un**	**crudo**	**destino**	**avvilita**	**dinanzi**	**ti sta.**
By	a	cruel	fate,	crushed	before you	she stands.

(Crushed by a cruel fate she stands before you.)

MARIA *(advancing shyly and kneeling at Elizabeth's feet)*

'mɔrta	al	'mondo e	'mɔrta al	'trɔnɔ
Morta	**al**	**mondo e**	**morta al**	**trono**
Dead	to the	world and	dead to the	throne

al	tuɔ	pjɛ	son	io	prɔs'trata
al	**tuo**	**piè**	**son**	**io**	**prostrata.**
at	your	feet	am	I	prostrate.

'solo	im'plɔro	il tuo	per'dono	nɔm mɔs'trarti	inezɔ'rata
Solo	**imploro**	**il tuo**	**perdono,**	**non mostrarti**	**inesorata.**
I only	implore	your	pardon,	don't show yourself	inexorable.

sɔ'rɛlla	ɔ'mai	ti 'basti
Sorella	**omai**	**ti basti**
Sister,	now	let it be enough

'kwantɔ	ɔl'traddʒɔ	a	mɛ	rɛ'kasti
quanto	**oltraggio**	**a**	**me**	**recasti!**
the	outrage	(that) on	me	you brought.

(Sister, be satisfied with the outrage that you've heaped upon me.)

dɛ	sɔ'llɛva	un iɱfe'litʃe	ke	ri'pɔza sul	tuɔ	kɔr
Deh!	**solleva**	**un' infelice**	**che**	**riposa sul**	**tuo**	**cor.**
Please!	Raise up	a hapless woman	who	rests upon	your	heart.

dɛ	la sɔ'llɛva
Deh!	**la solleva!**
Please!	Raise her up!

CECIL *(to Elizabeth)*

nɔn	dar	fɛ	tɛ nɛ skon'dʒuro	a	kwel	'labbro menti'tor
Non	**dar**	**fè,**	**te ne scongiuro,**	**a**	**quel**	**labbro mentitor.**
Do not	give	heed,	I beg of you,	to	that	lip lying.

(to her lying lips.)

MARIA
Deh! solleva un infelice che riposa sul tuo cor.

ELISABETTA
nɔ	kwel	'lɔkɔ	a	tɛ	si a'ddittʃe
No,	**quel**	**loco**	**a**	**te**	**si addice**
No,	that	place	for	you	is suited

'nella	'polve	e	nel	ro'ssor
nella	**polve**	**e**	**nel**	**rossor.**
in the	dust	and	in	shame.

MARIA
sɔffe'rɛntsa
(Sofferenza.)
(Suffering.)
(Oh, help me to suffer this through!)

e	a	mɛ	si	'fjɛɾa	ki	ti 'rɛndɛ
E	**a**	**me**	**sì**	**fiera**	**chi**	**ti rende?**
And	towards	me	so	fierce	who	has turned you?

ELISABETTA
ki	tu	'stessa
Chi?	**Tu**	**stessa!**
Who?	You	yourself!

'lalma tua	kwe'llalma	al'tɛɾa	'vile	i'nikwa
L'alma tua,	**quell'alma**	**altera,**	**vile,**	**iniqua...**
Your spirit,	that soul	haughty,	vile,	criminal...

MARIA *(aside)*
e il sɔffri'ɾɔ
(E il soffrirò?)
(Should I continue to endure this?)

ELISABETTA
va	lɔ 'kjɛdi	ɔ ʃʃagu'rata	al	tuɔ	'talamɔ	tra'dito
Va,	**lo chiedi,**	**oh sciagurata,**	**al**	**tuo**	**talamo**	**tradito,**
Go,	ask,	oh wicked one,	ask	your	marriage bed	betrayed,

ed	a'llombra	iɱvendi'kata	di	kwel	'mizɛɾɔ	ma'rito
ed	**all'ombra**	**invendicata**	**di**	**quel**	**misero**	**marito,**
and	the ghost	unavenged	of	that	wretched	husband,

(Go, wicked one, ask your betrayed marriage bed, ask the unavenged ghost of your wretched husband,)[1]

---

[1] Historically this refers to Mary's second husband, Lord Henry Darnley (called Arrigo in the Italian libretto later on), who was murdered under suspicious and unpleasant circumstances in February of 1567. Mary was widely suspected of being implicated in the plot against Darnley, although today her complicity is widely disclaimed.

al tuo	'brattʃɔ	a'llempjɔ	'kɔrɛ				
al tuo	**braccio,**	**all'empio**	**core,**				
your	arms,	your wicked	heart,				

ke	tra	'vettsi	della'mor	sol	de'litti	e	tradi'menti
che	**tra'**	**vezzi**	**dell'amor**	**sol**	**delitti**	**e**	**tradimenti**
which	with	allure	of love	only	crimes	and	betrayals

'solo	in'sidjɛ	makki'nɔ
solo	**insidie**	**macchinò.**
only	treacheries	plotted.

(which with love's allure plotted only crimes, betrayals and treacheries.)

MARIA *(to Leicester)*
Ah! Roberto!

ELISABETTA
Solo insidie macchinò!

LEICESTER
ɔ	ddiɔ	ke	'ttɛnti
O	**Dio!**	**che**	**tenti?**
Oh	God!	What	are you trying to do?

MARIA
pju	re'zistere	nɔn sɔ
Più	**resistere**	**non so.**
Any longer	stand it	I cannot.

CECIL *(to Elizabeth)*
Ah! non dar fè, te ne scongiuro...a quel labbro mentitor.

LEICESTER *(to Mary)*
'kjama	in	sen	la tua	kɔs'tantsa
Chiama	**in**	**sen**	**la tua**	**costanza!**
Call upon	in your	breast	your	steadfastness!

(Be steadfast!)

'kwalkɛ	'spɛmɛ	aŋ'kor	ti a'vantsa
Qualche	**speme**	**ancor**	**ti avanza.**
Some	hope	still	is left to you.

non ti 'kɔsti	o'nore	e	'vita	'una	'grattsja a	tɛ	impar'tita
Non ti costi	**onore**	**e**	**vita**	**una**	**grazia a**	**te**	**impartita,**
Let it not cost you	honor	and	life	a	mercy upon	you	bestowed,

(Don't let a mercy bestowed upon you cost you your honor and life,)

uŋ	fa'vor	ke	'nɔstro	a'ffɛttɔ
un	**favor**	**che**	**nostro**	**affetto**
a	favor	that	our	affection

'tante 'vɔltɛ il tʃɛl nɛ'gɔ
tante volte il ciel negò.
so many times Heaven denied.
(a favor that so many times Heaven has denied our affection.)

ELISABETTA
'kwali a'ttʃenti al miɔ kɔs'pɛttɔ 'parla ɔ 'konte
Quali accenti al mio cospetto! Parla, o Conte!
Such words in my presence! Speak up, oh Earl!

LEICESTER
e ke di'rɔ
E che dirò?
And what shall I say?

ELISABETTA *(ironically)*
ɔ've mai di a'mor liŋ'kantɔ
Ov'è mai di amor l'incanto,
Where is love's enchantment

e kwel 'vɔltɔ a'mabil 'tantɔ
e quel volto amabil tanto?
and that face lovable so?
(Where now is love's enchantment and that face so lovable?)

sɛ a lɔ'darlo o'ɲɲun si a'ttʃeze
Se a lodarlo ognun si accese
If to praise it everyone was eager

a fa'vori um 'prɛmjo 'reze
a favori un premio rese...
for such favors a reward was given...

MARIA
a ke 'ssɛntɔ
Ah! che sento!
Ah! What do I hear!

ELISABETTA
ma sul 'kapo di stu'arda 'onta ɛ'tɛrna ripjom'bɔ
Ma sul capo di Stuarda onta eterna ripiombò!
But on the head of (Mary) Stuart shame eternal has fallen!

MARIA
pju re'zistere nɔn sɔ a rɔ'bɛrtɔ
Più resistere non so. Ah! Roberto!
Any longer stand it I cannot. Ah! Robert!

LEICESTER
ɔ ddio ti 'frena
Oh Dio! ti frena!
Oh God! Stop!

Maria Stuarda, Act II

MARIA *(bursting out)*

'kwale	in'sulto	ɔ	ria	bɛ'ffarda
Quale	**insulto!**	**Oh**	**ria**	**beffarda!**
What	an insult!	Oh	cruel	mocker!

ELISABETTA

'kwali	a'ttʃɛnti	'trɛma
Quali	**accenti!**	**Trema!**
What	words!	Tremble!

ANNA, LEICESTER, TALBOT *(to Mary)*

ke	fa'vɛlli	dɛ	'tatʃi
Che	**favelli!...**	**deh!**	**taci!**
What	are you saying!...	Please,	keep silent!

CECIL
Trema!

MARIA *(lashing out at Elizabeth)*

a	nnɔ	'fiʎʎa	im'pura	di	bɔ'lɛna
Ah!	**No!**	**Figlia**	**impura**	**di**	**Bolena...**[2]
Ah	no!	Daughter	impure	of	Anne Boleyn...

(You wanton daughter of Anne Boleyn...)

TALBOT
Oh Dio!

MARIA

'parli tu	di	dizo'nore
Parli tu	**di**	**disonore?**
You speak	of	dishonor?

mere'tritʃe	in'deɲɲa	ɔ'ʃʃɛna
Meretrice,	**indegna,**	**oscena**
Prostitute,	unworthy,	obscene,

in	tɛ	'kada	il mio	ro'ssore
in	**te**	**cada**	**il mio**	**rossore.**
on	you	may it fall	my	shame.

prɔfa'natɔ	ɛ	il 'sɔʎʎo	iŋ'gleze
Profanato	**è**	**il soglio**	**inglese**
Profaned	is	the throne	English

vil	bas'tarda	dal	tuɔ	pjɛ
vil	**bastarda,**	**dal**	**tuo**	**piè!**
vile	bastard,	by	your	foot!

(The English throne is profaned under your foot, you vile bastard!)[3]

---

[2] Let us not forget that Elizabeth I was the daughter of Anne Boleyn (see previous opera *Anna Bolena*) and King Henry VIII.

[3] Mary feels justified in calling Elizabeth a bastard because Henry's marriage to Anne Boleyn was <u>not</u> sanctioned by the Catholic Church, which did not validate Henry's divorce from his previous wife,

ELISABETTA

'gwardje	ɔ'la
Guardie!	**Olà!**
Guards!	Ho there!

ALL OTHERS (LESS MARIA)
Quali accenti!

'ella	de'lira	'dʒustɔ	tʃɛl	per'duta	e'llɛ
Ella	**delira!**	**Giusto**	**ciel!**	**Perduta**	**ell'è!**
She	is raving!	Merciful	Heaven!	Lost	she is!

'spɛmɛ pju	pɛr	lɛi	nɔɱ vɛ
Speme più	**per**	**lei**	**non v'è.**
Any more hope	for	her	there is not.

ELISABETTA *(scornfully, to Mary)*

va	prɛ'parati	fu'rɛntɛ	a	so'ffrir lɛs'trɛmɔ	'fatɔ
Va,	**preparati**	**furente**	**a**	**soffrir l'estremo**	**fato:**
Go,	prepare yourself,	raving woman,	to	suffer your final	fate;

sul	tuɔ	'kapɔ	abbɔmi'natɔ	la ver'gɔɲɲa	iɔ spardʒe'rɔ
sul	**tuo**	**capo**	**abbominato**	**la vergogna**	**io spargerò!**
Upon	your	head	hateful,	shame	I will heap!

traʃʃi'natɛ	la	fu'rɛntɛ	ke	se 'stessa	kɔnda'nnɔ
Trascinate	**la**	**furente**	**che**	**se stessa**	**condannò!**
Drag away	that	raving woman	who	herself	condemned!

(who has condemned herself!)

CECIL

dellau'datʃe	il tʃɛl	pɔ'ssɛntɛ
Dell'audace	**il ciel**	**possente**
Of that bold woman	Heaven	almighty

la ven'detta	ɔ'mai	sɛ'ɲɲɔ
la vendetta	**omai**	**segnò!**
vengeance	already	confirmed!

(Almighty Heaven has already decreed vengeance on that bold woman!)

ELISABETTA
Trascinate la furente, etc.

CECIL
Sì, la vendetta omai segnò!

MARIA

'grattsjɛ	ɔ	'tʃɛlɔ	al'fin res'pirɔ
Grazie,	**o**	**Cielo!**	**Alfin respiro,**
Thanks,	oh	Heaven!	At last I can breathe,

Catherine of Aragon, a Catholic. This rift with the Catholic church is what gave rise to the Anglican Church, founded by Henry VIII out of spite against Rome.

dai	mjɛi	'zgwardi	'ellɛ	fu'ddʒita
dai	**miei**	**sguardi**	**ell'è**	**fuggita;**
from	my	sight	she has	gone;

al	mio	pjɛ	rɛs'tɔ	avvi'lita	la sua	'lutʃe si osku'rɔ
al	**mio**	**piè**	**restò**	**avvilita,**	**la sua**	**luce si oscurò!**
at	my	feet	she was	humiliated,	her	glory grew dim!

ANNA, TALBOT

'kwali	a'ttʃɛnti	zventu'rata	tu	offen'desti	eliza'betta
Quali	**accenti,**	**sventurata!**	**Tu**	**offendesti**	**Elisabetta;**
What	words,	hapless woman!	You	offended	Elizabeth;

'forsɛ	la	ven'detta	allo'ffezɛ	desti'nɔ
Forse	**la**	**vendetta**	**all'offese**	**destinò.**
Maybe	her	vengeance	for the offenses	she has destined.

LEICESTER

a	ti 'pɛrdɔ	ɔ	skonsi'ʎʎata
Ah!	**ti perdo,**	**o**	**sconsigliata,**
Ah!	I'll lose you,	oh	ill-advised one,

'kwandɔ	'salva	ti bra'mai
quando	**salva**	**ti bramai,**
when	to save you	I had hoped,

'kwandɔ	'fidɔ	a tɛ	tɔr'nai	il des'tin	tʃi fulmi'nɔ
quando	**fido**	**a te**	**tornai**	**il destin**	**ci fulminò!**
when	faithfully	to you	I returned,	destiny	struck us down!

CHORUS

del	su'pplittsjo	'lonta	ɛs'trɛma
Del	**supplizio**	**l'onta**	**estrema**
Of your	execution	the shame	extreme

la	re'dʒina a	tɛ	sɛr'bɔ
la	**Regina a**	**te**	**serbò!**
the	Queen for	you	has decreed!

si	'tatʃi	'vjɛni	'trɛma	'oɲɲi	'spɛme	si ekkli'ssɔ
Sì,	**taci,**	**vieni,**	**trema,**	**ogni**	**speme**	**si ecclissò!**
Yes,	be silent,	come,	tremble,	every	hope	has been eclipsed.

a	'vjɛni	iŋ'kauta	'trɛma
Ah!	**vieni,**	**incauta,**	**trema!**
Ah,	come,	rash woman,	tremble!

LEICESTER, MARIA

Addio!	per 'sɛmprɛ
	per sempre!
	forever!

LEICESTER
'vjɛni
Vieni!
Come

TALBOT
non ti 'sɛnta eliza'bɛtta	non ti 'veda eliza'bɛtta
Non ti senta Elisabetta!	**Non ti veda Elisabetta!**
Let not Elizabeth hear you!	Let not Elizabeth see you!

ELISABETTA
ɔ'la	traʃʃi'natela
Olà!	**Trascinatela!**
Ho there!	Drag her away!

(The guards come forward to surround Mary, as she continues with ever-mounting fervor.)

ELISABETTA
'nella	'skure	ke	tas'pɛtta	trɔve'rai	la mia	ven'detta
Nella	**scure**	**che**	**t'aspetta**	**troverai**	**la mia**	**vendetta!**
In the	ax	that	awaits you	you shall find	my	vengeance!

Trascinate la furente che se stessa condannò!

MARIA
or	gwi'datemi	'alla	'mɔrte	sfide'rɔ	les'trɛma	'sɔrtɛ
Or	**guidatemi**	**alla**	**morte,**	**sfiderò**	**l'estrema**	**sorte:**
Now	lead me	to my	death,	I shall defy	my final	fate;

di	tri'oɱfo	un sol	mo'mento	'oɲɲi	a'ffannɔ	kɔmpɛn'sɔ
di	**trionfo**	**un sol**	**momento**	**ogni**	**affanno**	**compensò!**
of	triumph	a single	moment	every	my suffering	has paid back!

(this single moment of triumph [over Elizabeth] has repaid me for all my suffering!)

ANNA, TALBOT
Regina, quali accenti, sventurata! Tu offendesti Elisabetta, etc.

LEICESTER
Ah! ti perdo, o sconsigliata, etc.

CECIL
Dell'audace il Ciel possente, etc.

CHORUS
Del supplizio l'onta estrema, etc.

(Mary, surrounded by guards, is led towards her prison. Elizabeth sweeps out in the opposite direction, followed by her retinue.)

END OF ACT II

ACT III
Scene One

(A gallery in Westminster Palace as in Act I. Elizabeth is seated at a desk upon which lies a parchment. Cecil stands nearby.)

NO. 12 SCENA AND DUETTINO
CECIL

e 'pɛnsi		e	'tardi		
E pensi?		**E**	**tardi?**		
You are still thinking?		And	you still are delaying?		

e	'vive	ki	ti sprɛ'ttsɔ		
E	**vive**	**chi**	**ti sprezzò?**		
And	lives	who	despised you?		

(And the [woman] who despises you is still alive?)

ki	'kontra ttɛ	ra'guna	ɛu'rɔpa 'tutta		
chi	**contra te**	**raguna**	**Europa tutta,**		
who	against you	gathers	all of Europe,		

(who is gathering [public opinion] against you from all of Europe,)

e	la tua	'stessa	'vita	mina'ttʃɔ	'tantɛ	'vɔltɛ
e	**la tua**	**stessa**	**vita**	**minacciò**	**tante**	**volte?**
and	your	own	life	threatened	so many	times?

ELISABETTA

'alla	tua	'votʃe	'sɛnto	pjɔm'barmi	iŋ	'kɔrɛ
Alla	**tua**	**voce**	**sento**	**piombarmi**	**in**	**core**
At	your	voice	I feel	plunging	in my	heart

'tutto	il	po'ter	del	mio	de'rizo	o'norɛ
tutto	**il**	**poter**	**del**	**mio**	**deriso**	**onore.**
all	the	weight	of	my	derided	honor.

ma	ɔ'ddiɔ	ki	massi'kura	da	in'dʒustɛ	a'kkuzɛ
Ma...	**oh Dio!**	**Chi**	**m'assicura**	**da**	**ingiuste**	**accuse?**
But...	oh God!	Who	will guard me	against	unjust	accusations?

CECIL

il 'tʃɛlɔ	la	de'vɔta	al'bjone	e	il	'mondo in'tɛrɔ
Il Cielo.	**La**	**devota**	**Albione**	**e**	**il**	**Mondo intero,**
Heaven.	The	devoted	Albion	and	the	world entire,

'ovɛ	la	'fama	de	twɔi	'prɛdʒi	'swɔna
ove	**la**	**fama**	**de'**	**tuoi**	**pregi**	**suona,**
where	the	fame	of	your	good deeds	resounds,

e	del	kɔr	di	stu'arda		
e	**del**	**cor**	**di**	**Stuarda,**		
and	where the	heart	of	(Mary) Stuart,		

e	dei de'litti	e	'delle	in'dʒurje	a	tɛ	rɛ'katɛ	
e	**dei delitti**	**e**	**delle**	**ingiurie**	**a**	**te**	**recate...**	
and	her crimes	and	her	insults	upon	you	heaped...	

(and where Mary Stuart's heart and her crimes and the insults she heaped upon you [are known].)

ELISABETTA

a	'tatʃi	ɔltra'ddʒata so'nio	
Ah!	**taci!...**	**Oltraggiata son io...**	
Ah,	be silent!...	I have been insulted...	

'komɛ	lal'tɛra	'komɛ	gɔ'dea	del	suo	tri'onfo
Come	**l'altera,**	**come**	**godea**	**del**	**suo**	**trionfo!**
How	that proud woman,	how	she gloated	over	her	triumph!

kwai	'zgwardi	a	mɛ	lan'tʃava
Quai	**sguardi**	**a**	**me**	**lanciava!**
What	looks	at	me	she cast!

a	mio	fe'dele	iɔ	'vɔʎʎɔ	'patʃɛ
Ah!	**mio**	**fedele,**	**io**	**voglio**	**pace,**
Ah!	My	faithful one,	I	want	peace of mind,

ed	'ella	a	mɛ	liɲ'vola
ed	**ella**	**a**	**me**	**l'invola.**
and	she	from	me	steals it away.

CECIL

nɛ	di	tur'barti	aŋ'kora	'tʃessa	sɛ	'vive
Nè	**di**	**turbarti**	**ancora**	**cessa**	**se**	**vive.**
Nor	to	disturb you	still	stops	if	she (continues to) live.

(And which will not stop until she dies.)

ELISABETTA *(suddenly)*

ɔ	risolu'to	'mɔra
Ho	**risoluto...**	**mora!**
I have	resolved...	she must die!

(She takes the pen as though to sign the document, then stops, undecided. She rises from her chair.)

'kwella	'vita	a	mɛ	fu'nɛsta	si	iɔ	trɔŋ'kar	vɔ'rrɛi
Quella	**vita**	**a**	**me**	**funesta,**	**sì**	**io**	**troncar**	**vorrei,**
That	life	to	me (so)	threatening,	yes,	I	cut short	would,

ma	la	'manɔ	il	kɔr	sa'rrɛsta
ma	**la**	**mano,**	**il**	**cor**	**s'arresta;**
but	my	hand,	my	heart	is held back;

'kɔpre	um	'velo	i pɛn'sjɛr mjɛi
copre	**un**	**velo**	**i pensier miei.**
covers	a	veil	my thoughts.

(and my mind becomes beclouded.)

ve'der	'lɛmpja		u'dirla	'parmi
Veder	**l'empia,**		**udirla**	**parmi,**
To see	that wicked woman,		to hear her	It seems to me,

(It seems as if I can see and hear that wicked woman,)

ate'rrirmi	spavɛn'tarmi
aterrirmi,	**spaventarmi,**
terrifying me,	frightening me,

e	la	'spɛme	'della 'kalma	mina'ttʃoza	a	me	imvɔ'lar
e	**la**	**speme**	**della calma**	**minacciosa**	**a**	**me**	**involar.**
and	the	hope	of peace of mind,	threateningly	from	me	to rob.

(robbing me of my peace of mind in her threatening way.)

a	'dʒustɔ	'tʃɛl	tu	'rɛddʒi	u'nalma
Ah!	**giusto**	**ciel!**	**tu**	**reggi**	**un'alma**
Ah!	Merciful	Heaven!	Thou	strengthen	a soul

'fatʃil 'tantɔ	a	dubi'tar
facil tanto	**a**	**dubitar.**
all too ready	to	doubt.

CECIL

a	per'ke	ko'zi	impro'vvizɔ	adʒi'tatɔ	ɛ	il tuɔ	pɛn'sjɛrɔ
Ah!	**Perchè**	**così**	**improvviso**	**agitato**	**è**	**il tuo**	**pensiero?**
Ah!	Why	thus	suddenly	agitated	are	your	thoughts?

non te'mer	ke	sia	di'vizo	mai	da	te	lo'nor	pri'mjɛrɔ
Non temer	**che**	**sia**	**diviso**	**mai**	**da**	**te**	**l'onor**	**primiero.**
Do not fear	that	it be	taken	ever	from	you	the honor	previous.

(Never fear that your pristine glory will ever be taken from you.)

'deʎʎi	a'ttʃɛnti	profe'riti	'deʎʎi	ɔl'traddʒi	nom pu'niti
Degli	**accenti**	**proferiti,**	**degli**	**oltraggi**	**non puniti**
For the	words	she uttered,	for her	insults	that were not punished

'oɲɲi	iŋ'gleze	iŋ	'kwesti is'tanti	ti vo'rrɛbbe	vendi'kar
ogni	**inglese**	**in**	**questi istanti**	**ti vorrebbe**	**vendicar.**
every	Englishman	at	this moment	would want	to avenge you.

'seɲɲa	il	'fɔʎʎɔ	ke	i rɛ'ɲɲanti
Segna	**il**	**foglio,**	**che**	**i Regnanti**
Sign	that	paper,	for (future)	rulers

tɛl sa'prannɔ	perdɔ'nar
tel sapranno	**perdonar.**
will know	how to forgive you.

(Sign the execution order, and [England's] future rulers will gladly forgive you.)

Scene Two

NO. 15 TRIO
ELISABETTA
si
Sì!
Yes!

(Leicester enters.)

LEICESTER
Regina!

(Seeing him, Elizabeth seems uncertain for a moment, then signs the document and hands it to Cecil.)

ELISABETTA *(to Cecil)*
a	lɛi	sa'ffretti	il	su'pplittsjo
A	**lei**	**s'affretti**	**il**	**supplizio.**
For	her	let it be hastened	the	execution.

(Let the execution be carried out as quickly as possible.)

LEICESTER
ɔ	tʃɛl	kwai	'detti	'forse	'kwella
Oh	**Ciel!**	**quai**	**detti?**	**Forse**	**quella...**
Oh	Heaven!	What	words?	Perhaps	that...

(Perhaps that paper is...)

CECIL
la	sɛn'tɛntsa
La	**sentenza!**
The	sentence!

(Her death warrant!)

LEICESTER
La sentenza!

ELISABETTA *(to Leicester)*
si	la	sɛn'tɛntsa	ɔ	tradi'tor	iɔ	som 'paga
Sì,	**la**	**sentenza,**	**o**	**traditor!...**	**io**	**son paga!...**
Yes,	the	death warrant,	you	betrayer!...	I	am satisfied!...

LEICESTER

e	linnɔ'tʃɛntsa	tu	kɔn'danni
E	**l'innocenza**	**tu**	**condanni!**
And	innocence	you	are condemning!

(You are then condemning an innocent woman!)

ELISABETTA *(severely)*

e	'parli	aŋ'kor
E	**parli**	**ancor?**
And	you speak	still?

(And you can still say that?)

LEICESTER

a	dɛ	per	pjɛ'ta	sos'pɛndi	lɛs'trɛmo	'kolpɔ	al'meno
Ah!	**Deh!**	**per**	**pietà**	**sospendi**	**l'estremo**	**colpo**	**almeno.**
Ah!	Please!	For	pity's sake,	spare	the final	blow	at least.

CECIL *(to Elizabeth)*

non askɔl'tar	lin'deɲɲo	or ke	dʒa	'salva	sɛi
Non ascoltar	**l'indegno...**	**or che**	**già**	**salva**	**sei.**
Do not listen to	that worthless man...	now that	already	saved	you are.

LEICESTER

ai	'prjɛgi mjɛi	ta'rrɛndi	ɔ	'skaʎʎalɔ	al mio	'seno
Ai	**prieghi miei**	**t'arrendi**	**o**	**scaglialo**	**al mio**	**seno**
To	my entreaties	give heed,	or	hurl (the blow)	at my	breast.

(Give heed to my pleas or else kill me instead.)

'njuno	ti pwɔ	kos'trindʒere	'libero	ɛ	il tuo	vo'ler
Niuno	**ti può**	**costringere,**	**libero**	**è**	**il tuo**	**voler.**
No one	can you	force,	free	is	your	will.

(Your will is free, no one can force you.)

ELISABETTA

'vana	ɛ	la tua	prɛ'gjɛra	soŋ	'ferma	in	tal	kon'siʎʎo
Vana	**è**	**la tua**	**preghiera;**	**son**	**ferma**	**in**	**tal**	**consiglio.**
Hopeless	is	your	plea;	I am	firm	in	such	advice.

(I am firm in following [Cecil's] advice.)

LEICESTER
Ah! pietà!

ELISABETTA

nel	fin	di	kwellal'tɛra	ɛ	il fin	del	mio	pe'riʎʎo
Nel	**fin**	**di**	**quell'altera**	**è**	**il fin**	**del**	**mio**	**periglio.**
With the	end	of	that proud one	comes	the end of		my	peril.

(The peril to which I am exposed will be over with the death of that proud woman.)

dal	'sangwe suo	pju	'libɛrɔ	ri'sordʒe		il mio	po'ter
Dal	**sangue suo**	**più**	**libero**	**risorge**		**il mio**	**poter.**
From	her blood	more	free	is reborn		my	power.

(By the shedding of her blood my power rises more free.)

LEICESTER
Ah! Regina, niuno ti può costringere, etc.

CECIL

a	per	ki	tar'deva	il	'reɲɲo
Ah!	**per**	**chi**	**t'ardeva**	**il**	**regno**
Ah!	For	one who	ardently coveted	the	kingdom

pju	palpi'tar	nɔn dei
più	**palpitar**	**non dêi;**
no longer	fret	you should;

il	di	ke	a'llempja	ɛ	'lultimo
Il	**dì**	**che**	**all'empia**	**è**	**l'ultimo,**
The	day	that	for that wicked one	is	the last,

di	'patʃɛ ɛ	il	di	pri'mjɛr
di	**pace è**	**il**	**dì**	**primier.**
of	peace is	the	day	first.

(That wicked woman's last day will be your first day of peace of mind.)

LEICESTER

'duna	sɔ'rella	ɔ 'bbarbara	la	'mɔrte ai tu		sɛ'ɲɲatɔ
D'una	**sorella,**	**o barbara,**	**la**	**morte hai tu**		**segnato!**
Of a	sister,	you savage woman,	the	death you have		signed!

(You savage woman, you have signed a sister's[1] death warrant!)

ELISABETTA

e	spetta'tor	ti 'vɔʎʎɔ	de'llultimo	suɔ	'fatɔ
E	**spettator**	**ti voglio**	**dell'ultimo**	**suo**	**fato.**
And	a spectator	I want you	of the last	her	fate.

(And I want you to be a witness to her execution.)

(insultingly)

dɔ'vra	ppe'rir	la'mantɛ	'dɔpɔ	il	fa'tale	is'tantɛ
Dovrà	**perir**	**l'amante**	**dopo**	**il**	**fatale**	**istante**
Must	perish	the lover	after	the	fatal	moment

ke	il	'bɛllikɔ	mɛ'tallɔ	tre	'vɔlte	skɔppjɛ'ra
che	**il**	**bellico**	**mettallo**	**tre**	**volte**	**scoppierà.**
when	the	warlike	metal	three	times	will burst.

(Your lover must die after the cannon fires three times.)

---

[1] Sister in a figurative sense. Elizabeth and Mary were not sisters at all.

LEICESTER

e	vwɔi	kio	'vegga
E	**vuoi**	**ch'io**	**vegga?**
And	you want	me	to see this?

ELISABETTA

'tatʃiti
Taciti!
Be silent!

LEICESTER
E vuoi?

ELISABETTA

'tatʃiti	ɛ	'mmɔrta	'oɲɲi	pjɛ'ta
Taciti!	**È**	**morta**	**ogni**	**pietà.**
Be silent!	Is	dead	every	mercy!

(Every hope of mercy is dead!)

LEICESTER
Regina!

ELISABETTA

'vanne	in'deɲɲo	ta'ppare	nel	'volto
Vanne,	**indegno,**	**t'appare**	**nel**	**volto**
Go,	worthless man,	there appears	in (your)	face

il	te'rror	ke	in	'seno	ti 'pjomba
il	**terror**	**che**	**in**	**seno**	**ti piomba.**
the	terror	that	in (your)	bosom	strikes you.

al	tuɔ	a'ffɛtto	prɛ'para	la	'tomba
Al	**tuo**	**affetto**	**prepara**	**la**	**tomba**
For	your	love	prepare	the	grave

'kwandɔ	'spɛnta	stu'arda	sa'ra
quando	**spenta**	**Stuarda**	**sarà.**
when	dead	Stuarda	shall be.

(Prepare a grave for your affection when Mary Stuart is dead.)

LEICESTER

'vadɔ	ti 'lɛggo	sul	'volto
Vado,	**ti leggo**	**sul**	**volto**
I'm going,	I can read	on your face

ke	de'liri	ke	a'vvampi	di	'zdeɲɲo
che	**deliri,**	**che**	**avvampi**	**di**	**sdegno,**
that	you are raving,	that	you are burning with		rage,

un	a'miko	uŋ	koɱ'fɔrto	un	sos'teɲɲo
Un	**amico,**	**un**	**conforto,**	**un**	**sostegno**
A	friend,	some	comfort,	a	support

nel	mio	'kɔɾɛ	la	'mizɛɾa	a'vra
nel	**mio**	**core**	**la**	**misera**	**avrà!**
in	my	heart	the	wretched woman	shall have!

ELISABETTA
Vanne, indegno, al tuo affetto prepara la tomba, etc.

CECIL
a	re'dʒina	se'ɾena	il tuo	'volto
Ah!	**Regina!**	**Serena**	**il tuo**	**volto**
Ah!	Queen!	Compose	your	features

'alla	'patʃɛ	'alla	'glɔɾja	ri'torni
alla	**pace,**	**alla**	**gloria**	**ritorni:**
to	peace,	to	glory	let return:

'kwesto	il	pju	'bɛllo	de	'dʒorni
questo,	**il**	**più**	**bello**	**de'**	**giorni**
this,	the	most	beautiful	of	days

sa'ɾa	per	'laŋglja	sa'ɾa	pel	tuo	'sɔʎʎo
sarà	**per**	**L'Anglia**	**sarà,**	**pel**	**tuo**	**soglio!**
will be	for	England	will be,	for	your	throne!

LEICESTER
D'una sorella, oh barbara, etc.

ELISABETTA
Taci! Basta! A lei s'affretti il supplizio, etc.

(Elizabeth remains, while Leicester and Cecil leave her presence.)

Scene Three

NO.14 SCENE
(Mary is seen alone in her chamber in the Castle of Fotheringhay.)

MARIA
la	'pɛrfida	'aŋke	insul'tarmi	vo'lea
La	**perfida**	**anche**	**insultarmi**	**volea**
That	evil woman	even	to insult me	wished

nel	mio	se'polkro	e	'lonta	su	lei	ri'kaddɛ
nel	**mio**	**sepolcro,**	**e**	**l'onta**	**su**	**lei**	**ricadde...**
in	my	grave	and	the shame	on	her	fell back...

(That evil woman would even insult me in my grave, and the shame of it has fallen back on her...)

ɔ	'vvilɛ	e	non son io	la	'fiʎʎa	de	tu'dori
Oh	**vile!**	**E**	**non son io**	**la**	**figlia**	**de'**	**Tudori?**
Oh	vile one!	And	am I not (also)	a	daughter	of the	Tudors?

ma	'lɛstɛr	'forse	'lira	'della	ti'ranna	a lui	so'vrasta
Ma	**Leicester...**	**forse**	**l'ira**	**della**	**tiranna**	**su lui**	**sovrasta...**
But	Leicester...	maybe	the ire	of that	despot	him	overwhelms...

a	son	di	'tutti	la	zven'tura	io	'sola
Ah!	**son**	**di**	**tutti**	**la**	**sventura**	**io**	**sola!**
Ah!	I am	of	all	the	misfortune	I	alone!

(Ah! I alone bring misfortune to all [people around me]!)

Scene Four
(Cecil enters to deliver the death warrant, followed by Talbot.)

MARIA

ke	vwɔi
Che	**vuoi?**
What	do you want?

CECIL

di	'triste	iŋ'karko	io	'vɛŋgo	ezeku'tor
Di	**triste**	**incarco**	**io**	**vengo**	**esecutor...**
A	sad	duty	I	come	to carry out...

ɛ	'kwesto il	'fɔʎʎo	ke	de	twɔi	'dʒorni
È	**questo il**	**foglio**	**che**	**de'**	**tuoi**	**giorni**
Is	this the	paper	that	of	your	days

ɔ'mai	'lultimo	'seɲɲa
omai	**l'ultimo**	**segna.**
at this time	the last one	indicates.

(This paper is your death-sentence.)

MARIA

ko'zi	nelliŋgil'tɛrra	vjɛn dʒudi'kata	'una	re'dʒina
Così	**nell'Inghilterra**	**vien giudicata**	**una**	**regina?**
Thus	in England	is brought to judgment	a	queen?

ɔ	i'nikwi	e	i	'finti	'skritti
Oh	**iniqui!**	**E**	**i**	**finti**	**scritti...**
Oh,	evil ones!	And	those	forged	papers...

CECIL

il	'reɲɲo
Il	**Regno...**
The	Kingdom...

MARIA
'basta
Basta!
Enough!

CECIL
ma
Ma...
But...

MARIA
ɔr	'basta	'vannɛ	'talbɔ	ri'manti
Or	**basta,**	**vanne.**	**Talbo,**	**rimanti.**
Now	that's enough,	leave!	Talbot,	stay.

CECIL
'brami	un	'nɔstro		mi'nistro
Brami	**un**	**nostro**		**Ministro**
Do you wish	one	of our	(Protestant)	Ministers

ke	ti 'gwidi	nel	ka'mmino	di	'mɔrtɛ
che	**ti guidi**	**nel**	**cammino**	**di**	**morte?**
to	assist you	on your walk		to	death?

MARIA
io	lo ri'kuzo	sa'rɔ	kwal	fui
Io	**lo ricuso.**	**Sarò**	**qual**	**fui,**
I	refuse.	I shall be	as	I (always) was,

stra'njɛra	a	voi	di	'rito
straniera	**a**	**voi**	**di**	**rito.**
a stranger	to	you	of	rites.

(a stranger to your [Protestant] rituals.)

CECIL *(as he leaves)*
aŋ'kor su'pɛrba	e	'fjɛra
(Ancor superba	**e**	**fiera!)**
(Still haughty	and	proud!)

Scene Five

NO. 15 SCENE AND DUET OF THE CONFESSION

MARIA *(kneeling)*
ɔ	miɔ	bwɔn	'talbɔ
Oh	**mio**	**buon**	**Talbo!**
Oh	my	good	Talbot!

TALBOT

iɔ	ˈkjɛzi	ˈgrattsja ad	elizaˈbetta
Io	**chiesi**	**grazia ad**	**Elisabetta**
I	asked (the)	favor of	Elizabeth

di	veˈderti pria	deˈllora	di	ˈsaŋgwɛ
di	**vederti pria**	**dell'ora**	**di**	**sangue.**
to	see you before	the hour	of	blood.

(the bloody hour.)

MARIA

a si	kɔɱˈfɔrta	ˈtɔʎʎi	kwesˈtalma
Ah! sì...	**conforta,**	**togli**	**quest'alma**
Ah yes... (give)	comfort,	lift	my soul

allabbanˈdɔnɔ	ɛsˈtrɛmɔ
all'abbandono	**estremo...**
from being forsaken	utterly...

TALBOT

eˈppur	kɔɱ	ˈfermɔ	asˈpɛttɔ
Eppur	**con**	**fermo**	**aspetto**
And yet,	with	a firm	composure

kwellaˈvvizɔ	fɛˈral	da	tɛ	fu	aˈkkoltɔ
quell'avviso	**feral**	**da**	**te**	**fu**	**accolto.**
that proclamation	cruel	by	you	was	received.

(And yet with what composure you received the proclamation of your cruel sentence.)

MARIA

ɔ	ˈtalbɔ	il	kɔr	nom mi leˈddʒesti	iɱ	ˈvoltɔ
Oh	**Talbo!**	**Il**	**cor**	**non mi leggesti**	**in**	**volto?**
Oh	Talbot!	The	heart	did you not read	in (my)	face?

(Couldn't you read on my face the feelings inside me?)

ˈeʎʎi	trɛˈmava	e	ˈlɛstɛr
Egli	**tremava..**	**E**	**Leicester?**
It	was trembling...	And	Leicester?

([My heart] was trembling...)

TALBOT

ˈdebba	veˈnirnɛ	spɛttaˈtor	del	tuo	desˈtino
Debba	**venirne**	**spettator**	**del**	**tuo**	**destino:**
He must	come (as a)	spectator	of	your	fate;

(He must be present at your fated end;)

la	reˈdʒina	limˈpone
La	**Regina**	**l'impone...**
The	Queen	has so ordered it...

MARIA

ɔ	liɱfeˈlitʃe	a	kwal	sɛrˈbatɔ fia	doloˈrozɔ	kasˈtigo
Oh	**l'infelice!**	**A**	**qual**	**serbato fia**	**doloroso**	**castigo!**
Oh,	unhappy man!	To	what	was he given	painful	punishment!

(To be given such a painful punishment!)

e	la	tiˈranna	ezulteˈra
E	**la**	**tiranna**	**esulterà!...**
And	that	tyrant queen	will exult!...

nɛ	aŋˈkora	ˈpjomba	lulˈtritʃe	ˈfolgore
Nè	**ancora**	**piomba**	**l'ultrice**	**folgore...**
Not	yet	falls	the fatal	thunderbolt...

(Elizabeth will exult and the execution hasn't even taken place yet.)

TALBOT

dɛ	ˈtatʃi
Deh!	**Taci.**
Ah!	Be silent.

MARIA

ˈtɔlta	ˈalla	ˈskɔttsja	al	ˈtrɔnɔ	ed al	miɔ	ˈkulto
Tolta	**alla**	**Scozia,**	**al**	**trono**	**ed al**	**mio**	**culto,**
Separated	from	Scotland,	from my	throne	and	my	religion,

ˈprɛssɔ	kɔˈlɛi	ˈvɔlli	un	aˈzil	di	ˈpatʃe
presso	**colei**	**volli**	**un**	**asil**	**di**	**pace**
near	her	I wanted	a	haven	of	peace

ed	uŋ	ˈkartʃɛr	trɔˈvai
ed	**un**	**carcer**	**trovai...**
and	a	prison	I found...

TALBOT

ke	faˈvɛlli	non ti kɔnˈtʃesse	iˈddiɔ
Che	**favelli?**	**Non ti concesse**	**Iddio**
What	are you saying?	Did He not grant you,	God,

sɔˈlljɛvɔ	a ˈmali
sollievo	**a' mali?**
relief	from your suffering?

MARIA

a nnɔ	ˈtalbɔ	dʒaˈmmai
Ah no,	**Talbot,**	**giammai!...**
Ah, no,	Talbot,	never!...

ˈdelle	mie	ˈkolpe	lɔ	ˈskwallidɔ	fanˈtazma
Delle	**mie**	**colpe**	**lo**	**squallido**	**fantasma**
Of	my	sins	the	filthy	phantom

fra	il 'tʃɛlɔ	e	mɛ	'sɛmpre	si 'pone
fra	**il cielo**	**e**	**me**	**sempre**	**si pone.**
between	Heaven	and	myself	always	interposes itself.

(The filthy phantom of my sins is always interposing itself between Heaven and myself.)

e	i	'sonni	'aʎʎi	ɛs'tinti	rɔm'pɛndɔ
E	**i**	**sonni**	**agli**	**estinti**	**rompendo,**
And	the	sleep	of the	dead	breaking,

(And disturbing the sleep of the dead,)

dal	se'polkrɔ	ɛ'vɔka	la saŋ'gwiɲɲa	'ombra	da'rrigo
dal	**sepolcro**	**evoca**	**la sanguigna**	**ombra**	**d'Arrigo...**[2]
from the	grave	summons	the bloody	ghost	of Darnley...

(beside herself)

'talbɔ	la 'vedi tu
Talbo,	**la vedi tu?**
Talbot,	do you see it?

del	'dʒovin	'rittsjo	le'zaŋgwe	'apɔʎʎa
Del	**giovin**	**Rizzio**	**l'esangue**	**spoglia?**
Of the	young	Rizzio[3]	the bloodless	corpse?

TALBO

a	riŋkoɱ'fɔrta	lɔ	zma'rritɔ	pɛn'sjɛr
Ah!	**rinconforta**	**lo**	**smarrito**	**pensier!**
Ah!	ease	your	wandering	thoughts!

(May your wandering mind find peace once again!)

(He causes Mary to raise her eyes towards Heaven.)

dʒa	tavvi'tʃini a	'sɛkoli immɔr'tali
Già	**t'avvicini a'**	**secoli immortali...**
Already	you are approaching	centuries immortal... (eternity...)

al	'tʃɛppo	'reka	'puro	il tuɔ	kɔr	'dɔɲɲi	te'rrɛnɔ a'ffɛttɔ
Al	**ceppo**	**reca**	**puro**	**il tuo**	**cor**	**d'ogni**	**terreno affetto.**
To the	block	take	pure	your	heart	of every	earthly affection.

(You must go to the block with a pure heart devoid of all earthly affection.)

(Talbot opens his cloak, revealing underneath the robes of a Catholic priest. He wears a crucifix upon his breast.)

---

[2] See Footnote #1 in Act II on page 380.

[3] Rizzo was Mary's private secretary, murdered in Mary's presence on May 9, 1566. The Puritans were quick to fabricate an affair between Mary and Rizzio, relishing the notion of a wanton Catholic queen, but the charge was never substantiated.

MARIA

si	per	la'var	mjɛi	'falli
Sì,	**per**	**lavar**	**miei**	**falli**
Yes,	to	wash	my	sins

'misto	kol	'saŋgwe	kɔrrɛ'ra	il miɔ	'pjantɔ	as'kolta
misto	**col**	**sangue**	**correrà**	**il mio**	**pianto.**	**Ascolta...**
mixed	with my	blood	shall flow	my	tears...	Listen...

iɔ	vwɔ	de'porli	a	pjɛ	di	'kwesta	'krotʃe
Io	**vuo'**	**deporli**	**a**	**piè**	**di**	**questa**	**Croce!**
I	want	to lay them	at the	foot	of	this	Cross!

(She takes the crucifix from Talbot.)

TALBOT

'spɛra
Spera!
(Have) hope!

MARIA

a	dal	'tʃɛlɔ	di'ʃʃende	la tua	'votʃe
Ah!	**dal**	**cielo**	**discende**	**la tua**	**voce!**
Ah!	From	Heaven	descends	your	voice!

'kwando	di	'lutʃe	'rɔzea	il	'dʒornɔ	a	me	splen'dea
Quando	**di**	**luce**	**rosea**	**il**	**giorno**	**a**	**me**	**splendea,**
When	with	light	roseate	the	day	to	me	shone,

(When my life still sparkled with the roseate light of dawn,)

'kwando	fra	'ljete	i'mmadʒini	kwes'tanima	go'dea
quando	**fra**	**liete**	**immagini**	**quest'anima**	**godea,**
when	among	happy	fancies	my spirit	reveled,

a'mor	mi fe	kol'pevole	ma'pri	la'bissɔ	a'mor
amor	**mi fè**	**colpevole,**	**m'aprì**	**l'abisso**	**amor.**
love	made me	guilty,	opened to me	the abyss	love.

(love made me a sinner, love opened the abyss before me.)

al	'doltʃe	suo	so'rridere	ɔ'djava	il miɔ	kɔn'sɔrtɛ
Al	**dolce**	**suo**	**sorridere**	**odiava**	**il mio**	**consorte.**
Its	sweet	(his)	smile	hated	my	consort.

(My consort [Darnley/Arrigo] hates [love's] sweet smile.)

a'rrigɔ	ai	'mizɛrɔ	per	me	sɔ'ddʒakkwɛ	a	'mɔrtɛ
Arrigo!	**ahi!**	**misero**	**per**	**me**	**soggiacque**	**a**	**morte,**
Arrigo!	Ah,	wretched man,	through	me	he came	to	death,

ma	la sua	'votʃe	'lugubre
ma	**la sua**	**voce**	**lugubre**
but	his	voice	lugubrious

mi 'pjomba	im	'mɛddzɔ	al	kɔr	a
mi piomba	**in**	**mezzo**	**al**	**cor,**	**ah!**
falls on me	in the	middle		of my	heart, ah!

(but his mournful voice still resounds in my inmost heart, ah!)

'ombra	adɔ'rata	a	'plakati
Ombra	**adorata,**	**ah!**	**placati...**
Shade	beloved,	ah,	be appeased...

nel	sen	la 'mɔrte	io	'sɛntɔ
Nel	**sen**	**la morte**	**io**	**sento.**
In my	bosom	death	I	feel.

ti 'bastin	le miɛ 'lagrime	ti 'basti	il mio tɔr'mɛntɔ
Ti bastin	**le mie lagrime,**	**ti basti**	**il mio tormento!**
Be satisfied with	my tears,	be satisfied with	my torment!

TALBOT *(placing his hands on Mary's head)*

a	da	ddio	per'dono	ɔ	'mizɛra
Ah!	**da**	**Dio**	**perdono,**	**oh**	**misera,**
Ah!	From	God	forgiveness,	oh	wretched woman,

implɔrɛ'rɔ	per	tɛ	a	si
implorerò	**per**	**te,**	**ah**	**sì.**
I shall implore	for	you,	ah	yes.

MARIA

per'dona	a	'luŋgi	'dʒɛmiti	e	'prɛga	il tʃɛl	per	mɛ
Perdona	**a'**	**lunghi**	**gemiti**	**e**	**prega**	**il ciel**	**per**	**me.**
Forgive	my	lengthy	moaning	and	pray to	Heaven	for	me.

(Talbot raises Mary to her feet.)

TALBOT

u'naltra	'kolpa	a	'pjandʒɛrɛ	aŋ'kor	ti 'rɛsta
Un'altra	**colpa**	**a**	**piangere**	**ancor**	**ti resta...**
Another	sin	to	weep for	still	remains for you...

MARIA

ai	'kwalɛ
Ahi,	**quale?**
Ah!	Which one?

TALBOT

u'nita 'ɛri	a	ba'biŋtɔn
Unita eri	**a**	**Babington?**
Did you conspire (together)	with	Babington?[4]

---

[4] See footnote #4 in Act I on page 356.

MARIA

a	'tatʃi	fu	e'rror	fa'talɛ
Ah!	**taci:**	**fu**	**error**	**fatale!**
Ah,	be silent!	It was	an error	fatal!

TALBOT

'pɛnsa	bɛn	ke	un dio	pɔs'sɛntɛ	e	de	'falli	puni'torɛ
Pensa	**ben**	**che**	**un Dio**	**possente**	**e**	**de'**	**falli**	**punitore,**
Ponder	well	that	a God	powerful	and	of	sins	the punisher,

ke	al	suɔ	'zgwardɔ	ɔnnivɛ'ddʒɛntɛ
che	**al**	**suo**	**sguardo**	**onniveggente**
that	at	His	gaze	all-seeing

mal	sas'kondɛ	uɱ	'falsɔ	'kɔɾɛ
mal	**s'asconde**	**un**	**falso**	**core.**
hardly	can hide	a	false	heart.

(that before His all-seeing gaze no false heart can hide.)

MARIA

nɔ	dʒa'mmai	sɔt'trarsi	al	'tʃɛlɔ
No!	**giammai**	**sottrarsi**	**al**	**cielo**
No!	Never	directed away	from	Heaven

si	po'trɛbbe	il miɔ	pɛn'sjɛɾɔ
si	**potrebbe**	**il mio**	**pensiero:**
could be		my	thoughts;

pur'trɔppo	un	'dɛnsɔ	'vɛlɔ	a	fi'nor	kɔ'pɛrto	il	'vɛɾo
purtroppo	**un**	**denso**	**velo**	**ha**	**finor**	**coperto**	**il**	**vero.**
unfortunately	a	dense	veil	has	till now	obscured	the	truth.

si	mɔ'rɛndɔ	il 'dʒuɾa	uŋ	'kɔɾɛ
Sì,	**morendo**	**il giura**	**un**	**core**
Yes,	dying,	it swears	a	heart

ke	da	ddiɔ	'kjɛdɛ	pjɛ'ta	lo 'dʒuɾɔ	a ddiɔ
che	**da**	**Dio**	**chiede**	**pietà.**	**Lo giuro**	**a Dio!**
that	from	God	begs for	grace.	I swear	to God!

(Yes, my dying heart begs God for grace. I swear it before God!)

TALBOT

il pɛr'dono	del	si'ɲɲoɾɛ	sul	tuo	'kapo	'ʃʃɛndɛ	dʒa
Il perdono	**del**	**Signore**	**sul**	**tuo**	**capo**	**scende**	**già.**
The forgiveness of the		Lord	over	your	head	descends	already.

(Talbot takes up the crucifix again and absolves Mary.)

MARIA
Sì...

TALBOT

'laʃʃa	kɔn'tɛnta	al	'kartʃɛɾɛ	kwestaffa'noza		'vita
Lascia	**contenta**	**al**	**carcere**	**quest'affannosa**		**vita,**
Leave	contented	in	prison	this troubled		life,

(Contented, leave behind in prison this troubled life,)

an'drai	kɔɱ'vɛrsa	in	'andʒelɔ	al	diɔ	konsola'tor
andrai	**conversa**	**in**	**angelo**	**al**	**Dio**	**consolator.**
you will go,	converted	in an	angel	to your	God	consoling.

(transformed as an angel, you will go to a consoling God.)

e	nel	pju 'puɾo	'dʒubilo	'lanima tua	ra'pita
E	**nel**	**più puro**	**giubilo**	**l'anima tua**	**rapita**
And	in the	purest (of)	joy	your soul	rapt

si skɔrde'ra	de'	'palpiti	'kanno	adʒi'tato	il	kɔr
si scorderà	**de'**	**palpiti**	**ch'hanno**	**agitato**	**il**	**cor.**
will forget	the	anxieties	that have	troubled	your	heart.

MARIA

or	ke	mɔ'rɛnte	ɛ	il	'raddʒɔ	'della	mia	'debil	'vita
Or	**che**	**morente**	**è**	**il**	**raggio**	**della**	**mia**	**debil**	**vita,**
Now	that	dying	is	the	ray	of	my	feeble	life,

(Now that the spark of my feeble life is dying,)

il 'tʃɛlɔ	sol	pwɔ	'rɛndɛr	la 'patʃe	al	'mɛsto	kɔr
il cielo	**sol**	**può**	**render**	**la pace**	**al**	**mesto**	**cor.**
Heaven	alone	can	give back	peace	to my	sad	heart.

a	sɛ	di	'trɔppɛ	'lagrime	kwes'talma	fu	nu'drita
Ah!	**se**	**di**	**troppe**	**lagrime**	**quest'alma**	**fu**	**nudrita,**
Ah!	If	with	too many	tears	my soul	was	nourished,

'vɛrsino	i	'luŋgi	'palpiti	ne'llultimo	do'lor	a
versino	**i**	**lunghi**	**palpiti**	**nell'ultimo**	**dolor,**	**ah!**
may they bathe, my	long	sufferings		in my last	grief,	ah!

(let my long suffering be bathed with tears in my [last moment of] grief.)

'duŋkwe	innɔ'tʃɛnte	'vadɔ	a	mo'rir
Dunque	**innocente**	**vado**	**a**	**morir.**
Therefore	innocent	I go	to	die.

TALBOT

'duŋkwe	innɔ'tʃɛnte	tu	vai	a	mo'rir
Dunque	**innocente**	**tu**	**vai**	**a**	**morir.**
Then	innocent	you	go	to	die.

MARIA

si	innɔ'tʃɛnte	lo 'dʒuɾo	iɔ	'vadɔ	a	mo'rir
Sì,	**innocente,**	**lo giuro,**	**io**	**vado**	**a**	**morir.**
Yes,	innocent,	I swear it,	I	go	to	die.

TALBOT
Ah! Lascia contenta al carcere, etc.

MARIA
Ah! se di troppe lagrime, etc.

TALBOT
Ah! si scorderà de' palpiti ch'hanno agitato il cor, etc.

(Supported by Talbot, Mary goes off to another room within the castle. She holds up the crucifix before her as they go.)

Scene Six
(The Hall next to the place of execution within the castle of Fotheringhay. A large door stands closed at the back. It is night. Mary's faithful servants look in horror at the closed door.)

NO. 16 HYMN OF DEATH
CHORUS

ve'deste	ve'demmo	o	'trutʃɛ	appa'rato
Vedeste?	**Vedemmo,**	**oh**	**truce**	**apparato!**
Did you see?	We saw,	oh	cruel	setting,

il	'tʃeppo	la	'skure	la	'funɛbre	'sala
Il	**ceppo...**	**la**	**scure...**	**la**	**funebre**	**sala...**
The	block...	the	ax...	the	gloomy	hall...

e	il	'pɔpɔl	frɛ'mɛnte
e	**il**	**popol**	**fremente**
and	the	populace	trembling

vi'tʃinɔ	'alla	'skala	del	'palkɔ	fa'talɛ
vicino	**alla**	**scala**	**del**	**palco**	**fatale!**
near	the	steps	of the	scaffold	fatal!

ke	'vista	ke	o'rror	la	'vittima	a'ttɛndɛ
Che	**vista!**	**Che**	**orror!**	**La**	**vittima**	**attende**
What	a sight!	What	horror!	The	victim	awaits

lɔ	'stwɔlɔ	mal'natɔ	la	'vittima 'rɛdʒa
lo	**stuolo**	**malnato.**	**La**	**vittima regia...**
the	throng	ill-bred.	The	royal victim...

(The ill-bred throng awaits the victim...)

ɔ is'tabile	'sɔrtɛ	ma	'duna	re'dʒina	la	'barbara	'mɔrtɛ
Oh istabile	**sorte!**	**Ma**	**d'una**	**Regina**	**la**	**barbara**	**morte**
Oh unstable	fate!	But	of a	queen	the	cruel	death

a'llaŋglja	fia	'sɛmpre	diɲ'famja	e	ro'ssor
all'Anglia	**fia**	**sempre**	**d'infamia**	**e**	**rossor.**
for England	will be	forever	an infamy	and	a shame.

Scene Seven
(Anna enters from Mary's apartments.)

NO. 17 GRAN SCENA AND PRAYER
CHORUS
'anna
Anna!

ANNA
kwi	pju	so'mmessi	favɛ'llatɛ
Qui	**più**	**sommessi**	**favellate.**
Here	more	softly	speak.

(You must speak more softly here.)

CHORUS
la	'mizɛɾa	dɔ'vɛ
La	**misera**	**dov'è?**
The	wretched creature,	where is she?

ANNA
'mɛsta	abba'ttuta	'ella	sa'vantsa
Mesta,	**abbattuta**	**ella**	**s'avanza.**
Sad,	beaten down	she	approaches.

dɛ	kɔl	'vɔstɾo	'dwɔlo	non aggra'vatɛ	il suo	do'lor
Deh!	**col**	**vostro**	**duolo**	**non aggravate**	**il suo**	**dolor.**
Please!	With	your	grief	do not increase	her	grief.

CHORUS
ta'tʃamo
Taciamo.
Let us be silent.

Scene Eight
(Mary enters, dressed elaborately in black, wearing her crown, from which a long white veil hangs down her back. She is accompanied by Talbot.)

MARIA *(to her companions)*
io	vi ɾi'vedɔ	al'fin
Io	**vi rivedo**	**alfin.**
I	see you again	at last.

ANNA, CHORUS *(weeping)*
noi	ti per'djamɔ
Noi	**ti perdiamo.**
We	are losing you.

MARIA
'vita	mi'ʎʎor	si	gɔ'drɔ
Vita	**miglior,**	**sì,**	**godrò.**
A life	better,	yes,	I will enjoy.

kon'tɛnta	io	'vɔlɔ	allam'plɛsso	di	ddio
Contenta	**io**	**volo**	**all'amplesso**	**di**	**Dio...**
Content	I	fly	to the embrace	of	God...

ma	voi	fu'ddʒite	'kwesta 'tɛrra	da'ffanni
ma	**voi**	**fuggite**	**questa terra**	**d'affanni!**
But	you	must flee	this earth	of sorrows!

CHORUS

il dwɔl	tʃi 'spettsa	il	kɔr
Il duol	**ci spezza**	**il**	**cor!**
Grief	is breaking	our	heart!

MARIA

dɛ	nɔm pjan'dʒete	'anna	tu	'sola	'rɛsti
Deh!	**non piangete!**	**Anna...**	**tu**	**sola**	**resti,**
Ah!	Do not weep!	Hannah...	you	alone	stay,

tu	ke	sei	la	pju 'kkara	'ɛkkɔti	un	'lino
tu	**che**	**sei**	**la**	**più cara...**	**eccoti**	**un**	**lino,**
you	who	are	the	dearest to me...	here's	a	handkerchief,

di	'lagrime	ba'ɲɲatɔ
di	**lagrime**	**bagnato...**
with	tears	bathed...

'aʎʎi	'ɔkki mjɛi	fa'rai	'lugubre	'bɛnda
agli	**occhi miei**	**farai**	**lugubre**	**benda,**
for	my eyes	you shall make (a)	sad	blindfold (with it),

a'llor ke	'spenti	sa'ran	per 'sɛmpre	al	'dʒorno
allor che	**spenti**	**saran**	**per sempre**	**al**	**giorno.**
when	dead	they will be	forever	to (the light of)	day.

(Here's a handkerchief which, bathed with my own tears, shall make a sad blindfold for my eyes which will be forever shut to the light of day.)

(Mary gives the handkerchief to Hannah.)

ma	voi	pjan'dʒete	aŋ'kor
Ma	**voi**	**piangete**	**ancor?**
But	you	are weeping	still?

'meko	vi u'nite	mjɛi 'fidi	e	al	tʃɛl kle'mɛnte
Meco	**vi unite,**	**miei fidi,**	**e**	**al**	**ciel clemente**
With me	join,	my faithful ones,	and	to	Heaven clement

lɛs'trɛma	'prɛtʃe al'tsjam	de'vɔta e	ar'dɛnte
l'estrema	**prece alziam**	**devota e**	**ardente.**
the last	prayer let us raise,	devout and	ardent.

(All kneel around Mary.)

dɛ	tu	di	un	'umilɛ	prɛ'gjɛɾa	il	'swɔnɔ
Deh!	**tu**	**di**	**un**	**umile**	**preghiera**	**il**	**suono**
Ah!	Thou	of	a	humble	prayer	the	sound

'ɔdi	ɔ	bɛ'nɛfikɔ	ddio	di	pjɛ'ta
odi,	**oh**	**benefico**	**Dio**	**di**	**pietà.**
hear,	oh	beneficent	God	of	mercy.

(Hear the sound of my humble prayer, oh Thou beneficent God of mercy.)

a'llombra	a'kkɔʎʎimi	del	tuo	per'dono
All'ombra	**accoglimi**	**del**	**tuo**	**perdono;**
In the shadow	gather me	of	Thy	forgiveness;

(Gather me in the protection of Thy forgiveness;)

'altro	ɾi'kovɛɾo	il	kɔr	nɔ'na
altro	**ricovero**	**il**	**cor**	**non ha.**
other	refuge	the	heart	does not have.

ANNA, TALBOT, CHORUS
Deh! tu di un umile preghiera, etc.

MARIA
Ah! sì...

ANNA, TALBOT, CHORUS
All'ombra accoglila, etc.

MARIA

si	ddio	fra	'lali	a'kkɔʎʎimi	del	tuo	per'dono
Sì,	**Dio,**	**fra**	**l'ali**	**accoglimi**	**del**	**tuo**	**perdono;**
Yes,	God,	within	Thy wings	gather me	in	Thy	forgiveness.

'altro	ɾi'kovɛɾo	il	kɔr	nɔ'na
Altro	**ricovero**	**il**	**cor**	**non ha.**
Another	refuge	my	heart	has not.

CHORUS
All'ombra accoglila, etc.

(Mary rises, and so do all others.)

MARIA

ɛ	'vano	il	'pjantɔ	il tʃɛl	ma'ita
È	**vano**	**il**	**pianto,**	**il ciel**	**m'aita.**
It is	useless	the	weeping,	Heaven	is helping me.

ANNA, TALBOT, CHORUS

'skɔrda	liŋ'kauto	'della	tua	'vita
Scorda	**l'incauto**	**della**	**tua**	**vita.**
Forget	the rashness	of	your	life.

ANNA, LADIES

'tɔlta	al	do'loɾe	'tɔlta	'aʎʎi	a'ffanni
Tolta	**al**	**dolore,**	**tolta**	**agli**	**affanni,**
Taken away	from	grief,	taken away	from	suffering,

be'niɲɲo	il 'tʃɛlɔ	ti perdɔ'nɔ
benigno	**il cielo**	**ti perdonò.**
beneficent	Heaven	has forgiven you.

TALBOT, MEN
Tolta al dolore, etc.

CHORUS

dis'tɛndi	uɱ	'velo	su	'kɔrsi	a'ffanni
Distendi	**un**	**velo**	**su'**	**corsi**	**affani,**
Spread	a	veil	over	past	suffering,

benigno il cielo ti perdonò.

MARIA
Tolta al dolore, tolta agli affanni,

dɛ'tɛɾnɔ	a'moɾe	mi paʃʃe'ɾɔ
d'eterno	**amore**	**mi pascerò.**
by eternal	love	I shall nourish myself.

(The first cannon shot is heard.)

TALBOT, CHORUS

o	'kkolpo
Oh	**colpo!**
Oh	shot!

Scene Nine
(The great door in back opens. A staircase is seen on either side of which stand the official guards of justice holding torches. Cecil descends the staircase and enters.)

NO. 18 ARIA DEL SUPPLIZIO (ARIA OF EXECUTION)
CECIL *(to Mary)*

ɛ	dʒa	vi'tʃino	del	tuo	mo'rir	lis'tantɛ
È	**già**	**vicino**	**del**	**tuo**	**morir**	**l'istante.**
It is	already	close	of	your	death	the instant.

(The moment of your death is close by.)

eliza'bɛtta	vwɔl	ke	sia	'paga	'oɲɲi	tua 'brama	'parla
Elisabetta	**vuol**	**che**	**sia**	**paga**	**ogni**	**tua brama.**	**Parla.**
Elizabeth	wishes	that	be	granted	every	wish of yours.	Speak.

MARIA

da	lɛi	'tanta	pjɛ'ta	non ispɛ'rai
Da	**lei**	**tanta**	**pietà**	**non isperai.**
From	her	so much	pity	I did not expect.

'ljɛvɛ	fa'vor	ti 'kjɛdɔ
Lieve	**favor**	**ti chiedo.**
A small	favor	I ask of you.

'anna	i mjɛi	'passi	al	'palkɔ	'skɔrga
Anna	**i miei**	**passi**	**al**	**palco**	**scorga.**
Hannah	my	steps	to the	scaffold	should show me.

(Let Hannah accompany me as I walk to the scaffold.)

CECIL

'ella	vɛ'rra
Ella	**verrà.**
She	will go.

MARIA

sɛ a'kkɔlta	ai	la	'prɛtʃɛ pri'mjɛra	'altra	nɛ as'kɔlta
Se accolta	**hai**	**la**	**prece primiera,**	**altra**	**ne ascolta.**
If accepted	you have	the	first plea,	another one	heed.

(If you accepted my first plea, give heed to yet another one.)

di	uŋ	kɔr	ke	'mɔrɛ
Di	**un**	**cor**	**che**	**more**
From	a	heart	that	is dying

'rɛka	il per'dɔnɔ	a	ki	mɔ'ffɛzɛ	mi kɔnda'nnɔ
reca	**il perdono**	**a**	**chi**	**m'offese,**	**mi condannò.**
take	my forgiveness	to	one who	insulted me,	condemned me.

'dille	ke	'ljɛta	'rɛsti	sul	'trɔnɔ
Dille	**che**	**lieta**	**resti**	**sul**	**trono,**
Tell her	that	happy	she should remain	on her	throne,

ke	i swɔi	bɛi	'dʒorni	non turbɛ'rɔ
che	**i suoi**	**bei**	**giorni**	**non turberò.**
that	her	happy	life	I shall not disturb.

'sulla	brɛ'taɲɲa	'sulla	sua	'vita	fa'vor	tʃɛ'lɛstɛ	implɔrɛ'rɔ
Sulla	**Bretagna,**	**sulla**	**sua**	**vita**	**favor**	**celeste**	**implorerò.**
Upon	Britain,	upon	her	life,	grace	celestial	I shall implore.

(I will pray for heavenly grace upon Britain and her life.)

a	del	ri'mɔrsɔ	non sia	pu'nita
Ah!	**del**	**rimorso**	**non sia**	**punita!**
Ah!	By	remorse	let her not be	punished!

a	'tutto	kol	'saŋgwɛ	kantʃɛllɛ'rɔ
Ah!	**tutto**	**col**	**sangue**	**cancellerò!**
Ah!	Everything	with my	blood	I will erase!

TALBOT, ANNA

'skuɾe	ti'ɾanna	'troŋki	'una	'vita	a	si
Scure	**tiranna!**	**Tronchi**	**una**	**vita,**	**ah!**	**sì!...**
Ax	tyrannical!	You cut short	a	life,	ah!	Yes!...

MARIA
Tutto col sangue cancellerò, etc.

CECIL

la sua	bal'dantsa	rɛs'tɔ	pu'nita
La sua	**baldanza**	**restò**	**punita:**
Her	arrogance	has been	punished;

fra	noi	la 'patʃɛ	tɔr'nar	vɛ'drɔ
fra	**noi**	**la pace**	**tornar**	**vedrò.**
between	us	peace	return	I shall see.

ANNA, TALBOT, CHORUS
Scure tiranna, tronchi una vita

ke	di	dol'tʃettsa	tʃi ɾikɔl'mɔ
che	**di**	**dolcezza**	**ci ricolmò.**
...that	with	sweetness	filled us.

Final Scene
(Leicester enters, followed by the Sheriff and the Officials of Justice.)

CECIL *(to Mary)*

'dʒundʒe il 'konte
Giunge il Conte.
The Earl is coming.

MARIA

a	a	'kwale	ei	'vjɛne	'lugubre	'ʃʃɛna
Ah!	**a**	**quale**	**ei**	**viene**	**lugubre**	**scena!**
Ah!	To	what	he	comes,	lugubrious	scene!

(Ah! Upon what tragic scene he enters!)

LEICESTER *(to Mary)*

io	ti ri'vedo	per'duta	ɔp'prɛssa
Io	**ti rivedo,**	**perduta,**	**oppressa...**
I	see you again,	lost,	oppressed...

da	in'dʒuste	'pene	vi'tʃina a	'mɔrtɛ
da	**ingiuste**	**pene...**	**vicina a**	**morte...**
by	unjust	sorrows...	close to	death...

MARIA *(to Leicester)*

'frena	il	do'lor	a'ddio	per 'sɛmprɛ
Frena	**il**	**dolor!**	**Addio**	**per sempre!**
Refrain your		grief!	Farewell	forever!

CECIL

si a'vantsa	'loɾa
Si avanza	**l'ora.**
Is drawing close	the hour.

LEICESTER

a	ke nom 'pɔssɔ	la'ʃʃarti	aŋ'koɾa
Ah!	**che non posso**	**lasciarti**	**ancora!**
Ah!	I cannot	leave you	yet!

(Leicester kneels and embraces Mary's knees. Cecil moves to separate him from Mary.)

CECIL
Si avanza l'ora.

LEICESTER

'skɔstati	ɔ	'vvilɛ
Scostati,	**o**	**vile!**
Move aside,	you	coward!

MARIA

'tatʃi
Taci!
Be silent!

LEICESTER

tre'matɛ	i'nikwi	'tutti
Tremate!	**Iniqui**	**tutti!**
Tremble!	Evil ones,	all of you!

MARIA

te 'stessɔ	'pɛrdi
Te stesso	**perdi!**
Yourself	you are endangering!

(You are putting yourself in danger!)

LEICESTER

te'mete	un	ddio	dellinɔ'tʃentsa	vendika'tor
Temete	**un**	**Dio**	**dell'innocenza**	**vendicator!**
Fear	a	God	of innocence	the avenger!

([All of you!] Be fearful of a God who avenges the innocent!)

(The second cannon shot is heard. The Sheriff descends from the place of execution, followed by his officers, who come and surround Mary.)

CHORUS

a	per'ke	nɔm 'pɔssɔ	nel	'saŋgwe mio
Ah!	**perchè**	**non posso**	**nel**	**sangue mio...**
Ah!	Why	can't I	with	my blood...

CECIL
È l'ora!

CHORUS

'speɲɲere	il 'tʃekɔ 'vɔstro	fu'ror
...spegnere	**il cieco vostro**	**furor!**
...quench	your blind	fury!

LEICESTER *(ready to strike Cecil)*
Vile!

MARIA *(to Leicester, summoning him to her side)*

rɔ'bɛrtɔ	as'kolta
Roberto!...	**Ascolta!...**
Robert!...	Listen!...

(Mary supports herself on Leicester's arm.)

a	sɛ	un	'dʒornɔ	da	'kweste	ri'tɔrtɛ
Ah!	**se**	**un**	**giorno**	**da**	**queste**	**ritorte**
Ah!	though	one	day	from	these	fetters

il tuɔ	'brattʃo	iɱvɔ'larmi	do'vea
il tuo	**braccio**	**involarmi**	**dovea,**
your	arm	to remove me	had wanted,

or	mi 'gwidi	a	mo'rire	da 'fɔrtɛ
or	**mi guidi**	**a**	**morire**	**da forte**
now	lead me	to	die	with strength of spirit

pɛr	ɛs'trɛmɔ	kɔɱ'fɔrtɔ	da'mor
per	**estremo**	**conforto**	**d'amor.**
as	a last	comforting (gesture)	of love.

(turning to the others)

e	il miɔ	'saŋgwe	innɔ'tʃɛnte	vɛr'sato
E	**il mio**	**sangue**	**innocente**	**versato**
And	my	blood	innocent	spilled

'plaki	'lira	del	'tʃelɔ	zdɛ'ɲɲato
plachi	**l'ira**	**del**	**cielo**	**sdegnato;**
let it placate	the wrath	of	Heaven	angered;

(And may my innocent spilled blood placate the wrath of an angered Heaven;)

non ri'kjami	su'llaŋglja	sper'dʒura	
Non richiami	**sull'Anglia**	**spergiura**	
Let it not be called down	upon England	heretic	

il	fla'dʒɛllo	dun dio	puni'tor
il	**flagello**	**d'un Dio**	**punitor.**
the	scourge	of a God	punishing.

(And let not a punishing God call down upon heretic England His scourge!)

LEICESTER, ANNA, TALBOT, CHORUS

'kwali	a'ttʃɛnti	kwal	'trutʃe	zven'tura
Quali	**accenti!**	**Qual**	**truce**	**sventura!**
What	words!	What	grim	misfortune!

CECIL

or	de'llaŋglja	la	'patʃɛ	ɛ	si'kura	si
Or	**dell'Anglia**	**la**	**pace**	**è**	**sicura.**	**sì!**
Now	of England	the	peace	is	assured,	yes!

MARIA
Anna, addio! Roberto, addio! Ah! se un giorno da queste ritorte, etc.

ANNA, LEICESTER, TALBOT, CHORUS

inno'tʃɛntɛ	iɱfa'mata	'ella	'mwɔr	si
Innocente,	**infamata**	**ella**	**muor,**	**sì.**
Innocent,	defamed	she	dies,	yes.

CECIL
Or dell'Anglia la pace è sicura,

la	ne'mika	del	'reɲɲo si	dʒa		mwɔr
la	**nemica**	**del**	**regno sì,**	**già**		**muor.**
the	enemy	of the	realm, yes,	already (is about to)		die.

(Mary, sustained by Talbot and surrounded by guards, starts out through the great door in the back. Leicester covers his face with his hands to block out the sight.)

END OF THE OPERA

ROBERTO DEVEREUX
By
Gaetano Donizetti

OUVERTURE

Larghetto.

Réduite pour le Piano
Par Louis Messemaeckers

Donizetti, marble bust made from life at Rome in 1840-1841
by Giovanni Maria Benzone of Bergamo, where it is now located.

ROBERTO DEVEREUX

Opera in three acts by Gaetano Donizetti
Libretto by Salvatore Cammarano after Ancelot's *Elisabeth d'Angleterre*
First performed at Naples, October 29, 1837

CHARACTERS

Elisabetta, (Elizabeth) Queen of England: soprano
Duke of Nottingham: baritone
Sara, (Sarah, Duchess of Nottingham), his wife: mezzo-soprano
Roberto (Robert Devereux, Earl of Essex): tenor
Lord Cecil: tenor
Sir Walter Raleigh: bass
A Page: bass
Nottingham's Servant: bass
Soldiers, Guards, Pages, Ladies-in-Waiting, Tower Guards, Lords and Ladies

The action takes place in England in 1598

THE PLOT

ACT I

Robert Devereux, Earl of Essex has returned from his unsuccessful military mission to Ireland and is about to stand trial. Sarah, Duchess of Nottingham, pines with love for Essex, and cannot hide her tears from the other ladies of the court as she reads the story of fair Rosamund[1]. The Queen enters and reveals to Sarah that she has consented to see Essex, without whom her life has no meaning and whom she suspects, not of the treason of which he is accused, but of infidelity to her. Cecil comes in to demand the Queen's approval of his Peers' judgment on Essex, but she asks for further proof of treason and says she will see him, giving unabated vent to her feelings for her subject.

Essex proclaims his fidelity to his Sovereign, but, in the course of a grandiose *scena* during which the Queen refers to the ring she once gave him and which he has only to produce for her to guarantee his safety, so far forgets himself as to fancy for a moment that the Queen knows of his secret passion for Sarah. No amount of protestation can allay the suspicion he has created and the unhappy Essex is left alone to lament the turn fate has taken against him. His friend Nottingham (husband of the woman he is in love with, incidentally), comes to assure him of his support in the Council. He also reveals his unhappiness that his wife Sarah, a prey to grief and weeping, has planted the seed of suspicion and jealously in his heart. Cecil summons Nottingham to the Council and Nottingham leaves reiterating his devotion to Essex.

Essex comes to Sarah's apartments in Nottingham House, upbraids her for having married another man and bids her farewell. She pleads that her father's sudden death while Essex was abroad precipitated her into a loveless marriage to Nottingham and urges him to turn towards the Queen. Protesting that his heart is dead to love, he tears the Queen's ring from his finger and throws it on the table. In the course of their meeting Sarah gives him a blue scarf she has embroidered and he swears to wear it near his heart.

---

[1] The heroine, incidentally, of Donizetti's opera *Rosmunda d'Inghilterra*.

ACT II

In the hall at the Palace of Westminster, Lords and Ladies of the court brood on Essex's likely fate. Without his Queen's aid he is lost, and her present mood suggests this will not be forthcoming. Cecil enters to tell the Queen that the Council, in spite of Nottingham's defense of his friend, has brought in a sentence of death, which now awaits only her approval. Cecil leaves and Raleigh comes to tell Elizabeth that when Essex was arrested and searched a silk scarf was found next to his heart. No sooner has the Queen recognized it as Lady Nottingham's than Nottingham himself comes in to plead for Essex's life. Essex himself is brought in under guard, and the Queen confronts him with the scarf, proof that he had lied to her once when he denied being in love. Nottingham, too, recognizes his wife's scarf and calls down the vengeance of Heaven on his faithless friend, as all assembled vent their different emotions.

ACT III

In Sarah Nottingham's apartments, Sarah receives news of Essex's condemnation and plans immediately to take the ring Essex had left at her house to the Queen in token for his plea for mercy, only to look up into the unforgiving eyes of her husband. He denounces Essex, and when the sounds of the procession are heard leading Essex to prison he makes it clear to his wife that he will not allow her to take the ring to the Queen.

The scene changes to the Tower of London, where Essex waits for news of the pardon which he believes will certainly follow the delivery of the ring to the Queen. He pictures offering himself to the sword of Nottingham and with his dying breath assuring his friend that Sarah has remained chaste in spite of all temptation. But the anticipated pardon does not arrive. Instead he hears the funereal sound of the arriving guard ready to take him to his death.

The last scene takes place in the Great Hall, where Elizabeth, surrounded by her Ladies, is anxiously awaiting the arrival of her trusted Sarah to comfort her, as well as a sight of the ring which she believes Essex will send her (she does not, of course, connect the two events). She now shows a forgiving side in her nature, not heretofore seen, but the sight of the distraught Sarah bringing the ring, and her immediate recognition of a hated rival does not sway her from her purpose. She orders a stay of execution at the very moment when a cannon shot is heard giving the signal to the headsman. The Queen turns in misery to blame Sarah until Nottingham himself reveals his guilt in preventing the ring from reaching the Queen. Elizabeth, beside herself with grief, sees visions of the Crown bathed in blood, of a man running through the palace corridors carrying his own head, of a tomb opening for her where once her throne stood.

ACT I
Scene One

(The Great Hall in Westminster Palace. The Ladies of the royal court work intently at various tasks. Sarah, Duchess of Nottingham, sits silently at one side. Her tear-moistened eyes are fixed upon the book she holds in her hands.)

LADIES

'dʒɛmɛ	pa'llor	fu'nɛrɛɔ	lɛ sta	di'pinto iɱ	'volto
Geme!...	**pallor**	**funereo**	**le sta**	**dipinto in**	**volto!**
She is moaning!...	A pallor	deathly	is	painted on her	face!

un	'dwɔlɔ un	dwɔl	te'rribilɛ	a	'tʃɛrtɔ	iɲ	kɔr	se'polto
Un	**duolo, un**	**duol**	**terribile**	**ha**	**certo**	**in**	**cor**	**sepolto.**
A	grief, a	grief	terrible	she has	surely	in her	heart	buried.

(They approach Sarah.)

'sara	du'kessa	ɔ	'skwɔtiti...	'ondɛ	la tua	mes'tittsja
Sara?	**Duchessa?**	**Oh!**	**scuotiti...**	**onde**	**la tua**	**mestizia?**
Sarah,	Duchess!	Oh,	rouse yourself...	whence	your	sadness?

SARA

mes'tittsja	im	mɛ
Mestizia	**in**	**me!**
Sadness	in	me!

LADIES

nɔ 'nai	ba'ɲɲato	il	sen	di	'lagrime
Non hai	**bagnato**	**il**	**sen**	**di**	**lagrime?**
Have you not	bathed	your	bosom	in	tears?

SARA

a	mi tra'diʃʃɛ	il	'kɔrɛ
(Ah!	**mi tradisce**	**il**	**core!)**
(Ah!	I am betrayed (by)	my	heart!)
(Ah! My heart is betraying me!)			

'lɛssi	dɔ'lɛntɛ	is'tɔrja...	pjan'dʒea	di	rɔza'monda
Lessi	**dolente**	**istoria...**	**piangea**	**di**	**Rosamonda...**
I was reading	a painful	story...	I was weeping	over	Rosamond...

LADIES

a	'kjudi	la	'trista	'padʒina	ke	il tuo	do'lor	se'konda
Ah!	**chiudi**	**la**	**trista**	**pagina**	**che**	**il tuo**	**dolor**	**seconda.**
Ah!	Close	the	sad	page	that	your	grief	causes.

SARA

il mio	do'lor
Il mio	**dolor!**
My	grief!

LADIES

si	'vɛrsalɔ	dellamis'tade	in	'seno
Sì!	**Versalo**	**dell'amistade**	**in**	**seno.**
Yes!	Pour it out	of our friendship	in	bosom.

(Pour out [your grief] onto our friendly hearts.)

SARA

'ledi	e	kre'dete
Lady,	**e**	**credete?...**
Ladies,	and	you believe?...

LADIES

a	'fidati
Ah!	**fidati...**
Ah!	Trust us...

SARA

io	nɔ	son	'ljɛta	a'ppjɛnɔ
Io?...	**No...**	**son**	**lieta**	**appieno.**
I?...	No...	I am	happy	extremely.

LADIES

ɛ	kwel	so'rrizo	im'fausto	pju	del	suɔ	'pjantɔ	aŋ'kor
(È	**quel**	**sorriso**	**infausto**	**più**	**del**	**suo**	**pianto**	**ancor.)**
(Is	that	smile	unhappy	more	than	her	tears	even.)

(That smile of hers is even more unhappy than her weeping.)

ROMANZA
SARA

a	alla'flittɔ	ɛ	'doltʃe	il	'pjantɔ
(Ah!	**all'afflitto**	**è**	**dolce**	**il**	**pianto...**
(Ah!	To one who is sad	is	sweet	the	weeping...

ɛ	la	'dʒɔja	ke	ʎi 'rɛsta
è	**la**	**gioia**	**che**	**gli resta...**
it is	the	(only) joy	that	remains to him...

'una	'stella	a	me	fu'nɛsta	'aŋke	il 'pjanto	mi vjɛ'tɔ
Una	**stella**	**a**	**me**	**funesta**	**anche**	**il pianto**	**mi vietò!**
A	star	to	me	ill-omened	even	to weep	forbids me!

'della	tua	pju	'kruda	ɔ 'kwantɔ	rɔza'monda	ɛ	la mia 'sɔrtɛ
Della	**tua**	**più**	**cruda,**	**oh quanto,**	**Rosamonda**	**è**	**la mia sorte!**
Of	yours	more	cruel,	oh how much,	Rosamond	is	my fate!

(Oh Rosamond, how much more cruel is my fate than yours!)

tu	pe'risti	a	'duna	'mɔrtɛ
Tu	**peristi**	**ah!**	**d'una**	**morte,**
You	perished,	ah,	in	death,

io	vi'vɛndo	o'ɲɲor	mɔrrɔ
io	**vivendo**	**ognor**	**morrò!**
I,	while still alive,	always	I will be dying!

(mine will be a living death!)

Scene Two
(Elizabeth enters, preceded by her pages. At the Queen's appearance the ladies curtsy. Acknowledging their greeting, she approaches Sarah in a friendly way.)

SCENA AND CAVATINA
ELISABETTA
duˈkessa
Duchessa...
Duchess...

(The Queen takes Sarah's hand and kisses her cheek. The ladies retire to the back of the room.)

ˈalle	ˈfervide ˈpretʃi	del	tuo konˈsɔrte	alˈfim	maˈrrendɔ
Alle	**fervide preci**	**del**	**tuo consorte**	**alfin**	**m'arrendo;**
To the	eager requests	of	your husband	at last	I yield;

alˈfin	il	ˈkonte	riveˈdrɔ
Alfin	**il**	**Conte**	**rivedrò.**
At last	the	Earl[1]	I shall see again.

(At last I shall see the Earl of Essex [Robert Devereux] again.)

ma	diɔ	kɔnˈtʃeda	ke	per	ˈlultima	ˈvɔlta
Ma...	**Dio**	**conceda**	**che**	**per**	**l'ultima**	**volta**
But...	(may) God	grant	that	for	the last	time

io	nol riˈveda	kio	non ʎi ˈʃʃerna	in	ˈkɔre
io	**nol riveda,**	**ch'io**	**non gli scerna**	**in**	**core**
I	not see him,	that I	not discover	in (his)	heart

ˈmakkja	di	tradiˈmento
macchia	**di**	**tradimento.**
the stain	of	betrayal.

SARA *(suddenly)*

ˈeʎʎi	ˈera	ˈsempre	ˈfidɔ	ˈalla	sua	reˈdʒina
Egli	**era**	**sempre**	**fido**	**alla**	**sua**	**regina.**
He	was	always	faithful	to	his	queen.

ELISABETTA

ˈfidɔ	ˈalla	sua	reˈdʒina	e	ˈbasta	ɔ ˈsara
Fido	**alla**	**sua**	**regina?**	**E**	**basta,**	**o Sara?**
Faithful	to	his	queen?	And	is that enough,	oh Sarah?

ˈwɔpo	ɛ	ke	ˈfido	il ˈtrɔvi	elizaˈbetta
Uopo	**è**	**che**	**fido**	**il trovi**	**Elisabetta.**
Necessary	it is	that	faithful	should find him	Elizabeth.

(It is necessary that [I,] Elizabeth, find him faithful.)

---

[1] There is no word for "Earl" (as in the Earl of Essex) in Italian, therefore *Conte* (Count) is used.

SARA

iɔ	ˈdʒɛlɔ
(Io	**gelo!)**
(I	am freezing!)

(I am chilled to the bone with fear!)

ELISABETTA

a	tɛ	zvɛˈlai	ˈtutto	il miɔ	ˈkɔrɛ
A	**te**	**svelai**	**tutto**	**il mio**	**core...**
To	you	I revealed	all	my	heart...

un	ɔˈrrɛndɔ	sɔsˈpɛttɔ	alˈkuno	im	mɛ	dɛsˈtɔ
Un	**orrendo**	**sospetto**	**alcuno**	**in**	**me**	**destò.**
A	dreadful	suspicion	someone	in	me	aroused.

dirˈlanda	in	ˈriva	lɔ ˈtrasse	un ˈtʃɛnno mio
D'Irlanda	**in**	**riva**	**lo trasse**	**un cenno mio.**
Of Ireland	to the	shore	he was sent by	my order.

(By my orders he was sent to Ireland's shores.)

ke	ˈlundʒe	il ˈvɔlli	da	ˈlondra
chè	**lunge**	**il volli**	**da**	**Londra...**
because	far away	I wanted him (to be)	from	London...

ˈeʎʎi	vi ˈtorna	ed	akkuˈzato	di	fɛlloˈnia
Egli	**vi torna,**	**ed**	**accusato**	**di**	**fellonia;**
He	returns to London,	(and)	accused	of	betrayal;

ma	ˈdaltra	ˈkolpa	iɔ	ˈtɛmɔ	deliŋˈkwɛntɛ	saˈperlo
ma	**d'altra**	**colpa**	**io**	**temo**	**delinquente**	**saperlo...**
but	of another	crime	I	fear	delinquent	to know him...

(But I fear to find him guilty of another crime...)

ˈuna	riˈvalɛ	sio	diskoˈprissi	ɔ	ˈkwalɛ
Una	**rivale**	**s'io**	**discoprissi,**	**oh!**	**quale,**
A	rival,	if I	should discover,	oh,	what,

ɔ	ˈkwanta	nɔn saˈrɛbbɛ	la mia	venˈdetta
oh!	**quanta**	**non sarebbe**	**la mia**	**vendetta!**
oh	how	wouldn't be	my	vengeance!

(A rival perhaps, but who could it be?...Ah, what vengeance I would wreak if I only knew!)

SARA

ˈovɛ	masˈkondo
(Ove	**m'ascondo?...)**

(Where shall I hide?...)

ELISABETTA

il	ˈkɔrɛ	ˈtɔʎʎermi	di	rɔˈbɛrtɔ
Il	**core**	**togliermi**	**di**	**Roberto!...**
The	heart	to rob me	of	Robert!...

(To rob me of Robert's heart!..)

'pari	'kolpa	sa'ria	to'ʎʎermi	il	'sɛrtɔ
Pari	**colpa**	**saria**	**togliermi**	**il**	**serto.**
A similar	crime	it would be	to rob me of	my	crown.

la'mor suo	mi fe	bɛ'ata	mi sɛm'brɔ	del	'tʃɛlo	un	'dono
L'amor suo	**mi fè'**	**beata,**	**mi sembrò**	**del**	**cielo**	**un**	**dono**
His love	made me	blissful,	seemed to me	from	Heaven	a	gift,

per	kwes'talma	innamɔ'rata
per	**quest'alma**	**innamorata**
for	this soul	in love

'ɛra	um	bɛn	ma'ddʒor	del	'trɔnɔ
era	**un**	**ben**	**maggior**	**del**	**trono.**
it was	a	happiness	greater	than my	throne.

a	sɛ	fui	tra'dita
Ah!	**se**	**fui**	**tradita,**
Ah!	If	I have been	betrayed,

sɛ	kwel	kɔr	pju	miɔ	nɔ'nɛ
se	**quel**	**cor**	**più**	**mio**	**non è,**
if	that	heart	any longer	mine	is,

le	de'littsje	'della	'vita
le	**delizie**	**della**	**vita**
the	delights	of	life

'lutto	e	'pjanto	sɔn	pɛr	mɛ
lutto	**e**	**pianto**	**son**	**per**	**me!**
mourning	and	weeping	are	for	me!

(If his heart is no longer mine, then the delights of life will for me turn into mourning and tears!)

Scene Three
(Enter Cecil, Walter Raleigh, and other Lords.)

CECIL *(bowing)*

'nuntsjo	son	del	parla'mento
Nunzio	**son**	**del**	**Parlamento.**
Spokesman	I am	of	Parliament.

SARA
'trɛmɔ
(Tremo!)
(I tremble!)

ELISABETTA
es'poni
Esponi.
Speak.

SARA
a	'skulto	iɲ	'fronte	'lɔdjo suo	
(Ha	**sculto**	**in**	**fronte**	**l'odio suo!)**	
(He has	carved	on his	brow	his hatred!)	

CECIL
di	tradi'mento	si ma'kkjɔ	dɛ'ssɛks	il	'konte
Di	**tradimento**	**si macchiò**	**d'Essex**	**il**	**Conte!**
Of	treason	has been besmirched	of Essex	the	Earl!

(The Earl of Essex has been besmirched [with the charge] of treason!)

ɛttʃɛ'ssiva	in	te	klɛ'mɛntsa	il	dʒu'dittsjo	ne sos'pɛndɛ
Eccessiva	**in**	**te**	**clemenza**	**il**	**giudizio**	**ne sospende:**
Excessive	in	you	clemency	the	judgment	is holding up;

(The judgment is being held up by your excessive clemency [towards him];)

proffe'rir	di	lui	sɛn'tɛntsa	e stɔr'nar	sue	'tramɛ ɔ'rrɛndɛ
Profferir	**di**	**lui**	**sentenza**	**e stornar**	**sue**	**trame orrende**
To pronounce	on	him	sentence	and foil	his	plots dreadful

bɛn	lɔ sai	de	'pari	ɛ	'dritto
ben	**lo sai**	**de'**	**Pari**	**è**	**dritto.**
well	you know	of the	Peers	is	the right.

(You know very well that it is the Peers' right to pronounce sentence on him for his dreadful plots.)

'kwesto	'drittɔ	a	tɛ	si 'kjɛdɛ
Questo	**dritto**	**a**	**te**	**si chiede.**
This	right	from	you	is being asked.

([Parliament] is asking you [for permission to exercise] this right.)

ELISABETTA
bɛn	'daltrɛ	'prɔvɛ	il suo	de'littɔ	'lɔrdi	a 'dwɔpɔ
Ben	**d'altre**	**prove**	**il suo**	**delitto,**	**Lordi,**	**ha d'uopo.**
Many	other	proofs	his	crime	Lords,	has need.

(My Lords, you need [to present me] with much better proof of his crime.)

Scene Six
(A Page enters and bows to the Queen.)

A PAGE
al	'redʒɔ	'pjɛdɛ	di	ve'nirne	ɛ'ssɛks im'plɔra
Al	**regio**	**piede**	**di**	**venirne**	**Essex implora.**
To the	royal	foot	to	approach it	Essex implores.

([The Earl of] Essex begs to prostrate himself at your royal feet.)

CECIL, RALEIGH
'eʎʎi
Egli!...
He!...

ELISABETTA *(casting a furious glance at Cecil and Raleigh)*

'vɛŋga	u'dirlo	io	vɔ
Venga.	**Udirlo**	**io**	**vo'.**
Let him come.	Hear him out	I	wish.

(The Page exits.)

CECIL, RALEIGH

a	la 'rabbja	mi di'vora
(Ah!	**la rabbia**	**mi divora!...)**
(Ah!	Rage	is devouring me!...)

SARA

a	'kome	il	kɔr	mi palpi'tɔ
(Ah!	**come**	**il**	**cor**	**mi palpitò!)**
(Ah!	How		my heart	leapt!)

ELISABETTA

a	ri'torna	kwal	ti 'spɛrɔ
Ah!	**ritorna**	**qual**	**ti spero**
Ah!	Return,	as	I hope you to be,

kwal	ne	'dʒorni	pju	fe'litʃi
qual	**ne'**	**giorni**	**più**	**felici,**
as	in	days	more	happy,

e	ka'dranno	i twɔi	ne'mitʃi	'nella	'polve	i'nnantsi	a ttɛ
e	**cadranno**	**i tuoi**	**nemici**	**nella**	**polve**	**innanzi**	**a te.**
and	shall fall	your	enemies	in the	dust	before	you.

il mio	'reɲɲo	il	'mondo in'tɛrɔ
Il mio	**regno,**	**il**	**mondo intero,**
My	kingdom,	the	world entire,

'rɛɔ	di	'mɔrtɛ	iɱ'van	ti 'grida
reo	**di**	**morte**	**invan**	**ti grida.**
guilty	of	death	in vain	may call you.

(My kingdom and the entire world may call you a guilty man worthy of the death penalty.)

sɛ	al	miɔ	'pjɛdɛ	a'mor	ti 'gwida
Se	**al**	**mio**	**piede**	**amor**	**ti guida,**
If	to	my	foot	love	leads you,

a	innɔ'tʃɛntɛ	sɛi	per	mɛ
ah!	**innocente**	**sei**	**per**	**me.**
ah,	innocent	you are	for	me.

(But if love brings you to my side, then you are innocent to me.)

SARA

a	lui	'fausto	il tʃɛl	so'rrida
(A	**lui**	**fausto**	**il ciel**	**sorrida**
(To	him	auspicious	Heaven	smiles

e   fuˈnɛsto   sia   per   mɛ
e   funesto   sia   per   me.)
and tragic   it would be for me.)
(May Heaven smile on him auspiciously, and be tragic for me.)

CECIL, RALEIGH, LORDS
de   swɔi   ˈdʒorni un   ˈastrɔ ɛ   ˈgwida
(De'   suoi   giorni   un   astro   è   guida,
(Of   his   days   a   star   is   the guide,

ke   al   traˈmontɔ   aŋˈkor   nɔˈnɛ   nɔ
che   al   tramonto   ancor   non è, no!)
that at   setting   still   is not, no!)
(The star that controls his life is not yet set.)

ELISABETTA
ˈvjɛni   taˈffretta
Vieni, t'affretta.
Come,   hasten.

Ah! ritorna qual ti spero, etc.

Scene Five
(Robert, Earl of Essex, enters and prostrates himself before the Queen.)

GRAN SCENA AND DUET
ROBERTO
ˈdɔnna   reˈalɛ   a   ˈpjɛdi   twɔi
Donna   reale,   a'   piedi   tuoi...
Lady   royal,   at the feet   yours...
(My royal Lady, here I am at your feet...)

ELISABETTA
rɔˈbɛrtɔ   ˈkonte   ˈsɔrdʒi   io limˈpoŋgo
Roberto!   Conte,   sorgi,   io impongo.
Robert!   Earl,   rise,   I command you.

(to Cecil)

il voˈler miɔ   ˈnɔtɔ   im ˈbrɛvɛ   faˈrɔ
Il voler mio   noto   in breve   farò.
My wish   known   soon   I will make.
(I will shortly inform you of my wishes.)

siˈɲɲori   aˈddio
Signori,   addio.
Milords,   farewell.

(Everyone exits except Robert.)

in   sɛmˈbjantsa   di   ˈrɛɔ   tɔrˈnasti   ˈduŋkwe
In   sembianza   di   reo   tornasti   dunque
In the guise   of   a guilty man you have returned then

al   mio   kɔs'pɛttɔ   e   mɛ   tra'dir   ɔ'zavi
al   **mio** **cospetto!** **E** **me** **tradir** **osavi?**
to   my   presence!   And   me   betray   you dared?
(And you dared to betray me?)

e   insi'djar   de'ʎʎavi   a   'kwɛstɔ 'krinɛ   il   'sɛrtɔ
e   **insidiar**   **degl'avi**   **a** **questo** **crine** **il** **serto?**
And   plot (to seize) of my ancestors from my   head   the   crown?
(And plot to seize from my head the crown of my ancestors?)

ROBERTO
il 'pɛtto mio   'pjɛno   di   tʃika'tritʃi
Il petto mio, **pieno** **di** **cicatrici,**
My chest   full   of   scars,

ke   il   'brandɔ   vi la'ʃʃɔ   de   twɔi   ne'mitʃi
che **il**   **brando**   **vi lasciò**   **de'** **tuoi** **nemici,**
that   the   weapon   there left   of   your   enemies,

pɛr   me   ris'ponda
per **me**   **risponda.**
for   me   answer.
(Let my chest full of scars left there by your enemies' weapons answer for me.)

ELISABETTA
ma   la'kkuza
Ma   **l'accusa?...**
But   the accusation?...

ROBERTO
e   'kwalɛ
E   **quale?...**
And   what (accusation)?...

dɔ'mata   iŋ   'kampɔ   la   ri'bɛllɛ   'skjɛra
Domata   **in**   **campo**   **la**   **ribelle**   **schiera,**
Routed   on the   battlefield   the   rebellious   forces,

kol   'vintɔ   u'zai   klɛ'mɛntsa
col   **vinto**   **usai**   **clemenza;**
with the   vanquished   I employed   clemency;
(I was merciful to the vanquished after I routed their forces on the battlefield;)

'ɛkkɔ   la   'kolpa   'ondɛ   al   suo   'dutʃɛ
ecco   **la**   **colpa**   **onde**   **al**   **suo** **duce**
that's   the   crime   for which   for   her   leader

i'nnaltsa   um   'palkɔ   iɱ'famɛ   deliza'bɛtta   il   'tʃɛnno
innalza   **un**   **palco**   **infame**   **d'Elisabetta**   **il**   **cenno.**
raises   a   scaffold   infamous   of Elizabeth   the   order.
(That is the crime for which Elizabeth orders the infamous scaffold to be erected for the leader [of her armies].)

ELISABETTA

il	'tʃenno	mio	diffe'ri	skɔnɔ'ʃʃɛntɛ	la tua	sɛn'tɛntsa
Il	**cenno**	**mio**	**differì,**	**sconoscente,**	**la tua**	**sentenza;**
The	order	mine	postponed,	you ingrate,	your	sentence;

il 'tʃenno mio	ti 'laʃʃa	in	libɛr'tadɛ	aŋ'kor
Il cenno mio	**ti lascia**	**in**	**libertade**	**ancor.**
My order	leaves you	at	liberty	still.

ma	ke	fa'vɛlli	di	'palkɔ
Ma	**che**	**favelli**	**di**	**palco?**
But	why	are you talking	about	a scaffold?

a	tɛ	dʒa'mmai	ri'gor	di	'leddʒe
A	**te**	**giammai**	**rigor**	**di**	**legge**
To	you	never	a severity	of	law

'skjuder	nɔm pwɔ	la	'tomba
schiuder	**non può**	**la**	**tomba.**
open	cannot	the	grave.

(Never could a law's harshness open up the grave for you.)
(You could never perish as a result of one of my harsh laws.)

'kwandɔ	kja'mɔ	la	'tromba	i mjɛi	gwe'rrjɛri
Quando	**chiamò**	**la**	**tromba**	**i miei**	**guerrieri**
When	summoned	the	trumpet	my	warriors

(When the trumpet summoned my warriors)

ad	espu'ɲɲar	le	'torri	'della	su'pɛrba	'kaditʃe
ad	**espugnar**	**le**	**torri**	**della**	**superba**	**Cadice,**[2]
to	lay waste	the	towers	of	proud	Cadiz,

te'mesti	ke	la ro'vina	makki'nar	po'tesse
temesti	**che**	**la rovina**	**macchinar**	**potesse**
you feared	that	your ruin	plot	could

di	tɛ	lɔn'tanɔ	a'trɔtʃɛ	'iɱvida	'rabbja
di	**te**	**lontano**	**atroce,**	**invida**	**rabbia:**
from	you	far	atrocious	envious	rage:

(you feared that [someone filled with] atrocious, envious rage could be plotting your ruin from afar;)

(She points to the ring on Roberto's finger.)

ti 'pɔrsi	'kwestɔ	a'nɛllo	e	ti par'lai	la pa'rɔla	dei re
Ti porsi	**questo**	**anello,**	**e**	**ti parlai**	**la parola**	**dei re,**
I gave you	that	ring,	and	I gave you	my word	royal,

ke	ad	'oɲɲi	e'vɛntɔ	ɔ'ffrirlɔ	a'ʎʎɔkki mjɛi
che	**ad**	**ogni**	**evento**	**offrirlo**	**agl'occhi miei**
that	on	any	occasion	to place it	before my eyes

---

[2] The Queen is referring to a quite successful raid on the Spanish Armada in Cadiz, Spain, in the year 1587.

di	tua	sal'vettsa	'peɲɲo	sa'rɛbbe	
di	**tua**	**salvezza**	**pegno**	**sarebbe.**	
of	your	safety	a pledge	it would be.	

(that to place it before my eyes would be a pledge of your safety.)
(that all you had to do was to bring me that ring and your safety would be assured.)

a kɔl	pen'sjero	io	'torno	a	sta'dʒon	pju	ri'dɛnte
Ah! col	**pensiero**	**io**	**torno**	**a**	**stagion**	**più**	**ridente!**
Ah! With my	thoughts	I	return	to	a season	more	happy!

a'lloɾa	i 'dʒorni mjɛi	skɔ'rrean	sɔ'avi	al par	'della spe'rantsa
Allora	**i giorni miei**	**scorrean**	**soavi**	**al par**	**della speranza!**
Then	my days	flowed by	gently,	like	hope (itself)!

o	'dʒorni avventu'rati	o	rimɛm'brantsa
Oh	**giorni avventurati!**	**Oh**	**rimembranza!**
Oh	days fortunate!	Oh	memories!

un	'tɛnero 'kɔre	mi 'reze	fe'litʃe	
Un	**tenero core**	**mi rese**	**felice,**	
A	tender heart	made me	happy,	

prɔ'vai	kwel	kon'tɛnto	ke	'labbro	non 'ditʃe
provai	**quel**	**contento**	**che**	**labbro**	**non dice...**
I knew	that	happiness	that	lips	cannot express...

un	'soɲɲo da'more	la 'vita	mi 'parve	
Un	**sogno d'amore**	**la vita**	**mi parve,**	
A	dream of love	life	seemed to me,	

ma	il	'soɲɲo dis'parvɛ	dis'parve	kwel	kɔr
ma	**il**	**sogno disparve,**	**disparve**	**quel**	**cor!**
but	the	dream vanished,	disappeared	that	heart!

(that heart changed!)

ROBERTO

in'darno	la 'sɔrte	un	'trɔno	ma'ddita
(Indarno	**la sorte**	**un**	**trono**	**m'addita;**
(In vain	fate	a	throne	points out to me;

pɛr mɛ	di	spe'rantsɛ	non 'ride	la 'vita
per me	**di**	**speranze**	**non ride**	**la vita.**
for me	with	hope	not smiles	life,

(my life does not smile with hope,)

pɛr mɛ	luni'vɛrsɔ	ɛ	'muto e	de'zɛrto
per me	**l'universo**	**è**	**muto e**	**deserto.**
for me	the universe	is	mute and	deserted.

lɛ	'dʒɛmme	del	'sɛrto	nɔ'nanno splen'dor
Le	**gemme**	**del**	**serto**	**non hanno splendor.)**
The	jewels	of the	crown	hold no allure [for me].)

ELISABETTA

'muto	'rɛsti
Muto	**resti?**
Silent	you remain?

(in a tone of gentle reprimand)

ɛ	'duŋkwe	'vero	sei	kan'dʒato
È	**dunque**	**vero!**	**sei**	**cangiato?...**
It is	then	true!	You have	changed?...

ROBERTO

nɔ	ke	'dditʃi	'parla	un	'detto
No...	**che**	**dici?**	**Parla**	**un**	**detto**
No...	what	are you saying!	Utter	one	word

ed	il	gwɛ'rrjɛrɔ	'sɔrdʒɛ	e	'fuga	i twɔi	ne'mitʃi
ed	**il**	**guerriero**	**sorge**	**e**	**fuga**	**i tuoi**	**nemici.**
and	your	warrior	arises	and	disperses	your	enemies.

dɔbbe'djɛntsa	di	va'lore	'prɔvɛ	a'vrai
D'obbedienza,	**di**	**valore**	**prove**	**avrai.**
Of obedience,	of	valor	proof	you shall have.

(You shall have proof of my obedience and valor.)

ELISABETTA

ma	non	da'more	vwɔi	pu'ɲɲar
(Ma	**non**	**d'amore!)**	**Vuoi**	**pugnar!**
(But	not	of love!)	You want	to fight!

(fixing Robert with a searching glance, with feigned calm)

ma	di	nom 'pɛnsi	ke	ba'ɲɲar	fa'rɛsti
Ma	**dì,**	**non pensi**	**che**	**bagnar**	**faresti**
But	tell me,	don't you think	that	bathe	you'd cause

un	'tʃiʎʎo	kwi	di	'pjantɔ
un	**ciglio**	**qui**	**di**	**pianto?**
an	eye	here	with	tears?

(But pray tell, wouldn't you then cause someone here [at court] to fill her eyes with tears?)

ROBERTO

ai'mɛ	kwai	'sɛnsi
(Ahimè!	**quai**	**sensi!...)**
(Alas!	What	does she mean!...)

ELISABETTA

ke	li'dɛa	del tuo pe'riʎʎo	palpi'tar	fa'rɛbbɛ	uŋ kɔr
...che	**l'idea**	**del tuo periglio**	**palpitar**	**farebbe**	**un cor?**
...that	the notion	of your peril	beat wildly	would make	a heart?

(...that the [very] notion of your endangerment would cause [someone's] heart to beat wildly?)

ROBERTO
Palpitar?...

ELISABETTA
di	tal	ke	a'moɾe	'teko	'strinse
Di	**tal**	**che**	**amore**	**teco**	**strinse.**
Of	one	that	love	to you	binds.

(Of one [woman] who is bound to you by love.)

ROBERTO
a	'duŋkwɛ	sai
Ah!	**dunque**	**sai?...**
Ah!	Then	you know?...

tʃɛl	ke	'diko
(Ciel!	**che**	**dico!)**
(Heaven!	What	have I said!)

ELISABETTA
e'bbɛn	fi'niʃʃi	'lalma	tua	mi 'zvela	ɔ'mai
Ebben?...	**finisci:**	**l'alma**	**tua**	**mi svela**	**omai.**
Well?...	Out with it!	The soul	yours	reveal to me	now.

ke	pa'vɛnti		ar'diʃʃi
Che	**paventi?...**		**ardisci:**
What	are you afraid of?...		Be bold;

'noma	pur	la tua	di'lɛtta	alla'ltaɾe	io	vi tra'rrɔ
Noma	**pur**	**la tua**	**diletta...**	**all'altare**	**io**	**vi trarrò.**
Name	then	your	beloved one...	to the altar	I	shall lead you both.

ROBERTO
mal ta'pponi
Mal t'apponi.
You're mistaken.

ELISABETTA
o	mia	ven'detta
(O	**mia**	**vendetta!)**
(Oh	my	vengeance!)

(drawing herself up with terrifying majesty)

e	nɔ'nami		'bada	nɔ'nami
E	**non ami?**		**Bada!**	**Non ami?**
And	you're not in love?		Beware!	Are you not in love?

ROBERTO *(hesitating)*
iɔ	nɔ
Io?...	**No.**
I?...	No.

ELISABETTA

un	'lampo	o'rribilɛ	aʎ'ʎɔkki	mjɛi	splɛn'dɛa
(Un	**lampo**	**orribile**	**agl'occhi**	**miei**	**splendea!**
(A	flash	horrible	before the eyes	mine	flared!

nɔ	dal	mio	'zdeɲɲo	'vinditʃɛ
No!	**dal**	**mio**	**sdegno**	**vindice**
No!	From	my	wrath	avenging

fu'ddʒirɛ	nɔm pwɔ	la	'rɛa	mɔ'rra	liɱ'fido
fuggire	**non può**	**la**	**rea.**	**Morrà**	**l'infido,**
flee	cannot	that	guilty woman.	He will die,	that faithless man,

il 'pɛrfidɔ	mɔ'rra	di 'mɔrtɛ	a'tʃɛrba
il perfido,	**morrà**	**di morte**	**acerba,**
that treacherous man,	shall die	a death	bitter,

e	la	ri'val	su'pɛrba	pu'nita	in	lui	sa'ra
e	**la**	**rival**	**superba**	**punita**	**in**	**lui**	**sarà.)**
and	the	rival	haughty	punished	through him	shall be.)

ROBERTO

nas'kondi	'frena	i	'palpiti	ɔ	'mizɛro	mio 'kɔrɛ
(Nascondi,	**frena**	**i**	**palpiti,**	**o**	**misero**	**mio core;**
(Hide,	cease	your	wild throbbing,	oh	wretched	heart of mine;

ti 'paʃʃi	sol	di	'lagrime	ɔ	zvɛntu'rato	a'more
ti pasci	**sol**	**di**	**lagrime,**	**o**	**sventurato**	**amore.**
feed	only	on	tears,	oh	unfortunate	love.

kiɔ	'kada	'solo	'vittima	del	suɔ	fa'tal	sɔs'pɛttɔ
Ch'io	**cada**	**solo**	**vittima**	**del**	**suo**	**fatal**	**sospetto...**
Let me	fall	alone	a victim	of	her	fatal	suspicion...

kɔm	mɛ	lar'kanɔ	a'ffɛttɔ e	'mɔrtɛ e	'tomba	a'vra
Con	**me**	**l'arcano**	**affetto e**	**morte e**	**tomba**	**avrà.)**
With	me	this secret	love both	death and	grave	shall have.)

(With me my secret love will find both its death and its burial.)

re'dʒina
Regina!...
(My) Queen!...

ELISABETTA

e'bbɛn	fi'niʃʃi	'kontɛ
Ebben?	**finisci.**	**Conte!**
Well then?	Continue.	Earl!

ROBERTO
Regina!

ELISABETTA
nɔˈnami
Non ami?
Aren't you in love?

ROBERTO
nɔˈnamɔ
Non amo.
I am not in love.

(Nascondi, frena i palpiti,) etc.

ELISABETTA
kaˈdra
(Cadrà.)
(He will fall.)
(I will destroy him.)

ELISABETTA
Sì, la rival superba punita in lui sarà. etc.

ROBERTO
Ch'io cada solo vittima del suo fatal sospetto, etc.

(Elizabeth sweeps into her own apartments. Robert remains in profound silence, staring at the floor. Nottingham enters and comes up to Robert to embrace him.)

Scene Six

SCENA AND CAVATINA
NOTTINGHAM
rɔˈbɛrtɔ
Roberto!

ROBERTO *(taken by surprise)*
ke	fra	le tuɛ	ˈbrattʃa
Che?...	**fra**	**le tue**	**braccia!...**
What?...	In	your	embrace!...

NOTTINGHAM
ɛsˈtrɛmɔ	paˈllor	ti ˈsjɛde	iɲ	ˈfronte
Estremo	**pallor**	**ti siede**	**in**	**fronte!**
Extreme	pallor	sits		on your brow!

(You look extremely pale!)

a	ˈforse	ˈtrɛmo	dintɛrrɔˈgarti
Ah!	**forse?...**	**Tremo**	**d'interrogarti.**
Ah,	perhaps?...	I shudder	to question you.

ROBERTO
aŋˈkora	la mia	sɛnˈtɛntsa	nom proffɛˈri	kɔˈlɛi
Ancor	**la mia**	**sentenza**	**non profferì**	**colei;**
Still	my	sentence	not ordered	she;

(That woman [Queen Elizabeth] has not ordered my execution yet;)

ma	nel	trɛˈmɛndɔ	ˈzgwardɔ				
ma	**nel**	**tremendo**	**sguardo**				
but	in her	frightening	gaze				

le ˈvidi	sfɔlgɔˈrar	la	ˈbrama del	ˈsaŋgwe mio			
le vidi	**sfolgorar**	**la**	**brama del**	**sangue mio.**			
I saw in her	flashing	the	desire for	my blood.			

NOTTINGHAM

nom prɔseˈgwir	damˈbaʃʃa	ˈlanima					
Non proseguir...	**d'ambascia**	**l'anima**					
Do not go on...	with anguish	my soul					

ɔ	ˈpjɛna	e	di	spaˈvɛntɔ			
ho	**piena**	**e**	**di**	**spavento!**			
I have	filled	and	of	fright!			

(My soul is filled with anguish and fear!)

ROBERTO

a	ˈlaʃʃa	ke	il mio	desˈtino	ˈkompja		
Ah!	**lascia**	**che**	**il mio**	**destino**	**compia,**		
Ah!	Allow	that	my	fate	be fulfilled,		

e	ˈnellɛ	ˈbrattʃa di		ˈkara	ˈspɔza	un	iɱfeˈlitʃe	oˈbblia
e	**nelle**	**braccia di**		**cara**	**sposa**	**un**	**infelice**	**obblia.**
and	in the	arms	of (your)	dear	wife	this	unhappy man	forget.

NOTTINGHAM

ke	ˈparli	a	ˈfɛra	ˈsɔrte	nɛ	aˈmiko	
Che	**parli?...**	**Ah!**	**fera**	**sorte**	**nè**	**amico**	
What	are you saying?	Ah!	Cruel	fate	neither	friend	

nɛ	kɔnˈsɔrtɛ	ˈljeto	mi ˈvɔllɛ				
nè	**consorte**	**lieto**	**mi volle!**				
nor	husband	happy	wished me to be!				

(My cruel fate wanted me to be neither a friend nor a happy husband!)

ROBERTO

ɔ	ˈnarra						
Oh!	**narra!**						
Oh	tell me!						

NOTTINGHAM

un	arˈkanɔ marˈtir	di	ˈsara	aˈttrista	i	ˈdʒorni	
Un	**arcano martir**	**di**	**Sara**	**attrista**	**i**	**giorni**	
A	secret suffering	of	Sarah	saddens	the	days	

e	lentaˈmentɛ	la kɔnˈdutʃe	ˈalla	ˈtomba			
e	**lentamente**	**la conduce**	**alla**	**tomba.**			
and	slowly	is leading her	to her	grave.			

ROBERTO

ɛ	rɛa	ma	zventu'rata
(È	**rea,**	**ma**	**sventurata!)**
(She's	guilty,	but	unfortunate!)

NOTTINGHAM

'jɛɾi	ta'tʃeva	il	'dʒorno	'kwando	pria	dellu'zato
Jeri	**taceva**	**il**	**giorno,**	**quando**	**pria**	**dell'usato**
Yesterday	was quiet	the	day,	when	earlier	than usual

al	mio	so'ddʒorno	mi 'trassi
al	**mio**	**soggiorno**	**mi trassi,**
to	my	rest	I took myself,

(The day was quiet yesterday, and when earlier than usual I went to have a rest,)

e	'nellɛ	'stantse	'ove	so'liŋga 'ella	rɛs'tar	si 'pjatʃɛ
e	**nelle**	**stanze**	**ove**	**solinga ella**	**restar**	**si piace,**
and	into the	rooms	where	alone she	to remain	prefers,

'mɔssi	rɛ'pɛntɛ
mossi	**repente...**
I went	unexpectedly...

(I went unexpectedly into the rooms where she [usually] prefers to remain alone.)

un	'swɔno	di	'tatʃiti	siŋ'gulti
Un	**suono**	**di**	**taciti**	**singulti**
A	sound	of	suppressed	sobs

'appɔ	la	'sɔʎʎa	marrɛs'tɔ	nom ve'duto
appo	**la**	**soglia**	**m'arrestò**	**non veduto.**
near	the	threshold	stopped me	unseen.

'essa	fre'dʒava	dau'rate	'fila	'una	tʃe'rulɛa	'faʃʃa
Essa	**fregiava**	**d'aurate**	**fila**	**una**	**cerulea**	**fascia.**
She	was embroidering	with golden	thread	a	blue	scarf.

ma	'spessɔ	'lɔpra	intɛrrom'pea	kɔl	'pjantɔ
Ma	**spesso**	**l'opra**	**interrompea**	**col**	**pianto,**
But	often	her work	she interrupted	with	tears,

e	iɱvɔ'kava	la 'mɔrtɛ	io	mi ɾi'trassi
e	**invocava**	**la morte.**	**Io**	**mi ritrassi:**
and	prayed for	death.	I	went away;

a'vea	'lalma	in	tu'multo	a'vea	la	'mente ko'zi	tur'bata
Avea	**l'alma**	**in**	**tumulto;**	**avea**	**la**	**mente così**	**turbata,**
I had	my soul	in	tumult;	I had	my	mind so	distressed

ke	sɛm'brai	de'mente
che	**sembrai**	**demente.**
that	I seemed	demented.

'forse   iŋ   kwel   kɔr   sen'sibile
Forse   in   quel   cor   sensibile
Perhaps   in   that   heart sensitive

si fɛ   na'tura   il 'pjantɔ   'duna   fa'tal   mes'tittsja
si fè'   natura   il pianto: d'una   fatal   mestizia
became natural   weeping;   Of that fatal sadness
(Perhaps weeping was the natural state of her sensitive heart, and with that fatal sadness)

aŋ'kio   som   'prɛda   in'tantɔ
anch'io   son   preda   intanto.
also I   am   prey   meanwhile.
(I myself meanwhile am afflicted.)

a kio   mi 'struggo   in 'lagrime   ed   il per'ke   nɔn sɔ
Ah! ch'io mi struggo   in lagrime, ed   il perchè non so.
Ah! I   suffer   in tears   and   why,   I don't know.

ta'lor   mi 'parla   un 'dubbjo   'una dʒe'loza   'votʃe
Talor   mi parla   un dubbio,   una   gelosa   voce;
Sometimes there speaks to me a doubt,   a   jealous   voice;

ma   la   ɾa'dʒon sɔl'letʃita   'spɛrde il sɔs'pɛttɔ a'trɔtʃɛ
ma   la   ragion sollecita   sperde il   sospetto   atroce.
but my reason quickly   dispels the suspicion dreaded.

a   ke   mai   nel   kɔr   deʎ'ʎandʒeli   la 'kolpa   ɛn'trar nɔm pwɔ
Ah! chè   mai   nel   cor   degl'angeli   la colpa   entrar   non può.
Ah! For   never in the heart of angels   sin   enter   cannot.
(Because sin can never enter into the heart of an angel [like my wife].)

(Enter Cecil and the other Lords.)

Scene Seven

CECIL
'duka   'vjɛni   a   kɔɱfe'rɛntsa la   re'dʒina i 'pari   iɱ'vita
Duca, vieni: a   conferenza   la   Regina i   Pari   invita.
Duke, come! To council   the   Queen the Peers is summoning.

NOTTINGHAM
ke   si 'vwɔlɛ
Che si vuole?
What is it about?

CECIL
Vieni.

NOTTINGHAM
ma   ke   si 'vwɔlɛ
Ma   che si vuole?
But   what is it about?

CECIL (*in a hushed voice*)
'una	sɛn'tɛntsa
Una	**sentenza...**
A	sentence...

(*turning a baleful eye on Robert*)

'trɔppo	a 'luŋgo	diffe'rita
...troppo	**a lungo**	**differita.**
...for too	long	postponed.

NOTTINGHAM (*moved, kissing Robert*)
'vɛŋgɔ	a'miko
Vengo,	**amico!**
I'm coming,	friend!

ROBERTO
sul	tuo	't͡ʃiʎʎo	'una	'lagrima	spun'tɔ
Sul	**tuo**	**ciglio**	**una**	**lagrima**	**spuntò!**
On	your	eye	a	tear	gleamed!

(Your eyes were bathed with tears!)

mabban'dona	al	mio	pe'riʎʎo
M'abbandona	**al**	**mio**	**periglio...**
Leave me	to	my	danger...

CECIL
Vieni.

NOTTINGHAM
sal'var	ti vɔ	kwi	ri'bɛllɛ o'ɲɲun	ti 'kjama
Salvar	**ti vo'.**	**Qui**	**ribelle ognun**	**ti chiama,**
To save you	I wish.	Here	a rebel everyone	calls you,

(I want to save you. Here everyone calls you a traitor,)

ti sɔ'vrasta	'fatɔ	ɔ'rrɛndɔ
ti sovrasta	**fato**	**orrendo;**
there hangs over you	a fate	horrendous;

lo'nor tuo	sol	io	di'fɛndɔ
l'onor tuo	**sol**	**io**	**difendo,**
your honor	only	I	defend,

'tɛrra	e	t͡ʃɛl	maskɔltɛ'ra
terra	**e**	**ciel**	**m'ascolterà.**
earth	and	Heaven	will listen to me.

kio	ʎi 'sɛrbi	e	'vita	e	'fama
Ch'io	**gli serbi**	**e**	**vita**	**e**	**fama**
Let me	spare	both (his)	life	and	reputation

dɛ	kɔnˈtʃedi	o	ˈsommo	ˈiˈddio	
deh	**concedi,**	**o**	**sommo**	**Iddio,**	
please	grant,	oh	mighty	God,	

(Oh mighty God, grant that I may spare both his life and reputation,)

ˈparla	tu	sul	ˈlabbro mio	ˈsanta	ˈvotʃe	damisˈta
parla	**tu**	**sul**	**labbro mio**	**santa**	**voce**	**d'amistà.**
speak	Thou	on the	lip mine	sacred	voice	of friendship.

(and may Thou speak through my lips the sacred voice of friendship.)

CHORUS

kwel	suˈpɛrbo	il	ˈdʒusto	fio	de	swɔi	ˈfalli	pageˈra
(Quel	**superbo**	**il**	**giusto**	**fio**	**de'**	**suoi**	**falli**	**pagherà.)**
(That	haughty one	the	just	penalty	for	his	crimes	shall pay.)

NOTTINGHAM
Parla tu sul labbro mio, etc.

Scene Eight
(The apartments of Sarah, Duchess of Nottingham, at Nottingham House. On a table are seen a double-branched candlestick and a rich coffer.)

SARA

ˈtutto	ɛ	siˈlɛntsjɔ	nel	miɔ	kɔr	sɔlˈtanto
Tutto	**è**	**silenzio...**	**nel**	**mio**	**cor**	**soltanto**
All	is	silent...	in	my	heart	alone

ˈparla	ˈuna	ˈvotʃe,	un	ˈgrido	kwal	di	seˈvɛrɔ akkuzaˈtor
parla	**una**	**voce,**	**un**	**grido**	**qual**	**di**	**severo accusator!**
speaks	a	voice,	a	cry,	like that	of a	stern accuser!

ma	ˈrɛa	non ˈsono
Ma	**rea**	**non sono:**
But	guilty	I am not;

ˈdella	pjeˈtadɛ	iɔ	maˈrrɛndɔ	al	konˈsiʎʎo
Della	**pietade**	**io**	**m'arrendo**	**al**	**consiglio,**
Of	pity	I	yield	to the	counsel,

non	dellaˈmor	loˈrribile	peˈriʎʎo	ke	rɔˈbɛrto	miˈnattʃa
non	**dell'amor.**	**L'orribile**	**periglio**	**che**	**Roberto**	**minaccia**
not	of love.	The horrible	peril	that	Robert	threatens

(I yield myself to the judgment of mercy, not of love...The horrible peril that threatens Robert)

il mio	skɔrˈdar	mi fe	ki	ˈdʒundʒe	ɛ	ˈdesso
il mio	**scordar**	**mi fe'...**	**chi**	**giunge?**	**È**	**desso!**
my own (peril)	forget	made me...	Who	is coming?	It is	he!

Scene Nine
(Robert enters, wrapped in a long cloak.)

ROBERTO

'una	'vɔlta	o	kru'dɛl	mai pur	kɔn'tʃesso
Una	**volta,**	**o**	**crudel,**	**m'hai pur**	**concesso**
At one	time,	oh	cruel one,	you did me	allow

ve'nirnɛ	a	tɛ	sper'dʒura	tradi'tritʃɛ	'pɛrfida
venirne	**a**	**te!...**	**Spergiura!**	**Traditrice!**	**Perfida!...**
to fall in love	with	you!...	Perjurer!	Betrayer!	Faithless one!...

e	kwal	va	'nome	dɔl'traddʒo	di	ɾam'poɲɲa
e	**qual**	**v'ha**	**nome**	**d'oltraggio,**	**di**	**rampogna**
and	what	isn't there	name	of scorn,	of	outrage

ke	tu	nom 'mɛrti
che	**tu**	**non merti?**
that	you	don't deserve?

(And what term of scorn and outrage do you not deserve?)

SARA

as'kolta	'ɛri	dʒa	'lundʒe
Ascolta.	**Eri**	**già**	**lunge...**
Listen to me...	You were	already	far away...

'kwando	si 'skjuzɛ	la	fu'nɛrɛa	'pjɛtra
Quando	**si schiuse**	**la**	**funerea**	**pietra**
When	was opened	the	funereal	gravestone

sul	'padre	mio
sul	**padre**	**mio.**
over the	father	mine.

(Listen...You were already gone, when my father [died] and was buried.)

	ri'masta	'ɔrfana	e	'sola
	Rimasta	**orfana**	**e**	**sola,**
(Having)	remained	orphaned	and	alone,

dun	a'ppɔddʒo	ai	'dwɔpo	la	re'dʒina mi 'disse
"d'un	**appoggio**	**hai**	**d'uopo",**	**la**	**regina mi disse:**
"of	protection	you have	need",	the	Queen told me;

e	a 'ljɛtɛ	'nɔttse	ti 'sɛrbɔ
"e	**a liete**	**nozze**	**ti serbo."**
"and	a happy	marriage	I will plan for you."

ROBERTO

e	ttu
E	**tu?**
And	you?

SARA

mɔˈppozi	lɛ ˈkjezi	ma	inˈdarnɔ	il	vɛl
M'opposi.	**Le chiesi,**	**ma**	**indarno**	**il**	**vel...**
I refused.	I asked her,	but	in vain	(to let me take)	the veil...

(to let me become a nun...)

fui	ˈtratta	al	ˈtalamo	ke	ˈdiko
Fui	**tratta**	**al**	**talamo...**	**Che**	**dico?**
I was	dragged	to the	marriage bed...	What	am I saying?

al	miɔ	ˈlɛtto	di	ˈmɔrtɛ
al	**mio**	**letto**	**di**	**morte!**
To	my	bed	of	death!

ROBERTO

ɔ	tʃɛl
Oh	**ciel!**
Oh	Heaven!

SARA

feˈlitʃɛ	kwanˈtio	non	son	ˈfato	miˈʎʎor ti ˈrɛnda
Felice	**quant'io**	**non**	**son**	**fato**	**miglior ti renda...**
Happy	as I	not	am	fate	better make you...

(However much I am unhappy, may a better fate make you happy...)

ˈalla	reˈdʒina	il	ˈkɔrɛ	ˈvɔldʒi	rɔˈbɛrto
alla	**Regina**	**il**	**core**	**volgi,**	**Roberto.**
To the	Queen	your	heart	turn,	Robert.

(Turn your heart toward the Queen, Robert.)

ROBERTO

a	ˈtatʃi	ˈspɛnto	allaˈmor	soˈnio
Ah!	**taci...**	**spento**	**all'amor**	**son io.**
Ah!	Be silent...	dead	to love	am I.

SARA

la	ˈdʒɛmma	ke	in	tua	man	risˈplɛndɛ
La	**gemma**	**che**	**in**	**tua**	**man**	**risplende**
The	gem	that	on	your	hand	sparkles

ˈɛra	meˈmɔrja	e	ˈpeɲɲo	dun	aˈffɛtto	reˈal
era	**memoria**	**e**	**pegno**	**d'un**	**affetto**	**real...**
was	a reminder	and	pledge	of an	affection	royal...

(was a souvenir of a royal love...)

ROBERTO

ˈpeɲɲo	daˈffɛtto	non sai	pur	si disˈtrugga	il tuo	sosˈpɛtto
Pegno	**d'affetto?**	**Non sai...**	**pur**	**si distrugga**	**il tuo**	**sospetto!**
Pledge	of love?	You don't know...	now	be allayed	your	suspicion!

(He takes off his ring and throws it on the table.)

'millɛ	'vɔltɛ	pɛr	ˌtɛ	da'rɛi	la	'vita
Mille	**volte**	**per**	**te**	**darei**	**la**	**vita.**
A thousand	times	for	you	I'd give	my	life.

SARA

rɔ'bɛrto	'ultimɔ	a'ttʃɛnto	'sara	ti 'parla
Roberto...	**ultimo**	**accento**	**Sara**	**ti parla**
Robert...	a last	word	Sarah	will speak to you

ed	'ɔza	'una	'grattsja	prɛ'gar
ed	**osa**	**una**	**grazia**	**pregar.**
and	dares	one	favor	to beg.

ROBERTO

'kjɛdimi	il 'saŋgwɛ	'tuttɔ	io spardʒɛ'rɔ	pɛr tɛ	mio 'bɛnɛ
Chiedimi	**il sangue.**	**Tutto**	**io spargerò**	**per te,**	**mio bene.**
Ask me for	my blood.	All of it	I shall spill	for you,	my beloved.

SARA

'vivɛr	'dɛvi	e	fu'ddʒir da	'kwɛstɛ	a'rɛnɛ
Viver	**devi,**	**e**	**fuggir da**	**queste**	**arene.**
To live	you must,	and	flee from	these	sands.

(You must live and flee these shores.)

ROBERTO

il	'vɛrɔ	in'tezi	a	'parmi	sɔ'ɲɲar
Il	**vero**	**intesi?**	**Ah!**	**parmi**	**sognar!**
The	truth	I heard?	Ah!	I seem	to be dreaming!

SARA

a	sɛ	'mmami	pɛr 'sɛmprɛ	dei	la'ʃʃarmi
Ah!	**se**	**m'ami**	**per sempre**	**dêi**	**lasciarmi.**
Ah!	If	you love me,	forever	you must	leave me.

ROBERTO
Per sempre!

SARA
Sì.

ROBERTO

a	noŋ krɛ'dea	kan'dʒato	'tantɔ	di	'sara	il kɔr
Ah! non credea		**cangiato**	**tanto**	**di**	**Sara**	**il cor.**
Ah! I did not believe		changed	so much	of	Sarah	the heart.

(Ah! I did not believe Sarah's heart had changed so much.)

son	'lɔdjo	'tuo
Son	**l'odio**	**tuo!...**
I am	the hatred	yours!...

(I am the man you hate!)

SARA
spjɛ'tatɔ
Spietato!
Pitiless man!

ROBERTO
'ardɔ	pɛr	tɛ	da'mor
Ardo	**per**	**te**	**d'amor.**
I burn	for	you	with love.

SARA
da'kke	tɔr'nasti	ai 'mizɛɾa	iŋ	'kwestɔ	'dɛbil	'kɔɾɛ
Dacchè	**tornasti,**	**ahi misera!**	**in**	**questo**	**debil**	**core**
Since	your return,	wretched me!	In	my	feeble	heart

del	mal	so'pito	in'tʃendjɔ	si ɾidɛs'tɔ	lar'doɾɛ
del	**mal**	**sopito**	**incendio**	**si ridestò**	**l'ardore...**
of the	barely	extinguished	fire	is re-awakened	the ardor...

(Wretched me! Since your return, in my weak heart is re-ignited the passion of that barely extinguished fire...)

a	'parti	a	'vannɛ a	'laʃʃami
Ah!	**parti,**	**ah!**	**vanne, ah!**	**lasciami,**
Ah!	Depart!	Ah,	go, ah!	leave me,

a	'tʃedi	'alla	'sɔrte	a'tʃɛrba
Ah!	**cedi**	**alla**	**sorte**	**acerba...**
Ah!	Yield	to	fate	bitter...

a	tɛ	la	'vita	'sɛrba	'sɛrba	lo'nor	a	mmɛ
a	**te**	**la**	**vita**	**serba,**	**serba**	**l'onor**	**a**	**me.**
for	you	your	life	spare,	spare	the honor	for	me.

(spare your life and spare me my honor.)

ROBERTO
'dove	son io	kwai	'zmanjɛ
Dove	**son io?**	**Quai**	**smanie!**
Where	am I?	What	madness!

fra	'vita	e	'mɔrte	on'deddʒo
Fra	**vita**	**e**	**morte**	**ondeggio!**
Between	life	and	death	I am wavering!

tu	'mmami	e	'deddʒo	'pɛrderti
Tu	**m'ami**	**e**	**deggio**	**perderti!...**
You	love me	and	I must	lose you!...

SARA
Sì.

ROBERTO
'mami	e	la'ʃʃarti	'deddʒo
M'ami	**e**	**lasciarti**	**deggio.**
You love me	and	leave you	I must.

SARA
Sì.

ROBERTO
po'ter	dellami'tʃittsja
Poter	**dell'amicizia...**
Ah, power	of friendship...

SARA
A te la vita serba...

ROBERTO
'prɛstami tu	vi'gore
...prestami tu	**vigore.**
...lend me	strength.

SARA
...l'onore a me.

ROBERTO
ke	dum	mɔr'tale	iŋ	'kɔrɛ	'tanta	vir'tu	nɔ'nɛ
chè	**d'un**	**mortale**	**in**	**core**	**tanta**	**virtù**	**non è...**
For	of a	mortal	in the	heart	so much	virtue	there isn't...

(For in a man's heart such virtue does not exist...)

(Sarah falls at his feet, weeping and imploring. Robert raises her.)

a	'tɛrdʒi	lɛ	a'marɛ	'lagrime	si	fuddʒi'rɔ
Ah!	**tergi**	**le**	**amare**	**lagrime,**	**sì,**	**fuggirò.**
Ah!	Dry	your	bitter	tears,	yes,	I shall flee.

SARA
lo 'dʒura
Lo giura.
Swear it.

ROBERTO
Sì, poter dell'amicizia, etc.

SARA
Parti, ah! fuggi, etc.

e	'kwando	fuddʒi'rai
E	**quando**	**fuggirai?**
And	when	will you flee?

ROBERTO
a'llor ke	'tatʃita	a'vra	la	'nɔtte	os'kura
Allor che	**tacita**	**avrà**	**la**	**notte**	**oscura**
When	silently	will have	the	night	dark

u'naltra	'vɔlta	in	'tʃɛlo	dis'tezo	il	'tɛtro	vel
un'altra volta		**in**	**cielo**	**disteso**	**il**	**tetro**	**vel.**
again		in the	sky	spread out	its	dark	veil.

(When the night will again have silently spread out its dark veil.)
(When it gets dark.)

or	nɔl pɔ'trei	ke	'rɔzeo	il	'primɔ	al'bor	dʒa	'sɔrdʒɛ
Or	**nol potrei,**	**chè**	**roseo**	**il**	**primo**	**albor**	**già**	**sorge.**
Now	I cannot,	for	pink	the	first	dawn	already	is rising.

(because it's already daylight.)

SARA

kwal	pe'riʎʎo	imɲ'vɔlati	sɛ al'kun	u'ʃʃir	ti 'skɔrdʒɛ
Qual	**periglio!...**	**involati**	**se alcun**	**uscir**	**ti scorge!...**
What	danger!...	flee...	if someone	leaving	sees you!...

ROBERTO

ɔ	'fjɛɾo	is'tantɛ
Oh	**fiero**	**istante!**
Oh	dread	moment!

SARA

un	'ultimo	'peɲɲo	dimɲ'fausto	a'morɛ	kɔn	tɛ	nɛ 'vɛŋga
Un	**ultimo**	**pegno**	**d'infausto**	**amore**	**con**	**te**	**ne venga...**
A	last	pledge	of unhappy	love	with	you	take...

(Take this, a last pledge of an unhappy love...)

(She gives him the blue scarf embroidered with gold thread.)

ROBERTO

a	'pɔrdʒilo	kwi	sul	tra'fitto	'kɔɾɛ
Ah!	**porgilo**	**qui**	**sul**	**trafitto**	**core...**
Ah!	Give it	here,	upon this	pierced	heart...

SARA

'vannɛ	di me ɾa'mmɛntati	sol 'kwandɔ	'prɛgi	il tʃɛl	a'ddio
Vanne! Di me rammentati		**sol quando**	**preghi**	**il ciel!**	**Addio!...**
Go!	Remember me	only when	you pray	to Heaven!	Farewell!...

ROBERTO
Per sempre!...

SARA
ɔ 'spazimo
Oh spasimo!
Oh sorrow!

ROBERTO

ɔ	rio	des'tin	kru'dɛl
Oh	**rio**	**destin**	**crudel!...**
Oh	awful	fate	cruel!...

SARA
Addio!

ROBERTO
Addio!

SARA, ROBERTO

a	kwesta'ddiɔ	fa'tale	ɛs'trɛmɔ	ɛ	un	a'bisso	di	tɔr'mɛnti
Ah!	**quest'addio**	**fatale,**	**estremo**	**è**	**un**	**abisso**	**di**	**tormenti...**
Ah!	This farewell	fatal,	final,	is	an	abyss	of	torments...

(is a chasm of suffering...)

le mie	'laɡrimɛ	kɔ'tʃɛnti
le mie	**lagrime**	**cocenti**
my	tears	burning

pju	del	'tʃiʎʎɔ	'spardʒɛ	il	kɔr
più	**del**	**ciglio**	**sparge**	**il**	**cor.**
more	than the	eyelid	sheds	the	heart.

(My burning tears are shed in more abundance by my heart than by my eyes.)

a	mai pju	non tʃi ve'dremo	maŋ'kar	mi 'sɛntɔ
Ah!	**mai più**	**non ci vedremo...**	**mancar**	**mi sento!**
Ah!	Never again	we will see one another...	faint	I feel!

a	si ra'kkjude	iŋ	'kwestɔ a'ttʃɛntɔ	'una	'vita	di	do'lor
Ah!	**si racchiude**	**in**	**questo accento**	**una**	**vita**	**di**	**dolor!**
Ah!	Is contained	in	these words	a	life	of	grief!

SARA
Parti!

ROBERTO
Fero istante!

SARA
Addio!

ROBERTO
'fɛrma
Ferma!
Stay!

SARA
Ah! mi lascia!

SARA, ROBERTO
Ah! questo addio fatale, estremo, etc.

(Robert leaves and Sarah returns to her apartments.)

END OF ACT I

ACT II
Scene One
(The Hall at Westminster. Lords and Ladies of Elizabeth's court come together to converse.)

CHORUS

'lorɛ	tras'korrono	'sursɛ	lau'rora
L'ore	**trascorrono,**	**surse**	**l'aurora,**
The hours	go by,	has broken	the dawn,

nɛ	il	parla'mento	si 'ʃʃɔlsɛ	aŋ'kor
nè	**il**	**parlamento**	**si sciolse**	**ancor.**
and	the	Parliament	hasn't adjourned	yet.

'sɛntsa	la'ita	'della	re'dʒina
Senza	**l'aita**	**della**	**Regina**
Without	the aid	of the	Queen

pur'trɔppɔ	ɛ	'tʃɛrta	la sua	ro'vina a	si
purtroppo	**è**	**certa**	**la sua**	**rovina, ah**	**sì!**
completely	is	certain	his	ruin,	ah yes!

ta'tʃete	ɔ	'lɔrdi	eliza'betta
Tacete,	**o**	**Lordi,**	**Elisabetta,**
Be silent,	oh	Lords,	Elizabeth,

kwal	ki	ma'tura	'una	ven'detta
qual	**chi**	**matura**	**una**	**vendetta,**
like one	who	ripens	a	vengeance,

'ɛrra	din'torno	frɛ'mente	e	'sola
erra	**d'intorno,**	**fremente**	**e**	**sola,**
wanders	around us,	trembling	and	alone,

nɛ	'mɔve	iŋ'kjɛsta	nɛ	fa	pa'rɔla
nè	**move**	**inchiesta,**	**nè**	**fa**	**parola.**
not	asking	questions	nor	speaking	a word.

ɔ	tʃɛl	ta'tʃete
Oh	**Ciel!**	**Tacete!**
Oh	Heaven!	Be silent!

'mizɛro	'konte	il 'tʃɛlo	i'rato	di 'foske	'nubi	ti tʃirkɔn'dɔ
Misero	**Conte!**	**Il cielo**	**irato**	**di fosche**	**nubi**	**ti circondò.**
Wretched	Earl!	Heaven	irate	with dark	clouds	has surrounded you.

il tuo	des'tino	ɛ	dʒa	sɛ'ɲɲato
Il tuo	**destino**	**è**	**già**	**segnato:**
Your	destiny	is	already	sealed;

iŋ	kwel	si'lɛntsjo	la 'mɔrtɛ	a	par'lɔ
In	**quel**	**silenzio**	**la morte**	**ah!**	**parlò.**
In	that	silence	death	ah,	has spoken.

(Elizabeth enters from one side, Cecil from the other.)

ELISABETTA
eˈbbɛn
Ebben?
Well?

CECIL
del	reo	le	ˈsɔrti	ˈfuro	a	ˈluŋgo	adʒiˈtatɛ
Del	**reo**	**le**	**sorti**	**furo**	**a**	**lungo**	**agitate;**
Of the	culprit	the	fates	were	for a	long time	debated;

(The fate of the accused was debated for a long time;)

pju	damisˈta	ke	di	raˈdʒom	pɔˈssɛntɛ
Più	**d'amistà**	**che**	**di**	**ragion**	**possente**
More	out of friendship	than	out of	reason	powerful

il	ˈduka	vivaˈmentɛ	lo diˈfeze	ma	imˈvan
il	**duca**	**vivamente**	**lo difese,**	**ma**	**invan.**
the	Duke	enthusiastically	defended him,	but	all in vain.

(More out of friendship than powerful reason the Duke [of Nottingham] defended [Robert Devereux] enthusiastically, but it was all in vain.)

rɛˈkar ti	ˈdevɛ	la	sɛnˈtɛntsa	ˈeʎʎi ˈstesso
Recar ti	**deve**	**la**	**sentenza**	**egli stesso.**
Bring to you	he must	the	sentence	himself.

ELISABETTA
ed	ˈɛra
Ed	**era?**
And	it was?

CECIL
ˈmɔrtɛ
Morte.
Death.

(Sir Walter Raleigh enters.)

RALEIGH
Regina...

ELISABETTA
pwɔ	la	ˈkortɛ	allɔntaˈnarsi	rikjaˈmata	im ˈbrɛvɛ	kwi	fia
Può	**la**	**Corte**	**allontanarsi:**	**richiamata**	**in breve**	**qui**	**fia.**
Can	the	Court	withdraw;	recalled	soon	here	it will be.

(The Court may now withdraw; it will be recalled soon.)

(All leave except Raleigh and Elizabeth.)

ˈtanto	induˈdʒasti
Tanto	**indugiasti?**
So long	you delayed?

RALEIGH

a'ssɛnte	'eʎʎi	'ɛɾa
Assente	**egli**	**era,**
Out	he	was,

ed	al	pa'ladʒo	suo	nomɱ fe	ri'torno
ed	**al**	**palagio**	**suo**	**non fe'**	**ritorno**
and	to the	palace	his	he did not	return

ke	'surto	il	'nwɔvo	'dʒorno
che	**surto**	**il**	**nuovo**	**giorno.**
until	risen	the	new	day.

(He was out and did not return to his palace until the next day.)

ELISABETTA *(disturbed)*

'sɛgwi
Segui!...
Continue!...

RALEIGH

fu	dizar'matɔ	e	nel	tʃɛr'kar
Fu	**disarmato,**	**e**	**nel**	**cercar**
He was	disarmed,	and		while searching (him)

sɛ	krimi'nozi	'fɔʎʎi	'nellɛ	'vɛsti	kju'dessi
se	**criminosi**	**fogli**	**nelle**	**vesti**	**chiudesse,**
if	incriminating	letters	in his	clothes	he were hiding,

i mjɛi	sɛ'gwatʃi	'vider	ke	in	sen	tʃe'lava	'sɛrika	'ʃʃarpa
i miei	**seguaci**	**vider**	**che**	**in**	**sen**	**celava**	**serica**	**sciarpa.**[1]
my	followers	saw	that	in his	bosom	he hid	a silken	scarf.

kɔman'dai	ke	'tɔlta	ʎi 'fosse
Comandai	**che**	**tolta**	**gli fosse:**
I ordered	that	taken from	him it be:

(I ordered my men to take it from him;)

'diɾa	tɛmɛ'raɾja	e	'stolta	avvam'pando	pria	gri'dɔ
D'ira	**temeraria**	**e**	**stolta**	**avvampando**	**pria**	**gridò:**
With a rage	rash	and	foolish	burning	at first	he shouted:

stra'pparmi	vɛ 'dwɔpo	il	kɔr	dal	'pɛttɔ
"Strapparmi	**v'è d'uopo**	**il**	**cor**	**dal**	**petto!..."**
"Tear	you must	my	heart	from my	breast!..."

("I'd rather you rip out my heart!")

del	'kontɛ	la	re'pulsa	fu	'vana
Del	**conte**	**la**	**repulsa**	**fu**	**vana.**
Of the	Earl	the	resistance	was	in vain.

---

[1] When first this scarf was mentioned in Act I it was spelled *sciarpa*, which is the correct spelling. Somehow in Act II the Ricordi score shows *ciarpa*, which means nothing in Italian and is obviously a serious misprint.

ELISABETTA

e	'kwella	'ʃʃarpa
E	**quella**	**sciarpa?**
And	that	scarf?

RALEIGH

'ɛkkɔla
Eccola.
Here it is.

ELISABETTA *(examining the scarf)*

ɔ	'rabbja	'tʃifrɛ	da'mor	kwi	'veddʒo
(Oh	**rabbia!...**	**cifre**	**d'amor**	**qui**	**veggio!...)**
(Oh	rage!...	Emblems	of love	here	I see!...)

(She is trembling with rage, but she turns to Raleigh and resumes her majestic stance. Raleigh exits.)

al	mio	kɔs'pɛttɔ	ko'lui si 'tragga
Al	**mio**	**cospetto**	**colui si tragga.**
To	my	presence	let him be brought.

ɔ	'millɛ	'furjɛ	im	'pɛtto
Ho	**mille**	**furie**	**in**	**petto!**
I have	a thousand	furies	in my	breast!

(Nottingham enters.)

NOTTINGHAM

nɔɲ 'vɛnni	mai	si	'mɛsto	'alla	re'gal	prɛ'zɛntsa
Non venni	**mai**	**sì**	**mesto**	**alla**	**regal**	**presenza.**
I've never come	(ever)	so	sad	to your	royal	presence.

'kompio	un do'ver	fu'nɛsto	dɛ'ssɛks	ɛ	la	sɛn'tɛntsa
Compio	**un dover**	**funesto.**	**D'Essex**	**è**	**la**	**sentenza.**
I carry out	a duty	tragic.	Of Essex	this is	the	sentence.

(He hands her the parchment.)

'tatʃe	il mi'nistro	or	'parla	la'miko	in	suɔ	fa'vorɛ
Tace	**il ministro.**	**Or**	**parla**	**l'amico**	**in**	**suo**	**favore.**
Is silent	your minister.	Now	speaks	the friend	in	his	favor.

(Your minister kept silent. Now I, as his friend, speak in his favor.)

'grattsja
Grazia!
Mercy!

ELISABETTA

ke
Che?
What?

NOTTINGHAM

poˈtria	nɛˈgarla	delizaˈbetta	il	ˈkɔrɛ
Potria	**negarla**	**d'Elisabetta**	**il**	**core?**
Could	deny it	of Elizabeth	the	heart?

(Could Elizabeth's heart deny it?)

ELISABETTA

iŋ	ˈkwestɔ	ˈkɔrɛ	ɛ	ˈskulta	la sua	kɔnˈdanna
In	**questo**	**core**	**è**	**sculta**	**la sua**	**condanna.**
In	my	heart	is	carved	his	death warrant.

NOTTINGHAM

o	ˈdetto
Oh	**detto!**
Oh	words!

ELISABETTA

ˈduna	riˈvalɛ	oˈkkulta	fiˈnor	laˈkkɔlse	il	ˈtetto
D'una	**rivale**	**occulta**	**finor**	**l'accolse**	**il**	**tetto...**
Of a	rival	unknown	till now	received him	the	roof...[2]

(The house of a rival until now unknown received him...)

si	ˈkwesta	ˈnɔtte	isˈtessa	ei	mi traˈdia
Sì,	**questa**	**notte**	**istessa**	**ei**	**mi tradia...**
Yes,	this	night	very	he	betrayed me...

(Yes, this very night he betrayed me...)

NOTTINGHAM

ke	ˈddittʃi	nɔ	kaˈlunnja	ɛ	ˈkwesta
Che	**dici!...**	**No,**	**calunnia**	**è**	**questa.**
What	are you saying!...	No,	slander	is	this.

(No, this is slanderous!)

ELISABETTA

ˈtʃessa
Cessa...
Cease...[3]

NOTTINGHAM

ˈtrama	de	swɔi	neˈmitʃi
Trama	**de'**	**suoi**	**nemici.**
(It's a) plot	by	his	enemies.

ELISABETTA

nɔ
No...
No...

NOTTINGHAM
Calunnia è questa...

---

[2] *Tetto*, (roof), in Italian poetry connotes a "house".
[3] This word is sometimes substituted with *Taci*, ("be silent")

ELISABETTA
No...

NOTTINGHAM
mel 'kredi
Mel credi.
Believe me...

ELISABETTA
Cessa...

NOTTINGHAM
Trama de' suoi nemici, credi.

ELISABETTA
nɔ	dubi'tar	non 'dʒova
No,	**dubitar**	**non giova...**
No,	to doubt	is no use...

al	maŋka'tor	fu	'tɔlta	irrɛfra'gabil	'prɔva
Al	**mancator**	**fu**	**tolta**	**irrefragabil**	**prova.**
From the	perpetrator	was	taken	an irrefutable	proof.

(Irrefutable proof was found on the accused man.)

NOTTINGHAM
a	ke	fai	sɔs'pɛndi	as'kolta
Ah!	**che**	**fai?**	**Sospendi...**	**ascolta.**
Ah!	What	are you doing?	Wait...	listen...

su	lui	nom 'pjombi	il	'fulmine	de'llira tua	kru'dɛlɛ
Su	**lui**	**non piombi**	**il**	**fulmine**	**dell'ira tua**	**crudele!...**
Upon	him	may not fall	the	lightning bolt	of your rage	cruel!...

sɛ	'kjɛder	'litʃe	um	'prɛmio del	mio	ser'vir fe'dele
Se	**chieder**	**lice**	**un**	**premio del**	**mio**	**servir fedele,**
If	ask	is permitted	a	reward for	my	service faithful,

(If I may ask for a reward for my faithful service,)

kwes'tuno	'kjɛdɔ in	'lagrime	prɔs'trato	al	'rɛdʒɔ pjɛ
quest'uno	**chiedo, in**	**lagrime,**	**prostrato**	**al**	**regio piè.**
this one	I ask, in	tears,	prostrate	at your	royal feet.

ELISABETTA
'tatʃi	pjɛ'tadɛ o	'grattsjanɔ	limfe'del	nɔm 'mɛrta
Taci:	**pietade o**	**grazia, no,**	**l'infedel**	**non merta...**
Be silent...	pity or	mercy, no,	the unfaithful one	doesn't deserve...

il	tradi'mento	ɛ	o'rribile	la sua	per'fidja	ɛ	'tʃɛrta
Il	**tradimento**	**è**	**orribile,**	**la sua**	**perfidia**	**è**	**certa,**
The	betrayal	is	dreadful,	his	perfidy	is	certain,

'mwɔja	e	non 'sɔrga	un	'dʒemito	a dɔman'dar	mɛrtʃɛ
Muoja,	**e**	**non sorga**	**un**	**gemito**	**a domandar**	**mercè.**
Let him die,	and	let not arise	one	groan	asking for	mercy.

NOTTINGHAM
Ah! no! Grazia! No, Regina!

ELISABETTA
'skɔstati
Scostati!
Be gone!

NOTTINGHAM
tel 'kjɛdɔ	iŋ 'grattsja
Tel chiedo	**in grazia.**
I beg you	to pardon him.

ELISABETTA
va
Va.
Go.

NOTTINGHAM
No. Ah! su lui non piombi il fulmine, etc.

ELISABETTA
Il tradimento è orribile, etc.

NOTTINGHAM
Se chieder lice un premio al mio servir fedel, etc.

Scene Five
(Robert is brought in under guard.)

TRIO
ELISABETTA
'ɛkko	lin'deɲɲɔ	a'ppressati
(Ecco	**l'indegno!...)**	**Appressati...**
(Here's	the unworthy one!...)	Approach!...

(At a sign from Elizabeth, Raleigh and the guards leave.)

'ɛrdʒi	lal'tera	'fronte	ke	'dissi	a	tɛ
Ergi	**l'altera**	**fronte.**	**Che**	**dissi**	**a**	**te?**
Raise	your proud	face.	What	did I say	to	you?

ra'mmentalɔ	'ami	ti 'dissi	o	'konte
Rammentalo.	**"Ami,"**	**ti dissi,**	**o**	**Conte?**
Remember;	"Are you in love"	I asked you,	oh	Earl?

nɔ rispon'desti	nɔ	um	'pɛrfido	uɲ	'vile
"No" rispondesti...	**"no".**	**Un**	**perfido,**	**un**	**vile,**
"no" you answered...	"no".	A	wretch,	a	coward,

um	menti'tore	tu	sɛi
un	**mentitore**	**tu**	**sei...**
a	liar	you	are...

del	tuo	mɛnˈdatʃɔ	il	ˈmutɔ	akkuzaˈtore	ˈgwarda
Del	**tuo**	**mendacio**	**il**	**muto**	**accusatore**	**guarda.**
of	your	mendacity	the	silent	accuser	behold.

(She shows him the embroidered scarf.)

e	sul	kɔr	ti ˈʃʃenda	ˈfɛro	di	ˈmɔrte	un	dʒɛl
e	**sul**	**cor**	**ti scenda**	**fero**	**di**	**morte**	**un**	**gel.**
and	upon	your heart	may descend	a dread	of	death	a	chill.

(behold [in this scarf] the silent accuser of your mendacity, and let a dread chill of death fill your lying heart.)

ROBERTO *(recognizing it)*
ke
(Che!)
(What!)

NOTTINGHAM

ɔˈrrɛnda	ˈlutʃe	baˈlena	ˈsara
(Orrenda	**luce**	**balena!...**	**Sara!...)**
(A dreadful	light	has flashed!...	Sarah!...)

(Robert, observing Nottingham's surprise, is seized by terror.)

ELISABETTA

ˈtrɛmi	alˈfine
Tremi	**alfine!**
You tremble,	at last!

ROBERTO
ɔ tʃɛl
(Oh ciel!)
(Oh Heaven!)

ELISABETTA

ˈalma	inˈfida	inˈgratɔ	ˈkɔrɛ
Alma	**infida,**	**ingrato**	**core,**
Soul	unfaithful,	ungrateful	heart,

ti raˈddʒunse		il mio	fuˈrore
ti raggiunse		**il mio**	**furore.**
You've been caught up (by)		my	fury.

(My fury has caught up with you.)

pria ke	il	sen	di	ˈfjamma	ˈrɛa
Pria che	**il**	**sen**	**di**	**fiamma**	**rea**
Before	your	breast	with	a flame	guilty

tattʃenˈdesse	un	ddio	neˈmiko
t'accendesse	**un**	**Dio**	**nemico,**
ignites within you	a	God	wrathful,

(Before a wrathful God burns you with Hell's flames,)

pria	dɔfˈfɛndɛr	ki	naʃˈʃea
pria	**d'offender**	**chi**	**nascea**
before	offending	her who	was born

del	trɛˈmɛndɔ	ɔtˈtavɔ	ɛnˈriko
del	**tremendo**	**ottavo**	**Enrico,**[4]
of the	formidable	eighth	Henry,

(and before offending her who was born of the formidable Henry VIII,)

ˈʃɛndɛr	ˈvivo	nɛl	sɛˈpolkro
scender	**vivo**	**nel**	**sepolcro**
descended	alive	into your	grave

tu	doˈvevi	ɔ	tradiˈtor
tu	**dovevi,**	**o**	**traditor!**
you	better had,	oh	traitor!

(better you had descended alive into your grave, oh traitor!)

ROBERTO

mi	sɔˈvrasta	il	ˈfatɔ	ɛsˈtrɛmo
(Mi	**sovrasta**	**il**	**fato**	**estremo!**
(It's hanging over me		my	fate	ultimate!

(My ultimate fate hangs over me!)

pur	di	mɛ	di	mɛ	nɔn	ˈtrɛmo
pur	**di**	**me,**	**di**	**me**	**non**	**tremo...**
Yet,	for	myself,	for	myself	I do not tremble...

ˈdella	ˈmizɛra	il	pɛˈriʎʎo	ˈtutto	ɛsˈtinse	im	mɛ
Della	**misera**	**il**	**periglio**	**tutto**	**estinse**	**in**	**me**
of that	wretched woman	the	peril	all	extinguished	in	me

il	kɔˈraddʒɔ
il	**coraggio.**
the	courage.

(that wretched woman's [Sarah's] peril has overshadowed my own courage.)

di	kosˈtui	nɛl	ˈtorvo	ˈtʃiʎʎo
Di	**costui**	**nel**	**torvo**	**ciglio**
Of	that man	in his	grim	brow

balɛˈnɔ	sanˈwiɲɲɔ	ˈraddʒɔ
balenò	**sanguigno**	**raggio!**
there flashed	a bloodthirsty	gleam!

(On [Nottingham's] brow there flashed a bloodthirsty gleam!)

a	kwel	ˈpeɲɲo	ʃaguˈratɔ	fu	di	ˈmɔrtɛ
Ah!	**quel**	**pegno**	**sciagurato**	**fu**	**di**	**morte**
Ah!	That	token	unfortunate	was	of	death

---

[4] Let the reader not forget that Elizabeth I was the daughter of Henry VIII and Anne Boleyn, the latter the subject of one of Donizetti's other operas, *Anna Bolena*.

e	non	da'mor			
e	**non**	**d'amor!)**			
and	not	of love!)			

(That unfortunate token [scarf] was [a token] of death, and not of love!)

NOTTINGHAM

nɔ'nɛ	ver	de'lirjo	ɛ	'kwesto
(Non è	**ver...**	**delirio**	**è**	**questo!...**
(It can't be	true...	a delirium	is	this!...

'soɲɲo	o'rribile	fu'nɛsto
sogno	**orribile,**	**funesto!**
a dream	horrible,	deadly!

nɔ	dʒa'mmai	dun	'wɔmo	il	'kɔɾe
No,	**giammai**	**d'un**	**uomo**	**il**	**core**
No,	never	of a	man	the	heart

'tanto	ɛ'ttʃɛsso	nɔn a'kkɔlse
tanto	**eccesso**	**non accolse...**
such	excesses	has withstood...

(No, no man's heart has ever withstood such betrayal...)

pur	si 'kɔvre	di	pa'llore
pur...	**si covre**	**di**	**pallore!**
yet...	he is covered	with	pallor!

(yet...he grows pale!)

ai	ke	'zgwardɔ	a	mɛ ɾi'vɔlse
Ahi!	**che**	**sguardo**	**a**	**me rivolse!**
Oh!	What	look	at	me he turned!

(Oh, what a look he shot at me!)

'tʃento	'kolpɛ a	mɛ	diz'vela
cento	**colpe a**	**me**	**disvela**
a hundred	crimes to	me	reveals

'kwellɔ 'zgwardɔ	e	kwel	pa'llor
quello sguardo	**e**	**quel**	**pallor!)**
that look	and	that	pallor!)

(His look and his pallor are proof enough for me of his hundred crimes!)

ELISABETTA

'vilɛ	'eʎʎi	'frɛmɛ
Vile!	**Egli**	**freme!**
Coward!	He	is trembling!

Scender vivo nel sepolcro, etc.

NOTTINGHAM *(in a transport of wild fury)*

ʃellɛ'rato	mal'vadʒo	e	kju'devi	tal	per'fidja
Scellerato!...	**Malvagio!...**	**e**	**chiudevi**	**tal**	**perfidia**
Criminal!...	Evil-doer!...	And	you enclosed	such	perfidy

nel	'kɔɾɛ	zlɛ'alɛ
nel	**core**	**sleale?**
in your	heart	disloyal?

e tra'dir	si	vil'mente	po'tevi	la	re'dʒina
E tradir	**sì**	**vilmente**	**potevi**	**la**	**Regina?**
And betray (in)	such	cowardly fashion	could you	your	Queen?

(How could you betray your Queen in such a cowardly fashion?)

ROBERTO

su'pplittsjo	iɱfeɾ'nalɛ
(Supplizio	**infernale!...)**
(Torture	infernal!...)

NOTTINGHAM

a	la	'spada un	is'tantɛ
Ah!	**la**	**spada un**	**istante,**
Ah!	My	sword, one	instant,

al	kɔ'daɾdɔ	alliɱ'famja	sia 'reza
al	**codardo,**	**all'infamia**	**sia resa!...**
to that	coward,	for the treachery	be paid back!

(Ah! Let my sword in a moment pay back that coward for his treachery!)

kei	mi 'kada	tra'fittɔ	'allɛ	'pjantɛ
Ch'ei	**mi cada**	**trafitto**	**alle**	**piante,**
May he fall		run through	at my	feet,

kio	nel	'saŋgwɛ	dɛ'tɛɾga	lo'ffeza	'una 'spada
ch'io	**nel**	**sangue**	**deterga**	**l'offesa!...**	**Una spada!...**
let me	in	blood	cleanse	this offense!...	A sword!...

ELISABETTA *(to Nottingham)*

o	mio	'fido	e	tu	'fɾɛmi	tu 'puɾe
O	**mio**	**fido,**	**e**	**tu**	**fremi,**	**tu pure,**
Oh	my	faithful one,	and	you	rage,	you too,

dellɔl'traddʒɔ	ke	a	mɛ	fu	ɾɛ'katɔ
dell'oltraggio	**che**	**a**	**me**	**fu**	**recato!**
over the offense	that	upon	me	was	wrought!

(to Robert)

iɔ	fa'vɛllɔ	mas'kolta	la	'skuɾɛ dʒa	mi'nattʃa
Io	**favello:**	**m'ascolta!**	**La**	**scure già**	**minaccia**
I	am speaking,	listen to me!	The	ax already	threatens

il tuɔ	'kapɔ	ɛzɛ'kɾatɔ
il tuo	**capo**	**esecrato.**
your	head	detested.

kwal	si 'noma	laɾ'dita	ɾi'valɛ
Qual	**si noma**	**l'ardita**	**rivale,**
What is	the name (of)	that bold	rival,

di	sɔl'tantɔ	e	lo 'dʒuɾo	vi'vrai
dì,	**soltanto**	**e,**	**lo giuro,**	**vivrai.**
speak	then,	and,	I swear it,	you shall live.

(Nottingham stares at Robert with horrified anxiety. There is an instant of silence.)

'parla
Parla.
Speak.

NOTTINGHAM
mo'mentɔ fa'talɛ
(Momento fatale!)
(Moment fatal!)

ROBERTO
pria la 'mɔrtɛ
Pria la morte!
Rather death!

ELISABETTA
ɔsti'natɔ	si	la'vrai
Ostinato!...	**sì,**	**l'avrai.**
Obstinate man!...	Yes,	you shall have it!

NOTTINGHAM
(Oh momento fatale!)

(At a signal from the Queen, the hall is filled again with the courtiers.)

ELISABETTA
'tutti	u'dite	il	kon'siʎʎo	de	'pari
Tutti	**udite.**	**Il**	**Consiglio**	**de'**	**Pari**
Everyone	listen.	The	Council	of	Peers

di	kos'tui	la	kɔn'danna	mi 'pɔrsɛ	io	la 'seɲɲo
di	**costui**	**la**	**condanna**	**mi porse.**	**Io**	**la segno.**
of	this man	the	death sentence	has brought me.	I	will sign it.

(She signs the death sentence and hands it to Cecil.)

tʃas'kuno	la im'pari
Ciascuno	**la impari.**
Let everyone	be notified.

'kome	il	'sole	ke	'partɛ	dʒa	'kɔrse	del	suo	'dʒiɾo
Come	**il**	**sole**	**che**	**parte**	**già**	**corse**	**del**	**suo**	**giro**
As	the	sun	which	a part	already	coursed in		its	journey

al	me'riddʒo	sia	'dʒunto
al	**meriggio**	**sia**	**giunto,**
to its	zenith	will have	arrived,

(Whenever the sun in its journey will have reached its zenith at high noon,)

458 *Roberto Devereux, Act II*

'sɔda	un	'twɔno	del	'brondzɔ	gweˈrrjer
s'oda	**un**	**tuono**	**del**	**bronzo**[5]	**guerrier:**
let there be heard	a	shot	from the	bronze	warlike:

(let a cannon shot be heard:)

perˈkwɔta	la	'skure	iŋ	kwel	'punto
percuota	**la**	**scure**	**in**	**quel**	**punto.**
let it fall	the	ax	in	that	moment.

(and let the ax fall [on Robert's head].)

COURTIERS

'tristo	'dʒorno	di	'mɔrte	fɔˈrjer
(Tristo	**giorno**	**di**	**morte**	**forier!)**
(A sad	day	of	death	a harbinger!)

ELISABETTA *(furiously, to Robert)*

va	la 'mɔrte	sul	'kapo	ti 'pende
Va,	**la morte**	**sul**	**capo**	**ti pende,**
Go,	death	over your	head	is hanging,

sul	tuo	'nome	limˈfamja	diˈʃʃende
sul	**tuo**	**nome**	**l'infamia**	**discende...**
over	your	name	infamy	descends...

tal	seˈpolkrɔ	taˈppresta	il mio	'zdeɲɲo
Tal	**sepolcro**	**t'appresta**	**il mio**	**sdegno,**
Such	a grave	is readied for you (by)	my	anger,

ke	noɱ fia	ki	di	'pjantɔ	lɔ 'skaldi
che	**non fia**	**chi**	**di**	**pianto**	**lo scaldi:**
that	there is isn't	who	with	weeping	can warm it.

(My anger readies such a [cold] grave for you, that no weeping will be able to warm it.)

kɔn	la	'polve	di	'vili	riˈbaldi
Con	**la**	**polve**	**di**	**vili**	**ribaldi**
With	the	dust	of	cowardly	rebels

la tua	'polve	koɱˈfuza	saˈra
la tua	**polve**	**confusa**	**sarà!**
your	dust	mixed	shall be!

(You shall be buried in a common traitor's grave!)

ROBERTO

del	miɔ	'saŋgwɛ	la	'skure	baˈɲɲata
Del	**mio**	**sangue**	**la**	**scure**	**bagnata**
With	my	blood	the	ax	bathed

pju	noɱ fia	diɲɲoˈminja	maˈkkjata
più	**non fia**	**d'ignominia**	**macchiata.**
no longer	let it be	with dishonor	stained.

(May the ax stained with my blood not be further stained with dishonor.)

---

[5] *Bronzo* (lit. "bronze") in Italian poetry connotes either a <u>bell</u> or a <u>cannon</u>; a *bronzo guerrier* (lit. "a warlike bronze") is a cannon.

il tuo	ˈkrudo	implaˈkabile	ˈzdeɲɲo
Il tuo	**crudo,**	**implacabile**	**sdegno**
Your	cruel,	implacable	wrath

nɔn	la	ˈfama	la	ˈvita	mi ˈtɔʎʎɛ
non	**la**	**fama,**	**la**	**vita**	**mi toglie.**
not	my	reputation,	my	life	it deprives me of.

(Your cruel, implacable wrath deprives me of my life, but cannot deprive me of my reputation.)

NOTTINGHAM

nɔ	linˈdeɲɲo	nɔm ˈmwɔja	di	ˈspada
(No,	**l'indegno**	**non muoja**	**di**	**spada,**
(No,	that worthless one	musn't die	by my	sword,

ˈsovra	il	ˈpalko	imfaˈmato	ˈeʎʎi ˈkada
sovra	**il**	**palco**	**infamato**	**egli cada...**
on	the	block,	dishonored,	he shall fall...

nɛ	il	supˈplittsjo	sɛrˈbato	allinˈdeɲɲo
Nè	**il**	**supplizio**	**serbato**	**all'indegno**
Nor	the	suffering	meted out	to that unworthy man

ˈbasta		aˈllira	ke	ˈmarde	nel sen
basta		**all'ira**	**che**	**m'arde**	**nel sen.**
is sufficient (to allay)		the rage	that	burns	in my breast.

CECIL, RALEIGH

sul	tuɔ	ˈkapo	la	ˈskure	dʒa ˈpjomba
Sul	**tuo**	**capo**	**la**	**scure**	**già piomba,**
Over	your	head	the	ax	already falls,

maleˈdetto	il tuo	ˈnomɛ	saˈra
maledetto	**il tuo**	**nome**	**sarà.**
cursed	your	name	shall be.

NOTTINGHAM
No, l'indegno non muoia di spada, etc.

COURTIERS

al	rɛˈjɛtto	neˈmmeno	la ˈtomba
Al	**rejetto**	**nemmeno**	**la tomba**
For the	condemned man	not even	the grave

un	aˈzilo	di	ˈpatʃɛ	saˈra
un	**asilo**	**di**	**pace**	**sarà.**
a	haven	of	peace	will be.

ELISABETTA
Vile! Va, la morte sul capo ti pende...

ɔ	sul	ˈtʃiʎʎɔ	la	ˈbɛnda	deˈllira
ho	**sul**	**ciglio**	**la**	**benda**	**dell'ira.**
I have	over my	eyes	the	bandage	of wrath.

(I am blinded by rage.)

ROBERTO

a	suˈpplittsjo	iɱferˈnalɛ
Ah!	**supplizio**	**infernale!**
Ah!	torture	infernal!

ELISABETTA
Va, la morte sul capo ti pende, etc.

END OF ACT II

ACT III
Scene One
(Sarah's apartment.)

SCENA AND DUET
SARA

nɛ	'rjɛdɛ	aŋ'kora	il mio	kɔn'sɔrtɛ
Nè	**riede**	**ancora**	**il mio**	**consorte!...**
Nor	returns	yet	my	husband!...

(My husband has not returned yet!...)

Scene Two
(One of her faithful servants enters.)

SERVANT

du'kessa	un	di	kwe	'prɔdi
Duchessa!	**Un**	**di**	**que'**	**prodi**
Duchess!	One	of	those	brave men

kui	vɛ'ʎʎar	fu	'dato	la	'rɛdʒa	'stantsa
cui	**vegliar**	**fu**	**dato**	**la**	**regia**	**stanza,**
to whom	to guard	was	granted	the	royal	chamber,

(who was guarding the royal chamber,)

e dʒa	pu'ɲɲarɔ	a	'lato	del	'gran	rɔ'bɛrtɔ
e già	**pugnaro**	**a**	**lato**	**del**	**gran**	**Roberto,**
and	fought	at the	side	of	the	great	Robert,

kwi	dʒun'dʒea	rɛ'kandɔ	nɔn sɔ	kwal	'fɔʎʎɔ
qui	**giungea**	**recando**	**non so**	**qual**	**foglio,**
here	arrived	bringing	I know not	some	letter,

ke	in tua man	de'pɔrre	e	ri'kjɛdɛ	e	skon'dʒura
che	**in tua man**	**deporre**	**e**	**richiede**	**e**	**scongiura.**
which	in your hand	to place	both	asks	and	implores.

(imploring and requesting that it be placed in your hand.)

SARA

'vɛŋga
Venga.
Show him in.

(A soldier is shown in, who silently hands the Duchess a letter, after which both he and the servant exit.)

rɔ'bɛrtɔ	'skrisse
Roberto	**scrisse!...**
Robert	wrote!...

(She reads the letter hastily.)

o	ria	ʃʃa'gura	sɛ'ɲɲata	ɛ	la	kɔn'danna
O	**ria**	**sciagura!**	**Segnata**	**è**	**la**	**condanna!...**
Oh	cruel	misfortune!	Signed	is	the	death warrant!...

pur	kwi	lɔ a'pprɛndɔ		'kwestɔ	a'nɛllo
Pur...	**qui**	**lo apprendo...**		**questo**	**anello**
Still...	here	I am being made aware...		this	ring

ɛ	'sakrɔ	mallɛva'dor	de	'dʒorni	swɔi
è	**sacro**	**mallevador**	**de'**	**giorni**	**suoi!**
is a	sacred	guarantee	of the	days (of his life!)	his!

'ke	'tardɔ	'korrasi	a	pjɛ	deliza'betta
Che	**tardo?**	**corrasi**	**a**	**piè**	**d'Elisabetta.**
Why	am I delaying?	Let me run	to the	feet	of Elizabeth.

Scene Three
(Nottingham enters, remaining motionless near the threshold. His eyes are fixed with terrible intensity on Sarah.)

SARA

il	'duka	kwal	'torvɔ	'zgwardɔ
(Il	**Duca!...**	**Qual**	**torvo**	**sguardo!...)**
(The	Duke!...	What	a menacing	glance!...)

NOTTINGHAM

uɱ	'fɔʎʎɔ	a'vesti
Un	**foglio**	**avesti?**
You	received	a letter?

SARA

ɔ 'tʃɛlɔ
(Oh cielo!)
(Oh Heaven!)

NOTTINGHAM

'saɾa	ve'derlo	iɔ	'vɔʎʎo
Sara,	**vederlo**	**io**	**voglio.**
Sarah,	to see it	I	want.

SARA

'spɔzɔ
Sposo!...
Husband!...

NOTTINGHAM

'spɔzɔ	lo im'pɔŋgɔ	a mɛ	kwel	'fɔʎʎɔ
Sposo!	**Lo impongo:**	**a me**	**quel**	**foglio!**
Husband!	I order you:	give me	that	letter!

(His tone admits no reply. With a trembling hand Sarah hands him Robert's letter.)

SARA
per'duta io 'sono
(Perduta io sono!)
(I'm lost!)

NOTTINGHAM *(after having read the letter)*

tu	'duŋkwe	pwɔi	dal	suo	'kapo	allɔnta'nar	la	'skure
Tu	**dunque**	**puoi**	**dal**	**suo**	**capo**	**allontanar**	**la**	**scure?**
You	then	can	from	his	head	keep away	the	ax?

(So you can prevent him from being beheaded?...)

'una	'dʒɛmma	ti djɛ	'kwandɔ
Una	**gemma**	**ti diè?**	**Quando?**
A	gem	he gave you?	When?

(He gave you a ring?)

fra	'lombre	'della	tras'korsa	'nɔttɛ
Fra	**l'ombre**	**della**	**trascorsa**	**notte,**
In the	shadows	of the	past	night,

a'llor ke	'peɲɲɔ	da'mor	sul	'pɛttɔ
allor che	**pegno**	**d'amor**	**sul**	**petto**
when	as token	of love	on his	breast

la tua	'mano	ʎi 'poze	'ʃʃarpa	'dɔrɔ	kɔn'tɛsta
la tua	**mano**	**gli pose**	**sciarpa**	**d'oro**	**contesta?**
your	hand	placed on him	a scarf	in gold	interwoven?

(In the shadows of last night, when your hand placed upon his breast a gold-embroidered scarf as a token of your love?)

SARA

o	'folgɔrɛ	trɛ'mɛnda	inaspɛ'ttata
Oh,	**folgore**	**tremenda,**	**inaspettata!**
Oh	blow	dreadful,	unexpected!

dʒa	'tuttɔ	ɛ	'nɔto	a	llui
Già	**tutto**	**è**	**noto**	**a**	**lui!**
Already	everything	is	known	to	him!

NOTTINGHAM

si	ʃɛllɛ'rata	'tutto	si
Sì,	**scellerata!**	**Tutto,**	**sì!**
Yes,	guilty woman!	Everything,	yes!

nɔn sai	ke	un	'nume	'vinditʃe
Non sai	**che**	**un**	**nume**	**vindice**
Don't you know	that	a	God	avenging

'annɔ	i	tra'diti	in	'tʃɛlɔ
hanno	**i**	**traditi**	**in**	**cielo?**
have	the	betrayed husbands	in	Heaven?

(Don't you know that betrayed husbands have an avenging God in Heaven?)

'eʎʎi	kɔm	man	tɛ'rribile	'frandʒɛ	'alle	'kolpe	il	'velo
Egli	**con**	**man**	**terribile**	**frange**	**alle**	**colpe**	**il**	**velo!**
He	with	a hand	frightening	rips	from	sins	the	veil!

(He with His frightening hand rips away the veil of sins!)

sper'dʒura	im	mɛ	pa'vɛntalɔ	kwel	diɔ	vendika'tor	si
Spergiura,	**in**	**me**	**paventalo,**	**quel**	**Dio**	**vendicator,**	**sì!**
False woman,	in	me	fear Him,	that	God	avenging,	yes!

(Yes, you false woman, fear in me that avenging God!)

SARA

a	mu'ttʃidi
Ah!	**m'uccidi!**
Ah!	You're killing me!

NOTTINGHAM

a'ttendi	ɔ	'ppɛrfida	'vive	rɔ'bɛrtɔ	aŋ'kor
Attendi,	**o**	**perfida:**	**vive**	**Roberto**	**ancor.**
Wait,	oh	perfidious one:	Lives	Robert	still.

iɔ	pɛr	la'miko	im	'pɛttɔ	'tɛnerɔ	a'mor	sɛr'bava
Io	**per**	**l'amico**	**in**	**petto**	**tenero**	**amor**	**serbava;**
I	for	my friend	in my	breast	a tender	love	I had;

(I felt a tender love for my friend;)

'komɛ	tʃe'lɛste	ɔ'ddʒɛttɔ	iɔ	la	kɔn'sɔrtɛ	a'mava
come	**celeste**	**oggetto**	**io**	**la**	**consorte**	**amava.**
like a	heavenly	object	I	my	wife	adored.

a'vrɛi	per	'lorɔ	im'pavido
Avrei	**per**	**loro**	**impavido**
I would have	for	them	fearlessly

sfi'datɔ	a'ffanni	e	'mmɔrtɛ
sfidato	**affanni**	**e**	**morte.**
defied	dangers	and	death (itself).

ki	mi tra'diʃʃe	ai 'mizɛrɔ	la'miko	e	la	kɔn'sɔrtɛ
Chi	**mi tradisce?**	**Ahi, misero!**	**l'amico**	**e**	**la**	**consorte!**
Who	betrays me?	Ah wretched me!	My friend	and	my	wife!

(raging)

'stolta	non 'dʒova	il 'pjandʒɛrɛ
Stolta,	**non giova**	**il piangere!**
Foolish woman,	no use	crying!

'saŋgwe	e	nom	'pjantɔ	iɔ	vɔ
Sangue,	**e**	**non**	**pianto**	**io**	**vo'!**
Blood,	and	not	tears	I	want!

SARA

'tantɔ	il des'tiŋ	fre'mɛntɛ	'duŋkwe	a	su noi	pɔ'ssantsa
Tanto	**il destin**	**fremente**	**dunque**	**ha**	**su noi**	**possanza?**
Such	destiny	cruel	then	has	over us	power?

(Has cruel destiny then such power over us?)

pwɔ	'duŋkwe		un innɔ'tʃɛntɛ		
Può	**dunque**		**un innocente**		
Can	then		an innocent man		

di	rɛɔ	ves'tir	sɛm'bjantsa		
di	**reo**	**vestir**	**sembianza?**		
of	a guilty one	wear	the likeness?		

(Then can an innocent man appear a guilty one?)

o	tu	kui	'datɔ	ɛ	'lɛddʒɛrɛ
O	**tu,**	**cui**	**dato**	**è**	**leggere**
Oh	Thou,	to whom	granted it is		to read

iŋ	'kwestɔ	kɔr	pu'diko		
in	**questo**	**cor**	**pudico,**		
in	this	heart	chaste,		

tu	ddiɔ	klɛ'mɛntɛ	la'ttʃɛrta	'kɛmpjɔ	nɔ'nɛ
tu,	**Dio**	**clemente,**	**l'accerta**	**ch'empio**	**non è.**
Thou,	God	merciful,	prove to him	that a vile man	he is not.

(Oh Thou, merciful God, who can read into my chaste soul, prove to him [Nottingham] that [Robert] is not a betrayer.)

nɔ	nɔ'nɛ	la'miko	ke	dum	pɛn'sjɛr
No,	**non è**	**l'amico,**	**che**	**d'un**	**pensier,**
No,	it isn't	your friend,	whom	with one	thought,

dum 'palpitɔ	tra'dito	iɔ	mai	nɔn lɔ	
d'un palpito	**tradito**	**io**	**mai**	**non l'ho.**	
a heartbeat,	betrayed	I	never	have him.	

nom mai	a	nnɔ			
Non mai,	**ah!**	**no.**			
No, never,	ah,	never!			

(A funeral march is heard.)

non rim'bomba		un	swɔŋ	fɛ'ralɛ	
Non rimbomba		**un**	**suon**	**ferale?**	
Is that not the clanging of		a	sound	fateful?	

(Sarah runs to the window. Essex is seen passing in the distance, surrounded by guards.)

Ah!

NOTTINGHAM *(exulting)*

lɔ 'traggɔnɔ		'alla	'torre		
Lo traggono		**alla**	**torre.**		
They're dragging him		to the	Tower (of London.)		

SARA

'fɛɾo	'brivido	mɔr'tale	per	le	'vene	mi tras'korre
Fero	**brivido**	**mortale**	**per**	**le**	**vene**	**mi trascorre!**
A fatal	shiver	deadly	through	my	veins	courses in me!

(A fatal, mortal shiver courses through my veins!)

il pa'tibɔlo	sap'presta		'lora	ɛ dʒa vi'tʃina	diɔ ma'ita
Il patibolo	**s'appresta!**		**L'ora**	**è già vicina!**	**Dio m'aita!**
The scaffold	is being readied!		The hour	is near already!	God help me!

NOTTINGHAM *(seizing her arm)*

i'nikwa	ar'resta	'ove	'korri
Iniqua!	**Arresta!**	**Ove**	**corri?**
Sinful woman!	Stop!	Where	are you running?

SARA

'alla	re'dʒina
Alla	**Regina.**
To the	Queen.

NOTTINGHAM

di	sal'varlɔ	ai		'spɛme	aŋ'kora
Di	**salvarlo**	**hai**		**speme**	**ancora?**
To	save him	have you		hope	still?

(You still hope to save him?)

SARA *(trying to free herself from his grasp)*

'laʃʃa
Lascia...
Let go...

NOTTINGHAM
Di salvarlo hai speme ancora?

SARA
Lascia...

NOTTINGHAM

ɔ	'rabbja	ed	'ɔzi
Oh	**rabbia!**	**Ed**	**osi?**
Oh	rage!	And	you dare?

SARA
Sì, mi lascia...

NOTTINGHAM

ɔ'la
Olà!
Ho there!

(At his shout, the Duke's palace guards appear.)

a	kosˈtɛi	la mia	diˈmoɾa	sia	priˈdʒone	
A	**costei**	**la mia**	**dimora**	**sia**	**prigione.**	
To	this woman	my	home	be	a prison.	

(Let my house be a prison to this woman.)

SARA

ɔ	tʃɛl	pjeˈta	allamˈbaʃʃa	onˈdio	mi ˈstruggo	
Oh	**ciel!**	**Pietà!**	**All'ambascia**	**ond'io**	**mi struggo**	
Oh	Heaven!	Mercy!	To the anguish	with which	I am tormented	

ˈdona	un	ˈsolo	isˈtante	io	lo ˈdʒuɾo
dona	**un**	**solo**	**istante.**	**Io**	**lo giuro,**
grant	one	single	moment.	I	swear to you,

a	te	nom ˈfuggo	ˈrjedo	im ˈbreve	ˈalle	tue	ˈpjante
a	**te**	**non fuggo.**	**Riedo**	**in breve**	**alle**	**tue**	**piante.**[1]
from	you	I won't escape.	I'll return	soon	to	your	feet.

ˈtʃento	ˈvɔlte	aˈllor	se	vwɔi	me traˈfiddʒi
Cento	**volte**	**allor**	**se**	**vuoi**	**me trafiggi.**
A hundred	times	then,	if	you wish,	run me through.

a	ˈpjɛdi twɔi	beneˈdir	muˈdrai	mɔˈrɛnte
A'	**piedi tuoi**	**benedir**	**m'udrai**	**morente**
At	your feet	bless	you will hear me	as I die

ˈkwella	man	ke	mi feˈɾi
quella	**man**	**che**	**mi ferì.**
that	hand	that	wounded me.

NOTTINGHAM

pju	trɛˈmɛndo	aˈvvampa	e	ˈruddʒe
Più	**tremendo**	**avvampa**	**e**	**rugge**
More	terrifying	burns	and	roars

loˈnor	mio	da	voi	traˈfitto
l'onor	**mio**	**da**	**voi**	**trafitto:**
the honor	mine	by	the two of you	wounded;

(My honor, sullied by the two of you, burns and roars even more terribly.)

ˈoɲɲi	aˈttʃento	ke	ti ˈsfuddʒe
Ogni	**accento**	**che**	**ti sfugge,**
Every	word	that	escapes you,

ˈoɲɲi	ˈlagrima	ɛ	un	deˈlitto
ogni	**lagrima**	**è**	**un**	**delitto.**
every	tear	is	a	sin.

a	suˈpplittsjo	ˈtrɔppo	ˈbreve	ɛ	la	ˈmɔrte	kei ɾiˈtʃeve
Ah!	**supplizio**	**troppo**	**breve**	**è**	**la**	**morte**	**ch'ei riceve!**
Ah!	A torture	all too	brief	is	the	death	that he receives!

---

[1] *Piante* are really the soles of one's feet, used in libretto language as "at your feet", or "at your side". *Piede*, or *piè* is "foot" (plural *piedi/piè'*).

SARA
'spɔzɔ
Sposo!
Husband!

NOTTINGHAM
dio	pu'niʃʃi	etɛrna'mentɛ	'lalma	'rɛa	ke mi tra'di
Dio!	**punisci**	**eternamente**	**l'alma**	**rea**	**che mi tradì.**
God!	Punish	for all eternity	that soul	guilty	that betrayed me!

SARA
a	mu'ttʃidi
Ah!	**m'uccidi!**
Ah!	You are killing me!

NOTTINGHAM
a'ttɛndi	'vivɛ	rɔ'bɛrtɔ	aŋ'kor
Attendi.	**Vive**	**Roberto**	**ancor.**
Listen	Is alive	Robert	still.

SARA
a	'spɔzɔ	pɛr	pjɛ'ta
Ah!	**sposo,**	**per**	**pietà!**
Ah,	husband,	for	pity's sake!

NOTTINGHAM
'pɛrfida
Perfida!
Sinful woman!

SARA
Per pietà!

NOTTINGHAM
va
Va!
Go!

SARA
dɛ
Deh!
Please!

NOTTINGHAM
Più tremendo avvampa e rugge, etc.

SARA
Sposo!

NOTTINGHAM
è la morte ch'ei riceve, etc.

SARA
Ah! benedirò, etc.

NOTTINGHAM
...l'alma rea che mi tradì! etc.

(Nottingham exits in a great fury. Sarah faints.)

Scene Four
(The Tower of London. Robert is alone in his cell.)

SCENA AND ARIA
ROBERTO

ed	aŋ'kor	la	trɛ'mɛnda	'pɔrta	non	si dis'kjude
Ed	**ancor**	**la**	**tremenda**	**porta**	**non**	**si dischiude?**
And	still	the	dread	door	doesn't	open?

un	rio	prɛ'zadʒo	'tutto miŋ'gombra	di	tɛ'rror	le	'vene
Un	**rio**	**presagio**	**tutto m'ingombra**	**di**	**terror**	**le**	**vene!**
A	fatal	omen	totally fills	with	terror	my	veins!

pur	'fidɔ	ɛ	il	'messo	e	'kwella	'dʒɛmma
Pur	**fido**	**è**	**il**	**messo,**	**e**	**quella**	**gemma**
Yet,	trustworthy	is	the	messenger,	and	that	ring

ɛ	'peɲɲo se'kurɔ	a	mɛ	di	'skampo
è	**pegno securo**	**a**	**me**	**di**	**scampo.**
is a	pledge assured	for	me	of	escaping (death).

(is a sure token to save me from death.)

'uzɔ	a mi'rarla	iŋ 'kampo	io non 'temo	la 'mɔrtɛ
Uso	**a mirarla**	**in campo**	**io non temo**	**la morte.**
Accustomed	to facing it	on the battlefield,	I do not fear	death.

io	'vivɛr	'solo	'tanto	de'zio
Io	**viver**	**solo**	**tanto**	**desio**
I	to live	only	so long	desire

ke	la	vir'tu	di	'saɾa	a	diskɔl'par	mi 'basti
che	**la**	**virtù**	**di**	**Sara**	**a**	**discolpar**	**mi basti.**
that	the	reputation	of	Sarah	to	clear	will suffice me.

(I want to live only so long as to be able to clear Sarah's reputation.)

o	tu	ke	miɱvɔ'lasti	kwelladɔ'rata	'dɔnna
O	**tu**	**che**	**m'involasti**	**quell'adorata**	**donna,**
Oh	you,	who	robbed me of	that adored	woman,

(Oh [Nottingham], you who robbed me of that adored woman,)

i	'dʒorni	mjɛi	'sɛrbɔ	al	tuɔ	'brandɔ
i	**giorni**	**miei**	**serbo**	**al**	**tuo**	**brando.**
the	days	mine	I spare	for	your	sword.

(I spare my life for your sword.)

tu	svɛ'nar	mi dei
tu	**svenar**[2]	**mi dêi.**
you	kill me	must.

(You must kill me.)

a tɛ	di'rɔ	'neʎʎi	'ultimi	siŋ'gjottsi	im	'brattʃo a	'mɔrtɛ
A te	**dirò**	**negli**	**ultimi**	**singhiozzi**	**in**	**braccio a**	**morte:**
To you	I will say	in my	last	sobs,		in the arms of	death:

'kome	'uno	'spirtɔ	an'dʒelikɔ	'pura	ɛ	la tua	kɔn'sɔrtɛ
come	**uno**	**spirto**	**angelico**	**pura**	**è**	**la tua**	**consorte.**
like	a	spirit	angel-like	pure	is	your	wife.

lo 'dʒuɾo	e	il	dʒura'mento	kɔl	'saŋgwe mio	su'ddʒɛllɔ
Lo giuro,	**e**	**il**	**giuramento**	**col**	**sangue mio**	**suggello.**
I swear it,	and	this	oath	with	my blood	I seal.

'kredi	allɛs'trɛmɔ	a'ttʃentɔ	ke il 'labbro mio	par'lɔ
Credi	**all'estremo**	**accento**	**che il labbro mio**	**parlò.**
Believe	the last	words	that my lips	have spoken.

ki	'ʃʃɛnde	nella'vɛllɔ	sai	ke	men'tir	nɔm pwɔ
Chi	**scende**	**nell'avello**	**sai**	**che**	**mentir**	**non può.**
He who	descends	into his grave,	you know,	that	lie	he cannot.

(One who is about to die cannot possibly lie, you know that.)

'ɔdo	un	swɔn	pɛɾ	'laɾja	'tʃɛka
Odo	**un**	**suon**	**per**	**l'aria**	**cieca...**
I hear	a	sound	through	the air	murky...

(The sound of footsteps is heard, as well as that of a lock turning.)

si dis'kjudɔno	lɛ	'pɔrtɛ	a la 'grattsja	mi si 'rɛka
Sì dischiudono	**le**	**porte!**	**Ah! la grazia**	**mi si reca!**
They're opening	the	doors!	Ah! My pardon	is being brought to me!

(Raleigh enters with a small group of guards.)

GUARDS

'vjɛni	o	'kontɛ
Vieni,	**o**	**Conte.**
Come,	oh	Earl.

ROBERTO

'dove
Dove?
Where?

---

[2] *Svenare* (lit. "to rip out the <u>veins</u>"), and by extension, "to kill". Other words used to denote the taking of another's life are , *ammazzare, uccidere* and *trafiggere*.

GUARDS

a	'mɔrtɛ
A	**morte!**
To (your)	death!

ROBERTO

a	'mmɔrtɛ	'oɾa	in	'tɛrra	o	zventu'rata
A	**morte!**	**Ora**	**in**	**terra,**	**o**	**sventurata,**
To	death!	Now	on	earth,	oh	unfortunate woman,

pju	spɛ'ɾar	non dei	pjɛ'ta
più	**sperar**	**non dêi**	**pietà!**
no longer	to hope for	you must	mercy!

(no longer can you hope for mercy!)

ma	non 'ɾɛsti	abbandɔ'nata
Ma	**non resti**	**abbandonata,**
But	you won't be	abandoned,

'avvi	un	'dʒusto	ed	ei	mu'dɾa	si
avvi	**un**	**giusto**	**ed**	**ei**	**m'udrà,**	**sì!**
there's	a	just (God)	and	He	will hear me,	yes!

ba'ɲɲato	il	sen	di	'lagrime	'tinto	del	'saŋgwe mio
Bagnato	**il**	**sen**	**di**	**lagrime,**	**tinto**	**del**	**sangue mio,**
Bathed	my	breast	with	tears,	dyed	with	my blood,

io	'korro	io	'vɔlɔ	a	'kjɛdɛɾɛ
io	**corro,**	**io**	**volo**	**a**	**chiedere**
I	will run,	I	will fly	to	implore

pɛr	tɛ	so'kkorsɔ	a	ddio
per	**te**	**soccorso**	**a**	**Dio!**
for	you	help	from	God!

impjetoˈziti	ʎandʒeli	'ɛko	al	mio	dwɔl	fa'ɾannɔ
Impietositi	**gli angeli**	**eco**	**al**	**mio**	**duol**	**faranno.**
Moved to pity,	the angels	echo	to	my	grief	will make.

(The angels, moved to pity, will echo my grief.)

si pjandʒɛ'ɾa	da'ffannɔ	la	'prima	'vɔlta	in	tʃɛl
Si piangerà	**d'affanno**	**la**	**prima**	**volta**	**in**	**ciel.**
There will be weeping	out of sorrow	for the	first	time	in	Heaven.

(And in Heaven for the first time, there will be sorrow and weeping.)

GUARDS

'vjeni	a	su'bir	prɛ'paɾati	la	'mɔrtɛ	pju	kru'dɛl
Vieni.	**A**	**subir**	**preparati**	**la**	**morte**	**più**	**crudel.**
Come,	To	undergo	prepare yourself	a	death	most	cruel.

ROBERTO
Ah! bagnato il sen di lagrime, etc.

(The guards leave with Robert.)

Scene Six
(The Hall of Westminster, as in Act I. Elizabeth sits apart on a sofa. Her elbow rests on a table which holds her gleaming crown. Her ladies stand about in silence.)

SCENA AND FINAL ARIA
ELISABETTA

e	'saɾa	iŋ	'kwesti	o'rribili	mo'menti	pɔ'tɛ	la'ʃʃarmi
(E	**Sara**	**in**	**questi**	**orribili**	**momenti**	**potè**	**lasciarmi?**
(And	Sarah	in	these	terrible	moments	could	abandon me?[3]

al	suɔ	du'kal	pa'ladʒo	'onde	kwi	'trarla	saffrɛ'ttɔ	gwal'tjɛɾo
Al	**suo**	**ducal**	**palagio**	**onde**	**qui**	**trarla**	**s'affrettò**	**Gualtiero,**
To her		ducal	palace	where	here	to bring her	hastened	Walter,

(I sent Walter [Raleigh] in haste to her ducal palace to bring her here,)

e	aŋ'kor
e	**ancor...**
and	still...

(She rises, very agitated.)

de	swɔi	kɔɱ'fɔrti	lamis'ta	mi so'vvɛŋga
De'	**suoi**	**conforti**	**l'amistà**	**mi sovvenga,**
Of	its	solace	friendship	may it remind me,

(Let friendship remind me of its solace,)

io	nɔ bɛn 'dwɔpɔ	io	'sonɔ	'dɔnna	al'fine
io	**n'ho ben d'uopo...**	**io**	**sono**	**donna**	**alfine.**
I	have good need of it...	I	am	a woman,	after all.

il	'fɔkɔ	ɛ	'spɛnto	del	mio	fu'ror
Il	**foco**	**è**	**spento**	**del**	**mio**	**furor.)**
The	fire	is	out	of	my	wrath.)

(The fire of my wrath is out.)
(I am no longer consumed by rage.)

LADIES

stan	nel	tur'batɔ	as'pɛttɔ
(Stan	**nel**	**turbato**	**aspetto**
(There are	in her	troubled	face

'daltɔ	mar'tir	le	im'pronte
d'alto	**martir**	**le**	**impronte.)**
of much	suffering	the	traces.)

(The signs of great suffering can be seen on her troubled face.)

ELISABETTA
(Oh Sara!)

---

[3] Elizabeth at this point still hasn't realized that Sarah is her rival for the affections of Robert. She soon will, however.

LADIES

pju	non le 'brilla	iɱ	'fronte	lu'zata	maɛs'ta
(Più	**non le brilla**	**in**	**fronte**	**l'usata**	**maestà!)**
(No longer	shines	on her	brow	her accustomed	majesty!)

ELISABETTA

'vana	la	'spɛme	noɱ fia	'prɛsso a	mo'rir
Vana	**la**	**speme**	**non fia...**	**presso a**	**morir**
In vain	my	hope	may it not be...	close to	dying

lau'gusta	'dʒɛmma	ei	rɛ'kar	mi fa'ra
l'augusta	**gemma**	**ei**	**recar**	**mi farà.**
the royal	ring	he	sent	will have to me

(Now that he is so close to death surely he will have the royal ring sent to me.)

pen'tito	il 'veggɔ	'alla	prɛ'zɛntsa mia
Pentito	**il veggo**	**alla**	**presenza mia...**
Repentful	I can see him	in	my presence...

pur	'fuddʒe il	'tɛmpo	vɔ'rrei fɛr'mar ʎis'tanti
Pur...	**fugge il**	**tempo...**	**vorrei fermar gl'istanti.**
Yet...	flies by the	time...	I'd like to stop the time.

(Yet...time flies...I'd like to stop the clock.)

e	sɛ	la 'mɔrte	ond'ɛsser	'fido	'alla	ri'val	ʃɛ'ʎʎesse
E	**se**	**la morte**	**ond'esser**	**fido**	**alla**	**rival**	**scegliesse?**
And	if	death	so that to be	true	to my	rival	he were to choose?

(And suppose he were to choose death so that he would be true to my rival?)

o	'trutʃe	i'dɛa	fu'nɛsta
Oh	**truce**	**idea**	**funesta!**
Oh	dire	thought	fatal!

sɛ	dʒa	sa'prɛssa	al	'palko
Se	**già**	**s'appressa**	**al**	**palco?**
What if	already	he is approaching	the	scaffold?

ai	'krudo	a'rrɛsta	'vivi	iŋ'grato
Ahi	**crudo!**	**Arresta!**	**Vivi,**	**ingrato,**
Ah,	cruel one!	Stop!	Live, (you)	ungrateful one,

a lɛi da'kkanto	il mio	'kɔrɛ	a te per'dona
a lei d'accanto,	**il mio**	**core**	**a te perdona...**
next to her,	my	heart	forgives you...

Vivi, oh crudo,

e	mabban'dona	in	ɛ'tɛrno	a	sospi'rar
e	**m'abbandona**	**in**	**eterno**	**a**	**sospirar.**
and	abandon me	for	all eternity	to	pine.

a	si 'tʃɛli	'kwesto	'pjanto
Ah!	**si celi**	**questo**	**pianto,**
Ah!	Let me hide	my	tears,

(Glancing at the ladies and noticing that she is being observed.)

a	non sia	ki	'dika	in	'tɛrra	la	re'dʒina diŋgil'tɛrra
Ah!	**non sia**	**chi**	**dica**	**in**	**terra**	**"la**	**Regina d'Inghilterra**
Ah!	Let there not be	who	says	on	earth	"the	Queen of England

o	ve'dutɔ	lagri'mar
ho	**veduto**	**lagrimar."**
I	have seen	weeping."

(Let no one on earth say "I have seen the Queen of England weeping".)

(Enter Cecil and the Lords.)

ELISABETTA
ke	ma'pp ɔrti
Che	**m'apporti?**
What	do you bring me?

CECIL
kwellin'deɲɲɔ	al	su'pplittsjo	siŋka'mmina
Quell'indegno	**al**	**supplizio**	**s'incammina.**
That unworthy man	to his	execution	is walking.

ELISABETTA
tʃɛl	al	su'pplittsjo
(Ciel!)	**Al**	**supplizio?**
(Heaven!)	To his	execution?

CECIL
Sì.

ELISABETTA
nɛ 'djɛdɛ	'kwalke	'peɲɲɔ da	rɛ'karsi	'alla	re'dʒina
Nè diede	**qualche**	**pegno da**	**recarsi**	**alla**	**regina?**
Did he not give	some	token to	be handed	to the	Queen?

CECIL
'nulla 'djɛdɛ
Nulla diede.
He gave nothing.

ELISABETTA
iŋ'gratɔ
(Ingrato!)
(Ingrate!)

(The sound of hurrying footsteps is heard.)

al'kun	sa'pprɛssa	dɛ	si 'vegga
Alcun	**s'appressa!**	**Deh!**	**si vegga...**
Someone	is coming!	Ah!	Let's see...

CECIL

ɛ	la	duˈkessa
È	**la**	**Duchessa.**
It is	the	Duchess (Sarah).

(Sarah, her hair undone and pale as a corpse, hurries in and throws herself at Elizabeth's feet, and, unable to utter a word, hands her the ring.)

ELISABETTA *(in great agitation)*

ˈkwesta ˈdʒemma	ˈdonde	aˈvesti	ˈkwali ˈzmanje
Questa gemma	**d'onde**	**avesti?**	**Quali smanie!**
This ring,	where	did you get it?	What frenzy!

kwal paˈllore	ɔ sɔsˈpetto	potesti	ˈforse	a	ˈparla
Qual pallore!	**Oh sospetto!**	**Potesti**	**forse?...**	**Ah!**	**Parla!**
What pallor!	Oh suspicion!	Could you...	perhaps?...	Ah!	Speak!

SARA

il mio teˈrrore	ˈtutto	ˈditʃe	io	son	a
Il mio terrore...	**tutto...**	**dice...**	**io**	**son,**	**ah!...**
My terror...	everything...	says...	I	am,	ah!...

ELISABETTA

fiˈniʃʃi
Finisci!
Finish (saying it)!

SARA

tua riˈvale
Tua rivale.
Your rival.

ELISABETTA
Tu!

SARA

mɛ puˈniʃʃi	ma	del	ˈkonte	ˈsalva	i ˈdʒorni
Me punisci,	**ma...**	**del**	**conte**	**salva**	**i giorni!**
Punish me,	but...	of the	Earl	save	the life!

ELISABETTA *(to the courtiers)*

de koˈrrete	de vɔˈlate	pur	kei	ˈvivɔ	a	me	riˈtorni
Deh! correte!	**Deh! volate!**	**Pur**	**ch'ei**	**vivo**	**a**	**me**	**ritorni,**
Ah, run!	Ah, fly!	As long as he		alive	to	me	may return,

il miɔ ˈsɛrtɔ	dɔmanˈdate
il mio serto	**domandate.**
my crown	you can ask for.

(You can ask for my crown as long as you bring him back to me alive!)

LADIES

tʃɛl	nɛ aˈrrida	il tuɔ	faˈvor
Ciel,	**ne arrida**	**il tuo**	**favor.**
Heaven,	may it smile on him	your	favor.

ELISABETTA, SARA
Ah!

(Nottingham enters, his countenance twisted in a ferocious grimace.)

NOTTINGHAM

ˈeʎʎi	ɛ	ˈspɛntɔ
Egli	**è**	**spento!**
He	is	dead!

COURTIERS

kwal	teˈrror
Qual	**terror!**
What	terror!

ELISABETTA *(approaching Sarah, convulsed with rage and anguish)*

tu	pɛrˈvɛrsa	tu	sɔlˈtantɔ	lo spinˈdʒesti	nɛllaˈvɛllɔ
Tu,	**perversa,**	**tu**	**soltanto**	**lo spingesti**	**nell'avello!**
You,	evil woman,	you	alone	pushed him	into his grave!

ˈondɛ mai	tarˈdastɛ	ˈtantɔ a	rɛˈkarmi	kwestaˈnɛllɔ
Onde mai	**tardaste**	**tanto a**	**recarmi**	**quest'anello?**
How is it	you delayed	so long in	bringing me	this ring?

NOTTINGHAM

io	reˈdʒina	io fui	sɔlˈtantɔ	fui	traˈditɔ	nɛlloˈnor
Io,	**Regina,**	**io fui**	**soltanto,**	**fui**	**tradito**	**nell'onor.**
I,	Queen,	it was I alone...		I was	betrayed	in my honor.
						(my honor had been disgraced.)

ˈsaŋgwɛ	ˈvɔlli	e	ˈsaŋgwɛ	ɔˈttɛnni
Sangue	**volli,**	**e**	**sangue**	**ottenni.**
Blood	I wanted	and	blood	I got.

ELISABETTA

ˈalma rɛa	spjɛˈtatɔ	kɔr
Alma rea!	**Spietato**	**cor!**
Evil soul!	Pitiless	heart!

ARIA

kwel	ˈsaŋgwɛ	vɛrˈsatɔ	al	ˈtʃɛlo	siˈnnaltsa
Quel	**sangue**	**versato**	**al**	**cielo**	**s'innalza...**
That	blood	spilled	to	Heaven	rises...

dʒusˈtittsja	dɔˈmanda	rɛˈklama	venˈdetta
giustizia	**domanda,**	**reclama**	**vendetta.**
justice	demands,	calls for	vengeance.

dʒa	ˈlandʒol	di	ˈmɔrte	freˈmɛnte	viŋˈkaltsa
Già	**l'angiol**	**di**	**morte**	**fremente**	**v'incalza;**
Already	the angel	of	death	raging	stands above you both;

su'pplittsjo	inau'dito	ɛn'trambi	vas'pɛtta
supplizio	**inaudito**	**entrambi**	**v'aspetta.**
a suffering	unheard of	both of you	awaits.

si	vil	tradi'mento	de'litto si	'rɛɔ
Sì	**vil**	**tradimento,**	**delitto sì**	**reo,**
Such a	vile	betrayal,	a crime so	heinous,

klɛ'mɛntsa	nɔm 'mɛrta	nɔm 'mɛrta	pje'ta
clemenza	**non merta,**	**non merta**	**pietà.**
clemency	doesn't deserve,	doesn't deserve	mercy.

ne'llultimo	is'tante	vol'dʒetevi	a	ddiɔ
Nell'ultimo	**istante**	**volgetevi**	**a**	**Dio,**
In your last	moments	turn	to	God,

ke	'forse	per'don	kɔn'tʃedɛr	pɔ'tra
che	**forse**	**perdon**	**conceder**	**potrà.**
who	perhaps	forgiveness	grant	may.

COURTIERS

a	ti 'kalma	ra'mmɛnta	le	'kuɾe	del	'sɔʎʎɔ
Ah!	**ti calma,**	**rammenta**	**le**	**cure**	**del**	**soglio:**
Ah!	Calm yourself,	remember	the	duties	of the	throne;

ki	'reɲɲa lɔ sai	nɔm 'vive	pɛr	sɛ
Chi	**regna, lo sai,**	**non vive**	**per**	**se.**
He who	rules, you know,	doesn't live	for	himself.

ELISABETTA

ta'tʃete	non 'reɲɲo	nɔm 'vivo	u'ʃʃite
Tacete!	**Non regno,**	**non vivo...**	**uscite!**
Be silent!	I don't rule...	I am not alive...	get out!

(Nottingham and Sarah are led out, surrounded by guards.)

ELISABETTA *(as though terrified by a dreadful vision)*

ta'tʃete	mi'ɾate	kwel	'palko	di	'saŋgwe	rɔ'ssɛddʒa
Tacete!	**Mirate!**	**Quel**	**palco**	**di**	**sangue**	**rosseggia;**
Be silent!	Behold!	That	block	with	blood	is reddened;

ɛ	'tutto	di	'saŋgwe	kwel	'sɛrto	ba'ɲɲato
È	**tutto**	**di**	**sangue**	**quel**	**serto**	**bagnato.**
It is	all	with	blood	that	crown	bathed.

un	'ɔrridɔ	spɛttro	per'kɔrrɛ	la	'rɛddʒa
Un	**orrido**	**spettro**	**percorre**	**la**	**reggia**
A	horrible	specter	runs through	the	palace

tɛ'nɛndɔ	nel	'puɲɲo	il	'kapo	trɔŋ'kato
tenendo	**nel**	**pugno**	**il**	**capo**	**troncato.**
holding	in its	fist	his	head	severed.

di	'dʒɛmiti	e	'grida	il 'tʃɛlɔ rim'bomba
Di	**gemiti**	**e**	**grida**	**il cielo rimbomba.**
With	moans	and	screams	Heaven is echoing back.

pa'llɛnte	del	'dʒorno	la	'lutʃe	si fe
Pallente	**del**	**giorno**	**la**	**luce**	**si fe'.**
Pale	of the	day	the	light	became.

(The light of day became pale.)

o'vɛra	il mio	'trɔnɔ	si'nnaltsa	'una	'tomba
Ov'era	**il mio**	**trono**	**s'innalza**	**una**	**tomba,**
Where was	my	throne	there rises	a	grave,

iŋ	'kwella	di'ʃʃɛndɔ	fu	'skjuza	per	mɛ
in	**quella**	**discendo,**	**fu**	**schiusa**	**per**	**me.**
into	it	I descend,	it was	opened	for	me.

COURTIERS
Ti calma, Regina, etc.

ELISABETTA
In quella discendo, etc.

par'tite	iɔ	'vɔʎʎɔ	de'llaŋglika	'tɛrra
Partite.	**Io**	**voglio.**	**Dell'Anglica**	**terra**
Leave.	I	wish.	Of the English	land

sia	'dʒakomo	il	re	de'llaŋglja	ɛ	re
sia	**Giacomo**	**il**	**Re;**	**Dell'Anglia**	**è**	**Re.**
be	James	the	king;	Of England	he is	King.

(I wish for James to become King of England.)

(At Elizabeth's sign, all draw back, but at the doors they all turn again towards the Queen. She has fallen back on the sofa, holding Essex's ring to her lips.)

END OF THE OPERA

DON PASQUALE
BY
GAETANO DONIZETTI

SINFONIA

An unsigned lithographic caricature of Donizetti, showing his speed and versatility by writing with both hands. From *Le Charivari*, Paris, ca. 1840.

DON PASQUALE

Opera in three acts by Gaetano Donizetti
Libretto by the composer and "Michele Accursi"
(pseudonym for Giovanni Ruffini)
based on Angelo Anelli's libretto for *Ser Marc'Antonio* (Pavesi)
First performed at the Théâtre Italien, Paris, January 3, 1843

CHARACTERS

Don Pasquale, an old bachelor: bass
Dr. Malatesta, his friend: baritone
Ernesto, Don Pasquale's nephew: tenor
Norina, a young widow: soprano
A Notary: baritone or tenor

Servants, Maids, Musicians

The action takes place in Rome in the early 19th Century

THE PLOT

ACT I

The wealthy bachelor Don Pasquale has arranged for his nephew to marry a wealthy spinster in order for him to produce an heir. When Ernest refuses, due to his love for the young, poor, widow Norina, Pasquale becomes determined to take a wife himself and have lots of children. To punish Ernesto he plans to kick him out of his house and disinherit him.

The action opens as Don Pasquale is impatiently awaiting his friend Dr. Malatesta, who, not being able to dissuade the old bachelor from marriage and still less able to influence him to allow his nephew to follow the dictates of his heart, pretends to acquiesce in the madcap scheme. He proposes that his "sister" shall be the bride (Don Pasquale has no one particular in mind), and describes her as a timid, naive, ingenuous girl, brought up, he says, in a convent. She is, however, none other than Norina, who is in no way related to Malatesta. At his description, however, Don Pasquale is quite unable to contain his delight, in spite of Malatesta's attempts to restrain him, and when he is alone, he breaks into a lively song about feeling like a young man again.

Don Pasquale prepares to give his nephew a lecture on the subject of his future conduct, and tells him in the course of it that he is proposing to take a wife himself. This arouses Ernesto's incredulity, and his uncle has to repeat it several times before he quite understands. When he finally does, it is only to realize that by being disinherited he will be cut off from his desired marriage to Norina. When Pasquale says he has already consulted Malatesta, Ernesto's last remaining hopes vanish; there is no one now to dissuade the old fool.

The scene changes to Norina's house, where she is reading a love novel about a love-smitten knight. She finds the story amusing and gives vent to her mirth in a lively song. When a letter from Ernesto arrives, she barely has time to read it before Malatesta enters. Malatesta tells her that Ernesto's old uncle has fallen for his scheme which will finally make him agree to his nephew's marriage, but Norina is anything but pleased with the way things have gone.

Since they haven't had time to divulge their scheme to Ernesto he has taken the news very badly and written his farewell to Norina explaining that he can no longer marry her and plans to leave Europe the next day. However, Malatesta convinces her not to worry and rehearses Norina on how they will behave with Pasquale when he finally meets his convent-bred bride.

ACT II

In his apartments, Ernesto is in despair at the prospect of losing both his bride and his home. (Don Pasquale has ordered him to clear out of the house).

Meanwhile, in the main house, Pasquale receives his prospective bride and her sponsor, his friend Malatesta. She plays the shy one and he urges her on, as the enraptured husband-to-be watches every maneuver. Norina is eventually persuaded to speak to Pasquale, and assures him that her interests lie mainly in household things like sewing, making clothes, and looking after the kitchen. A notary has been sent for (actually Carlotto, Malatesta's cousin), and Malatesta dictates the terms of the marriage, the others, including the notary, repeating the words after him. Another witness is needed but none seems to be forthcoming until Ernesto rushes in proclaiming his betrayal to anyone who chooses to listen. Malatesta has his work cut out to explain the situation to him without letting Don Pasquale know the way things really are.

The moment the contract is signed, Norina changes from a shy, simple girl to a real spitfire, becoming quite the virago, to the surprise of the befuddled Pasquale who fails at all attempts at conciliation or authority. He is confounded at the sudden change and dumb with horror when Norina announces to Pasquale that Ernesto is just the man to take her out walking, something that is plainly beyond the capacity of a man of his years. When Norina calls out the servants and realizes there are only three, she laughingly orders more to be engaged and for their wages be doubled. Pasquale can bear it no more, and in his rage, shouts that he has been duped and betrayed, as the act comes to a spirited conclusion.

ACT III

The room is the same as in the previous act. Servants are rushing about executing Norina's orders and disposing what she has ordered for the house. Don Pasquale sees her dressed up to the nines and about to leave the house; may he ask where? To the theater, she says...without him. Their quarrel finally reaches a point where Norina slaps the old man in the face. Pitifully dismayed, Pasquale realizes that this is the end of his hopes and pretensions, as well as this hateful marriage he has gotten himself into. Even Norina for a moment is sorry that she has had to go that far to bring the old man to his senses. She rushes from the room but takes care to drop a note as she goes. It purports to be from Ernesto, and makes an assignation for that very evening in the garden. Don Pasquale reads it, and sees in it the chance of getting rid of the whole affair. He sends for Malatesta.

When he has left the room the servants flock back into it and comment on the happenings in the house in a charming chorus. Malatesta arrives and proceeds to give Pasquale the benefit of his advice. The two men confer in a bubbling comic duet.

The scene changes to a garden, where Ernesto serenades Norina, and as the latter joins him, they sing a love duet. Pasquale and Malatesta surprise the lovers, Ernesto escapes but Norina stays to brave it out with the old man. Malatesta twists everything around to everyone's satisfaction, and soon Ernesto and Norina are waiting to be married, and moreover, with the full approval of Don Pasquale, relieved at the turn of events.

ACT I
Scene One
(A room in Don Pasquale's home.)

PASQUALE *(walking around impatiently, watch in hand)*

son	nɔ'vɔre	di ri'torno	il do'ttore	'ɛsser do'vria
Son	**nov'ore:**	**di ritorno**	**il dottore**	**esser dovria.**
It's	nine o'clock;	returned	the doctor	should have.

(The doctor should have returned by now.)

tsittɔ	'parmi	ɛ	fanta'zia
Zitto... [1]	**parmi...**	**è**	**fantasia...**
Hush...	I think...	it's	my imagination...

(listening)

'forse	il	'vɛnto	ke	sɔ'ffjɔ
forse	**il**	**vento**	**che**	**soffiò.**
maybe (it was)	the	wind	that	was blowing.

ke	bo'kkon	di	pillo'lina	nipo'tino	vi prɛ'parɔ
Che	**boccon**	**di**	**pillolina,**	**nipotino,**	**vi preparo!**
What a	mouthful	of	a little pill,	little nephew	I am preparing for you!

(What a bitter pill I am preparing for you, my little nephew!)

vɔ	kja'marmi	dɔn sɔ'marɔ	sɛ	ve'der	nɔɱ ve la fɔ
Vo'	**chiamarmi**	**Don Somaro**	**se**	**veder**	**non ve la fo!**
I'll	call myself	an ass	if	see	I don't make you!

(I'll be an ass if I don't make you see [the reality of my situation]!)

MALATESTA *(from within)*

ɛ per'messo
È permesso?
May I come in?

PASQUALE

a'vanti
Avanti.
Come in.

(Doctor Malatesta comes in. Pasquale inquires anxiously.)

'duŋkwe
Dunque?
Well?

---

[1] Italian words with initial *z* are an eternal problem. Even though the best Italian dictionaries (Zingarelli, Garzanti, Zanichelli, Melzi) state categorically that in *zitto* the initial *z* is a voiceless [ts], most Italians will pronounce it with a voiced [dz] cluster thus: ['dzitto]. It is one of those language problems that Italian phoneticians call *indisciplinabili* (un-disciplin-able). For the singer working with an Italian conductor it is best to remain flexible on this matter.

MALATESTA
'tsitto	kom	pru'dɛntsa
Zitto,	**con**	**prudenza.**
Hush,	with	prudence.
		(easy does it now.)

PASQUALE
io	mi 'struggo	dimpa'ttsjɛntsa	la	spo'zina
Io	**mi struggo**	**d'impazienza.**	**La**	**sposina?...**
I	am consumed	with impatience.	My	little bride?...

MALATESTA
si	trɔ'vɔ
Si	**trovò.**
She's	been found.

PASQUALE
bene'detto
Benedetto!
Blessed!
(May you be blessed for this!)
(Wonderful! Oh how marvellous!)

MALATESTA
ke	ba'bbjone
(Che	**babbione!)**
(What	a foolish old man!)

'prɔprjo	'kwella	ke	tʃi 'vwɔlɛ
Proprio	**quella**	**che**	**ci vuole.**
Just	the one	that	we want.

askol'tate	in due pa'rɔlɛ	il	ri'tratto	vɛ ne fɔ
Ascoltate,	**in due parole**	**il**	**ritratto**	**ve ne fo.**
Listen,	in two words	her	portrait	I will paint for you.
	(I'll describe her to you in two words.)			

PASQUALE
son	tu'ttɔkki
Son	**tutt'occhi...**
I am	all eyes...

MALATESTA
u'dite
Udite.
Listen.

ARIA
'bɛlla	si'kkome	un	'andʒɛlo	in	'tɛrra pelle'grino
Bella	**siccome**	**un**	**angelo**	**in**	**terra pellegrino,**
Lovely	like	an	angel	on earth	a pilgrim,
(She's lovely as an angel on a pilgrimage here on earth,)					

'freska	si'kkome	il	'dʒiʎʎo	ke	'sapre	sul	ma'ttino
fresca	**siccome**	**il**	**giglio**	**che**	**s'apre**	**sul**	**mattino,**
fresh	as	a	lily	that	opens	in the	morning,

'ɔkkjɔ	ke	'parla	e	'ride
occhio	**che**	**parla**	**e**	**ride,**
eye(s)	that	speak	and	laugh,

'zgwardo	ke	i	kɔr	koŋ'kwide
sguardo	**che**	**i**	**cor**	**conquide,**
a glance	that	the	hearts	conquers,

'kjɔma	ke	'vintʃɛ	'lɛbano	so'rrizo	iŋkanta'tor
chioma	**che**	**vince**	**l'ebano,**	**sorriso**	**incantator.**
hair	that	shames	ebony,[2]	a smile	enchanting.

PASQUALE

'spɔza	'simile	ɔ	'dʒubilo	nɔn 'kape	im	'pɛttɔ	il	kɔr
Sposa	**simile!**	**Oh**	**giubilo!**	**non cape**	**in**	**petto**	**il**	**cor.**
Bride	such!	Oh	joy!	It doesn't fit	in my	chest	the	heart.

(Such a bride! Oh joy! My heart is about to jump out of my chest!)

MALATESTA

'alma	inno'tʃɛnte	in'dʒɛnua	ke	sɛ me'dezma	i'ɲɲɔra
Alma	**innocente,**	**ingenua,**	**che**	**se medesma**	**ignora,**
A soul	innocent,	ingenuous,	who	about herself	doesn't care,

(An innocent, simple soul, and quite self-effacing,)

mɔ'dɛstja	imparɛ'ddʒabile	bɔn'ta	ke	vinna'mɔra
modestia	**impareggiabile,**	**bontà**	**che**	**v'innamora,**
modesty	beyond compare,	kindness	that	makes you fall in love,

ai	'mizɛri	pje'toza	dʒen'til 'doltʃɛ	amo'rɔza a
ai	**miseri**	**pietosa,**	**gentil, dolce,**	**amorosa,ah!**
to	unfortunate people	full of pity,	gentle, sweet,	loving, ah!

il tʃɛl	la 'fatta	'naʃʃɛrɛ
Il ciel	**l'ha fatta**	**nascere**
Heaven	has made her	be born

per	far	bɛ'atɔ	un	kɔr
per	**far**	**beato**	**un**	**cor.**
to	make	blissful	a	heart.

(Heaven created her to make the heart [of one man] blissful.)

PASQUALE
Oh giubilo!

fa'miʎʎa
Famiglia?
Family?
(What sort of family does she come from?)

---

[2] In other words, the lady has jet-black hair.

MALATESTA
a'dʒata   ɔ'nɛsta
Agiata,   **onesta.**
Comfortably off,   honest folk.

PASQUALE
il   'nome
Il   nome?
Her   name?

MALATESTA
mala'tɛsta
Malatesta.

PASQUALE
sa'ra   'vɔstra   pa'rɛntɛ
Sarà   vostra   parente?
Could she be   your   relative?

MALATESTA *(ironically)*
'alla lɔn'tana   um pɔ
Alla lontana   un po'.
Distant,   somewhat.

PASQUALE
Vostra parente?

MALATESTA
ɛ   mia   sɔ'rɛlla
È   mia   sorella.
She's   my   sister.

PASQUALE
ɔ   'dʒɔja   e   'kwando   di   ve'derla   mi fia   kon'tʃɛssɔ
Oh   gioia!   E   quando   di   vederla   mi fia   concesso?
Oh   joy!   And   when   to   see her   will it be to me granted?
(And when may I be permitted to see her?)

MALATESTA
sta'sera   sul   krɛ'puskolo
Stasera   sul   crepuscolo.
This evening   at   twilight.

PASQUALE
sta'sera   a'dɛssɔ   per   kaɾi'ta   do'ttore
Stasera?   Adesso,   per   carità,   Dottore!
This evening? Now,   for   pity's sake, doctor!

MALATESTA
fre'nate   il 'vɔstrɔ   ar'dore   kwɛ'tatevi   kal'matevi
Frenate   il vostro   ardore,   quetatevi,   calmatevi.
Curb   your   ardor,   quiet down,   calm yourself,

PASQUALE
Ah, per carità, Dottore!

MALATESTA
Frenate il vostro ardore.

PASQUALE
Ah Dottor, per carità!

MALATESTA
fra 'pɔko	kwi	vɛ'rra
Fra poco	**qui**	**verrà.**
Soon	here	she will come.

PASQUALE
da'vvero
Davvero?
Really?

MALATESTA
prɛpa'ratevi	e	vɛ la 'pɔrtɔ	kwa
Preparatevi,	**e**	**ve la porto**	**qua.**
Prepare yourself,	and	I'll bring her to you	here.

PASQUALE *(embracing him)*
ɔ	'kkarɔ
Oh	**caro!**
Oh	my dear man!

MALATESTA
kal'matevi
Calmatevi.
Calm down.

PASQUALE
Oh caro!

MALATESTA
ma	u'dite
Ma	**udite...**
But	listen...

PASQUALE
nɔɲ	fja'tatɛ
Non	**fiatate...**
Don't	breathe...(a word of this to anyone.)

MALATESTA
si	ma	sɛ
Sì,	**ma...**	**se...**
Yes,	but...	if...

PASQUALE

nɔn tʃɛ	ma	koˈrrete ɔ	ˈkaskɔ	ˈmɔrtɔ kwa
Non c'è	**ma,**	**correte o**	**casco**	**morto qua.**
There are no	buts;	run or	I'll drop	dead here.

(Pasquale literally pushes Malatesta out the door.)

ARIA

a	um	ˈfɔko	inˈsɔlito	mi ˈsɛnto	aˈddɔssɔ
Ah!	**un**	**foco**	**insolito**	**mi sento**	**addosso,**
Ah!	A	fire	unusual	I feel	inside me,

ɔˈmai	reˈzistere	io	pju nɔm ˈpɔsso
omai	**resistere**	**io**	**più non posso.**
now	resist it	I	no longer can.

dellɛˈta	ˈvɛkkja	ˈskɔrdo	i	maˈlanni
dell'età	**vecchia**	**scordo**	**i**	**malanni,**
of my age	old	I forget	the	ills,

(I forget the ills of old age,)

mi ˈsɛnto	ˈdʒovine	ˈkomɛ a	venˈtanni
mi sento	**giovine**	**come a**	**vent'anni.**
I feel	young	as when (I was)	twenty.

dɛ	ˈkara	aˈffrettati	ˈvjɛni spoˈzina
Deh	**cara,**	**affrettati,**	**vieni, sposina.**
Ah	dearest,	hurry,	come, little bride.

ˈɛkkɔ	di	ˈbamboli	ˈmɛddza	doˈddzina
Ecco	**di**	**bamboli**	**mezza**	**dozzina**
Here	of	babies	half	a dozen

dʒa	ˈveggɔ	ˈnaʃʃɛrɛ	dʒa	ˈveggɔ	ˈkreʃʃɛrɛ
già	**veggo**	**nascere,**	**già**	**veggo**	**crescere,**
already	I see	being born,	already	I see	growing up,

a me dinˈtorno	ˈveggɔ skɛrˈtsar
a me d'intorno	**veggo scherzar.**
around me	I see playing.

(I see half a dozen babies being born and growing up, playing around me.)

NO. 2 RECITATIVE AND DUET

son	riˈnatɔ	or	si ˈparli	al	nipoˈtino
Son	**rinato.**	**Or**	**si parli**	**al**	**nipotino:**
I feel	born anew.	Now	let me speak	to my	young nephew;

a ˈfare il	tʃɛrveˈllino	ˈveda	ke	si gwaˈdaɲɲa
a fare il	**cervellino**	**veda**	**che**	**si guadagna.**
so that the	headstrong one	may see	what	he gets for it.

(so that he may see what he gets for being so headstrong.)

(looking around)

'ɛkkɔlɔ a'ppunto
Eccolo appunto.
Why, here he comes.

(to Ernesto)

dʒun'dʒete		a	'tɛmpɔ	'stavɔ		per	man'darvi a kja'mare
Giungete		**a**	**tempo.**	**Stavo**		**per**	**mandarvi a chiamare.**
You've come just		in	time.	I was about		to	send for you.

favo'rite		nɔɱ vɔ	'farvi	un	ser'mone
Favorite.		**Non vo'**	**farvi**	**un**	**sermone,**
Come in.		I don't want	to preach you	a	sermon,

vi dɔ'mando		um	mi'nutɔ	dattɛn'tsjone
vi domando		**un**	**minuto**	**d'attenzione.**
I'm asking you for		one	minute	of your attention.

ɛ	'vvero	ɔ	nɔ'nɛ	'vero	ke	sa'ranno	due	'mezi
È	**vero**	**o**	**non è**	**vero**	**che,**	**saranno**	**due**	**mesi,**
Is it	true	or	is it not	true	that,	about	two	months (ago),

io	vɔ'ffɛrsi	la	man	'duna	tsi'tɛlla
io	**v'offersi**	**la**	**man**	**d'una**	**zitella**[3]
I	offered you	the	hand	of a	young unmarried lady

'nɔbile	'rikka	e	'bbɛlla
nobile,	**ricca**	**e**	**bella?**
noble,	rich	and	beautiful?

ERNESTO
ɛ 'vvero
È vero.
That's true.

PASQUALE
prome'ttɛndovi	per	'dʒunta	um	'bɛllasseɲɲa'mento
Promettendovi	**per**	**giunta**	**un**	**bell'assegnamento,**
Promising you	in	addition	a	generous allowance,

e	'alla	mia	'mɔrtɛ	'kwantɔ	pɔ'ssjedɔ
e	**alla**	**mia**	**morte**	**quanto**	**possiedo?**
and	upon	my	death	all that	I possess.?

ERNESTO
È vero.

---

[3] See footnote # 1 on page 483. *Zitella* can also mean a spinster, or an unmarried woman of advancing years.

PASQUALE

minaˈttʃando	iŋ	ˈkazo	di	riˈfjuto	dizereˈdarvi
Minacciando	**in**	**caso**	**di**	**rifiuto**	**diseredarvi,**
Threatening,	in	case	of	your refusal,	to disinherit you,

e	a	ˈtorvi		ˈoɲɲi	speˈrantsa
e,	**a**	**torvi**		**ogni**	**speranza,**
and,	so as	to deprive you of		further	hopes,

ammoˈʎʎarmi	sɛ	ˈdwɔpɔ
ammogliarmi,	**se è**	**d'uopo?**
to get married myself,	if	necessary?

ERNESTO
È vero.

PASQUALE

or	ˈbɛnɛ	la	ˈspɔza	ke	vɔˈffɛrsi	or son due ˈmezi
Or	**bene,**	**la**	**sposa**	**che**	**v'offersi**	**or son due mesi,**
Now	then.	The	bride	that	I offered you	two months ago,

vɛ ˈlɔffrɔ	aŋˈkor
ve l'offro	**ancor.**
I offer you	again.

ERNESTO

nɔl ˈpɔssɔ	ˈamo	noˈrina	la mia ˈfedɛ	ɛ	impeˈɲɲata
Nol posso:	**amo**	**Norina,**	**la mia fede**	**è**	**impegnata...**
I can't;	I love	Norina,	my troth	is	plighted...

PASQUALE

si	kon	ˈuna	spjanˈtata
Sì,	**con**	**una**	**spiantata.**
Yes,	to	a	penniless girl.

ERNESTO

rispeˈttate	ˈuna	ˈdʒovine	ˈpovera ma	ɔnɔˈrata	e virtuˈoza
Rispettate	**una**	**giovine**	**povera, ma**	**onorata**	**e virtuosa.**
Respect	a	young lady,	poor, but	respectable	and virtuous.

PASQUALE

ˈsjɛtɛ	ˈprɔprjo	deˈtʃizo
Siete	**proprio**	**deciso?**
Are you	really	decided?

ERNESTO

irrevɔkabilˈmente
Irrevocabilmente.
Irrevocably.

PASQUALE

ɔr ˈbɛn	pɛnˈsate	a	trɔˈvarvi	un	aˈllɔddʒɔ
Or ben,	**pensate**	**a**	**trovarvi**	**un**	**alloggio.**
Very well then,	(start) thinking	about	finding yourself	other	lodgings.

ERNESTO
ko'zi   mi diska'ttʃate
Così   mi discacciate?
So   you're throwing me out?

PASQUALE
la 'vɔstra   ostina'ttsjone   'doɲɲi   im'peɲɲo   mi 'ʃʃoʎʎɛ
La vostra   ostinazione   d'ogni   impegno   mi scioglie.
Your   obstinacy   from every   obligation   absolves me.

'fate   di provve'dervi   io   'prɛndo   'moʎʎe
Fate   di provvedervi.   Io   prendo   moglie.
See to it   to provide for yourself.   I   am taking   a wife.

ERNESTO *(astounded)*
Prender moglie?

PASQUALE
si   ssi'ɲɲore
Sì,   signore.
Yes,   sir.

ERNESTO
voi
Voi?
You?

PASQUALE
kwel   'desso   in   'karne   ɛd   'ɔssa
Quel   desso   in   carne   ed   ossa.
The   very one,   in   flesh   and   bone.

ERNESTO
pɛrdɔ'nate   la   sor'preza
Perdonate   la   sorpresa...
Forgive   my   surprise...

PASQUALE
Io prendo moglie.

ERNESTO
ɔ   'kwesta ɛ   'grɔssa
(Oh,   questa è   grossa!)
(Oh,   that's a   good one!)

voi   'prɛnder   'moʎʎe
Voi,   prender   moglie?
You,   take   a wife?

PASQUALE
lɔ   'detto   e   lo ri'peto   io   pas'kwale   da   kor'neto
L'ho   detto   e   lo ripeto.   Io   Pasquale   da   Corneto,
I've   said it   and   repeat it.   I,   Pasquale   of   Corneto,

491

Don Pasquale, Act I

possi'dɛnte	kwi	prɛ'zɛntɛ	iŋ	'karnɛ	ɛd	'ɔssa
possidente,	**qui**	**presente,**	**in**	**carne**	**ed**	**ossa,**
man of property,	here	present	in	flesh	and	bone,

dannun'tsjarvi	ɔ	'lalto	o'noɾe
d'annunziarvi	**ho**	**l'alto**	**onore,**
of announcing to you	I have	the high	honor,

io, Pasquale da Corneto,

ke	mi 'vadɔ	ad	ammo'ʎʎar
che	**mi vado**	**ad**	**ammogliar.**
that	I am going	to	get married.

ERNESTO

voi	skɛr'tsate
Voi	**scherzate.**
You	are joking.

PASQUALE

'skertso	uŋ 'kɔrnɔ
Scherzo	**un corno.**
Joking	my horn!
	(my foot!)

ERNESTO

si	skɛr'tsate
Sì,	**scherzate.**
Yes,	you're joking.

PASQUALE

lo ve'drete	al	'nwɔvo	'dʒorno	'sono	ɛ	'vero	stadʒo'nato
Lo vedrete	**al**	**nuovo**	**giorno.**	**Sono,**	**è**	**vero,**	**stagionato,**
You'll see	at the	new	day.	I am,	it's	true,	on in years,

(Tomorrow you will see.)

ma	bɛm 'molto	kɔnsɛr'vato	e	per	'fɔrtsa	e	vigo'ria
ma	**ben molto**	**conservato,**	**e**	**per**	**forza**	**e**	**vigoria**
but	very well	preserved,	and	as for	strength	and	vigor

mɛ nɛ 'sɛntɔ	da	pres'tar
me ne sento	**da**	**prestar.**
I still feel	that	I have enough to spare.

voi	fra'ttanto	siɲɲorino	prɛpa'ratevi	a sfra'ttar
Voi,	**frattanto,**	**signorino,**	**preparatevi**	**a sfrattar.**
You,	meanwhile,	young man,	prepare yourself	to vacate the premises.

ERNESTO

tʃi vo'lea	'kwesta ma'nia	i mjɛi	'pjani	a	rɔvɛ'ʃʃar
(Ci volea	**questa mania**	**i miei**	**piani**	**a**	**rovesciar!)**
(All I needed was	this whim	my	plans	to	upset!)

(All I needed was this mad whim of his to upset my plans!)

ARIA

'soɲɲo	sɔ'avɛ	e	'kasto	de	mjɛi	pri'manni	a'ddio
Sogno	**soave**	**e**	**casto**	**de'**	**miei**	**prim'anni,**	**addio.**
Dream	sweet	and	chaste	of	my	youth,	farewell.

bra'mai	ri'kettse	e	'fasto	'solo	per	tɛ	bɛm 'mio
Bramai	**richezze**	**e**	**fasto**	**solo**	**per**	**te,**	**ben mio.**
I desired	riches	and	luxury	only	for	you,	my beloved.

'pɔvɛrɔ	abbandɔ'nato	ka'duto	im	'bassɔ	'stato
Povero,	**abbandonato,**	**caduto**	**in**	**basso**	**stato,**
Poor (and)	abandoned,	fallen	into	lowly	state,

pria ke	ve'derti	'mizɛra	'kara	ri'nuntsjo	a tɛ
pria che	**vederti**	**misera,**	**cara,**	**rinunzio**	**a te.**
before	seeing you	wretched,	dearest,	I shall renounce	you.

PASQUALE *(as an aside, referring to Ernesto)*

ma	vɛ	ke	oridʒi'nalɛ	ke	'taŋgɛrɔ	ɔsti'nato
Ma	**veh**	**che**	**originale!**	**Che**	**tanghero**	**ostinato!**
But	see	how	original!	What an	imbecile	obstinate!

a'dɛsso	'maŋkɔ 'malɛ	mi par	kapatʃi'tato
Adesso,	**manco male,**	**mi par**	**capacitato:**
Now,	so much the better,	I think	he's convinced;

bɛn	sɔ	'dove	ʎi 'dwɔlɛ
Ben	**so**	**dove**	**gli duole,**
Well	do I know	where	it pinches,

ma	ɛ	'desso	ke	lɔ 'vwɔlɛ
ma	**è**	**desso**	**che**	**lo vuole,**
but	it's	he himself	who	wants it that way,

(but he's brought it on himself,)

nɔn	'altri	ke	sɛ 'stesso	'eʎʎi	iŋkɔl'par	ne de
non	**altri**	**che**	**se stesso**	**egli**	**incolpar**	**ne de'.**
none	other	than	himself	he	blame	must for it.

(he must not blame anyone else for it but himself.)

ERNESTO

duɛ	pa'rɔlɛ	aŋ'kor	di	'volo
Due	**parole**	**ancor**	**di**	**volo.**
Two	(more) words,	just	in	passing.

PASQUALE

soŋ	kwi	'tutto	ad	askɔl'tarvi
Son	**qui**	**tutto**	**ad**	**ascoltarvi.**
I'm	here,	all (ears)	to	listen to you.

ERNESTO

iŋga'nnar si	'pwɔte	un	'solo	bɛm fa'rɛstɛ	a	konsi'ʎʎarvi
Ingannar si	**puote**	**un**	**solo:**	**ben fareste**	**a**	**consigliarvi.**
Be mistaken	can	one	alone:	you'd do well	to	seek advice.

(One alone can easily be mistaken;)

il do'ttorɛ	mala'tɛsta	ɛ	pɛr'sona	'gravɛ	ɔ'nɛsta
Il dottore	**Malatesta**	**è**	**persona**	**grave,**	**onesta.**
Doctor	Malatesta	is a	person	worthy,	honest.

PASQUALE

lɔ	per	'talɛ
L'ho	**per**	**tale.**
I consider him	as	such.

ERNESTO

konsul'tatelɔ
Consultatelo.
Consult him.

PASQUALE

ɛ	dʒa	'bɛllɔ	e konsul'tatɔ
È	**già**	**bello**	**e consultato.**
He's been	already	indeed	consulted.

ERNESTO

vi skon'siʎʎa
Vi sconsiglia?
Didn't he (try to) dissuade you?

PASQUALE

'antsi	al	kon'trarjo	miŋkɔ'raddʒa	nɛ	iŋkan'tatɔ
Anzi,	**al**	**contrario,**	**m'incoraggia,**	**n'è**	**incantato.**
Quite	the	contrary,	he encourages me,	he's	delighted over it.

ERNESTO *(confidentially)*

'kome	ɔ	'kwɛstɔ pɔi
Come?	**Oh**	**questo poi...**
How so?	Oh,	come now...

PASQUALE

'antsi	a 'dirla kwi fra noi	la ka'pitɛ	la tsi'tɛlla
Anzi,	**a dirla qui fra noi,**	**la...capite?**	**la zitella,**
Furthermore,	here between us,	do you understand?	the young lady,

ma	si'lɛntsjɔ	ɛ	sua	sɔ'rɛlla
ma...	**silenzio,**	**è**	**sua**	**sorella.**
but...	keep it quiet,	is	his	sister.

ERNESTO

sua	sɔ'rɛlla	ke mai	'sɛntɔ
Sua	**sorella?**	**Che mai**	**sento?**
His	sister!	What	do I hear?

Don Pasquale, Act I

PASQUALE
Sua sorella.

ERNESTO
del do'ttor
Del dottor?
The doctor's?

PASQUALE
Del dottor.

ERNESTO
a	mi fa	il des'tin	men'diko	'pɛrdɔ	kɔ'lɛi	ke	a'dɔrɔ
(Ah,	**mi fa**	**il destin**	**mendico,**	**perdo**	**colei**	**che**	**adoro,**
(Ah,	I'm made	by fate	a beggar,	I lose	the one	whom	I adore,

iŋ	ki	kre'deva	a'mikɔ a
in	**chi**	**credeva**	**amico, ah!**
by	whom	I believed (to be a)	friend, ah!

dis'kɔprɔ	un	tradi'tor
discopro	**un**	**traditor**
I discover	a	traitor,

(Ah, fate has made a beggar of me; the man I thought was a friend is instead a traitor,)

'dɔɲɲi	kɔɱ'fɔrtɔ	'privɔ	'mizɛrɔ	a	ke	pur 'vivɔ
d'ogni	**conforto**	**privo,**	**misero,**	**a**	**che**	**pur vivo?**
of every	solace	deprived,	wretched me,	what	for	do I live?

a	non si da	mar'tɔrɔ	e'gwal	al	miɔ	mar'tɔr
Ah!	**non si dà**	**martoro**	**egual**	**al**	**mio**	**martor.)**
Ah!	There's isn't	suffering	equal	to	my	suffering.)

PASQUALE
la'mikɔ	ɛ	'bɛllɔ e 'kɔttɔ	nɔ'nɔza	'fare	um	'mɔttɔ
(L'amico	**è**	**bello e cotto**	**non osa**	**fare**	**un**	**motto,**
(Our friend	is	done for,	he doesn't dare	say	a	word,

in	'sassɔ	sɛ kan'dʒatɔ	la'ffɔga	il	krɛpa'kwɔr
in	**sasso**	**s'è cangiato,**	**l'affoga**	**il**	**crepacuor.**
to	stone	he has changed,	he's choked by	his	heartache.

si 'rɔda	ʎi sta	'bɛnɛ
Si roda,	**gli sta...**	**bene...**
Let him chew on that,	he deserves it...	good...

a	kwel ke	ʎi kɔɱ'vjɛnɛ
Ha	**quel che**	**gli conviene:**
He's got	his	deserts;

im'pari	lɔ	zvɛn'tatɔ	a	'fare	il bɛllu'mor
Impari	**lo**	**sventato**	**a**	**fare**	**il bell'umor.**
Let him learn,	that	fool,	to	take it	from the humorous side.

Scene Two
(A room in Norina's house.)

NO. 3 CAVATINA
NORINA

kwel	'gwardoil	kava'ljɛrɛ	im	'mɛddzo	al	kɔr	tra'fisse
"Quel	**guardo il**	**cavaliere**	**in**	**mezzo**	**al**	**cor**	**trafisse;**
"That	glance the	knight	in the	middle	of his	heart	struck;

("Her glance struck the knight in the middle of his heart;)

pjε'gɔ	il	dʒi'nɔkkjo	e	'disse	soɲ	'vɔstro	kava'ljɛr
piegò	**il**	**ginocchio**	**e**	**disse:**	**son**	**vostro**	**cavalier.**
he bent	his	knee	and	said:	'I am	your	knight'.

e	'tanto	'ɛra	iŋ	'kwel	'gwardo	sa'por	di	pa«a'dizo
E	**tanto**	**era**	**in**	**quel**	**guardo**	**sapor**	**di**	**paradiso,**
And	such	was	in	her	glance	a taste	of	paradise,

ke	il	kava'ljɛr	ri'kkardo	'tutto	da'mor	koŋ'kwizo
che	**il**	**cavalier**	**Riccardo,**	**tutto**	**d'amor**	**conquiso,**
that	the	knight	Riccardo,	quite	by love	vanquished,

dʒu'«ɔ	ke	ad	'altra	'mai	noɲ voldʒe'«ia	il	pɛn'sjɛ«
giurò	**che**	**ad**	**altra**	**mai**	**non volgeria**	**il**	**pensier."**
swore	that	to	another (lady)	never	would he turn	his	thoughts."

(She laughs uproariously.)

sɔ	aŋ'kiɔ	la	vir'tu	'madʒika
So	**anch'io**	**la**	**virtù**	**magica**
I know	also I	the	virtue	magical

duŋ	'gwardo	a	'tɛmpo	e	'lɔko
d'un	**guardo**	**a**	**tempo**	**e**	**loco,**
of a	glance	at the	(right) time	and	place,

(I too know the power of a glance at the right time and place,)

sɔ	aŋ'kio	'kome	si 'brutʃano	i	'kɔ«i	a	'lɛnto	'fɔko
so	**anch'io**	**come**	**si bruciano**	**i**	**cori**	**a**	**lento**	**foco;**
I know	also I	how	to make smolder	the	hearts	over a	slow	fire;

dum	'brɛve	sorri'zetto	kɔ'nosko	aŋ'kio	le'ffɛtto
d'un	**breve**	**sorrisetto**	**conosco**	**anch'io**	**l'effetto,**
of a	fleeting	little smile	I know	(also)	the effect,

di	mɛntsɔ'ɲɲe«a	'lagrima	dun	'subito	laŋ'gwor
di	**menzognera**	**lagrima,**	**d'un**	**subito**	**languor.**
of a	deceiving	tear,	of a	sudden	fainting spell.

ko'nosko	i	'millɛ	'mɔdi	dellamo'«ozɛ	'frɔdi
Conosco	**i**	**mille**	**modi**	**dell'amorose**	**frodi,**
I know	the	thousand	ways	of amorous	frauds,

i	'vettsi	e	'larti	'fatʃili	peɾ	adɛs'kaɾe	uŋ kɔɾ
i	**vezzi**	**e**	**l'arti**	**facili**	**per**	**adescare**	**un cor.**
the	knacks	and	artifices	easy	for	capturing	a heart.

So anch'io la virtù magica

peɾ	inspi'raɾɛ	a'mor
per	**inspirare**	**amor.**
to	inspire	love.

ɔ	'tɛsta	bi'ddzarra	som 'pronta	vi'vatʃɛ
Ho	**testa**	**bizzarra,**	**son pronta,**	**vivace,**
I've a	head	whimsical,	I'm quick,	vivacious,

bri'llaɾɛ	mi 'pjatʃɛ	mi 'pjatʃɛ	skeɾ'tsar
brillare	**mi piace,**	**mi piace**	**scherzar.**
to shine	I like,	I like	to jest.

sɛ	'monto iɱ	fu'roɾe	di 'radɔ stɔ al 'seɲɲo
Se	**monto in**	**furore**	**di rado sto al segno,**
If	I fly into	a fury	there's no controlling me,

ma	in 'rizo	lo 'zdeɲɲo fɔ	'prɛsto a	kan'dʒar
ma	**in riso**	**lo sdegno fo**	**presto a**	**cangiar.**
but	into laughter	the anger I cause	quickly to	change.

(but I manage to turn it into laughter rather quickly.)

Ho testa bizzarra

ma	'kɔɾɛ	ettʃɛ'llɛntɛ
ma	**core**	**eccellente.**
but	a heart	excellent.

e	il	do'ttor non si 'vede	ɔ	ke	impa'ttsjɛntsa
E	**il**	**dottor non si vede!**	**Oh,**	**che**	**impazienza!**
And	the	doctor hasn't show up yet!	Oh,	what	impatience!

del	roman'dzetto	or'dito a	ga'bbar	dɔm	pas'kwalɛ
Del	**romanzetto**	**ordito a**	**gabbar**	**Don**	**Pasquale,**
About the	little romance	plotted to	deceive	Don	Pasquale,

on'dei	to'kkommi	iɱ	'fretta
ond'ei	**toccommi**	**in**	**fretta**
about which	he told me	in	passing

'pɔkɔ	o 'nulla	ɔ ka'pito	ed	or	las'pɛttɔ
poco	**o nulla**	**ho capito,**	**ed**	**or**	**l'aspetto...**
little	or nothing	I've understood,	and	now	I await him...

(A servant enters and hands her a letter, then leaves.)

la	man	deɾ'nɛstɔ	iɔ	'trɛmɔ
La	**man**	**d'Ernesto...**	**io**	**tremo.**
The	handwriting	of Ernesto...	I	am trembling...

(She reads and then gives signs first of surprise and then of consternation.)

MALATESTA *(entering, in a happy mood)*

'bwɔnɛ	'nwɔve	no'rina	il 'nɔstrɔ	strata'dʒɛmma
Buone	**nuove,**	**Norina,**	**il nostro**	**stratagemma...**
Good	news,	Norina,	our	plot...

NORINA

mɛ nɛ 'lavɔ lɛ 'mani
Me ne lavo le mani.
I wash my hands of the whole matter.

MALATESTA

'kome	ke	fu
Come?	**Che**	**fu?**
How so?	What	happened?

NORINA *(handing him the letter)*

le'ddʒete
Leggete.
Read.

MALATESTA *(reading)*

mia	no'rina	vi 'skrivo	'kolla 'mɔrte	nɛl	'kwɔrɛ
"Mia	**Norina,**	**vi scrivo**	**colla morte**	**nel**	**cuore."**
"My	Norina,	I am writing you	with death	in my	heart."

lɔ fa'rem	'vivo
Lo farem	**vivo.**
We'll bring him back to	being alive.

(We'll bring him back to life soon.)

dɔm	pas'kwale	addʒi'ratɔ	da	kwel	fur'fantɛ	'grattsjɛ
"Don	**Pasquale,**	**aggirato**	**da**	**quel**	**furfante**	**(Grazie),**
"Don	Pasquale,	duped	by	that	scoundrel	(Thanks a lot!)

da	'kwella	'fattʃa 'doppja	del	do'ttorɛ
da	**quella**	**faccia doppia**	**del**	**dottore...**
by	that	double-face	of a	doctor...

'spɔza	una sua sɔ'rɛlla	mi 'skattʃa	di sua 'kaza
sposa	**una sua sorella,**	**mi scaccia**	**di sua casa,**
is marrying	a sister of his,	is throwing me out	of his house,

mi dize'reda	im'fine	a'mor	mim'pone	di	rinun'tsjarɛ a voi
mi disereda	**infine.**	**Amor**	**m'impone**	**di**	**rinunziare a voi.**
disinherits me	at the end.	Love	forces me	to	give you up.

'laʃʃo	'roma	'ɔddʒi 'stesso	e	'kwanto 'prima	lɛu'rɔpa
Lascio	**Roma**	**oggi stesso**	**e**	**quanto prima**	**l'Europa.**
I'm leaving	Rome	this very day	and	as soon as I can	Europe.

Don Pasquale, Act I

a'ddio	'sjate	fe'litʃe	'kwesto ɛ	lar'dɛnte	mio	'voto
Addio.	**Siate**	**felice.**	**Questo è**	**l'ardente**	**mio**	**voto.**
Farewell.	Be	happy.	This is	the ardent	my	wish.

il 'vɔstro	ɛr'nɛsto
Il vostro	**Ernesto."**
Your	Ernesto."

lɛ	'sɔlite	pa'ttsie
Le	**solite**	**pazzie!**
The	usual	mad ravings!

NORINA

ma	'seʎʎi	'partɛ
Ma	**s'egli**	**parte?**
But (suppose)	he	leaves?

MALATESTA

nɔm parti'ra	va'ttʃerto	iŋ	'kwattro 'salti	son	da lui
Non partirà,	**v'accerto.**	**In**	**quattro salti**	**son**	**da lui,**
He won't leave,	I assure you.	In	four leaps[4]	I'll be	with him,

'della	'nɔstra	'trama	lo 'metto		a 'partɛ
della	**nostra**	**trama**	**lo metto**		**a parte,**
of	our	plot	I will make him		a part,

ed	ei	ri'manɛ	e	kon	'tanto di	kɔr
ed	**ei**	**rimane,**	**e**	**con**	**tanto di**	**cor.**
and	he'll	stay,	and	with	that much the more	heart.

NORINA

ma	'kwesta	'trama	si pwɔ	sa'per	kwal	sia
Ma	**questa**	**trama,**	**si può**	**saper**	**qual**	**sia?**
But	this	plot,	may I	know	what	it is?

MALATESTA

a	pu'nirɛ	il	ni'pote
A	**punire**	**il**	**nipote**
In order	to punish	his	nephew

ke	o'pponsi	'allɛ sue	'vɔʎʎɛ
che	**opponsi**	**alle sue**	**voglie,**
for	opposing	his	wishes,

dom pas'kwalɛ a	de'tʃizo	'prender	'moʎʎe
Don Pasquale ha	**deciso**	**prender**	**moglie.**
Don Pasquale has	decided	to take	a wife.

NORINA

dʒa	mel di'tʃeste
Già	**mel diceste.**
Already	you've told me that.

---

[4] *Quattro salti*, literally "four leaps", "in the twinkling of an eye", "two shakes of a lamb's tail".

MALATESTA

or	bɛn	io	suo	do'ttore
Or	**ben,**	**io**	**suo**	**dottore,**
Now	then,	I,	his	doctor,

'vistolo	ko'zi	'fermo	nel	pro'pɔsto	'kambio	'tattika
vistolo	**così**	**fermo**	**nel**	**proposto,**	**cambio**	**tattica,**
seeing him	so	firm	in his	purpose,	I change	tactics,

e	'tɔsto	nellinte'rɛssɛ	'vɔstro	e	iŋ kwel	der'nɛsto
e	**tosto**	**nell'interesse**	**vostro**	**e**	**in quel**	**d'Ernesto,**
and	quickly	in the interest	yours	and	that of	Ernesto,

mi 'poŋgɔ	a sekɔn'darlo
mi pongo	**a secondarlo.**
I set about	backing him up.

dom pas'kwale	sa	kio	'teŋgo	al	kɔm'vento	'una	sɔ'rɛlla
Don Pasquale	**sa**	**ch'io**	**tengo**	**al**	**convento**	**una**	**sorella.**
Don Pasquale	knows	that I	have	at the	convent	a	sister.

vi fɔ pa'ssar	per	'kwella
Vi fo passar	**per**	**quella...**
I'll pass you off	as	her...

'eʎʎi	nom vi kɔ'noʃʃe	vi prɛ'zɛnto
Egli	**non vi conosce.**	**Vi presento**
He	doesn't know you.	I introduce you

pria	'kaltri	mi prɛ'vɛŋga
pria	**ch'altri**	**mi prevenga;**
before	anyone else	comes to prevent (my plot from succeeding);

vi 'vedɛ'rɛsta	'kɔtto
Vi vede,	**resta cotto.**
He sees you,	he's smitten.

NORINA

va be'nissimo
Va benissimo.
That's excellent.

MALATESTA

'kaldɔ 'kaldɔ	vi 'spɔza	kar'lɔtto	mio	ku'dʒino
Caldo caldo	**vi sposa.**	**Carlotto,**	**mio**	**cugino**
With great ardor	he marries you.	Carlotto	my	cousin

tʃi fa'ra	da	nɔ'taro
ci farà	**da**	**notaro.**
will act for us	as	notary.

al	'rɛsto	'pɔi	'tɔkka pɛn'sarɛ a vvoi
Al	**resto**	**poi**	**tocca pensare a voi.**
As for	the rest	then,	it's up to you to think up something.

Don Pasquale, Act I

lɔ 'fate	dispe'rar	il	'vɛkkjo	im'pattsa
Lo fate	**disperar.**	**Il**	**vecchio**	**impazza.**
You drive him to	desperation.	The	old man	goes crazy.

lɔ a'bbjamɔ	a	diskre'ttsjone	a'llor
Lo abbiamo	**a**	**discrezione...**	**allor...**
We'll have him	at our	mercy...	then...

NORINA

'basta	ɔ	kka'pito
Basta.	**Ho**	**capito.**
Enough.	I've	understood.

MALATESTA

va bbe'none
Va benone.
Splendid!

DUET
NORINA

'pronta io	son	pur'kio	nɔm 'maŋki
Pronta io	**son:**	**purch'io**	**non manchi**
Ready I	am;	as long as I	don't let down

alla'mor	del	'karo	'bɛnɛ
all'amor	**del**	**caro**	**bene.**
the love	of my	dear	beloved one.

fa'rɔ	im'brɔʎʎi	fa'rɔ	'ʃʃɛnɛ
Farò	**imbrogli,**	**farò**	**scene,**
I will cause	problems,	I will make	scenes,

sɔ	bɛn io	kwel	kɔ	da	far
so	**ben io**	**quel**	**ch'ho**	**da**	**far.**
I know	very well	what	I have	to	do.

MALATESTA

voi	sa'pete	se	dɛr'nestɔ	'sono	a'miko	e bɛn ʎi 'vɔʎʎo
Voi	**sapete**	**se**	**d'Ernesto**	**sono**	**amico**	**e ben gli voglio;**
You	know	that	of Ernesto	I am	a friend	and am very fond of him;

'solo	'tende	il 'nɔstro	im'brɔʎʎɔ	dɔm pas'kwalɛ a	kɔrbɛ'llar
Solo	**tende**	**il nostro**	**imbroglio**	**Don Pasquale a**	**corbellar.**
Only	intends	our	intrigue	Don Pasquale to	dupe.

(Our intrigue is only intended to dupe Don Pasquale.)

NORINA

'sjamo in'tezi	'prɛndo	im'peɲɲo
Siamo intesi;	**prendo**	**impegno.**
We're agreed;	I'll	do it.

MALATESTA

iɔ	la	ˈparte	ˈora	vinˈseɲɲo
Io	**la**	**parte**	**ora**	**v'insegno.**
I	your	part	now	will teach you.

NORINA

mi voˈlete		ˈfjɛra
Mi volete		**fiera?**
Do you want me	(to be)	haughty?

MALATESTA

nɔ
No.
No,

NORINA

mi voˈlete		ˈmɛsta
Mi volete		**mesta?**
Do you want me	(to be)	sad?

MALATESTA

nɔ	la	ˈparte	nɔˈnɛ	ˈkwesta
No,	**la**	**parte**	**non è**	**questa.**
No,	the	part	is not	that.

NORINA

ɔ	da ˈpjandʒere
Ho	**da piangere?**
Shall I	weep?

MALATESTA

No.

NORINA

ɔ	griˈdare
O	**gridare?**
Or	scream?

MALATESTA

No, la parte non è questa.

ˈstate	um ˈpɔkɔ	ad	askɔlˈtar
State	**un poco**	**ad**	**ascoltar.**
Stay	a moment	to	listen.
(Just pay attention for a moment.)			

NORINA
Mesta? Fiera?

nɛ	ˈpjandʒer	nɛ	griˈdar
Nè	**pianger?**	**nè**	**gridar?**
No	weeping?	No	screaming?

MALATESTA

kɔɱ'vjɛɱ	far	la	sempli'tʃetta
Convien	**far**	**la**	**semplicetta.**
You must	play	the	little simple sweet girl.

NORINA
La semplicetta?

MALATESTA
Or la parte ecco v'insegno.

NORINA

'pɔsso	iŋ	'kwestɔ	dar	le'ttsjone
Posso	**in**	**questo**	**dar**	**lezione.**
I can	in	that	give	lesson.

(I can give lessons on how to play the sweet little simple thing.)

MALATESTA

'kɔllɔ	'tɔrto	'bokka	'stretta
Collo	**torto,**	**bocca**	**stretta.**
Neck	twisted,	mouth	narrow.

(Drooping head and pursed lips.)[5]

NORINA

or	prɔ'vjam	kwes'taltra	a'ttsjone
Or	**proviam**	**quest'altra**	**azione.**
Now	let me try	this other	action.

MALATESTA
Or proviam quest'altra azione.

NORINA *(pretending to play the shy one)*
mi ver'goɲɲo
Mi vergogno.
I'm so shy...

MALATESTA
Brava!

NORINA

son	tsi'tɛlla
Son	**zitella...**
I am	a maiden...

MALATESTA

'brava	brikkɔn'tʃɛlla	va	be'nissimo	ko'zi
Brava,	**bricconcella,**	**va**	**benissimo**	**così.**
Brava,	you little minx,	it's	perfect	like that.

---

[5] The typical hang-dog look, hands together in front, head slightly twisted to the side, and shy pouting lips.

NORINA *(adopting a servile attitude)*

'grattsje	'sɛrva	si'ɲɲor	si
Grazie...	**serva...**	**signor,**	**sì.**
Thank you...	your servant...	sir,	yes.

MALATESTA
Collo torto, torto.

NORINA *(adopting the shy attitude)*

ko'zi
Così?
Like this?

MALATESTA
Brava, bocca stretta, stretta.

NORINA
Così.

MALATESTA
Ma brava.

NORINA, MALATESTA

'vadɔ	'korrɔ	si	kɔ'rrjamɔ	al	gran	tʃi'mento
Vado,	**corro**	**sì**	**(corriamo)**	**al**	**gran**	**cimento.**
I'm going,	I'm running,	yes,	(we're running)	to the	great	trial.

NORINA

'pjɛnɔ	ɔ	il	'kɔrɛ	dardi'mento	si
Pieno	**ho**	**il**	**core**	**d'ardimento,**	**sì.**
Full	I have	my	heart	of confidence,	yes.

MALATESTA
Sì, corriamo al gran cimento,

la	sa'etta	fra	nom 'molto	senti'remɔ	ad iskɔ'ppjar
La	**saetta**	**fra**	**non molto**	**sentiremo**	**ad iscoppiar.**
The	fireworks	in	a short while	we will hear	exploding.

NORINA

a	kwel	'vɛkkjɔ	a'ffɛ	la	'tɛsta
A	**quel**	**vecchio,**	**affè,**	**la**	**testa**
Of	that	old man,	certainly	the	head

'kwesta	'vɔlta	a	da dʒi'rar
questa	**volta**	**ha**	**da girar.**
this	time	will	be spinning.

(This time we'll certainly make that old man's head spin!)

MALATESTA
Ah, quel vecchio, affè, la testa, etc.

NORINA

miŋko'mintʃɔ	a	vendi'kar
M'incomincio	**a**	**vendicar.**
I'm beginning	to	get my revenge.

MALATESTA

La saetta sentiremo ad iscoppiar.

NORINA

kwel	vɛ'kkjone	rimbam'bito	a mjɛi	'voti	im'van	kɔn'trasta
Quel	**vecchione**	**rimbambito**	**a miei**	**voti**	**invan**	**contrasta.**
That	old fool	in his second childhood	my	wishes	in vain	opposes.

MALATESTA

'urla	e	'fiskja	la	bu'fɛɾa
Urla	**e**	**fischia**	**la**	**bufera,**
Howls	and	whistles	the	tempest,

'veggo	il	'lampo	il	'twɔno	as'kolto
veggo	**il**	**lampo,**	**il**	**tuono**	**ascolto.**
I see	the	lightning,	the	thunder	I hear.

NORINA

io	lɔ 'detto	e 'tantɔ 'basta	la sa'prɔ	la vɔ	spun'tar
Io	**l'ho detto**	**e tanto basta...**	**la saprò,**	**la vo'**	**spuntar.**
I	have said it	and that's enough...	I'll know,	I'll get my way.

MALATESTA

La saetta fra non molto sentiremo ad iscoppiar, etc.

'vannɛ	'kɔrri
Vanne,	**corri.**
Go,	run!

'pɔkɔ	'pensa	dɔm pas'kwalɛ	ke	bo'kkon	di	tɛmpɔ'ralɛ
Poco	**pensa**	**Don Pasquale**	**che**	**boccom**	**di**	**temporale**
Little	thinks	Don Pasquale	what	a "doozey"	of	a storm

si prɛ'paɾa	iŋ 'kwesto	'punto	sul suɔ 'kapɔ	a	ɾɔvɛ'ʃʃar
si prepara	**in questo**	**punto**	**sul suo capo**	**a**	**rovesciar.**
is being prepared	at this	moment	over his head	to	fall.

END OF ACT I

ACT II
(A room in Don Pasquale's home.)

ARIA
ERNESTO *(looking sad)*

'pɔvɛrɔ	ɛr'nɛstɔ	'dallo	ttsiɔ	ka'ttʃatɔ		
Povero	**Ernesto!**	**Dallo**	**zio**	**cacciato,**		
Poor	Ernesto!	By my	uncle	thrown out,		

da	'tutti	abbandɔ'natɔ	mi rɛs'tava	un	a'miko
da	**tutti**	**abbandonato,**	**mi restava**	**un**	**amico**
by	everyone	abandoned;	there remained to me	one	friend

e	uŋ	kɔ'pɛrto	ne'miko	dis'kɔpro	in	'lui
e	**un**	**coperto**	**nemico**	**discopro**	**in**	**lui**
and	a	disguised	enemy	I discover	in	him

ke	a	'danni	mjɛi	kon'dʒura
che	**a'**	**danni**	**miei**	**congiura.**
who	to	do harm	to me	is plotting.

(who is plotting to do me harm.)

'pɛrder	no'rina	ɔ 'ddio	bɛɱ 'fetʃi	a lɛi	des'primere
Perder	**Norina,**	**Oh Dio!**	**Ben feci**	**a lei**	**d'esprimere**
To lose	Norina!	Oh God!	I did well	to her	to express

in	uɱ	'fɔʎʎo	i	'sɛnsi	mjɛi
in	**un**	**foglio**	**i**	**sensi**	**miei.**
in	a	letter	the	sentiments	mine.

(I did the right thing by expressing my sentiments to her in a letter.)

'ora	in	'altra	kɔn'trada
Ora	**in**	**altra**	**contrada**
Now	in	another	region

i	'dʒorni	'grami	a	traʃʃi'nar	si 'vada
i	**giorni**	**grami**	**a**	**trascinar**	**si vada.**
my	days	wretched,	to	drag out	let me go.

(In some other region now let me drag out my wretched days.)

tʃɛrke'rɔ	lɔn'tana	'tɛrra	'dove	'dʒɛmer	skono'ʃʃuto
Cercherò	**lontana**	**terra**	**dove**	**gemer**	**sconosciuto,**
I will search (for)	a far off	land	where	to moan	unnoticed,

la	vi'vrɔ	kɔl	'kwɔre	iɲ	'gwɛrra
là	**vivrò**	**col**	**cuore**	**in**	**guerra,**[1]
there	I will live	with my	heart	at	war,

(I will search for a far off land where heartbroken I can sigh unnoticed,)

---

[1] In poetic Italian, a heart "at war" means a broken heart, a state of despondency where fate wages "war" on one's life and conditions.

Don Pasquale, Act II

dɛplɔˈrando	il	bɛm	perˈduto
deplorando	**il**	**ben**	**perduto.**
lamenting	my	beloved	lost.

ma	nɛ	ˈsɔrtɛ	a	mɛ	neˈmika
Ma	**nè**	**sorte**	**a**	**me**	**nemica**
But	neither	fate	to	me	inimical

nɛ	fraˈpposti	ˈmonti	e	mar
nè	**frapposti**	**monti**	**e**	**mar,**
nor	in between	hills	or	seas,

(But neither unkind fate nor seas and mountains in between,)

ti	pɔˈtranno	ˈdoltʃɛ	aˈmika	dal	miɔ	ˈkɔrɛ	kantʃɛˈllar
ti	**potranno,**	**dolce**	**amica,**	**dal**	**mio**	**core**	**cancellar.**
will be able	you,	sweet	friend,	from	my	heart	efface.

(will be able to efface [your image] from my heart, my sweet friend [Norina].)

e	sɛ	fia	ke	ad	ˈaltro	ɔˈddʒɛtto
E	**se**	**fia**	**che**	**ad**	**altro**	**oggetto**
And	if	it happens	that	to	another love	

tu	riˈvɔlga	un	ˈdʒorno	il	ˈkɔrɛ
tu	**rivolga**	**un**	**giorno**	**il**	**core,**
you	should turn	some	day	your	heart,

(If it happens that some day you should fall in love with someone else,)

sɛ	mai	fia	ke	un	ˈnwɔvɔ	aˈffɛttɔ
se	**mai**	**fia**	**che**	**un**	**nuovo**	**affetto**
if	ever	it happens	that	a	new	affection

ˈspeɲɲa	in	tɛ	lanˈtikɔ	arˈdorɛ
spegna	**in**	**te**	**l'antico**	**ardore,**
should put out	in	you	the old	flame,

nɔn	teˈmer	ke	un	iɱfeˈlitʃe
non	**temer**	**che**	**un**	**infelice**
fear not		that	this	unhappy man

tɛ	sperˈdʒura	aˈkkuzi	al	tʃɛl
te	**spergiura**	**accusi**	**al**	**ciel;**
you	a perjurer	should accuse	to	Heaven;

(and if a new flame should replace your old love [for me], have no fear, for I, unhappy one, shall never accuse you of perjury before Heaven;)

sɛ	tu	sɛi	bɛm mio	feˈlitʃe
se	**tu**	**sei,**	**ben mio,**	**felice,**
if	you	are,	my beloved,	happy,

saˈra	ˈpagɔ	il tuo	feˈdel
sarà	**pago**	**il tuo**	**fedel.**
will be	satisfied	your	faithful one.

(As long as you are happy, your ever faithful one shall be happy.)

Scene Two

SCENA AND TRIO
PASQUALE (*to a servant*)

'kwandɔ	a'vrete	intro'dotto	il do'ttor	mala'tɛsta
Quando	**avrete**	**introdotto**	**il dottor**	**Malatesta**
When	you've	shown in	doctor	Malatesta

e	ki	ɛ	kon	lui	rikɔr'datevi	'bɛne
e	**chi**	**è**	**con**	**lui,**	**ricordatevi**	**bene,**
and	the one who	is	with	him,	remember	well,

ne'ssunɔ	a pju		da	ɛn'trar
nessuno	**ha più**		**da**	**entrar:**
no one	must be allowed		to	enter;

gwai	se	la'ʃʃate 'rompere	la	kon'seɲɲa	a'dɛssɔ an'date
Guai	**se**	**lasciate rompere**	**la**	**consegna.**	**Adesso andate.**
Woe	if	you disobey	my	orders.	Now go.

(*The servant leaves.*)

per	un	wɔm	sui	sɛ'ttanta
Per	**un**	**uom**	**sui**	**settanta...**
For	a	man	in his	seventies...

'tsitto	ke	nom mi 'senta	la	spo'zina
(Zitto,	**che**	**non mi senta**	**la**	**sposina...)**
(Hush,	let	her not overhear me,	my	little bride...)

kɔɲ'vjɛn	dir	ke	son	'lesto	e	bem pɔr'tante
Convien	**dir**	**che**	**son**	**lesto**	**e**	**ben portante.**
I must	say	that	I am	sprightly	and	well preserved.

koŋ	'kwesto	bo'kkon	di	twa'lɛtte
Con	**questo**	**boccon**	**di**	**toilette...**
With	this	dream	of a	get up...

(*He struts about preening himself.*)

al'kuŋ	'vjɛne	'ɛkkoli
Alcun	**viene...**	**Eccoli.**
Someone	is coming...	here they are.

a	tɛ	mi rakkɔ'mando	i'mɛne
A	**te**	**mi raccomando,**	**Imene.**
To	you	I entrust myself,	Hymen[2].

(*Dr. Malatesta enters, leading a veiled Norina by the hand.*)

---

[2] Properly, a marriage song of the ancient Greeks; later personified as the god of marriage, represented as a youth carrying a torch and veil -- a more mature Eros, or Cupid.

MALATESTA *(to Norina, who trips shyly behind him)*

via	da 'brava
Via,	**da brava.**
Come along,	be a brave girl.

NORINA

'rɛggɔ	a'ppena	'trɛmo 'tutta
Reggo	**appena.**	**Tremo tutta.**
I can bear it	hardly.	I'm all atwitter.

MALATESTA

vinɔl'tratɛ
V'inoltrate.
Come inside.

(He makes a sign to Pasquale to step aside, so that Norina may not see him all at once.)

NORINA

a	fra'tɛl	nom mi la'ʃʃatɛ
Ah!	**fratel,**	**non mi lasciate.**
Ah,	brother,	don't leave my side.

MALATESTA

non te'metɛ
Non temete.
Never fear.

NORINA

per	pjɛ'ta
Per	**pietà.**
For	pity's sake!

MALATESTA

via	kɔ'raddʒɔ
Via,	**coraggio...**
Come now,	courage...

NORINA
Per pietà!

MALATESTA
V'inoltrate.

(As soon as Norina is center stage, Malatesta goes to Pasquale.)

MALATESTA *(to Pasquale)*

'freska	u'ʃʃita	di	kɔɱ'vɛntɔ	natu'ralɛ	ɛ il	turba'mento
Fresca	**uscita**	**di**	**convento,**	**naturale**	**è il**	**turbamento.**
Freshly	arrived	from	the convent,	natural	is her	confusion.

per	na'tura	um	pɔ	sɛl'vatica
Per	**natura**	**un**	**po'**	**selvatica,**
By	nature (she's)	a	bit	socially inexperienced,

mansue'farla	a	voi	si sta
mansuefarla	**a**	**voi**	**si sta.**
to tame her (it's up)	to	you	to do it.

PASQUALE
'mɔssɛ
Mosse...
Gestures...

NORINA
sta a ve'dere	'vɛkkjɔ	'mattɔ kor	ti 'sɛrvo	'komɛ va
(Sta a vedere,	**vecchio**	**matto, ch'or**	**ti servo**	**come va.)**
(It's obvious,	old	fool, that now	I'll treat you	as befits you.)

PASQUALE, MALATESTA
'votʃe	'mɔssɛ	porta'mento	'tutto	ɛ	in	lei	semplitʃi'ta
Voce...	**mosse...**	**portamento,**	**tutto**	**è**	**in**	**lei**	**semplicità.**
Voice,	gestures...	bearing,	all	is	in	her	simplicity.

(Oh, what sweet simplicity is shown in her voice, her gestures, her [demure] bearing!)

PASQUALE
la di'kjaro	uŋ	gram	pɔr'tɛntɔ	sɛ	ris'pondɛ	la	bɛl'ta
La dichiaro	**un**	**gran**	**portento,**	**se**	**risponde**	**la**	**beltà.**
I'll say she's	a	great	wonder,	if	matches	her	beauty.

(If her beauty matches everything else, I'll say she's a wonder.[3])

MALATESTA
Mosse, voce, portamento, etc.

NORINA
Ah fratello!

MALATESTA
non te'mete
Non temete.
Don't be afraid.

NORINA
a	star	'sola	mi fa 'male
A	**star**	**sola**	**mi fa male.**
To	be	alone	makes me uneasy.

MALATESTA
'kara mia	'sola	nɔn 'sjetɛ	tʃi so'nio	tʃɛ	dɔm pas'kwalɛ
Cara mia,	**sola**	**non siete;**	**ci son io,**	**c'è**	**Don Pasquale...**
My dear,	alone	you're not;	I am here,	here's	Don Pasquale...

NORINA (feigning terror)
'komɛ un	wɔm	ɔ	mɛ mes'kina
Come? Un	**uom!**	**Oh**	**me meschina!**
What? A	man!	Ah	woe is me!

---

[3] Let's not forget that up to now Norina is veiled.

MALATESTA
Coraggio...

NORINA
'prestɔ
Presto...
Quick...

MALATESTA
Non temete.

NORINA
an'djamɔ
Andiamo...
Let's leave...

PASQUALE
Dottore!

NORINA
fu'ddʒam	di	kwa
Fuggiam...	**di**	**qua.**
Let's run away...	from	here.

PASQUALE
kɔ'mɛ 'kkaɾa
Com'è cara!
How adorable she is!

NORINA
(Sta a vedere o vecchio matto, etc.)

Come è cara,

modes'tina	'nella	sua	semplitʃi'ta
modestina	**nella**	**sua**	**semplicità.**
modest	in	her	simplicity.

MALATESTA
kɔ'mɛ	'skaltra	malan'drina	impa'ttsiɾe	lɔ fa'ɾa
(Com'è	**scaltra,**	**malandrina,**	**impazzire**	**lo farà.)**
(How she is	artful,	cunning little minx,	out of his mind	she'll drive him.)

NORINA
Ah fratello!, etc.

RECITATIVO AND QUARTET
MALATESTA
nɔn a'bbjate	pa'uɾa ɛ	dɔm pas'kwale pa'drone	e	a'miko 'mio
Non abbiate	**paura. È**	**Don Pasquale, padrone**	**e**	**amico mio,**
Have no	fear. It's	Don Pasquale, patron	and	friend of mine,

il   re   dei   galant'wɔmini
il   re   dei   galantuomini.
the   king   of   gentlemen.
(the very flower of gallantry.)

(Don Pasquale bows and scrapes, but Norina doesn't notice him.)

rispon'dete   al   sa'luto
Rispondete   al   saluto.
Acklowledge   his   greeting.

NORINA *(bowing clumsily, without looking at Pasquale)*
'grattsjɛ   'sɛrva
Grazie,   serva.
Thank you,   your servant.

PASQUALE
ɔ   tʃɛl   ke   'bɛlla   'manɔ
(Oh   ciel,   che   bella   mano!)
(Oh   Heaven!   What   a beautiful   hand!)

MALATESTA
ɛ   dʒa   'kɔttɔ   a kwes'tora
(È   già   cotto   a quest'ora.)
(He's   already   smitten   by now.)

NORINA
ɔ   ke   ba'ddʒanɔ
(Oh,   che   baggiano!)
(Oh,   what   a fool!)

MALATESTA *(to Pasquale)*
ke   ne 'dite
Che   ne dite?
What   do you think of her?

PASQUALE
ɛ   un   iŋ'kantɔ   ma   kwel   'velo
È   un   incanto,   ma   quel   velo...
She's   a   delight,   but   that   veil...

MALATESTA
non oze'ria   son   'tʃɛrtɔ a   sɛm'bjantɛ   skɔ'pɛrtɔ
Non oseria,   son   certo, a   sembiante   scoperto
She wouldn't dare,   I am   certain, with   a face   uncovered

par'larɛ   a   un   wɔm   'prima   lintɛrrɔ'gatɛ
parlare   a   un   uom.   Prima   l'interrogate,
to speak   to   a   man,   First   ask her questions,

ve'dete sɛ   nei   'gusti   viŋkɔn'tratɛ   'pɔʃʃa   ve'drem
vedete se   nei   gusti   v'incontrate,   poscia   vedrem.
see   if   in your   tastes   you agree,   then   we'll see.
(see if you have tastes in common, then afterwards we'll see.)

PASQUALE

ka'pisko	an'djam	kɔ'raddʒɔ
(Capisco,	**andiam,**	**coraggio.)**
(I understand,	let's go,	courage.)

(to Norina)

'posto ke	ɔ	lavvan'taddʒɔ
Posto che	**ho**	**l'avvantaggio...**
Since	I have	the honor...

(He gets confused and stammers.)

'antsi	il	si'ɲɲor	fra'tɛllɔ	il do'ttor mala'tɛsta	tʃɔ'ɛ	vo'levo dir
anzi	**il**	**signor**	**fratello,**	**il dottor Malatesta,**	**cioè,**	**volevo dir..**
in fact,	the	mister	brother...	doctor Malatesta...	that is,	I meant to say...

MALATESTA

'pɛrdɛ	la	'tɛsta
(Perde	**la**	**testa.)**
(He's losing	his	head.)

(to Norina)

rispon'dete
Rispondete.
Answer (him.)

NORINA

son	'sɛrva	'mille	'grattsjɛ
Son	**serva.**	**Mille**	**grazie.**
I'm	your servant.	A thousand	thanks.

PASQUALE

vo'lea	dir	ke	'alla	'sera
Volea	**dir**	**che**	**alla**	**sera**
I meant	to say	that	in the	evening

la	si'ɲɲora	amɛ'ra		la kompa'ɲɲia
la	**signora**	**amerà**		**la compagnia.**
the	lady	(surely) must love	(to have)	company.

NORINA

njenta'ffatɔ	al kɔɱ'vɛnto	si 'stava	'sɛmpre	'sole
Nient'affatto.	**Al convento**	**si stava**	**sempre**	**sole.**
Not at all.	At the convent	we were	always	alone.

PASQUALE

'kwalke	'vɔlta	al	tɛ'atrɔ
Qualche	**volta**	**al**	**teatro?**
Some	times	to the	theater?

(Perhaps you like going to the theater sometimes?)

NORINA

nɔn sɔ	ke 'kɔza	'sia	nɛ	sa'per	'bramɔ
Non so	**che cosa**	**sia,**	**nè**	**saper**	**bramo.**
I don't know	what	that may be,	nor	know it	I desire.

(I have no idea what that may be, nor do I wish to know.)

PASQUALE

senti'menti	kiɔ	'lɔdɔ
Sentimenti	**ch'io**	**lodo.**
Sentiments	that I	applaud.

(I applaud your sentiments.)

ma	il	'tɛmpɔ	'wɔpɔ ɛ	pa'ssarlo	iŋ	'kwalke	'mɔdɔ
Ma	**il**	**tempo**	**uopo è**	**passarlo**	**in**	**qualche**	**modo.**
But	the	time,	it is necessary	to pass it	in	some	fashion.

(But one has to pass the time somehow.)

NORINA

ku'tʃire	rika'mar	far la kal'tsetta ba'darɛ	'alla	ku'tʃina
Cucire,	**ricamar,**	**far la calzetta, badare**	**alla**	**cucina:**
Sewing,	embroidering,	knitting, seeing to	the	cooking,

il 'tɛmpɔ	'passa	'prɛstɔ
il tempo	**passa**	**presto.**
time	passes by	quickly.

MALTESTA
(Ah, malandrina!)

PASQUALE

fa 'prɔprjɔ	al 'kazo 'mio
(Fa proprio	**al caso mio.)**
(She's just	what I want.)

(to Malatesta)

kwel	vel	per	kari'ta
Quel	**vel,**	**per**	**carità!**
That	veil,	for	pity's sake!

MALATESTA *(to Norina)*

'kara	sɔ'frɔnja	rimo'vete	kwel	'velo
Cara	**Sofronia,**	**rimovete**	**quel**	**velo.**
Dear	Sofronia,	remove	that	veil.

NORINA *(playing the shy one)*

nɔn 'ɔzɔ	iŋ	'fattʃa	a	un	wɔm
Non oso...	**in**	**faccia**	**a**	**un**	**uom.**
I wouldn't dare...	in	front	of	a	man.

MALATESTA

vɛ lɔ kɔ'mandɔ
Ve lo comando.
I order you to.

NORINA *(removing her veil)*

obbe'disko	fra'tɛl
Obbedisco,	**fratel.**
I'll obey,	brother.

PASQUALE *(flabbergasted)*

mizɛɾi'kɔrdja
Misericordia!
Mercy me!

MALATESTA

ke	fu	'dite
Che	**fu?**	**Dite...**
What	happened?	Tell me...

PASQUALE

'una	'bomba	im	'meddzo	al	'kɔɾe
Una	**bomba**	**in**	**mezzo**	**al**	**core.**
A	bomb	in the	middle	of my	heart.

(She has knocked me off my feet!)

per	kaɾi'ta	do'ttoɾe	'ditele	se	mi 'vwɔlɛ
Per	**carità,**	**dottore,**	**ditele**	**se**	**mi vuole.**
For	pity's sake,	doctor,	ask her	if	she'll have me.

mi 'maŋkan	le	pa'rɔle 'sudo	a'ggjattʃo	som 'mɔrto
Mi mancan	**le**	**parole. Sudo...**	**agghiaccio...**	**son morto.**
Fail me	the	words. I sweat,	I freeze,	I'm dead.

(Words fail me...I'm in a sweat...I'm in a chill...I am expiring!)

MALATESTA

via	kɔ'raddʒo	mi 'sembra	bɛn dis'posta
Via,	**coraggio,**	**mi sembra**	**ben disposta.**
Come now,	courage;	she seems to me	amenable.

'oɾa	le 'parlo
Ora	**le parlo.**
Now	I'll speak to her.

(to Norina)

soɾe'llina mia 'kaɾa	'dite	vo'rreste	im 'brɛvɛ
Sorellina mia cara,	**dite...**	**vorreste...**	**in breve,**
My dear little sister,	tell me...	would you...	in short,

kwel	si'ɲɲoɾe	vi 'pjatʃɛ
quel	**signore...**	**vi piace?**
this	gentleman...	do you like him?

NORINA

a	'dirlo	ɔ	suddʒe'ttsjone
A	**dirlo**	**ho**	**suggezione.**
To	say it	I'm	too shy.

MALATESTA
Coraggio.

NORINA
Sì.

sɛi	'puɾe	il	gram	ba'bbjone
(**Sei**	**pure**	**il**	**gran**	**babbione!**)
(You're indeed		the	great big	fool!)

MALATESTA *(to Pasquale, with great decision)*

kɔn'sɛntɛ	ɛ	'vɔstra		
Consente.	**È**	**vostra.**		
She consents.	She's	yours.		

PASQUALE

ɔ	'dʒubilɔ	bɛ'atɔ	mɛ	
Oh	**giubilo!**	**Beato**	**me!**	
Oh	joy!	Blissful	me!	

NORINA

tɛ navvɛ'drai	fra 'pɔkɔ			
(**Te n'avvedrai**	**fra poco...**)			
(You'll learn just how much,	very shortly...)			

PASQUALE

ɔr	'prɛstɔ	pɛl nɔ'tarɔ		
Or	**presto**	**pel notaro.**[4]		
Now	quickly,	get the notary.		

MALATESTA

per	'tutti	i	'kazi 'dabili	
Per	**tutti**	**i**	**casi dabili,**	
In preparation for	all	the	possible emergencies,	

ɔ	'tɔltɔ	'mekɔ	il 'mio	kɛ	in anti'kamɛra
ho	**tolto**	**meco**	**il mio**	**ch'è**	**in anticamera.**
I've	brought	with me	my own,	who is	waiting outside.

ɔr	lintro'dukɔ				
Or	**l'introduco...**				
Now	I'll bring him in...				

PASQUALE

ɔ	'kkarɔ	kwel	do'ttor	'pɛnsa	a	'tutto
Oh	**caro,**	**quel**	**dottor**	**pensa**	**a**	**tutto**
Oh	the good man,	this	doctor	thinks	of	everything.

(Malatesta steps outside and re-enters leading in the "notary".[5])

---

[4] Sometimes a notary can also be spelled *notaio* (or even *notajo*, in older spellings.)
[5] Of course, this is a fake notary. It is really Malatesta's cousin Carlotto, doing him a favor. As a parenthetical bit of humorous information, when I did this part at the Met, with Beverly Sills, Gabriel Bacquier, Nicolai Gedda and Hakan Hagegaard (making his debut with the company), I played it as if

MALATESTA

'ɛkkɔ	il	nɔ'taro
Ecco	**il**	**notaro**
Here is	the	notary.

(The notary sits, opens up his portfolio, takes out a parchment and a pen and proceeds to write as the doctor dictates.)

fra da una 'partɛ		ɛ'ttʃetɛra	sɔ'frɔnja	mala'tɛsta
Fra da una parte,		**etcetera,**	**Sofronia**	**Malatesta,**
Whereas the party of the first part,		etc.	Sofronia	Malatesta,

domitʃi'ljata	ɛ'ttʃetɛra	kon	'tutto kwel	ke 'rɛsta
domiciliata	**etetera,**	**con**	**tutto quel**	**che resta;**
domiciled	etc.	with	all appurtenant	other facts;

e	'daltra 'partɛ		ɛ'ttʃetɛra
e	**d'altra parte**		**etcetera**
and	whereas the party of the second part,		etc.

pas'kwalɛ da kor'neto	ɛ'ttʃetɛra
Pasquale da Corneto,	**etcetera...**
Pasquale da Corneto,	etc...

NOTARY
Etcetera.

MALATESTA

koi	'titoli	se'kondo	il	konsu'ɛtɔ
Coi	**titoli**[6]	**secondo**	**il**	**consueto...**
With his	titles,	as	per	the usage...

NOTARY
Etcetera.

MALATESTA

ɛn'trambi	kwi	prɛ'zɛnti	vo'lɛnti	e	kɔnsɛn'tsjɛnti
Entrambi	**qui**	**presenti,**	**volenti**	**e**	**consenzienti...**
Both parties	here	present,	willing	and	consenting...

NOTARY
'ɛnti
...enti.
...senting...

Carlotto was doing the favor on his lunch hour and I brought in my lunch (a sizable leg of KFC chicken) and proceeded to munch on it during the following scene, occasionally unceremoniously flinging the crumbs at Joan Dornemann, my dear colleague of many decades, utterly helpless inside her prompter's box!

[6] Pasquale's other titles, perhaps "Official of Farm Registries of the Town of Corneto", or maybe "Elected Supervisor of Winery Revenues", or whatever.

MALATESTA

um	matri'mɔnjɔ	in 'regɔla	a 'strindʒere si va
Un	**matrimonio**	**in regola**	**a stringere si va.**
A	marriage	legal	hereby will be performed.

PASQUALE *(to the Notary)*

a'vete	'messo
Avete	**messo?**
Did you	write all that down?

NOTARY *(emphatically)*

ɔ 'messo
Ho messo.
Yes, I have!

PASQUALE *(taking up the dictation)*

sta bɛn	skri'vete	a'ppressɔ
Sta ben.	**Scrivete**	**appresso.**
Good.	Write	next to it:

il kwal	pre'fatɔ	ɛ'ttʃetera
Il qual	**prefato,**	**etcetera,**
Whereas	the aforesaid,	etc.,

di	'kwanto	'eʎʎi	pɔ'ssjedɛ	im 'mɔbili	ed	i'mmɔbili
di	**quanto**	**egli**	**possiede**	**in mobili**	**ed**	**immobili,**
of	whatever	he	possesses,	in household goods	and	real estate,

'dona	tra i 'vivi	e	'tʃedɛ	'alla	su'ddetta	ɛ'ttʃetera
dona	**tra i vivi**	**e**	**cede**	**alla**	**suddetta**	**etcetera,**
donates	while alive	and	cedes	to the	aforesaid,	etc.

sua	'moʎʎe	dile'ttissima	fin 'dora	la	mɛ'ta
sua	**moglie**	**dilettissima,**	**fin d'ora**	**la**	**metà.**
his	wife	most adorable	from now onwards	the	half.

(and he cedes to his adorable wife from now on, while he is alive, half of all his household goods and real estate.)

NOTARY

sta	'skritto
Sta	**scritto.**
It's	in writing.

PASQUALE *(continuing)*

ed	in'tɛnde	ed	'ordina
Ed	**intende**	**ed**	**ordina...**
And	intends	and	orders...

NOTARY

na
...na
...ders

PASQUALE
ke	sia	ɾikonoˈʃʃuta
...che	**sia**	**riconosciuta...**
...that	she be	recognized...

NOTARY
ˈuta
...uta...
...nized...

PASQUALE
iŋ	ˈkwesta	ˈkaza	e	ˈfwɔɾi
...in	**questa**	**casa**	**e**	**fuori...**
...in	this	house	and	outside...

NOTARY
ˈɔɾi
...ori...
...side...

PASQUALE
paˈdrona	ˈampja	assoˈluta	e	sia	da	ˈtutti
...padrona	**ampia,**	**assoluta,**	**e**	**sia**	**da**	**tutti**
...mistress	complete (and)	absolute,	and	that she be	by	all

e	ˈsiŋgoli	di	ˈkaza	riveˈɾita
e	**singoli**	**di**	**casa**	**riverita...**
and	sundry	in the	house	respected...

NOTARY
ˈita
...ita...
...spected...

PASQUALE
serˈvita	ed	obbeˈdita
...servita	**ed**	**obbedita...**
...served	and	obeyed...

NOTARY
ˈita
...ita...
...beyed...

PASQUALE
kon	ˈddzɛlo	e	fedɛlˈta
...con	**zelo**	**e**	**fedeltà.**
...with	zeal	and	faithfulness.

MALATESTA
riˈvela	il ˈvɔstro	ˈkɔɾe	kwesˈtatto	di	bɔnˈta
Rivela	**il vostro**	**core**	**quest'atto**	**di**	**bontà.**
Reveals	your	heart	this act	of	kindness.

(This kind disposition reveals your good heart.)

NORINA
Rivela il vostro core, etc.

NOTARY

'stezo	ɛ	il	kɔn'tratto	le	'firme
Steso	**è**	**il**	**contratto.**	**Le**	**firme...**
Drawn up	is	the	contract.	The	signatures...

PASQUALE

'ɛkko	la 'mia
Ecco	**la mia.**
Here is	mine.

MALATESTA *(gently forcing Norina towards the table)*

'kara	sɔ'rɛlla	or	via	si 'tratta	di	se'ɲɲar
Cara	**sorella,**	**or**	**via,**	**si tratta**	**di**	**segnar.**
Dear	sister,	now	come.	It's a matter	of	signing.

NOTARY

nom 'vedo	i	testi'moni	un	'solo	nɔm pwɔ	star
Non vedo	**i**	**testimoni.**	**Un**	**solo**	**non può**	**star.**
I do not see	the	witnesses.	One	alone	won't	do.

(While Norina is signing, Ernesto's voice is heard outside the door. Norina hears him and drops the pen.)

ERNESTO *(from within)*

in'djɛtro	maskal'tsoni
Indietro,	**mascalzoni.**
Out of my way,	scoundrels!

NORINA
Ernesto!

MALATESTA

e	nɔn sa	'njɛntɛ
E	**non sa**	**niente.**
And	he doesn't know	anything (of what's going on here.)

NORINA

or	vera'mente	mi 'vjɛnɛ	da trɛ'mar
Or	**veramente**	**mi viene**	**da tremar.**
Now	truly	I am	trembling.

ERNESTO
Indietro!

MALATESTA

ɛr'nɛsto	pwɔ	'tutto	rovi'nar
Ernesto	**può**	**tutto**	**rovinar.**
Ernesto	can	everything	spoil.

ERNESTO

io	'vɔʎʎo	en'trar
Io	**voglio**	**entrar...**
I	want	to go in!...

PASQUALE

mio	ni'pote
Mio	**nipote!**
My	nephew!

ERNESTO
Io voglio entrar...

MALATESTA
E non sa niente.

ERNESTO
Mascalzoni.

NORINA

or	'tutto	vera'mente	tʃi 'vjɛnɛ	a	rovi'nar
Or	**tutto**	**veramente**	**ci viene**	**a**	**rovinar.**
Now	everything	surely	he will come	to	ruin.

MALATESTA
Or tutto veramente, etc.

(Ernesto bursts in and goes directly to Pasquale without noticing anyone else in the room.)

ERNESTO

pria di	par'tir	si'ɲɲore	'vɛŋgo per	'dirvi	a'ddio
Pria di	**partir,**	**signore,**	**vengo per**	**dirvi**	**addio,**
Before	leaving,	sir,	I come to	say	goodbye,

e	'kome	um	malfa'ttore	mi 'vjɛn kon'tezo	ɛn'trar
e	**come**	**un**	**malfattore**	**mi vien conteso**	**entrar.**
and	like	a	criminal	I am prevented	from entering.

PASQUALE

'sɛra	im	fa'ttʃɛndɛ	'dʒunto
S'era	**in**	**faccende**	**giunto**
We were	with	business	occupied

(We were busy,)

pɛ'rɔ	voi	'sjete	im	'punto
però	**voi**	**siete**	**in**	**punto.**
however	you	are	just	in time.

a	'fare	il matri'mɔnjo	maŋ'kava	un	testi'mɔnjo
A	**fare**	**il matrimonio**	**mancava**	**un**	**testimonio.**
To	complete	the marriage	we were missing	a	witness.

Don Pasquale, Act II

'dʒunto	voi	'sjɛte	im 'punto
Giunto	**voi**	**siete**	**in punto.**
Arrived	you	have	in the nick of time.

(turning to Norina)

or	'vɛŋga	la	spo'zina
Or	**venga**	**la**	**sposina!**
Now	let her approach,	my	dear little bride!

ERNESTO *(flabbergasted, as he sees Norina)*

ke	'vvedo
Che	**vedo?**
What	do I see?

MALATESTA *(aside, to Ernesto)*
(Per carità...)

ERNESTO
(O ciel!...)

MALATESTA

sta	'ttsitto
(...sta	**zitto...)**
(...be	quiet...)

ERNESTO
(Norina!)

MALATESTA

tʃi vwɔi	pretʃipi'tar
(...ci vuoi	**precipitar!)**
(...you want	to ruin everything for us!)

ERNESTO

mi 'sembra	di so'ɲɲar
(Mi sembra	**di sognar...)**
I seem	to be dreaming...

PASQUALE

la	'spɔza	ɛ	'kwella
La	**sposa**	**è**	**quella.**
The	bride	is	that girl.

ERNESTO

ma	'kwesto	nɔm pwɔ	star
(Ma	**questo**	**non può**	**star.)**
(But	this	cannot	be.)

MALATESTA *(taking Ernesto aside)*

a	fi'ʎʎwɔl	nɔm mi far	'ʃʃɛne
Ah,	**figliuol,**	**non mi far**	**scene,**
Ah,	my son,	don't make any	scenes,

ɛ	'tutto	per	tuɔ	'bɛnɛ
è	**tutto**	**per**	**tuo**	**bene.**
it's	all	for	your	good.

sɛ	vwɔi	no'rina	'pɛrdɛrɛ	
Se	**vuoi**	**Norina**	**perdere**	
If	you want	Norina	to lose	

(If you want to lose Norina)

nɔ nai ke	a	segwi'tar
non hai che	**a**	**seguitar.**
you've only	to	keep on (carrying on like this).

NORINA

a'dɛssɔ	veɾa'mente	mi 'vjɛnɛ	da	tre'maɾɛ
Adesso	**veramente**	**mi viene**	**da**	**tremare.**
Now	truly	I'm starting	to	tremble.

ERNESTO

sɔ'frɔnja	sua	sɔ'rɛlla	ko'mintʃɔ	ad	impa'ttsaɾɛ
Sofronia!	**sua**	**Sorella...**	**comincio**	**ad**	**impazzare...**
Sofronia	his	sister...	I'm beginning	to	go crazy...

PASQUALE

ʎi 'pundʒe	kompa'titɛlɔ	lɔ vɔ	kapatʃi'taɾɛ
Gli punge:	**compatitelo...**	**lo vo'**	**capacitare...**
He's upset,	have pity on him...	I want	to bring him to his senses...

MALATESTA
Figliuol, non mi far scene, è tutto per tuo bene...

NORINA
Sì, mi viene da tremar.

ERNESTO
Sì, comincio ad impazzar, etc.

MALATESTA
Se vuoi Norina perdere, non hai che a seguitar,

se'konda	la	kɔ'mmɛdja	si	'laʃʃa far
Seconda	**la**	**commedia,**	**sì,**	**lascia far...**
Aid and abet	the	comedy,	yes,	let us continue to carry on...

'kwestɔ kɔn'trattɔ	a'duŋkwe	si 'vada	ad ulti'mar
Questo contratto,	**adunque,**	**si vada**	**ad ultimar.**
This contract,	then,	let us	ratify it.

(The doctor succeeds in overcoming both the feigned reluctance of Norina and the very real reluctance of Ernesto, and both eventually sign.)

NOTARY *(joining the couple's hands)*
'sjɛtɛ	ma'rito	e	'moʎʎe
Siete	**marito**	**e**	**moglie.**
You're	husband	and	wife.

PASQUALE
mi 'sɛntɔ	likwe'far
(Mi sento	**liquefar.)**
(I feel as if	I'm liquefying!)

(I'm turning to jelly!)

NORINA, MALATESTA
va	il 'bɛllɔ	a	komin'tʃar
(Va	**il bello**	**a**	**cominciar.)**
(Now	the fun	is	about to begin.)

PASQUALE *(trying to embrace Norina)*
ka'rina
Carina!
Darling!

NORINA *(repulsing him)*
a'dadʒɔ um 'pɔkɔ	kal'mate	kwel	graɲ	'fɔkɔ
Adagio un poco.	**Calmate**	**quel**	**gran**	**foco.**
Not so fast.	Cool	your	great	ardor.

si 'kjede	pria	li'tʃentsa
Si chiede	**pria**	**licenza.**
One asks	first	for permission.

PASQUALE
me lakkɔr'date
Me l'accordate?
Will you grant it to me?

NORINA
No.
(At this point the Notary leaves unnoticed.)

ERNESTO
Ha, ha, ha, ha!

PASQUALE
ke	tʃɛ	da 'ridere	imperti'nɛnte	par'tite 'subito
Che	**c'è**	**da ridere,**	**impertinente?**	**Partite subito,**
What	is there	to laugh about,	you impertinent fellow?	Leave at once,

immanti'nɛnte	via	fwɔr	di	'kaza
immantinente.	**Via,**	**fuor**	**di**	**casa.**
immediately.	Go,	out	of this	house!

NORINA

ɔi'bɔ	'mɔdi	vi'llani e	'rustitʃi ke	tɔlle'rar	nɔn sɔ
Oibò!	**Modi**	**villani e**	**rustici che**	**tollerar**	**non so.**
Oh dear!	Manners	boorish and	rude that	tolerate	I cannot.

(to Ernesto)

res'tatɛ
Restate.
Stay.

(back to Pasquale)

'altrɛ	ma'njɛrɛ	a'pprɛndɛr	vi fa'rɔ
Altre	**maniere**	**apprender**	**vi farò.**
Other	manners	learn	I'll make you.

(I'll teach you some better manners.)

PASQUALE *(to Malatesta)*
Dottore...

MALATESTA
Don Pasquale?

PASQUALE

ɛ	u'naltra
È	**un'altra!**
She's	someone else!

MALATESTA

son	di	'salɛ
Son	**di**	**sale.**
I am	made of	salt.

(I am a pillar of salt.)
(I am dumbfounded.)

PASQUALE

ke	dir vɔ'rra
Che	**dir vorrà?**
What	can this mean?

NORINA, ERNESTO

iɲ 'fede mia	dal	'ridere	fre'narmi	pju nɔn sɔ
(In fede mia	**dal**	**ridere**	**frenarmi**	**più non so.)**
(By my faith,	from	laughing	to stop myself	I cannot any longer.)

MALATESTA *(to Pasquale)*

kal'matevi	sen'tirɛ	si	sen'tirɛ mi fa'rɔ
Calmatevi,	**sentire,**	**sì,**	**sentire mi farò.**
Calm down,	heard,	yes,	I'll make myself heard.

NORINA *(to Don Pasquale)*

un	wɔm	kwal	voi	deˈkrɛpito
Un	**uom**	**qual**	**voi**	**decrepito,**
A	man	like	you,	decrepit,

kwal	voi	peˈzante	e	ˈgrassɔ
qual	**voi**	**pesante**	**e**	**grasso,**
like	you	overweight	and	fat,

konˈdur	nɔm pwɔ	ˈuna	ˈdʒovane	detʃenteˈmentɛ	a	ˈspassɔ
condur	**non può**	**una**	**giovane**	**decentemente**	**a**	**spasso.**
take out	cannot	a	young girl	decently	to	have fun.

(cannot possibly take a young girl out to have some fun.)

biˈzoɲɲo	ɔ	dum	braˈttʃɛrɛ
Bisogno	**ho**	**d'un**	**bracciere,**
Need	I have	of an	escort,

(pointing to Ernesto)

saˈra	miɔ	kavaˈljɛrɛ
sarà	**mio**	**cavaliere.**
he will be	my	cavalier.

PASQUALE

ɔ	ˈkwestɔ	pɔi	skuˈzatemi	ˈkwestɔ	nɔm pwɔ	star
Oh!	**questo**	**poi,**	**scusatemi,**	**questo**	**non può**	**star.**
Oh,	that,	after all,	excuse me,	that	cannot	be.

NORINA

nɔm pwɔ	star	perˈke
Non può	**star?**	**Perchè?**
Cannot	be?	Why?

PASQUALE

perˈke	nɔl ˈvoʎʎo
Perchè	**nol voglio.**
Because	I don't want it.

NORINA

non lo voˈlete
Non lo volete?
You don't want it?

PASQUALE
No.

NORINA

nɔ	ˈidolo mio	vi ˈsuppliko	skɔrˈdar	ˈkwesta paˈrɔla	ˈvoʎʎo
No?	**Idolo mio,**	**vi supplico**	**scordar**	**questa parola**	**'voglio';**
No?	My dear,	I beg you	to forget	that word	"I want";

per	'vɔstra	'rɛgɔla	'vɔʎʎo	lo 'diko	io	'sola	
Per	**vostra**	**regola,**	**'voglio'**	**lo dico**	**io**	**sola.**	
For	your	information,	"I want",	is said	by me	alone.	

(I am the only one here who's allowed to say "I want".)

PASQUALE
Dottore!

NORINA
'tutti	obbe'dir	kwi	'devono	io	'sola	ɔ da	kɔman'dar
Tutti	**obbedir**	**qui**	**devono,**	**io**	**sola**	**ho da**	**comandar.**
All	to obey	here	must,	I	alone	am to	give orders.

(Everyone here must obey me.)

MALATESTA
'ɛkkɔ	il	mo'mento	'kritiko
(Ecco	**il**	**momento**	**critico.)**
(Here's	the	moment	critical.)

PASQUALE
Ma questo non può star.

NORINA
nɔɲ 'vɔʎʎo		'replika
Non voglio		**replica.**
I don't want (any)		back talk.

PASQUALE
kos'tui	nɔm pwɔ
Costui	**non può.**
That fellow	can't...

ERNESTO
vɛ'djamɔ	ke	sa far
Vediamo	**che**	**sa far.**
Let's see	what	she does.

NORINA
ke	ma	'tatʃi	bu'ffone
Che?	**ma**	**Taci,**	**buffone.**
What?	Oh	shut up, (you)	buffoon.

PASQUALE *(utterly confused)*
io	voi	lui
Io?	**Voi?**	**Lui?**
Me?	You?	Him?

NORINA
Taci.

PASQUALE
Io?

NORINA
'tsitto
Zitto...
Hush...

PASQUALE
'kwesti   a
Questi.   Ah!
Them,   ah!

ERNESTO, MALATESTA
vɛ'djamo   ke   sa far
(Vediamo   che   sa far.)
(Let's see   what   she does.)

NORINA
Taci!

(Don Pasquale tries to speak.)

NORINA
prɔ'vato ɔ   a 'prɛnderti   fi'nora   'kollɛ 'bwɔnɛ
Provato ho   a prenderti   finora   colle buone.
I've tried   to treat you   up to now   in a gentle way.

(with ill-disguised menace in her attitude)

sa'prɔ   sɛ   tu   mi 'stuttsiki   lɛ   'mani   adɔpɛ'rar
Saprò,   se   tu   mi stuzzichi,   le   mani   adoperar.
I will,   if   you   provoke me,   my   hands   use.
(I'll make good use of my hands if you provoke me.)

MALATESTA
ɛ   ri'masto   la   impjɛ'trato
(È   rimasto   là   impietrato.)
(He's   remained   there   turned to stone.)
(He's completely dumbfounded.)

PASQUALE
'soɲɲo   'veʎʎo
Sogno?   Veglio?
Am I dreaming?   Am I awake?

NORINA, ERNESTO
'veʎʎi   ɔ   'soɲɲi   nɔn sa 'bɛnɛ
Vegli   o   sogni,   non sa bene.
If he's awake   or   dreaming,   he doesn't really know.

PASQUALE
kɔ'zɛ 'stato   'soɲɲo
Cos'è stato?   Sogno?
What happened?   Am I dreaming?

MALATESTA

'sembra	un	wɔm	'kui	'maŋka	il	'fjatɔ
(Sembra	**un**	**uom**	**cui**	**manca**	**il**	**fiato.)**
(He seems	a	man	to whom	lacks	the	breath.)

(He looks like a man whose breath has been taken away.)

PASQUALE

'kaltʃi	'skjaffi
Calci?	**Schiaffi?**
Kicks?	Slaps?

NORINA, ERNESTO

nɔ'na	'saŋgwe	'nelle	'vene
Non ha	**sangue**	**nelle**	**vene.**
He has no	blood	in his	veins.

(Blood has stopped flowing through his veins.)

PASQUALE

'brava	'bɛnɛ
Brava!	**Bene!**
Bravo!	Excellent!

ERNESTO

or	lin'trikɔ	'maŋkɔ 'malɛ	iŋko'mintʃɔ	a	detʃi'frarɛ
Or	**l'intrico,**	**manco male,**	**incomincio**	**a**	**decifrare.**
Now	the plot,	thank goodness,	I'm beginning	to	make out.

MALATESTA

via	kɔ'raddʒɔ	dɔm pas'kwalɛ	nom vi 'state	a zgɔmen'tarɛ
Via,	**coraggio,**	**Don Pasquale,**	**non vi state**	**a sgomentare.**
Come,	courage,	Don Pasquale,	do not let it	upset you too much.

NORINA

Non ha sangue nelle vene,

or	la'miko	'maŋkɔ 'malɛ	si pɔ'tra	kapatʃi'tar
or	**l'amico,**	**manco male,**	**si potrà**	**capacitar.**
now	our friend,	thank goodness,	can be brought	to his senses.

PASQUALE

bwɔm	per	mɛ	ke	ma avvi'zatɔ
Buon	**per**	**me**	**che**	**m'ha avvisato,**
Lucky	for	me	that	she warned me,

or	ve'drem	ke kɔza'vvjɛnɛ	'bada 'bɛnɛ	dɔm pas'kwalɛ
or	**vedrem,**	**che cos'avviene**	**bada bene,**	**Don Pasquale,**
now	we'll see,	what is happening,	watch out	Don Pasquale,

ɛ	'una	'dɔnna	a	far	trɛ'mar
è	**una**	**donna**	**a**	**far**	**tremar.**
she's	a	woman	to	make you	tremble.

NORINA *(ringing a bell violently; a servant enters.)*

riu'nita	immanti'nɛntɛ	la	servi'tu	kwi	'vɔʎʎo
Riunita	**immantinente**	**la**	**servitù**	**qui**	**voglio.**
Gathered	immediately	the	servants	here	I want.

(I want all the servants gathered here at once.)

(The servant exits.)

PASQUALE

ke	vwɔl	'dalla	mia	'dʒɛntɛ
(Che	**vuol**	**dalla**	**mia**	**gente?)**
(What	does she want	with	my	people?)

MALATESTA

or	'naʃʃe	un 'altro	im'brɔʎʎo
(Or	**nasce**	**un altro**	**imbroglio.)**
(Now	is born	another	imbroglio,)

(Here's more trouble brewing.)

NORINA *(laughing, as two servants and the majordomo enter)*

'tre	in	'tutto	ha	ha	ha	va	be'nissimo
Tre	**in**	**tutto!**	**Ah**	**ah**	**ah!**	**va**	**benissimo.**
Three	in	all!	Ha	ha	ha!	That's	very good.

tʃɛ	'pɔko	da	kɔn'tar
C'è	**poco**	**da**	**contar.**
There are	few	to	count.

(to the Majordomo)

a voi	da 'kwanto	'sembrami	voi	'sjɛte	il	maddʒor'dɔmɔ
A voi:	**da quanto**	**sembrami**	**voi**	**siete**	**il**	**Maggiordomo,**
You there,	from what	I can see,	you	are	the	major-domo,

'subito	viŋko'mintʃɔ	la	'paga	a	raddɔ'ppjar
subito	**v'incomincio**	**la**	**paga**	**a**	**raddoppiar.**
at once	I'll start by	your	salary	to	double.

(and from now on I'll start by doubling your wages.)

'ora	a'ttɛnti	a'ʎʎordini	ke	mi dis'poŋgɔ	a	dar
Ora	**attenti**	**agli ordini**	**che**	**mi dispongo**	**a**	**dar.**
Now	pay attention	to the orders	that	I'm prepared	to	give.

di	servi'tu	nɔ'vɛlla	pɛn'satɛ	a	provve'dermi
Di	**servitù**	**novella**	**pensate**	**a**	**provvedermi.**
With	servants	new	see about	to	provide me.

(See about providing me with some new servants.)

sia	'dʒɛnte	'freska	e	'bbɛlla	'tale	da	'fartʃi o'nor
Sia	**gente**	**fresca**	**e**	**bella,**	**tale**	**da**	**farci onor.**
Let them be	people	young	and	good-looking,	so as	to	make us proud.

Don Pasquale, Act II

PASQUALE *(timidly, to Norina)*

pɔi	'kwandɔ	a'vra	fi'nito
Poi	**quando**	**avrà**	**finito...**
Then	when	you've quite	finished...

NORINA *(sharply, to Pasquale)*

nɔ'nɔ	fi'nitɔ	aŋ'koɾa
Non ho	**finito**	**ancora.**
I haven't	finished	yet.

(to the Majordomo)

di	'leɲɲi	um	'pajo	'sia	dɔ'mani	in	skude'ɾia
Di	**legni**	**un**	**paio**	**sia**	**domani**	**in**	**scuderia;**
Of	carriages	a	pair	be	tomorrow	in the	coach house;

(I want two carriages in the coach house by tomorrow.)

kwan'tai	ka'valli	pɔi	'laʃʃɔ	la	'ʃʃelta	a	vvoi
Quant'ai	**cavalli**	**poi**	**lascio**	**la**	**scelta**	**a**	**voi.**
As far as	horses	go,	I leave	the	choice	to	you.

PASQUALE
Poi quando avrà finito...

NORINA
Non ho finito ancora.

PASQUALE
'bɛnɛ
Bene.
Fine.

MALATESTA
'mɛʎʎɔ
Meglio.
Better still.

NORINA

la	'kaza	ɛ	mal dis'pɔsta
La	**casa**	**è**	**mal disposta.**
The	house	is	badly decorated.

PASQUALE
La casa?

NORINA

la	vɔ	ɾi'far	di 'pɔsta
La vo'		**rifar**	**di posta.**
I want		to re-do it	at once.

'sonɔ	anti'kaʎʎe	i	'mɔbili	si 'debbon	rinnɔ'var
Sono	**anticaglie**	**i**	**mobili,**	**si debbon**	**rinnovar.**
It's	antiquated rubbish	the	furniture,	it must be	replaced with new.

(The furniture is antiquated rubbish and must be replaced with something new.)

PASQUALE
a'vete mai	fi'nito	aŋ'kora
Avete mai	**finito?**	**ancora...**
Have you	finished?	Something else...

MALATESTA
'vedi
Vedi?
You see?

NORINA
vi som	mi'llaltrɛ	'kɔzɛ	ur'dʒenti	impe'rjoze
Vi son	**mill'altre**	**cose...**	**urgenti,**	**imperiose...**
There are	a thousand other	things...	urgent...	imperative...

MALATESTA
'sɛnti	'meʎʎo	ke	tɛ nɛ par
Senti?	**Meglio!**	**che**	**te ne par?**
Do you hear?	Better!	what	do you think of this?

PASQUALE
e'bbɛn	ke
Ebben?	**Che?**
Well?	What?

NORINA
um	parru'kkjɛrɛ	'ʃʃeʎʎere	un	'sartɔ	un	dʒɔje'lljɛrɛ
Un	**parrucchiere**	**scegliere,**	**un**	**sarto,**	**un**	**gioielliere...**
A	hairdresser	to choose,	a	tailor,	a	jeweller...

PASQUALE
sɛ	io	voi
Se...	**io...**	**voi...**
If...	I...	you...

MALATESTA
Che te ne par?

PASQUALE
Avete ancor finito?

NORINA
'fate	lɛ 'kɔzɛ in	'rɛgɔla
Fate	**le cose in**	**regola.**
Do	things in the	proper manner.

ERNESTO, MALATESTA
ko'mintʃa	a	lampe'ddʒar
(Comincia	**a**	**lampeggiar.)**
(It's beginning	to	heat up.)

PASQUALE
ma	'diko	stɔ	'kwazi	per	skja'ttar
Ma	**dico...**	**sto**	**quasi**	**per**	**schiattar...**
But	I say...	I'm	almost	about	to burst...

NORINA
Fate le cose in regola,

non	tʃi	fa'ttʃam	bur'lar
non	**ci**	**facciam**	**burlar.**

let's not make an exhibition of ourselves.

PASQUALE
ki	'paga
Chi	**paga?**
Who	pays?

NORINA
ɔ	'bbɛlla	voi
Oh	**bella,**	**voi.**

Now that's a good one, you, (of course)!

PASQUALE
a	'dirla	kwi	fra	noi	nɔm	'pagɔ	'mika
A	**dirla**	**qui**	**fra**	**noi,**	**non**	**pago**	**mica.**
Let me tell you		between		ourselves,	I'm not paying		at all.

(Just between ourselves here, I've no intention of paying anything.)

NORINA
No?

PASQUALE
nɔ	'sonɔ	ɔ	non	som	pa'drone
No.	**Sono**	**o**	**non**	**son**	**padrone?**
No.	Am I	or		am I not (the)	master?

NORINA
mi	'fatɛ	kompa'ssjone	pa'drone	o'viɔ	kɔ'mandɔ
Mi fate		**compassione.**	**Padrone**	**ov'io**	**comando?**
You cause me		compassion.	Master	where I	command?

(I feel sorry for you. You, a master, where I give the orders?)

MALATESTA
Sorella...

NORINA
or or	vi 'mandɔ
Or or	**vi mando.**
In a moment	I'll deal with you.

ERNESTO
'bɛnɛ
(Bene.)
(Good.)

NORINA *(to Pasquale)*

'sjete	uɱ	vi'llano,	un 'taŋgero	um	'pattso	tɛme'rarjo
Siete	**un**	**villano,**	**un tanghero,**	**un**	**pazzo**	**temerario...**
You're	a	boor,	a blockhead,	a	madman	bold...

PASQUALE

ɛ	'vvero	vɔ spo'zata.	voi	'sola	'sjɛte	'pattsa
È	**vero,**	**v'ho sposata.**	**Voi**	**sola**	**siete**	**pazza.**
That's	true,	I married you.	You	alone	are	crazy.

ERNESTO

	'mɛʎʎɔ
	(Meglio!)
(This is getting even	better!)

MALATESTA *(to Pasquale)*

per	kari'ta	kɔ'ɲɲato	sɔ'rɛlla	pru'dɛntsa
Per	**carità,**	**cognato,**	**sorella,**	**Prudenza!**
For	pity's sake,	brother-in-law,	sister,	prudence!

NORINA
Siete un villano,

ke	'prɛsto	'alla	ra'dʒone	ri'mettere	sa'prɔ
che	**presto**	**alla**	**ragione**	**rimettere**	**saprò.**
who	quickly	to his	senses	bring back	I will.

ERNESTO

il	'tʃɛlɔ	si ra'nnuvɔla,	ko'mintʃa	a	lampe'ddʒar
(Il	**cielo**	**si rannuvola,**	**comincia**	**a**	**lampeggiar.)**
(The	sky	is clouding up,	it's beginning	to	form lightning.)

PASQUALE

io	'sono	kwi	il	pa'drone
Io	**sono**	**qui**	**il**	**padrone.**
I	am	here	the	master.

NORINA
Villano!

PASQUALE

io	son	tra'dito	bɛffe'ddʒato
Io?	**Son**	**tradito,**	**beffeggiato.**
I?	I've been	betrayed,	made a fool of.

'mille	'furje	ɔ	'dentro il	'pɛtto
Mille	**furie**	**ho**	**dentro il**	**petto.**
A thousand	furies	I have	inside my	breast.

(I'm mad with rage.)

kwestiɱ'fɛrno	antitʃi'pato	nɔn lɔ 'vɔʎʎɔ	sɔppɔr'tar
Quest'inferno	**anticipato**	**non lo voglio**	**sopportar.**
This hell's	foretaste	I will not	put up with.

ERNESTO *(to Norina)*

'sono	ɔ	'kkara	sintʃɛ'rato	mɔmɛn'taneo	fu	il sɔs'pɛtto
Sono,	**o**	**cara,**	**sincerato,**	**momentaneo**	**fu**	**il sospetto.**
I am,	oh	my dear,	convinced,	momentary	was	my suspicion.

NORINA

or	ta'vvedi	'kɔrɛ iŋ'grato	ke fu	in'dʒusto	il tuo	sɔs'pɛtto
Or	**t'avvedi,**	**core ingrato,**	**che fu**	**ingiusto**	**il tuo**	**sospetto;**
Now	you realize,	ungrateful heart,	how	unjust was	your	suspicion;

'solo	a'mor	ma konsi'ʎʎato	'kwesta	'partɛ	a	retʃi'tar
solo	**amor**	**m'ha consigliato**	**questa**	**parte**	**a**	**recitar.**
only	love	prompted me	this	part	to	play.

MALATESTA *(to Pasquale)*

'sjete	um	'pɔko	riskal'dato
Siete	**un**	**poco**	**riscaldato,**
You're	a	bit	over-heated,

mio	kɔ'ɲɲato	an'date	a	'lɛtto
mio	**cognato,**	**andate**	**a**	**letto;**
my	brother-in-law,	go	to	bed;

son	stor'dito	son	zdɛ'ɲɲato
Son	**stordito,**	**son**	**sdegnato,**
I am	stunned,	I am	angry,

la	kɔs'tɛi	kom	mɛ	da	far
l'ha	**costei**	**con**	**me**	**da**	**far!**
she has	that girl	with	me	to	deal!

(That girl will have to deal with me!)

PASQUALE
Quest'inferno anticipato, etc.

NORINA, ERNESTO

dɔm pas'kwale	pɔve'rɛtto	ɛ	vi'tʃino ad	affɔ'gar	si
Don Pasquale	**poveretto!**	**è**	**vicino ad**	**affogar,**	**sì.**
Don Pasquale,	poor man,	is	close to	choking (with rage)	yes.

MALATESTA *(to the lovers)*

si dɔm pas'kwale	pɔve'rɛtto	nɔm vi 'vegga	amorɛ'ddʒar	nɔ
Sì, Don Pasquale,	**poveretto,**	**non vi vegga**	**amoreggiar,**	**no.**
Yes, Don Pasquale,	poor man,	let him not see you	bill and coo,	no.

atten'tsjone
Attenzione!
Watch out!

PASQUALE
La casa è mal disposta...

NORINA
Sì.

MALATESTA
Son anticaglie i mobili...

NORINA
Sì.

PASQUALE
um   'prandzo   per   tʃiŋ'kwanta
Un   pranzo   per   cinquanta...
A   dinner party   for   fifty...

NORINA
Sì.

PASQUALE
Un sarto, un gioielliere, la casa, il pranzo...

NORINA
Sì, sì!

PASQUALE
Son tradito, beffeggiato, etc.

MALATESTA
Andate un poco a letto!

NORINA, ERNESTO
Oh, Don pasquale poveretto!

PASQUALE
Mille furie, etc.

MALATESTA
Mio cognato, andate a letto!

NORINA, ERNESTO
È vicino ad affogar!

PASQUALE
'dalla 'rabbja dal dis'pɛtto som vi'tʃino ad sɔffɔ'kar
Dalla rabbia, dal dispetto son vicino ad soffocar.
Out of anger and fury I'm close to suffocating.

NORINA
Or t'avvedi, core ingrato, etc.

ERNESTO
Sono, o cara, sincerato, etc.

MALATESTA
                    vɛ'kjetto
Attenzione, che il vecchietto non vi vegga amoreggiar, etc.
                    old chap

END OF ACT II

ACT III
Scene One

(A room in Don Pasquale's home. The place is littered with expensive articles of feminine attire. Servants are rushing to and fro shouting and executing orders. Don Pasquale is sitting at a small table, almost buried in a huge mountain of bills.)

SERVANTS

i	dia'manti	'prɛstɔ	la	ku'ffjaɾa	'prɛstɔ
I	**diamanti,**	**presto.**	**La**	**cuffiara!**	**presto!**
The	diamonds,	quickly.	The	milliner!	Quickly!

'vɛŋga	a'vanti
Venga,	**avanti.**
Come,	step forward.

(The milliner, carrying several hat boxes, is shown into Norina's room.)

iŋ	ka'rrɔttsa	'tutto	'kwesto
In	**carrozza**	**tutto**	**questo.**
Into the	carriage,	all of	this.

(A footman enters carrying a sumptuous fur coat, a large bouquet of flowers and a bottle of perfume, which he hands to a servant.)

il	vɛn'taʎʎɔ	il	'velo	i	'gwanti	'prɛstɔ
Il	**ventaglio,**	**il**	**velo,**	**i**	**guanti,**	**presto!**
The	fan,	the	veil,	the	gloves,	quickly!

i	ka'valli sul mo'mento	ordi'natɛ	datta'kar	'prɛstɔ
I	**cavalli sul momento**	**ordinate**	**d'attacar,**	**presto!**
The	horses right away	have them	harnessed,	at once!

PASQUALE

ke	ma'rɛa	ke	stordi'mento
Che	**marea,**	**che**	**stordimento!**
What	a tidal flow,	what	confusion!

ɛ	'una 'kaza	da	impa'ttsar
è	**una casa**	**da**	**impazzar...**
It's	a house (enough)	to	drive one crazy...

SERVANTS
La carrozza!

PASQUALE
È una casa da impazzar...

SERVANTS
I cavalli! La carrozza, presto!

RECITATIVE AND DUET
PASQUALE *(perusing the bills piled up on the table)*

ve'djamɔ	'alla	mo'dista	'tʃɛnto	'skudi	obbli'gatɔ
Vediamo:	**alla**	**modista**	**cento**	**scudi.**	**Obbligato!**
Let's see:	To the	dressmaker	a hundred	*scudi*.	Much obliged!

al	karrɔ'ttsjɛrɛ	sɛi'tʃɛntɔ	'pɔka	'rɔba
Al	**carrozziere**	**seicento.**	**Poca**	**roba!**
To the	coachbuilder	six hundred.	A mere	trifle!

nɔve'tʃɛntɔ tʃiŋ'kwanta	al	dʒɔje'lljɛrɛ
Novecento cinquanta	**al**	**gioielliere.**
Nine hundred fifty	to the	jeweller.

per	ka'valli	al	de'mɔnjɔ	i	ka'valli i	mɛr'kanti
Per	**cavalli...**	**al**	**demonio**	**i**	**cavalli, i**	**mercanti,**
For	horses...	to the	devil	with	horses, with	merchants,

e	il	matri'mɔnjɔ
e	**il**	**matrimonio.**
and	the	marriage.

per	'pɔkɔ	ke	la 'duri	in	'kwestɔ 'mɔdɔ
Per	**poco**	**che**	**la duri**	**in**	**questo modo,**
For	as short a while	that	this lasts	in	this fashion,

(If things go like this for much longer,)

miɔ	'karɔ	dɔm pas'kwalɛ
mio	**caro**	**Don Pasquale,**
my	dear	Don Pasquale,

a rive'dertʃi	'prɛstɔ	allɔspɛ'dalɛ
a rivederci	**presto**	**all'ospedale.**
it's goodbye	(and) very soon	to the hospital.

(He thinks.)

ke 'kɔza	vɔ'rra dir	'kwesta gran	'gala
Che cosa	**vorrà dir**	**questa gran**	**gala?**
What	does it mean,	this grand	to-do?

u'ʃʃir	'sola	a	kwes'tora	nel	'primo di	di	'nɔttsɛ
Uscir	**sola**	**a**	**quest'ora**	**nel**	**primo dì**	**di**	**nozze?**
To go out	alone	at	this hour	on the	first day	of	nuptials?

(on her wedding day?)

'debbo o'ppormi	ad	'ɔɲɲi	'kɔstɔ	ed	impe'dirlo
Debbo oppormi	**ad**	**ogni**	**costo**	**ed**	**impedirlo.**
I must oppose it	at	any	cost	and	prevent it.

ma	si	fa 'prɛstɔ	a	'dirlo
Ma	**si**	**fa presto**	**a**	**dirlo.**
But,	that's	easy	to	say.

kɔ'lɛi	a	'tʃɛrti	ɔ'kkjattʃi
Colei	**ha**	**certi**	**occhiacci,**
That woman	has	certain	ways of looking at you,

'tʃɛrtɔ	far	da sul'tana
certo	**far**	**da sultana...**[1]
a certain	demeanor	of a lady sultan...

ad	'oɲɲi	'mɔdɔ	vɔ	prɔ'varmi
Ad	**ogni**	**modo**	**vo'**	**provarmi.**
In	any	case,	I will	try.

sɛ	pɔi	fa'lliʃʃe	il	tenta'tivo	'ɛkkɔla	a 'nnoi
Se	**poi**	**fallisce**	**il**	**tentativo...**	**Eccola;**	**a noi.**
If	then	fails	the	attempt...	Here she is;	let's try.

(But what if the attempt should fail?)

(Norina enters in haste, dressed to the nines, fan in hand, and, without taking the slightest notice of Pasquale, prepares to go out.)

siɲɲo'rina	in	'tanta	'fretta	'dove	va	vo'rrɛbbe	'dirmi
Signorina,	**in**	**tanta**	**fretta,**	**dove**	**va,**	**vorrebbe**	**dirmi?**
Young lady,	in	such	a hurry,	where	are you going,	would you care	to tell me?

NORINA

ɛ 'una 'kɔza 'prestɔ	'detta	al	te'atrɔ	a	diver'tirmi
È una cosa presto	**detta,**	**al**	**teatro**	**a**	**divertirmi.**
That's easily	told;	to the	theater	to	enjoy myself.

PASQUALE

ma	il	ma'ritɔ	kon 'sua 'patʃe	nom vo'ler po'tria	tal'vɔlta
Ma	**il**	**marito,**	**con sua pace,**	**non voler potria**	**talvolta...**
But	your	husband,	by your leave,	might he not wish to...	perhaps...

NORINA

il	ma'ritɔ	'vede	e	'tatʃe
Il	**marito**	**vede**	**e**	**tace,**
A	husband	sees	and	keeps quiet,

'kwandɔ	'parla	non sas'kolta
quando	**parla**	**non s'ascolta.**
when	he speaks	he's not to be listened to.

PASQUALE
Non s'ascolta?

NORINA
Il marito quando parla, etc.

---

[1] How does a *lady sultan* ("sultaness" – "sultanette") behave? If there were such a woman, I guess she would be imperious, capricious, overbearing, demanding, clad in her best and most expensive finery and adorned with priceless jewels...

PASQUALE

a	nom me'ttermi	al	tʃi'mentɔ	siɲɲo'rina	la kon'siʎʎo
A	**non mettermi**	**al**	**cimento,**	**signorina,**	**la consiglio,**
To	not put me	to the	test,	young lady,	I advise you,

'vada	iŋ	'kamɛra	al	mo'mento	'ella	iŋ	'kaza	rɛstɛ'ra
Vada	**in**	**camera**	**al**	**momento,**	**ella**	**in**	**casa**	**resterà.**
Go	to your	room	al	this	moment,	you	at	home	shall stay.

NORINA

a	star	'keto	e	nɔm	far	'ʃʃɛnɛ
A	**star**	**cheto**	**e**	**non**	**far**	**scene**
To	be	quiet	and	not	to make	scenes

per	mia	'partɛ	lo skon'dʒuro
per	**mia**	**parte**	**lo scongiuro.**
for	my	part	I beg you.

'vada	a	'lɛttɔ	'dɔrma	'bɛnɛ	pɔi	dɔ'man	si parlɛ'ra
Vada	**a**	**letto,**	**dorma**	**bene,**	**poi**	**doman**	**si parlerà.**
Go	to	bed,	sleep	tight,	then	tomorrow	we'll talk.

PASQUALE
non si 'sɔrtɛ
Non si sorte.
You're not going out!

NORINA
vɛra'mente
Veramente?
Is that so?

PASQUALE
'sonɔ 'staŋkɔ
Sono stanco.
I am tired (of all this)!

NORINA
'sonɔ 'stufa
Sono stufa.
I am bored and annoyed.

PASQUALE
Non si sorte.

NORINA
nɔm vas'kolto
Non v'ascolto.
I'm not listening.

PASQUALE
Sono stanco.

NORINA
Sono stufa.

PASQUALE
tʃiveˈttɛlla
Civettella!
You little tart!

NORINA
imperti'nɛntɛ
Impertinente!
You impertinent one!

PASQUALE
Civettella!

NORINA *(slapping him in the face)*
ˈprɛndi
Prendi...
Take this...

PASQUALE
Ah!

NORINA
ˈprɛndi su   ke bɛn ti sta
Prendi su,   che ben ti sta!
Take that,   it's what you deserve!

PASQUALE
ɛ   ffiˈnita   dɔm pasˈkwalɛ
(È   finita,   Don Pasquale,
(It's all over,   Don Pasquale,

ai bɛl   ˈromperti   la   ˈtɛsta
hai bel   romperti   la   testa.
It's no use breaking   the   head.
(It's no use banging your head against a brick wall.)

ˈaltrɔ   a   ˈfarɛ   non ti ˈrɛsta
Altro   a   fare   non ti resta
Other   to   do   is not left to you

ke   danˈdarti   ad   affɔˈgar
che   d'andarti   ad   affogar.)
than   to go   and   drown yourself.)
(There is nothing else to do but to go and drown yourself.)

NORINA
ɛ   duˈretta   la   leˈttsjone
(È   duretta   la   lezione,
(It's a trifle hard the   lesson,

Don Pasquale, Act III

ma	tʃi 'vwɔle	a far	lɛ'ffɛttɔ
ma	**ci vuole**	**a far**	**l'effetto,**
but	it had to be	to achieve	its purpose,

PASQUALE
È finita, sì, Don Pasquale, altro a fare non ti resta, etc.

NORINA

or	bi'zoɲɲa	del	prɔ'dʒɛttɔ	la	vi'ttɔrja	assiku'rar
or	**bisogna**	**del**	**progetto**	**la**	**vittoria**	**assicurar.)**
now	I must	of the	project	the	victory	assure.)

(now I must make sure the plan succeeds.)

'partɔ	a'duŋkwe
Parto	**adunque...**
I am going out	then...

PASQUALE

'parta	'pure	ma	nɔɱ 'fattʃa	pju ri'tɔrno
Parta	**pure,**	**ma**	**non faccia**	**più ritorno.**
Go	by all means,	but	don't ever	come back again.

NORINA

tʃi ve'dremɔ	al	'nwɔvo	'dʒorno
Ci vedremo	**al**	**nuovo**	**giorno.**
We'll see each other	in the	new	day.

(in the morning.)

PASQUALE

'pɔrta	'kjuza	trɔvɛ'ra
Porta	**chiusa**	**troverà.**
Door	shut	you will find.

(You'll find the door shut.)

NORINA

a 'spɔzɔ	via	'karo	spo'zino	nɔɱ 'farmi	il	ti'rannɔ
Ah sposo!	**Via,**	**caro**	**sposino,**	**non farmi**	**il**	**tiranno,**
Ah, husband!	Come,	dear	little hubby,	don't play	the	tyrant with me,

si	'doltʃe	bo'nino	ri'flɛtti	allɛ'ta
sii	**dolce,**	**bonino,**	**rifletti**	**all'età.**
be	sweet,	kind,	(and) think	of your age.

va	a	'lɛtto	bɛl	'nɔnnɔ	sia	'keto	il tuo	'sonno
Va	**a**	**letto,**	**bel**	**nonno,**	**sia**	**cheto**	**il tuo**	**sonno;**
Go	to	bed,	good	grand-dad,	be	restful	your	sleep;

(sleep well;)

per	'tɛmpɔ a	zvɛ'ʎʎarti	la	'spɔza	vɛ'rra
Per	**tempo a**	**svegliarti**	**la**	**sposa**	**verrà.**
In	time to	wake you up	your	wife	will come.

Don Pasquale, Act III

PASQUALE

di'vɔrtsjo	ke	'lɛtto	ke	'spɔza
Divorzio!	**Che**	**letto,**	**che**	**sposa!**
Divorce!	What	bed,	what	wife!

pe'ddʒore	kɔn'sɔrtsjo	di	'kwesto	nɔŋ va
Peggiore	**consorzio**	**di**	**questo**	**non v'ha.**
A worse	match	than	this one	there isn't.

(There's no match [in the whole world] worse than this one!)

ɔ	'pɔvero	'ʃʃɔkko	sɛ	'duri	in tʃer'vɛllo
Oh!	**povero**	**sciocco!**	**Se**	**duri**	**in cervello**
Oh,	poor	fool!	If	you remain	in your right mind

koŋ	'kwesto	mar'tɛllo	mi'rakɔl	sa'ra
con	**questo**	**martello**	**miracol**	**sarà.**
with	this	blow	a miracle	it will be.

NORINA
Ah! via, caro sposino, etc.

va	a	'lɛtto	ma'rito
va	**a**	**letto,**	**marito!**
go	to	bed,	husband!

PASQUALE

non 'sono	ma'rito
Non sono	**marito!**
I'm not	a husband!

NORINA
Va a letto, bel nonno.

PASQUALE

non sɔŋ	'vɔstro	'nɔnno
Non son	**vostro**	**nonno!**
I'm not	your	grand-dad!

NORINA
Va a letto, la sposa svegliarti saprà, etc.

(Finally Norina leaves and as she does so, purposely drops a note on the floor. Pasquale sees this and picks it up.)

Scene Two

PASQUALE

'kwalkɛ	'nɔta	di	'kuffje	e	di	mer'letti
Qualche	**nota**	**di**	**cuffie**	**e**	**di**	**merletti**
Some	bill	for	bonnets	or	for	laces

ke	la si'ɲɲora	kwi	la'ʃʃɔ	per	'kazo
che	**la signora**	**qui**	**lasciò**	**per**	**caso.**
that	*madame*	here	left	by	mistake.

(He unfolds the note and reads.)

adɔˈrata	sɔˈfrɔnja
"Adorata	**Sofronia".**
"Adored	Sofronia".

(in utmost anxiety)

ɛi	ke	aˈffarɛ	ɛ	ˈkwesto
Ehi!	**Che**	**affare**	**è**	**questo!**
Hey!	What	business	is	this!

(continuing to read)

fra	lɛ ˈnɔve e	lɛ ˈdjɛtʃi	ˈdella	ˈsera
"Fra	**le nove e**	**le dieci**	**della**	**sera**
"Between	nine and	ten	this	evening

saˈrɔ	ˈdjɛtro	il	dʒarˈdino
sarò	**dietro**	**il**	**giardino,**
I will be	outside	the	garden,

ˈdalla	ˈparte	ke	ˈgwarda	il	settenˈtrjone
dalla	**parte**	**che**	**guarda**	**il**	**settentrione,**
on the	side	that	looks	towards	the North,

(on the North side,)

per	maˈddʒor	prɛkauˈttsjone	fa	sɛ	pwɔi
per	**maggior**	**precauzione**	**fa,**	**se**	**puoi,**
for	greater	precaution	try,	if	you can,

dintroˈdurmi	per	la	ˈpɔrta	seˈgreta
d'introdurmi	**per**	**la**	**porta**	**segreta.**
to get me inside	through	the	door	secret.

a	noi	daˈran	riˈtʃetto	seˈkuro	ˈlombre	del	bosˈketto
A	**noi**	**daran**	**ricetto**	**securo**	**l'ombre**	**del**	**boschetto.**
To	us	will give	shelter	sure	the shade	of the	shrubbery.

(The shade of the shrubbery will afford us safe shelter.)

mi skɔrˈdavo	di	ˈdirti
Mi scordavo	**di**	**dirti**
I forgot	to	tell you

ke	annuntsjeˈrɔ	kanˈtando	il	ˈdʒundʒer	mio
che	**annunzierò**	**cantando**	**il**	**giunger**	**mio.**
that	I will announce	by singing	the	arrival	mine.

(that I will announce my arrival by singing.)

mi ɾakkɔˈmandɔ	il tuo	feˈdele	aˈddio
Mi raccomando.	**Il tuo**	**fedele.**	**Addio."**
I leave it in your hands.	Your	faithful one.	Farewell."

kwes'tɛ	'trɔppɔ				
Quest'è	**troppo;**				
This is	too much;				

kɔs'tɛi	mi vwɔl	'mɔrtɔ	arra'bjatɔ
Costei	**mi vuol**	**morto**	**arrabiato!**
That woman	wants me	dead	of aggravation!

a	nɔn nɛ 'pɔssɔ	pju	'pɛrdɔ	la	'tɛsta
Ah!	**non ne posso**	**più!**	**Perdo**	**la**	**testa!**
Ah!	I can't stand it	anymore!	I'm losing	my	mind!

(ringing the bell for a servant)

si 'kjami	mala'tɛsta
Si chiami	**Malatesta.**
I must call	Malatesta.

(to the servants that enter)

ko'rrɛtɛ	dal	do'ttɔrɛ	'ditɛʎi	kɛ	stɔ	'mal
Correte	**dal**	**dottore,**	**ditegli**	**che**	**sto**	**mal,**
Run	to the	doctor,	tell him	that	I am	not well,

kɛ	'vɛŋga	'tɔstɔ
che	**venga**	**tosto.**
that	he should come	quickly.

ɔ	krɛ'parɛ	ɔ	ffi'nirla	ad	'ɔɲɲi 'kɔstɔ
(O	**crepare**	**o**	**finirla**	**ad**	**ogni costo.)**
(Either	to die	or	get it over with	at	any cost.)

(He leaves.)

Scene Three
(The servants have all gathered and begin to comment on the happenings.)

THE SERVANTS

kɛ	intɛrmi'nabilɛ	andiri'vjɛni
Che	**interminabile**	**andirivieni!**
What	interminable	comings and goings!

tin	tin	di kwa	tɔn	tɔn	di la
Tin	**tin**	**di qua**	**ton**	**ton**	**di là,**
Ding	ding	here,	dong	dong	there,

([The bell rings] ding ding over here, dong dong over there,)

im	'patʃɛ	un	'attimɔ	dʒa'mmai	nɔn si sta
in	**pace**	**un**	**attimo**	**giammai**	**non si sta!**
In	peace	for a	moment	never	we can be!

(One can never have a moment's peace!)

ma	'kaza	'bwɔna	mɔn'tata	iŋ	'grandɛ
Ma	**casa**	**buona,**	**montata**	**in**	**grande,**
But (it's a)	house	fine,	finished	in	a grand style,

si 'spɛndɛ	e	'spandɛ	tʃɛ	da	ʃʃa'lar
Si spende	**e**	**spande,**	**c'è**	**da**	**scialar.**
They spend	and	improve,	there's (money)	to	squander.

WOMEN

fi'nito	il	'prandzo	vi 'furɔn	'ʃʃɛnɛ
Finito	**il**	**pranzo**	**vi furon**	**scene.**
Once it was over (After dinner)	the	dinner	there were	scenes.

MEN

ko'mintʃam	'prɛstɔ	kɔn'tatɛ	um pɔ
Comincian	**presto,**	**contate**	**un po'.**
They're starting	early,	tell us	about it.

WOMEN

'ditʃɛ	il	ma'rito	rɛs'tar	kɔɲ'vjɛnɛ
Dice	**il**	**marito:**	**"Restar**	**conviene."**
Says	the	husband:	"Stay in	you must."

'ditʃɛ	la	'spɔza	sor'tirɛ	iɔ	vɔ
Dice	**la**	**sposa:**	**"Sortire**	**io**	**vo."**
Says	the	wife:	"To go out	I	want."

MEN
Oh!

WOMEN

il	'vɛkkjo	'zbuffa	'sɛgwɛ	ba'ruffa
Il	**vecchio**	**sbuffa,**	**segue**	**baruffa.**
The	old man	huffs and puffs,	there follows	a quarrel.

TUTTI

ma	la	spo'zina	la da spun'tar	si
Ma	**la**	**sposina**	**l'ha da spuntar,**	**sì.**
But	the	little wife	will get her way,	yes.

MEN

vɛ	un	nipo'tinɔ	gwastamɛs'tjɛri
V'è	**un**	**nipotino**	**guastamestieri...**
There's a		nephew	a bumbling spoilsport...

WOMEN

ke	'tjɛnɛ	il	'vɛkkjo	'sopra pɛn'sjɛri
...che	**tiene**	**il**	**vecchio**	**sopra pensieri.**
...who	gives	the	old man	something to worry about.

la	padron'tʃina	ɛ	'tutta	'fɔkɔ
La	**padroncina**	**è**	**tutta**	**foco.**
Our	young mistress	is	all	fire.
				(has a fiery temper.)

MEN

par	ke	il	ma'rito	lo 'konti	'pɔkɔ
Par	**che**	**il**	**marito**	**lo conti**	**poco.**
It seems	that	her	husband	counts for (very)	little.

WOMEN

'tsitti	pru'dɛntsa
Zitti,	**prudenza!**
Quiet,	be careful!

MEN

al'kunɔ	'vjɛnɛ
Alcuno	**viene!**
Someone	is coming!

WOMEN

si sta'ra	'bɛnɛ
Si starà	**bene.**
We'll be	all right.

MEN
Zitti, zitti, c'è da scialar.

(The servants disperse. Malatesta enters with Ernesto and converses with him on the threshold.)

Scene Four

MALATESTA *(to Ernesto)*

'sjamo	in'tezi
Siamo	**intesi.**
We're	agreed.

ERNESTO

sta	'bɛnɛ	'ɔra	in	dʒar'dino
Sta	**bene.**	**Ora**	**in**	**giardino**
Very	well.	Now	to the	garden

'ʃendɔ	a	far	la mia	'partɛ
scendo	**a**	**far**	**la mia**	**parte.**
I will go down	to	play	my	part.

MALATESTA

men'triɔ	fɔ	kwi	la mia
Mentr'io	**fo**	**qui**	**la mia.**
While I	play	here	mine.
(While I play my part here.)			

Don Pasquale, Act III

sopra'ttutto	ke	il	'vɛkkjo	non	ti ko'noska
Soprattutto	**che**	**il**	**vecchio**	**non**	**ti conosca!**
Above anything else,	that	the	old man	shouldn't	recognize you!

ERNESTO

non te'mere
Non temere.
Never fear.

MALATESTA

a'ppena	ve'nir	tʃi 'sɛnti
Appena	**venir**	**ci senti...**
As soon as	coming	you hear us...

ERNESTO

su	il	man'tɛllɔ	e	'vvia
Su	**il**	**mantello**	**e**	**via.**
On with	the	cloak	and	away.

MALATESTA

ɔttima'mente
Ottimamente.
Excellent.

ERNESTO

a rive'dertʃi
A rivederci.
See you later.

(He goes out.)

MALATESTA

'kwesta	repen'tina	kja'mata	mi 'prɔva	ke	il	bi'ʎʎetto
Questa	**repentina**	**chiamata**	**mi prova**	**che**	**il**	**biglietto**
This	sudden	summons	proves to me	that	the	note

del	koɲ'veɲɲo	no'tturnɔ	a	'fatto	ɛ'ffɛtto
del	**convegno**	**notturno**	**ha**	**fatto**	**effetto.**
of the	assignation	nocturnal	has	had	its effect.
(for tonight's assignation)					

(He catches sight of Pasquale as he approaches.)

'ɛkkɔlɔ	ko'mɛ	'pallido e	di'messo
Eccolo!	**Com'è**	**pallido e**	**dimesso!**
There he is!	How he looks	pale and	humbled!

non 'sembra pju	lo	'stesso
Non sembra più	**lo**	**stesso...**
He doesn't any longer seem	the	same (man)...

mɛ	nɛ	fa	'malɛ	il	'kɔrɛ
Me	**ne**	**fa**	**male**	**il**	**core...**
To me	it	causes	pain	the	heart...

(I feel heartsick over it...)

rikompo'njamtʃi	uɱ	'vizo	da	do'ttore
Ricomponiamci	**un**	**viso**	**da**	**dottore.**
Let us reassume		the	face	of a	doctor.

(Let me reassume my bedside manner.)

(calling out to Pasquale)

Don Pasquale!...

Scene Five

RECITATIVO AND DUET
PASQUALE

kɔ'ɲɲato	im	mɛ	ve'dete	uɱ	'mɔrto	ke	ka'mmina
Cognato,	**in**	**me**	**vedete**	**un**	**morto**	**che**	**cammina.**
Brother-in-law,	in	me	you see	a	dead man	who	is walking.

(you see a walking corpse before you.)

MALATESTA

nom	mi 'fatɛ	laŋ'gwirɛ	a	'kwesto	'mɔdo
Non	**mi fate**	**languire**	**a**	**questo**	**modo.**
Don't	make me	languish	in	this	fashion.

(Don't keep me in suspense like this.)

PASQUALE *(scarcely heeding Malatesta, as if talking to himself)*

pɛn'sar	ke	per	uɱ	'mizɛro	pun'tiʎʎo
Pensar	**che,**	**per**	**un**	**misero**	**puntiglio,**
To think	that	for	a	miserable	obstinate point of principle,

mi son ri'dɔtto	a	'kwesto	
mi son ridotto	**a**	**questo!**	
I've been reduced	to	this!	

'millɛ	no'rinɛ	a'vessi	'datɛ	a	ɛr'nɛsto
Mille	**Norine**	**avessi**	**date**	**a**	**Ernesto!**
A thousand	Norinas	I'd have	given	to	Ernesto!

(I'd let Ernesto have a thousand Norinas, if only I had known!)

MALATESTA

'kɔza	'bwɔna	a	sa'persi
(Cosa	**buona**	**a**	**sapersi.)**
(Thing	good	to	know.)

(That's good to know.)

mi spjege'retɛ	al'fin
Mi spiegherete	**alfin...**
Will you explain to me,	once and for all...

PASQUALE

'mɛddza	ɛn'trata	dun	'annɔ
Mezza	**entrata**	**d'un**	**anno**
Half	(my) income	of a	year

iŋ	'kuffje	e	'nastri	konsu'mata
in	**cuffie**	**e**	**nastri**	**consumata!**
in	bonnets	and	ribbons	consumed!

(She has gone through half my yearly income in bonnets and ribbons!)

ma	'kwestɔ	ɛ	'nnulla
Ma	**questo**	**è**	**nulla.**
But	that	is	nothing.

MALATESTA

e	ppɔi
E	**poi?**
And	what else?

PASQUALE

la	siɲɲo'rina	'vwɔlɛ	an'dar	a	tɛ'atrɔ
La	**signorina**	**vuole**	**andar**	**a**	**teatro;**
The	*signorina*	wishes	to go	to the	theater;

mo'ppoŋgo	'kollɛ 'bwɔnɛ	non in'tɛndɛ	ɾa'dʒonɛ	e son de'ɾizo
m'oppongo	**colle buone,**	**non intende**	**ragione**	**e son deriso.**
I object	in a nice way,	she won't listen to	reason	and laughs at me.

kɔ'mandɔ	e	'kolla	man	mi da	sul	'vizo
Comando...	**e**	**colla**	**man**	**mi da**	**sul**	**viso.**
I order her...	and	with her	hand	she slaps me	on my	face.

MALATESTA

'unɔ	'skjaffɔ
Uno	**schiaffo!**
A	slap!

PASQUALE

'unɔ	'skjaffɔ	si ssi'ɲɲoɾe
Uno	**schiaffo,**	**sì signore!**
A	slap,	yes sir!

(He shows him the note.)

MALATESTA *(to himself)*

kɔ'raddʒɔ
(Coraggio.)
(Courage.)

(to Pasquale)

voi	men'tite	sɔ'frɔnja	ɛ	'dɔnna 'talɛ
Voi	**mentite:**	**Sofronia**	**è**	**donna tale**
You	are lying;	Sofronia	is a	woman such

ke	nɔm pwɔ	ke nɔn sa		nɛ	vwɔl	far	'malɛ
che	**non può,**	**che non sa**		**nè**	**vuol**	**far**	**male:**
who	can't,	who doesn't know how,		nor	wishes	to do	harm;

	prɛ'tɛsti	per	ka'ttʃarla	via	di	'kaza
	pretesti	**per**	**cacciarla**	**via**	**di**	**casa,**
(those are)	pretexts	to	throw her	out	of the	house,

fan'dɔnje	ke	iɱvɛn'tatɛ
fandonie	**che**	**inventate.**
tales	that	you've invented.

mia	sɔ'rɛlla	ka'patʃɛ	a	voi	di	'pɛrderɛ	il	ris'pɛttɔ
Mia	**sorella**	**capace**	**a**	**voi**	**di**	**perdere**	**il**	**rispetto!**
My	sister	capable	of to	you	of	losing	the	respect!

(My sister capable of being disrespectful to you!!)

PASQUALE *(showing him his reddened cheek)*

la	'gwantʃa	ɛ	tɛsti'mɔnjɔ	il 'tuttɔ ɛ 'dettɔ
La	**guancia**	**è**	**testimonio:**	**il tutto è detto.**
My	cheek	is	a witness;	I've said it all.

MALATESTA

nɔ'nɛ	'vɛɾo
Non è	**vero.**
It isn't	true.

PASQUALE *(vehemently, in a loud voice)*

ɛ	vɛ'rissimo
È	**verissimo!**
It's	very true!

MALATESTA

si'ɲɲorɛ	gri'dar	kɔ'tantɔ	'parmi	iŋkɔɱvɛ'njɛntsa
Signore,	**gridar**	**cotanto**	**parmi**	**inconvenienza.**
Sir,	to shout	so much	seems to me	bad manners.

PASQUALE

ma	sɛ	voi	'fatɛ	'pɛrdɛr	la	pa'ttsjɛntsa
Ma	**se**	**voi**	**fate**	**perder**	**la**	**pazienza!**
But	if	you	make	lose	the	patience!

(But you make me lose my patience!)

MALATESTA *(feigning to calm down)*

par'latɛ	'duŋkwe
Parlate	**dunque.**
Speak	then.

(to himself)

'fattʃa mia	kɔ'raddʒɔ
(Faccia mia,	**coraggio.)**
(My face,	courage.)

(Give me courage!)

PASQUALE

lɔ	'skjaffɔ	ɛ	'nulla	vɛ	di	'pɛddʒɔ	aŋ'koɾa	le'ddʒete
Lo	**schiaffo**	**è**	**nulla.**	**V'è**	**di**	**peggio**	**ancora.**	**Leggete.**
The	slap	is	nothing.	There's		worse	still.	Read.

MALATESTA *(after reading)*

io	son	di	'sassɔ
Io	**son**	**di**	**sasso.**
I	am	of	stone.

(I am dumbfounded!)

sɛkɔn'djamɔ
(Secondiamo.)
(Let me keep it up.)

ma	'kkome	mia	sɔ'ɾɛlla	si	'saddʒa	'bwɔna	e	'bbɛlla
Ma	**come!**	**Mia**	**sorella**	**sì**	**saggia,**	**buona**	**e**	**bella!**
But	how so!	My	sister,	so	well behaved,	good	and	pretty!

PASQUALE

sa'ɾa	'bbwɔna	per	voi		per	me	nɔ	'tʃɛrtɔ
Sarà	**buona**	**per**	**voi,**		**per**	**me**	**no**	**certo.**
She may be	good	for	you,	(but)	for	me	certainly not!	

MALATESTA

ke	sia	kol'pevol	son	aŋ'koɾa	in'tʃɛrtɔ
Che	**sia**	**colpevol**	**son**	**ancora**	**incerto.**
That	she may be	guilty	I am	still	uncertain.

(I'm still not convinced that she is guilty.)

PASQUALE

io	soŋ	ko'zi	ssi'kuɾo	del	de'littɔ
Io	**son**	**così**	**sicuro**	**del**	**delitto**
I	am	so	certain	of her	guilt

ke	vɔ 'fattɔ	kja'maɾɛ	ɛspɾessa'mente
che	**v'ho fatto**	**chiamare**	**espressamente**
that	I had you	sent for	expressly

kwal	tɛsti'mɔnjo	'della	mia	ven'detta
qual	**testimonio**	**della**	**mia**	**vendetta.**
as	a witness	of	my	vengeance.

(to witness my revenge.)

MALATESTA

va bɛn	ma	ɾifle'ttete
Va ben...	**ma**	**riflettete...**
All right...	but	think it over...

PASQUALE

ɔ	'tutto	pɾeve'duto	ma	aspe'ttatɛ	se'djamɔ
Ho	**tutto**	**preveduto...**	**ma**	**aspettate.**	**Sediamo.**
I have	everything	thought of...	but	wait a bit.	Let's sit down.

MALATESTA

sɛˈdjam	ˈpurɛ	ma	parˈlatɛ
Sediam	**pure,**	**ma**	**parlate!**
Let's sit down	indeed,	but	speak out!

PASQUALE

ˈketi	immantiˈnɛnte	nel	dʒarˈdino	diʃʃenˈdjamɔ
Cheti,	**immantinente,**	**nel**	**giardino**	**discendiamo;**
Quietly,	at once	to the	garden	let us go down;

ˈprɛndo	ˈmekɔ	la mia	ˈdʒɛnte
prendo	**meco**	**la mia**	**gente,**
I'll take	with me	my	servants,

il	bosˈketto	tʃirkonˈdjamɔ
il	**boschetto**	**circondiamo;**
the	shrubbery	we will surround;

e	la	ˈkoppja	ʃaguˈrata	a	um	mio	ˈtʃenno	impridʒɔˈnata
e	**la**	**coppia**	**sciagurata**	**a**	**un**	**mio**	**cenno**	**imprigionata,**
and	the	couple	wretched,	at	a	my	sign	caught,

(and that wretched pair, caught at one nod from me,)

ˈsɛntsa	ˈpɛrdere	um	moˈmento	konduˈtʃam	dal	podɛsˈta
senza	**perdere**	**un**	**momento**	**conduciam**	**dal**	**podestà.**
without	losing	a	moment	we will take	to the	magistrate.

MALATESTA

io	diˈrɛi	senˈtite um	ˈpɔkɔ
Io	**direi...**	**sentite un**	**poco,**
I	would say...	listen a	moment,

noi	due	ˈsoli	anˈdjam	sul	ˈlɔkɔ
noi	**due**	**soli**	**andiam**	**sul**	**loco,**
we	two	alone	will go	to the	place,

nel	bosˈketto	tʃi appɔsˈtjamɔ	ed	a	ˈtempo	tʃi mɔsˈtrjamo
nel	**boschetto**	**ci appostiamo**	**ed**	**a**	**tempo**	**ci mostriamo.**
in the	shrubbery	we'll take our place	and	in (due)	time	show ourselves.

e	tra	ˈpregi	e	tra	miˈnattʃɛ	davverˈtir	lautoɾiˈta
E	**tra**	**preghi**	**e**	**tra**	**minaccie**	**d'avvertir**	**l'autorità,**
And	mid	prayers	and	with	threats	to inform	the authorities,

tʃi faˈttʃam	dai	due	prɔˈmettɛr
ci facciam	**dai**	**due**	**prometter**
we'll make	the	two of them	promise us

ke	la	ˈkɔza	ˈrɛsti	la
che	**la**	**cosa**	**resti**	**là.**
that	the	affair	stop	then and there.

PASQUALE

ɛ si 'ffato ʃʃoʎʎi'mento 'pɔka 'pena al tradi'mento
È si fatto scioglimento poca pena al tradimento.
It is such a conclusion little punishment for the betrayal.
(Such a punishment hardly fits the crime.)

MALATESTA

rifle'ttete ɛ mia sɔ'rɛlla
Riflettete, è mia sorella.
Reflect on it, she's my sister.

PASQUALE

'vada fwɔr di 'kaza 'mia 'altri 'patti nɔɱ vɔ far
Vada fuor di casa mia, altri patti non vo' far.
Let her get out of my house, other solutions I won't stand for.

MALATESTA

ɛ un a'ffare deli'kato vwɔl bɛn 'ɛsser pondɛ'rato
È un affare delicato, vuol ben esser ponderato.
It's a matter delicate, it must well be thought over.

PASQUALE

pondɛ'rate ɛzami'nate ma im mia 'kaza non la vɔ nɔ
Ponderate, esaminate, ma in mia casa non la vo', no.
Think it over, weigh it, but in my house I won't have her, no.

MALATESTA

'uno 'skandalo fa'rete
Uno scandalo farete...
A scandal you'll cause...

PASQUALE

non im'pɔrta
Non importa.
It doesn't matter.

MALATESTA

e ver'goɲɲa pɔi nɛ a'vrete
E vergogna poi ne avrete...
And shame afterwards you'll have because of it...
(And afterwards you'll be sorry...)

PASQUALE
Non importa.

MALATESTA

nɔŋ kɔɱ'vjɛnɛ nɔn sta 'bɛnɛ 'altrɔ 'mɔdɔ tʃɛrkɛ'rɔ
Non conviene, non sta bene, altro modo cercherò.
It won't do, it's not right, another way I must find.

PASQUALE
Non sta bene, non conviene,

ma	lo	'skjaffo	kwi	rɛs'tɔ
ma	**lo**	**schiaffo**	**qui**	**restò.**
but	that	slap	here	remained.

(But I still have that slap to prove it.)

(Both rack their brains.)

io	di'rɛi
Io	**direi...**
I'd	say...

MALATESTA *(suddenly, as if inspired)*

lɔ	trɔ'vata
L'ho	**trovata!**
I've	found it!

(I've found a way!)

PASQUALE

bene'detto	'ditɛ	'prɛsto
Benedetto!	**Dite**	**presto.**
Thank goodness!	Tell me	quickly.

MALATESTA

nel	bos'ketto	'kwatti	tʃi appos'tjamɔ
Nel	**boschetto**	**quatti**	**ci appostiamo,**
In the	shrubbery	quietly	we'll take our place,

di	la	'tutto	u'dir	pɔ'ssjamɔ
di	**là**	**tutto**	**udir**	**possiamo.**
from	there	everything	hear	we can.

sɛ	kɔs'tante	il	tradi'mento	la ka'ttʃatɛ	su duɛ pjɛ
S'è	**costante**	**il**	**tradimento,**	**la cacciate**	**su due piè.**[2]
If it is	proven	the	betrayal,	you'll throw her out	on the spot.

PASQUALE

'bravɔ	va	bbe'none	soɲ	kon'tento
Bravo,	**va**	**benone.**	**Son**	**contento.**
Bravo,	that's	excellent.	I am	happy.

MALATESTA

si
Sì.
Yes.

PASQUALE

as'pɛtta as'pɛtta	'kara	spo'zina
(Aspetta, aspetta,	**cara**	**sposina,**
(Just you wait,	dearest	little wife,

---

[2] *Su due piè*, literally "on two feet", and by extension, "as you are standing there" as in "on the spot". The expression is used in a Germanized version by Hofmannsthal in *Der Rosenkavalier*, Act II, as Faninal berates Sophie for refusing to marry the boorish Baron Ochs: *Ins Kloster, stante pede!*

la mia	ven'detta		dʒa		savvi'tʃina	
la mia	**vendetta**		**già**		**s'avvicina:**	
my	vengeance		already		is drawing nigh;	

dʒa		ti 'prɛmɛ		dʒa		ta ɾa'ddʒunto
già		**ti preme,**		**già**		**t'ha raggiunto,**
already		it's at your heels,		already		it has overtaken you,

'tutte	in	um	'puntɔ	lai	da skɔn'tar
tutte	**in**	**un**	**punto**	**l'hai**	**da scontar.**
all	in	one	fell swoop	you'll	have to pay.

ve'drai	sɛ	'dʒovinɔ	ɾa'ddʒiɾi	e	'kabalɛ
Vedrai	**se**	**giovino**	**raggiri**	**e**	**cabale,**
You'll see	if	it's of any use	tricks	or	plots,

so'rrizi	'tɛnɛɾi	sos'piɾi e	'lagrimɛ
sorrisi	**teneri,**	**sospiri e**	**lagrime.**
smiles	tender,	sighs and	tears.

or	'vɔʎʎɔ	'prɛndɛɾɛ	la mia ɾi'vintʃita	
Or	**voglio**	**prendere**	**la mia rivincita;**	
Now	I shall	get	my revenge;	

sɛi	'nella	'trappɔla	vai	da ɾes'tar
sei	**nella**	**trappola,**	**v'hai**	**da restar.)**
you're	in the	trap,	you'll	stay in it.)

MALATESTA

il	pove'ɾino	'soɲɲa	ven'detta
(Il	**poverino**	**sogna**	**vendetta,**
(The	poor man	dreams of	vengeance,

nɔn sa	il mes'kino	kwel ke	las'pɛtta
non sa	**il meschino**	**quel que**	**l'aspetta;**
he doesn't know,	that wretched man,	what	awaits him;

iɱ'vanɔ	'frɛmɛ	iɱ van	sa'rrabbja
invano	**freme,**	**in van**	**s'arrabbia,**
in vain	he frets,	in vain	he fumes,

ɛ	'kjuzo iŋ	'gabbja	nɔm pwɔ	ska'ppar
è	**chiuso in**	**gabbia,**	**non può**	**scappar.**
he's	caught in the	snare,	he cannot	escape.

iɱ'vanɔ	a'kkumula	prɔ'dʒetti	e	'kalkoli
Invano	**accumula**	**progetti**	**e**	**calcoli,**
Uselessly	he comes up with	schemes	and	plots,

nɔn sa	ke	'fabbrika	kas'tɛlli	in 'aɾia
non sa	**che**	**fabbrica**	**castelli**	**in aria:**
he doesn't know	that	he's building	castles	in the air;

nom 'vede	il	'semplitʃe	ke	'nella	'trappɔla
non vede,	**il**	**semplice,**	**che**	**nella**	**trappola**
he doesn't see,	that	simpleton,	that	in the	trap

da	sɛ me'dezimɔ	si	si va	a	dʒe'ttar
da	**se medesimo**	**sì,**	**si va**	**a**	**gettar.)**
by	himself,	yes,	he's going	to	throw himself.)

(that simpleton can't see that he's heading straight for the trap of his own volition.)

La cacciate su due piè,

e	la 'tɔlgo	via	kɔm	mɛ
e	**la tolgo**	**via**	**con**	**me.**
and	I'll take her	away	with	me.

PASQUALE
Va benone, son contento!

MALATESTA, PASQUALE (alternating)
Quatti...ci appostiamo...di là tutto udir possiamo...etc.

(They take their leave of one another with a great flourish.)

Scene Six
(A grove adjacent to Pasquale's house. There is a garden, a summer house and a small gate to one side.)

SERENADE
ERNESTO

kɔ'mɛ	dʒen'til	la	'nɔttɛ a	'mɛddzɔ	a'pril
Com'è	**gentil,**	**la**	**notte a**	**mezzo**	**April!**
How it is	lovely,	the	night in	mid	April!

ɛ	a'ddzurro	il	tʃɛl	la 'luna ɛ	'sɛntsa	vel
È	**azzurro**	**il**	**ciel,**	**la luna è**	**senza**	**vel.**
It's	blue	the	sky,	the moon is	without	veil.

(The sky is blue, the moon is clear.)

CHORUS
È azzurro il ciel, etc.

ERNESTO

tu'ttɛ	laŋ'gwor	'patʃe	mis'tɛrɔ	a'mor
Tutt'è	**languor,**	**pace,**	**mistero,**	**amor!**
All is	languor,	peace,	mystery,	love!

bɛm mio	per'ke	aŋ'kor	nɔm 'vjɛni	a	mmɛ
Ben mio,	**perchè,**	**ancor**	**non vieni**	**a**	**me?**
Beloved,	why,	still	you don't come	to	me?

'formanɔ	'laurɛ	da'morɛ	a'ttʃɛnti
Formano	**l'aure**	**d'amore**	**accenti!**
Form	the breezes	of love	words!

(The breezes are shaping words of love!)

del	rio	nel	'murmure	sos'piri	'senti
del	**rio**	**nel**	**murmure**	**sospiri**	**senti...**
of the	river	the	murmuring	sighs	hear...

(hear the murmur of the river sighing...)

pɔi	'kwandɔ	sa'rɔ	'mɔrtɔ	pjandʒɛ'rai
Poi	**quando**	**sarò**	**morto**	**piangerai,**
Then	when	I will be	dead	you will weep,

ma	rikja'marmi	iɲ	'vita	nɔm pɔ'trai
ma	**richiamarmi**	**in**	**vita**	**non potrai.**
but	call me back	to	life	you won't be able to.

CHORUS
Poi quando sarà morto, sì, piangerai, ma richiamarlo in vita non potrai.

ERNESTO
Com'è gentil, etc.

il tuo	fe'dele	si 'struddʒe	di	de'zir	'nina	kru'dɛl
Il tuo	**fedele**	**si strugge**	**di**	**desir,**	**Nina**	**crudel,**
Your	faithful swain	is destroyed	with	desire,	Nina	cruel,

mi vwɔi ve'der	mo'rir
mi vuoi veder	**morir?**
do you want to see me	die?

(Norina comes out onto the terrace, goes down into the garden and opens the gate for Ernesto.)

NOCTURNE
NORINA, ERNESTO

'tornami a dir	ke	'mmami
Tornami a dir	**che**	**m'ami,**
Tell me again	that	you love me,

'dimmi	ke	mia	mio	tu	sɛi
dimmi	**che**	**mia**	**(mio)**	**tu**	**sei;**
tell me	that	mine	(mine)	you	are;

'kwandɔ	tuɔ	bɛn	mi 'kjami
quando	**tuo**	**ben**	**mi chiami**
whenever	your	beloved	you call me

la	'vita	a'ddoppi	im	mɛ
la	**vita**	**addoppi**	**in**	**me.**
my	life	you redouble	in	me.

la 'votʃe tua	si	'kkara	riɲ'fraŋka	il	'kwɔre	ɔ'pprɛssɔ
La voce tua	**sì**	**cara**	**rinfranca**	**il**	**cuore**	**oppresso.**
Your voice	so	dear	renews	my	heart	oppressed.

a	si'kuro	si'kura	a tɛ da'prɛsso	'trɛmo	lon'tan da tɛ
Ah!	**Sicuro**	**(sicura)**	**a te d'apresso**	**tremo**	**lontan da te.**
Ah!	Safe	(safe)	near you	I fear (when I am)	far from you.

Pasquale and Malatesta can be seen entering by way of the terrace. Armed with dark lanterns, they hide themselves among the trees of the shrubbery.)

Scene Seven
SCENA AND FINAL RONDO
PASQUALE

'ɛkkoli	a'ttɛnti bɛn
Eccoli:	**attenti ben...**
There they are;	let's listen carefully...

MALATESTA

mi rakko'mando
Mi raccomando...
Careful now...

PASQUALE *(shining his lantern in Norina's face)*

'alto la
Alto là!
Halt there!

NORINA

'ladri	a'juto
Ladri,	**aiuto!**
Thieves,	help!

PASQUALE

'tsitto	o'vɛ	il	'drudo
Zitta!	**Ov'è**	**il**	**drudo?**
Hush!	Where is	your	paramour?

NORINA

ki
Chi?
Who?

PASQUALE

ko'lui	ke	'stava	kwi	kom	voi	amorɛ'ddʒando
Colui	**che**	**stava**	**qui**	**con**	**voi**	**amoreggiando.**
He	who	was	here	with	you	making love with you.

NORINA

si'ɲɲor 'mio	mi mɛra'viʎʎo	kwi	nom 'vɛra	al'kuno
Signor mio,	**mi meraviglio,**	**qui**	**non v'era**	**alcuno.**
My dear sir,	I'm amazed,	here	there wasn't	anyone.

MALATESTA

ke	'fattʃa 'tosta
(Che	**faccia tosta!)**
(What	brazen impudence!)

PASQUALE

ke	men'tir	sfa'ttʃato	sa'prɔ bɛ'nio	trɔ'varlɔ
Che	**mentir**	**sfacciato!**	**Saprò ben io**	**trovarlo.**
What	a liar	brazen!	I'll know how	to find him.

(Pasquale and Malatesta search the shrubbery. Ernesto tiptoes into the house.)

NORINA

vi ri'pɛtɔ ke	kwi	nɔm 'vɛra	al'kun	ke	voi	sɔ'ɲɲatɛ
Vi ripeto che	**qui**	**non v'era**	**alcun,**	**che**	**voi**	**sognate.**
I repeat that	here	there wasn't	anyone,	that	you	are dreaming.

MALATESTA

a	kwes'tora	in	dʒar'din	ke	fatʃɛ'vatɛ
A	**quest'ora**	**in**	**giardin**	**che**	**facevate?**
At	this hour	in the	garden	what	were you doing?

NORINA

'stavo	pren'dɛndo	il	'fresko
Stavo	**prendendo**	**il**	**fresco.**
I was	taking	some	fresh air.

PASQUALE

il 'fresko	a	'dɔnna	in'deɲɲa
Il fresco!	**Ah**	**donna**	**indegna!**
Fresh air!	Ah,	woman	unworthy!

'fwɔri	di	'kaza 'mia	ɔ	'kio
Fuori	**di**	**casa mia,**	**o**	**ch'io...**
Out	of	my house,	or	I'll...

NORINA

ɛi	si'ɲɲor	ma'rito,	su ke	tɔn	la pren'dɛtɛ
Ehi,	**signor**	**marito,**	**su che**	**ton**	**la prendete?**
Hey,	mister	husband,	what	tone of voice	you are adopting!

PASQUALE

u'ʃʃite	e	'prɛstɔ
Uscite,	**e**	**presto.**
Get out,	and	soon.

NORINA

ne'mmem	per	'soɲɲo	ɛ	'kaza 'mia	vi 'rɛstɔ
Nemmeno	**per**	**sogno.**	**È**	**casa mia,**	**vi resto.**
Not in	your	dreams.	It's	my house,	I'm staying.

PASQUALE

'kɔrpo	di	'mille	'bombe
Corpo	**di**	**mille**	**bombe!**
Body	of	a thousand	bombs!
(By all hellfire!)			

MALATESTA

'dɔm pas'kwale la'ʃʃate   'fare a mme
Don Pasquale, lasciate   fare a me;
Don Pasquale, leave   it all to me;

'solɔ   ba'date a   non zmen'tirmi   ɔ   'karta   'bjaŋka
solo   badate a   non smentirmi;   ho   carta   bianca?...
only   take care   not to contradict me;   have I   *carte   blanche*?...
                    (a free hand?...)

PASQUALE
ɛ in'tezo
È inteso.
It's understood.

NORINA
il   'bɛllo   a'dɛssɔ   'vjɛne
(Il   bello   adesso   viene.)
(The   best   is about   to come.)

MALATESTA *(softly, to Norina)*
stu'por   'misto   di   'zdeɲɲo   a'ttɛnta 'bɛne
(Stupor,   misto   di   sdegno,   attenta bene.)
(Shock,   a mixture   of   anger,   do it well.)

(aloud, to Norina)

sɔ'rɛlla   u'dite   iɔ   'parlɔ   per   'vostro   'bɛn
Sorella,   udite,   io   parlo   per   vostro   ben.
Sister,   listen,   I   speak   for   your own   good.

vɔ'rrɛi   rispar'mjarvi   'unɔ   'sfredʒo
Vorrei   risparmiarvi   uno   sfregio.
I'd like   to spare you   an   unpleasantness.

NORINA *(heatedly)*
a mɛ   'unɔ   'sfredʒo
A me   uno   sfregio!
For me,   an   unpleasantness!

(Don Pasquale follows this dialogue with great interest.)

MALATESTA
be'nissimo
(Benissimo!)
(Well done!)

dɔ'mani   iŋ   'kwesta 'kaza   'entra   la   'nwɔva 'spɔza
Domani   in   questa casa   entra   la   nuova sposa...
Tomorrow   into   this house   comes   the   new bride...

NORINA *(feigning with great gusto)*

u'naltra	'dɔnna	a mɛ unin'dʒurja
Un'altra	**donna!**	**A me un'ingiuria?**
Another	woman!	What an insult to me!

MALATESTA

'ɛkko	il	mo'mento	di	mɔn'taɾe	iɲ	'furja
(Ecco	**il**	**momento**	**di**	**montare**	**in**	**furia.)**
(This is	the	moment	to	fly	into	a fury.)

NORINA

'spɔza	di	ki
Sposa	**di**	**chi?**
Bride	of	who?
(Whose bride?)		

MALATESTA

deɾ'nɛstɔ	la 'noɾina
D'Ernesto,	**la Norina.**
Of Ernesto,	Norina.

NORINA *(full of disdain)*

'kwella	'vedɔva 'skaltra	e	tʃive'ttina
Quella	**vedova scaltra**	**e**	**civettina!**
That	widow, conniving	and	minx-like!

PASQUALE
(Bravo, dottore!)

MALATESTA

'sjamɔ a ka'vallɔ
(Siamo a cavallo.)
(All is going well.)

NORINA

kɔ'lɛi	kwi	a miɔ dis'pɛttɔ
Colei	**qui,**	**a mio dispetto!**
That woman	here,	despite my wishes!

no'ɾina ed	io	'sotto	lis'tesso	'tetto
Norina ed	**io**	**sotto**	**l'istesso**	**tetto?**
Norina and	I	under	the same	roof?

(vehemently)

dʒa'mmai	'partɔ pju'ttɔstɔ
Giammai!	**parto piuttosto.**
Never!	I'd rather leave!

PASQUALE

a	lo vo'lesse il tʃɛl
(Ah!	**lo volesse il ciel!)**
(Ah!	If only Heaven would wish it!)

NORINA *(changing her tone)*

ma	'pjano um 'pɔkɔ.	sɛ	'kwestɛ 'nɔttsɛ	pɔi
Ma...	**piano un poco.**	**Se**	**queste nozze**	**poi**
But...	not so fast.	If	this marriage	then

'fossero	un	'dʒɔkɔ	vɔ	sintʃɛ'rarmi	'pria
fossero	**un**	**gioco?**	**Vo'**	**sincerarmi**	**pria.**
were (just)	a	joke?	I want	to be convinced	first.

MALATESTA

ɛ	'dʒusto
È	**giusto.**
It's	true.

(to Pasquale)

dɔm pas'kwalɛ	nɔn tʃɛ	via	kwi	bi'zɔɲɲa
(Don Pasquale,	**non c'è**	**via;**	**qui**	**bisogna**
(Don Pasquale,	there is no other	way;	here	we must

spɔ'zar	kwe	due	da'vvero	sɛ nɔ	kɔs'tɛi	nɔɱ va
sposar	**que'**	**due**	**davvero,**	**se no**	**costei**	**non va.)**
marry	those	two	for sure,	otherwise	that one	won't leave.)

PASQUALE

nɔm mi par 'vero
(Non mi par vero.)
(It doesn't seem possible.)

MALATESTA *(calling to the house)*

ɛi	di 'kaza	kwal'kun	ɛr'nɛstɔ
Ehi!	**Di casa,**	**qualcun,**	**Ernesto...**
Hey!	In the house,	someone,	Ernesto...

ERNESTO

'ɛkkomi
Eccomi.
Here I am.

MALATESTA

a	vvoi	a'kkɔrda	dɔm pas'kwalɛ	la	'mano	di	nɔ'rina
A	**voi**	**accorda**	**Don Pasquale**	**la**	**mano**	**di**	**Norina,**
To	you	gives	Don Pasquale	the	hand	of	Norina,

e	un	'annwɔ	a'sseɲɲo	di	kwattrɔ'mila	'skudi
e	**un**	**annuo**	**assegno**	**di**	**quattromila**	**scudi.**
and	an	annual	allowance	of	four thousand	*scudi.*

ERNESTO

a	'kkaro	'ttsio	e	fia	ver
Ah!	**caro**	**zio!**	**E**	**fia**	**ver?**
Ah,	dear	uncle!	And	can it be	true?

MALATESTA *(to Pasquale)*

dezi'tar	nɔ'nɛ pju	'tɛmpɔ	'dite	di ssi
(D'esitar	**non è più**	**tempo.**	**Dite**	**di sì.)**
(Of hesitation	it's no longer the	time.	Say	yes.)

NORINA

mɔ'ppoŋgo
M'oppongo.
I'm against it.

PASQUALE

ed	io	kon'sɛntɔ
Ed	**io**	**consento.**
And	I	consent.

(to Ernesto)

'korri	a	'prɛnder	no'rina
Corri	**a**	**prender**	**Norina,**
Run	to	get	Norina,

'rɛkala e	vi fɔ	'spɔzi	sul mo'mento
recala e	**vi fo**	**sposi**	**sul momento.**
get her and	I'll make you	husband and wife	this very moment.

MALATESTA

sɛntsan'dar	'lundʒi la	'spɔza ɛ	'prɛsta
Senz'andar	**lungi la**	**sposa è**	**presta.**
Without going	far the	bride is	at hand.

PASQUALE

'kome	spjɛ'gatevi
Come?	**Spiegatevi...**
How so?	Explain yourself...

MALATESTA *(pointing to Norina)*

no'rina ɛ 'kwesta
Norina è questa.
This is Norina.

PASQUALE

'kwella	no'rina	ke	tradi'mento	'duŋkwe	sɔ'frɔnja
Quella	**Norina?**	**che**	**tradimento!**	**Dunque**	**Sofronia?...**
She?...	Norina...	what	betrayal!	Then	Sofronia?...

MALATESTA

'duɾa	iŋ	koɱ'vɛntɔ
Dura	**in**	**convento.**
She's still	in her	convent.

PASQUALE

e	il	matri'mɔnjo
E	**il**	**matrimonio?**
And	the	marriage?

MALATESTA

fu	mio	pen'sjɛɾo	il	'mɔdɔ	a	'tɔʎʎervi
Fu	**mio**	**pensiero**	**il**	**modo**	**a**	**togliervi**
It was	my	idea,	the	way	of	preventing you

di	'farnɛ	uɲ	'veɾo
di	**farne**	**un**	**vero...**
from	entering	into	a real one...

(from entering into a real marriage...)

PASQUALE

a	brikko'nissimi
Ah,	**bricconissimi!**
Ah,	scoundrels!

MALATESTA

in	'nɔdo	'strindʒervi	di	'nullɔ	e'ffetto
...in	**nodo**	**stringervi**	**di**	**nullo**	**effetto.**
...in	a bond	tie you up	of	no	effect.

(to get you tied up in a marriage knot that was spurious.)

NORINA

'grattsja	per'dono
Grazia,	**perdono!**
Mercy,	forgive me!

PASQUALE

'veɾo	nɔm	'parmi
Vero	**non**	**parmi...**
It doesn't seem true to me...		

Ah! bricconissimi!

ERNESTO

dɛ	'ttsio	mo'vetevi
Deh!	**Zio,**	**movetevi!**
Please!	Uncle,	do relent!

NORINA, ERNESTO, MALATESTA

via	'sjatɛ	'bwɔnɔ
Via,	**siate**	**buono.**
Come,	be	good.

PASQUALE

tʃɛl ti riŋ'grattsjɔ
(Ciel ti ringrazio!...)
(Heaven be thanked!...)

(to Ernesto and Norina)

'tutto	di'mentiko	'sjate	fe'litʃi
Tutto	**dimentico,**	**siate**	**felici;**
All	is forgotten,	be	happy;

ko'mio	vu'nisko		vu'niska	il tʃɛl			
Com'io	**v'unisco,**		**v'unisca**	**il ciel!**			
As I	unite you,		so may Heaven	unite you!			

MALATESTA
Bravo, bravo, Don Pasquale!...

NORINA
la	mɔ'ralɛ	in	'tutto	'kwesto	ɛ	a'ssai	'fatʃil	di	trɔ'varsi
La	**morale**	**in**	**tutto**	**questo**	**è**	**assai**	**facil**	**di**	**trovarsi.**
The	moral	in	all	this	is	very	easy	to	find.

vɛ	la 'diko	'prɛstɔ 'prɛstɔ		sɛ	vi 'pjatʃɛ	daskɔl'tar
Ve	**la dico**	**presto presto**		**se**	**vi piace**	**d'ascoltar.**
I'll	tell it	in a twinkling		if	it pleases you	to listen.

bɛn ɛ	'ʃʃemo	di	tʃɛr'vɛllɔ	ki	sa'mmoʎʎa	im	'vɛkkja ɛ'ta
Ben è	**scemo**	**di**	**cervello**	**chi**	**s'ammoglia**	**in**	**vecchia età,**
He's	weak	in the	head	who	marries	in	old age,

si	va	a tʃer'kar	kɔl kampa'nɛllɔ
sì;	**va**	**a cercar**	**col campanello**
yes;	he'll	go looking	out of his way (for)

'nɔjɛ	e	'dɔʎʎe	iŋ	kwanti'ta
noie	**e**	**doglie**	**in**	**quantità.**
troubles	and	cares	in	quantity.

ERNESTO, MALATESTA
la	mɔ'ralɛ	ɛ	'moltɔ	'bɛlla
La	**morale**	**è**	**molto**	**bella,**
The	moral	is	very	beautiful,

si	dɔm pas'kwal	lapplikɛ'ra
Sì,	**Don Pasqual**	**l'applicherà.**
Yes,	Don Pasquale	will apply it.

PASQUALE
La morale è molto bella,

appli'karla	a	mɛ	si sta
applicarla	**a**	**me**	**si sta.**
to apply it	to	myself	I must.

sɛi	pur	'fina	brikkɔn'tʃɛlla
Sei	**pur**	**fina,**	**bricconcella,**
You're	too	smart,	little scoundrel,

mai	ser'vito	'komɛ sa	pju 'luŋga	di	noi	la sa
m'hai	**servito**	**come sa,**	**più lunga**	**di**	**noi**	**la sa.**
you've	served me	as befits me,	much better	than	us	she knows how.

SERVANTS
La morale è molto bella, Don Pasquale l'applicherà.

END OF THE OPERA

I PURITANI
BY
Vincenzo Bellini

1802-1835

I PURITANI
(The Puritans)

Opera in three acts by Vincenzo Bellini
Libretto by Count Carlo Pepoli
First performed at the Théâtre des Italiens, Paris, on January 25, 1835

CHARACTERS

Valton, (Lord Walton) a Puritan: bass
Giorgio (Sir George Walton) his brother, a retired colonel, also a Puritan: bass
Arturo, (Lord Arthur Talbot) a cavalier and supporter of the Stuarts: tenor
Riccardo, (Sir Richard Forth), a Puritan colonel: baritone
Bruno, (Sir Bruno Robertson), a Puritan officer: tenor
Enrichetta, (Queen Henrietta), widow of Charles I: soprano
Elvira, daughter of Lord Walton: soprano

Puritans, Men-at-arms, Heralds, Soldiers of the Commonwealth, Women, Pages, etc.

The action takes place near Plymouth, England
in the 1650's during the time of the English Civil War

THE PLOT

ACT I

A fortress near Plymouth, held by Valton for Cromwell. Valton's daughter, Elvira, is in love with Arturo, a cavalier and adherent of the Stuarts, but her father has promised her hand to Riccardo, he himself a follower of Cromwell. He relents, however, and Elvira is bidden by her uncle Giorgio to prepare for her nuptials with Arturo, for whom a safe conduct to the fortress has been provided.

Queen Enrichetta, widow of Charles I, is a prisoner in the fortress. On discovering that she is under sentence of death, Arturo, loyal to the Stuarts, enables her to escape by draping her in Elvira's bridal veil and conducting her past the guards, as if she were the bride. There is one critical moment. They are met by Riccardo, who had hoped to marry Elvira. The men draw their swords, but a disarrangement of the veil shows Richard that the woman he supposes to be Arturo's bride is not Elvira at all. He permits them to pass. When the escape is discovered, Elvira, believing herself deserted, loses her mind. Those who had gathered for the wedding now invoke a curse on Arturo's head.

ACT II

This act plays in another part of the fortress. It concerns itself with Elvira's mad scene. However, a stirring duet also takes place between Riccardo and Giorgio, announcing their readiness to meet Arturo in mortal combat striving to avenge Elvira's sad plight.

ACT III

This act is laid in a grove near the fortress. Arturo, although proscribed, seeks out Elvira. Her joy at seeing him again temporarily lifts the clouds from her mind, but renewed evidence of her mental state alarms her lover. He hears men, whom he knows are in pursuit of him, approaching, and is aware that capture means death, but he will not leave Elvira. He is apprehended and is about to be executed, when a messenger arrives with the news of the defeat of the Stuarts and a pardon for all prisoners. Arturo is freed and the sudden shock of joy restores Elvira's sanity, as both lovers are reunited.

ACT I
Scene One

(The ramparts of a castle near Plymouth. Various fortifications are visible, with a drawbridge. Sentinels are posted on the bastions. The castle is in the hands of the Puritans, or Roundheads. It is daybreak. Sir Bruno Robertson comes from the castle at the head of a company of soldiers.)

BRUNO, SOLDIERS

a'llɛrta	'lalba	appa'ri
All'erta!	**L'alba**	**apparì.**
Awake!	Dawn	has broken.

la 'tromba	rim'bomba	'nuntsja	del	di
La tromba	**rimbomba,**	**nunzia**	**del**	**dì.**
The trumpet	sounds,	messenger	of	daylight.

SOLDIERS

'kwando	la	'tromba	'skwilla	'ratto	il	gwe'rrjɛr	si 'dɛsta
Quando	**la**	**tromba**	**squilla**	**ratto**	**il**	**guerrier**	**si desta:**
When	the	trumpet	blares,	quickly	the	soldier	wakens;

'larmɛ	tre'mɛnde	a'ppresta	'alla	vi'ttɔrja	va
l'arme	**tremende**	**appresta,**	**alla**	**vittoria**	**va!**
His weapons	fearsome	he readies,	to	victory	he goes!

'pari	del	'fɛrro	al	'lampo
Pari	**del**	**ferro**	**al**	**lampo,**
Like	his	sword	when	it flashes,

sɛ	lira	iŋ	'kɔrɛ	sfa'villa
se	**l'ira**	**in**	**core**	**sfavilla,**
if	anger	in his	heart	sparks,

'deʎʎi	stu'ardi	il	'kampo	in	'tʃenerɛ	ka'dra
degli	**Stuardi**	**il**	**campo**	**in**	**cenere**	**cadrà.**
of the	Stuarts	the	battlefield	in	ashes	will fall.

(When the anger in his heart matches the sparkle of his sword, the Stuart camp will collapse in ashes.)

(A bell rings and strains of religious music issue from the castle.)

BRUNO

ɔ	di	krɔɱ'vɛl	gwe'rrjɛri
O	**di**	**Cromvell**	**guerrieri,**
Oh	of	Cromwell	soldiers

pje'gjam	la	'mente	e	il	kɔr
pieghiam	**la**	**mente**	**e**	**il**	**cor**
let us incline	our	mind	and	our	heart

a	mattu'tini	'kantitʃi	'sakri	al	di'viɱ	fa'ttor
a'	**mattutini**	**cantici**	**sacri**	**al**	**divin**	**Fattor.**
to the	morning	hymns	sacred	to our	divine	Creator.

(All kneel.)

ELVIRA, ARTURO, RICCARDO, GIORGIO *(from within the castle)*

la	'luna	il	sol	le	'stelle	le	'tenebre	il ful'gor
La	**luna,**	**il**	**sol,**	**le**	**stelle,**	**le**	**tenebre,**	**il fulgor,**
The	moon,	the	sun,	the	stars,	the	darkness,	the brightness,

daŋ	'glɔrja	al	krea'tor	in	lor	fa'vɛllɛ
dan	**gloria**	**al**	**Creator**	**in**	**lor**	**favelle.**
bring	glory	to the	Creator	in	their	utterances.

la	'tɛrra	e	i	firma'menti	ɛ'zaltano	il	si'ɲɲor
La	**terra**	**e**	**i**	**firmamenti**	**esaltano**	**il**	**Signor.**
The	earth	and	the	firmaments	exalt	the	Lord.

a	lui	djɛn	'laudi	e	o'nore	'tutte	le	'dʒɛnti
A	**lui**	**dien**	**laudi**	**e**	**onore,**	**tutte**	**le**	**genti**
To	Him	give	praise	and	honor,	all	the	peoples

dien gloria al Creator, etc.

BRUNO
u'disti
Udisti?
You heard?

SOLDIERS
u'di
Udii.
I heard.

BRUNO
fi'ni
Finì.
It ended.

SOLDIERS
Finì.

BRUNO, SOLDIERS

al	re	ke	'fetʃe	il	di
Al	**re**	**che**	**fece**	**il**	**dì**
To the	King	that	created	the	day,

'linno	dei	'puri	kɔr	sa'li	su	'vɛnti
l'inno	**dei**	**puri**	**cor**	**salì**	**su'**	**venti.**
the hymn	of the	pure	(of) heart	ascended	on the	winds.

Scene Two

CHORUS *(from inside the castle)*

a	'fɛsta	a	'tutti	'rida	il	kɔr
A	**festa!**	**A**	**tutti**	**rida**	**il**	**cor,**
To the	festivities!	To	all	may smile	the	heart,

kan'tate	un	'santɔ	a'mor
cantate	**un**	**santo**	**amor.**
sing to	a	holy	love.

(May all hearts rejoice and sing of a holy love.)

(The chorus and soloists come onto the scene.)

	gar'dzoŋ	ke	'mira	el'vira si	'bbɛlla	verdʒi'nɛlla
(Any)	**Garzon**	**che**	**mira**	**Elvira, sì**	**bella**	**verginella,**
	young man	who	looks at	Elvira, such a	lovely	maiden,

la'ppɛlla	la sua	'stella	re'dʒina	della'mor
l'appella	**la sua**	**stella,**	**regina**	**dell'amor.**
calls her	his	star,	queen	of love.

ɛ	il	'riʃo	e il 'karo	'vizo	bɛl'ta	di	para'dizo
È	**il**	**riso**	**e il caro**	**viso**	**beltà**	**di**	**paradiso;**
It is	the	laughter	and her dear	face	a beauty	of	paradise;

ɛ	'rɔza	sul	suo	stel	ɛ	un	'andʒolo	del	tʃɛl
è	**rosa**	**sul**	**suo**	**stel,**	**è**	**un**	**angiolo**	**del**	**ciel.**
she's	a rose	on	its	stem,	she's	an	angel	from	Heaven.

sɛ	a	'nɔttse	im'vita	a'mor
Se	**a**	**nozze**	**invita**	**amor**
If	to a	wedding	invites	love,

(If love invites us to a wedding,)

a tutti rida il cor, etc.	an'djam
	Andiam!
	Let's go!

(All disperse except Bruno, who notices Riccardo Forth standing apart with downcast eyes. He stays to observe him further.)

Scene Three

ARIA
RICCARDO *(unaware that he is being observed)*

or	'dove	'fuggo iɔ mai
Or	**dove**	**fuggo io mai?...**
Now	whither	shall I flee?...

'dovɛ	mai	'tʃelɔ	ʎo'rrendi	a'ffanni	mjɛi
Dove	**mai**	**celo**	**gli orrendi**	**affanni**	**miei?**
Where	ever	can I hide	the cruel	suffering	mine?

'komɛ	kwɛi	'kanti	mi ri'swɔnanɔ	a'llalma	a'mari	'pjanti
Come	**quei**	**canti**	**mi risuonano**	**all'alma**	**amari**	**pianti!**
How	those	chants	echo in my	soul, (as)	bitter	tears!

I Puritani, Act I

o	el'vira	o	mio	sos'pir	sɔ'avɛ
O	**Elvira,**	**o**	**mio**	**sospir**	**soave,**
Oh	Elvira,	oh	my	sigh	gentle,

(for whom I uttered such gentle sighs,)

pɛr 'sɛmpre	io	ti pɛr'dɛi	'sɛntsa	'spɛme	ed	a'mor
per sempre	**io**	**ti perdei!**	**Senza**	**speme**	**ed**	**amor,**
forever	I	have lost you!	Without	hope	or	love,

iŋ	'kwesta	'vita	or	ke	ri'manɛ	a	mmɛ
in	**questa**	**vita**	**or**	**che**	**rimane**	**a**	**me?**
in	this	life	now	what	is there left	for	me?

BRUNO

la	'patrja	e	il 'tʃɛlɔ
La	**patria**	**e**	**il cielo.**
Your	homeland	and	Heaven.

RICCARDO *(taken aback)*

kwal	'votʃe	ke	di'tʃesti	ɛ	'vvero
Qual	**voce?**	**Che**	**dicesti...**	**è**	**vero!**
What	voice (is this)?	What	did you say...	it's	true!

BRUNO

'apri	il tuo	'kɔre	in'tɛro	allamis'ta	na'vrai	kɔɱ'fɔrtɔ
Apri	**il tuo**	**core**	**intero**	**all'amistà,**	**n'avrai**	**conforto...**
Open	your	heart	completely	to friendship;	from it you'll draw	comfort...

(Open your heart to me, your friend; it will give you comfort to do so...)

RICCARDO

ɛ	'vvanɔ	ma	pur	tappage'rɔ
È	**vano.**	**Ma**	**pur**	**t'appagherò.**
It's	hopeless.	But	yet	I will satisfy you.

sai	ke	del'vira	il dʒeni'tor	makkonsen'tia	la	'manɔ
Sai	**che**	**d'Elvira**	**il genitor**	**m'acconsentìa**	**la**	**mano,**
You know	that	Elvira's	father	promised me	her	hand;

'kwandɔ	al	'kampɔ vɔ'lai	'jeri	'alla	'tarda	'sera
quando	**al**	**campo volai.**	**Ieri**	**alla**	**tarda**	**sera,**
when	to	battle I hastened.	Yesterday	in the	late	evening,

kwi	'dʒunto	kom	'mia	'skjɛra
qui	**giunto**	**con**	**mia**	**schiera,**
(when) here	I arrived	with	my	men,

pjɛn	damo'roza	i'dea	vɔ	al	'padre
pien	**d'amorosa**	**idea**	**vo**	**al**	**padre...**
filled	with loving	thoughts	I go	to her	father...

BRUNO

ed	ei	di'tʃea
Ed	**ei**	**dicea?**
And	he	said?

I Puritani, Act I 577

RICCARDO
sos'pira	el'vira	a	'talbɔ	kava'ljɛɾo
"Sospira	**Elvira**	**a**	**Talbo**	**cavaliero,**
"Sighs	Elvira	for	Talbot	cavalier,

("Elvira sighs for [Arturo] Talbot, the cavalier,)

e	'sovra	il	kɔr	nɔɱ va	pa'tɛrno	im'pɛɾo
e	**sovra**	**il**	**cor**	**non v'ha**	**paterno**	**impero."**
and	over	her	heart	there cannot be	paternal	authority."

(and my paternal authority has no power over her heart.")

BRUNO
ti 'kalma	a'miko
Ti calma,	**amico.**
Calm yourself,	my friend.

RICCARDO
il	dwɔl	ke	al	kɔr	mi 'pjomba
Il	**duol**	**che**	**al**	**cor**	**mi piomba**
The	grief	that	my	heart	pervades

sol	'kalma	a'vra	nel	'sonno	'della	'tomba
sol	**calma**	**avrà**	**nel**	**sonno**	**della**	**tomba.**
only	calm	will find	in the	sleep	of the	grave.

(The grief that pervades my heart will find calm only in the sleep of the grave.)

Ah per sempre io ti perdei,

fjor	da'more	o	mia	spɛ'rantsa
fior	**d'amore,**	**o**	**mia**	**speranza;**
flower	of love,	oh	my	hope;

a	la	'vita	ke	ma'vantsa	sa'ra	'pjɛna	di	ddo'lor
Ah!	**la**	**vita**	**che**	**m'avanza**	**sarà**	**piena**	**di**	**dolor!...**
Ah!	The	life	that	is left to me	will be	filled	with	sorrow!...

'kwandɔ	ɛ'rrai	pɛr	'anni	ed	'anni
Quando	**errai**	**per**	**anni**	**ed**	**anni**
When (once)	I wandered	for	years	and	years

im	po'ter	'della	ven'tuɾa
in	**poter**	**della**	**ventura,**
in the	sway	of	fortune,

io	sfi'dai	ʃa'guɾa	e	a'ffanni
io	**sfidai**	**sciagura**	**e**	**affanni**
I	defied	misfortune	and	cares

'nella	'spɛme	del	tuɔ	a'mor
nella	**speme**	**del**	**tuo**	**amor.**
in the	hope	of	your	love.

(hoping that one day you, [Elvira], would love me.)

(Some soldiers cross the stage on their way to roll call.)

BRUNO

taˈppɛllan	lɛ	ˈskjɛrɛ a	lor	kondoˈttjɛr
T'appellan	**le**	**schiere a**	**lor**	**condottier.**
They're calling you,	the	troops to (be)	their	leader.

(Your troops summon you to be their leader.)

RICCARDO

di	ˈglɔrja	il	sɛnˈtjɛrɛ	mɛ	ˈkjuzɔ	al	penˈsjɛr
Di	**gloria**	**il**	**sentiere**	**m'è**	**chiuso**	**al**	**pensier.**
Of	glory	the	path	is to me	closed	to my	thoughts.

(I no longer think of the path of glory.)

BRUNO

a	ˈpatrja	e	ad	oˈnorɛ	non ˈardɛ	il tuo	kɔr
A	**patria**	**e**	**ad**	**onore**	**non arde**	**il tuo**	**cor?**
For	homeland	and	for	honor	glows not	your	heart?

RICCARDO

iɔ	ˈardɔ	e	il mio	arˈdorɛ ɛ	aˈmorɛ ɛ	fuˈror
Io	**ardo,**	**e**	**il mio**	**ardore è**	**amore, è**	**furor.**
I	am glowing,	and	my	ardor is	love,	it's rage.

BRUNO

dɛ	ˈponi	in	oˈbblio	lɛˈta	ke	fjoˈriva
Deh!	**poni**	**in**	**obblio**	**l'età**	**che**	**fioriva**
Ah!	Put	to	oblivion	the time	that	blossomed

(Forget now the time that blossomed)

di	ˈspɛmɛ	e	daˈmor
di	**speme**	**e**	**d'amor.**
with	hope	and	love.

RICCARDO

bɛl	ˈsoɲɲɔ	beˈato	di	ˈpatʃe	e	kɔnˈtɛnto
Bel	**sogno**	**beato**	**di**	**pace**	**e**	**contento,**
Lovely	dream	blissful	of	peace	and	contentment,

ɔ	ˈkandʒa	il mio	ˈfato	ɔ	ˈkandʒa il mio	kɔr
o	**cangia**	**il mio**	**fato**	**o**	**cangia il mio**	**cor.**
either	change	my	fate	or	change my	heart.

o	ˈkomɛ	ɛ	torˈmento	nel	di	del	doˈlorɛ
Oh	**come**	**è**	**tormento**	**nel**	**dì**	**del**	**dolore**
Oh	how	it is	torment	on this	day	of	grief

la	ˈdoltʃe	mɛˈmɔrja	dun	ˈtɛnɛro aˈmor
la	**dolce**	**memoria**	**d'un**	**tenero amor.**
the	sweet	memory	of a	tender love.

BRUNO

ˈsenti
Senti!
Listen!

T'appellan le schiere, etc.

RICCARDO
Di gloria il sentiere, etc.

BRUNO
A patria e amore, etc.

RICCARDO
Io ardo, e il mio ardore, etc.

BRUNO
'vjɛni	ri'kɔrda	la	'patrja	lo'nor
Vieni,	**ricorda**	**la**	**patria**	**l'onor;**
Come,	remember	the	homeland,	honor;

deh! poni in obblio, etc.

RICCARDO
Bel sogno beato, etc.

Scene Four
(Elvira's rooms, where the fortifications can be seen through the open windows. Elvira is in company of Giorgio, her uncle, a retired colonel.)

SCENE AND DUET
ELVIRA
ɔ	a'matɔ	ttsio	o	mio	se'kondɔ	'padrɛ
O	**amato**	**zio,**	**o**	**mio**	**secondo**	**padre!**
Oh	beloved	uncle,	oh	my	second	father!

GIORGIO
per'ke	'mmɛsta	ko'zi	ma'bbrattʃa	el'vira
Perchè	**mesta**	**così?**	**M'abbraccia,**	**Elvira.**
Why	sad	so?	Embrace me,	Elvira.
(Why so sad?)				

ELVIRA
a	'kjamami	'tua	'fiʎʎa
Ah!	**chiamami**	**tua**	**figlia.**
Ah!	Call me	your	daughter.

GIORGIO
o	'fiʎʎa	o	'nome	ke	la ve'kkjettsa mia
O	**figlia,**	**o**	**nome**	**che**	**la vecchiezza mia**
Oh	daughter,	oh	name	which	my old age

kon'sola	e	a'llɛtta	pel	'doltʃɛ	'tɛmpo
consola	**e**	**alletta**	**pel**	**dolce**	**tempo**
consoles	and	gladdens	for the	happy	hours

kio	ti 'vɛʎʎo	a'kkantɔ
ch'io	**ti veglio**	**accanto,**
that I	watch over you	close by,

pɛl	palpi'tar	del	mio	pa'tɛrno	'kɔrɛ	e	pel	sɔ'avɛ
pel	**palpitar**	**del**	**mio**	**paterno**	**core,**	**e**	**pel**	**soave**
by the	beating	of	my	paternal	heart,	and	by the	sweet

'pjanto	ke	iŋ	'kwesto	'dʒorno	dalle'grettsa pjɛno
pianto	**che**	**in**	**questo**	**giorno**	**d'allegrezza pieno**
tears	that	on	this	day	full of gladness

'pjɔvɛ	dal	'tʃiʎʎo	ad	inon'darmi	il	'seno
piove	**dal**	**ciglio**	**ad**	**inondarmi**	**il**	**seno...**
pour	from my	eyes	to	flood	my	breast...

o	'fiʎʎa mia	di'lɛtta	'ɔddʒi	'spoza	sa'rai
O	**figlia mia**	**diletta,**	**oggi**	**sposa**	**sarai!**
Oh	my daughter	most dear,	today	a bride	you shall be!

ELVIRA *(vehemently)*

'spoza	nɔ	mmai	sai	kɔ'marde	im	'pɛtto mio
Sposa!...	**No!**	**mai!**	**Sai**	**com'arde**	**in**	**petto mio**
Bride!...	No!	Never!	You know	how burns	in	my breast

'bɛlla	'fjamma	ɔnnipo'ssɛntɛ
bella	**fiamma**	**onnipossente;**
a beautiful	flame	all-powerful;

sai	ke	'purɔ	ɛ	il mio	de'zio
sai	**che**	**puro**	**è**	**il mio**	**desio,**
you know	that	pure	is	my	desire,

ke	innɔ'tʃɛntɛ	ɛ	'kwestɔ	'kɔrɛ
che	**innocente**	**è**	**questo**	**core,**
that	innocent	is	my	heart,

sai ch'è puro il mio desio, etc.

sɛ	fre'mɛntɛ	a'llara	i'nnante	straʃʃi'nata	un	di	sa'rɔ
Se	**fremente**	**all'ara**	**innante**	**strascinata**	**un**	**dì**	**sarò...**
If	shuddering	before the altar		dragged	some	day	I am...

(If some day I am dragged shuddering before the altar...)

fɔrsɛ'nnata	iŋ	kwellis'tantɛ	di	do'lore	io	mɔri'rɔ
forsennata	**in**	**quell'istante**	**di**	**dolore**	**io**	**morirò!**
desperate	on	that instant	of	grief	I	shall die!

GIORGIO

'skattʃa	ɔ'mai	pen'sjer	si	'nnero
Scaccia	**omai**	**pensier**	**sì**	**nero.**
Drive off	for now	thoughts	so	black.

ELVIRA

mo'rir	si	'spɔza	nɔm mai
Morir,	**sì...**	**sposa,**	**non mai!**
To die,	yes...	bride,	never!

GIORGIO
ke	di'rai	sɛ	il kava'ljeɾo	kwi	ve'drai
Che	**dirai**	**se**	**il cavaliero**	**qui**	**vedrai,**
What	would you say	if	your cavalier	here	you should see,

sɛ	tuɔ	sa'ɾa
se	**tuo**	**sarà?**
if	yours	he should be?

ELVIRA
tʃɛl	ri'pɛti	ki	vɛ'rra
Ciel!	**ripeti,**	**chi**	**verrà?**
Heaven!	Repeat that,	who	is coming?

GIORGIO
'eʎʎi	'stesso
Egli	**stesso...**
He	himself...

ELVIRA
'eʎʎi	ki
Egli...	**Chi?**
He...	who?

GIORGIO
ar'tuɾo
Arturo!

ELVIRA
e	fia	'veɾo
E	**fia**	**vero?**
And	could it be	true?

GIORGIO
o	'fiʎʎa	il 'dʒuɾo
O	**figlia,**	**il giuro!**
Oh	daughter,	I swear it!

ELVIRA *(beside herself with joy)*
'eʎʎi	ar'tuɾo
Egli?	**Arturo?**
He?	Arturo?

GIORGIO
Arturo.

ELVIRA
O ciel, e fia vero?

GIORGIO
si	ɔ	ta'llegra	mia	'bwɔna	el'viɾa
Sì,	**oh,**	**t'allegra,**	**mia**	**buona**	**Elvira.**
Yes,	oh,	rejoice,	my	good	Elvira.

ELVIRA
ɔ	'ddʒɔja
Oh	**gioja!**
Oh	joy!

ELVIRA, GIORGIO
nɔ'nɛ	'soɲɲo
Non è	**sogno!**
It's not	a dream!

Oh Arturo!, Oh Elvira! Oh amor!

GIORGIO
'pjandʒi	o	'fiʎʎa	sul	mio	'seno	'pjandʒi di	kon'tento
Piangi,	**o**	**figlia,**	**sul**	**mio**	**seno:**	**piangi di**	**contento.**
Weep,	oh	daughter,	upon	my	breast;	weep with	happiness.

'ti kan'tʃelli	'oɲɲi	tor'mento	'kwesta	'lakrima	da'mor
Ti cancelli	**ogni**	**tormento**	**questa**	**lacrima**	**d'amor.**
Let it wash away	every	grief	this	tear	of love.

(Let your tear[s] wash away all your grief.)

e	tu	'mira	o 'ddio	pje'tozo
E	**tu**	**mira,**	**o Dio**	**pietoso,**
And	Thou	behold,	oh God	merciful,

linnɔ'tʃentsa	in	umaŋ	'velo
l'innocenza	**in**	**uman**	**velo:**
innocence	in	human	veil;

(innocence personified;)

bene'ditʃi	tu	dal	'tʃɛlɔ	'kwesto	'dʒiʎʎo	di	kan'dor
benedici	**tu**	**dal**	**cielo**	**questo**	**giglio**	**di**	**candor.**
bless	Thou	from	Heaven	this	(white) lily	of	purity.

ELVIRA
a	kwes'talma	al	'dwɔlɔ	a'vvettsa
Ah!	**quest'alma**	**al**	**duolo**	**avvezza**
Ah!	this soul	to	grief	accustomed

ɛ	si	'vinta	dal	dʒɔ'iɾe
è	**sì**	**vinta**	**dal**	**gioire,**
is	so	overcome	by	joy,

ke	ɔr'mai	nɔm pwɔ	ka'pir	si	gran	dol'tʃettsa
che	**ormai**	**non può**	**capir**	**sì**	**gran**	**dolcezza!**
that	still	it cannot	understand	such	great	sweet happiness!

GIORGIO
Piangi, o figlia, sul mio seno, etc.

ELVIRA

ki	'mɔssɛ	a	mjɛi	de'zir	il	dʒeni'tor
Chi	**mosse**	**a'**	**miei**	**desir**	**il**	**genitor?**
Who	moved	to (grant)	my	wishes	my	father?

(Who was it that prevailed upon my father to grant my wishes?)

GIORGIO

as'kolta	sor'dʒea	la	'nɔttɛ	'folta
Ascolta.	**Sorgea**	**la**	**notte**	**folta,**
Listen.	Had fallen	the	night	thick,

(Thick night had fallen,)

ta'tʃea	la	'tɛrra	e	il	'tʃɛlɔ
tacea	**la**	**terra**	**e**	**il**	**cielo,**
was silent	the	earth	and	the	sky,

pa'rea	na'tura	a'vvɔlta	im	'mɛsto	vel
parea	**natura**	**avvolta**	**in**	**mesto**	**vel.**
seemed	nature	shrouded	in	a sad	veil.

(Heaven and earth were silent and nature seemed shrouded in a veil of sadness.)

'lora	pro'pittsja	ai	'mizeri
L'ora	**propizia**	**ai**	**miseri,**
The hour	propitious	for the	wretched,

il	tuɔ	prɛ'gar	tuɛ	'lagrime
il	**tuo**	**pregar,**	**tue**	**lagrime,**
your		prayers,	your	tears,

mavvalɔ'rar¹	si	'lanima	ke	'volɔ	al	dʒeni'tor
m'avvalorâr[1]	**sì**	**l'anima**	**che**	**volo**	**al**	**genitor.**
heartened	so	my soul	that	I fly	to your	father.

ELVIRA

o	mio	konsɔla'tor
Oh!	**mio**	**consolator!**
Oh,	my	comforter!

GIORGIO

io	komin'tʃai	dʒɛr'manɔ
Io	**cominciai:**	**"Germano",**
I	began:	"Brother",

ne	pju	po'tei	parlar	a'llor	ba'ɲɲai	sua	'manɔ
nè	**più**	**potei**	**parlar;**	**allor**	**bagnai**	**sua**	**mano**
no	more	could I	say;	then	I bathed	his	hand

dum	'muto	lagri'mar	pɔi	ripi'ʎʎai	tra	'dʒɛmiti
d'un	**muto**	**lagrimar.**	**Poi**	**ripigliai**	**tra'**	**gemiti:**
with	silent	tears.	Then	I went on	between	sobbing:

---

[1] *M'avvalorâr*...this strange spelling with a circumflex accent is a poetic usage indicating that the word is *avvalorarono*, meaning the same but reducing a six syllable word to a four syllable one for poetry meter reasons.

I Puritani, Act I

lan'dʒɛlika	tua	el'vira	pɛl	'prɔde	ar'tur	sos'pira
"L'angelica	**tua**	**Elvira**	**pel**	**prode**	**Artur**	**sospira;**
"The angelic	your	Elvira	for the	valiant	Arturo	sighs;

("Elvira, that angelic daughter of yours, sighs for the valiant Arturo;)

sɛ	ad	'altrɛ	'nɔttsɛ	an'dra	'mizɛra	peri'ra
se	**ad**	**altre**	**nozze**	**andrà...**	**misera,**	**perirà!"**
if	to	another	marriage	she is forced...	poor girl,	she will perish!"

ELVIRA

ɔ	'andʒol	di	pjɛ'ta	'ʃezo	dal	tʃɛl	per	me
O	**angiol**	**di**	**pietà**	**sceso**	**dal**	**ciel**	**per**	**me!**
Oh	angel	of	mercy	descended	from	Heaven	for	my sake!

e	il	'padrɛ
E	**il**	**padre?**
And	my	father, (what did he answer)?

GIORGIO

o'ɲɲor	ta'tʃea
Ognor	**tacea.**
He kept	silent.

ELVIRA

e'ppɔi
E poi?
And then?

GIORGIO

ei	di'tʃea	ri'kkardɔ	'kjɛze	e	otte'nea mia	'fede
Ei	**dicea:**	**"Riccardo**	**chiese**	**e**	**ottenea mia**	**fede...**
He	said:	"Riccardo	asked for	and	got my	pledge...

ei	la mia	'fiʎʎa	a'vra
Ei	**la mia**	**figlia**	**avrà!"**
He	my	daughter	shall have!"

ELVIRA

tʃɛl	'solɔ	a	u'dirti	iɔ	'palpito	e	ttu
Ciel!	**solo**	**a**	**udirti**	**io**	**palpito!**	**E**	**tu?**
Heaven!	Only	at	hearing it	I	tremble!	And	you?

GIORGIO

la	'fiʎʎa	'mizɛra	io	ripe'tea	mɔ'rra
"La	**figlia**	**misera",**	**io**	**ripetea,**	**"morrà".**
"Your	daughter	wretched",	I	repeated,	"will die".

a	'viva	ei	mi 'ditʃea	e	'strindʒemi	al	kɔr
"Ah,	**viva!"**	**ei**	**mi dicea,**	**e**	**stringemi**	**al**	**cor.**
"Ah,	she must live!"	he	said to me,	and	clasped me	to his	heart.

sia el'vira	fe'litʃɛ	sia 'ljɛta	da'mor
"Sia Elvira	**felice,**	**sia lieta**	**d'amor".**
"Let Elvira be	happy,	let her be happy	in her love".

(The sound of bugles is heard outside.)

ELVIRA
ˈɔdi	kwal	swɔn	si ˈdɛsta
Odi...	**qual**	**suon**	**si desta?**
Listen...	what	noise	arises?

GIORGIO
askolˈtjam	ɛ	il	seˈɲɲal	di	ˈdʒɛntɛ	ˈdarmɛ
Ascoltiam!	**È**	**il**	**segnal**	**di**	**gente**	**d'arme.**
Let us listen!	It's	the	signal	of	men at arms.	

SOLDIERS *(offstage)*
ˈvjɛnɛ	il	ˈprɔde	e	ˈnɔbil	ˈkonte
Viene	**il**	**prode**	**e**	**nobil**	**conte.**
Is approaching	the	valiant	and	noble	earl.

GIORGIO
ˈsɛnti
Senti?
Do you hear?

ELVIRA
ˈtatʃi
Taci.
Keep your voice down.

SOLDIERS
arˈtur	ˈtalbɔ
Artur	**Talbo!**
Arthur	Talbot!

GIORGIO
a	non tel ˈdissi
Ah,	**non tel dissi?**
Ah,	didn't I tell you?

ELVIRA
a	non reˈzisto
Ah,	**non resisto!**
Ah,	I can't bear it!

GIORGIO
dɛ	ti ˈkalma
Deh,	**ti calma!**
Pray,	calm yourself!

SOLDIERS
kavaˈljɛr
Cavalier!
Cavalier!

I Puritani, Act I — 585

ELVIRA *(flinging her arms around her uncle's neck)*

a	ˈpadre	mio			
Ah!	**padre**	**mio!**			
Ah,	my	father!			

SOLDIERS

	lɔrd	arˈturo	ˈvarki	il	ˈponte
	Lord	**Arturo**	**varchi**	**il**	**ponte.**
(Let)	Lord	Arturo	cross	the	drawbridge.

ˈfatɛ	ˈkampo	al	prɔ	gweˈrrjero
Fate	**campo**	**al**	**pro'**[2]	**guerriero.**
Make	way		for the	valiant warrior.

ELVIRA

a	kwel	ˈnome	al	miɔ	kɔnˈtɛnto
A	**quel**	**nome,**	**al**	**mio**	**contento,**
In	that	name,	in	my	happiness,

al	miɔ	ˈkɔre	io	ˈkredɔ	aˈppena
al	**mio**	**core**	**io**	**credo**	**appena.**
in	my	heart	I	believe	barely.

(In my heart I can barely believe my happiness as I hear that name.)

ˈtanta	ˈdʒɔja	ɔ	ddio	paˈvɛnto
Tanta	**gioja,**	**o**	**Dio,**	**pavento,**
So much	joy,	oh	God,	I fear,

nɔˈnɔ	ˈlena	a	sosteˈner	a
non ho	**lena**	**a**	**sostener,**	**ah!**
I don't have the	strength	to	bear,	ah!

GIORGIO

a	kwel	ˈswɔnɔ	al	ˈnome	aˈmato
A	**quel**	**suono,**	**al**	**nome**	**amato,**
In	that	sound,	in that	name	beloved,

al	tuɔ	ˈkɔrɛ	or	ˈprɛsta	ˈfede
al	**tuo**	**core**	**or**	**presta**	**fede!**
to	your	heart	now	lend	faith!

(In that sound, in that beloved name, in your heart now believe!)

ˈkwesto ˈdʒorno	ventuˈrato	ˈdoɲɲi	ˈdʒɔja	sia	fɔˈrjɛr
Questo giorno	**venturato**	**dogni**	**gioja**	**sia**	**forier.**
This day	fortunate	of every	joy	be	the harbinger.

(May this fortunate day be the harbinger of every joy.)

SOLDIERS *(offstage)*

ad	arˈturo
Ad	**Arturo...**
To	Arturo...

---

[2] *Pro'* is a contraction of *prode*.

ELVIRA
'senti
Senti?
Do you hear?

SOLDIERS
dɛ	kava'ljɛr	bɛl	kam'pjone	in	'dʒɔstra e	a'moɾe
De'	**cavalier**	**bel**	**campione**	**in**	**giostra e**	**amore...**
Of all	cavaliers (the)	handsome	champion	in	joust and	love...

GIORGIO
sɛi	'paga
Sei	**paga?**
Are you	satisfied?

ELVIRA
a'ppjɛnɔ
Appieno.
Fully.

GIORGIO
le	'grida	as'kolta
Le	**grida**	**ascolta...**
The	shouts	hear...

(Listen to those shouts...)

ELVIRA
ʎi 'fanno	o'nor
Gli fanno	**onor!**
They do him	honor!

GIORGIO
di	'dʒɔja	e	o'noɾe
...di	**gioja**	**e**	**onore.**
...of	rejoicing	and	honor.

ELVIRA
Lo senti?

SOLDIERS
lɛ	dɔn'dzɛllɛ	ed	i	gwɛ'rrjɛɾi
Le	**donzelle**	**ed**	**i**	**guerrieri**
The	damsels	and	the	soldiers

'fannɔ 'fɛsta	e	'fanno	o'nor
fanno festa	**e**	**fanno**	**onor.**
rejoice	and	do him	honor.

ELVIRA
A quel nome, al mio contento, etc.

Ah, non ho	'fɔrtsa	a sostener, etc.
	forza	
	strength	

GIORGIO
A quel suono, al nome amato, etc.

Scene Five
(The Hall of Arms. Arturo enters from the side with squires and pages bearing sumptuous gifts, conspicuous among which is a magnificent white veil. From another side enter Elvira, Valton and Giorgio, her father and uncle, surrounded by ladies and gentlemen of the castle and bridesmaids bearing garlands and flowers with which they proceed to decorate the hall Sir Bruno Robertson enters from the back at the head of his men.)

LADIES, GENTLEMEN, SOLDIERS

ad	arˈturo	oˈnore	ad	elˈvira	oˈnore
Ad	**Arturo**	**onore,**	**ad**	**Elvira**	**onore.**
To	Arturo	honor,	to	Elvira	honor.

(Let us honor Arturo and Elvira.)

koˈroni	aˈmor	bɛlˈta	e	vaˈlor
Coroni	**amor**	**beltà**	**e**	**valor!**
Let crown	love	beauty	and	valor!

(Let love crown beauty and valor!)

LADIES

ˈrɔza	ˈella	ɛ	di	verdʒiˈnɛllɛ
Rosa	**ella**	**è**	**di**	**verginelle,**
A rose	she	is	among	maidens,

ˈbɛlla	al par di	primaˈvera
bella	**al par di**	**primavera:**
beautiful	as	springtime;

ˈkomɛ	ˈlastro	ˈdella	ˈsera
come	**l'astro**	**della**	**sera**
like	the star	of the	evening,

ˈspira	aˈllalma	ˈpatʃe	e	aˈmor
spira	**all'alma**	**pace**	**e**	**amor.**
she inspires	the soul with	peace	and	love.

LADIES, GENTLEMEN, SOLDIERS

ˈbɛllɔ	ˈeʎʎi	ɛ	tra	kavaˈljeri
Bello	**egli**	**è**	**tra'**	**cavalieri,**
Handsome	he	is	among	cavaliers,

kɔˈmɛ	il	ˈtʃedrɔ	ˈalla	fɔˈrɛsta
com'è	**il**	**cedro**	**alla**	**foresta:**
as	the	cedar tree	in a	forest;

im	baˈtttaʎʎa	ˈeʎʎi	ɛ	tɛmˈpɛsta
in	**battaglia**	**egli**	**è**	**tempesta,**
in	battle	he	is	a tempest,

ɛ	kamˈpjone	in	ˈdʒɔstra e	aˈmor
è	**campione**	**in**	**giostra e**	**amor.**
he's	a champion	in	joust and	love.

I Puritani, Act I

ARIA
ARTURO *(to Elvira)*

a	tɛ	ɔ	'kkaɾa	a'mor	ta'loɾa
A	**te,**	**o**	**cara,**	**amor**	**talora**
To	you,	oh	dearest,	love	once

mi	gwi'dɔ	fur'tivo	e	im	'pjanto
mi	**guidò**	**furtivo**	**e**	**in**	**pianto;**
led me		in secrecy	and	in	tears;

or	mi 'gwida	a tɛ da'kkanto	tra	la 'dʒɔja	e	lezul'tar
or	**mi guida**	**a te d'accanto**	**tra**	**la gioia**	**e**	**l'esultar.**
now	it leads me	to your side	amidst	joy	and	exultation.

GIORGIO, VALTON

'sɛntsa	ɔ'kkazo	'kwesta	au'rora
Senza	**occaso**	**questa**	**aurora**
Without	sunset	this	dawn

mai	nu'llombra	ɔ	dwɔl	vi dia
mai	**null'ombra**	**o**	**duol**	**vi dia:**
never	ever a shadow	of	pain	bring you;

(May this dawn without sunset never ever bring you a shadow of pain;)

'santa	iɲ	voi	la	'fjamma	sia
santa	**in**	**voi**	**la**	**fiamma**	**sia,**
sacred	in	you	the	flame	be,

'patʃe	o'ɲɲor	va'lljeti	il	kɔr
pace	**ognor**	**v'allieti**	**il**	**cor.**
peace	always	may it gladden	your	heart.

(may your love's flame be sacred inside you and may it always gladden your hearts.)

tʃɛl	bene'ditʃi	a 'tanto	a'mor
Ciel,	**benedici**	**a tanto**	**amor!**
Heaven,	bless	so great a	love!

CHORUS

'tʃɛlɔ	a'rridi	a	'voti mjɛi
Cielo,	**arridi**	**a'**	**voti miei,**
Heaven,	smile	upon	my wishes,

benedici a tanto amor!

ELVIRA, ARTURO *(alternately)*

ɔ	kɔn'tɛnto	a	miɔ	ar'tuɾo	or	son	tua
Oh,	**contento!**	**ah**	**mio**	**Arturo!**	**or**	**son**	**tua!**
Oh	gladness!	Ah	my	Arturo!	Now	I am	yours!

ARTURO

a	miɔ	'bɛne	el'viɾa	mia	si	mia	tu	sei
Ah,	**mio**	**bene!**	**Elvira**	**mia!**	**Sì,**	**mia**	**tu**	**sei!**
Ah,	my	beloved!	Elvira	mine!	Yes,	mine	you	are!

BOTH
Cielo arridi a' voti miei, benedici a tanto amor!

ARTURO

al	bri'llar	di	si	bɛ'llɔɾa
Al	**brillar**	**di**	**sì**	**bell'ora**
In the	radiance	of	such	a time of joy

sɛ	ra'mmɛnto	il mio	tor'mɛnto
se	**rammento**	**il mio**	**tormento**
if	I recall	my	suffering

si ra'ddoppja	il mio	kɔn'tɛnto	mɛ	pju 'kkaɾo	il	palpi'tar
si raddopia	**il mio**	**contento,**	**m'è**	**più caro**	**il**	**palpitar.**
is redoubled	my	happiness,	is to me	dearer	my	emotion.

(my happiness is redoubled and my emotion is the dearer.)

Scene Six

VALTON

	il	'rito	au'gusto	si 'kompja	'sɛntsa	mɛ
	Il	**rito**	**augusto**	**si compia**	**senza**	**me.**
(Let)	the	ritual	solemn	be celebrated	without	me.

(to Arturo)

mɛr'tʃɛ	di	'kwesto	'fɔʎʎo	voi	'sino	al	'tɛmpjo
Mercè	**di**	**questo**	**foglio**	**voi**	**sino**	**al**	**tempio**
Thanks	to	this	letter	you	to	the	church

'libeɾo	'passo	a'vrete
libero	**passo**	**avrete.**
free	passage	will have.

(Thanks to this letter free passage is assured you to the church.)

(to Giorgio)

tu	ʎi akkompaɲɲe'rai
Tu	**gli accompagnerai.**
You	will accompany them.

(to Enrichetta, who has just entered escorted by Bruno)

ɔ	'nɔbil	'dama	'lalto	aŋgli'kan
Oh	**nobil**	**dama,**	**l'alto**	**Anglican**
Oh	noble	lady,	the high	English

sɔ'vrano	parla'mento	ti 'kjama	al	suo	kɔs'pɛtto
sovrano	**Parlamento**	**ti chiama**	**al**	**suo**	**cospetto:**
sovereign	Parliament	calls you	to	its	presence;

(Oh noble lady, you have been summoned to appear before the sovereign Parliament of England;)

io	ti son	'skɔrta
Io	**ti son**	**scorta.**
I	will be your	escort.

ENRICHETTA *(to herself)*

ai'mɛ	ke	'ssɛntɔ
Ahimè,	**che**	**sento!**
Woe is me,	what	do I hear!

(aloud, to Valton)

e	ke	si vwɔl	da	mɛ
E	**che**	**si vuol**	**da**	**me?**
And	what	do they want	from	me?

(to herself)

mia	'spɛme	ɛ	'mmɔrta
Mia	**speme**	**è**	**morta.**
All	hope	is	dead.

VALTON

a mɛ sa'dditʃɛ	obbe'dir	e	ta'tʃer
A me s'addice	**obbedir**	**e**	**tacer.**
My place is	to obey	and	keep silent.

'altrɔ	non 'litʃe
Altro	**non lice.**
Anything else	is not permitted to me.

ARTURO *(aside, to Giorgio)*

ɛ	de	stu'ardi	a'mika
È	**de'**	**Stuardi**	**amica?**
Is she	of the	Stuarts	a friend?

(Is she friendly to the Stuart cause?)

GIORGIO

ɛ	pridʒɔ'njɛra	da	'molte	'lune
È	**prigioniera**	**da**	**molte**	**lune**
She's been	a prisoner	for	many	moons

e	fu	da	o'ɲɲun	kre'duta	a'mika	de	stu'ardi
e	**fu**	**da**	**ognun**	**creduta**	**amica**	**de'**	**Stuardi**
and	was	by	everyone	believed to be	a friend of the		Stuarts

e	mɛssa'ddʒɛra	'sotto	men'tito	'nome
e	**messaggiera**	**sotto**	**mentito**	**nome.**
and	an agent	under	an assumed	name.

ARTURO *(observing Enrichetta with sympathy)*

o	ddio	ke	as'kolto	de'tʃizo ɛ	il suo	'fatɔ
O	**Dio!**	**Che**	**ascolto!**	**Deciso è**	**il suo**	**fato!**
Oh	God!	What	do I hear!	Sealed is	her	fate!

592   I Puritani, Act I

'essa	ɛ	per'duta	o	zventu'rata
Essa	**è**	**perduta.**	**Oh**	**sventurata!**
She	is	lost.	Oh	unhappy woman!

ENRICHETTA *(aware of Arturo's concern for her)*

kwal	pjɛ'tade iŋ	kwel	'volto
Qual	**pietade in**	**quel**	**volto!**
What	pity	on	his	face!

(With what pity he looks at me!)

VALTON

o	'fiʎʎi	al	'rito	'alle	pom'pozɛ	'fɛstɛ
Oh,	**figli!**	**al**	**rito,**	**alle**	**pompose**	**feste**
Oh	children!	To the	ritual,	to the	luxurious	festivities

sa'ppresti	o'ɲɲun
s'appresti	**ognun.**
make ready	everyone.

(Oh my children, let everyone make ready for the festive pomp of the [marriage] ritual.)

(to Elvira)

la	nuttsi'ale	'vɛste	va	ɔ	di'letta	a	indɔ'ssar
La	**nuzïale**	**veste**	**va,**	**o**	**diletta,**	**a**	**indossar.**
The	nuptial	dress	go,	my	darling	to	put on.

(to the ladies-in-waiting)

'ite voi	'seko
Ite voi	**seco.**
You go	with her.

(to Bruno)

'fwɔri	del	'vallɔ	i mjɛi	dɛs'trjɛr	siam	'prɛsti
Fuori	**del**	**vallo**	**i miei**	**destrier**	**sian**	**presti.**
Outside	the	ramparts	my	horses	be	ready.

(have my horses saddled and ready.)

(to Enrichetta)

la 'nɔstra	an'data	tʃɛ 'fɔrtsa	daffrɛ'ttar
La nostra	**andata**	**c'è forza**	**d'affrettar.**
Our	departure	we must	hasten.

(to Arturo and Elvira)

ko'mio	vu'niska	il 'tʃɛlɔ	ɔ	'koppja	a'mata
Com'io,	**v'unisca**	**il cielo,**	**o**	**coppia**	**amata.**
As I do,	may unite you	Heaven	oh	couple	beloved.

(May Heaven join you as I do, oh beloved couple.)

(Having joined together Arturo and Elvira's hands and blessed them, Valton leaves, followed by his soldiers. Elvira and Giorgio withdraw with the bridesmaids. The rest of the company disperses. Arturo approaches Enrichetta.)

Scene Seven

ENRICHETTA
pjɛ'ta	e	do'lorɛ	a		iɱ	'fronte
Pietà	**e**	**dolore**	**ha**		**in**	**fronte.**
Pity	and	sorrow	he shows		in his	countenance.

(after a moment of silence, to Arturo)

kava'ljɛr
Cavalier.
Sir.

ARTURO *(with loyal frankness)*
sɛ	tɛ 'dwɔpo	di	kon'siʎʎo	di	so'kkorso	da'ita
Se	**t'è d'uopo**	**di**	**consiglio,**	**di**	**soccorso,**	**d'aita,**
If	you are in need	of	advice,	of	aid,	of help,

iɱ	mɛ	ta'ffida
in	**me**	**t'affida.**
in	me	place your trust.

ENRICHETTA
sɛ	mi 'stesse	sul	'kapo	'alto	pe'riʎʎo
Se	**mi stesse**	**sul**	**capo**	**alto**	**periglio?**
Suppose	there was	upon my	head	a high	danger?

(Suppose I were in deadly peril?)

ARTURO
a	'pparla	o 'ddio	ke	'ttemi
Ah!	**parla...**	**oh Dio!**	**che**	**temi?**
Ah	speak...	Oh God!	What	are you afraid of?

ENRICHETTA
bre'vora		e	sa'rɔ	'spɛnta	ma	tu	'fremi
Brev'ora		**e**	**sarò**	**spenta!...**	**ma**	**tu**	**fremi!...**
In a short time		I	will be	dead!...	But	you	tremble!...

ARTURO
per	tɛ	pɛr	mɛ	pɛl	'padre mio
Per	**te,**	**per**	**me,**	**pel**	**padre mio**
For	you,	for	me,	for	my father

ke	'spɛntɔ	ka'dea	'fidɔ		ai	stu'ardi
che	**spento**	**cadea**	**fido**		**ai**	**Stuardi.**
who	dead	fell	faithful		to the	Stuarts.

(for my dead father, who fell faithful to the Stuart cause.)

ENRICHETTA
Ah!

ARTURO *(with renewed interest)*

ma	tu	ki	ssɛi		o ki	tu	si
Ma	**tu**	**chi**	**sei?**		**Oh! chi**	**tu**	**sii,**
But	you,	who	are you?		Oh! Whoever	you	may be,

ti	vɔ	salˈvar
ti	**vo'**	**salvar...**
I	will	save you...

ENRICHETTA

ɛ	ˈttardi	ˈfiʎʎa	a	enˈriko	a	ˈkarlo	ˈspoza
È	**tardi.**	**Figlia**	**a**	**Enrico,**	**a**	**Carlo**	**sposa,**
It's too	late!	Daughter	of	Henry,	to	Charles	a wife,

paˈri	ad	ˈessi	aˈvrɔ	la	ˈsɔrtɛ
pari	**ad**	**essi**	**avrò**	**la**	**sorte.**
similar	to	them	I will have	the	fate.

(my fate will be the same as theirs.)

ARTURO *(kneeling)*

a	tu	reˈdʒina
Ah!...	**tu,**	**Regina!**
Ah!...	You,	(my) Queen!

ENRICHETTA

si	aˈttɛndo	ˈmɔrtɛ
Sì,	**attendo**	**morte.**
Yes,	I await	death.

ARTURO *(rising)*

ˈtatʃi	pɛr	pjeˈta
Taci,	**per**	**pietà!**
Be silent,	for	pity's sake!

(with mystery)

fwɔr	le	ˈmura	a	ˈtutti	asˈkoza
Fuor	**le**	**mura,**	**a**	**tutti**	**ascosa**
Outside	these	walls,	from	all	concealed

ti	traˈrrɔ	per	vie	siˈkuɾe
ti	**trarrò**	**per**	**vie**	**sicure...**
I will guide you		by	paths	safe...

tu	nanˈdrai	di kwi
Tu	**n'andrai**	**di qui...**
You	shall leave	here...

ENRICHETTA

di	kwi	ˈalla	ˈskuɾe	ˈskampo	e	ˈspɛmɛ	arˈtur	nɔɱ va
Di	**qui**	**alla**	**scure!**	**Scampo**	**e**	**speme,**	**Artur,**	**non v'ha!...**
From	here	to the	ax!	Escape	and	hope,	Arturo	there isn't!...

(Escape from here...to go to the [executioner's] ax!...)

ARTURO
nɔ	re'ina
No	**Reina.**
No,	(my) Queen.

ENRICHETTA
Ah! non v'è speme.

ARTURO
No, Reina,

aŋ'kor	vɛ 'spɛmɛ	ɔ	tɛ	'salva	ɔ	'spɛnti	in'sjɛmɛ
ancor	**v'è speme:**	**o**	**te**	**salva**	**o**	**spenti**	**insieme.**
still	there is hope;	either	you	(are) saved,	or	we die	together.

ENRICHETTA
'kandʒa	di kon'siʎʎo	'pɛnsa	ɔ ar'turɔ	al	tuo	pe'riʎʎo
Cangia	**di consiglio,**	**pensa,**	**o Arturo,**	**al**	**tuo**	**periglio,**
Change	your mind,	think,	Arturo,	of	your	danger,
				(of the danger to you,)		

'pɛnsa	a el'vira	il tuo tɛ'zɔrɔ	ke ta'ttɛndɛ	al 'sakrɔ al'tar	va
pensa	**a Elvira,**	**il tuo tesoro,**	**che t'attende**	**al sacro altar.**	**Va!**
think	of Elvira,	your treasure,	who awaits you	at the sacred altar.	Go!

ARTURO
a	'tʃɛssa	pɛr	pjɛ'ta
Ah!	**cessa,**	**per**	**pietà!**
Ah,	cease,	for	pity's sake!

nɔm par'lar	di	lɛi	ke	a'dɔrɔ
Non parlar	**di**	**lei**	**che**	**adoro,**
Do not speak	of	her	whom	I adore,

di	va'lor	nɔm mi spɔ'ʎʎar
di	**valor**	**non mi spogliar...**
of my	courage	do not strip me...

sa'rai	'salva	ɔ sventu'rata	ɔ	la 'mɔrte	iŋkɔntre'rɔ
Sarai	**salva,**	**o sventurata,**	**o**	**la morte**	**incontrerò.**
You shall be	saved,	oh unfortunate woman,	or	death	I shall meet.

e	la 'verdʒin mia adɔ'rata	nel	mo'rire	iɱvoke'rɔ
E	**la vergin mia adorata**	**nel**	**morire**	**invocherò.**
And	my maiden adored,	in	death	I will call upon.

ENRICHETTA
Pensa, o Arturo, al periglio, etc. Pensa a Elvira, che t'attende al sacro altar.

ARTURO
nɔ	dɛ	'tatʃi
No!	**Deh!**	**Taci!**
No,	please,	be silent!

Non parlar di lei che adoro, etc.

Scene Eight
(Arturo breaks off as Elvira, arrayed in her wedding dress, reappears. She is accompanied by Giorgio. She is wearing a beautiful pearl necklace and, around her head, a wreath of roses, and is carrying the magnificent veil given her by Arturo.)

ARIA-POLACCA
ELVIRA

soɱ	'verdʒiɱ	ve'ttsoza,	iɱ	'vɛsta	di	'spɔza
Son	**vergin**	**vezzosa,**	**in**	**vesta**	**di**	**sposa,**
I am	a maiden	pretty,	in	a dress	of	bride,

(I am a pretty maiden in her wedding dress,)

som	'bjaŋka	ed	u'mile	kwal	'dʒiʎʎo	da'pril
son	**bianca**	**ed**	**umile**	**qual**	**giglio**	**d'april.**
I am	fair	and	modest	as	a lily	in April.

ɔ	'kjome	odo'roze	kui	'tʃinser	tuɛ	'rɔzɛ
Ho	**chiome**	**odorose**	**cui**	**cinser**	**tue**	**rose,**
I have	hair	perfumed	which	is encircled (by)	your	roses,

ɔ	il	'seno	dʒen'tile	del	tuo	mo'nil
ho	**il**	**seno**	**gentile**	**del**	**tuo**	**monil.**
I have	the	bosom	graced	by	your	necklace.

(my bosom is graced by your beautiful necklace.)

ENRICHETTA

sɛ	'miro	il suo	kan'dore	mi par	la 'luna a'llor
Se	**miro**	**il suo**	**candore**	**mi par**	**la luna allor**
When	I behold	her	purity	she seems	like the moon

ke	tra	le	'nubi	a'ppare	la	'nɔtte	a	kɔnsɔ'lar
che	**tra**	**le**	**nubi**	**appare**	**la**	**notte**	**a**	**consolar.**
that	through the		clouds	appears,	the	night	to	comfort.

GIORGIO

sɛ	as'kolto	il suo	kan'tarɛ	un	rosi'ɲɲɔl	mi par
Se	**ascolto**	**il suo**	**cantare**	**un**	**rossignol**	**mi par,**
When	I listen to	her	singing,	a	nightingale	she seems to me,

ke	in'seɲɲi	al	'primɔ	al'borɛ	a	sospi'rar	da'mor
che	**insegni**	**al**	**primo**	**albore**	**a**	**sospirar**	**d'amor.**
that	teaches	at	first	dawn	to	sigh	for love.

ELVIRA
Son bianca ed umile, etc.

ENRICHETTA, ARTURO, GIORGIO

las'kolto	e	un	rossi'ɲɲɔl	mi par	si
L'ascolto	**e**	**un**	**rossignol**	**mi par,**	**sì...**
I listen to her	and	a	nightingale	she seems to me...	yes...

ELVIRA *(turning to Enrichetta, beseechingly)*

'dimmi	sɛ	ver	ke	'mmami
Dimmi,	**s'è**	**ver**	**che**	**m'ami...**
Tell me,	if it's	true	that	you love me...

ENRICHETTA

'dimmi	o dʒen'til		ke	'brami
Dimmi,	**o gentil,**		**che**	**brami?**
Tell me,	oh gentle (maiden),		what is it	you desire?

ELVIRA

kwal	mattu'tina	'stella	'bɛlla	vɔʎʎio	bri'llar
Qual	**mattutina**	**stella**	**bella**	**vogl'io**	**brillar;**
Like	a morning	star,	beautiful	I wish	to shine;

del	krin	le	'mɔlli	a'nɛlla	mi 'dʒova	ad	aggra'ttsjar
del	**crin**	**le**	**molli**	**anella**	**mi giova**	**ad**	**aggraziar.**
of my	hair	the	soft	ringlets	help me	to	arrange becomingly.

(Help me to arrange the soft ringlets of my hair in a becoming fashion.)

ENRICHETTA

si	som	'prɛsta	al	tuɔ	prɛ'gar
Sì,	**son**	**presta**	**al**	**tuo**	**pregar.**
Yes,	I am	ready	at	your	request.

(Yes, I'll be glad to do anything you ask.)

ELVIRA *(wishing to see how her veil would look on another head)*

a	illeddʒa'drir	la	'prɔva	dɛ	non a'ver a vil
A	**illeggiadrir**	**la**	**prova**	**deh!**	**non aver a vil**
To	enhance	the	trying-on,	please,	do not take amiss

il	'velo	iɱ	'fɔddʒa	'nwɔva	sul	'kapo tuo	dʒɛn'til
il	**velo**	**in**	**foggia**	**nuova**	**sul**	**capo tuo**	**gentil.**
this	veil	in	the latest	style	on	your head	pretty.

(Please do not take it amiss if I try this latest style veil on your pretty head.)

ARTURO

su'llali	'della	'vita	ko'mintʃa	ɔr	a	vɔ'lar
Sull'ali	**della**	**vita**	**comincia**	**or**	**a**	**volar.**
On wings	of	life	she begins	now	to	fly.

(On life's wings she now begins to soar.)

(to Enrichetta)

dɛ	'skuza	e	tu la'ita	nel	'semplitʃe	alɛ'ddʒar
Deh!	**scusa**	**e**	**l'aita**	**nel**	**semplice**	**aleggiar.**
Please,	excuse her	and	help her	in her	artless	flight.

ti 'prɛsta	al	suɔ	prɛ'gar
Ti presta	**al**	**suo**	**pregar.**
Lend yourself	to	her	request.

(Grant her wish [to try on the veil on yourself].)

Se miro il suo candor, etc.

GIORGIO
Deh! scusa, tu l'aita, etc.

ENRICHETTA

di'lɛtta	fantʃu'lletta	sɔm	'prɛsta	al	tuɔ prɛ'gar
Diletta	**fanciulletta,**	**son**	**presta**	**al**	**tuo pregar,**
Dear	girl,	I am	ready	to	grant your request,

o	'vera	ddea	da'pril
o	**vera**	**Dea**	**d'april.**
oh	true	Goddess	of April.

ALL FOUR
Sì, sì.

ELVIRA *(to Enrichetta)*

ɔ	'bbɛlla	ti 'tʃelɔ	lɛ	a'nɛlla	del	krin
O	**bella,**	**ti celo**	**le**	**anella**	**del**	**crin,**
Oh	lovely lady,	I hide	the	ringlets	in your	hair,

ko'mio	nel	bɛl	'velo	mi 'vɔʎʎɔ	tʃe'lar
com'io	**nel**	**bel**	**velo**	**mi voglio**	**celar.**
as I	in my	beautiful	veil	wish	to hide.

(just as I wish to hide myself beneath this beautiful veil.)

ENRICHETTA *(to herself)*

as'koza	'dentro	il	vel	or	'pɔssɔ	al'men	tʃe'lar
Ascosa	**dentro**	**il**	**vel**	**or**	**posso**	**almen**	**celar**
Hidden	beneath	the	veil	now	I can	at least	hide

la'ffannɔ	il	palpi'tar	laŋ'gɔʃʃa	del	mio	kɔr
l'affanno,	**il**	**palpitar,**	**l'angoscia**	**del**	**mio**	**cor!**
the worry,	the	trembling,	the anguish	in	my	heart!

dɛ	tu	pje'tozɔ	tʃel	ra'kkɔʎʎi	kɔɱ	fa'vor
Deh!	**tu,**	**pietoso**	**ciel,**	**raccogli**	**con**	**favor**
Oh	you	merciful	Heaven,	receive	with	favor

la	'prɛtʃɛ	'kɔzɔ	a	tɛ	lɛ'var
la	**prece**	**ch'oso**	**a**	**te**	**levar!**
the	prayer	that I dare	to	you	raise!

ARTURO *(struck by a sudden thought)*

o	'komɛ	da	kwel	vel	ke	le nas'konde	il	krin
Oh!	**come**	**da**	**quel**	**vel**	**che**	**le nasconde**	**il**	**crin**
Oh,	how	from	that	veil	that	hides	her	hair

'veddʒo	un	splen'dor	di'vin	di	'spɛme	a balɛ'nar
veggio	**un**	**splendor**	**divin**	**di**	**speme**	**a balenar.**
I glimpse	a	light	divine	of	hope	flashing.

(From that veil that now hides her hair, oh what a divine ray of hope I glimpse!)

dɛ	tu	pje'tozɔ	tʃɛl	ma'kkɔrda	il tuɔ	fa'vor
Deh!	**tu,**	**pietoso**	**ciel**	**m'accorda**	**il tuo**	**favor**
Oh!	You	merciful	Heaven,	grant me	your	favor

la	'vittima	a sal'var
la	**vittima**	**a salvar!**
the	victim	to save!

GIORGIO

el'vira	kol	suo	vel	un	dzeffi'rettɔ	a'ppar
Elvira	**col**	**suo**	**vel**	**un**	**zeffiretto**	**appar,**
Elvira	with	her	veil	a	zephyr	will seem,

un	'iride	sul	mar
un'	**iride**	**sul**	**mar,**
a	rainbow	over the	sea,

un	'silfo	iŋ 'grɛmbɔ	ai	fjor
un	**silfo**	**in grembo**	**ai**	**fior.**
a	sylph	cradled	in a	flower.

ta'rrida	ɔ	'kkara	il tʃɛl
T'arrida,	**o**	**cara**	**il ciel**
May it smile on you,	oh	dearest	Heaven

kɔl	'rɔzɛɔ	suɔ	fa'vor	tal	kio	ti 'vegga	o'ɲɲor	dʒɔ'ir
col	**roseo**	**suo**	**favor,**	**tal**	**ch'io**	**ti vegga**	**ognor**	**gioir.**
with the	roseate	its	favor,	so that	I	may see you	always	happy.

(May Heaven smile upon you with its beneficent favor, so that I may see you ever happy.)

VALTON, BRIDESMAIDS *(calling impatiently)*

el'vira	il	di	'lora	a'vantsa
Elvira,	**il**	**dì,**	**l'ora**	**avanza!**
Elvira,	the	day,	the hour	is approaching!

ELVIRA *(to Arturo)*

a	'pɔʃʃa	ɔ	fe'del	tu	'pɔzami	il vel
Ah!	**poscia,**	**o**	**fedel,**	**tu**	**posami**	**il vel...**
Ah!	Later,	oh	my true one,	you	can place on me	the veil...

ENRICHETTA
Deh! tu pietoso ciel, etc.

ARTURO
Deh! tu pietoso ciel, etc.

GIORGIO *(to Elvira)*

dɛ	'rjɛdi	a	tua	'stantsa
Deh!	**riedi**	**a**	**tua**	**stanza,**
Please,	go back	to	your	room,

I Puritani, Act I

sa'ra	il tuo	fe'dele	ke	'torni	del	vel
sarà	**il tuo**	**fedele**	**che**	**t'orni**	**del**	**vel.**
it will be	your	true love	who	will adorn you	with the veil.

(All exit save Arturo and Enrichetta. Assuring himself that they are alone, Arturo draws forth the safe conduct given him earlier by Valton.)

Scene Nine

ENRICHETTA *(about to divest herself of the bridal veil)*

'sulla	ver'dʒinea	'tɛsta	'duna	fe'litʃe
Sulla	**verginea**	**testa**	**d'una**	**felice**
Upon the	innocent	head	of a	happy girl

um	'bjaŋko	vel	sa'dditʃe.	a me nɔn dʒa
un	**bianco**	**vel**	**s'addice.**	**A me non già...**
a	white	veil	belongs.	Not on me...

ARTURO *(restraining her)*

ta'rrɛsta	ɛ	'kjaro	don	del	tʃɛl
T'arresta!	**È**	**chiaro**	**don**	**del**	**Ciel!**
Stop!	It's	a clear	gift	from	Heaven!

ko'zi	ra'vvɔlta	delude'rai	la	vidʒi'lante	'skɔlta
Così	**ravvolta**	**deluderai**	**la**	**vigilante**	**scolta!**
Thus	enveloped	you will deceive	the	sharp-eyed	sentry!

tu	mia	'spɔza	pa'rrai.	'vjɛni
Tu	**mia**	**sposa**	**parrai.**	**Vieni.**
You	my	bride	will look like.	Come.

(You will look like my bride.)

ENRICHETTA

ke	'ditʃi mai	tu 'korri	a tua	ru'ina	a iɱ'fame	'sɔrtɛ
Che	**dici mai?**	**Tu corri**	**a tua**	**ruina,**	**a infame**	**sorte!**
What	are you saying?	You are running	to your	ruin,	to a shameful	fate!

ARTURO

'vjɛni	pɛr	pje'ta	tiɱ'vɔlo	a	'tʃɛrta	'mɔrtɛ
Vieni,	**per**	**pietà...**	**t'involo**	**a**	**certa**	**morte.**
Come,	for	pity's sake...	I'm snatching you	from	certain	death.

(As they are about to go, Riccardo intercepts their departure with drawn sword.)

Scene Ten

RICCARDO

'fɛrma iɱ'van	ra'pir	pre'tɛndi
Ferma! Invan	**rapir**	**pretendi**
Stop! In vain	to rob me	you try (of)

'oɲɲi	bɛŋ	kiɔ	a'veva	in 'tɛrra
ogni	**ben**	**ch'io**	**aveva**	**in terra.**
everything	good	that I	had	on earth.

kwi	ti 'sfidɔ	a	mɔr'tal 'gwɛrra
Qui	**ti sfido**	**a**	**mortal guerra.**
Here	I challenge you	to	mortal combat.

'trɛma	del	miɔ	a'ttʃar, [3]	si
Trema	**del**	**mio**	**acciar,** [3]	**sì!**
Tremble	before	my	sword,	yes!

ARTURO

'sprɛttsɔ	au'datʃe	il tuo	fu'rore
Sprezzo,	**audace,**	**il tuo**	**furore,**
I despise,	bold one,	your	fury,

la	mɔr'tal	dis'fida	a'ttʃɛttɔ	ti 'sprɛttsɔ
la	**mortal**	**disfida**	**accetto!**	**Ti sprezzo!**
the	mortal	challenge	I will accept!	I despise you!

'vjɛni	'kwesto	'fɛrro	nel	tuɔ	'pɛtto
Vieni,	**questo**	**ferro**	**nel**	**tuo**	**petto**
Come,	this	sword	in	your	breast

'sino	a'llɛlsa	iɔ	vɔ	pjan'tar	nɔ	non ti 'tɛmo
sino	**all'elsa**	**io**	**vo'**	**piantar.**	**No,**	**non ti temo.**
up to	the hilt	I	will	plunge.	No,	I do not fear you.

ENRICHETTA *(stepping between the two men)*

varrɛs'tatɛ	'patʃe a	per	mɛ	'sangwe	nɔɲ vɛr'satɛ
V'arrestate.	**Pace, ah!**	**per**	**me**	**sangue**	**non versate!**
Stop it!	Peace, ah,	on account of	me	blood	do not spill!

RICCARDO

va	ti 'skɔsta
Va,	**ti scosta!**
Out of my way, stand aside!	

ARTURO

ɔ	tʃɛl	ke	ffai
Oh!	**ciel,**	**che**	**fai?**
Oh	Heaven,	what	are you doing?

ENRICHETTA *(accidentally letting fall the veil that covered her face)*
No, v'arrestate! Per me sangue non versate!

ARTURO

a	ke	'ffesti
Ah!	**che**	**festi?**
Ah,	what	have you done?

---

[3] *Acciar, acciaio* really means "steel", but is used in poetry to denote a sword. The word *ferro* (iron) can also be used (as will be seen in the next speech by Arturo) as well as *lama*, (blade).

RICCARDO (*lowering his sword*)
la	pridʒo'njɛra
La	**prigioniera!**
The	prisoner!

ENRICHETTA
'dessa	io	son
Dessa	**io**	**son.**
She	I	am.

(I am she.)

ARTURO (*to Riccardo*)
vjɛn	tua	'votʃe	al'tɛra	or	kɔl	'fɛrro	sɔste'rrai
Vien.	**Tua**	**voce**	**altera**	**or**	**col**	**ferro**	**sosterrai.**
Come.	Your	voice	arrogant	now	with the	sword	you will uphold.

(*En garde!* Your arrogant words you will now uphold with your sword!)

RICCARDO (*coldly*)
nɔ	kɔn	lɛi	tu i'llezo	an'drai
No.	**Con**	**lei**	**tu illeso**	**andrai.**
No.	With	her	unharmed	you can go.

ARTURO
kɔn	lɛi	e	fia	ver
Con	**lei!**	**E**	**fia**	**ver?**
With	her!	And	can it be	true?

ENRICHETTA
kwal	favɛ'llar
Qual	**favellar!**
What	words!

RICCARDO
pju	nɔm 'vjɛtɔ	a	voi	lan'dar
Più	**non vieto**	**a**	**voi**	**l'andar.**
No longer	will I bar	to	you	the passage.

(I shall no longer stand in your way.)

ENRICHETTA
'soɲɲo
(Sogno?)
(Am I dreaming?)

ARTURO
an'djam
Andiam.
Let us go.

RICCARDO (*contemptuously, to Arturo*)
'parti	o 'stolto
Parti.	**O stolto!**
Leave.	You fool!

ARTURO
a'ddiɔ	o	el'vira	a'ddiɔ	miɔ	bɛn
Addio,	**o**	**Elvira, addio**		**mio**	**ben.**
Farewell,	oh	Elvira, farewell		my	beloved.

ELVIRA, VALTON, GIORGIO, BRUNO, CHORUS *(from within)*
Al tempio andiam, a festa andiamo!

ARTURO
a	par'tjam	al'kun	sa'ppressa
Ah!	**partiam...**	**alcun**	**s'appressa.**
Ah!	Let us leave...	someone	is coming.

RICCARDO
si	nan'datɛ	lɔ 'vwɔle	i'ddio
Sì,	**n'andate...**	**lo vuole**	**Iddio.**
Yes,	leave here...	it is the will of	God.

CHORUS AND SOLOISTS *(from within)*
A festa!

ARTURO *(to Riccardo)*
pria ke	sjam	'oltre	le	'mura	parlɛ'rai
Pria che	**siam**	**oltre**	**le**	**mura**	**parlerai?**
Before	we're	beyond	the	(castle) walls	will you speak?

(Will you betray us before we're beyond the castle walls?)

RICCARDO
nɔ	ti assi'kura
No,	**ti assicura.**
No,	be assured of it.

ARTURO
e'bbɛn	lo 'dʒura
Ebben,	**lo giura.**
Well then,	swear it.

RICCARDO
si	lo 'dʒuro
Sì,	**lo giuro.**
Yes,	I swear it.

ENRICHETTA, ARTURO
Addio.

RICCARDO
Addio.

ARTURO
a	el'vira mia	io	'lundʒi	e	in	gwai
(Ah!	**Elvira mia...**	**io**	**lungi**	**e**	**in**	**guai**
(Ah,	my Elvira...	I	far away	and	in	distress

si	taˈmɛrɔ		koˈmio		taˈmai	
sì,	**t'amerò**		**com'io**		**t'amai.)**	
yes,	I shall love you		as I		have (always) loved you.)	

ENRICHETTA
a	si	nanˈdrɔ	al	ˈfiʎʎɔ	aˈkkantɔ
(Ah!	**sì,**	**n'andrò**	**al**	**figlio**	**accanto.)**
(Ah,	yes,	I will go	to my	son's	side.)

RICCARDO
si	ˈpatrja	aˈmor	tu	pɛrdɛˈrai	
(Sì,	**patria,**	**amor**	**tu**	**perderai.**	
(Yes,	homeland,	love	you	shall lose.	

(Yes, you shall lose your homeland and your love.)

saˈra	tua	ˈvita	um	mar	di	gwai
Sarà	**tua**	**vita**	**un**	**mar**	**di**	**guai.)**
Shall be	your	life	a	sea	of	troubles.)

(Arturo and Enrichetta escape.)

Scene Eleven

RICCARDO *(looking off after them)*
ɛ	dʒa	al	ˈpontɛ	ˈpassa	il	ˈfɔrtɛ
È	**già**	**al**	**ponte,**	**passa**	**il**	**forte,**
He's	already	at the	bridge,	he's passing	the	fortress,

ɛ	ˈallɛ	ˈpɔrtɛ	dʒa	nanˈdɔ	
è	**alle**	**porte,**	**già**	**n'andò.**	
he's	at the	gates,	already	he has gone.	

ELVIRA
dɔˈvɛ	arˈturo
Dov'è	**Arturo?**
Where is	Arturo?

RICCARDO
ˈeʎʎi	ˈɛra	kwi
Egli	**era**	**qui.**
He	was	here.

ELVIRA
ˈovɛ	ssɛi	ɔ	arˈtur
Ove	**sei,**	**o**	**Artur?**
Where	are you,	oh	Arturo?

GIORGIO, CHORUS, VALTON
Ove sei, o Arturo?

BRUNO
parˈti	da kwi
Partì	**da qui.**
He left	here.

GIORGIO, VALTON, ELVIRA, CHORUS
Partì?

GIORGIO

dʒa	fwɔr	'delle	'muɾa
Già	**fuor**	**delle**	**mura.**
(He's) already	outside	the	walls.

ELVIRA, LADIES

la'ddʒu	'alla	pja'nuɾa
Laggiù,	**alla**	**pianura.**
Down there,	on the	plain.

BRUNO, GIORGIO, MEN *(to Valton)*

la tua	pridʒo'njeɾa
La tua	**prigioniera!**
Your	prisoner!

ELVIRA, LADIES

la	rɛa	mɛssa'ddʒeɾa
La	**rea**	**messaggiera!**
The	wicked	agent!

BRUNO, GIORGIO, MEN

kol	vil	kava'ljeɾɔ
Col	**vil**	**cavaliero!**
With that	base	cavalier!

ALL

tʃas'kun	su	un	dɛs'trjeɾɔ	sprɔ'nandɔ	vɔ'landɔ
Ciascun	**su**	**un**	**destriero,**	**spronando,**	**volando...**
Each	on	a	horse,	spurring on,	flying...

BRUNO, CHORUS

mi'rate	kɔ'la
Mirate	**colà!**
Look	there!

ELVIRA
Ah!

BRUNO, VALTON, GIORGIO, RICCARDO

sɔl'dati	ko'rrete	koi	'brondzi	twɔ'nate
Soldati,	**correte,**	**coi**	**bronzi[4]**	**tuonate;**
Soldiers,	run,	with	cannons	thunder;
		(let your cannons thunder;)		

a'llarme	appe'llate
all'arme	**appellate,**
to arms	call everyone,

---

[4] *Bronzo* means "bronze". In poetry, both cannons and large bells are referred to as *bronzi*, as they are made of bronze.

I Puritani, Act I

pel	krin	traʃʃiˈnate	i	duɛ	tradiˈtor
pel	**crin**	**trascinate**	**i**	**due**	**traditor.**
by the	hair	drag back	the	two	traitors.

(There is general commotion and activity. The soldiers scatter in pursuit of the fugitives; an alarm bell is sounded and several cannon shots are heard.)

CHORUS MEN
aˈllarmɛ
All'arme!
To arms!

ELVIRA
aiˈmɛ
Ahimè!
Alas!

BRUNO, CHORUS
All'arme! Trascinate i traditor, etc.

RICCARDO, VALTON

a	ˈkome	nel	ˈseno	si ˈmeʃʃe	il veˈleno
Ah!	**come**	**nel**	**seno**	**si mesce**	**il veleno**
Ah!	How	in my	breast	is mingled	the poison

di	ˈzdeɲɲo	e	daˈmor
di	**sdegno**	**e**	**d'amor!**
of	anger	and	of love!

(Ah! How love and anger mingle their deadly poison within my breast!)

GIORGIO
Coi bronzi tuonate, etc.

ALL
tʃɛl
Ciel!
Heaven!

(Elvira's mind snaps, as she believes Arturo to have forsaken her with the lovely Enrichetta.)

ELVIRA *(in a trance)*

la	ˈdama	darˈturo
La	**dama**	**d'Arturo...**
The	lady	of Arturo...

ALL

la	ˈmizɛra	ɛ	ˈpallida
La	**misera**	**è**	**pallida.**
The	wretched girl	is	pale.

ELVIRA
ɛ	im	'bjaŋkɔ	vɛ'lata
È	**in**	**bianco**	**velata.**
She is	in	white	veiled.

(She is veiled in white.)

ALL
ɛ	i'mmɔbile	e	'skwallida
È	**immobile**	**e**	**squallida.**
She stands	motionless	and	desolate.

ELVIRA
la 'gwarda	e	sos'pira	sua	'spɔza	la 'kjama
La guarda	**e**	**sospira,**	**sua**	**sposa**	**la chiama.**
He looks at her	and	sighs,	his	bride	he calls her.

el'vira	ɛ	la	'dama	non 'sono pju	el'vira
Elvira	**è**	**la**	**dama?**	**Non sono più**	**Elvira?**
Elvira	is	that	lady?	Am I no longer	Elvira?

ALL
Ciel!

ELVIRA
Ahimè! Arturo!

ALL
el'vira	ke	'ditʃi
Elvira!	**che**	**dici?**
Elvira,	what	are you saying?

ELVIRA
Io Elvira? No...no!

CHORUS
ti 'skwɔti	o	el'vira	de'mente	vi'vra
Ti scuoti,	**o**	**Elvira...**	**demente**	**vivrà,**
Come back to your senses,	oh	Elvira...	demented	she will live,

dɔ'lɛntɛ	mɔ'rra
dolente	**morrà!**
in grief	she will die!

ELVIRA *(imagining she sees Arturo)*
ar'turo	tu	ri'torni	ta'ppressa	aŋ'kor	a 'vjɛni
Arturo!	**Tu**	**ritorni?**	**T'appressa**	**ancor...**	**ah! vieni.**
Arturo!	You	are returning?	Draw nearer	again...	Ah come!

ɔ	'vjɛni	al	'tɛmpjo	fe'dele	ar'turo
Oh!	**vieni**	**al**	**tempio,**	**fedele**	**Arturo,**
Oh	come	to	church,	faithful	Arturo,

ɛ'tɛrna	'fede	miɔ	bɛn	ti 'dʒuro
eterna	**fede,**	**mio**	**ben,**	**ti giuro!**
eternal	faith,	my	beloved,	I swear to you!

kɔ'mɔddʒi	ɛ	'puro	'sɛmprɛ	a'vrɔ	il	kɔr
Com'oggi	**è**	**puro**	**sempre**	**avrò**	**il**	**cor.**
As today	it is	pure,	always	I will have	my	heart.

(My heart will always be as pure as it is today.)

a 'vjɛni	kɔn	tɛ	vi'vrɔ	da'mor	da'mor	mɔ'rrɔ
Ah! vieni.	**con**	**te**	**vivrò**	**d'amor,**	**d'amor**	**morrò.**
Come!	With	you	I will live	for love,	for love	I will die.

BRUNO, CHORUS
O ciel, pietà!

RICCARDO, BRUNO, CHORUS

o	'komɛ	ɔ	'lanima	'trista	e	dɔ'lɛntɛ
Oh	**come**	**ho**	**l'anima**	**trista**	**e**	**dolente**
Oh	how	I have	my soul	sad	and	in grief

u'dɛndo	i	'pjanti	dellinnɔ'tʃɛntɛ
udendo	**i**	**pianti**	**dell'innocente!**
hearing	the	weeping	of that innocent girl!

GIORGIO
Oh come ho l'anima trista e dolente,

o	'komɛ	'pɛrfido	fu	il	tradi'tor
oh	**come**	**perfido**	**fu**	**il**	**traditor.**
oh	how	wicked	was	that	betrayer.

ELVIRA

ɔ	kɔn'tɛntɔ	a	miɔ	'bɛnɛ	'vjɛni	a	me
Oh	**contento!**	**Ah,**	**mio**	**bene,**	**vieni**	**a**	**me!**
Oh	happiness!	Ah,	my	beloved,	come	to	me!

RICCARDO, GIORGIO

fia	'sɛmprɛ	im'fame	il tradi'tor	ke	in	'tantɛ	'pɛnɛ
Fia	**sempre**	**infame**	**il traditor,**	**che**	**in**	**tante**	**pene**
May be always	infamous	the traitor,	who	in	such	pain

'laʃʃa	kwel	kɔr
lascia	**quel**	**cor.**
leaves	that	heart.

(Forever infamous be the traitor who left that heart in such grief.)

ELVIRA
Ah, vieni al tempio, etc.

LADIES
Oh, come ho l'alma...

I Puritani, Act I

BRUNO, CHORUS

si ˈkrɛdɛ	aˈllara
Si crede	**all'ara!**
She believes herself (to be)	at the altar!

ELVIRA
...fedele Arturo, eterna fede, mio ben, ti giuro, etc.

RICCARDO, GIORGIO, BRUNO, MEN

ˈdʒura	ad	arˈturo	ˈella	si	ˈfida
Giura	**ad**	**Arturo,**	**ella**	**sì**	**fida,**
She is plighting her troth	to	Arturo,	she	so	faithful,

ɛi	si	sperˈdʒuro	ˈella	si	ˈpura	ei	tradiˈtore
ei	**sì**	**spergiuro,**	**ella**	**sì**	**pura,**	**ei**	**traditore!**
he	so	false,	she	so	pure,	he	a traitor!

ˈmizɛra	ˈfiʎʎa	mɔˈrra	daˈmor
Misera	**figlia,**	**morrà**	**d'amor.**
Wretched	girl,	she will die	of love.

LADIES

ˈlassa	e	dɔˈlɛntɛ
...lassa	**e**	**dolente,**
...miserable	and	in grief,

udendo i pianti dell'innocente!

o	ˈkome	ˈkrudo	fu	il	tradiˈtor
oh	**come**	**crudo**	**fu**	**il**	**traditor,**
oh	how	cruel	was	that	betrayer,

che in tante pene lasciò quel cor.

MEN
Oh traditor!

ELVIRA
Vieni, t'affretta, oh Arturo!

RICCARDO
Oh come ho l'alma trista e dolente, oh come crudo fu il traditore,

si	pju	la ˈmiro	ɔ pju	ˈdoʎʎa	proˈfonda
Sì,	**più**	**la miro,**	**ho più**	**doglia**	**profonda**
Yes,	the more	I behold her,	the more I feel	grief	profound

e	pju	ˈlalma	saˈttʃɛndɛ	in aˈmor
e	**più**	**l'alma**	**s'accende**	**in amor;**
and	the more	my soul	is fired up	with love;

ma	pju	aˈvvampa	trɛˈmɛndo	il	fuˈrore
ma	**più**	**avvampa**	**tremendo**	**il**	**furore**
the	more	burns	fierce	my	fury

609

I Puritani, Act I

'kontro	kki	'tantɔ	bɛn	mimvɔ'lɔ
contro	**chi**	**tanto**	**ben**	**m'involò.**
against	the one who	so much	happiness	robbed from me.

GIORGIO

dio	di	klɛ'mɛntsa	'tɔffro	mia	'vita
Dio	**di**	**clemenza,**	**t'offro**	**mia**	**vita**
God	of	mercy,	I offer Thee	my	life

sɛ	allinnɔ'tʃɛntsa	'dʒovi	da'ita
se	**all'innocenza**	**giovi**	**d'aita.**
if	to that innocent girl	it may be	of any help.

dɛ	si	klɛ'mɛntɛ	a	um	'purɔ	'kɔrɛ
Deh!	**sii**	**clemente**	**a**	**un**	**puro**	**core.**
Ah!	Be	merciful	to	a	pure	heart.

si	la mia	'prɛtʃe	pje'toza	e	pro'fonda
Sì,	**la mia**	**prece**	**pietosa**	**e**	**profonda**
Yes,	my	prayer	piteous	and	heartfelt

ke	a	tɛ	vjɛn	sui	sos'pir	del	do'lor
che	**a**	**te**	**vien**	**sui**	**sospir**	**del**	**dolor,**
that	to	Thee	rises	on the	sighs	of my	grief,

tu	klɛ'mɛntɛ	kon'sola	o	si'ɲɲorɛ
tu	**clemente**	**consola,**	**o**	**Signore,**
Thou	Merciful One	answer,	oh	Lord,

pɛr	la	'vɛrdʒin	kui	'lɛmpjo	immɔ'lɔ
per	**la**	**vergin**	**cui**	**l'empio**	**immolò.**
for (the sake of)	that	virgin	whom	that wicked man	sacrificed.

LADIES
Si crede all'ara, etc.

BRUNO, CHORUS MEN
Oh, come ho l'alma trista e dolente, etc.

ELVIRA

ma	tu dʒa mi 'fuddʒi	kru'dɛlɛ	abban'doni	ki 'tantɔta'mɔ
Ma	**tu già mi fuggi!**	**Crudele,**	**abbandoni**	**chi tanto t'amò!**
But	you are fleeing!	Cruel one,	you abandon	the one who so loved you!

ALL (except Elvira)

'dura	ʃa'gura
Dura	**sciagura!**
Dire	misfortune!

GIORGIO, BASSES

ai	'lutto	e	do'lorɛ
Ahi!	**lutto**	**e**	**dolore!**
Ah,	mourning	and	grief!

ALL (except Elvira)

ai	do'lor	'ella	si	'pura	si	'bɛlla	del tʃɛl krea'tura
Ahi	**dolor,**	**ella**	**sì**	**pura,**	**sì**	**bella**	**del ciel creatura!**
Ah	grief!	She	so	pure,	so	lovely,	a creature of Heaven!

a	sia		male'detta	a'vra	ven'detta
Ah!	**sia**		**maledetta!**	**avrà**	**vendetta!**
Ah!	May (the fleeing couple)		be cursed!	She will have	vengeance!

an'dra	male'detta	la	'koppja	fu'ddʒɛntɛ
Andrà	**maledetta**	**la**	**coppia**	**fuggente.**
Will be cursed		the	couple	fleeing.

(That fleeing couple will be cursed.)

ven'detta	ka'dra	sul	vil	tradi'tor	si
Vendetta	**cadrà**	**sul**	**vil**	**traditor,**	**sì!**
Vengeance	will fall	on that	vile	betrayer,	yes!

nɔŋ	'kaza	nɔn	'spjaddʒa
Non	**casa,**	**non**	**spiaggia,**
No	home,	no	shore,

ɛ'tɛrno	sia	il	pɛ'nar
eterno	**sia**	**il**	**penar!**
eternal	be	their	punishment!

END OF ACT I

ACT II
(A hall in the castle. Outside, in the distance, can be seen fortifications and the camp of the Stuart forces.)

CHORUS

a	do'lor	a	te'rror	a	pjɛ'ta
Ah	**dolor!**	**Ah**	**terror!**	**Ah**	**pietà!**
Ah,	grief!	Ah,	terror!	Ah,	pity!

'pjaŋgon	le	'tʃiʎʎa	si 'spettsa	il	kɔr
Piangon	**le**	**ciglia,**	**si spezza**	**il**	**cor.**
Are weeping	her	eyes,	it is breaking	her	heart.

(Her eyes are weeping, her heart is breaking.)

la'fflitta	mo'rra	da'mor
L'afflitta	**morrà**	**d'amor.**
The unhappy girl	will die	of love.

il dwɔl	liŋ'vazɛ	la 'vidi	ɛ'rrantɛ	tra	'fɔltɛ	'pjantɛ
Il duol	**l'invase**	**La vidi**	**errante**	**tra**	**folte**	**piante,**
Grief	pervades her.	I saw her	wandering	among	thick	woods,

fra	le sue	'kazɛ
fra	**le sue**	**case**
throughout	her	house

si	gri'dandɔ	va	pjɛ'ta
sì,	**gridando**	**va:**	**pietà!**
yes,	screaming	she goes:	"pity"!

(screaming out "pity on me!")

(to Giorgio, who enters from Elvira's chamber)

kwal	nɔ'vɛlla
Qual	**novella?**
What	news?

GIORGIO

or	'prende	'pɔza
Or	**prende**	**posa.**
Now	she's taking	a rest.

CHORUS

mizɛ'rɛlla	e	o'ɲɲor	dɔ'lɛntɛ
Miserella!	**E**	**ognor**	**dolente?**
Poor miserable girl!	And	still	grieving?

GIORGIO

'mɛsta	e	'ljɛta
Mesta...	**e**	**lieta...**
Sad...	and	happy...

CHORUS

ma	nɔ'na	'trɛgwa
Ma...	**non ha**	**tregua?**
But...	is there no	respite?

GIORGIO

'splɛnde	il 'senno	e	si di'lɛgwa
Splende	**il senno...**	**e**	**si dilegua**
Shines	her mind...	and	it becomes clouded

'alla	'mizɛra	innɔ'tʃɛnte
alla	**misera**	**innocente.**
to the	poor	innocent one.

(The poor innocent girl's mind is clear one moment and beclouded the next.)

CHORUS

'komɛ	mai
Come	**mai?**
How	so?

GIORGIO

'dirlo	po'ssio	'tantɔ	a'ffannɔ	'mandʒe	il	'seno
Dirlo	**poss'io?**	**Tanto**	**affanno**	**m'ange**	**il**	**seno**
Say it	can I?	Such	anguish	gnaws	my	breast

'koɲɲi	'votʃe	'trɛma	e	mwɔr
ch'ogni	**voce**	**trema**	**e**	**muor!**
that every	speech	falters	and	dies!

(How can I say it? Such anguish gnaws at my breast that my speech falters and dies [as I try to relate the sad news].)

CHORUS

a	fa'vɛlla	tɛm prɛ'gjam
Ah!	**favella.**	**Ten preghiam.**
Ah	tell us.	We beg you.

GIORGIO

voi	kje'dete	a	tʃɛ'ssate
Voi	**chiedete?**	**Ah**	**cessate!**
You	insist?	Ah,	cease!

CHORUS

tɛm prɛ'gjam	per	kwel	do'lore	ke	so'ffrjamɔ	al	tuo	do'lor
Ten preghiam	**per**	**quel**	**dolore**	**che**	**soffriamo**	**al**	**tuo**	**dolor.**
We beg you	by	that	grief	that	we suffer	at	your	grief.

GIORGIO

e'bbɛn	sɛ	vo'lete	vappre'ssate
Ebben...	**se**	**volete...**	**v'appressate.**
Very well...	if	you wish...	gather around.

ARIA
GIORGIO

'tʃinta	di	'fjoɾi	e	kol	bɛl	krin	diʃ'ʃɔltɔ
Cinta	**di**	**fiori**	**e**	**col**	**bel**	**crin**	**disciolto**
Garlanded	with	flowers	and	with her	lovely	hair	disheveled

ta'lor	la	'kaɾa	'verdʒine	sa'dddʒiɾa
talor	**la**	**cara**	**vergine**	**s'aggira,**
from time to time	the	dear	maiden	goes about,

e	'kjɛdɛ	a'llauɾa	ai	fjor	kɔm	'mɛsto	'volto
e	**chiede**	**all'aura,**	**ai**	**fior**	**con**	**mesto**	**volto:**
and	asks	of the air,	of the	flowers	with	a sad	look:

'ovɛ	an'dɔ	el'viɾa
"Ove	**andò**	**Elvira?"**
"Where	has she gone,	Elvira?"

("Where has Elvira gone?")

CHORUS

'mizɛɾɔ	kɔr
Misero	**cor!**
Poor	soul!

GIORGIO

'bjaŋko	ves'tita	e	kwal	se	a'llaɾa	i'nnantɛ
Bianco	**vestita**	**e**	**qual**	**se**	**all'ara**	**innante**
In white	dressed	and	as	if	at the altar	before

(Dressed in white and as if standing before the altar)

a'dempje	il	'rito	e	va	kan'tando	il 'dʒuɾo
adempie	**il**	**rito**	**e**	**va**	**cantando:**	**il giuro:**
she enacts	the	rite	and	starts	singing:	"I will".

(she makes believe she's taking her vows and says "I will".)

pɔi	'grida	pɛr	a'mor	'tutta	tre'mantɛ	a	'vjɛni	ar'tuɾo
Poi	**grida**	**per**	**amor**	**tutta**	**tremante:**	**"Ah,**	**vieni,**	**Arturo!"**
Then	she shouts,	with	love	all	trembling:	"Ah,	come,	Arturo!"

CHORUS

a	'kwanto	fu	'barbaɾɔ	il	tradi'tor
Ah!	**quanto**	**fu**	**barbaro**	**il**	**traditor!**
Ah!	How	was	cruel	her	betrayer!

Misero cor,

mɔ'rra	da'mor
morrà	**d'amor!**
she will die	of love!

GIORGIO

'dʒɛmɛ	ta'lor	kwal	'tortɔɾa	amo'roza
Geme	**talor**	**qual**	**tortora**	**amorosa,**
She moans	sometimes	like	a dove	amorous,

I Puritani, Act II

or	'kade	'vinta	da	mɔr'tal	su'dore
or	**cade**	**vinta**	**da**	**mortal**	**sudore,**
then	falls down	overcome	by	a deadly	sweat,

or	'lɔdi	al swɔn	de'llarpa	lamen'toza	kan'tar da'more
or	**l'odi**	**al suon**	**dell'arpa**	**lamentosa,**	**cantar d'amore.**
then	you hear her	to the strains	of the harp	mournful	singing of love.

(and then, at the mournful strains of a harp, you hear her singing of love.)

CHORUS
Misero cor!

GIORGIO

or	'skɔrdʒɛ	ar'turo	nellal'trui	sɛm'bjantɛ
Or	**scorge**	**Arturo**	**nell'altrui**	**sembiante,**
Now	she sees	Arturo	in another's	face,

pɔi	del	suo	iŋ'ganno	a'kkɔrta	e	di	sua	'sɔrtɛ
poi	**del**	**suo**	**inganno**	**accorta**	**e**	**di**	**sua**	**sorte,**
then	of	her	mistake	aware	and	of	her	fate,

(and then aware of her mistake and her [sad] fate,)

'dʒɛmɛ	'pjandʒɛ	sa'ffanna	e	o'ɲɲor pju	a'mantɛ
geme,	**piange,**	**s'affanna,**	**e**	**ognor più**	**amante**
she moans,	weeps,	torments herself	and	ever more	loving,

iŋ'vɔka	'mɔrtɛ
invoca	**morte...**
she prays for	death...

CHORUS

'kada	il	'folgor	si	sul	tradi'tor
Cada	**il**	**folgor**	**sì,**	**sul**	**traditor!**
May it fall	the	lightning bolt,	yes,	upon the	betrayer!

ai	si	la	'mizɛra	mɔ'rra	da'more
Ahi!	**sì,**	**la**	**misera...**	**morrà**	**d'amore!**
Ah!	Yes,	that	poor girl...	will die	of love!

GIORGIO
Ah! la misera...

ɔ	tʃɛl	pjɛ'ta	'prɛndi	al	suo	do'lor
O	**ciel,**	**pietà**	**prendi**	**al**	**suo**	**dolor!**
Oh	Heaven,	pity	take	on	her	grief!

CHORUS
La misera morrà d'amore! Sì, cada il folgore sul traditor, sì!

RICCARDO (*carrying a paper in his hand and entering in time to overhear the foregoing*)

e	di	'mɔrtɛ	lo	stral	nɔn sa'ra	'lɛntɔ
E	**di**	**morte**	**lo**	**stral**	**non sarà**	**lento!**
And	of	death	the	arrow	will not be	slow!

(The arrow of death will not be long in coming!)

616 *I Puritani, Act II*

(reading from the Parliamentary edict he holds in his hand)

'alla	'skurɛ	ar'turɔ	'talbɔ	ɛ	kɔnda'nnatɔ
"Alla	**scure**	**Arturo**	**Talbo**	**è**	**condannato**
"To the block		Arturo	Talbot	is	condemned

dallaŋgli'kan	sɔ'vranɔ	parla'mento	'ɛkko	il suɔ	'fatɔ
dall'anglican	**sovrano**	**Parlamento."**	**Ecco**	**il suo**	**fato!**
by the English	sovereign	Parliament."	That is	his	fate!

GIORGIO, RICCARDO, CHORUS

kwa'ddʒu	nel	mal	ke	'kwesta	'vallɛ	'sɛrra
Quaggiù	**nel**	**mal**	**che**	**questa**	**valle**	**serra,**
Here below,	in the	evil	that	this	valley	encloses,

ai	'bwɔni	e	ai	'tristi	ɛ	mɛmɔ'randɔ	ɛ'zɛmpjɔ
ai	**buoni**	**e**	**ai**	**tristi**	**è**	**memorando**	**esempio**
to	good	and	to	bad	it is	a warning	example

(it will serve as a warning to good and bad alike)

sɛ	la	'dɛstra	di	ddio pɔ'ssɛntɛ
se	**la**	**destra**	**di**	**Dio possente**
when	the	right hand	of	God Almighty

a'ffɛrra	il	krin	de'llempjo
afferra	**il**	**crin**	**dell'empio.**
seizes	the	hair	of that wicked one.

(seizes that wicked man by the hair.)

RICCARDO

di	'valton	linnɔ'tʃɛntsa	a	voi	prɔ'klama
Di	**Valton**	**l'innocenza**	**a**	**voi**	**proclama**
Of	Walton's	innocence	to	you	proclaims

il	parla'mentɔ	e	a	'primi o'nor	lɔ 'kjama
il	**Parlamento**	**e**	**a'**	**primi onor**	**lo chiama.**
the	Parliament	and	to a	position of highest honor	summons him.

(Parliament proclaims Walton's innocence [in this matter of Arturo's escape with Enrichetta], and summons him to a position of highest honor.)

CHORUS

kwal	'dɔʎʎa	'valtɔn	sɛ	ve'dran	tue	'tʃiʎʎa
Qual	**doglia,**	**Valton,**	**se**	**vedran**	**tue**	**ciglia**
What	sadness,	Walton,	if	will see	your	eyes

in'sana	aŋ'kor	la tua	di'letta	'fiʎʎa
insana	**ancor**	**la tua**	**diletta**	**figlia!**
insane	still	your	beloved	daughter!

(What sadness for you, Walton, if you were still to see your beloved daughter in her state of insanity!)

RICCARDO

e	nɔɱ va	'spɛmɛ	al'kuna
E	**non v'ha**	**speme**	**alcuna?**
And	there isn't	hope	any?

(And isn't there any hope?)

GIORGIO

medi'kartɛ	nassi'kuɾa	ke	'una	'subita	'dʒɔja
Medic'arte	**n'assicura**	**che**	**una**	**subita**	**gioia**
Medical science	assures us	that	a	sudden	joy

ɔ	gran	ʃa'guɾa	po'tria	sa'naɾe la	'mente	sua	zma'rrita
o	**gran**	**sciagura**	**potria**	**sanare la**	**mente**	**sua**	**smarrita.**
or	a great	tragedy	could	cure the	mind	hers	lost.

(could bring her wandering mind back to sanity.)

CHORUS

kwal	mai	'meɾita	ar'tur	'pena	iɱfi'nita
Qual	**mai**	**merita**	**Artur**	**pena**	**infinita!**
What	ever	deserves	Arturo	torment	eternal!

(Arturo deserves eternal torment!)

RICCARDO

im	mɛ	'dutʃe	pri'mjeɾɔ	'parla	krɔm'vellɔ.
In	**me,**	**Duce**	**primiero,**	**parla**	**Cromvello.**
Through	me,	Leader	first,	speaks	Cromwell.

(Cromwell speaks through me, your first leader.)

il	vil	ke	aŋ'koɾa ɛ	iɱ	'fuga
Il	**vil,**	**che**	**ancora è**	**in**	**fuga,**
That	coward,	who	still is	in	flight,

e	di	'saŋgwe	tʃi'vil	ba'ɲɲɔ	iŋgil'tɛrra
e	**di**	**sangue**	**civil**	**bagnò**	**Inghilterra,**
and	with	blood	civil	bathed	England,

(and who has caused England to be bathed in civil blood,)

'itɛ	tʃer'kate	or	voi
ite,	**cercate**	**or**	**voi.**
go,	search	now	you all.

(go in search of now.)

e	sɛ	sua	rɛa	for'tuna	ɔ	ma'littsja
E	**se**	**sua**	**rea**	**fortuna**	**o**	**malizia**
And	if	his	evil	destiny	or	malice

lɔ 'tragga	a	'kwesta	'tɛrra
lo tragga	**a**	**questa**	**terra,**
should lead him	to	these	shores,

nɔn 'abbja	'grattsja	nɛ	pje'tadɛ	al'kuna
non abbia	**grazia**	**nè**	**pietade**	**alcuna.**
let him not receive	quarter	nor	pity	any.

(let him receive neither pity nor quarter.)

Scene Eight

SCENA AND ARIA
ELVIRA *(entering, distractedly)*

o	ren'detemi	la	'spɛmɛ	ɔ	la'ʃʃatemi	mo'rir
O	**rendetemi**	**la**	**speme**	**o**	**lasciatemi**	**morir!**
Either	give me back	my	hope	or	let me	die!

GIORGIO

'essa	kwi vjɛn	la 'sɛnti
Essa	**qui vien...**	**la senti?**
She	is coming...	do you hear her?

GIORGIO, RICCARDO

ɔ	kɔ'mɛ	'grave	il	swɔn	de	swɔi	la'menti
Oh!	**com'è**	**grave**	**il**	**suon**	**de'**	**suoi**	**lamenti!**
Oh,	how it is	painful	the	sound	of	her	lamenting!

ELVIRA

kwi	la	'votʃe	sua	sɔ'ave	mi kja'mava	e'ppɔi	spa'ri
Qui	**la**	**voce**	**sua**	**soave**	**mi chiamava**	**e poi**	**sparì.**
Here	the	voice	his	gentle	called me	and then	disappeared.

kwi	dʒu'rava	'ɛsser	fe'dele	kwi	il dʒu'rava
Qui	**giurava**	**esser**	**fedele,**	**qui**	**il giurava,**
Here	he swore	to be	faithful,	here	he swore it,

e ppɔi	kru'dɛlɛ	ɛi	mi fu'ddʒi
e poi,	**crudele,**[1]	**ei**	**mi fuggì.**
and then,	cruel one,	he	fled from me.

a mai pju	kwi a'ssɔrti	in'sjɛme	'nella	'dʒɔja	dei sos'pir
Ah! mai più	**qui assorti**	**insieme**	**nella**	**gioia**	**dei sospir.**
Ah! Never again	absorbed here	together	in the	joys	of longing.

Rendetemi la speme, o lasciatemi morir.

GIORGIO, RICCARDO

'kwantɔ	a'mor	ɛ mai	ra'kkɔltɔ	iŋ kwel	'volto	iŋ kwel do'lor
Quanto	**amor**	**è mai**	**raccolto**	**in quel**	**volto,**	**in quel dolor!**
How much	love	is	concentrated	on that	face,	in that grief!

ELVIRA *(to Giorgio, distractedly)*

ki	sɛi	tu
Chi	**sei**	**tu?**
Who	are	you?

---

[1] Here we see an example of the vexing Italian problem of open versus closed [e | ɛ]. The word *fedele* is pronounced with a closed [e] whereas the word *crudele*, ending in the **exact same letters**, is pronounced [krudɛlɛ] with an open [ɛ]. Frustrating?...Indeed!

GIORGIO
nom mi ra'vvizi
Non mi ravvisi?
Don't you recognize me?

ELVIRA *(to Giorgio, who dries his eyes and tries to put on a smiling face)*

si	mio	'padrɛ	e	ar'turo	e	la'moɾe	'paɾla
Sì,	**mio**	**padre...**	**E**	**Arturo?...**	**e**	**l'amore?**	**Parla...**
Yes,	my	father...	And	Arturo?...	And	my love?	Speak...

a	tu	so'rridi	e	a'ʃʃugi	il	'pjanto
Ah!	**tu**	**sorridi**	**e**	**asciughi**	**il**	**pianto!**
Ah,	you	smile	and	dry	your	tears!

a	i'mɛnɛ	a	i'mɛn	mi 'gwidi	al	'ballɔ
A	**Imene,** [2]	**a**	**Imen**	**mi guidi...**	**al**	**ballo,**
To	be married,	to	be married	you lead me...	to the	ball,

al	'kanto	o'ɲɲun	sa'ppresta	a	'nɔttsɛ
al	**canto!**	**Ognun**	**s'appresta**	**a**	**nozze,**
to the	singing!	Everyone	is preparing	for the	wedding,

a	'fɛsta	e	'mekɔ	in	'dantsɛ ezulte'ra
a	**festa,**	**e**	**meco**	**in**	**danze esulterà.**
to the	festivities,	and	with me	in	dance will enjoy themselves.

(to Giorgio)

tu	pur	'mekɔ	dantsɛ'rai	'vjɛni	a	'nɔttsɛ
Tu	**pur**	**meco**	**danzerai?**	**Vieni**	**a**	**nozze.**
You	also	with me	will dance?	Come	to the	wedding.

(She whispers to Giorgio, as she sees Riccardo in tears.)

'eʎʎi	'pjandʒɛ
Egli	**piange!**
He	is weeping!

RICCARDO, then GIORGIO
o'ddiɔ
Oh Dio!
Oh God!

ELVIRA
Egli piange...

'fɔrsɛ	a'mɔ
forse	**amò!**
perhaps	he has been in love!

---

[2] *Imene* refers to Hymen, the mythological young god of marriage, and by extension, to any marriage rite.

I Puritani, Act II

RICCARDO, GIORGIO

or	ki	il	'pjanto	fre'nar	pwɔ
(Or	**chi**	**il**	**pianto**	**frenar**	**può?)**
(Now	who	her	tears	stop	can?)

(Now who can stop these tears over her sad state?)

ELVIRA *(to Riccardo)*

'mɔdi	e	'dimmi	a'masti	'mai
M'odi	**e**	**dimmi:**	**amasti**	**mai?**
Listen to me	and	tell me:	were you in love,	ever?

RICCARDO *(painfully)*

'ʎɔkki	a'ffissa	sul	mio	'volto
Gli occhi	**affissa**	**sul**	**mio**	**volto,**
Your eyes	fix	upon	my	face,

bɛm	mi 'gwarda	e	lɔ ve'drai
ben	**mi guarda**	**e**	**lo vedrai...**
well	look at me	and	you will see...

(Fix your eyes upon my face, look at me well and you will see...)

ELVIRA

a	sɛ	'pjandʒi	aŋ'kor tu	sai
Ah!	**se**	**piangi**	**ancor tu**	**sai**
Ah!	If	you weep	then you	know

ke	uŋ	kɔr	'fido	nella'mor	'sɛmpre 'vive	nel	do'lor
che	**un**	**cor**	**fido**	**nell'amor**	**sempre vive**	**nel**	**dolor...**
that	a	heart	faithful	in love	always lives	in	pain...

GIORGIO *(embracing her)*

dɛ	ta'kkwɛta	o	mia	di'lɛtta
Deh!	**t'acqueta,**	**o**	**mia**	**diletta,**
Ah!	calm yourself,	oh	my	dearest,

'trɛgwa	al	dwɔl	dal	'tʃɛlɔ	as'pɛtta
tregua	**al**	**duol**	**dal**	**cielo**	**aspetta.**
respite	from	grief	from	Heaven	expect.

(expect that Heaven will bring you some relief [from your misery].)

ELVIRA *(oblivious of what has been said to her)*

mɔi
Mai!
Never!

RICCARDO, GIORGIO

kle'mɛntɛ	il tʃɛl	ti fia
Clemente	**il ciel**	**ti fia.**
Merciful	Heaven	will be with you.

ELVIRA
Mai.

RICCARDO, GIORGIO

liŋˈgrato	oˈbblia	a	si
L'ingrato	**obblia,**	**ah**	**sì!**
That ungrateful man	forget,	ah	yes!

ELVIRA
Mai.

mai pju	ti riveˈdrɔ	a	toˈʎʎetemi	la	ˈvita
Mai più	**ti rivedrò.**	**Ah!**	**toglietemi**	**la**	**vita**
Never more	will I see you.	Ah!	Take	my	life

o	renˈdete	renˈdetemi	il miɔ	aˈmor
o	**rendete,**	**rendetemi**	**il mio**	**amor!**
or	give back,	give back to me	my	love!

RICCARDO, GIORGIO
Ah! sì...

ELVIRA
Ah! toglietemi la vita o rendete...

RICCARDO, GIORGIO

si fa	mia	la tua	feˈrita	mi ˈskwartʃa	il	kɔr
Si fa	**mia**	**la sua**	**ferita,**	**mi squarcia**	**il**	**cor.**
It becomes	mine	her	wound; it breaks		my	heart.

(Her hurt becomes mine;)

ELVIRA
Rendetemi il mio amor.

RICCARDO, GIORGIO
Si fa mia la sua ferita,

mi disˈpera
mi dispera
it causes me despair

e squarcia il cor, etc.

GIORGIO *(observing Elvira suddenly looking calm)*

tɔrˈnɔ	il	ˈrizɔ	sul	ˈsuo	asˈpɛtto
Tornò	**il**	**riso**	**sul**	**suo**	**aspetto.**
Has returned		a smile	on	her	face.

RICCARDO, GIORGIO

kwal	pɛnˈsjɛro	in	lɛi	briˈllɔ
Qual	**pensiero**	**in**	**lei**	**brillò?**
What	thought	in	her	flashed?

(What [possible happy] thought has flashed in her [mind]?)

ELVIRA *(imagining herself talking to Arturo)*

non teˈmer	del	ˈpadre mio	ˈalla	ˈfine	lɔ plakeˈrɔ
Non temer	**del**	**padre mio,**	**alla**	**fine**	**lo placherò...**
Be not afraid	of	my father,	in the	end	I will placate him...

'oɲɲi 'dwɔlɔ an'dra in ɔ'blio
ogni duolo andrà in oblio,
every sorrow will be in oblivion,
(will be forgotten,)

si fe'litʃe io ti fa'rɔ
sì, felice io ti farò.
yes, happy I will make you.

RICCARDO
kwal bɛl'lalma innamɔ'rata un ri'val tɔʎ'ʎeva a mɛ
Qual bell'alma innamorata un rival toglieva a me...!
What a lovely soul loving a rival took from me!...
(What a loving soul that rival [of mine] took from me...!)

GIORGIO
'ella im 'pene abbandɔ'nata 'sɔɲɲa il 'bene ke pɛr'dɛ
Ella in pene abbandonata sogna il bene che perdè...
She in grief abandoned, dreams of the love that she lost...

ELVIRA
vjɛn di'lettɔ ɛ in tʃɛl la 'luna
Vien, diletto, è in ciel la luna!
Come, beloved, it is in the sky the moon!
(the moon is in the sky!)

'tuttɔ 'tatʃe in'torno fiŋ'ke 'spunti in 'tʃelɔ il 'dʒorno
Tutto tace intorno; finchè spunti il cielo il giorno,
All is still around us; till dawns in the sky the daylight,
(All is quiet around us; till dawn breaks in the sky,)

vjɛn ti 'pɔza sul miɔ kɔr
vien ti posa sul mio cor!
come, rest upon my heart!

dɛ ta'ffretta ɔ ar'turo 'mio
Deh! t'affretta o Arturo mio,
Ah! Hasten oh my Arturo,

'rjɛdi ɔ 'kkarɔ 'alla tua el'vira
riedi, o caro, alla tua Elvira:
come back, oh dearest, to your Elvira;

'essa 'pjandʒe e sos'pira 'vjɛn ɔ 'karɔ alla'more
essa piange e sospira; vien o caro, all'amore.
she weeps and sighs; come, oh dearest, to your love.

RICCARDO, GIORGIO
'pɔssa tu bellimfe'litʃe mɛr'tʃɛ a'ver di 'tanto a'ffɛttɔ
Possa tu, bell'infelice, mercè aver di tanto affetto;
May you, lovely unhappy one, reward receive for so much love;

'pɔssa	un	'dʒorno	nel	di'letto	ɔbli'ar	il suo	do'lor
possa	**un**	**giorno**	**nel**	**diletto**	**obliar**	**il suo**	**dolor.**
May she	one	day	in	happiness	forget	her	pain.

ELVIRA
Vien, diletto, in ciel la luna, etc.

RICCARDO, GIORGIO

a	rikɔ'vrarti	ɔ'mai	ta'dditʃe
Ah!	**ricovrarti**	**omai**	**t'addice,**
Ah!	To seek shelter	high time	you should seek,

(Ah! It is high time you should seek shelter,)

'stendɛ	'nɔtte	il	'kupo	o'rror	si
stende	**notte**	**il**	**cupo**	**orror,**	**sì.**
spreads	night	its	black	horror,	yes.

(night is spreading its gloomy fears, yes.)

(Giorgio and Riccardo finally prevail on the demented girl to return to her room.)

Scene Four

SCENE AND DUET
GIORGIO, *(urgently, to Riccardo)*

il	ri'val	sal'var	tu	'dɛi	tu	pwɔi
Il	**rival**	**salvar**	**you**	**dêi,**	**tu**	**puoi.**
Your	rival	save	you	must,	you	can.

RICCARDO

iɔ	nɔl 'pɔssɔ
Io	**nol posso...**
I	cannot do it...

GIORGIO

nɔ	tu	nɔl vwɔi
No?	**Tu**	**nol vuoi.**
No?	You	don't want to.

RICCARDO *(angrily)*

nɔ
No.
No.

GIORGIO

tu il 'salva
Tu il salva!
Save him!

RICCARDO *(with utmost disdain)*

nɔ	a	nnɔ	ei	peri'ra
No.	**Ah!**	**no!**	**ei**	**perirà!**
No.	Ah	no!	He	will perish!

GIORGIO

tu	kweˈllora	or	bɛn	riˈmembri
Tu	**quell'ora**	**or**	**ben**	**rimembri**
You	that hour	now	well	remember

ke	fuˈddʒi	la	pridʒoˈnjɛra
che	**fuggì**	**la**	**prigioniera?**
when	escaped	that	prisoner woman?

RICCARDO
Sì.

GIORGIO

e	darˈturo	fu	ˈkolpa	inˈtɛra
E	**d'Arturo**	**fu**	**colpa**	**intera?**
And	of Arturo	was it	the fault	entire?

(And was it entirely Arturo's fault?)

RICCARDO

tua	faˈvɛlla	ɔˈmai
Tua	**favella**	**omai...**
Your	words	now...

GIORGIO

ɛ	ˈvvera
È	**vera!**
Are	true!

RICCARDO

ˈparla	aˈpɛrtɔ
Parla	**aperto...**
Speak	openly...

GIORGIO

ɔ	ˈdettɔ	aˈssai
Ho	**detto**	**assai!**
I have	said	enough!

RICCARDO

fu	voˈler	del	parlaˈmento
Fu	**voler**	**del**	**Parlamento**
It was (the)	wish	of	Parliament

sɛ	a	koˈlui	la	ˈpena	ɛsˈtrɛma
se	**ha**	**colui**	**la**	**pena**	**estrema;**
if	has	that man	the	penalty	supreme;

(if that man received the supreme penalty;)

dei	riˈbɛlli	lardiˈmento	in	arˈtur	si dɔmɛˈra
dei	**ribelli**	**l'ardimento**	**in**	**Artur**	**si domerà...**
of the	rebels	the boldness	with	Arturo	will be subdued...

(The rebels' boldness will be subdued with Arturo...)

io	nɔn 'lɔdjo	io	nɔl pa'vɛntɔ	ma	lin'deɲɲo	peɾi'ɾa
Io	**non l'odio,**	**io**	**nol pavento,**	**ma**	**l'indegno**	**perirà!**
I	don't hate him,	I	don't fear him,	but	that wretch	will die!

GIORGIO

nɔ	un	rɛo	tor'mento	or	tiɱ'vade	e	a'ttʃeka
No,	**un**	**reo**	**tormento**	**or**	**t'invade**	**e**	**accieca...**
No,	a	cruel	torment	now	pervades you	and	blinds you...

a 'trɛma	il ri'mɔrso	e	lo spa'vɛnto	la tua	'vita	strattsje'ra
Ah trema!	**Il rimorso**	**e**	**lo spavento**	**la tua**	**vita**	**strazierà...**
Ah tremble!	Remorse	and	dread	your	life	will destroy...

sɛ	il	ri'val	per	te	fia	'spɛnto
Se	**il**	**rival**	**per**	**te**	**fia**	**spento**
If	your	rival	on account of	you	is	killed

unal'tralma	'seko	an'dra
un'altr'alma	**seco**	**andrà.**
another soul	with him	will go along.

RICCARDO

ki
Chi?
Who?

GIORGIO

'pɛnsa o	'fiʎʎo	due	'vittimɛ	fa'rai
Pensa, o	**figlio,**	**due**	**vittime**	**farai!**
Think, oh	son,	two	victims	you will create!

e	do'vuŋkwe	tu	an'drai	'lombra lor	ti seqwi'ɾa
e	**dovunque**	**tu**	**andrai**	**l'ombra[3] lor**	**ti seguirà!**
and	wherever	you	will go	their ghosts	will follow you!

sɛ	tra	il	'bujo	uɱ	fan'tazma	ve'drai
Se	**tra**	**il**	**buio**	**un**	**fantasma**	**vedrai**
If	in	the	dark	a	ghost	you see,

'bjaŋkɔ	'ljɛve	ke	'dʒeme e	'spiɾa
bianco,	**lieve...**	**che**	**geme e**	**spira,**
white,	tenuous...	who	groans and	sighs,

sa'ɾa	el'viɾa ke	sa'ddʒiɾa	e	ti 'grida
sarà	**Elvira che**	**s'aggira**	**e**	**ti grida:**
it will be	Elvira who	roams	and	cries to you:

io	sɔm	'mɔrta per	tɛ
io	**son**	**morta per**	**te.**
"I	am	dead because of	you."

---

[3] *Ombra* means "shade". In English we also use the word shade for "ghost".

I Puritani, Act II

'kwando	il 'tʃɛlɔ	ɛ	in	tɛm'pɛsta	pju	'skuɾo
Quando	**il cielo**	**è**	**in**	**tempesta**	**più**	**scuro,**
Whenever	the sky	is	in	a storm	most	dark,

(Whenever the sky erupts in blackest storm,)

	'sɔdi	un'ombra	affa'nnoza	ke	'frɛme
	s'odi	**un'ombra**	**affannosa,**	**che**	**freme,**
(and)	you hear	a ghost	anguished	that	quivers,

sa'ra	ar'tur	ke	tiŋ'kaltsa	ti 'prɛme
sarà	**Artur**	**che**	**t'incalza**	**ti preme,**
it will be	Arturo	who	pursues you,	who crushes you,

ti mi'nattʃa	de	'mɔrti	il	fu'ror
ti minaccia	**de'**	**morti**	**il**	**furor.**
threatens you	with of	the dead	the	fury.

(and threatens you with the wrath of the dead.)

RICCARDO

sɛ	del'viɾa	il	fan'tazma	dɔ'lɛntɛ
Se	**d'Elvira**	**il**	**fantasma**	**dolente**
If	of Elvira	the	phantom	sad

mappa'riska	e	miŋ'kaltsi	e	sa'diɾi
m'apparisca	**e**	**m'incalzi**	**e**	**s'adiri,**
should appear to me	and	should pursue me	and	rage on,

(If Elvira's sad ghost should appear and pursue me in its rage,)

le mie	'prɛtʃi	i	sos'piɾi	mi sa'pranno	ɔtte'nɛɾɛ	mɛr'tʃɛ
le mie	**preci,**	**i**	**sospiri**	**mi sapranno**	**ottenere**	**mercè.**
my	prayers	and	sighs	will know how	to obtain	mercy.

sɛ	lɔ'djato	fan'tazma	dar'tuɾo
Se	**l'odiato**	**fantasma**	**d'Arturo**
If	the hated	phantom	of Arturo

saŋgwi'nozo	sor'dʒɛssɛ	da'vɛrno
sanguinoso	**sorgesse**	**d'Averno,**
bloodied	should arise	from Hell,

ripjɔm'barlɔ	'aʎʎi	a'bissi	in	ɛ'tɛrnɔ
ripiombarlo	**agli**	**abissi**	**in**	**eterno**
plunge him again	into the	abyss	for all	eternity

lɔ fa'rebbe	il mio	i'mmɛnso	fu'ror
lo farebbe	**il mio**	**immenso**	**furor.**
would make him	my	immense	fury.

(If Arturo's hated bloodied ghost should arise from Hell, my boundless fury would plunge him back for all eternity into the abyss.)

GIORGIO
Sarà Elvira che mesta s'aggira, etc.

(turning to Riccardo and embracing him in tears)

ri'kkardɔ		il	dwɔl	ke	si	mi a'kkɔɾa
Riccardo!		**il**	**duol**	**che**	**sì**	**mi accora**
Riccardo!	(Let)	the	grief	that	so	afflicts me

'viŋka	la tua	bɛ'llanima
vinca	**la tua**	**bell'anima.**
win over	your	beautiful soul.

RICCARDO *(moved to tears and seizing Giorgio's hand enthusiastically)*

am 'vinto	le tuɛ	'lagrime	'vedi	ɔ ba'ɲɲato	il	'tʃiʎʎo
Han vinto	**le tue**	**lagrime…**	**vedi,**	**ho bagnato**	**il**	**ciglio.**
Have won	your	tears…	see,	I have wet	the	eye.

(Your tears have won…see how my eyes are brimming.)

GIORGIO, RICCARDO

ki	bɛn	la	'patrja a'dɔra	o'nora	la pjɛ'ta
Chi	**ben**	**la**	**patria adora**	**onora**	**la pietà.**
Who	well	his	country adores,	honors	mercy.

(The man who loves his country well knows how to honor mercy.)

RICCARDO

'forsɛ	de'llalba	al	'sɔrdʒɛɾɛ
Forse	**dell'alba**	**al**	**sorgere**
Perhaps	of dawn	the	breaking

(Perhaps at the break of dawn)

'lɔstɛ	tʃi assali'ra	sei	vi sa'ɾa
l'oste	**ci assalirà.**	**S'ei**	**vi sarà…**
the army	will attack us…	If he	is with them…

GIORGIO

'sei	vi sa'ɾa	ei	peɾi'ɾa
S'ei	**vi sarà,**	**ei**	**perirà!**
If he	is there,	he	will perish![4]

RICCARDO
Ei perirà!

GIORGIO

mia	man	nɔ'nɛ	aŋ'kor	'dʒɛlida
Mia	**man**	**non'è**	**ancor**	**gelida!**
My	hand	hasn't	yet (grown)	cold!

(My hand still recalls how to brandish a sword!)

---

[4] Who ever said opera stories made sense? Here we have Giorgio, begging Riccardo to relent, to have mercy on Arturo for the sake of Elvira; we see Riccardo in tears finally won over by Giorgio's pleas, and in the next sentence he changes his mind and swears to kill Arturo, and Giorgio turns around and he too now rattles his saber and swears death and destruction on the hapless tenor! It is a known fact that Bellini had a somewhat low opinion of his librettist friend Count Pepoli's talents as a writer; now we may begin to understand why…

kon	tɛ	kɔmbatte'ra	si
Con	**te**	**combatterà,**	**sì!**
With	you	it will fight,	yes!

RICCARDO

sɛ	ar'matɔ	ɛi	pɔi	vɛ'rra
Se	**armato**	**ei**	**poi**	**verrà,**
If	armed	he	then	will come,

per	'kwesta	'manɔ	ei	peɾi'ra
per	**questa**	**mano**	**ei**	**perirà.**
by	this	hand	he	shall perish.

GIORGIO

sia	'votʃe	di	te'rror	'patrja	vi'ttɔrja	o'nor
Sia	**voce**	**di**	**terror:**	**Patria,**	**vittoria,**	**onor.**
Let it be	a voice	of	terror:	Homeland,	victory,	honor!

(Let the words country, victory and honor awaken terror in our enemies' ranks!)

'swɔni	la	'tromba	e	in'trɛpidɔ
Suoni	**la**	**tromba**	**e**	**intrepido**
Let sound	the	trumpet	and	intrepid

io	puɲɲe'rɔ	da 'fɔrtɛ
io	**pugnerò**	**da forte.**
I	will fight	courageously,

'bɛllɔ	ɛ	affrɔn'tar	la 'mɔrtɛ	gri'dandɔ	libeɾ'ta
Bello	**è**	**affrontar**	**la morte**	**gridando:**	**libertà!**
Beautiful	it is	to confront	death	shouting:	liberty!

a'mor	di	'patrja	im'pavidɔ	'mjɛta	i saŋ'gwiɲɲi	a'llɔɾi
Amor	**di**	**patria**	**impavido**	**mieta**	**i sanguigni**	**allori,**
Love	of	country	undaunted	let reap	the bloodstained	laurels,

(Let love of country reap bloodstained laurels,)

pɔi	'tɛrga	i	bɛi	su'doɾi
poi	**terga**	**i**	**bei**	**sudori**
then	let dry	the	good	sweat

e	i	'pjanti	la pje'ta
e	**i**	**pianti**	**la pietà.**
and	the	tears	mercy.

(afterwards let mercy dry honorable sweat and tears.)

RICCARDO, GIORGIO
a'llalba
All'alba!
At dawn!

RICCARDO
Suoni la tromba e intrepido, etc.

END OF ACT II

ACT III
Scene One
(A terrace in a wooded park not far from Elvira's house. Dusk is falling. A strong wind rises; sounds of alarm and pursuit are heard offstage. Arturo enters, out of breath, wrapped in a cloak. The moon begins to rise and lights appear in the windows of the castle.)

SCENA, ROMANZA AND DUET
ARTURO

al'fin	son	'salvɔ	i mjei	ne'mitʃi	fa'lliro	il	'kolpo
Alfin	**son**	**salvo.**	**I miei**	**nemici**	**falliro**	**il**	**colpo,**
At last	I am	safe.	My	enemies	missed	their	chance

e	mi zma'rrir	di 'trattʃa
e	**mi smarrir**	**di traccia.**
and	lost	my tracks.

ɔ	'ppatrja	ɔ	a'more	ɔnnipɔ'ssɛnti	'nomi
Oh	**patria!**	**Oh**	**amore!**	**onnipossenti**	**nomi!**
Oh	homeland!	Oh	love!	All-powerful	names!

ad	'oɲɲi	'passɔ	mi 'baltsa	il	kɔr	nel	'seno
Ad	**ogni**	**passo**	**mi balza**	**il**	**cor**	**nel**	**seno,**
At	every	step	beats		my	heart	in my	breast,

e	bene'diko	'oɲɲi	'fronda	'oɲɲi	'sassɔ
e	**benedico**	**ogni**	**fronda,**	**ogni**	**sasso.**
and	I bless	every	leafy bough,	every	stone.

ɔ	kɔ'mɛ	'doltʃe	a	un	'ɛzule	iɱfe'litʃe
Oh	**com'è**	**dolce**	**a**	**un**	**esule**	**infelice**
Oh	how it is	sweet	for	an	exile	unhappy

ve'dere	il suɔ	tɛ'zɔrɔ	e	'dopɔ	'tantɔ	ɛ'rrar
vedere	**il suo**	**tesoro**	**e**	**dopo**	**tanto**	**errar**
to see	his	treasure	and	after	so much	wandering

di	'riva	in 'riva	ba'tʃar al'fin	la 'tɛrra sua	na'tiva
di	**riva**	**in riva**	**baciar alfin**	**la terra sua**	**nativa.**
from	shore	to shore,	to kiss at last	his land	native.

(Oh how sweet it is for an unhappy exiled man to see his treasured homeland [once more] and after wandering from shore to shore, to kiss at last [its soil].)

(The sound of a harp is heard offstage.)

kwal	swɔn
Qual	**suon!**
What	sound (is that)?

ELVIRA *(offstage)*

a	'una	'fontɛ	a'fflitto	e	'solo
A	**una**	**fonte**	**afflitto**	**e**	**solo**
At	a	fountain	sad	and	lonely,

sassi'deva	un	trɔva'tor	
s'assideva	**un**	**trovator,**	
sat	a	troubadour,	

e	a	sfɔ'gar	li'mmɛnsɔ	'dwɔlɔ
e	**a**	**sfogar**	**l'immenso**	**duolo**
and	to	vent	his immense	grief

'ʃɔlse	uŋ	'kantikɔ	da'mor	a
sciolse	**un**	**cantico**	**d'amor,**	**ah!**
he unloosed	a	song	of love,	ah!

ARTURO

la mia	kan'tsɔn	da'morɛ	o	el'vira	'ovɛ	ta'ddʒiri tu
La mia	**canzon**	**d'amore!...**	**Oh**	**Elvira,**	**ove**	**t'aggiri tu?...**
My	song	of love!...	Oh	Elvira,	where	are you wandering?...

ne'ssun	ris'pɔnde	a	tɛ	ko'zi	kan'tava
Nessun	**risponde.**	**A**	**te**	**così**	**cantava**
No one	answers.	To	you	thus	I used to sing

di	'kwɛstɛ	'sɛlvɛ	tra	le	'dɛnse 'frɔnde
di	**queste**	**selve**	**tra**	**le**	**dense fronde,**
from	these	woods	mid	the	dense foliage,

e	tu	a'llɔr	'ɛkɔ	fa'tʃevi al	'kantɔ	mio
e	**tu**	**allor**	**eco**	**facevi al**	**canto**	**mio!**
and	you	then	echo	made to the	song	mine!

(and you would echo my song!)

dɛ	sɛ	askɔl'tasti	lamo'rozɔ	'kantɔ
Deh!	**se**	**ascoltasti**	**l'amoroso**	**canto,**
Ah!	If	you heard	my amorous	song,

'ɔdi	kwel	dellɛ'ziʎʎo	'ɔdi	il mio 'pjantɔ
odi	**quel**	**dell'esiglio,**	**odi**	**il mio pianto.**
hear	the one	of exile,	hear	my weeping.

ROMANZA

a	'una	'fɔntɛ	a'fflittɔ e	'solo	sassi'deva	un trɔva'tor
A	**una**	**fonte**	**afflitto e**	**solo**	**s'assideva**	**un trovator.**
By	a	fountain	sad and	lonely	sat	a troubadour.

tɔ'kkɔ	'llarpa	e	swɔ'nɔ	'dwɔlɔ
Toccò	**l'arpa**	**e**	**suonò**	**duolo;**
he played	the harp	and	resounded	suffering;

(and suffering resounded;)

'ʃɔlse	uŋ	'kantɔ e	fu	do'lor
sciolse	**un**	**canto e**	**fu**	**dolor!**
he unloosed	a	song and	it was	grief!

I Puritani, Act III

'brama	il	sol	a'llor	kɛ	'seɾa
Brama	**il**	**sol**	**allor**	**ch'è**	**sera,**
He longs for	the	sun	when	it is	evening,

'brama	'seɾa	a'llor	kɛ	sol
brama	**sera**	**allor**	**chè**	**sol;**
he longs for	evening	when	it is	sunny;

ʎi par	'vɛrno	prima'vɛra	'oɲɲi	'dʒɔja	ʎi par	dwɔl
Gli par	**verno**	**primavera,**	**ogni**	**gioia**	**gli par**	**duol!**
Seems to him	winter	springtime,	every	joy	seems to him	grief!

(Spring seems like wintertime to him and every joy seems like grief to him.)

(Military music is heard, as Arturo, suddenly fearful, draws his cloak around him.)

kwal	swɔn	al'kun	sa'ppressa
Qual	**suon!**	**Alcun**	**s'appressa!**
What	sound (is that)!	Someone	is approaching!

CHORUS *(offstage)*

'aʎʎi	'spaldi	'alle	'torri	an'djam
Agli	**spaldi,**	**alle**	**torri**	**andiam!**
To the	bastions,	to the	towers	let us go!

ARTURO

aŋ'kor	di	mɛ	in 'trattʃa
Ancor	**di**	**me**	**in traccia!**
Again	of	me	on the tracks!

(They're still on my tracks!)

CHORUS *(offstage)*

si tʃɛrke'ɾa	si trɔve'ɾa
Si cercherà;	**si troverà!**
He will be sought out;	he will be found!

ARTURO

o'ddiɔ	'ovɛ	mas'kondo
O Dio!	**Ove**	**m'ascondo!**
Oh God!	Where	can I hide!

CHORUS *(closer)*

nɔ	nom fuddʒi'ɾa
No!	**Non fuggirà!**
No!	He won't escape!

Si troverà, agli spaldi, etc.

ARTURO

ad	'altrɔ	'latɔ	'vanno	i	fu'ɾɛnti
Ad	**altro**	**lato**	**vanno**	**i**	**furenti.**
Towards	another	side	go	the	angry ones.

(The angry [soldiers] are going off another way.)

(A group of soldiers crosses in back and disappears. Arturo watches them from his hiding place.)

son	dʒa	lɔn'tani
Son	**già**	**lontani.**
They're	already	far away.

per'ke mmai	nɔm 'pɔssɔ	'porre	il	'pjɛdɛ	'entrɔ	ladɔ'ratɛ	'sɔʎʎɛ
Perchè mai	**non posso**	**porre**	**il**	**piede**	**entro**	**l'adorate**	**soglie?**
Why	can't I	set		foot	within	the beloved	threshold?

'dirɛ	a el'vira	il miɔ	dwɔl	la 'fede mia
dire	**a Elvira**	**il mio**	**duol,**	**le fede mia?**
To tell	Elvira	of my	sorrow,	of my loyalty?

(He begins to cross the threshold, then stops.)

a nnɔ	'pɛrdɛr	pɔ'trei	me 'stesso	e	lɛi
Ah! no...	**perder**	**potrei**	**me stesso**	**e**	**lei.**
Ah no!...	Ruin	might	I myself	and	her.

(I might ruin myself and her as well.)

or	si ri'piʎʎi	il	'kantɔ
Or	**si ripigli**	**il**	**canto.**
Now	let me take up again	my	song.

'forsɛ	a	me	vɛ'rra	sɛ	al	kɔr	lɛ 'swɔna
Forse	**a**	**me**	**verrà,**	**se**	**al**	**cor**	**le suona**
Perhaps	to	me	she will come	if	to her	heart	it sounds

'kome	nei	di	fe'litʃi	'kwando	u'niti	di'tʃemmɔ
come	**nei**	**dì**	**felici**	**quando**	**uniti**	**dicemmo:**
as	in	days	happy	when	(clasped) together	we said:

iɔ	'tamɔ
io	**t'amo.**
"I	love you".

(Perhaps she will come to me if my song touches her heart, as in happy days of yore, when clasped together we used to say "I love you".)

'kɔrrɛ	a	'vallɛ	'kɔrrɛ	a	'monte	lezi'ljato	pelle'grin
Corre	**a**	**valle,**	**corre**	**a**	**monte**	**l'esiliato**	**pellegrin,**
He hurries	through	valleys,	he hurries	through	hills	the exiled	pilgrim,

ma	il do'lor	ʎi ɛ	'sɛmprɛ	a 'fronte
ma	**il dolor**	**gli è**	**sempre**	**a fronte;**
but	sorrow	him	always	faces;

(but sorrow always faces him;)

ʎi ɛ	kɔm'paɲɲo	nel	ka'mmin
gli è	**compagno**	**nel**	**cammin.**
to him is	companion	on his	way.

(and accompanies him on his path.)

I Puritani, Act III

'tʃɛrka	il	'sɔnno	a	'nɔtte	'skura
Cerca	**il**	**sonno**	**a**	**notte**	**scura,**
He seeks	some	sleep	in the	night	dark,

lezi'ljato	pelle'grin
l'esiliato	**pellegrin.**
the exiled	pilgrim.

'soɲɲa	e	il 'dɛsta	la ʃʃa'gura
Sogna	**e**	**il desta**	**la sciagura**
He dreams	and	is awakened by	the misery

'della	'patrja	e	il suo	des'tin
della	**patria**	**e**	**il suo**	**destin.**
of his	homeland	and	his	fate.

'sɛmpre	e'gwali	a	i	'lwɔgi	e	'lore
Sempre	**eguali**	**ha**	**i**	**luoghi**	**e**	**l'ore**
Always	the same	he has	the	places	and	the hours

liɱfe'litʃe	trova'tor
l'infelice	**trovator.**
the unhappy	troubadour.

(Places and hours are always the same for that unhappy troubadour.)

lezi'ljato	a'llor	ke	'mwɔre
L'esiliato	**allor**	**che**	**muore**
The exile,	then	as	he is dying

a	sol	'pɔza	al	suo	do'lor
ha	**sol**	**posa**	**al**	**suo**	**dolor.**
has	only	respite	from	his	grief.

(The exile will only find respite from his grief in death.)

(Arturo stands absorbed. Elvira can now be seen standing at her window.)

Scene Two

ELVIRA

fi'ni	me 'lassa	o	'kome	'doltʃe	a'llalma
Finì...	**me lassa!**	**Oh!**	**come**	**dolce**	**all'alma**
He stopped...	Alas!	Oh	how	sweet	to my soul

mi ʃʃen'dea	'kwella 'votʃe	o 'ddio	fi'ni
mi scendea	**quella voce!...**	**Oh Dio!**	**finì!...**
came to me	that voice!...	Oh God!	It's over!...

mi 'parvɛ	ai	rimɛm'brantsɛ	a	'vani	'soɲɲi
Mi parve,	**ahi**	**rimembranze,**	**ah!**	**vani**	**sogni,**
It seemed to me,	ah	memories,	ah,	vain	dreams!

a	miɔ	ar'turo	dovɛ	ssɛi
ah	**mio**	**Arturo,**	**dove**	**sei?**
ah	my	Arturo,	where	are you?

I Puritani, Act III

ARTURO *(running up and kneeling beside her)*

a	ˈpjɛdi twɔi	elˈvira	a	mi perˈdona
A'	**piedi tuoi,**	**Elvira!**	**Ah,**	**mi perdona!**
At	your feet,	Elvira!	Ah,	forgive me!

ELVIRA *(agitated, confused)*

arˈturo	si	ɛ	ˈdesso	arˈtur	miɔ	bɛn	ɔ	ˈddʒɔja
Arturo?	**Sì,**	**è**	**desso,**	**Artur!**	**Mio**	**ben,**	**o**	**gioia!**
Arturo?	Yes,	it's	him,	Arturo!	My	beloved,	oh	joy!

ARTURO
Ah, mia Elvira!

ELVIRA
Mio ben!

sɛi	pur	tu	or	nom miŋˈganni
Sei	**pur**	**tu!**	**or**	**non m'inganni?**
It's	truly	you!	Now	you are not deceiving me?

ARTURO

iŋgaˈnnarti	a	nnɔ	dʒaˈmmai
Ingannarti!	**ah**	**no,**	**giammai!**
Deceiving you!	Ah	no,	never!

ELVIRA

ˈduŋkwɛ	aɲ	fim	per	me	ʎaˈffanni
Dunque	**han**	**fin**	**per**	**me**	**gli affanni?**
Then	are	over	for	me	the sufferings?

ARTURO

non teˈmer	fiˈniro	i	gwai
Non temer,	**finiro**	**i**	**guai.**
Be not afraid,	are over	your	misfortunes.

ELVIRA
Sì?

ARTURO
Sì, mio ben, finiro i guai,

ˈora	alˈfin	tʃi uˈniʃʃe	aˈmor
ora	**alfin**	**ci unisce**	**amor!**
now	at last	we are united (by)	love!

ELVIRA

ɔ	arˈturo	pɛr	mai	pju	laˈʃʃartʃi
O	**Arturo,**	**per**	**mai**	**più**	**lasciarci!**
Oh	Arturo	to	never	again	leave one another!

ARTURO

lo ˈkredi	miɔ	ˈbɛnɛ
Lo credi,	**mio**	**bene,**
Believe it,	my	beloved,

I Puritani, Act III

per mai più lasciarci, mio bene, non temer, finiro i guai.

ELVIRA, ARTURO

ke al'fin	tʃi u'niʃʃɛ	a'mor
Che alfin	**ci unisce**	**amor.**
At last	we are united (by)	love.

ARTURO

nel	mi'rarti	un	'solo	is'tantɛ
Nel	**mirarti**	**un**	**solo**	**istante**
As I	look at you	for a	single	instant

io	sos'piro	e	mi kon'solo
io	**sospiro**	**e**	**mi consolo,**
I	sigh	and	console myself,

'doɲɲi	'pjanto e	'doɲɲi	'dwɔlɔ
d'ogni	**pianto e**	**d'ogni**	**duolo**
for every	tear and	all the	grief

kiɔ	prɔ'vai	lɔn'tan	da	te
ch'io	**provai**	**lontan**	**da**	**te.**
that I	experienced	far away	from	you.

ELVIRA *(trying to remember)*

ke	prɔ'vɔ	lɔn'tan	da	mɛ
Che	**provò**	**lontan**	**da**	**me...**
That	he experienced	far away	from	me...

'kwantɔ	'tɛmpɔ	lɔ ra'mmenti
Quanto	**tempo?**	**Lo rammenti?**
How much	time?	Do you remember?

ARTURO

fur	tre	'mezi
Fur	**tre**	**mesi.**
It was	three	months.

ELVIRA *(as though suffocating)*

nɔ	fur	tre	'sɛkoli	di	sos'piri e	di	tor'menti
No...	**fur**	**tre**	**secoli**	**di**	**sospiri e**	**di**	**tormenti**
No...	it was	three	centuries	of	sighing and	of	torments,

tre	'sɛkoli	do'rror
tre	**secoli**	**d'orror.**
three	centuries	of horror.

ti kja'mava	ad	'oɲɲi	is'tantɛ
Ti chiamava	**at**	**ogni**	**istante:**
I called you	at	every	moment:

'rjɛdi	ar'turo	e	mi kon'sola
"Riedi	**Arturo,e**		**mi consola!"**
"Come back,	Arturo, and		console me!"

e	rom'peva	la	pa'rɔla	il	siŋ'gulto	del	miɔ	kɔr
E	**rompeva**	**la**	**parola**	**il**	**singulto**	**del**	**mio**	**cor.**
And	broke	the	word	the	sob	of	my	heart.

(And my words were broken by the sobbing of my heart.)

ARTURO

a per'dona	e'llɛra	'mizɛra	pridʒo'njɛra
Ah, perdona!	**Ell'era**	**misera**	**prigioniera**
Ah, forgive me!	She was (a)	wretched	prisoner

abbandɔ'nata	im	pe'riʎʎo
abbandonata	**in**	**periglio...**
abandoned (and)	in	peril...

ELVIRA

di	sɛ	a	tɛ	nɔn 'ɛra	'kara
Dì,	**se**	**a**	**te**	**non era**	**cara,**
Tell me,	if	to	you	she was not	dear,

a ke mai	se'gwir	kɔ'lɛi
a che mai	**seguir**	**colei?**
for what reason	did you follow	that woman?

ARTURO

or	tiɱ'findʒi	o i'ɲɲori	'kella	'prɛsso a 'mɔrtɛ
Or	**t'infingi**	**o ignori**	**ch'ella,**	**presso a morte...**
Now	you are pretending	or you aren't aware	that she was	near death...

ELVIRA

ki	fa'vɛlla
Chi?	**Favella!**
Who?	Tell me!

ARTURO

tu	nɔn sai	la	re'dʒina
Tu	**non sai!**	**La**	**Regina...**
You	don't know!	The	Queen...

ELVIRA *(struggling to clarify her thoughts)*
La Regina!

ARTURO

un	in'dudʒo	e	la	mes'kina
Un	**indugio**	**e**	**la**	**meschina**
Any	delay	and	the	poor woman

su	dum	'palkɔ	a	'mɔrtɛ	ɔ'rrɛnda
su	**d'un**	**palco**	**a**	**morte**	**orrenda...**
to	the	block,	to a	death	horrible...

ELVIRA *(suddenly seeing the light and overcome with joy)*

a	e	fia	ver
Ah!	**E**	**fia**	**ver?**
Ah!	And	could this be	true?

'kwal 'lumɛ 'rapidɔ or la 'mente mi ris'kjara
Qual lume rapido or la mente mi rischiara!
Like a flash swift now my mind clears!

'duŋkwɛ 'mami
Dunque m'ami?
Then you love me?

ARTURO
e pwɔi te'mer
E puoi temer?
And you can fear?

ELVIRA
'duŋkwɛ vwɔi
Dunque vuoi...?
Then you want to...?

ARTURO
star 'teko o'ɲɲor tra ʎi am'plɛssi della'more
Star teco ognor tra gli amplessi dell'amore!
To be with you always in the embrace of love!

ELVIRA
Dunque m'ami, mio Arturo, sì!

ARTURO
'vjɛni fra 'kwestɛ 'brattʃa a'mor de'littsja e 'vita
Vieni fra queste braccia, amor, delizia e vita.
Come to these arms, (my) love, delight and life.

'vjɛni nom mi sa'rai ra'pita fiŋ'ke ti 'striŋgɔ al kɔr
Vieni, non mi sarai rapita finchè ti stringo al cor.
Come, you won't be taken from me while I clasp you to my heart.

ad 'oɲɲi is'tantɛ an'santɛ ti 'kjamɔ e te sol 'bramɔ
Ad ogni istante ansante ti chiamo e te sol bramo.
At every instant eagerly I call you and you alone I desire.

vjɛni vjɛn tɛl ri'pɛtɔ iɔ 'tamɔ si
Vieni, vien tel ripeto, io t'amo, sì,
Come, come, I repeat it to you, I love you, yes,

'tamɔ di'mmɛnsɔ a'morɛ
t'amo d'immenso amore.
I love you with immense love.

ELVIRA
'karɔ nɔ'nɔ pa'rɔla ke 'sprima il mio kon'tɛntɔ
Caro, non ho parola che sprima il mio contento;
Dearest, I have no words to express my happiness;

'lalma	ɛlɛ'var	mi 'sɛnto	in	'ɛstazi	da'mor
l'alma	**elevar**	**mi sento**	**in**	**estasi**	**d'amor.**
my soul	rising	I feel	in an	ecstasy	of love.

Ad ogni istante ansante ti chiamo e te sol bramo, ah! Car̲o̲, vien, tel ripeto, etc.

ARTURO
'sɛmpre	in'sjɛmɛ
Sempre	**insieme!**
Always	together!

ELVIRA
'sɛmpre	u'niti
Sempre	**uniti!**
Always	united!

ARTURO, ELVIRA
'sɛmprɛ	kɔn	tɛ	vi'vrɔ	da'mor
Sempre	**con**	**te**	**vivrò**	**d'amor.**
Always	with	you	I will live	for love.

(Military music is heard once again.)

FINALE
ARTURO
aŋ'kor	as'kolta	'kwestɔ swɔm	mɔ'lɛstɔ	i mjɛi	ne'mitʃi
Ancor	**s'ascolta**	**questo suon**	**molesto!**	**I miei**	**nemici!**
Again	I hear	that sound	troubling!	My	enemies!

ELVIRA *(her mind beginning to wander)*
si	kwel	swɔm	fu'nɛstɔ	io	ko'nosko	kwel	swɔn
Sì,	**quel**	**suon**	**funesto...**	**io**	**conosco**	**quel**	**suon...**
Yes,	that	sound	dreaded...	I	know	that	sound...

ma	tu nɔn 'sai		ke	pju	nol 'temo	
ma	**tu non sai**		**che**	**più**	**nol temo,**	
but	you don't know		that	no longer	I fear it,	

a	nɔ	io	pju	nol 'temo	ɔr'mai
Ah	**no!**	**io**	**più**	**nol temo**	**ormai!**
Ah	no!	I	no longer	fear it	anymore!

'nella	mia	'stantsa	skwar'tʃai	kwel	vel
Nella	**mia**	**stanza**	**squarciai**	**quel**	**vel**
In	my	room	I destroyed	that	bridal veil

di kui	ɔr'nɔ	sua	'tɛsta	kalpɛs'tai	le sue	'pompe
di cui	**ornò**	**sua**	**testa...**	**calpestai**	**le sue**	**pompe...**
which	arrayed	her	head...	I trampled	her	finery (underfoot)...

e	allau'rora	kɔm	me	tu	aŋ'kora
e	**all'aurora**	**com**	**me**	**tu**	**ancora**
and	at dawn	with	me	you	again

I Puritani, Act III

ve'rrai	a	'fɛsta	a	'dantsa
verrai	**a**	**festa...**	**a**	**danza?**
will you come	to	the festivities...	to the	ball?

ARTURO *(realizing her mind has wandered once again)*

ɔ'ddio	ke	'dditʃi
O Dio!	**Che**	**dici?**
Oh God!	What	are you saying?

ELVIRA

ko'zi	'kome	tu	mi 'gwardi	mi 'gwardan	'essi
Così	**come**	**tu**	**mi guardi,**	**mi guardan**	**essi,**
Just	as	you	look at me,	look at me	they,

(those [men] look at me the same way.)

e	in'tɛnder	nɔn 'sanno	il miɔ	par'lar
e	**intender**	**non sanno**	**il mio**	**parlar,**
and	understand	cannot	my	talk,

il	dwɔl	la'ffannɔ
il	**duol,**	**l'affanno.**
my	grief,	my suffering.

ARTURO *(frightened by Elvira's mental state)*

ɔ	ti 'skwɔti	ɔ tʃɛl	va'nɛddʒi
Oh!	**ti scuoti...**	**oh ciel!**	**Vaneggi!**
Oh!	Come back to your senses!	Oh Heaven!	You're raving!

CHORUS *(offstage)*

'altɔ la	fe'del	dra'ppɛllɔ
Alto là!	**Fedel**	**drappello!**
Ho there!	Loyal	troops!

ARTURO *(to Elvira)*
Vien!

CHORUS *(offstage)*

e	ki	'viva
E	**chi**	**viva?**
And	whom	do you serve?

(Whose side are you on?)

ELVIRA *(to Arturo)*

a	tu	vwɔi	fu'ddʒirmi	aŋ'kor
Ah!	**tu**	**vuoi**	**fuggirmi**	**ancor?**
Ah!	You	want	to fly from me	again?

CHORUS *(offstage)*

'aŋglja	krɔm'vɛllɔ
Anglia!	**Cromvello!**
England!	Cromwell!

ARTURO
Ah no!

I Puritani, Act III

CHORUS *(offstage)*
'viva
Viva!
Hail!

ELVIRA *(forcibly holding Arturo)*
nɔ	kɔˈlɛi	pju nɔn	taˈvra	nɔ
No!	**colei**	**più non**	**t'avrà,**	**no!**
No!	That woman	will not again	have you,	no!

CHORUS *(offstage)*
'viva	vintʃɛˈra
Viva!	**Vincerà!**
Hail!	He will be victorious!

ARTURO
ˈtatʃi	a
Taci...	**ah!**
Be silent...	ah!

ELVIRA *(kneeling and weeping as she clasps Arturo's knees)*
a	taˈrresti	il mio	doˈlore	aˈjuto	ɔ	ˈdʒɛnti
Ah!	**T'arresti**	**il mio**	**dolore!**	**Aiuto!**	**O**	**genti!**
Ah!	May you be stopped by	my	grief!	Help!	Oh	people!
	(Let my grief make you stay!)					

ARTURO
ˈtatʃi	iɱfeˈlitʃe	per	pjeˈtade	non ti fuddʒiˈrɔ
Taci,	**infelice,**	**per**	**pietade!**	**Non ti fuggirò!**
Be quiet,	poor girl,	for	pity's sake!	I will not leave you!

ELVIRA
Aiuto!

(Retainers and soldiers start pouring in from all sides.)

ARTURO
Ah, taci!

ELVIRA
pjɛˈta
Pietà!
Mercy!

Scene Three
(In the presence of the others Elvira suddenly regains her composure. Arturo ignores the new arrivals, being totally concentrated on Elvira's sad plight.)

RICCARDO, GIORGIO, CHORUS
arˈturo	lɔ	ʃʃaguˈratɔ
Arturo?	**Lo**	**sciagurato!**
Arturo?	That	wretch!

RICCARDO

kava'ljɛr	ti 'kɔlse	il diɔ	puni'tor	de	tradi'menti
Cavalier,	**ti colse**	**il Dio**	**punitor**	**de'**	**tradimenti!**
Cavalier,	you've been caught by	God,	the Punisher	of	betrayals!

GIORGIO, LADIES

tu	kwi	ɔ ar'turo	kwal	des'tin	rio
Tu	**qui,**	**o Arturo,**	**qual**	**destin**	**rio**
You	here,	oh Arturo?	What	fate	evil

a	tal	'spjaddʒa	tɛ	gwi'dɔ
a	**tal**	**spiaggia**	**te**	**guidò?**
to	this	shore	you	brought?

(What evil fate has brought you to these shores?)

SOLDIERS

'pɛra	u'ttʃizɔ	fra	tor'menti
Pera	**ucciso**	**fra**	**tormenti,**
Let him perish,	killed	by	tortures,

ki	tra'diva	'patrja	e	o'nor
chi	**tradiva**	**patria**	**e**	**onor.**
he who	betrayed	homeland	and	honor.

(Let the betrayer of country and honor be slain with tortures!)

ELVIRA

'kredi	ɔ ar'turo	'ella	nɔn 'tama
Credi,	**o Arturo,**	**ella**	**non t'ama.**
Believe me,	oh Arturo,	she	doesn't love you.

sol	fe'litʃe	iɔ	ti fa'rɔ
Sol	**felice**	**io**	**ti farò.**
Alone	happy	I	will make you.

(I alone can make you happy.)

RICCARDO, SOLDIERS

'talbɔ ar'turo	la	'patrja	e	ddio
Talbo Arturo,	**la**	**patria**	**e**	**Dio**
Arturo Talbot,	the	homeland	and	God

tɛ	'alla	'mɔrtɛ	kɔnda'nnɔ
te	**alla**	**morte**	**condannò!**
you	to	death	has condemned!

(have condemned you to death!)

(At the word "death" (morte), Elvira undergoes a severe shock that restores her sanity. From this point on she is fully aware of the situation.)

GIORGIO, LADIES

ke	o'rror
Che	**orror!**
How	horrible!

ELVIRA *(with a cry of despair)*
Morte!

RICCARDO
Ah, traditor!

GIORGIO, LADIES
ai	kwal	te'rror
Ahi!	**qual**	**terror!**
Ah!	What	horror!

SOLDIERS
dio	ra'ddʒundʒe	i tradi'tor
Dio	**raggiunge**	**i traditor!**
God	catches up with	traitors!

ELVIRA
ke	askɔl'tai
Che	**ascoltai?**
What	did I hear?

(Elvira's return to her reason is closely observed by all.)

RICCARDO, GIORGIO, CHORUS
si tramu'tɔ	si fɛ	'zmɔrta	e	avvam'pɔ
Si tramutò!	**Si fè'**	**smorta**	**e**	**avvampò!**
She has changed!	She turned	deathly pale	and (then)	blazing red!

ARTURO
krɛ'deasi	'mizɛra	da	me	tra'dita
Credeasi,	**misera,**	**da**	**me**	**tradita.**
She believed herself to be,	wretched girl,	by	me	betrayed.

(This wretched girl thought I had betrayed her.)

tra'ea	sua	'vita	in	tal	mar'tir
Traea	**sua**	**vita**	**in**	**tal**	**martir!**
She dragged out	her	life	in	such	agony!

or	'sfido	i 'fulmini	dis'prɛttso	il 'fatɔ
Or	**sfido**	**i fulmini,**	**disprezzo**	**il fato,**
Now	I defy	lightning,	I scorn	fate,

sɛ	'tɛkɔ	al 'latɔ	pɔ'trɔ	mmo'rir
se	**teco**	**al lato**	**potrò**	**morir!**
if	with you	at my side	I can	die!

(if with you at my side I will be allowed to die!)

ELVIRA
kwal mai	fu'nɛrɛa	'votʃe	fu'nɛsta	mi 'skwɔte	e	'dɛsta
Qual mai	**funerea**	**voce**	**funesta**	**mi scuote**	**e**	**desta**
What	fatal,	voice	tragic,	strikes me	and	wakes me

dal	miɔ	mar'tir					
dal	**mio**	**martir?**					
from	my	agony?					

sɛ	fui	si	'barbaɾa	nel	'traɾlɔ	a	'mɔrtɛ
Se	**fui**	**sì**	**barbara**	**nel**	**trarlo**	**a**	**morte,**
If	I was	so	cruel	in	bringing about	his	death,

ma'vra		kɔn'sɔrtɛ	nel	suo	mo'rir
m'avrà		**consorte**	**nel**	**suo**	**morir!**
he'll have me as (his)		wife	at	his	death!

GIORGIO
kwel	swɔn	fu'nɛɾeɔ	fɛ'ral	rim'bomba
Quel	**suon**	**funereo**	**feral**	**rimbomba.**
That	sound	fatal	cruelly	resounds.

nel	sen	mi 'pjomba	ma'ggjattʃa	il	kɔr
Nel	**sen**	**mi piomba,**	**m'agghiaccia**	**il**	**cor.**
In my	breast	it strikes,	freezes		my heart.

nɔ'na	pju	'lagrime	il mio	do'lor
Non ha	**più**	**lagrime**	**il mio**	**dolor.**
There are	no more	tears (in)	my	grief.

RICCARDO
kwel	swɔn	fu'nɛɾeɔ	'kapre	'una	'tomba
Quel	**suon**	**funereo**	**ch'apre**	**una**	**tomba,**
That	sound	fatal	that opens	a	grave,

'kupo	rim'bomba	tʃi 'pjomba	al	kɔr
cupo	**rimbomba,**	**ci piomba**	**al**	**cor.**
darkly	resounds,	strikes us	in the	heart.

CHORUS
Quel suon funereo ch'apre una tomba, cupo rimbomba, ci piomba al cor.

LADIES
pur	fra	lɛ	'lagrime	'spɛmɛ	tʃi a'ffida	si
Pur	**fra**	**le**	**lagrime**	**speme**	**ci affida,**	**sì,**
Yet	through	our	tears	hope	gives us faith,	yes,

ke	ddio	tʃi a'rrida	kɔm	pjɛ'ta
che	**Dio**	**ci arrida**	**con**	**pietà!**
that	God	may smile upon us	in His	mercy!

SOLDIERS
e	ddio	te'rribile	in	sua	ven'detta
E	**Dio**	**terribile**	**in**	**sua**	**vendetta**
And	God	terrible	in	His	vengeance

ʎi	'empi	sa'etta	kon	ri'gor
gli	**empi**	**saetta**	**con**	**rigor.**
the	wicked	strikes	with	severity.

e	ddiɔ	lɔ vwɔl	'sɛntsa	pjɛ'ta
E	**Dio**	**lo vuol**	**senza**	**pietà!**
And	God	wills it,	without	pity!

ARTURO
Traea sua vita in tal martir, etc.

SOLDIERS *(in a whisper, impatiently)*

ke	sas'pɛtta	'alla	ven'detta
Che	**s'aspetta?**	**alla**	**vendetta!**
What	are we waiting for?	To	vengeance!

RICCARDO, GIORGIO, LADIES

sol	fɛ'rɔtʃa	or	'parla	iɱ	voi
Sol	**ferocia**	**or**	**parla**	**in**	**voi;**
Only	ferocity	now	speaks	inside	you;

la pjɛ'tadɛ	i'ddiɔ	va'pprɛnda
La pietade	**Iddio**	**v'apprenda!**
Pity	God	may teach you!

(May God teach you to have some pity!)

dɛ	tʃɛ'ssatɛ	'sordi	'sjɛtɛ	'alla	pjɛ'ta
Deh!	**cessate,**	**sordi**	**siete**	**alla**	**pietà!**
Ah!	Cease,	deaf	you are	to	pity!

SOLDIERS

diɔ	kɔ'manda	a 'fiʎʎi swɔi	ke	dʒus'tittsja	ɔr'mai	si 'rɛnda
Dio	**comanda**	**a' figli suoi**	**che**	**giustizia**	**ormai**	**si renda,**
God	commands	His children	that	justice	now	be dealt,

'kada	al'fin	lul'tritʃɛ	'spada	'sovra	il	'kapɔ	al	tradi'tor
cada	**alfin**	**l'ultrice**	**spada**	**sovra**	**il**	**capo**	**al**	**traditor.**
Let fall	at last	the avenging	sword	upon	the	head	of the	traitor.

ELVIRA, ARTURO (alternating)
Arturo! Elvira! Arturo!

tu	'vivi	aŋ'kor	il tuo	per'dono
Tu	**vivi**	**ancor!**	**Il tuo**	**perdono!**
You	are alive	still!	Your	forgiveness!

'teko	io	'sono	pɛr	mɛ	a	'mɔrtɛ
Teco	**io**	**sono!**	**Per**	**me**	**a**	**morte!**
With you	I	am!	Because of	me,	to	death!

a	un	am'plɛsso	si	miɔ	'bɛnɛ	a	un	a'ddio
Ah!	**un**	**amplesso!**	**Sì,**	**mio**	**bene!**	**Ah**	**un**	**addio!**
Ah!	An	embrace!	Yes,	my	beloved!	Ah,	a	farewell!

ARTURO

arrɛs'tatevi	skɔs'tatɛ
Arrestatevi!	**Scostate!**
Stop!	Move back!

I Puritani, Act III

kru'dɛli	'ella	ɛ	trɛ'mantɛ	'ella ɛ	spi'rantɛ
Crudeli!	**Ella**	**è**	**tremante;**	**ella è**	**spirante,**
Cruel ones!	She	is	trembling;	she is	expiring,

'animɛ	'pɛrfidɛ	'sordɛ	a	pje'ta
anime	**perfide,**	**sorde**	**a**	**pietà!**
souls	perfidious,	deaf	to	pity!

(Treacherous spirits,)

un	'solo	is'tantɛ	'lirɛ	frɛ'natɛ
un	**solo**	**istante**	**l'ire**	**frenate;**
(for) one	single	moment	your anger	restrain;

pɔi	vi sa'ttsjatɛ	di	krudɛl'ta
poi	**vi saziate**	**di**	**crudeltà!**
then	satiate yourselves	with	cruelty!

RICCARDO, GIORGIO

tʃɛ'ssatɛ	un	is'tantɛ	pɛr	pje'ta
Cessate,	**un**	**istante,**	**per**	**pietà!**
Cease,	one	moment,	for	pity's sake!

SOLDIERS

	vɛn'detta	sa'ffretti	dio	lo 'vwɔlɛ	i'ddio lo vwɔl
	Vendetta	**s'affretti,**	**Dio**	**lo vuole,**	**Iddio lo vuol.**
(Let)	vengeance	be hastened;	God	wants it,	God wants it.

non si 'tardi
Non si tardi.
Let there be no delay.

LADIES
Deh cessate per pietà!

ARTURO
Ella è tremante, etc.

ELVIRA

a	miɔ	ar'turo	ti pɛr'dei
Ah!	**mio**	**Arturo,**	**ti perdei!**
Ah,	my	Arturo,	I lost you!

Per me a morte, ah!

(A fanfare is heard coming from offstage.)

RICCARDO, GIORGIO, CHORUS

swɔn	da'raldi
Suon	**d'araldi!**
A sound	of heralds!

CHORUS

um	mɛssaˈddʒɔ
Un	**messaggio!**
A	message!

ELVIRA, ARTURO, RICCARDO, GIORGIO

ke	ssaˈra
Che	**sarà?**
What	can it be?

CHORUS

ɛsplɔˈrjam
Esploriam.
Let us find out.

(Several soldiers run out and return almost immediately with a messenger who hands a parchment to Giorgio. He opens it and shares its contents with Riccardo. As they read, their faces break into smiles.)

GIORGIO, then RICCARDO

ezulˈtatɛ
Esultate!
Rejoice!

GIORGIO

dʒa	i	stuˈardi	ˈvinti	ˈsono
Già	**i**	**Stuardi**	**vinti**	**sono!**
Already	the	Stuarts	vanquished	are!

(The Stuarts have been defeated!)

RICCARDO

i	kaˈttivi	an	dʒa	perˈdono
I	**cattivi**	**han**	**già**	**perdono!**
The	captives	have	already	pardon!

(All prisoners have been granted amnesty!)

RICCARDO, GIORGIO

laŋglaˈtɛrra	a	libɛrˈta
L'Anglaterra	**ha**	**libertà!**
England	has	liberty!

(England is free!)

ELVIRA, ARTURO

ˈdaʎʎi	aˈffanni	al	ˈgaudjo	ɛsˈtrɛmɔ
Dagli	**affanni**	**al**	**gaudio**	**estremo**
From	sorrows	to	joy	extreme

va	kwesˈtanima		raˈpita
va	**quest'anima**		**rapita!**
goes	my soul		enraptured!

kwestisˈtante	di	mia	ˈvita	laŋˈgɔʃʃa	obbliˈar	tʃi fa
Quest'istante	**di**	**mia**	**vita**	**l'angoscia**	**obbliar**	**ci fa.**
This moment	in	my	life	our anguish	forget	makes us.

RICCARDO, GIORGIO, CHORUS
Ah! L'Anglaterra ha libertà!

a	krɔm'vɛllɔ	ɛ'tɛrna	'glɔrja
A	**Cromvello**	**eterna**	**gloria!**
To	Cromwell	eternal	glory!

la vi'ttɔrja	il gwide'ra	a	ɛ'tɛrna	'glɔrja
La vittoria	**il guiderà**	**a**	**eterna**	**gloria!**
Victory	will lead him	to	eternal	glory!

'sjate	'ljɛtɛ	'almɛ	amo'roze
Siate	**liete,**	**alme**	**amorose,**
Be	happy,	hearts	loving,

kwal	dʒa	'foste	un	di	dɔ'lɛnti
qual	**già**	**foste**	**un**	**dì**	**dolenti;**
just	as	you were	one	day	sad;

'luŋgi	di	per	voi	ri'dɛnti	kwestis'tante	seɲɲe'ra
lunghi	**dì**	**per**	**voi**	**ridenti**	**quest'istante**	**segnerà,**
long	days	for	you	joyful	this moment	shall herald,

	a'mor	kɔrɔnɛ'ra
	amor	**coronerà.**
(which)	love	will crown.

ARTURO
Ah! mia Elvira, ah sì segnerà,

di	'tanta	volu'tta
di	**tanta**	**voluttà!**
with	so much	happiness!

ELVIRA
Oh contento! Ah, di voluttà!

FINAL ARIA WITH CHORUS[1]
ELVIRA

'sɛntɔ	o	miɔ	bɛ'llandʒɛlɔ
Sento,	**o**	**mio**	**bell'angelo,**
I feel.	oh	my	handsome angel,

ke	'pɔko	in'tɛra	ɛ	un	'anima
che	**poco**	**intera**	**è**	**un**	**anima**
that	not	whole	is	a	soul
(that a soul cannot be whole,)					

ad	ezul'tar	nel	'dʒubilo	ke	a'mor	tʃi dɔnɛ'ra
ad	**esultar**	**nel**	**giubilo**	**che**	**amor**	**ci donerà.**
in	rejoicing	in	gladness	which	love	will bestow upon us.

---

[1] This aria was inserted at the latest revival of the opera at the Metropolitan Opera.

benedi'rɔ	lɛ	'lakrime	'lansja	i	sospiri	i	'dʒɛmiti
Benedirò	**le**	**lacrime,**	**l'ansia,**	**i**	**sospiri,**	**i**	**gemiti,**
I will bless	the	tears,	the anxiety,	the	sighs,	the	moans,

vanɛddʒe'rɔ	nɛl	'palpito	di 'tanta	'kaɾa	volu'tta
vaneggerò	**nel**	**palpito**	**di tanta**	**cara**	**voluttà.**
I will revel	in the	heartbeat	of so much	blessed	voluptuousness.

'oɲɲi	aŋ'gɔʃʃa	o'blio
ogni	**angoscia**	**oblio!**
every	anguish	I will forget!

CHORUS

si	la'mor	korone'ra	ʎi	'spazimi	di	'tanta	fɛdɛl'ta
Sì,	**l'amor**	**coronerà**	**gli**	**spasimi**	**di**	**tanta**	**fedeltà,**
Yes,	love	will crown	the	anxieties	of	such	faithfulness,

a'mor	pje'tozo	e	'tenero	korone'ra	di	'dʒubilo
amor	**pietoso**	**e**	**tenero**	**coronerà**	**di**	**giubilo**
love	pitying	and	tender	will crown	with	joy

si	'tanta	fɛdɛl'ta
sì	**tanta**	**fedeltà.**
yes,	so much	faithfulness.

END OF THE OPERA

INDEX

LA CENERENTOLA

ACT I

Aria (Magnifico): *Miei rampolli femminili*	12
Scena and duet (Ramiro, Cenerentola): *Tutto è deserto*	17
Cavatina (Dandini): *Come un ape ne' giorni d'Aprile*	24
Ensemble (Tutti): *Nel volto estatico*	35
Aria (Alidoro): *Là del ciel nell'arcano profondo*	39
Finale (Chorus, Magnifico): *Noi, Don Magnifico...questo in maiuscole*	47
Finale (Tutti): *Mi par d'essere sognando*	56

ACT II

Aria (Magnifico): *Sia qualunque delle figlie*	63
Aria (Ramiro): *Sì, ritrovarla io giuro*	71
Duet (Dandini, Magnifico): *Un segreto d'importanza*	75
Song (Cenerentola): *Una volta c'era un re*	80
Ensemble (Tutti) *Questo è un nudo avvilupato*	86
Aria (Clorinda): *Sventurata! Mi credea comandar seduta in trono*	93
Aria (Cenerentola): *Nacqui all'affanno – non più mesta*	96
Aria (Alidoro): *Vasto teatro è il mondo*	98

L'ITALIANA IN ALGERI

ACT I

Aria (Mustafà): *Delle donne l'arroganza*	107
Cavatina (Lindoro): *Languir per una bella*	112
Duet (Lindoro, Mustafà): *Se inclinassi a prender moglie*	114
Aria (Isabella): *Cruda sorte, amor tiranno*	118
Duet (Isabella, Taddeo): *Ai capricci della sorte*	125
Aria (Mustafà): *Già d'insolito ardore nel petto*	133
Finale I (Eunuchs, others): *Viva il flagel delle donne*	136
Last scene (Tutti): *Pria di dividerci da voi, signore*	139

ACT II

Cavatina (Lindoro): *Oh, come il cordi giubilo esulta*	150
Aria (Taddeo): *Ho un gran peso sulla testa*	153
Cavatina (Isabella): *Per lui che adoro*	158
Quintet (Mustafà, Isabella, Taddeo, Lindoro):*Ti presento di mia man*	161
Aria (Haly): *Le femmine d'Italia*	167
Trio (Mustafà, Lindoro, Taddeo): *Pappataci!, che mai sento*	172
Rondo (Isabella): *Pensa alla patria*	178
Finale II *Dei Pappataci s'avanza il coro*	180

LA SONNAMBULA

ACT I

Cavatina (Lisa): *Tutto è gioia*	196
Recitativo and Cavatina (Amina): *Care compagne – come per me sereno*	199
Recit. and duet (Elvino, Amina): *Prendi, l'anel ti dono*	205
Cavatina (Rodolfo): *Vi ravviso, o luoghi ameni*	210
Scene and duet (Elvino, Amina): *Elvino! E me tu lasci senza un tenero addio?*	217
Recit. and duet (Rodolfo, Amina): *Che veggio? Saria il notturno fantasma?*	224
Quintet (Various): *È menzogna!*	228

ACT II

Aria (Elvino): *Tutto è sciolto*	237
Aria (Amina): *Ah, non credea mirati – ah non giunge*	252

ANNA BOLENA

ACT I

Cavatina (Smeton): *Deh! non voler costringere*	263
Aria (Anna): *Come innocente giovane*	265
Scene and duet (Enrico, Giovanna): *Tremate voi?*	267
Aria (Percy): *Di quel dì che, lei perduta*	276
Quintet: *Io sentii sulla mia mano la sua lagrima corrente*	282
Scena and Cavatina (Smeton): *Tutto è deserto*	285

ACT II

Scene and duet (Anna, Giovanna): *Dio, che mi vedi in core*	305
Scene and aria of Giovanna: *Sposa a Percy*	324
Aria (Percy): *Vivi tu, te ne scongiuro*	332
Recit. and aria (Anna): *Piangete voi – Al dolce guidami*	335

MARIA STUARDA

ACT I
Cavatina (Elisabetta): *Sì, vuol di Francia il rege*	348
Cavatina (Talbot): *Questa immago,*	354
Scena and duet (Elisabetta, Leicester): *Sei tu confuso?*	357

ACT II

Scena and cavatina (Maria): *Guardai sui prati*	366
Scene and duet (Maria, Leicester): *Ah! non m'inganna la gioia*	369
Scene (Elisabetta): *Che loco è questo?*	375
Sextet (Elisabetta, others): *È sempre la stessa*	377
Dialogue of the two queens: *Morta al mondo e morta al trono*	379

ACT III

Duettino (Elisabetta, Cecil): *E pensi? È tardi?*	387
Scene (Maria, others): *La perfida anche insultarmi volea*	394
Scene and duet of confession: *Oh mio buon Talbo*	396
Gran scena and prayer (Maria): *Qui più sommesso favellate*	405
Scena and aria of Execution (Cecil, Maria): *È già vicino del morir l'istante*	408

ROBERTO DEVEREUX

ACT I

Scena and Cavatina (Elisabetta): *Alle fervide preci*	421
Gran scena and duet (Elisabetta, Roberto): *Donna reale, a' piedi tuoi*	426
Scena and Cavatina (Nottingham): *Ieri taceva il giorno*	435

ACT II

Trio (Elisabetta, Roberto, Nottingham): *(Ecco l'indegno!...) Appressati...*	452

ACT III

Scena and duet (Sara, Nottingham): *Il Duca, qual torvo sguardo!*	462
Scena and Aria (Roberto): *Ed ancor la tremenda porta*	469
Scena and final Aria (Elisabetta): *E Sara in questi orribili momenti*	472

DON PASQUALE

ACT I

Aria (Malatesta): *Bella siccome un angelo*	484
Aria (Pasquale): *Ah, un foco insolito*	488
Aria (Ernesto): *Sogno soave e casto*	493
Cavatina (Norina: *Quel guardo il cavaliere*	496

ACT II

Aria (Ernesto): *Povero Ernesto, dallo zio cacciato*	506
Scena and Trio (Norina, Malatesta, Pasquale): *Quando avrete introdotto*	508

ACT III

Recitative and duet (Pasquale, Norina): *Vediamo: alla modista*	538
Recitative and duet (Pasquale, Malatesta): *Cognato, in me vedete*	549
Serenade (Ernesto): *Com'è gentil*	557
Scena and final rondo: *Eccoli: attenti ben*	559

I PURITANI

ACT I

Aria (Riccardo): *Ah, per sempre io ti perdei*	575
Scena and duet (Elvira, Giorgio): *O amato zio*	579
Aria (Arturo): *A te, o cara*	589
Aria (Elvira): *Son vergin vezzosa*	596